Der Scharia-Vorbehalt in menschenrechtlichen Verträgen der Vereinten Nationen

WISSENSCHAFT UND RELIGION

Herausgegeben von Hans Paarhammer
und Alfred Rinnerthaler

BAND 29

PETER LANG

Elisabeth Simader

Der Scharia-Vorbehalt in menschenrechtlichen Verträgen der Vereinten Nationen

PETER LANG

Bibliografische Information der Deutschen Nationalbibliothek
Die Deutsche Nationalbibliothek verzeichnet diese Publikation
in der Deutschen Nationalbibliografie; detaillierte bibliografische
Daten sind im Internet über http://dnb.d-nb.de abrufbar.

UNIVERSITÄT
SALZBURG

Umschlagabbildung:
„Die neue oder Universitäts-Kirchen zu Salzburg“,
Kupferstich von Franz Anton Danreiter (1695-1760)
aus seinem „Salzburger Kirchenprospect“
(1 Titelkupfer, 20 Blätter), 1735

ISSN 1611-454X
ISBN 978-3-631-74985-2 (Print)
E-ISBN 978-3-631-76591-3 (E-PDF)
E-ISBN 978-3-631-76592-0 (EPUB)
E-ISBN 978-3-631-76593-7 (MOBI)
DOI 10.3726/b14583

Peter Lang – Berlin · Bern · Bruxelles ·
New York · Oxford · Warszawa · Wien

Diese Publikation wurde begutachtet.

www.peterlang.com

Widmung und Danksagung

Allen Personen, die in ihrer Art meinem Leben, meinem Tun eine besondere Nuance verliehen haben, sei dieses Buch gewidmet:

- meiner Mutter, Frau Maria Baurecht, die mir den Blick für scheinbare Kleinigkeiten gezeigt hat und die mich gelehrt hat, die Geradlinigkeit des Lebenskurses beizubehalten,
- meiner Tochter, Frau Mag. Dr. phil. Carina Simader, die mir durch ihr Zutrauen Ausdauer und Zuversicht verleiht,
- meinem Mann, Herrn Dr. med. Harald Simader, der mir den nötigen Freiraum gibt,
- meinem Lehrer und Doktorvater, Herrn Ao. Univ.-Prof. Dr. iur. Michael Geistlinger, (Universität Salzburg, FB Völkerrecht und Schiedsrichter am Court of Arbitration for Sports, CAS, Lausanne), der endlich über den „Blinden Fleck“ im Völkerrecht, den Scharia-Vorbehalt, Aufklärung haben wollte,
- meinem Herausgeber, Herrn Ao. Univ.-Prof. Dr. iur. Alfred Rinnerthaler, (Universität Salzburg, FB Sozial- und Wirtschaftswissenschaften, Rechtsgeschichte und Religionsrecht, Defensor vinculi am Erzbischöflichen Diözesan- und Metropolitangericht), der mir oft und lange zugehört hat,
- Herrn Generalsekretär Fritz Edlinger (Gesellschaft für Österreichisch-Arabische Beziehungen), der interessierte Mitglieder wie mich, unermüdlich mit aktuellem Informationsmaterial über den arabischen und iranischen Raum versorgt hat.

Mein besonderer Dank gilt auch der Universität Salzburg,

Herrn Rektor Univ.-Prof. Dr. phil. Mag. theol. Heinrich Schmidinger und meinen Herausgebern, Herrn Ao. Univ.- Prof. Dr. iur. Alfred Rinnerthaler und Herrn Univ.-Prof. Dr. theol. Hans Paarhammer, die die Drucklegung dieses Buches mit insgesamt 2000,– Euro unterstützt haben. Dadurch habe ich das Gefühl bekommen, dass meine wissenschaftliche Beschäftigung mit dem Scharia-Vorbehalt, den auch jeder muslimische Flüchtling nach Österreich mitbringt, wertgeschätzt wird.

Inhaltsverzeichnis

Abstract - Deutsch

Die islamische Rechtslehre beschäftigt sich bereits seit dem 8. Jh. n. Chr. mit den Fragen, die heute dem universellen Völkerrecht zugerechnet werden. Ethische Standards wurden bereits mit dem Koran offenbart, daher wird heute von vielen muslimischen Staaten der Universalitätsanspruch des UN Menschenrechtskataloges, einer Konsequenz aus vier Jahrhunderten Krieg mit zwei verheerenden Weltkriegen, in vielen Punkten infrage gestellt. Westlich geprägten Idealvorstellungen wird kein Exklusivrecht darüber zugestanden. Die Allgemeine Erklärung der Menschenrechte gilt für viele als rein westliches Dokument, weil die meisten islamischen Länder 1948 nicht daran mitgewirkt hatten. Viele islamische Länder wurden erst Jahrzehnte später unabhängig. Dennoch haben die meisten islamischen Länder multilaterale, universell gültige Menschenrechtsverträge mit impliziten oder expliziten Scharia-Vorbehalten unterzeichnet, ratifiziert, oder sind diesen beigetreten. Etwa ein Viertel der Weltbevölkerung ist heute muslimisch. Es gilt daher, zwischen zwei komplett verschiedenen Rechtssystemen - bezüglich universeller Menschenrechte - einen für beide Seiten annehmbaren Konsens zu finden. Im Rahmen der Wiener Vertragsrechtskonvention ist dieser „Spagat" schwierig. In reichen islamischen Ländern wie Saudi-Arabien oder in den Vereinigten Arabischen Emiraten ist man der Meinung, dass es keine Konflikte mit UN-Verträgen gäbe, wenn man diese mit Vorbehalten behafteten Artikeln schariakonform interpretieren könnte. In Bürgerkriegsländern, wo korrupte Eliten - von wem auch immer - unterstützt werden, sind diese verwerflichen Aktivitäten das stärkste Gift, um universelle Menschenrechte überhaupt „umzubringen".

Abstract - English

Since the 8th century AD, the Islamic Jurisprudence has dealt with questions which are now part of the International Law. Ethical standards had already been manifested in the Koran and therefore, today, numerous Muslim States are questioning many points regarding the claim to universality of the multinational UN human rights framework, a consequence of four centuries of devastating wars, two horrible World Wars included. No exclusive rights for the ideal principals, influenced by the West, are acknowledged. Countless people see the general explanation of UN Human Rights as a pure western document because most of the Islamic countries hadn't taken part in its compilation in 1948. Many of them became independent decades later. However, a number of them have signed, ratified or acceded Multilateral Human Rights Treaties with implicit or explicit Sharia-Reservations. Today, approximately a quarter of the world is Muslim. It is therefore necessary to find an acceptable consensus between two completely different legal systems regarding Universal Human Rights. Within the context of the Vienna Convention, Sharia-Reservations have turned out as a particularly tricky issue. Rich Islamic Countries like Saudi-Arabia or the United Arab Emirates say, there wouldn't be any problems if unclear Human Rights Articles could be interpreted in such a way, that they would not contradict the Islamic Sharia. The biggest problems are found in countries torn by civil war, where corrupt elites are supported. These illegal activities are the strongest poison to destroy Universal Human Rights completely.

Abkürzungsverzeichnis

I - ICPPCG
International Convention on the Prevention and Punishment of Crime of Genocide
Internationale Völkermordkonvention

II - ICERD
International Convention on the Elimination of All Forms of Racial Discrimination
Internationale Rassendiskriminierungskonvention

III - ICESCR
International Covenant on Economic, Social and Cultural Rights
Internationaler Pakt über wirtschaftliche, soziale und kulturelle Rechte

IV - ICCPR
International Covenant on Civil and Political Rights
Internationaler Pakt über bürgerliche und politische Rechte

V - ICAT
International Convention against Torture and other Cruel, Inhuman or Degrading Treatment or Punishment
Internationales Übereinkommen gegen Folter und andere grausame, unmenschliche oder erniedrigende Behandlung oder Strafe

VI - ICRC
International Convention on the Rights of the Child
Internationales Übereinkommen über die Rechte des Kindes

VII - ICPRW
International Convention on the Political Rights of Women
Internationales Übereinkommen über die politischen Rechte der Frauen

VIII - ICEDAW
International Convention on the Elimination of all Forms of Discrimination against Women
Internationales Übereinkommen zur Beseitigung jeder Form von Diskriminierung der Frauen

FLN	Front Liberation National
FSA	Free Syrian Army, Freie Syrische Armee
GCC	Golf Cooperation Council, Golfkooperationsrat
GS	Generalsekretär
IGH	Internationaler Gerichtshof
ILO	International Labour Organization, Internationale Organisation für Arbeit
IS	Islamischer Staat auch Daesch auf Arabisch genannt.
MA	Menschenrechtsausschuss
MK	Menschenrechtskommission
MR	Menschenrechtsrat
OECD	Organization for Economic Cooperation and Development
OHCHR	Office of the High Commissioner for Human Rights
OIC	Organisation of Islamic Conference, Organisation Islamische Konferenz
OPEC	Organisation of Petroleum Exporting Countries
RAF	Rote Armee Fraktion
SN	Syrischer Nationalrat
SNR	Syrischer National-Rat
UAE	United Arab Emirates
UN	United Nations
UNESCO	United Nations Educational, Scientific and Cultural Organization
UNGS	Generalsekretär der Vereinten Nationen
UNICEF	United Nations International Children's Emergency Fund
UNSG	United Nations Secretary General
VAE	Vereinigte Arabische Emirate
VCLT	Vienna Convention on the Law of Treaties
VNGS	Generalsekretär der Vereinten Nationen

WNC	Woman National Committee, Nationales Frauen Komitee
WVK	Wiener Vertragsrechtskonvention
Yemen	Jemen (unter Y bei den UN Dokumenten zu finden)

AD	Anno Domini, n. Chr.
(**a**)	nur auf Arabisch
Adop.	Adoption
Art	Artikel
bzw.	beziehungsweise
ca.	circa, ungefähr
dt.	deutsch
engl.	englisch
FN	Fußnote
gest.	gestorben
Hrsg.	Herausgeber (Hrg.)
Jh.	Jahrhundert
Mio.	Millionen
n. Chr.	nach Christus
n. h.	nach hidjra
622 n.	Chr. Mohammeds Flucht aus Mekka nach Medina
no.	number
Nr.	Nummer
p.	page
pp.	pages
reg.	regiert
Reg.	Regierung
Rgf.	Religionsfreiheit

s. o. siehe oben

S. Seite

SV. Scharia-Vorbehalt

u. a. unter anderem

usw. und so weiter

z. B. zum Beispiel

zl zulässig(er) SV

® **R**ücknahme eines Scharia-Vorbehaltes zu einem Art eines Vertrages, **R**ückzug, zu**r**ückgenommen

Yemen **J**emen wird in der ganzen Arbeit mit **Y** geschrieben, wegen der leichteren Auffindbarkeit in allen UN-Dokumenten

Vorwort

Der Erste Weltkrieg brachte auch den Untergang des Osmanischen Reiches. Der arabisch islamische Bereich steckt seitdem in einer politischen, religiösen und menschenrechtlichen Krise. Auf die Unterdrückung durch die Türken über Jahrhunderte hinweg folgte weitere Fremdherrschaft. Die Araber wurden zum Spielball unterschiedlichster westlicher Interessen. Daran hat sich bis heute nichts geändert. Ihre Staaten sind zwar formell unabhängig,[1] aber künstliche Gebilde geblieben, denn der Islam kennt eigentlich nur die >Ummah< die Gemeinschaft der Gläubigen und die ist seit Mohammeds Tod gespalten – in Sunniten und Schiiten und verschiedene Untergruppen, die aus unterschiedlichen politischen Gründen von Zeit zu Zeit aufeinandergehetzt werden. Jede Seite sucht eine religiöse Legitimation für Gewalt.

Religiös betrachtet, ist die islamische Misere vergleichbar mit der Krise, den der Dreißigjährige Krieg in Europa nach sich zog. 1648 kam es zum Westfälischen Frieden, 1655 zum Augsburger Religionsfrieden. >Cuius regio eius religio< war die Devise, die damals ausgegeben wurde. Langsam entstand eine neue politische Landschaft mit selbstständigen Nationalstaaten, die es mit Unterbrechung durch den Zweiten Weltkrieg, bis heute gibt.[2]

Im Wissen um diese religionspolitischen Spiele, blicken wir heute geschockt nach Syrien,[3] werfen wir einen Blick auf den malträtierten Irak, schauen wir

---

1 **Scheidler**, Fabian, Das Ende der Mega Maschine, Geschichte einer scheiternden Zivilisation, Wien, 2015, S. 175. „Nach jahrelangen Kämpfen erreichten fast alle afrikanischen und asiatischen Länder die formale Unabhängigkeit. Doch diese Erfolge waren mit enormen Opfern verbunden. Allein in Algerien starben zwischen 1954 und 1962 etwa 300 000 Menschen im Kampf gegen die französischen Kolonialherren, Millionen wurden interniert, gefoltert und schwer traumatisiert."

2 **Pfaff**, William, Arabisches Inferno – Der Westen und der Mittlere Osten, in: Blätter für deutsche und internationale Politik 5/2015, S. 96–105.

3 **Harrer**, Gudrun, Langes Pokern um den libanesischen Präsidenten, in: der Standard, 13.08.2015, S. 4 International. „Der Syrien-Konflikt ist nicht nur ein Bürgerkrieg mit overspill, sondern auch ein Stellvertreterkrieg im großen iranisch-saudischen Kalten Krieg geworden." Siehe auch: **Harrer**, Gudrun, Assad Gangster werden zur Belastung fürs Regime, in: der Standard, 16.08.2015, S. 9 International. Darüber hinaus sind alle Gruppen fragmentiert, auch die Shabiha, die Miliz der Baath Partei. Die Assads fördern auch nicht das traditionelle Alawitentum. Die Verfassung verlangt für das Präsidentenamt einen Sunniten, daher zählen sich die Assads zu den Sunniten. Bashar konnte sich aber nicht wie sein Vater Hafiz al Assad als quasireligiöse Figur stilisieren. Viele

mit Schaudern in den Jemen,[4] nach Libyen, Afghanistan, Ägypten aber auch nach Tunesien,[5] Jordanien,[6] Kuwait,[7] in den Sinai, in den Libanon und verweilen gedanklich ganz besonders im Gebiet der Palästinenser. 1976 wurde für Palästina ein Friede auf der Grundlage von Selbstbestimmung vorgeschlagen. Den 1948 vertriebenen Palästinensern wäre es gestattet gewesen, in die besetzte Westbank, Ostjerusalem und in den Gaza-Streifen zurückzukehren oder eine Entschädigung für den Verlust ihres Landes zu erhalten. Sämtliche diesbezüglichen Resolutionen wurden von Israel nicht beachtet.[8] Es kommt daher auch nicht überraschend, dass der palästinensische Präsident Abbas im Oktober 2015 die sogenannte 1993er Osloer Grundsatz-Vereinbarung vor der UN-Generalversammlung fast aufgekündigt hätte. Dieser vehemente Protest von Abbas richtet sich auch gegen die völlig zahnlose, westliche Nahostpolitik.[9]

Häufig stehen auch das sunnitische Saudi-Arabien und der schiitische Iran auf verschiedenen Seiten. So hat sich das saudi-arabische Königreich im Jemen-Konflikt an der Spitze einer Militärkoalition hinter die regierungstreuen Truppen gestellt, während der Iran die schiitischen Houthi-Rebellen, aber auch die Hamas in Gaza, die Hizbollah im Libanon und das Assad-Regime in Syrien unterstützt. Es geht nicht wirklich um Schiiten oder Sunniten.[10] Saudi-Arabien

---

Alawiten halten nur aus Angst vor den Jihadisten, für die sie Ketzer und Vogelfreie sind, zum Regime.

4 Jemen ist unter „Yemen“ bei den UN Dokumenten zu finden, siehe auch FN 296.

5 **Wandler**, Reiner, Tunesien setzt gegen Terrorismus auf harte Hand, in: der Standard, 29.07.2015, S. 7 International.

6 **Smetana**, Marian, In der Stadt der Flüchtlinge, Zaatari ist das zweitgrößte Flüchtlingscamp der Welt. 82 000 Flüchtlinge warten hier bis der Bürgerkrieg in Syrien ein Ende findet, in: SN 13.08.2015, S. 6 Weltpolitik.

7 **Frefel**, Astrid, Kuwait nach Terroranschlag um Einigkeit bemüht, in: der Standard, 29.06.2015, S. 6 International.

8 **Qumsiyeh**, Mazin, Kanaan: Ein gemeinsames Land, Menschenrechte und der israelisch-palästinensische Kampf, Frankfurt am Main, 2015, S. 363. Siehe auch: **Simader**, Elisabeth, Die westliche Finanzkrise, Frankfurt, 2013, Alte und neue Arabische Liga – begleitende Politik und die Palästina Frage, S. 168 ff.

9 **Full text of Abbas's 2015 address to the UN General Assembly**, “Palestine is a state occupied by Israel and no longer bound by 1993 Olso Accords, Palestinian Authority president says.” http://www.timesofisrael.com/full-text-of-abbas-2015-address-to-the-un-general-assembly/, abgefragt am 01.10.2015. Siehe dazu auch Interview von **Riyad**, Malki, geführt von Harrer Gudrun, in: der Standard, 13.10.2015, S. 9 International. „Präsident Abbas hat die Tür offengelassen.“

10 **Dabashi**, Hamid, Vortrag, Sunniten und Schiiten, Diplomatische Akademie Wien, 15.10.2015, 19–21 Uhr.

und die Golfstaaten fürchten sich vor einem starken Iran und vor einer Umzingelung von Pro-Iran-Gemeinschaften, daher verwundert es auch nicht, dass gerade Saudi-Arabien und Qatar Interesse daran haben, dass Organisationen wie der Islamische Staat zur Bedrohung für alle Schiiten werden. Daher gibt es überall Schauplätze von Kämpfern, die sich unter einem Banner des Terrors versammelt haben und Anschläge am laufenden Band produzieren.[11] Die Mitverantwortung westlicher Staaten und Russlands an diesem Chaos ist ebenfalls evident und die Erkenntnis, dass Kriege wie in Afghanistan, im Irak und in Syrien nicht allein mit militärischen Mitteln entschieden werden können. Auch die Existenz und Achtung von universellen Menschenrechten gerät immer mehr unter Beschuss.[12]

Warum beherrschen die rituellen Kopfabschneider[13] weite Teile Syriens und des Iraks? Warum konnte sich Abu-Bakr al Baghdadi zum Kalifen ausrufen?[14] Warum sind im Libanon, im Jemen, in Libyen, Ägypten, Afghanistan und Pakistan die sunnitischen Ränder für den Extremismus anfällig? Sie wollen alle das Goldene Zeitalter[15] des Islam und das Kalifat zurückzuholen, und zwar mit allen

---

11 **Anschlagsserie auf den Sinai erschüttert Ägypten**, in: der Standard, 02.07.2015, S. 6. Siehe auch: **Konersman**, Paula, Unterwegs, unbehaust und ungeliebt, UNHCR Jahresbericht, 59,5 Millionen Menschen sind weltweit auf der Flucht, höchste Zahlen aller Zeiten, in: Islamische Zeitung, 242. Ausgabe, August 2015, S. 9.

12 **Mittelstrass**, Jürgen, Rückkehr des Dreißigjährigen Kriegs, in: der Standard, 12.12.2015, S. 1A, 2A.

13 **Ramsauer**, Petra, Die Dschihad Generation, Wien, Graz, Klagenfurt, 2015, S. S. 32 ff.

14 **Harrer**, Gudrun, Ein Jahr IS in Mossul: Keine Rettung in Sicht, in: der Standard, 10.06.2015, S. 3 International, „Zum Zustand der irakischen Armee konnten die US-Militärberater nur verwundert feststellen, dass diese nicht die gleiche war, die sie mit viel Geld und Einsatz bis zum US-Abzug 2011 ausgebildet hatten. 50 000 vom Staat ausgebildete Soldaten standen nur auf dem Papier."

15 **Osman**, Nabil, Usrati, Lehrbuch für modernes Arabisch, landeskundliche Information, S. 73. „Nach dem Sieg der Araber bei Samarkand 751 n. Chr., erfahren diese von chinesischen Kriegsgefangenen das Geheimnis der Papierherstellung. Wegen seiner praktischen Handhabung fand das Papier bei den Arabern schnelle Verbreitung. Im Jahre 794 entstand in Bagdad die erste Papiermühle (in Deutschland erst 1389 in Nürnberg). Das Papier konnte billig hergestellt werden und erleichterte die Produktion von Büchern, die sich explosionsartig verbreiteten. Überall im arabischen Raum entstanden Buchbasare, Bibliotheken und Buchhandlungen. Schon 891 zählt ein Reisender in Bagdad über 100 öffentliche Bibliotheken. Jede Stadt errichtete ihre Bibliothek, ausgestattet mit Lesesälen, Arbeitsplätzen für Übersetzer und Abschreiber, sowie Räumen zu Diskussionen. Hunderttausende Bücher lagerten in städtischen Bibliotheken und standen einem ganzen Volk zur Verfügung. Nicht nur öffentliche Einrichtungen legten sich Sammlungen an, sondern auch Sultane, Kalifen, Emire und auch einfache

Mitteln.[16] Die Ideologie des IS wird als eine besonders militante Interpretation des Salafismus verstanden, nicht unähnlich dem Wahhabismus in Saudi-Arabien. Die Saudis werden darauf nicht gerne angesprochen. Die Vertreter dieser Glaubensrichtung wollen moderne Gesellschaften dahin gehend reformieren, dass sie Gefallen an der idealisierten Gesellschaft des Ur-Islams in Mekka und Medina des siebenten Jahrhunderts finden.[17]

Wie kann man also eine Atmosphäre für Menschen mit verschiedenen Konfessionen schaffen, damit sie bereit sind, Kompromisse zu schließen, um für künftige Generationen eine bessere Zukunft zu gewährleisten? Wie reagiert man richtig auf die Bedrohung des Terrorismus? Wie bindet man Despoten ein? Wie rettet man das Heer der Flüchtlinge? Wie kommt man zu einer neuen Konfliktkultur im Nahen und Mittleren Osten? Wie rüstet man verbal und atomar ab?[18] Staudinger Martin hat einmal gesagt, einen sunnitisch-schiitischen Krieg kann niemand gewinnen. Das Feuer wird überall brennen. Das sollten wir um jeden Preis verhindern. In'shaallah – wo gibt es Gerechtigkeit und ist das Streben nach Gerechtigkeit wirklich das Leitmotiv aller Rechtsordnungen – auch der Scharia?[19] Welche Form von Islam wird sich durchsetzen? Die saudisch-wahhabitische

---

Privatleute aus allen Ständen. Der Wert des Besitzes eines Arabers des 9. bis 13. Jahrhunderts wurde auch am Bestand seiner Bücher gemessen. So kam es, dass der Umfang der Bibliothek eines arabischen Privatmannes des 10. Jahrhunderts mitunter größer war, als der Buchbestand eines Klosters im damaligen Abendland." Siehe auch: **Petersohn**, Alexandra, Islamisches Menschenrechtsverständnis unter Berücksichtigung der Vorbehalte muslimischer Staaten zu den UN-Menschenrechtsverträgen. Dissertation 1999 an der Rechts- und Staatswissenschaftlichen Fakultät in Bonn, S. 33. „Die arabo-islamische Blütezeit zwischen dem 9.–13. Jh., 1258 wurde durch den Sturm der Mongolen das Kalifat der Abbasiden mit dem Zentrum in Bagdad vernichtet. Komplizierte wirtschaftliche und soziale Verhältnisse waren die Folge."

16 **Rogan**, Eugene, Die Araber. Eine Geschichte von Unterdrückung und Aufbruch, Berlin 2012, S. 579. „Wie die Muslimbruderschaft in Ägypten und Syrien, hofft die Hizbollah im Libanon darauf, das menschliche Recht durch göttliches Recht zu ersetzen."

17 **Alizadeh**, Homayoun, über das Buch von Steinberg, Guido, Kalifat des Schreckens, IS und die Bedrohung durch den islamischen Terror, in: International, II/2015, S. 66, 67.

18 **Adel al Jubeir**, saudi-arabischer Außenminister im Interview mit Harrer Gudrun, Der Konfessionalismus begann 1979, in: der Standard 28./29.11.2015. Saudi-Arabien sieht den Iran nicht als missionarischen Staat, sondern als Nationalstaat der nach Hegemonie in der Region strebt.

19 **Sachs**, Jeffrey, Armut auslöschen, Gleichheit schaffen. Globalisierung und Digitalisierung formen die Welt neu. Die Ungleichheit nimmt zu, immer mehr Menschen werden an den Rand gedrängt. Was tun? Ein Denkanstoß vom Forum Alpbach, in: der Standard, 22./23.08.2015, S. 35.

Variante oder eine modernere, gemäßigtere Form? Ein Scharia-Vorbehalt oder die volle Gewährung von Menschenrechten ohne Scharia-Vorbehalt ist letztendlich abhängig von der politischen Situation in jedem islamischen Land.

Die weit ausgelegte Scharia ist für viele Muslime ein grundsätzlich positiv bewertetes religiöses Erbe.[20] Eine Umfrage durch die World Public Opinion Organisation[21] ergab 2007, dass 76 Prozent der Befragten in Marokko, 74 Prozent in Ägypten, 79 Prozent in Pakistan und 53 Prozent in Indonesien die Anwendung der Scharia in allen islamischen Ländern befürworten und ebenfalls die Rückkehr des Kalifats wünschen.

Dies hat im Westen, besonders seit 9/11 eine Angstwelle ausgelöst, die heute durch den sogenannten Islamischen Staat in Syrien, im Irak, im Jemen und Libyen noch potenziert wird. „Zum Profil des IS gehören möglichst aufsehenerregende Anschläge auf Schiiten und andere religiöse Minderheiten, um konfessionelle Spannungen zu multiplizieren und in dem anschließenden allgemeinen Chaos tatsächlich oder psychisch die Macht zu übernehmen."[22] Heute werden vor allem auch durch die großen muslimischen Flüchtlingsströme nach Europa alte und neue Ängste geschürt.

---

20 **Rohe**, Mathias, Das islamische Recht, München, 2009, S. 15.

21 **Ist das Kalifat eine totalitäre Staatsform? (I)** http://www.die-einheit.org/index.php?option=com_k2&view=item&id=86:ist-das-kalifat-eine-totalit%C3%A4re-staatsform?-i&Itemid=177, abgefragt am 27.07.2015.

22 **Steinberg**, Guido, Avantgarde des internationalen Terrorismus, in: Deutsches Institut für Internationale Politik und Sicherheit, SWP-Aktuell 87, Oktober 2015, S. 1–8.

Einführung

1 Islamische Tatsachen

Islamische Länder und ihre muslimischen Gesellschaften werden durch islamische Wertemuster und islamische Rechtsnormen, die sowohl religiöse, politische, wirtschaftliche und militärische Komponenten beinhalten, geprägt. "Islam is not a private religion, it is an ideology and a way of life that takes into account every act of the state and the individual."[23]

Um mit islamischen Ländern zusammenzuarbeiten, aber auch um mit diesen Staaten multilaterale menschenrechtliche Verträge abschließen zu können, ist es notwendig, soziokulturelle, ökonomische und politische Strukturen dieser Länder zu kennen. Nichtakzeptanz oder Scharia-Vorbehalte bei multilateralen Verträgen sind erst durch Wissen über den Islam zu verstehen, daher möchte ich mich diesem Teil im 1. und 2. Kapitel ganz besonders widmen.

Das Ziel des Menschenrechtsausschusses ist die Aufhebung dieser feststehenden, aber auch der versteckten Scharia-Vorbehalte, wenn sie gegenüber bestimmten Menschengruppen ungerecht sind.[24] Problematisch ist in diesem Zusammenhang die Mediation,[25] die Streitschlichtung, aber auch der Minderheitenschutz für Muslime, beispielsweise im hinduistischen Indien, wo davon ca. 170 Millionen Muslime betroffen sind. Gewisse Sachverhalte werden nach islamischem Recht bereits seit 1400 Jahren erfolgreich praktiziert. Daher gibt

---

23 **Nyazee**, Imran Ahsan, Islamic Law and Human Rights, Research Papers, Vol. VI. No. 1–2 (2006) editors Michael Geistlinger, University Salzburg, Muhammad Yusuf Faruqi, International Islamic University in Islamabad, Pakistan, p. 7, siehe auch: **Farhadi**, Asghar, Film, Nader und Simin. Eine Trennung, Goldener Bär, Berlin, 2013.

24 Siehe unten: Beitrag zur Minderheit in Indien – versteckter Scharia-Vorbehalt.

25 **Preuß**, Roland, Justiz in Deutschland. Wie islamische Schiedsgerichte für mehr Frieden sorgen sollen, in: Süddeutsche Zeitung, Politik, 02.02.2012. http://www.sueddeutsche.de/politik/justiz-in-deutschland-wie-islamische-schiedsgerichte-fuer-mehr-frieden-sorgen-sollen-1.1274279, abgefragt am 07.09.2015. Angedacht werden familienrechtliche Fragen, Ehe, Scheidung, Unterhalt und geschäftliche Verträge, bei denen Muslime Zinszahlungen vermeiden und der Täter-Opferausgleich. Siehe auch: **Duss von Werdt**, Josef, Einführung in die Mediation, Heidelberg, 2. Aufl. 2011, S. 82–85. „Vermitteln bedeutet, die Missverständnisse unter die Lupe nehmen. Verstehendes Vermitteln kann Unterschiede nicht auflösen. Hans Saner erwartet daher ‚Differenzverträglichkeit'." „[…] Wird es hingegen gemeinsam vereinbart, wird die Macht dazu gemeinsam verteilt und ausgeübt."

es in islamischen Ländern wenig Verständnis dafür, dass islamische Überzeugungen und islamisches Gewohnheitsrecht schlechter sein sollen, als westliche Vorschriften und Erkenntnisse.

Die Arbeit des Menschenrechtsausschusses liegt auch darin, dem islamischen Vertragsstaat den Sinn des unterzeichneten Menschenrechtsvertrages zu erklären und eine Basis für das Anliegen des Vertrages auch in der Scharia zu suchen und zu finden. Ein diesbezüglich reger Austausch zwischen den Gremien der Vereinten Nationen und der Organisation Islamic Conference, OIC[26] findet bereits statt. Scharia-Vorbehalte, die aber den Sinn des menschenrechtlichen, multilateralen Vertrages ad absurdum führen, wurden nicht immer akzeptiert.[27] Einwendungen von anderen Mitgliedsstaaten waren im Falle Pakistans erfolgreich. Der Scharia-Vorbehalt bei der Kinderrechtskonvention wurde mittlerweile aufgegeben.

2 Partieller Scharia-Vorbehalt – Beispiel Pakistan

Die Kinderrechtskonvention, Convention on the Rights of the Child, CRC,[28] ist von allen Staaten der Welt ratifiziert worden. Die Mehrheit der muslimischen Länder hat Scharia-Vorbehalte geltend gemacht. Andere Länder haben dagegen protestiert. Pakistan war so ein Land mit partiellem Scharia-Vorbehalt, "The right to provide education in accordance with Islamic values belongs to parents."[29] Partiell kann man diesen Vorbehalt deshalb nennen, weil die Kindererziehung islamischen Werten entsprechen muss, die den muslimischen Kindern in erster Linie von den Eltern vermittelt werden sollten. Pakistan hat diesen Vorbehalt aber 1997 wieder zurückgezogen, da man erkannt hatte, dass auch Schulen islamische Werte vermitteln können.

3 Genereller Scharia-Vorbehalt – Beispiel Afghanistan

Afghanistan hat zur Kinderrechtskonvention, Convention on the Rights of the Child, CRC, einen generellen Scharia-Vorbehalt abgegeben. "The Government

---

26 **OIC, Organisation of Islamic Conference**, http://www.oic-oci.org/subweb/comiac/10/en/comiac_10_dec_en.pdf, abgefragt am 05.03.2017.

27 **Nyazee**, Imran Ahsan, Islamic Law and Human Rights, siehe oben: p. 22.

28 **Convention on the Rights of the Child**, http://www.ohchr.org/EN/ProfessionalInterest/Pages/CRC.aspx, abgefragt am 05.01.2017.

29 **Nyazee**, Ahsan Imran, research papers, siehe oben pp. 20, 21. **Ein Scharia-Vorbehalt lautete**: "The right to provide education in accordance with Islamic values belongs to parents."

of the Republic of Afghanistan reserves the right to express, upon ratifying the Convention, reservations on all provisions of the Convention that are incompatible with the laws of Islamic Sharia and the local legislation in effect."[30] Wenn man diesbezüglich die gesamte Bandbreite der Scharia als Vorbehalt anbringt, zusätzlich auch noch lokale Gesetze den Vorrang genießen, heißt das für Afghanistan, dass auch der lokale Ehrenkodex, der Paschtun Wali, zur Anwendung kommt. Dann bedeutet das für den betreffenden Sachverhalt immer eine Abhängigkeit von der Auslegung der Scharia, was in Afghanistan dazu führt, dass die alten Herren Kindfrauen weiterhin schwängern dürfen. Ein afghanisches Sprichwort sagt nämlich: „Ein Mädchen sollte ihre erste Periode im Haus ihres Ehemanns haben, nicht im Hause ihres Vaters."[31]

4 Versteckter Scharia-Vorbehalt – Beispiel Arabische Emirate – IGH

Im Rahmen der Völkermordkonvention, Convention on the Prevention and Punishment of the Crime of Genocide, CPPCG[32] verpflichten sich die Vertragsstaaten in **Art 1**, Völkermord, sowohl begangen in Friedenszeiten als auch im Krieg, nach internationalem Recht als Verbrechen einzustufen, zu vermeiden und zu bestrafen. **Art 2** erklärt, dass unter Völkermord das absichtliche Verletzen, Töten und Auslöschen von ganzen oder teilweise nationalen, religiösen, ethnischen oder sozialspezifischen Gruppen zu verstehen ist. In **Art 3** werden die strafbaren Handlungen hinsichtlich Völkermordes aufgelistet – "Genocide. Conspiracy to commit genocide. Direct and public incitement to commit genocide. Attempts to commit genocide. Complicity in genocide." **Art 6** bestimmt, dass "responsible rulers, public officials or private individuals" bestraft werden sollen. **Art 9** sagt, dass für den Streitfall zwischen zwei Vertragsstaaten bezüglich der in **Art III** angeführten Verbrechen der **International Court of Justice** diesen Streit schlichten soll. "Disputes between the Contracting Parties relating to the interpretation, application or fulfillment of the present Convention, including those relating to the responsibility of a State for genocide or any of the

30 **Nyazee**, Ahran Imran, siehe oben p. 22.

31 **Afghanisches Sprichwort**, http://www.fask.uni-mainz.de/user/hagemann/ai_Afghanistan_Frauen_2003.pdf, abgefragt am 03.03.2017.

32 **Völkermordkonvention**, Convention on the Prevention and Punishment of the Crime of Genocide, http://legal.un.org/avl/ha/cppcg/cppcg.html, siehe auch: https://treaties.un.org/doc/Publication/UNTS/Volume%2078/volume-78-I-1021-English.pdf, abgefragt am 05.01.2017.

other acts enumerated in art III, shall be submitted to the International Court of Justice at the request of any of the parties to the dispute."[33] Bezüglich Art 9 gibt es von den **United Arab Emirates** einen **versteckten Scharia-Vorbehalt.** "The Government of the United Arab Emirates [...] makes a reservation with respect to article 9 thereof concerning the submission of disputes arising between the Contracting Parties relating to the interpretation, application or fulfillment of the present Convention [...]."[34] Es wird nicht erklärt, warum man sich gegen den International Court of Justice als obersten Streitschlichter wendet. Weder die Scharia noch die nationalen Gesetze werden als Grund angeführt, obwohl es natürlich einen schariatrechtlichen Hintergrund gibt, wie im nächsten Punkt beschrieben wird.

4.1 Diskussion Islamisches Recht versus Internationales Recht

In Mekka, Mohammeds Heimat lebten viele kriegerische Stämme. Hier galt das Recht des Stärkeren. Die Mekkaner konnten mit Mohammeds Lehre nichts anfangen, er musste fliehen und baute in Yathrib, das später nach ihm – Medina, Stadt des Propheten – benannt wurde, ein neues islamisches Gemeinwesen auf. Daneben verfolgte er zielstrebig das Vorhaben, die Mekkaner für seine „Ummah", die Gemeinschaft der gläubigen MuslimInnen zu gewinnen. Zwietracht und Spaltung, „fitna" war für ihn ein unerträglicher Zustand. Es war für ihn schlimmer als Krieg „qital". Unter „fitna"[35] subsummierte man später den Bürgerkrieg,[36] der niemals stattfinden sollte. Aus diesem Grund sah bereits das altarabische Gewohnheitsrecht Streitschlichter vor. Einer von ihnen war Mohammed. Mohammed wurde zum obersten weltlichen Richter für alle damaligen Muslime.[37] Mohammed hat die Mediation, die Suche nach Kompromissen perfektioniert.

---

33 **Völkermordkonvention**, siehe oben.

34 **Vereinigte Arabische Emirate, Art 9, Versteckter Scharia-Vorbehalt**, treaty collection, Kap. IV, Völkermordkonvention, https://treaties.un.org/Pages/Treaties.aspx?id=4&subid=A&clang=_en siehe weiter: https://treaties.un.org/Pages/ViewDetails.aspx?src=TREATY&mtdsg_no=IV-1&chapter=4&clang=_en, weiter mit https://treaties.un.org/Pages/ViewDetails.aspx?src=TREATY&mtdsg_no=IV-1&chapter=4&clang=_en#EndDec, abgefragt am 05.01.2017.

35 **Bobzin**, Hartmut, Mohammed, 2. Aufl. München, 2002, S. 98.

36 **Rauscher**, Hans, Europa und der Bürgerkrieg der Muslime, in: der Standard, 22./23.08.2015, S. 35. Heute findet fast in jedem muslimischen Land ein Bürgerkrieg statt.

37 **Scheck**, Frank Rainer, Die Weihrauchstraße. Von Arabien nach Rom. Auf den Spuren antiker Weltkulturen, Köln, 2006, S. 193.

Später, im Mittelalter zog man nach der klassischen schafiitischen Rechtsschule (dazu später) eine scharfe Abgrenzung zwischen „Haus des Islam" – den Gläubigen – „dar al Islam" und dem „Haus des Krieges"– den Ungläubigen – „dar-al harb". Durch das „Haus des Ausgleiches,"[38] durch Vermittlung und durch Verträge, sorgte man für ein gedeihliches Auskommen miteinander. Der Herrscher ist nach der Scharia auch heute noch oberster weltlicher Streitschlichter, der sich in einer Ratsversammlung von weisen Männern beraten lässt, bis Einstimmigkeit erzielt wird. Mediation hat also eine lange Tradition in der arabischen Kultur und Politik. Jeder islamische Herrscher ist auch heute noch oberster Streitschlichter. Nach islamischem Recht kann diese Position gar nicht an eine andere Instanz, wie den im Art 9 geforderten International Court of Justice, abgegeben werden. So ist dieser versteckte Scharia-Vorbehalt zu verstehen, aber die neue Verfassung der Arabischen Emirate verspricht Konsensbereitschaft mit dem Westen.[39]

Weltkriege und die Nürnberger Prozesse bildeten die Grundlage für die Genozid Konvention, um in Zukunft unmenschlich zugefügtes Leid zu vermeiden und zu bestrafen. Vielleicht werden die vielen Bürgerkriege im Rahmen der arabischen Aufstände eines Tages vor dem International Court of Justice aufgearbeitet werden, wenn islamische Herrscher von dieser Einrichtung überzeugt werden sollten.[40]

4.2 Vereinigte Arabische Emirate[41]

Seitdem die Beduinen das Seefahrerhandwerk erlernt hatten, erhielt das Gebiet am arabisch-persischen Golf den Namen Piratenküste. Im 16. Jh. war das Gebiet unter portugiesischer Herrschaft. Es folgten die Niederländer und die britische ostindische Handelskompanie. Diese wollte einen sicheren Seeweg, deshalb traf

---

38 **Rohe**, Mathias, Das islamische Recht, Geschichte und Gegenwart, München, 2. Aufl. 2009, S. 151.

39 **Die Vereinigten Arabischen Emirate** haben eine duale Rechtsordnung aus weltlichem und islamischem Recht (Scharia). Siehe: Preamble and Art 7 of the constitution. https://www.constituteproject.org/constitution/United_Arab_Emirates_2009.pdf?lang=en, abgefragt am 05.01.2017.

40 Innerarabische Konflikte möchte man aber zuerst selbst lösen. Im Syrienkonflikt hat in der Region erst einmal der Oman eine Vermittlerrolle eingenommen. Siehe dazu in: der Standard, (red) 07.08.2015, S. 4 International.

41 **Heard-Bey**, Frauke, Die Vereinigten Arabischen Emirate, zwischen Vorgestern und Übermorgen. Übersetzung aus dem Englischen, Lange, Wigand, Hildesheim, Zürich, New York, 2010, S. 5–73.

man 1853 mit den lokalen Scheichs ein Abkommen. Das englische Kolonialsystem begann sich bereits in den 60er Jahren aufzulösen und die Emire am Golf planten eine Föderation. Sie wollten weder von den Persern noch von den Saudis in deren Länder eingegliedert werden. 1969 bestimmten die Emire den Scheich von Abu Dhabi, Said Ibn Sultan, zum ersten Präsidenten dieses Bundes. Die Briten beendeten 1971 ihre Schutzherrschaft und aus sieben Scheichtümern der ehemaligen Piratenküste entstanden die Vereinigten Arabischen Emirate mit dem Herrscher von Abu Dhabi an ihrer Spitze.[42]

4.2.1 Verfassung der Arabischen Emirate

Seit 1971 gibt es eine Verfassung,[43] in der Abu Dhabi zum Sitz der zentralen Regierung erklärt wird, die für die Außen-, die Verteidigungs- und die Ölpolitik zuständig ist. Das höchste Gremium der Emirate ist nach **Art 46** der Verfassung der Supreme Council, der **Ältestenrat**, bestehend aus den Herrschern der sieben Emirate. Die Ratifizierung von Verträgen und internationalen Abkommen obliegt ihnen. Sie haben die oberste Kontrolle über sämtliche Ereignisse in den Emiraten. Aus ihrer Mitte wird einer für fünf Jahre zum Präsidenten gewählt und er schwört bei Allah "to be faithful to the United Arab Emirates." (**Art 52**) Die Scharia wird in **Art 7**[44] explizit in der Verfassung erwähnt. Die Präambel äußert aber den Wunsch nach Zusammenarbeit mit der westlichen Welt. "[…] progressing by steps towards a comprehensive, representative, democratic regime in an Islamic and Arab society free from fear and anxiety." […] "May Allah, our Protector and Defender, grant us sucess." **Art 12** der Verfassung will die Interessen der arabischen, islamischen Gesellschaft durch die gemeinsame Außenpolitik gestärkt wissen und diese auch in die UN Charta und in die international gebräuchlichen Standards einbringen. "The foreign policy of the Union

---

42 **Heard-Bey**, Frauke, Die Vereinigten Arabischen Emirate, zwischen Vorgestern und Übermorgen, siehe oben, siehe auch: **Emirate, Dubai**, http://www.diss.fu-berlin.de/diss/servlets/MCRFileNodeServlet/FUDISS_derivate_000000004121/02_GeschichteEntwicklungWirtschaft.pdf?hosts=, abgefragt am 03.01.2017. Siehe auch: **Al Fahim**, A. J. Mohammed, Vom Wüstensand zum Wohlstand, Abu Dhabi, 2014.

43 **United Arab Emirates Constitution**, https://www.constituteproject.org/constitution/United_Arab_Emirates_2004.pdf, abgefragt am 03.01.2017. Siehe auch: https://www.constituteproject.org/constitution/United_Arab_Emirates_2009.pdf?lang=en, Amendments through 2009.

44 **Verfassung Emirate**, siehe oben: **Art 7** "Islam shall be the official religion of the Union. The Islamic Shari'ah shall be a principal source or legislation in the Union. The official language of the Union shall be Arabic."

shall be directed towards support for Arab and Islamic causes and interests and towards the consolidation of the bonds of friendship and cooperation with all nations and peoples on the basis of the principles of the charter of the United Nations and ideal international standards."[45]

Art 25 sagt, dass alle Menschen vor dem Gesetz gleich sind [...] "without distinction between citizens of the Union in regard to race, nationality, religous or social status." **Art 26** stellt fest, dass niemand gefoltert oder verächtlich behandelt werden darf. [...] "No person shall be subjected to torture or degrading treatment." Darüber befindet der Supreme Court der Emirate. Der oberste Richter wird vom Ältestenrat bestimmt und der Präsident der Emirate, also einer von den sieben Herrschern aus dem Ältestenrat, ernennt ihn**. (Art 96**) Gerechtigkeit ist die Basis der Herrschaft. **(Art 94)** Der oberste Richter ist nur dem Gesetz und seinem Gewissen gegenüber verantwortlich. Die Urteile des Supreme Court sind endgültig und bindend, aber das letzte Wort hat der Präsident der Emirate und der stützt sich auf das Gesetz und das ist die Scharia und die schariakonformen nationalen Gesetze, die Ruhe und Ordnung in ihrer Gesamtheit gewährleisten.

Art 121 listet sämtliche exklusiven Kompetenzen der Union in Gesetzgebung und Rechtsprechung auf. **Art 123** bestätigt eine Ausnahme betreffend der "exclusive jurisdiction of Union in matters of foreign policy and international relations."

Anknüpfend an diesen Artikel gäbe es wohl einen Verhandlungsspielraum für den Menschenrechtsausschuss, wenn man durch gegenseitiges Vertrauen den Sinn des Art 9 der Genocid Konvention dem Partnerstaat Vereinigte Arabische Emirate plausibel erklären kann, in Bezug auf Völkermord eine neutrale, extraterritoriale Instanz damit zu befassen, zumal **Art 140** auch davon spricht, dass "Offensive war shall be prohibited in accordance with the provisions of international charters [...] and offer views on all matters pertaining to defence maintenance of peace and security of the Union."[46]

Krieg war für Mohammed eine defensive Angelegenheit und die letzte mögliche Alternative. Dafür gibt es unzählige Beweise im Koran, in der Sunnah, in der islamischen Rechtsprechung, in der islamischen Geschichte und nach dem Verständnis der sunnitischen Rechtsgelehrten, wie Abu Hanifa. Muslime sind nicht verpflichtet, auch nicht berechtigt im Namen des Glaubens präventiv unschuldige Männer, Frauen und Kinder zu töten.[47] „Zündeleien" wie ethnische und

45 **United Arab Emirates Constitution**, siehe oben.

46 **United Emirates Constitution**, siehe oben.

47 **Munir**, Muhammad, Zusammenfassung, Isamic Jus ad Bellum and Jus in Bello, Research Papers, vol. VI. no. 1–2(2006) editors Michael Geistlinger, University

religiöse Verfolgungen können aber eskalieren, so steht es schon im Koran, und dieser Vers wird von den radikalen Islamisten wörtlich interpretiert.

Peter Hammond[48] geht heute davon aus, dass man bei einer muslimischen Bevölkerung von über 80 Prozent in einem Land annehmen kann, dass es ethnische Säuberungen und Genozide gibt. Aktuelle Nachrichten und Bevölkerungsstatistiken bestätigen diese Behauptung.[49]

5 Versteckter Scharia-Vorbehalt beim Minderheitenschutz für Muslime im hinduistischen Indien

Indien, das Ursprungsland von Hinduismus, Jainismus,[50] Buddhismus und Sikhismus[51] verfügt heute über eine unüberschaubare Sprachen- und Völkervielfalt mit regionalen Besonderheiten. Die Kolonialmacht England, aber auch die Araber mit dem Islam haben zusätzliche Probleme hinterlassen, für die, die heutige Regierung kaum Lösungen findet. Zusätzlich wird Indien bereits heute bescheinigt, dass es in naher Zukunft das bevölkerungsstärkste Land der Welt sein wird. Nach UN Schätzungen wird Indien 2050 ca. 1,61 Milliarden Menschen beherbergen und somit China mit bis dorthin geschätzten 1,42 Milliarden Menschen überflügeln.[52] Indien, die größte, liberale Demokratie der Welt, ist bis heute ein hinduistisch geprägtes Land geblieben, obwohl es nach Indonesien und Pakistan von der weltweit drittgrößten sunnitisch muslimischen Bevölkerung,

---

Salzburg, Muhammad Yusuf Faruqi, International Islamic University in Islamabad, Pakistan, p. 2. Siehe dazu auch: **Scheik Muhammad Afifi al Akiti**, Verbot von Angriffen auf Zivilisten, deutsche Übersetzung Abd al Hafidh Wentzel, Hellenthal, Ludwigshafen, 2006, Ausgangsfrage S. 21.

48 **Hammond**, Peter, Slavery, Terrorismus and Islam: Historical Roots and Contemporary Threat, Cape Town, South Africa, 2005. Chapter 4, Jihad-Islamic Holy War pp 67 ff.

49 **Petersohn**, Alexandra, Islamisches Menschenrechtsverständnis unter Berücksichtigung der Vorbehalte muslimischer Staaten zu den UN-Menschenrechtsverträgen, Dissertation, Bonn 1999, S. 53. Beispiel Iran, mit christlicher, jüdischer und zoroastrischer Minderheit aber vor allem die Baha'i als größte nicht-muslimische Minderheit.

50 **Freitag**, Gottfried, Glossar, in: Bundeszentrale für politische Bildung, Heft 257, siehe auch: http://archive.is/K6PG6, abgefragt am 01.01.2017. Jainismus: Eine Strömung, eine Sekte, die im 5. Jh. v. Chr. im heutigen Bihar aus dem Hinduismus entstand und heute in ganz Indien vertreten ist.

51 **Freitag,** Gottfried, Glossar, in: Bundeszentrale für politische Bildung, Heft 257, siehe oben. Sikhismus: Eine dem Hinduismus und dem Islam nahestehende Sekte.

52 **Indien überholt China**, Weltbevölkerung wächst bis 2050 auf acht Milliarden, in: SN, 14.07.2009, S. 5.

und nach dem Iran, von der zweitgrößten Anzahl von Schiiten bewohnt wird. Geschichtlich bedingt leben im Norden und Westen Indiens ca. 170 Millionen Muslime. Davon entfallen 95 % auf Sunniten hanifitischer Prägung[53] und 3 % auf Schiiten.[54]

5.1 Der Islam in Indien

Der Islam in Indien ist vielschichtig und zusätzlich beschwert durch den Hinduismus, durch national-hinduistische Parteien, das traditionelle Kastensystem, aber auch durch die unterschiedliche Rechtsauslegung der Scharia. Die Religionsgemeinschaft der Sikhs sorgt zusätzlich für emotionalen Sprengstoff und für Muslimenverfolgung bis hin zu Pogromen.[55]

Ethnische Gräben reichen zurück bis ins siebente Jahrhundert, in die Zeit der Islamisierung. Im wechselnden Rhythmus besteuerte man Nichtmuslime oder befreite sie wieder davon. Im 16. Jh. sorgte der bekannte islamische Moghulherrscher Akbar für die Abschaffung der Kopfsteuer für Nichtmuslime, aber eine Verschmelzung von Hinduismus und Islam gelang auch ihm nicht. Das 17. Jh. läutete erneut Intoleranz in Glaubensangelegenheiten ein. Der Muslime Aurangzeb führte wieder die Kopfsteuer für Nichtmuslime ein und in weiten Teilen des Landes auch die Scharia. Hindu Zentren und Sikh Tempel wurden zerstört. Im Gegenzug verwüstete man Moscheen – im 20. Jh. sogar die Babur Moschee, worauf der Führer der Unberührbaren, der „Dalits",[56] Ambedkar Bhimrao Ramji, ein Jurist und Verfassungsrechtler eine getrennte Wählerschaft anstrebte. Er stieß damit auf erbitterten Widerstand bei Mahatma Gandhi, dessen erklärtes

53 **Islamische Rechtsschulen**, siehe unten.

54 **Freitag**, Gottfried, Glossar, in: Bundeszentrale für politische Bildung, Heft 257, siehe oben. Islam in Indien: Kastensystem, Muslimische Seefahrer und archaische Krieger brachten den Islam im 7. Jh. n. Chr. über die Seidenstraße nach Indien. Um 711 standen die Araber in Sindh und sie bekehrten niedrigkastige und kastenlose Hindus. Mit der Zeit vermischten sich islamische und hinduistische Elemente zum indischen Islam. Heute sind die indischen Muslimen, mit einer Bevölkerung von über 170 Millionen, die größte Minderheit Indiens und die größte Minderheit überhaupt.

55 **Sprung**, Christoph, Aspekte der Heterogenität des Islam in Indien, S. 1–5. http://www.suedasien.info/analysen/1463, abgefragt am 05.01.2017.

56 **Freitag**, Gottfried, Glossar, siehe oben. „Dalits" sind Menschen, die aufgrund ihres sozial niedrigen Status und wegen ihrer unreinen Tätigkeiten, wie Latrinen reinigen, Behandlung von toten Tieren, auch wegen ihres Alkohol- und Fleischgenusses, von anderen Kastenangehörigen nicht „berührt" werden dürfen. Sie waren „outcasts", von denen man sich fernzuhalten hatte.

Ziel es war, die Spaltung der Bevölkerung in Eliten und Unberührbare zu überwinden. 1906 erhob Sir Sayyid Ahmad Khan die Forderung nach Selbstverwaltung der Muslime. Mahatma Gandhi predigte aber den gewaltlosen Widerstand gegen die britische Herrschaft. Ghandi erkannte, dass auch das mächtige Britische Empire nicht ganz Indien kontrollieren konnte, wenn die beherrschten Menschen nicht irgendwie daran mitwirkten. 1909 wurden für Muslime dennoch getrennte Wählerschaften mit eigenen Kandidaten und eigenen Wahlmodi eingeführt. Es kam zur Abspaltung der „All India Muslim Leage“ vom „Indian National Congress“. Die säkular ausgerichtete Kongress Partei trachtete nach der Unabhängigkeit eines geeinten Indiens, während die Muslim Leage einen eigenen Staat wollte.[57]

Ab 1934 verschmälerte sich Gandhis Einfluss. Jawaharlal Nehru[58] und Abdul Kalam Azad dominierten den indischen Nationalkongress. Gandhi[59] konnte die zunehmenden Spannungen zwischen Hindus und Muslimen und die Teilung Indiens nicht mehr verhindern. Nach der Teilung mussten 12 Millionen Menschen eine neue Heimat finden, über eine Million Menschen fanden dabei den Tod.

1948 wurde Gandhi von einem Hindu-Nationalisten, der ihm eine Bevorzugung von Muslimen vorwarf, in Delhi erschossen. So entstanden ein muslimisches Pakistan, das „Land der Reinen“ und ein hinduistisches Indien mit einer beachtlichen muslimischen, unterprivilegierten Minderheit. Pogromartige Massaker mit Tausenden Todesopfern sind bis heute keine Seltenheit.[60]

2007 wurde der muslimische, indische Präsident Abdul Kalam durch die 72-jährige Pratibha Patil[61] abgelöst. Die erste hinduistische indische Präsidentin ließ schon vor ihrer Wahl mit der Aussage aufhorchen, dass Frauen in Indien

---

57 **Scheidler**, Fabian, Das Ende der Mega Maschine, Geschichte einer scheiternden Zivilisation, Wien, 2015, S. 207 ff. „Der Kopf ist rund, damit das Denken seine Richtung ändern kann.“

58 **Jawaharlal Nehru Biographie**, http://www.biography.com/people/jawaharlal-nehru-9421253, abgefragt am 10.03.2017.

59 **Freitag,** Gottfried, Glossar. Siehe oben: Bundeszentrale für politische Bildung, **Gandhi**.

60 **Zur Geschichte des Islam**, http://www.politische-bildung-brandenburg.de/publikationen/pdf/islamische_geschichte.pdf, abgefragt am 05.01.2017.

61 **Mentschel**, Stefan, „Besser spät als nie“, Pratibha Patil ist Indiens erste Präsidentin, http://www.bpb.de/internationales/asien/indien/44467/ehemalige-staatspraesidentin-patil, abgefragt am 10.03.2017.

ihren Schleier ablegen sollen, denn dieser war vor Jahrhunderten nur zu ihrem Schutz vor arabischen Eroberern eingeführt worden.[62] Hindus machen den konservativen Norden Indiens für permanente Unruhen verantwortlich, weil man dort zu lange damit beschäftigt war, muslimische Horden aus dem Hindukusch abzuwehren. Bei den Muslimen [...] „genossen Frauen eine Art Objektschutz vor dem feindlichen Begehren – und gelten bis heute als willenloses Eigentum."[63]

Umgekehrt verspotten die Muslimen die Hindus, weil bei ihnen nur Söhne den Scheiterhaufen der Eltern anzünden dürfen, weil nur männliche Nachkommen erbberechtigt sind und weil Mädchen mit üppiger Mitgift ausgestattet werden müssen, was diese zur Bürde für die Familie macht. Das Mitgiftsystem ist gesetzlich verboten, erfreut sich dennoch großer Beliebtheit – und wer mehrmals in den Genuss einer Mitgift kommen will, bringt seine Frau einfach um. Straffverfolgung und Aufklärung sind in Indien spärlich vorhanden, Gesetze am Papier sind in Indien schwer zu exekutieren, wenn es parteipolitisch nicht opportun erscheint, werden Frauenrechte auch gerne am patriarchalen Altar geopfert. „7000 Mitgift-Morde verzeichnet das indische Innenministerium jährlich, die Dunkelziffer liegt vermutlich beträchtlich höher."[64] Als eine weitere Folge des Mitgiftsystems werden fünf Millionen weibliche Föten jährlich abgetrieben.[65] Der daraus resultierende Männerüberschuss widmet sich gerne dem Frauenhandel, um den Heiratsmarkt mit jungen Frauen zu versorgen. Die Behörden ignorieren die zunehmende Gewalt gegenüber Frauen und Mädchen.[66]

In den besseren Bevölkerungsschichten, in den Städten wird Gleichberechtigung in der Ehe und im Beruf vollzogen, während auf dem Land, auch in den Städten beim Großteil der weiblichen Bevölkerung religionsbedingt, archaische Zustände herrschen. Nichtsdestotrotz versteht sich Indien als weltlicher Staat.

---

62 **Hasnain Kazim**, Präsidentschaftskandidatin spricht mit totem Guru, http://www.spiegel.de/politik/ausland/indien-praesidentschaftskandidatin-spricht-mit-totem-guru-a-491047.html, abgefragt am 10.03.2017.

63 **Padma Rao**, Indien, Willenloses Eigentum, in: der Spiegel 46/2003, S. 159.

64 **Welser**, Maria, Wo Frauen nichts wert sind. Vom weltweiten Terror gegen Mädchen und Frauen, München, 2014.

65 **Möllhof**, Christine, Indiens Millionen verschwundene Mädchen, in: der Standard, 6./7. Februar 2016, S. 11 International. „Indiens Frauenministerin Maneka Gandhi will Schwangerschaften überwachen lassen, um die massenhafte Abtreibung von Mädchen einzudämmen."

66 **Germund**, Willi, Wut und Trauer um Damini, Gewalt. Nach dem Tod des Vergewaltigungsopfers rufen Inder nach mehr Sicherheit, in: SN, Weltpolitik, 31.12.2012, S. 4.

Religion hat in der Politik nichts zu suchen, dennoch regiert die Religion über das Gesetz und durch die Parteien mit.[67]

5.2 Muslim Personal Law (Shariat) Application Act von 1937

Eine Besonderheit im vermeintlich säkularen Indien ist seine Gesetzgebung im Familien- und Eherecht, die jeweils eigene Regelungen für Hindus, Sikhs, Jains, Buddhisten und Muslime aufrecht hält. In Indien ist das Eherecht der Religionszugehörigkeit untergeordnet. Dies beinhaltet, dass es für Muslime ein eigenes Familien- und Eherecht gibt. Sie sind das Herzstück der Scharia.[68] Es gilt daher das Muslim Personal Law (Shariat) Application Act von 1937 für ganz Indien – außer in Jammu und Kaschmir.[69] "Application of Personal Law of Muslims. – Notwithstanding any customs or usage to the contrary, in all questions (save questions relating to agricultural land) regarding intestate succession, special property of females, including personal property inherited or obtained under contract or gift or any other provision of Personal law, marriage, dissolution of marriage, including talaq, ila, zihar, lian, khula and mubaraat, maintenance, dower, guardiaship, gifts, trusts and trust properties, and wakfs (other than charities and charitable institutions and charitable and religious endowments) the rule of decision in case where the parties are Muslims shall be the Muslim Personal Law (Shariat)."[70]

5.3 Muslim Women Act

Für die Scheidung wurde 1986 der Muslim Women Act[71] erlassen, (Protection of Rights on Divorce) der auch das Thema **Mahr, Brautgeld** und die **Frage des**

---

67 **Kestenholz**, Daniel, Indiens misshandelte Frauen. Machokultur. Patriarchat und Frauenfeindlichkeit sind im Alltag tief verwurzelt, in: SN, Weltpolitik, 31.12.2012, S. 4.

68 **Schirrmacher**, Christine, Frauen unter der Scharia: Strafrecht und Familienrecht im Islam. Internationale Gesellschaft für Menschenrechte (IGFM) November 2008, http://www.igfm.de/fileadmin/igfm.de/pdf/Publikationen/Dokumentationen/IGFM_Frauen_unter_der_Scharia_2005.pdf, abgefragt am und 05.01.2017.

69 **Muslim Personal Law, (Shariat) Application Act 1937, India, Global law**, http://policy.mofcom.gov.cn/GlobalLaw/english/flaw!fetch.action?libcode=flaw&id=0c993780-a7c0-4814-bc9c-e547166bf9cc&classcode=920, abgefragt am 05.01.2017.

70 **Islamisches Recht**, http://www.legalserviceindia.com/article/l302-Sources-of-Islamic-Law.html, abgefragt am 05.01.2017.

71 **Islamisches Familienrecht in Indien**, http://www.legalserviceindia.com/article/26-Family-law.html, abgefragt am 29.03.2017.

Unterhalts definiert. Wir werden das auch im 3. Kapitel in den arabischen Länderberichten lesen.

5.3.1 Fall Shah Bano

Berühmt wurde der Fall von Shah Bano,[72] in Indien. 1985 verklagte Bano ihren geschiedenen Mann auf Unterhalt. Der Oberste Gerichtshof hatte ihrer Klage stattgegeben. In diesem Fall wurde nicht islamisches Recht zur Entscheidung herangezogen, sondern das Gericht bezog seine Argumentation auf ein britisch-indisches Gesetz. Der Mann ist zum Unterhalt verpflichtet, damit die Frau kein Sozialfall wird. Orthodoxe muslimische Rechtsgelehrte verdammten dieses Urteil, weil sich der Gerichtshof in islamische Rechtsvorschriften, die den Unterhalt für Frauen anders regeln, eingemischt hatte. Im Islam ist eine **Heirat** ein **Kaufvertrag**, mit dessen Aufkündigung auch alle Verpflichtungen des Ehemannes erlöschen. Unterhalt dürfte nur für drei Monate nach der Scheidung gezahlt werden. Die Regierung unter Rajiv Gandhi schloss sich der Sichtweise der Ulamah, der konservativen, islamischen Rechtsgelehrten an, nicht den säkularen Vorschriften, weil man befürchtete, dass sich eine große Anzahl von bisher gemäßigten Muslimen den konservativen Kräften anschließen könnte. Ich führe dieses Beispiel hier an, weil man auch in Europa vermehrt dazu übergeht, in eherechtlichen Angelegenheiten bei Muslimen die Scharia zu beachten, während man in den USA von muslimischen Flüchtlingen verlangt, einen Vertrag zu unterzeichnen, der eine Reihe von Zusagen beinhaltet, sich den Gesetzen und Werten der Mehrheitsgesellschaft unterzuordnen.[73]

5.3.2 Muslime im demokratischen englischen System

Während große Teile des indischen Rechts durch den Eingriff der Engländer sowie die Gesetzgebung der indischen Parlamente entscheidende Modifikationen erfuhren, blieb das Muslim-Familienrecht weitgehend unverändert. Dies ist auf den Widerstand der Ulamah, der muslimischen Rechtsgelehrtenschaft zurückzuführen, die die Scharia als Richtschnur idealen islamischen Verhaltens sieht und dem säkularen indischen Staat nicht gestattet, islamisches Recht

---

72 **Gurpreet Mahajan**, Gleichberechtigung und Minderheitenrechte, Widersprüche der liberalen Demokratie in Indien, http://www.wissenschaft-und-frieden.de/seite.php?artikelID=1064, abgefragt am 05.01.2017.

73 **Buc**, Philipp, Interview geführt von Friedrich Otto, Man traut nicht den Fakten der anderen Seite, in: die Furche, 05.01.2017, S. 4, 5.

zu reformieren.[74] Als Jürgen Todenhöfer 1975 als junger Abgeordneter der indischen Premierministerin Indira Gandhi einen unerbetenen Vortrag über die Bedeutung der Menschenrechte für die westliche Politik hielt, fragte diese erstaunt: ‚Glauben Sie das wirklich?'[75]

2008, bemühte sich in England der Erzbischof von Canterbury[76] in seiner Vorlesung über ziviles und religiöses Recht, um eine bessere Integration von 1,7 Millionen Muslime im demokratischen, englischen System. Er stieß dabei auf fast unüberwindliche Grenzen, als er feststellte, dass die Anwendung der Scharia in strittigen familien- und eherechtlichen Fällen für Muslime nicht ausgeschlossen werden soll. Ausdrücklich sprach er sich gegen Verstümmelungen und Enthauptungen im Namen Allahs aus, **befürwortete aber islamisches Recht bei der Streitschlichtung**, das auf den Koran, die Sunnah, den Konsens der Rechtsgelehrten und den Analogieschluss (dazu später) zurückgreift und einer Mediation nahekommt. Streitschlichtung war Mohammeds Spezialität, wurde auch von seinen unmittelbaren Nachfolgern, seinen Gefährten, den vier recht geleiteten Kalifen und von den Rechtsgelehrten der vier anerkannten Rechtsschulen angewandt.[77]

5.4 Die liberale Demokratie in Indien

Die liberale Demokratie in Indien ermöglicht den Frauen fundamentale Menschenrechte und gleiche Bürgerrechte, gemäß ihren Wünschen und Bedürfnissen. Als Hindernis für deren Umsetzung erwiesen sich das Patriarchat und die konservative Interpretation der Scharia im Familien- und Eherecht. Zusammen

---

74 **High Court gives Muslim woman maintenance under CrPC 283794, 13.03.2008**, court news, http://supremecourtofindia.nic.in/courtnews/2008_issue_1.pdf, abgefragt am 03.03.2017, siehe auch: **Wenn Richter Recht importieren.** Selbst die Scharia kann in privatrechtlichen Fragen in Österreich angewendet werden. **Entscheidung 9 Ob 34/10 f**. „Der OGH hat in seinem erwähnten Urteil betont, dass das Ordre Public weit auszulegen sei. Man dürfe ausländisches Recht nicht ignorieren, nur weil eine Lösung im Widerspruch zu heimischen Recht stehe oder ‚unbillig' erscheine". In: SN, 22.03.2011, S. 19 Gericht & Recht.

75 **Todenhöfer**, Jürgen, Inside IS – 10 Tage im islamischen Staat, 20. Auflage, München, 2015, S. 20.

76 **Borger**, Sebastian, Solche Ideen sind ziemlich gefährlich, in: der Standard, 9./10.02.2008, International, S. 7.

77 **Alder Yasin**, Wie können Streitigkeiten geschlichtet werden? https://www.islamische-zeitung.de/wie-koennen-streitigkeiten-geschlichtet-werden/, abgefragt am 10.03.2017.

konservierten sie zwar die formale Gleichheit der Frauen vor dem Gesetz, aber auch die reelle Ungleichheit in der Praxis.

Frauen richten ihre Forderungen an den Staat, der individuelle Forderungen aber nur berücksichtigt, wenn diese von Gruppen vorgetragen werden, die bei demokratischen Wahlen entscheidend sind. In Indien richtet sich das politische Augenmerk nicht auf die individuelle Autonomie, sondern auf die Gleichberechtigung unterschiedlicher Bevölkerungsgruppen und auf den Minderheitenschutz. Muslime sind im hinduistischen Indien eine Minderheit von über 170 Millionen Menschen. Frauen sind ein Teil von ihnen, außerdem zählen sie zu unterschiedlichen Ethnien, unterschiedlichen Kasten,[78] was so viel bedeutet wie Stämme, Clans, Familien. Sie kommen vom Land oder aus der Stadt. Die Identität ist breit gefächert. Das Verhalten des Staates gegenüber religiösen Gruppen hat zu deren Stärkung geführt, weil Mehrheit und Minderheit in demokratischen Wahlen neu bestimmt werden. Die religiöse Identität ist in Indien bedeutsam und der einzelne Mensch wird dieser Identität, dieser Gruppe untergeordnet. Die Politik orientiert sich an den religiösen Führern und deren Wünschen. So sichert man sich ausgiebig Unterstützung bei Wahlen.

Die Kongresspartei hat sich daher aus Sorge um Wahlverluste gegen das Urteil des Obersten Gerichtshofes im Fall Shah Bano entschieden und der **Muslim Women's Bill** den Vorrang erteilt. Die Realität in Indien besteht in der Tatsache, dass weder der Markt noch die Demokratie die Macht der Religion untergraben konnten.

5.5 Minderheitenschutz allgemein und in Indien

Minderheitenschutz ist ein Begriff aus dem Völkerrecht und umfasst ethnische und nationale Minderheiten, deren Rechte man durch internationale Verträge, wie beispielsweise durch den Internationalen Pakt über die politischen und bürgerlichen Rechte, und andererseits durch innerstaatliches Recht, wie durch die Verfassung oder durch nationale Regelungen und Gesetze versucht, vor Missbrauch zu schützen. Ein Schutzmechanismus soll das Recht auf die eigene Sprache, Religion und die eigenen Traditionen bewahren und einem Radikalismus vorbeugen. In Indien hat dieser Minderheitenschutz für 170 Millionen MuslimInnen zur Einschränkung von Individualrechten für Frauen geführt und nicht zur Notwendigkeit einer frauenfreundlichen Interpretation und Reform der Scharia und der ihr untergeordneten Familien- und Eherechtsgesetze.

78 **Welser**, Maria von, Wo Frauen nichts wert sind, München, 2016, S. 135, 136.

Eigentlich könnte man doch annehmen, dass sich die islamische und die westliche Welt durch die Migration einer großen Anzahl von Muslimen, durch die mediale Vernetzung, sowie durch die voranschreitende Globalisierung heute viel nähergekommen sind, als je zuvor in der Geschichte und daher auch viel Wissen über den anderen besitzen. Bei Menschenrechts- und Frauenrechtsfragen wird immer deutlicher, wie viel Verständnislosigkeit und Nichtwissen den Diskurs immer noch prägen und wie wenig die Grundlagen des jeweils anderen Rechts- und Kulturverständnisses bekannt sind. Konkret bedeutet das im Westen weithin fehlendes Wissen über den Islam.

Wenig Wissen existiert aber auch über das spezifisch islamische Menschenrechtsverständnis mit seiner Überordnung der Scharia über alle von Menschen geforderten Rechte. Gering zu nennen ist auch die westliche Kenntnis der rechtlichen Stellung der Frau im Islam, die in viel geringerem Maß durch eine individuelle Lebensgestaltung und in viel größerem Maße von den schariatrechtlichen Vorgaben zum Eherecht geprägt ist, als das im Westen vielen vorstellbar erscheint.[79]

Um den Gesprächsfaden mit diesen Ländern nicht gänzlich zu durchschneiden, hat das UN-Gremium sich auf einen Deal eingelassen und arbeitet auf eine Rücknahme von jeglicher Art von Scharia-Vorbehalten hin. Die Devise lautet: Man muss den Dialog mit allen Menschen suchen.[80] Für einen Dialog benötigt man aber Frieden, den es im 21. Jahrhundert in vielen arabisch islamischen Ländern nicht gibt.

---

79 **Schirrmacher**, Frauen unter der Scharia, Gesellschaft für Menschenrechte, http://de.europenews.dk/Frauen-unter-der-Scharia-Strafrecht-und-Familienrecht-im-Islam-79066.html, abgefragt am 05.01.2017.

80 **Nyazee**, Imran Ahsan, Islamic Law and Human Rights, Research Papers, Vol. VI. No. 1–2 (2006), editors Michael Geistlinger, University Salzburg, Muhammad Yusuf Faruqi, International Islamic University in Islamabad, Pakistan, p. 22.

6 Arabisch Islamische Länder und der Islam im Vergleich

Zum Kernraum der islamischen Länder[81] zählen 16 arabische Länder – Saudi-Arabien[82] einerseits, die Vereinigten Emirate, Bahrain, Qatar, Kuwait, Oman, Jemen, Ägypten, Irak, Syrien, Libanon, Libyen, Marokko, Algerien, Jordanien und (Palästina) andererseits. Obwohl in den zentralasiatischen, süd- und südostasiatischen Ländern über 700 Millionen Muslime leben und auch in den muslimischen afrikanischen Staaten die Geburtenrate ohne Ende zunimmt, hat man diesen Staaten bisher zu wenig Aufmerksamkeit geschenkt. In den zahlenmäßig größten muslimischen Ländern, wie Indonesien leben über 213 Mio., in Bangladesch über 127 Mio., in Pakistan über 156 Mio. Muslime. Darüber hinaus gibt es in der größten Demokratie der Welt, in Indien eine Minderheit von über 170 Mio. Muslime,[83] über die ich gerade berichtet habe. Mein Schwerpunkt liegt auf den arabischen Ländern, die seit 2011 Schlagzeilen schreiben und dem schiitischen Iran, der strengsten konservativen muslimischen Theokratie mit weiteren ca. 80,5 Millionen Muslimen und Musliminnen.

Für eine fruchtbare Zusammenarbeit mit muslimischen Staaten im Menschenrechtsbereich ist ein behutsames Vorgehen erforderlich. Besonders persönliche und politische Freiheiten sind in muslimisch geprägten Ländern anders ausgestaltet als in westlichen Staaten. Die Rolle der Frau im Islam unterscheidet sich je nach Interpretation der Scharia ganz enorm von unserem Rechtsverständnis, daher ist explizit ein Blick in die jeweilige Verfassung des islamischen Landes

---

81 **Islamische Länder**, https://www.welt-atlas.de/karte_von_islamische_staaten_10-1046, abgefragt am 20.07.2015. Siehe auch: Wie viele islamische Länder mit über 50 % islamischer Bevölkerung gibt es? http://www.shia-forum.de/index.php?/topic/35200-wievielislamische-laender-gibt-es/, Afghanistan, Ägypten, Albanien, Algerien, Aserbaidschan, Bahrain, Bangladesch, Brunei, Burkina Faso, Dschibuti, Elfenbeinküste, Gambia Guinea, Indonesien, Irak, Iran, Jemen, Jordanien, Qatar, Kirgistan, Komoren, Kuweit, Libanon, Libyen, Malaysia, Malediven, Mali, Marokko, Mauretanien, Niger, Oman, Pakistan, Saudi-Arabien, Senegal, Somalia, Sudan, Syrien, Tadschikistan, Tschad, Tunesien, Türkei, Turkmenistan, Usbekistan, Vereinigte Arabische Emirate, abgefragt am 03.03.2017.

82 **Niederndorfer**, Florian, Ein Spanier, der die Religionen versöhnen will. König-Abdullah-Zentrum für interreligiösen Dialog in Wien, Anmerkung von Bandion-Ortner zur Hinrichtungspraxis von Hauptsponsor Saudi-Arabien: „Nicht jeden Freitag wird geköpft", […] „Auspeitschung des saudischen Regimekritikers Raif Badawi." in: der Standard, 11.08.2015, S. 26.

83 **Heinsohn**, Gunnar, Söhne und Weltmacht, München, 2008, S. 56. Siehe auch: **Islam und Entwicklungszusammenarbeit in Asien**, GTZ Gesellschaft für technische

zu werfen und zu prüfen, ob der Islam zur Staatsreligion erklärt wurde. Diese Tatsache entscheidet über Personalstatut, Familien- Ehe- und Scheidungsrecht, alle Kerngebiete der Scharia und sie sind bedeutsam für die Rechtsprechung im Zivilprozess. Im Großen und Ganzen herrscht Unklarheit. In einer patriarchalen Gesellschaft werden der Koran und die Hadithe so interpretiert, dass Frauen benachteiligt sind und von politischen, sozialen und wirtschaftlichen Entscheidungsprozessen fast zur Gänze ausgeschlossen bleiben. Ihr Selbstbestimmungsrecht wird dem Gemeinschaftsinteresse untergeordnet.[84] Gudrun Harrer hat den ägyptischen Friedensnobelpreisträger Mohamed el Baradei gefragt, warum die meisten arabischen Staaten so zerfallsgefährdet wären und er hat geantwortet: „Die Staaten haben ihren Bürgern nichts gegeben, wie sollten sich diese mit ihren Staaten identifizieren? Die Menschen suchen sich Subidentitäten – von der Familie, der Ethnie bis zu Religion und ihren Unterteilungen in Sunna und Schia. Der Staat wird nicht als Beschützer, sondern als Gegner wahrgenommen."[85]

Der Koran wurde im siebenten Jahrhundert nach Chr. offenbart, genauer über 23 Jahre hinweg. Mit Mohammeds Tod gilt das Offenbarungsgeschehen als abgeschlossen und Gottesrecht will seit beinahe 1400 Jahren genau dasselbe wie das universelle Völkerrecht,[86] nämlich eine Gesellschaft entstehen lassen, die zum Guten aufruft, gebietet was Recht ist, und verbietet was verwerflich ist.[87] „Der Islam lädt alle Menschen der Welt dazu ein, Rassenüberlegenheit, sprachliche Arroganz, wirtschaftliche

---

Zusammenarbeit, EZ, Entwicklungszusammenarbeit, Stand September 2005. http://www.gtz.de/de/aktuell/13383.htm, abgefragt am 05.01.2017.

84 **Schirrmacher**, Christine, Spuler-Stegemann, Ursula, Frauen und die Scharia, München, 2004, S. 35, 38.

85 **El Baradei**, Mohamed, im Interview mit Harrer Gudrun, Es ist das tiefe Gefühl der Demütigung, in: der Standard, 25.11.2015, S. 4.

86 **Tätigkeitsbericht der UNO**, Rede des UN Generalsekretärs vor der UN Vollversammlung, 2004, S. 26. Der Generalsekretär der Vereinigten Nationen, Kofi Anan, bekräftigte, dass diese Herrschaft des Rechts vor der Herrschaft der Macht auf der ganzen Welt wiederhergestellt werden muss. ‚Recht vor Macht nicht Macht vor Recht'. Mit anderen Worten sagte Generalsekretär Kofi Anan bei einer anderen Gelegenheit: 'A United Nations that will not stand for human rights is a United Nation that cannot stand for itself.' Am Ende seiner Amtszeit richtete er scharfe Worte an den permanenten, amerikanischen Rechtsverletzer, an Präsident George W. Bush. http://www.un.org/Depts/german/gs_sonst/a59-2005add2.pdf, abgefragt am 22.02.2017. http://www.theguardian.com/world/2004/sep/21/iraq.usa2, abgefragt am 22.02.2017.

87 **Schröter**, Hiltrud, Das Gesetz Allahs, Menschenrechte, Geschlecht, Islam, Christentum, Frankfurt, 2007, S. 19. In Sure 3,110 sagt Allah: „Ihr seid die beste Gemeinschaft, die je unter Menschen hervorgebracht worden ist. Ihr gebietet das Rechte und verbietet

Privilegien und vor allem die Überlegenheit der Blutsverwandtschaft, die Stammesherrschaft, zu beseitigen."[88] Der Weg ist im Orient und im Okzident unterschiedlich, das Ziel dasselbe: Frieden, Gerechtigkeit und Respekt zwischen den unterschiedlichen Völkern, ihren Kulturen und Respekt zwischen Männern und Frauen.

6.1 Deus lo vult - Gott wollte es so

Auch bei den Päpsten hieß es: „Deus lo vult" und man „entsorgte" Kinder bei einem Kinderkreuzzug. Ähnlich den heutigen Kindersoldaten, rekrutiert aus den muslimischen „youth bulge",[89] dem männlichen, arbeitslosen Jugendlichenüberschuss wurden auch die christlichen Waisenkinder zum Töten geschult und mit utopischen Versprechungen in den Krieg geschickt und dort entsorgt. Die christlichen Nachfolger der Apostel waren nicht weniger begabt beim Abschlachten[90] von Menschen, als Mohammeds Nachfolger, die Kalifen. Es gab

---

das Verwerfliche und glaubt an Allah. Wenn die Leute der Schrift glaubten, wäre es besser für sie. Unter ihnen sind Gläubige, die meisten von ihnen aber sind Frevler." Siehe auch: **Zirker**, Der Koran, S. 49. Frevler deshalb, weil viele nur den Islam annahmen, weil sie dann keine Steuer bezahlen mussten. Deshalb wurde die Kopfsteuer später auch auf die Muslime ausgeweitet.

88 **Zirker**, Koran, siehe oben, Sure 17:70, Zirker, S. 179, „Der Koran, die Gesetze Gottes haben den Kindern Adams, Mann und Frau Ehre (Würde) zugeteilt, allen unabhängig von Geschlecht, Rasse, Abstammung, Herkunft."

89 **Heinsohn**, Gunnar, Söhne und Weltmacht, München, 2008, S. 13, 14. „Youth bulge" stetig zunehmender männlicher muslimische Jugendanteil zwischen 15–25 Jahren. Siehe auch: **Dawkins**, Richard, Der Gotteswahn, 9. Aufl., Berlin, 2007, S. 429, 430. „Die Unterdrückung sexueller Erlebnisse zu zweit oder allein hier und heute wird gestillt durch das Verlangen nach paradiesischer Entladung im Jenseits. Unterdrückte Lust gepaart mit den Gedanken und den frommen Wünschen nach der Nähe des Propheten und den vielen wartenden Jungfrauen macht die zukünftigen ‚Jihatis' zu tödlichen Waffen, vergleichbar mit Streubomben". Vergleiche auch: **Zirker**, Hans, Koran, siehe oben, Sure 18:46, „Vermögen und Söhne sind der Schmuck des diesseitigen Lebens", S. 185.

90 **Scheidler**, Fabian, Das Ende der Mega Maschine, Geschichte einer scheiternden Zivilisation, Wien, 2015, S. 152, „Wo immer die europäische Trinität aus Militär, Händlern und Missionaren ihren Fuß hinsetzte, zerstörte sie über kurz oder lang egalitäre gesellschaftliche Organisationsformen." S. 144 ff., „Im Jahr 1884 deklarierte Leopold von Sachsen-Coburg und Gota, König der Belgier, ein Gebiet in Zentralafrika, das etwa zwanzigmal größer als Belgien war, mitsamt seinen Einwohnern, Bodenschätzen, Tier- und Pflanzenwelt als sein Privateigentum, über das er nach Lust und Laune verfügen konnte: den >Kongo-Freistaat<. […] „Die unvorstellbare Anzahl von zehn Millionen Menschen wurde durch Erschießungen, unmenschlichen Arbeitsbedingungen,

Sündennachlass und irdische Jungfrauen zur Belohnung. Frauenrechtlerinnen landeten auf dem Scheiterhaufen, weil sich auch christliche Männer vor zu viel Emanzipation fürchteten. Man machte sich gar nicht die Mühe, sie unter einer Burka zu verstecken, sie wurden gleich verbrannt. Auch die Judenverfolgung war kein menschenwürdiges Kapitel christlicher Nächstenliebe.

6.2 Die Aufklärung

Die Aufklärung brachte Licht in die dunklen Kammern der Mächtigen und üble Machenschaften wurden aufgedeckt. Ernüchterung und allseitige Bestürzung lieferten neue Ideen und zwei Weltkriege komplettierten die Betroffenheit über brutales Morden und Quälen. Die Gründung der Vereinten Nationen stellte einen Moment kollektiver Hoffnung dar. Menschliches Leid zeigte den Weg zur Allgemeinen Menschenrechtsdeklaration,[91] zu den Nürnberger Prinzipien,[92] zur Genocid Konvention, Convention on the Prevention and Punishment of the Crime of Genocide[93] und zur Ächtung des offensiven Krieges durch die UN Charta, zur allmählichen Trennung von Kirche und Staat,[94] zu den universellen Menschenrechtspakten und zu weiteren menschenrechtlichen Konventionen, die auch von

---

Inhaftierung und Vertreibungen umgebracht. Die Schrecken der belgischen Herrschaft wurden dank der unermüdlichen Arbeit des Journalisten **Edmund Morel**, der die erste internationale Menschenrechtskampagne der Geschichte lostrat, einer breiten Öffentlichkeit bekannt, auch **Mark Twain** schrieb ausführlich darüber. Doch kein einziger der Massenmörder wurde jemals vor Gericht gestellt. Die Konsequenz für Leopold bestand lediglich darin, dass er den Kongo 1908 an den Staat Belgien verkaufen musste – als wäre das Land mit seinen Bewohnern ein Sack Mehl. Federführend an der Plünderung der Bodenschätze und an dem Völkermord beteiligt war die **Société générale de Belgique**, der größte metallurgische Konzern Belgiens. Nach dem Ende des >Freistaates< führte das Unternehmen ungehindert seine Geschäfte fort, bis es 2003 in dem multinationalen Konzern **Suez Lyonnaise des Eaux** aufging, der 2008 wiederum mit **Gaz de France** zum zweitgrößten Energiekonzern der Welt fusionierte."

91 **UN Menschenrechtscharta**, RES/217, UN-Doc. 217/A-(III) http://www.un-documents.net/a3r217a.htm, abgefragt am 09.03.2017.

92 **Nürnberger Prinzipien**, (waren Grundlage für die Völkermordkonvention, AA/RES/260(III) Prevention and Punishment of the Crime of Genocide) http://home.snafu.de/kdv/contentpages/nuernberg.html, abgefragt am 09.03.2017.

93 **Convention on the Prevention and Punishment of the Crime of Genocide**, UN treaty Collection, Chapter IV, Human Rights, 1–16. http://www.ohchr.org/EN/ProfessionalInterest/Pages/CrimeOfGenocide.aspx, abgefragt am 03.03.2017.

94 Die Säkularität brachte aber nur in Westeuropa den Bedeutungsverlust der organisierten Religionen. Nicht einmal Amerika ist annähernd säkular wie Teile von Westeuropa.

fast allen islamischen Staaten mit und ohne Scharia-Vorbehalt unterzeichnet oder ratifiziert wurden – denn ein islamischer Staat darf mit Nichtgläubigen befristete Verträge abschließen, sofern diese nicht der Scharia widersprechen. “Today an islamic state is allowed to sign a treaty provides that is not against the fundamental principles of islam and it is in the interest of the Muslims.”[95]

6.3 Jesus und Mohammed

Im Gegensatz zu Jesus war Mohammed ein weltlicher Herrscher. Im Gegensatz zu Moses hat er sein „Gelobtes Land“ gesehen, erobert und alles getan, was Herrscher damals zu tun pflegten. Er überfiel Karawanen, führte Krieg und tötete Aufständische. Er trieb Steuern ein, unterzeichnete Abkommen und Verträge. Er schloss Frieden, verkündete Gottes Gesetze und er war der oberste irdische Streitschlichter.[96] Jesus wurde ans Kreuz genagelt, Mohammed starb 62-jährig in den Armen seiner jungen Frau Aisha.[97] Jesus sagte: „Gib dem Kaiser was des Kaisers ist und Gott was Gottes ist.“[98] Die Trennung zwischen Religion und Staat wurde bereits durch Jesus vollzogen und die Reduzierung der Staatsmacht um die Menschenrechte wurde durch multilaterale Verträge vor über 60 Jahren teilweise umgesetzt.

Heute dringen Menschenrechte zumindest im Westen schon mehr und mehr in das Bewusstsein der Menschen ein. Man hat begriffen, dass der Staat, der Herrscher nicht alles darf. Durch die Einwirkung der Menschenrechte auf die Gesellschaft hat sich bei uns die oberste Staatsmacht reduziert, aber nicht in einem muslimischen Staat, weil hier die öffentliche Diskussion über Menschenrechte

---

95 **Munir**, Muhammad, Islamic Jus ad Bellum and Jus in Bello, siehe oben, p. 16, siehe oben: Zirker, Koran, Sure 8: 56–58, S. 117.

96 **Schorn**, Josef, Die Araber. Aufstieg und Fall einer Großmacht. Prophet und Eroberer, in: SN, 04.02.2012, S. I und II Thema.

97 **Lewis**, Bernard, Interview mit dem amerikanischen Islamwissenschaftler Bernard Lewis über die religiöse Verwirrung in der arabischen Kultur von Werner Bloch, in: die Zeit Nr. 13, 2004, S. 1–3.

98 **Nembach**, U., Neukirch, J., Göttinger Predigten im Internet, „Jesu Wort hier stammt genau aus einer Situation, in der einige Leute in der damaligen Zeit – u.a. einige Pharisäer – zu ihm kamen, um ihn in einer bestimmten Angelegenheit zu einer politischen Stellungnahme zu bewegen: ‚Darf man dem Kaiser Steuern zahlen, fragten sie, ist das recht besehen nicht eine Art Abgötterei – gehört nicht alles Gott?‘ Die diese Frage stellten, waren Leute, die Gott vor ihre eigenen Ideen und Pläne spannen wollten. Jesu Antwort war, wie wir gehört haben. ‚Gebt ihr nur dem Kaiser, was des Kaisers ist, und gebt dann Gott, was Gottes ist.‘ Das heißt, haltet die beiden Dinge auseinander.“ http://www.predigten.uni-goettingen.de/archiv-7/051030-3.html, abgefragt am 22.02.2017.

lange unterbunden wurde. Je weniger man darüber wusste, desto größer war die Gefahr für Vorurteile. Aus den Länderberichten werden wir sehen, dass allmählich ein Öffnungsprozess in manchen arabischen Ländern begonnen hat.

6.4 Macht - Gewalt - Verhältnismäßigkeit

Im Islam liegt[99] die oberste Macht weiterhin bei Gott. Der Mensch kann Gott nicht einschränken. Die von Gott an den Herrscher geliehene Macht wird durch die Scharia selbst begrenzt und nicht durch ein Menschenrecht.[100] Dabei gibt es nur eine Ausnahme. Missbraucht der Herrscher seine Macht, entweder er ist ungerecht oder entfernt er sich vom Glauben, dann gibt das islamische Recht, die Scharia, den Gläubigen die Möglichkeit zur Revolution. Werden Gläubige angegriffen oder vertrieben, gibt ihnen der Koran das Recht sich im Rahmen der Verhältnismäßigkeit zu verteidigen. "Fight in the path of God those who fight you, but transgress not." „Bekämpft auf Gottes Weg die, die euch bekämpfen! Handelt aber nicht widerrechtlich. Tötet sie, wo ihr sie trefft, und vertreibt sie, wie sie euch vertrieben haben. Aber übertreibt nicht."[101] Verhältnismäßigkeit ist das Zauberwort.

Diese Auffassung deckt sich mit dem Völkerrecht, das den Gebrauch von Gewalt nur zur Selbstverteidigung erlaubt und individuelle und kollektive Selbstverteidigung durch nachträgliche Zustimmung des UN-Sicherheitsrates, unter Kap VII der UN Charta miteinschließt.[102] Männliche muslimische Kriegsgefangene wurden wie heute nach dem Internationalen Humanitären Recht der Genfer Konvention von 1949 behandelt. Überliefert ist auch, dass Verwundete niemals getötet wurden.[103] Frauen und Kinder landeten nach dem Prinzip der Reziprozität in der Versklavung. Diese Regelung war bereits damals arabisches Gewohnheitsrecht. Sklavenhaltung gehörte zum arabischen Alltag und war eine

99 **Petersohn**, Alexandra, siehe oben, FN 49, S. 56. Ausnahme: Türkei und Turkmenistan – Turkmenistan hatte als ehemalige Unionsrepublik der Sowjetunion eine ausgeprägte laizistische Verfassung.

100 **Ibn Khaldûn**, Die Muqaddima. Betrachtungen zur Weltgeschichte, aus dem Arabischen übersetzt von Alma Giese, München, 2011, ‚Sich auf Autorität etwas einzubilden, ist ein Mangel an Vernunft. Die Herrschaft gehört Gott allein. Er kann sie geben und nehmen.'

101 **Bobzin**, Hartmut, Mohammed, 2. Aufl., München, 2002, S. 96, 97,105. Eine Art Selbstverteidigungsrecht. Siehe oben: **Munir**, Muhammad, research papers, p. 19. Sure 59:5 gilt als Rechtfertigung für die Zulässigkeit bestimmter Kriegsmittel.

102 **Munir**, Muhammed, Islamic Jus ad Bellum and Jus in Bello, siehe oben: pp. 20, 21, 22.

103 **Munir**, Muhammed, Islamic Jus ad Bellum and Jus in Bello, siehe oben: pp. 8, 9.

Möglichkeit zum Erwerb billiger Arbeitskräfte und Ehefrauen.[104] Eine diesbezügliche Änderung kann nur durch eine andere Lesart unter Verwendung der Sure 3:7[105] des Koran erfolgen. Abfall vom Islam ist noch heute gleichbedeutend mit Staatsverrat und wird mit dem Tod bestraft. Die Vermehrung der Gläubigen wurde und wird angestrebt. Im Koran heißt es: „Vermögen und Söhne, sind Schmuck des diesseitigen Lebens." […][106] Kinder von Muslimen sind in jeden Fall auch Muslime und bleiben es lebenslang. Auch das werden wir in den Länderberichten bestätigt vorfinden.

6.5 Der Universalitätsanspruch

Der Universalitätsanspruch[107] des UN Menschenrechtskatalogs wird von vielen muslimischen Ländern in manchen Punkten infrage gestellt. Seit 1981 gibt es Allgemeine Erklärungen der Menschenrechte im Islam,[108] die darauf hinweisen, dass der Islam schon seit 1400 Jahren ethische Standards festgelegt hat und daher den westlich geprägten Idealvorstellungen kein Exklusivrecht darüber zustehe. Koran und Überlieferung enthalten rechtliche Aussagen über die Stellung und Rechte der Frau bezüglich Eheschließung, Scheidung und Erbrecht und sie bestimmen noch heute in den meisten muslimischen Ländern und auch in den Ländern mit großen muslimischen Minderheiten, wie in Indien den Alltag der Frauen.[109] Fundamentalisten sagen, dass die komplementären Rechte von Mann und Frau schon seit 1400 Jahren im Koran angelegt sind, während in der westlichen Gesellschaft Werte erst durch die Vernunft bestimmt werden müssen. Man

---

104 **Munir**, Muhammed, Islamic Jus ad Bellum and Jus in Bello, siehe oben: p. 10. Siehe dazu auch: **Hammond**, Peter, Slavery, Terrorism and Islam, Cape Town, 2010. pp 217 ff.

105 **Zirker**, Koran, siehe oben: Sure 3:7, S. 41. Wer Schlechtes will, wird den Vers schlecht deuten und die >Ummah< wird Schaden erleiden, wer Gutes bewirken will, wird den Vers gut interpretieren.

106 **Zirker**, Koran, siehe oben: Sure 18:46, S. 185.

107 **Willems**, Ulrich, Interview von Nimmervoll, Lisa, ‚Christliches Abendland gibt es nicht', in: der Standard, 04./05.07.2015, S. 3.

108 **Geschichte zur Entwicklung der Menschenrechte im Islam** http://europenews.dk/de/node/2737, siehe auch: **Menschenrechte im Islam**, http://www.enfal.de/insan-ha.htm, siehe auch: **The Cairo Declaration on Human Rights in Islam**, http://www.fmreview.org/Human-Rights/cairo.html, siehe auch: **Arabian Human Rights Charta**, http://www.humanrights.se/wp-content/uploads/2012/01/Arab-Charter-on-Human-Rights.pdf, alles abgefragt am 22.02.2017.

109 **Schirrmacher**, siehe oben, S. 21, siehe auch: **Zirker**, Koran, siehe oben: S. 349, 350; S. 60, Sure 4:34, Züchtigungsrecht des Mannes in der Ehe.

ist der Meinung, dass islamisches Recht eigentlich keines zusätzlichen, menschlichen Flickwerkes bedarf. Werden aber staatliche Gesetze, also zum Beispiel internationale Frauenrechte formuliert, sind diese schariakompatibel zu interpretieren, andernfalls muss jedes staatliche Gesetz der Scharia untergeordnet werden. Im Stufenbau der Rechtsordnung hat Gottesrecht Vorrang, wenn die weltliche Verfassung in den muslimischen Ländern den Islam als Staatsreligion definiert. Das ist eine Tatsache, die trotz Unterzeichnung oder Ratifizierung von multilateralen, menschenrechtlichen Verträgen gelebt wird. Bewerkstelligt wird diese bemerkenswerte „Symbiose" von Orient und Okzident – von Gottesrecht und internationalem Menschenrecht – durch den Scharia-Vorbehalt.[110]

Gremien der Vereinten Nationen sind daher gut beraten, wenn sie sich nicht nur mit ihren eigenen Statuten und der eigenen Rechtslage beschäftigen, sondern auch mit islamischem Recht. 9/11/2001 und die Ereignisse der jüngsten Vergangenheit haben gezeigt, dass der Islam auch heute noch kraftvoll die Welt verändern kann.

Der größte Beeinträchtigungspunkt bei internationalen Verträgen und Konventionen ist und bleibt der Scharia-Vorbehalt. Er ist der Dreh- und Angelpunkt[111] im islamischen Nationalstaat. Der Beitritt zu einem internationalen Vertrag mit Signalwirkung und Prestige darf keine Modeerscheinung oder Alibi Handlung sein, mit der man sich als souveräner Staat den Mantel des Fortschrittes und der Menschlichkeit umhängt und sich durch den Vorbehalt wieder ins Nirwana verabschiedet und lieb gewonnene, bequeme Traditionen vor allem [...] „männlichen Chauvinismus, fest gefügt wie die Gebirgsketten des Hindukusch,[112] [...] pflegt und mit dem Islam rechtfertigt."[113]

6.6 Grundrecht auf Information über alle Religionsphilosophien

Um das „Spannungsfeld" zwischen islamischem Recht und internationalen Menschenrechten zu „entminen", schlägt Professor Christina Jones-Pauly die Etablierung eines weiteren Grundrechtes auf umfassende Information bezüglich

110 **Nyazee**, Imran Ahsan, Islamic Law and Human Rights, Research Papers, Vol. VI. No. 1–2(2006), siehe oben: pp. 4, 7, 11.

111 **Ress**, G., Supranationaler Menschenrechtsschutz und der Wandel der Staatlichkeit, in: ZaöRV 64(2004), S. 621–639.

112 **Kreile**, Renate, Die Taliban und die Frauenfrage, eine historisch strukturelle Perspektive, S. 40. http://www.bpb.de/files/IRG596.pdf, abgefragt am 03.03.2017.

113 **Nyazee**, Imran Ahsan, Islamic Law and Human Rights, siehe oben: pp. 20, 21.

aller Religionsphilosophien vor.[114] Neben dem Grundrecht auf die eigene Kultur und die eigene Religion wäre es wegen der fortschreitenden Globalisierung, der flächenübergreifenden gesellschaftlichen Probleme angebracht, dass jeder Mensch mehr Kenntnisse über internationale Kulturen und Religionen erhält, zumal der Islam so allumfassend auf die Menschen einwirkt und sie einschränkt.

6.6.1 Aktion „Lies!"

Nachdem bereits in Deutschland, Frankreich, Spanien, Ukraine und Nordafrika kostenlose Koranexemplare verteilt wurden, gelangte nun diese Aktion „Lies!"[115] auch nach Österreich und führte zu angeregten Debatten, ob man den Koran einfach auf der Straße kostenlos verteilen darf. In Graz sah man keine rechtliche Handhabe, denn der Islam ist eine anerkannte Religion und die Religionsfreiheit ist laut Verfassung verankert. Salafistische Missionierung von der Straße aus, hält man aber für bedenklich, wenn religiöse Menschenfänger wie der Konvertit Pierre Vogel oder Sven Lau mit ihrer „heavy metal Botschaft des Islam"[116] durch die Städte Europas ziehen.

---

114 **Jones-Pauly**, Christina, Das Spannungsfeld zwischen islamischen Recht und Menschenrechten aus rechtsvergleichender Sicht. http://www.humanrights.ch/upload/pdf/0000990827_cjp_referat.pdf, abgefragt am 05.01.2017.

115 **Burgstaller**, Katrin, Grazer Stadtrat untersagt „Lies!" – Koranverteilung, in: der Standard, 27.11.2015, S. 7. Siehe auch pro und contra: **Seidl**, Conrad, Nötigung unterbinden, in: der Standard, 27.11.2015, S. 32, siehe auch: **Fürlinger**, Ernst, Ein Tor in die Radikalisierungsspirale, in: der Standard, 01.12. 2015, S. 27, „Studien belegen, dass die öffentliche Verteilung von Gratiskoranen durchaus als Anwerbung für die salafistische Szene benutzt wird. Weil mit dieser Praxis das Recht auf freie Religionsausübung missbraucht wird, sollte ihr Einhalt geboten werden." Siehe dazu auch: **Reidegeld**, Ahmad A., Handbuch Islam, Die Glaubens- und Rechtslehre der Muslime, Kandern im Schwarzwald, 2. Aufl., 2008, Die Übertreibung, S. 115 ff. Im letzten Jahrhundert entstanden zwei Reformbewegungen, eine davon ist die ‚**as Salafiya**', die **für die völlige Abschaffung der Rechtsschulen** eintritt. Sie stützt sich nur auf die Grundquellen Koran und Sunna und sie interpretieren diese wörtlich, dadurch kommt es immer wieder zu Streitigkeiten und Missverständnissen zwischen den Vertretern der Rechtsschulen und den Salafisten.

116 **Film-Dokumentation auf Arte**, Salafisten auf dem Vormarsch, Arte, 01.12.2015, 20 Uhr 15, siehe auch: **Ramsauer**, Petra, Die Dschihad Generation, Wien, Graz, Klagenfurt, 2015, S. 58.

1. Kapitel Die Scharia – der Werdegang Konzept islamischer Menschenrechte

1 Scharia „der Weg zur Wasserquelle – zur Tränke“[117]

Scharia bedeutet wörtlich aus dem Altarabischen übersetzt – der „Weg zur Wasserquelle“.[118] Im Koran wird die Scharia nur einmal in **Sure 45:18**[119] erwähnt, aber nicht im Sinne einer rechtlichen Bedeutung. Die historische Interpretation dieses Begriffes lässt aber den Schluss zu, dass man im siebenten Jh. n. Chr., zur Zeit einer Völkerwanderung aus dem Süden Arabiens, dem heutigen Jemen, nach Mekka, nach einer umsetzbaren rechtlichen Lösung für ein menschenwürdiges Zusammenleben von sesshafter und ziehender Bevölkerung[120] auf der arabischen Halbinsel gesucht hat. Für die damaligen Verhältnisse wurden durch den Koran Rahmenbedingungen für ein System von sozialer Sicherheit geschaffen.[121] Eine neue Familiengesetzgebung brachte enorme Verbesserungen zu den bestehenden archaischen Gepflogenheiten. Existierendes, lieb gewonnenes,

---

117 **Rohe**, Mathias, Das islamische Recht, München, 2009, S. 9. Siehe auch: **Reidegeld**, Ahmad A., Handbuch Islam, Die Glaubens- und Rechtslehre der Muslime, Kandern im Schwarzwald, 2. Aufl., 2008, S. 105. „Platz rund um einen Brunnenschacht, von dem aus man an das Wasser gelangen kann.“ „[…] Die Scharia ist die Art zu leben, die Gott den Muslimen vorgezeichnet hat, die Er für die Muslime wünscht.“

118 **Schirrmacher**, Christine, Spuler-Stegemann, Ursula, Frauen und die Scharia, München, 2004, S. 20, siehe auch: **Schröter**, Hiltrud, Das Gesetz Allahs, Frankfurt, 2007, S. 17.

119 **Zirker**, Hans, Der Koran, 2. Aufl., Darmstadt, 2007, S. 311, „Dann haben wir dich wegen der Verfügung auf einen Weg gebracht. Folge ihm und nicht den Gelüsten derer, die nicht Bescheid wissen.“

120 **Gerlach**, Iris, Jemen, Wasser in der Wüste, in: Spektrum Spezial, Heft 2/11. Im Bann der Wüste. Das Ringen um Wasser prägte die Hochkulturen des Altertums, S. 38–43. Zu dieser Zeit kam es im legendären Königreich Saba, heute Jemen zu einem furchtbaren Dammbruch und die Beduinen machten sich wegen Wassermangels auf eine Völkerwanderung in den Norden, nach Mekka und Medina. Saba verdankte seinen damaligen Reichtum dem Weihrauchhandel und einem über Jahrtausende gewachsenen Wissen in der Bewässerungstechnik. Der Koran schildert diesen Dammbruch in Sure 34:14,15. „Die Sabäer hatten doch in ihrem Wohnort ein Zeichen, das sie hätten beherzigen sollen. Zwei Gärten, einen zur Rechten und einen zur Linken, aber sie wandten sich ab, statt sich dankbar zu zeigen. Da sandten wir die Damm-Flut über sie und tauschten ihnen ihre beiden fruchtbaren Gärten gegen zwei andere ein, in denen es nur Dornbuschfrüchte, Tamarisken und einige wenige Zisyphusbäume gab.“

121 **Wilms**, Sulaiman, Stellen wir die falschen Fragen? […] „So wie der Qur'an, woran mehrere Gelehrte in den letzten Jahren erinnerten, ‚nicht vom Himmel fiel‘, sondern

arabisches, archaisches, frauenfeindliches Gewohnheitsrecht, bezogen auf die Frauen, die Familie, den Clan, den Stamm, inklusive der drakonischen Bestrafungsrituale wurden von Allah und seinem Propheten einer „diplomatischen Reform" unterzogen. Allah ist der alleinige Gesetzgeber, Prophet Mohammed[122] sein Sprachrohr. Prophet zu sein, bedeutete ein Mensch von tadellosem Charakter zu sein, vertrauenswürdig, anständig und ehrlich. Nach islamischer Auffassung war Mohammed gleichzeitig Gesandter Gottes für alle Völker.

Dadurch entstand damals wie heute ein **Spannungsverhältnis mit Andersdenkenden.** Der Islamismus ist kein neues Phänomen, er ist so alt wie der Islam selbst. Es hat seit der Ausbreitung des Islam, zum Teil auch im Umfeld des Propheten immer wieder Gruppen gegeben, die sich für einen gewaltbereiten Islam entschieden haben, einen kriegerischen Islam.[123] Mohammeds Familie lebte auch in ständiger Bedrohung. Dennoch wurde das Beste der Moral der Nomaden aufbereitet für die sesshafte Bevölkerung in den Oasenstädten und mit deren Vorstellungen harmonisiert. Arabien wurde zum Gelobten Land, die Beduinen zum auserwählten Volk und Arabisch zur alleinigen, heiligen Sprache des islamischen Gottesrechtes.[124]

Innerhalb kürzester Zeit schafften die islamisierten Araber den Aufstieg zur Weltmacht. Hilfreich für diese Entwicklung waren nicht nur hoch motivierte, islamische Soldaten,[125] sondern auch das müde gekämpfte Byzantinische Reich und das von dekadenten, korrupten, persischen Herrschern geführte neupersische Sassanidenreich. Natürlich ging es auch um Abgabenerleichterung. Wer den neuen Glauben annahm, brauchte keine Steuern leisten. Gab es Regelungsbereiche, für die Koran und Sunnah keine Gesetze vorsah, wurden bestehende Regeln einfach übernommen.[126]

---

sich in einer sozialen Situation entfaltete" […], in: Islamische Zeitung, November 2015, S. 11.

122 **Reidegeld**, Ahmad A., Handbuch Islam, Die Glaubens- und Rechtslehre der Muslime, Kandern im Schwarzwald, 2. Aufl., 2008, S. 65, 66.

123 **Jotiar Bamarni**, Mohammed, Die faszinierende Lebensgeschichte des letzten Propheten, Berlin, 2008, S. 127–130.

124 **Diner Dan**, Versiegelte Zeit, über den Stillstand in der islamischen Welt, Berlin, 2007, S. 137 ff.

125 **Zirker**, Der Koran, siehe oben: Sure 3:169, S. 54.

126 **Wiesehöfer**, Josef, Das antike Persien, Düsseldorf, 2005, S. 325. Siehe auch: **Rohe**, Mathias, Das islamische Recht, siehe oben: S. 22. Durch die schnelle Ausdehnung des islamischen Herrschaftsbereiches auf die großen ehemaligen byzantinischen und sassanidischen Länder benötigte man eine Verwaltung. Vielfach entstanden Militärlager als Herrschaftszentren, wie in Kufa im heutigen Irak oder Fustat in Ägypten. Hier wurde auch bereits muslimische Bevölkerung angesiedelt.

1.1 Arabien zur Zeit Mohammeds[127]

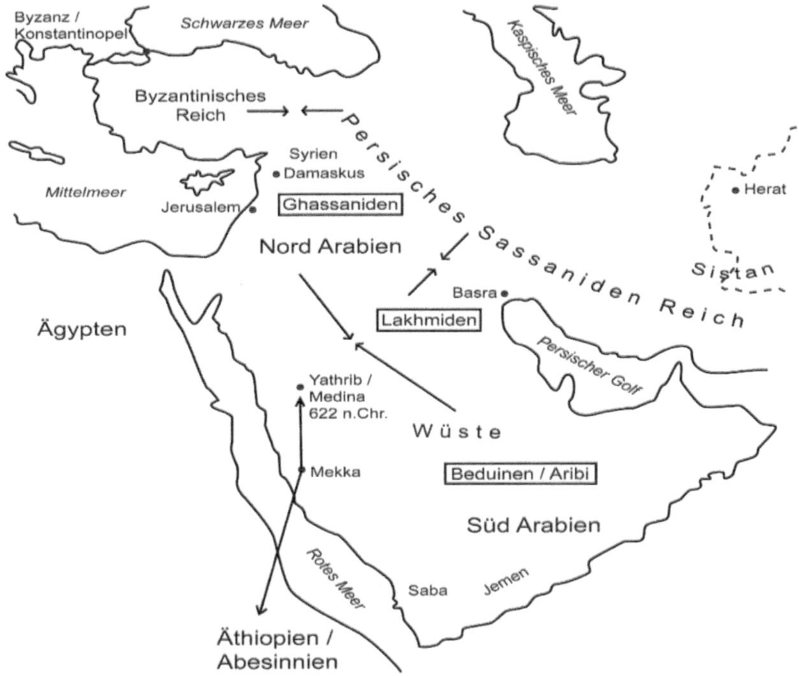

Abbildung 1: Karte, um ca. 622 n. Chr. zur Orientierung

20 Jahre nach Mohammeds Tod war der gesamte Nahe Osten muslimisch, aber auch Teile Mittelasiens, das Land am Euphrat und 711 gelangten muslimische Krieger von Marokko aus nach Spanien. Der Islam war kämpferisch aber nicht terroristisch. Er umschreibt klare Regeln für die Pflicht (fard, wadschib) über Verbotenes (haram), Empfehlenswertes (mandub), Tadelnswertes (makruh) und auch für Indifferentes (mubah).[128] Für die damalige Zeit war das enorm fortschrittlich.

127 **Karte:** selbst gezeichnet, nicht maßstabgetreu, dient aber der ungefähren Orientierung der interessierten LeserInnen.

128 **Petersohn**, Alexandra, siehe oben: S. 15. Vergleiche: **Rohe**, Mathias, Islamisches Recht, siehe oben: S. 10. Siehe auch: **Reidegeld**, Ahmad A., Handbuch Islam, siehe oben: S. 106, 107 und S. 132–138.

1.2 Der Gesetzgeber – die oberste Autorität – Allah

- Allahs[129] Gesetze wurden Mohammed über dreizehn Jahre in Mekka und zehn Jahre lang in Medina offenbart und er musste diese kundmachen.
- Die Gottesgesetzgebung hat eine ausgleichende Gerechtigkeit und den Erhalt der Schöpfung zum Ziel.
- Gegenüber Allah hat niemand Rechte, aber die Gläubigen haben Rechte gegeneinander, auch Ehefrauen gegenüber ihren Ehemännern.[130]

1.3 Der Koran – die Gottesverfassung

- Der Koran selbst, bestehend aus 114 Suren und 6219 Versen, gibt in **Sure 16:89**[131] den Hinweis, dass jede Offenbarung nach ihrer **Kundmachung** für Muslime ohne Unterschied des Geschlechts, der Rasse, des Landes und der Zeit **rechtsgültig** ist, und nur durch Allah abgeändert oder aufgehoben werden darf, was aber nicht heißt, dass der Text der Suren und Verse über die Jahrhunderte hinweg anders verstanden werden durfte. Gott hat zwar alles im Koran angelegt, aber die Rechtsgelehrten müssen erst mit ihrer Vernunft langsam alles begreifen und zum Wohle der Gesellschaft interpretieren.[132]
- Der Koran gibt Richtlinien für jeden Führer der >Ummah<, der Gemeinschaft der Gläubigen vor, für jeden Mann für jede Frau, arm oder reich, in Friedenszeiten wie in Kriegszeiten. Den ewig zerstrittenen, arabischen Stämmen wird vordergründig verdeutlicht, dass Gott alles sieht und alles hört.

---

129 **Reidegeld**, Ahmad A., Handbuch Islam, siehe oben: Herkunft und Art des Wortes ‚Allah', S. 35–50, ‚Die Eigenschaften Gottes werden vor allem durch die sogenannten 99 schönsten Namen dargestellt.' ar-Rahman, der Erbarmer, ar-Rahim, der Barmherzige, al-Malik, der Herrscher, der König, al-Quddus, der Heilige, as-Salam, der Frieden.

130 **Zirker**, Der Koran, siehe oben: Sure 4, die Frauen, S. 56–71.

131 **Zirker**, Der Koran, siehe oben: S. 172, siehe auch: **Güvercin,** Eren, Wie mit dem Qur'an leben? In: Islamische Zeitung, August 2015, S. 4. Die Quiraat sind die Rezitationsarten der koranschen Offenbarung und sie sind in den jeweiligen muslimischen Ländern unterschiedlich. […] „Die entscheidende Frage bei der Interpretation des Koran ist: Zu welchem Anlass wurde ein bestimmter Vers offenbart."

132 **Zirker**, Der Koran, siehe oben: S. 41, Sure 3:7. Hier knüpft **Bassiouni**, Mahmoud an. Siehe dazu: Schlussfolgerung, S. 368, 369.

- Der Koran prägt die Entwicklung der Persönlichkeit, und jeder Mensch wird für sein Tun vor Gott zur Verantwortung gezogen. **Sure 2:286**[133] impliziert eine Verschuldenshaftung.
- Der Koran wendet sich an die Vernunft der Menschen und er schildert Begebenheiten und gibt Lösungen durch Rechtleitung.[134]
- Bezüglich der **Auslegung** von Suren und Versen gewährt **Sure 3:7**[135] einen Spielraum, daher sind Koraninterpretationen mit dem geschichtlichen und gesellschaftlichen Hintergrund zu verfolgen, um sie für die heutige Zeit verständlich zu machen. Gottesrecht ist für alle Muslime bindend, aber auch für das weltliche Recht beansprucht Gottesrecht Vorrang und muss daher mit diesem in Einklang stehen.[136]

1.3.1 Der erste schriftliche Koran

Der erste sichtbare Koran war eine händische Niederschrift, die schwer zu lesen war, weil jede Silbe, jede Betonung, jeder Konsonant, jedes Schriftzeichen eine andere Bedeutung haben konnte. Der Text ließ also schon mehrere Interpretationen zu, das heißt, Gottes Worte, die dem Propheten offenbart wurden, waren nicht eindeutig fixiert.[137]

1.3.2 Der Koran und seine Interpretation

Um den Koran heute zu interpretieren, muss man sich auch die damaligen gesellschaftlichen, wirtschaftlichen und religiösen Umstände auf der arabischen Halbinsel vergegenwärtigen, um den passenden Zugang zur islamischen Gesetzgebung zu finden.

2 Rückblick in das vorislamische Arabien im siebenten Jh. n. Chr.

Durch die geographische Lage an der Weihrauchstraße wurde die Handelsstadt Mekka vom politischen Spiel der spätantiken Großmächte Byzanz und dem neupersischen Sassanidenreich berührt. Religions- und Verbrüderungspolitik mit

133 **Zirker**, Der Koran, siehe oben: S. 41.
134 **Zirker**, Der Koran, siehe oben: S. 7–11.
135 **Zirker**, Der Koran, siehe oben: S. 41, Sure 3:7.
136 **Ausnahme:** die säkularisierte Türkei und Turkmenistan.
137 **Bobzin**, Hartmut, der Koran, 2. Aufl., München, 2002, S. 103, 104.

Südarabien gehörten zur byzantinischen Diplomatie, weil man erkannte, dass militärisches Vorgehen alleine nicht fruchtbar war. Byzanz benötigte den Seeweg nach Indien. Die sassanidischen Perser folgten dem >Hilferuf< der jüdischen Stämme im Jemen und fielen in Süd-Arabien ein, um ihnen beizustehen. Es war ein Vorwand. Das Ziel ihrer Begierde war das Handelswegenetz durch Südarabien, und sie wollten Einfluss auf die Häfen im Persischen Golf gewinnen. Die Perser hatten nicht das Wohlergehen des Landes im Sinn, sondern wollten Byzanz den Seeweg nach Indien abschneiden und den Handel zurück, über die von ihnen kontrollierte Seidenstraße bringen. Die kaufmännische Aristokratie in Mekka wurde dadurch begünstigt, besonders der Stamm der Quraysch, dem auch Mohammed angehörte. Reichtum polarisierte die Gesellschaft. Hier Reiche dort Arme, Götterglaube und Kommerz, nichts sollte das Geschäft trüben.[138]

3 Beginn der neuen Lehre

Mohammed[139] war Karawanenführer, Kaufmann und ein kritischer Beobachter der damaligen Verhältnisse. Politisch favorisierte er Byzanz, während die herrschende Elite in Mekka – auch sein Stamm Quraysch[140] – den Persern den Vorzug gab. Seine Tätigkeit führte ihn nach Syrien und Palästina. Christentum, Judentum und die monotheistische Lehre überhaupt, begeisterten ihn, während er den Götzenkult in Mekka samt der mekkanischen Elite und deren Schlitzohrigkeit und die rohen Sitten gegenüber den Frauen zu verabscheuen begann.

In dieser Gemengelage rezitierte er, ebenfalls in arabischer Reimprosa – wie die Stehgreifdichter und Wahrsager in der Pilgerstadt Mekka – seine ersten Suren, die ihm durch den Erzengel Gabriel[141] von Allah offenbart wurden. Mohammed warnte die reiche, egoistische, mekkanische Kaufmannschaft vor der Strafe Gottes im Jenseits. Er beschwor sie, den vielen Göttern zu entsagen und nur auf die Güte, Barmherzigkeit und Gerechtigkeit Allahs zu vertrauen. Es war der Beginn, die ausufernden, vorislamischen Riten, archaischen Gesetze und Rechtsmittel mittels >arabischen Monotheismus< einzudämmen, zu begrenzen oder gar abzuschaffen.

138 **Endreß**, Gerhard, Der Islam in Daten, München, 2006, S. 22.

139 **Jotiar Bamarni**, Muhammad, Die faszinierende Lebensgeschichte des letzten Propheten, Berlin, 2008, S. 1–253. Siehe auch: **Ibn Ishaq**, Das Leben des Propheten. Aus dem Arabischen von Gernot Rotter, Kandern im Schwarzwald, 1999, S. 1–294.

140 **Stammbaum der Quraysch**, http://www.derletzteprophet.info/der-stammbaum-der-quraisch, abgefragt am 22.02.2017.

141 **Reidegeld**, Ahmad A., Handbuch Islam, siehe oben: S. 50–56.

Vor 1400 Jahren gab es bereits Frauenrechte, weil Mohammed die Position der Frau verbessert hatte, indem er Gottes Wille der patriarchalen arabischen Gesellschaft und seinen Gefährten, den späteren vier recht geleiteten Kalifen verkündet hatte. Vermehrt kamen Offenbarungen, die überhaupt nicht den Vorstellungen der arabischen Männer in Mekka entsprachen. Daraufhin folgten Bestimmungen, in denen primäre Forderungen zugunsten der Frauen wieder zu ihren Ungunsten abgeschwächt wurden, zum Beispiel im Erbrecht, ganz ähnlich unseren Gesetzen, wenn sie auf permanenten Widerstand stoßen.[142]

Trotz anfänglich bescheidener Erfolge, musste Mohammed 622 n. Chr. mit seinen Gefährten aus Mekka fliehen, weil die neuen Gesetze tendenziell geeignet waren, Recht und Ordnung im Stammeswesen der Mekkaner zu gefährden. Man drohte Mohammed und seinen Gefährten mit dem Umbringen. Die Flucht aus Mekka nach Yathrib 622 n. Chr., bekannt als >hidschra< wurde zum Beginn der islamischen Zeitrechnung. Yathrib wurde zu Medina, der Stadt des Propheten und somit zur Konkurrenz für die vorislamische Pilgerstadt Mekka. Mohammeds, vom Islam inspirierte beste Gemeinde der Gläubigen die >Ummah< erfasste innerhalb von zehn Jahren die gesamte arabische Halbinsel.[143]

4 Die vorislamische, arabische Gesellschaft – Legitimation zur Herrschaft durch den Stamm

Blutsverwandtschaft und patriarchale Organisation waren die alles bestimmenden Koordinaten der vorislamischen, arabischen Gesellschaft. Abstammungsbezüge waren enorm wichtig. Sie dienten der Legitimation und Befestigung einer vorstaatlichen Ordnung. Flankenschutz erhielt die Abstammung durch die Ehre. Abstammung und Ehre waren die einzig wertvollen Schätze, welche die Beduinen, die „Aribi“ überallhin mitnehmen konnten, wenn sie vertrieben wurden.[144] Das Zusammenleben von sesshafter und ziehender Bevölkerung auf

142 **Salmi**, Laila, Chebel, Malek, „Der Prophet und die Frauen“ – eine Dokumentation, Frankreich, 2007, in kreuz und quer, 15.01.2008, 22.30 Uhr in ORF 2, siehe auch: **Bobzin**, Hartmut, Mohammed, 2. Aufl. München, 2002, S. 72.

143 **Migge**, Torsten, Islam, Befreiungsschlacht gegen die Ungläubigen, Frankfurt, 2001, S. 7 ff.http://www.wtc-terrorattack.com/religiöser_wahn.htm, abgefragt am 25.06.2015 und http://webcache.googleusercontent.com/search?q=cache:heOoRJpXVRsJ:www.wtc-terrorattack.com/religioeser_wahn.htm+&cd=2&hl=de&ct=clnk&gl=at, abgefragt am 06.01.2017.

144 **Scheck**, Frank Rainer, Die Weihrauchstraße, Köln, 2007, S. 86.

der arabischen Halbinsel war stets geprägt von Verteilungskämpfen, besonders um das Wasser, und mit Grausamkeiten wurde auf beiden Seiten nicht gespart.[145]

Die Scharia, „der Weg zur Wasserquelle",[146] war und bleibt ein Verteilungskampf um Ressourcen und Macht – gestern zwischen ziehender und sesshafter Bevölkerung in Arabien und auf den damaligen Handelsrouten, heute ganz generell – zwischen Orient und Okzident.

5 Die Rolle des Gewohnheitsrechts in Arabien und in der Scharia

Bei den Beduinen war die unstete und karge Lebenssituation, Ausgangslage für eine Gesetzgebung. Es entstand ein Gewohnheitsrecht – ein Ehrenkodex, dem sich jeder zu unterwerfen hatte, um von der Stammesgesellschaft nicht ausgeschlossen zu werden. Jeder stand unter dem Schutz dieser Gesellschaft. Wer den Schutz dieser Gesellschaft verlor, war vogelfrei.[147]

6 Überfälle – Beute – Blutrache – Stammesrecht

Nomadenstämme lebten in großen Familienverbänden ohne übergeordneter Staatsgewalt mit Legislative, Exekutive und Judikative. Gesetze wurden durch den Stamm gemacht. Erschwerend für den Vollzug von Gesetzen war die Gewohnheit der Nomaden, sich von Zeit zu Zeit gegenseitig zu überfallen, um Beute zu machen. Frauen galten als Beute und dienten der Blutauffrischung im legendären Inzuchtbetrieb der Stammesgesellschaft. Diese Überfälle waren aber auch geeignet ganze Sippen auszulöschen, daher entwickelte sich als Abschreckung und zum Zwecke der Wiedergutmachung die Blutrache. Das Institut der Blutrache wurde zu einem moralischen Gesetz erhoben, damit nicht jeder, jeden nach Belieben umbringen durfte. Frauen konnten in diesem System als Kompensation in die Opferfamilie hingegeben werden. Sie hatten keine Wahl, wenn

145 **Scheck,** Frank Rainer, siehe oben: S. 76–81.

146 **Schirrmacher**, Christine, Spuler-Stegemann, Ursula, Frauen und die Scharia, München, 2004, „Der Weg zur Wasserquelle", die Scharia, im Koran nur einmal in Sure 45:18 umschrieben, S. 20, 21, 26, 27, 29, 33.

147 **Bobzin,** Hartmut, Mohammed, siehe oben: S. 91. Mohammed und seine Gefährten mussten aus Mekka fliehen und waren auch vogelfrei, bis sie nach Yathrib kamen und sich dort unter den Schutz eines neuen Stammes stellen durften.

sie so geopfert oder wie „Betriebsmittel“ getauscht wurden. Frauen waren nicht Rechtspersonen, sondern Sachen.[148]

7 Die Genese des Islamischen Rechts und die Schia

Mohammed wuchs mit diesem archaischen, arabischen Stammesrecht auf. Die Entstehung des islamischen Rechts war bemerkenswert. Allah ortete Missstände, offenbarte sie Mohammed, der trug sie vor. Recht und Rechtsprechung wurden unter Mohammed durch Allah gesteuert, mit arabischem Gewohnheitsrecht >eingefärbt<, das auch vorislamische, römische, altpersische, neupersische auch christliche und jüdische Elemente mit einschloss. Dementsprechend wurde dann Recht gesprochen. Mohammed legte den Grundstein für die Regierung der ersten muslimischen Gemeinschaft. Diese Gemeinschaft hatte ihre Wurzeln in seinem Vorbild, der Sunnah. Das war ein andauernder Entwicklungsprozess und es war ein Gruppenkonzept außerhalb der Sippe und der Stammeskonföderation. Es handelte sich dabei aber auch um Fragen des Handels, der Märkte, der Hadsch, Familie, Heirat und Scheidung. Dadurch wurde eine **neue Identität** geschaffen und praktiziert. Die oberste Autorität lag aber bei Allah und das war neu. Das Anwachsen der >Ummah< musste auf neue Situationen reagieren und Strukturen schaffen.[149]

Mithilfe Allahs ist es Mohammed in 23 Jahren Prophetentum, unterstützt durch seine militärischen und politischen Erfolge gelungen, das Kriegsrecht zu reformieren, ethische Standards einzuführen, und die Stellung der Frau im Erb-, Familien- und Strafrecht zu verbessern. Mohammed selbst war oberster Streitschlichter in seiner >Ummah<,[150] der Gemeinde der Gläubigen, in Medina und diese beste Gemeinde hatte Gottesrecht als Rechtsgrundlage.[151]

---

148 **Undink**, Betsy, Allah & Eva, Der Islam und die Frauen, 2. Aufl., München 2007, S. 200 ff.

149 **Bewley**, Abdurrahman, Aisha, Eine neue Form der Identität (1). Auf Grundlage des prophetischen Modells: Anmerkungen zur frühen Regierung in der muslimischen >Ummah<, in: Islamische Zeitung, 01/2016, S. 11.

150 **Zirker,** Hans, Der Koran, siehe oben: Sure 3:110 S. 49 „Ihr seid die beste Gemeinschaft, die je unter Menschen hervorgebracht worden ist. Ihr gebietet das Rechte und verbietet das Verwerfliche und glaubt an Allah.“

151 **Krausen**, Halima, Scharia – von den Anfängen bis zum modernen Rechtsstaat, http://webcache.googleusercontent.com/search?q=cache:NRpnTHiKa6kJ:muslimische-stimmen.de/dossiers/dossier-single/article/scharia-von-den-anfaengen-bis-zum-modernen-rechtsstaat/+&cd=1&hl=de&ct=clnk&gl=at, abgefragt am 05.01.2017.

Die arabischen Stämme waren nicht nur zu Mohammeds Lebzeiten häufig zerstritten, nach seinem Tod 632 n. Chr. kam es allmählich sogar zur Spaltung des Islam in zwei Hauptrichtungen, die sich bis heute feindlich gegenüberstehen. Der Streit dreht sich um die bestmögliche Nachfolge des Propheten als Kalif. Manche wollten Ali, seinen Vetter, Schwiegersohn und Ehemann seiner einzigen, ihn überlebenden Tochter Fatima, als Vorsteher der islamischen Gemeinde wissen, weil er ein naher Angehöriger der Prophetenfamilie war. Andere entschieden sich aber für Abu-Bakr (reg. 632–634), Mohammeds alten Kampfgefährten und Vater seiner letzten Frau Aischa, als Kalifen. War es womöglich ein Frauenzwist zwischen Aischa und Fatima?[152] Die Abu-Bakr Anhänger sahen sich jedenfalls mehr in der Tradition des Propheten, in der sogenannten Sunnah. Man nannte sie daher Sunniten. Auch die beiden weiteren Kalifen Umar (reg. 634–644) und Utman (reg. 644–656) entstammten dieser Richtung. Beide wurden ermordet, ehe Ali, der Schwiegersohn Mohammeds, das Kalifat erlangen konnte. 661 wurde auch Ali und später sein Sohn Husein bei Kerbala ermordet. Bald eroberten wieder die Sunniten das Kalifat und der Regierungssitz wanderte nach Damaskus. Bis 750 herrschte die Dynastie der sunnitischen Umaijaden (661–750 n. Chr.). Darauf folgte die Dynastie der Abbasiden (750–1516 n. Chr.). Die Nachfolger Alis nannten sich Schiiten und anerkannten die ersten drei Kalifen nicht, denn sie waren überzeugt, dass nur Alis Nachfolger, die sogenannten Imame, Mohammeds rechtmäßige Vorsteher der gläubigen Muslime wären. Tatsächlich konnten sich die Schiiten aber nicht wirklich durchsetzen. Sogar innerhalb der Schia kam es zu Aufteilungen in Zwölfer Schiiten. Sie glauben an 12 Imame nach Ali und warten seither auf den nächsten Imam. Die Fünfer Schiiten, die *Zaidiya* wurden nach dem *Imam Zaid* benannt und die Siebener Schiiten, die *Isma^c^iliya,* erhielten ihren Namen von *Imam Isma^c^il.* Durch die Spaltung entwickelten sich verschiedene Rechtsbereiche, vor allem das Erbrecht, unterschiedlich. Schiiten waren auch lange Zeit nicht an der Macht. Die konfessionelle Trennung in Sunniten und Schiiten ist bis heute eine Katastrophe und überschattet natürlich auch die Rechtsentwicklung, obwohl man diesbezüglich noch eher Formelkompromisse und gegenseitige Anerkennung finden konnte. Die bis heute andauernden schiitisch-sunnitisch geprägten Konflikte gehen auf diese Spaltung im siebenten Jahrhundert zurück. Obwohl Mohammed eine Teilung des Islam, einen Bruderkrieg (fitna) zutiefst verabscheute, können sich Muslime bis heute anscheinend nur schwer über diese Konfliktbarriere hinweg friedlich verständigen.

---

152 **Abid**, Liselotte, Als Fatima ihr Recht forderte, Habilitation, Wien, 2013, S. 94 ff. Sie hatte als Tochter des Propheten auch um Anerkennung und für ihre Rechte als Frau gekämpft.

8 >Figh< und >Ulamah< Rechtswissenschaft und Rechtsgelehrte[153]

Zur Entschärfung und zum Zwecke eines besseren Verständnisses der Gottesbotschaften entwickelte sich ab dem achten Jahrhundert n. Chr. eine Rechtswissenschaft, genannt „figh“ mit der „ulamah“,[154] den Rechtsgelehrten. Wichtig ist für den Islam, dass es in ihm keine Priesterklasse oder Vergleichbares wie bei den Christen gibt. Es gibt nur Schriftgelehrte. Koran und Sunnah wurden mittels Vernunft und durch Konsens der Gelehrten interpretiert. „In allem sind Zeichen für Leute, die verstehen.“[155]

9 Länder des Kalifats[156]

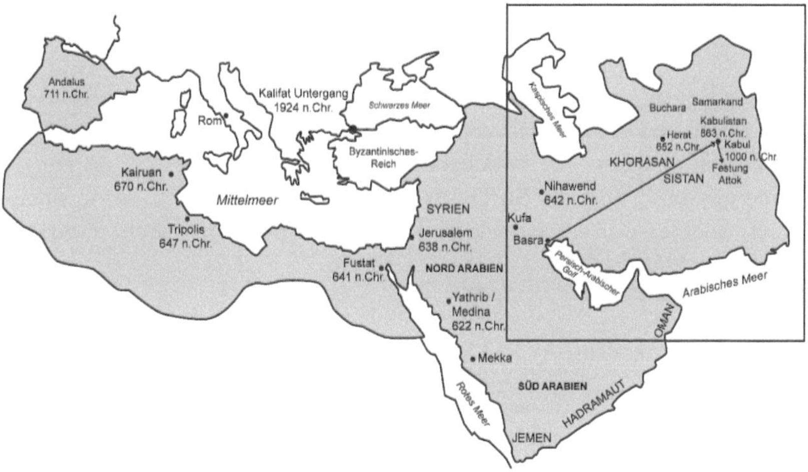

Abbildung 2: Länder des Kalifats

153 **Mushtaq**, Ahmad Muhammad, Jihad and Peace Treaties, Research Papers, vol. VI. no. 1–2 (2006), pp, Editor in cheaf, Jonos Matus, University in Budapest, Hungaria, editors Michael Geistlinger, University Salzburg, Muhammad Yusuf Faruqi, International Islamic University in Islamabad, Pakistan, pp. 4, 5, 6.

154 **Reidegeld**, Ahmad A., Handbuch Islam, Die Glaubens- und Rechtslehre der Muslime, siehe oben: S. 107–113.

155 **Zirker**, Der Koran, siehe oben: Suren 2:38; 2:44; 28:72, siehe auch oben: **Krausen**, Halima.

156 **Karte** selbst gezeichnet, nicht maßstabgetreu, dient aber der ungefähren Orientierung der interessierten LeserInnen.

10 Kalif – Sultan – Imam

Die Kalifen standen in der Tradition der Sunniten. Sie waren die direkten Nachfolger des Propheten, während bei den Schiiten die Imame, mächtige Vorbeter, Führer, –heute die Ayatollahs – Bedeutung erlangt hatten.

Den Kalifen traf die Verpflichtung, die >Ummah< nach islamischem Recht zu führen, doch bereits ab 750 schwächelte die Kalifenmacht. Religiöse und politische Macht trafen sich immer seltener in einer Hand. Stammesherrschaften, Lokaldynastien unter ihren Führern – den Sultanen – wurden immer mächtiger. Sultane hatten im Kalifat keine religiöse Legitimation, weil sie nicht direkt vom Propheten abstammten. Der Titel »Sultan« wurde verliehen. Bald verkörperte der Kalif nur noch die religiöse Macht, der Sultan aber die politische und militärische Macht. Diese neue Aufteilung der Macht war den Muslimen ursprünglich fremd. Durch die Einsetzung von Imamen,[157] versuchte man den Machtverlust des Kalifen aufzuhalten.[158]

- § Es entwickelten sich vier sunnitische Rechtsschulen, die bei der Erforschung des Koran und der Sunnah verschiedene Wege beschritten.
- § Daneben entstand der **Volksislam**, der Islam der armen Leute mit der Heiligenverehrung, der **Sufismus**. Er ist weniger asketisch, dafür lebensnah, weil er den vom ewigen Krieg geplagten Menschen, Hoffnung schenkt.

11 Die Rechtsschulen >Madhahib< und die Problemstellungen im Kalifat

Durch die rasche Ausbreitung des Islams auf so viele unterschiedliche Länder im ehemaligen byzantinischen und sassanidischen Reich, ergaben sich neue gesellschaftliche Schwierigkeiten, weil die universell gültige Gottesgesetzgebung überall angewendet werden musste. Zuerst entstanden Militärverwaltungen in **Kufa** im heutigen Irak und in **Fustat** in Ägypten. Man geht davon aus, dass bestehende

---

157 **Imam, Enzyklopädie des Islam**, http://www.eslam.de/begriffe/i/imam.htm, abgefragt am 26.06.2015 und 06.01.2017.

158 **Brechna**, Habibo, Die Geschichte Afghanistans, Das historische Umfeld über 1500 Jahre, Zürich, 2005, S. 38–42.

Rechtsgewohnheiten teilweise übernommen wurden, ehe man versuchte sie ins islamische Recht zu integrieren.[159]

Der zweite Problemkreis, mit dem sich die Rechtsgelehrten zu beschäftigen hatten, war der gesellschaftliche, politische und militärische Hintergrund der Primärquellen, der Koran und die Sunnah, die vorbildhafte Lebensweise des Propheten und deren Authentizität. Gab es diese Offenbarung überhaupt? Was passierte damals gerade? Warum gab es Krieg? Warum wurden Frauen zu Kriegsgefangenen? Warum durften Frauen bei Ungehorsam geschlagen werden? Hat sich Mohammed in dieser Angelegenheit wirklich so geäußert? Hat er sich so verhalten in dieser und jener Situation? Wie war das mit seinen Frauen wirklich? Die Beantwortung dieser vielen Fragen wurde durch den Text und die Sprache des Korans erschwert.

Nach Mohammeds Tod war es zu Spannungen zwischen den Welteroberern und den Asketen, den **zurückgezogenen Gottsuchenden, den Sufisten** gekommen – und es gibt sie noch heute – diese Spannungen.

11.1 Die Hanifitische Rechtsschule nach Imam Abu Hanifa (699–767 n. Chr.)[160]

Zuerst einmal entstanden lose Meinungsgruppen, die auf eine bestimmte Art das islamische Recht bearbeiteten. Erst viel später entwickelten sich daraus konkrete Methoden zur Rechtsfindung, für die, bekannte Rechtsgelehrte wie z.B. Abu Hanifa bestimmend wirkten. Man nannte diese Gelehrten dann Rechtsschulgründer.[161]

Abu Hanifa wurde in Kufa, im heutigen Irak geboren, war also kein Araber, sondern kam aus einer angesehenen, persischen Familie. Kufa wurde unter dem 4. Kalifen Ali – Mohammeds Schwiegersohn – zur Garnisonstadt der Araber ausgebaut. Abu Hanifa hat die Spaltung des Islam miterlebt und er war der erste Schriftgelehrte, der die Scharia aufschlüsselte und nach bestimmten Gesichtspunkten ordnete. Wichtig erschienen ihm das Glaubensbekenntnis an einen Gott, die rituelle Reinheit, also hygienische Maßnahmen, das Gebet, die innere Einkehr und Besinnung auf das Wesentliche im Leben, die Pflichtabgabe – damit

159 **Rohe**, Mathias, Das Islamische Recht, München, 2009, S. 22 ff.

160 **Vier Rechtsschulen im Islam**, https://www.orientdienst.de/muslime/minikurs/rechtsschulen/, abgefragt am 06.01.2017.

161 **Reidegeld**, Ahmad A., Handbuch des Islam, Die Glaubens- und Rechtslehre der Muslime, 2. Aufl., Kandern im Schwarzwald, 2008, S. 119.

weniger Begünstigte auch in den Genuss einer Versorgung kamen und die Pilgerfahrt nach Mekka, insbesondere zur Förderung des Glaubens und der islamischen Gemeinschaft. Erb- und Familienrecht, wichtige Bestandteile der Scharia wurden ebenfalls geordnet. Das islamische Strafrecht erfuhr eine Einteilung in Kapitalvergehen, Vergehen mit Wiedergutmachung und in Ermessensvergehen. Ein Strafen-Katalog[162] mit Prügelstrafe, Auspeitschen, Köpfen, Amputationen und Steinigen komplettierte das System, das erst 1532 n. Chr. von der peinlichen Gerichtsordnung[163] des katholischen Kaisers Karl V. an Grausamkeit übertroffen wurde. Die Rechtsgelehrten der Hanifitischen Rechtsschule waren bemüht, mithilfe des Verstandes die Suren des Koran zu interpretieren. Historische Begebenheiten, Sitten und Gebräuche wurden berücksichtigt. Die Meinungsbildung erfolgte unabhängig. Der Konsens der Schriftgelehrten und der Analogieschluss waren bei Hanifa bedeutend, wenn weder der Koran noch die Sunnah weiterhalfen und dennoch entschieden werden musste.

Hanifa wurde wegen seiner Frömmigkeit, Freigiebigkeit und Gottesfurcht geschätzt. Sein Lebensinhalt bestand aus Beten und dem Beantworten von religiösen Fragen. Fällte er gemäß Koran und unter Beachtung der Hadithe ein Urteil, so legte er es 40 Studenten vor, die dazu befugt waren, diesbezüglich ihre Meinung abzugeben. Waren seine Meinung und die Ansichten der 40 Studenten kompatibel mit dem Koran, auch mit der infrage kommenden Hadith und der Gefährten-Meinung, dann wurden erst Rechtsgutachten – Fatwas – an anfragende Personen erteilt.

Das Richteramt in Kufa lehnte er aus Furcht vor einer Fehlentscheidung wiederholt ab und wurde auf Geheiß des Statthalters immer wieder ausgepeitscht. Manchmal entzog er sich der Auspeitschung durch eine Pilgerreise nach Mekka. 55 Male soll er dorthin gepilgert sein. Letztendlich starb er 70-jährig im Gefängnis von Bagdad. Bagdad war damals das Zentrum der muslimischen Welt.

Die Gründung der Hanifitischen Rechtsschule, die Hanifiya, fiel auch in die Zeit der Abbasiden Kalifen (750–1517 n. Chr.) und der Hanifitischen Rechtsschule folgten auch die späteren Sultane im Osmanischen Reich. Etwa ein Drittel der Muslime gehört heute der Hanifitischen Rechtsschule an (Türkei, Syrien, Libanon, Jordanien, Palästina, Nord-Irak, Balkan, Zentralasien, Afghanistan,

162 **Schirrmacher, Spuler-Stegemann**, Frauen und die Scharia, München, 2004, S. 37.

163 **Die Peinliche Gerichtsordnung Kaiser Karls V. von 1532**, Reclam, 6. Aufl., Stuttgart, 1991, S. 11–15.

Pakistan, die muslimische Minderheit in Indien und die Uiguren in China). Imam Abu Hanifa gilt als Vater der islamischen Rechtswissenschaften. Spätere Imame, die auch **Rechtsschulen** begründeten, wie **Malik, Schafi'i, Ibn Hanbal, al Bukhari** und **Muslim** übernahmen seine Einteilung der Scharia.[164]

11.2 Die Malikitische Rechtsschule nach Malik Ibn Anas (713–795 n. Chr.)

Ihr Begründer war der Schriftgelehrte Malik Ibn Anas. Diese Schule entstand im Hijaz und in Medina und sie sah sich im Wettstreit mit der Hanifitischen Rechtsschule. Dieser Rechtsschule folgen heute die Golfstaaten, Kuwait und Bahrain und viele Anhänger gibt es in Nord- und Schwarzafrika. Früher war sie auch für Spanien relevant. Als Rechtsquellen gelten, Koran, Sunnah, Analogieschluss, Idschtihad, aber auch Rechtsentscheidungen, die einen Beitrag zur öffentlichen Ordnung leisten. Auf die Hadithe wurde sehr viel Wert gelegt, aber auch auf die Sunnah der Prophtengefährten. Das Wohl der >Ummah< musste bei der *Malikiya* immer gewahrt werden.[165]

11.3 Die Schafiitische Rechtsschule[166] nach Mohammed Ibn Idris Asch Schafi'i (768–820 n. Chr.)

Gegründet wurde diese Rechtsschule von Mohammed Ibn Idris Asch Schafi'i und sie entwickelte sich auf der Grundlage der malikitischen Rechtsauffassung. Asch Schafi war sehr berühmt. In Ägypten war er als Oberrichter tätig. Bevor sich die 12er Schia im 16. Jahrhundert in Persien ausbreiten konnte, war die *Shafi'iya*, also die schafiitische Rechtslehre hier weit verbreitet aber auch auf der Arabischen Halbinsel. Durch indische Kaufleute gelangte die *Shafi'iya* sogar nach Indonesien und auf die Philippinen. Imam Asch-Schafi'i soll über das Reisen gesagt haben: ‚Es findet sich für den Klugen und Verständigen keine Ruhe des Geistes im permanenten unbeweglich-sein. Also verlasst eure Heimatländer (…)! Reist! (…) Ich habe gesehen, dass stehendes Wasser fault. Wenn es fließt,

164 **Abu Hanifa**, http://www.ansary.de/Islam/AbuHanifa.html S. 1–4, abgefragt am 28.07.2015 und 06.01.2017, siehe auch: **Reidegeld**, Ahmad A., Handbuch Islam, siehe oben: S. 121, 122.

165 **Reidegeld**, Ahmad A., Handbuch des Islam, Die Glaubens- und Rechtslehre der Muslime, siehe oben: S. 122–124.

166 **Islamische Rechtsschulen**, http://www.orientdienst.de/muslime/minikurs/rechtsschulen/, abgefragt am 19.03.2017.

ist es nahrhaft. (…).'[167] Für Asch Schafi'i galt auch die Sunnah des Propheten als göttliche Quelle und manchmal wurde der Überlieferung der Sunnah mehr Beachtung geschenkt. Analogieschluss und Konsens der Rechtsgelehrten waren bei ihm ebenfalls maßgebend für seine Entscheidungen. Ihr Verbreitungsgebiet ist heute in Syrien, Südarabien, Jemen, Unterägypten und in Südostasien.[168]

11.4 Die Hanbalitische Rechtsschule nach Imam Ahmad Ibn Hanbal (780–857 n. Chr.)

Imam Hanbal stammte aus Bagdad. 16 Jahre bereiste er die gesamte islamische Welt, auf der Suche nach Mohammeds Aussprüchen. 30 000 Hadithe schrieb er auf und ordnete sie in seinem Buch al-Musnad.[169]

Imam Bukhari, Imam Muslim und Imam Abu Daud hielten sich an diese Aufzeichnungen. Letzterer berichtete, dass Imam Hanbal niemals über weltliche Begebenheiten lehrte, alles war jenseitsgerichtet. Auch er wurde im Gefängnis gefoltert, weil er nicht bestätigte, dass der Koran nur erfunden wurde.

Die Hanbalitische Rechtsschule hielt sich sehr eng, fast wörtlich an überlieferte Normen aus Koran und Sunnah. Auch die Übereinstimmung der Rechtsgelehrten war bei ihm bedeutsam, aber menschliche Erwägungen und der Analogieschluss spielten bei ihm keine Rolle. Dem Anschein nach wurde alles verboten, was den Menschen Freude bereitete.[170] Als er im Alter von 77 Jahren starb, erwiesen ihm 800 000 Menschen die letzte Ehre.[171]

Jeder Muslim sollte sich zu einer Rechtsschule bekennen. Jedes muslimische Land kann selbst wählen. Heute hängt das Personenstandsrecht, also das Personalstatut für Muslime von der Zugehörigkeit zu einer Rechtsschule ab, das bedeutet, dass Rechtslücken gemäß Rechtsschulenzugehörigkeit behandelt werden. Dazu wird auch der „idschtihad" bemüht.[172]

---

167 **Wilms**, Suleiman, Unterwegs sein, in: Islamische Zeitung, 01/2016, S. 24.

168 **Reidegeld**, Handbuch Islam, siehe oben: S. 124, 125.

169 **Hadith**, http://www.alhadith.de/w/weisheit-wissen/, abgefragt am 19.03.2017.

170 **Schirrmacher**, siehe oben: S. 28. Siehe auch: **Muhammad Mushtaq Ahmad**, Jihad and Peace Treaties, Research Papers, siehe oben: pp. 4, 5, 6.

171 **Kurzbiographie von Imam Ahmad ibn Hanbal** (164–241 n. Hijra) http://www.islam-pedia.de/index.php5?title=Ahmad_Ibn_Hanbal, abgefragt am 25.07.2015 und 06.01.2017. Siehe auch: **Schirrmacher**, Christine, Spuler-Stegemann, Frauen und die Scharia, München, 2004, S. 26, 27, 28, siehe auch: **Imam Ahmad ibn Hanbal**, http://www.eslam.de/begriffe/h/hanbaliten.htm, abgefragt am 06.01.2017. http://wahre-sunnah.de.tl/Erl.ae.uterungen-zu-den-Madhabs.htm, abgefragt am 06.01.2017.

172 **Reidegeld**, Handbuch Islam, siehe oben: S. 125, 126.

12 Der >Idschtihad< die gründliche Bemühung und der Rechtsfindungsprozess

Der Rechtsfindungsprozess erfolgte in den zwei wichtigsten, sunnitischen Rechtsschulen nach unterschiedlichen Methoden. Die **höchste sunnitische Instanz,** die Theologische Universität **Al-Azhar in Kairo** – beachtet sowohl die Hanifitische als auch die Hanbalitische Rechtsschule, daher ist die Qualifizierung mancher Koranstellen, besonders der „Schwertverse“,[173] auf deren wörtlicher Interpretation Taliban, al Qaida, IS und andere Gruppen ihren Terror und auch die Selbstmordattentate stützen, extrem in Verruf geraten.

13 Das Spannungsverhältnis mit dem Patriarchat

Koran und Überlieferung enthielten rechtliche Aussagen über die Stellung der Frau bei der Eheschließung, der Scheidung und im Erbrecht. Je patriarchaler die Gesellschaft wurde, desto mehr entfernte sie sich von den Offenbarungen. Die Interpretation des Koran und der Hadith, waren daher zu jeder Zeit sowohl politisch als auch traditionell gefärbt. Wer über die Interpretationshoheit verfügte, bestimmte auch die Auslegung von Koran und Sunnah, obwohl Allah und sein Prophet Mohammed, lieb gewonnenes, arabisches, archaisches, frauenfeindliches Gewohnheitsrecht, inklusive der drakonischen Bestrafungsrituale einer „diplomatischen Reform“ unterzogen hatten. Dadurch entstand damals wie heute ein Spannungsverhältnis mit Andersdenkenden, besonders mit dem Patriarchat.[174]

Bei der Interpretation von Suren mit Frauenbezug ergeben sich, gestützt auf die beiden oben genannten wichtigsten Rechtsschulen, auch heute noch erhebliche Differenzen bei

- Bekleidungsvorschriften im Koran und nach der Sunnah,
- beim Züchtigungsrecht und vor allem auch
- bei den „Schwertversen.“[175]

---

173 Für die Taliban bilden „medinesische“ Suren die Grundlage für ihren jihad, Sure 9:5; oder 3:169; oder 2:154, siehe auch: **Bobzin**, Hartmut, Mohammed, 2. Aufl. München, 2002, S. 98.

174 **Schirrmacher, Spuler-Stegemann**, siehe oben: S. 20, 21–28.

175 **Schirrmacher**, siehe oben.

Die Bedeutung liegt also in der Vielfalt der Möglichkeiten ihrer Interpretation, die der Koran durch Mehrdeutigkeit in Sure 3:7[176] selbst vorschlägt, mit dem Hinweis, dass der, der Schlechtes will, schlecht interpretieren wird und der, der Gutes bewirken möchte, den Inhalt der Suren und Verse so deuten wird, dass niemand in der >Ummah< Schaden erleidet. Obwohl nur Gott die Lösung weiß, muss dennoch entschieden werden. Die Taliban in Afghanistan und Pakistan haben bei ihrer Interpretationswahl der göttlichen Rechtsquellen nicht das Wohl der Frauen im Auge gehabt, sondern die Verletzung der Gesamtpalette ihrer Rechte. Die marokkanische Gründerin des islamischen Feminismus Fatima Mernissi hat einmal festgestellt, wenn Frauenrechte für manche Muslime ein Problem sind, so hat das weder mit dem Koran zu tun noch mit dem Propheten oder der islamischen Tradition, sondern damit, dass diese Rechte mit den Interessen einer männlichen Elite kollidieren.[177]

14 Islamische >Ummah< versus Stammesherrschaft

Islamisches Recht wurde vorerst nur mündlich weitergegeben und im Laufe der Zeit gesellten sich noch Landestraditionen dazu, weil nach Mohammeds Tod, 632 n. Chr., die Gemeinde der Gläubigen, die >Ummah< bald wieder als Stammesherrschaft mit regionalem Stammesrecht organisiert wurde.

Unter dem dritten Kalifen Utman, ab 644 n. Chr. begann man mit schriftlichen Aufzeichnungen des Koran und der Auslese der vielen Aussprüche Mohammeds. Hunderttausende Berichte und Erzählungen wurden nach strengsten Auswahlkriterien ausgewählt und Märchen ausgeschieden. Heute sind 40.000 Überlieferungen über Mohammeds vorbildhafte Lebensweise, >Sunnah< und seine Aussprüche, >Hadithe< ein wichtiger Bestandteil der Scharia. Trotz Koran und Sunnah musste vieles analog und mit dem Konsens, dem >Idschtihad< der frühislamischen Rechtsgelehrten, der >Ulamah< gelöst werden. Zusammenfassend muss man feststellen, dass es eine Reinform der Scharia nicht gibt. Es gibt auch

---

176 **Zirker**, Koran, siehe oben: Sure 3:7, S. 41. „Er ist es, der die Schrift auf dich herabgesandt hat. In ihr sind eindeutig gefasste Verse – sie sind die Mutter der Schrift – und andere mehrdeutige. Die, in deren Herzen Verkehrtheit ist, folgen dem, was von ihr mehrdeutig ist, indem sie nach Unruhe trachten und nach Deutung. Seine Deutung aber weiß niemand außer Gott. Die im Wissen fest gegründet sind sagen: ‚Wir glauben es. Alles ist von unserem Herrn. Nur die Verständigen lassen sich mahnen.'"

177 **Stricker**, Martin, Die Gründerin des islamischen Feminismus ist tot, in: SN, 12.12.2015, S. 5 Weltpolitik.

nicht den Islam, sondern mehrere Strömungen, die sich auf verschiedene Interpretationen von Koran und Sunnah stützen.[178]

15 Koranübersetzungen – Interpretation und andere schwerwiegende Defizite

Die islamische Orthodoxie konnte sich mit Koranübersetzungen nicht anfreunden, weil die sprachliche Form des Heiligen Buches unnachahmlich ist und jede Übersetzung frevelhaft.[179] Für >westliche Nichtgläubige< ist der Koran bis heute eine schwer erschließbare, arabische Literatur geblieben, und im internationalen Wertesystem genießt das islamische Gottesrecht wenig Wertschätzung, obwohl ein Viertel der Weltbevölkerung, ca. 1,6 Milliarden Menschen davon betroffen sind.

Islamisches Gottesrecht ist auch kein nationales Staatsrecht, sondern ein Teil der Staatsreligion, weil es im Islam eigentlich keinen Nationalstaat in unserem Sinne gibt, sondern die >Ummah<, die Gemeinschaft der Gläubigen.

Damit islamisches Recht, Teil des staatlichen Rechts werden kann, muss es zuerst kodifiziert werden. Dadurch wird islamisches Recht zur wichtigsten Quelle des jeweiligen nationalen Rechts.[180] Die wichtigsten **Quellen** des islamischen Rechts sind der **Koran** und die **Sunnah.** Alles entscheidend ist aber deren Interpretation. Dabei hat man die Möglichkeit, sich den heutigen Umständen und Weltanschauungen anzupassen, oder man übernimmt ohne kritisches Hinterfragen die Meinung der Rechtsschulen aus dem Mittelalter. Taliban, al Qaida und der IS beschreiten bei der Interpretation des Korans und der Sunnah zum Teil einen eigenen Weg, oder interpretieren wörtlich, gemäß der rigiden Hanbalitischen Rechtsschule, die durch die arabischen Wahhabiten auf der ganzen Welt für Ungemütlichkeit durch Terror gesorgt haben.[181]

---

178 **Krausen,** Halima, Scharia- von den Anfängen bis zum modernen Rechtsstaat, siehe oben.

179 **Bobzin**, Koran, siehe oben: S. 121.

180 Mit Ausnahme der säkularisierten Türkei.

181 **Jones-Pauly**, Christina, Islamisches Recht versus Menschenrechte, Das Spannungsfeld zwischen islamischem Recht und Menschenrechten aus rechtsvergleichender Sicht. http://www.humanrights.ch/home/upload/pdf/0000990827_cjp_referat.pdf, abgefragt am 25.07.2015 und **06.01.2017**, siehe auch: **Zef Ahmeti**, Menschenrechte im Westen und im Islam, http://albanisches-institut.ch/wp-content/uploads/2012/01/Menschenrechte-und-Islam-Zefi.pdf, abgefragt am 06.01.2017.

16 Der Wahhabismus nach Imam Abdal Wahhab (1740–1760 n. Chr.)

Sein Begründer, Abdal Wahhhab verfolgte mit der Unterstützung der Dynastie al Saud in Saudi-Arabien zwei Ziele.

- Die schiitischen „Ketzer“ auf der Arabischen Halbinsel und im Irak mussten weg.
- Die sunnitischen Osmanen-Sultane, die damaligen Herren über Mekka und Medina, waren Feinde. Die Sultane in Istanbul genossen das Leben in vollen Zügen, bauten Lustgärten und hatten eine Menge Spaß. Es war die „Tulpenzeit“, der „türkische Barock“,[182] Wein, Weib und Gesang. Für den puritanischen Abdal Wahhab und seine Anhänger war es der Antiislam. Glauben musste >weh tun<. Außerdem waren die Osmanen Hanifiten und die Araber Hanbaliten, das bedeutet, keine Lustbarkeiten, kein Tanz, keine Musik, keine Liebesdichtung, keine weltliche Bau- und Gartenkunst, keine Verehrung von Sufi Scheichs, keine Heiligen – vor allem kein Islam, der sich der Moderne öffnen will.

Als das saudische Herrscherhaus begann, Neuerungen, wie das Telefon und das Auto einzuführen, kritisierten die wahhabitischen Brüder ihren König. Um die Brüder wieder zu versöhnen, überließ der König den Rechtsgelehrten das Religionswesen und die Auslegung der Scharia. Wahhabiten fordern die Rückkehr zu den Lebensformen, die zur Zeit des Propheten Mohammed auf der arabischen Halbinsel geherrscht hatten. Die Rolle des Gesetzes im Islam wurde im siebenten Jh. n. Chr. als ein Weg aus der Krise konzipiert. Heute wird die Scharia von den Islamisten als Ideal verabsolutiert. […] „Wer Ideale verabsolutiert, der wird zum Unmensch, das ist die Wurzel jeder Form von Terrorismus.“[183]

17 Die Muslimbrüder

Eine kleine gewaltlose Gruppe rund um ihren charismatischen Gründer, Hassan al Banna, traf sich 1928 in der Suez-Kanalstadt Ismailiya. Sie hassten den Kolonialismus und planten einen islamischen Staat zu gründen. Durch wohltätige Arbeit für bedürftige Muslime rekrutierten sie bald viele Anhänger. In

---

182 **Lerch**, Günther, Zeit der Tulpen, AFZ Nr. 228, 01.10.2007, S. 12.

183 **Greuling**, Matthias, Gewalt und Schuld, Filmfestival Cannes, Goldene Palme für Michael Haneke, in: die Furche, 22.–28.05.2009, S. 16. Religion und Fanatismus, „Das weiße Band“, Interview mit Haneke, Michael, S. 17.

den 40er und 50er Jahren entwickelte sich aber in ihrer Mitte ein bewaffneter Arm, der auch in Palästina kämpfte. Nachdem der ägyptische Ministerpräsident, Nukrashi Pascha, ermordet wurde, tötete man im Gegenzug auch Hassan al Banna. 1954 wurde auf den ägyptischen Präsidenten Nasser ein Attentat verübt, das knapp misslang, welches man aber den Brüdern zurechnete. Ihr vorläufiges Ende wurde dadurch besiegelt. Todesurteile, Folterungen und Kerker waren von nun an ihr Schicksal. Sayyid Qutub, ein ägyptischer Intellektueller, verfasste im Kerker eine Revolutionsschrift, die bald zur maßgebenden Ideologie ausgebaut wurde. Qutub brandmarkte die ägyptische Regierung, weil sie nicht mit den wahren Muslimen zusammenarbeitete, sondern ihr Heil bei der Sowjetunion und später bei den USA suchte. Qutub forderte sogar den Jihad gegen die eigene Regierung, weshalb er ebenfalls hingerichtet wurde. Sein verfasster Koranokommentar und seine programmatische Schrift ‚Wegzeichen' wurden zur Grundlage der gewaltbereiten Islamisten und auch von Osama bin Laden. Aus dieser Zeit stammt auch der Begriff ‚Takfirismus', eine Person zum Ungläubigen erklären, damit man ihn oder sie töten darf. Diese Maßnahme entspricht nicht dem herkömmlichen Islam, denn das Urteil über Muslime steht nur Allah alleine zu.[184]

18 Die >Salafiya< und die Gewalt

Mit den >Salafiya< sind die Nachfolger des Propheten Mohammed gemeint. Bereits der Rechtsgelehrte Ahmed ibn Hanbal wollte die Neuerungen in der islamischen Lehre beseitigen, die sich nach Mohammeds Tod im Islam eingeschlichen hatten. Muslimische Heilige und andere Bräuche, auch großstädtische Lebensformen und sämtliche Praktiken, die es in Medina und Mekka zur Zeit des Propheten nicht gegeben hatte, waren ihm ein Gräuel. Ibn Taimyya ein weiterer Islamgelehrter (1263–1328) lebte zur Zeit der Mongolenherrschaft in Damaskus, das 1258 von diesen völlig zerstört wurde, favorisierte ebenfalls die Rückbesinnung auf das siebente Jahrhundert n. Chr. Später, in der Kolonialzeit wurden in den muslimischen Ländern Codizes der Kolonialmächte eingeführt. Das Familienrecht, das Eherecht, Erbrecht, und das Personenstandsgesetz wurden aber stets freiwillig der Scharia untergeordnet. Die Salafisten waren auch die treibende Kraft, die gegen die islamischen Traditionen mobilgemacht hatten. Sie forderten eine Rückkehr zum wahren Islam, der im Lichte einer zeitgenössischen Denkart gesehen werden sollte. Die Salafisten waren sozusagen die

---

184 **Imad**, Mustafa, Der Politische Islam. Zwischen Muslimbrüdern, Hamas und Hizbollah, Hassan al-Banna, Sayyid Qutub, Hassan Nasrallah, Wien, 2013, S. 97 ff.

Modernisierer des 19. und 20. Jahrhunderts. Im 21. Jahrhundert gibt es friedliche und gewaltbereite Salafisten. Manche von ihnen führen einen irregulären Guerillakrieg gegen Ungläubige. Der Übergang von Guerilla zum Terror war fließend und der Beitrag des Westens war nicht unwesentlich. Die Muslimbrüder wollten einen rein islamischen Staat. Der arabische Nationalismus, als mächtiger säkularer Staat mit sozialistischer Färbung wurde von ihnen abgelehnt. Der Westen fürchtete den Einfluss der Sowjetunion in der strategisch wichtigen Erdölregion. Um dies zu verhindern, förderte der Westen die Feinde der arabischen Nationalisten. In Ägypten wurden die Muslimbrüder verfolgt und in Saudi-Arabien suchten sie Zuflucht. Nach der Ermordung König Feisals 1975, entstanden panislamische Dachorganisationen, die von Saudi-Arabien finanziert wurden. Hierin spielen islamische Rechtsgelehrte, wahhabitischer Prägung, eine Hauptrolle. Bis heute finanziert und unterstützt das wahhabitische Königreich Saudi-Arabien Moscheen auf der ganzen Welt.[185] Auch der Ursprung jihadistischer Online-Journale liegt in Saudi-Arabien.[186]

19 Kerngebiete der Scharia – Ehe-, Familien-, Erbrecht[187]

Die sozialen Reformen im Eherecht und im Erbrecht, das sogenannte Personalstatut, die eigentliche Domäne des islamischen Rechts, muss man im Zeitfenster von 23 Jahren sehen. Mohammeds Wirken im siebenten Jh. n. Chr. will eine Aufweichung der archaischen, zu tiefst patriarchalen, arabischen Gesellschaft bewirken. Das Kerngebiet der Scharia sind Ehe-, Familien- und Erbrecht. Sie sind die Basis für das Personenstandsrecht und bedeutsam für die Rechtsprechung im Zivilprozess. Eine Loslösung von der Scharia gibt es nicht.[188]

---

185 **Hottinger**, Arnold, Religiöse Wege zur Gewalt-Teil 1, https://www.journal21.ch/religioese-wege-zur-gewalt-teil-1, abgefragt am 14.02.2017, siehe auch: **Dreyfuss**, Robert, Devil's Game, How the United States Helped Unleash Islamist Islam, Owl Books, Henry Holt, New York, 2005, kindle e-book 2013.

186 **Lohlker**, Rüdiger, Vorwort in: **Prucha**, Nico, Die Stimme des Dschihad, Hamburg, 2010, S. 13.

187 **Schirrmacher**, Christine, Frauen unter der Scharia: Straf- und Familienrecht im Islam, http://www.igfm.de/fileadmin/igfm.de/pdf/Publikationen/Dokumentationen/IGFM_Frauen_unter_der_Scharia_2005.pdf, abgefragt am 06.01.2017. Siehe auch: **Schirrmacher**, Christine, Frauen und die Scharia, Menschenrechte im Islam, München 2004, Islamische Ehe- und Familiengesetze, S. 73–158.

188 **Schirrmacher**, Christine, siehe oben.

19.1 Die Frau im Koran

„Der Begriff der Rechte ist ein westlicher Begriff. In der islamischen Weltsicht hat nur Gott Rechte, Menschen haben Pflichten. Aber Menschen haben Rechte und Pflichten gegeneinander.“[189] Sure 2 mit 286 Versen[190] stellt eine Inhaltsangabe des Korans dar. Sie beschäftigt sich mit der Schöpfung und seiner Rechtleitung, der islamischen Gottesverfassung. Gesetze bezüglich der Stellung der Frau sind im Koran hauptsächlich in Sure 4 >die Frauen< zusammengefasst. Daneben gibt es aber noch andere Suren, die Frauenrechte und Pflichten behandeln.

19.2 Mann und Frau im Koran

Für den Koran ist es ohne Belang, ob zuerst der Mann oder die Frau da war. Der Mensch ist von vorneherein als Paar angelegt.[191] In einer Hadith des Propheten heißt es: „Wahrlich die Frauen sind die ‚schaqa'iq‘ Zwillingsschwestern der Männer.“[192] Was so viel bedeutet, dass Mann und Frau gleichwertig sind, dass sie zusammengehören, aufeinander angewiesen sind. An mehreren Stellen erwähnt der Koran explizit, dass Männer und Frauen den gleichen Lohn für ihre Taten erhalten, dass sie die gleichen religiösen Pflichten haben und ihnen – wenn sie gläubig sind – beiden das Paradies gewiss ist. Allein der freie Wille,[193] der Einsatz für das Gute,[194] Wissen, Verstand,[195] der Gebrauch der Rechtleitung, der Gottesgesetze und die Gottesfürchtigkeit sind entscheidend für ein erfülltes Leben und den Lohn im Diesseits und im Jenseits. Vor diesem Hintergrund wurde der Islam zur ersten Religion, welche die Gleichberechtigung der Frau als Gläubige umgesetzt hat.[196]

---

189 **Lewis**, Bernard, Interview: Der Koran kennt keine Selbstmordattentate, in: die Zeit, 2004, S. 1–3, siehe oben.

190 **Zirker**, Der Koran, siehe oben: S. 16–41.

191 **Zirker**, Der Koran, siehe oben: Sure, 4:1; Sure 36:36; S. 57 und S. 274.

192 **Görgün**, Tahsin, Interview, Peter Leusch, Das Menschenbild im Koran, http://www.deutschlandfunk.de/das-menschenbild-im-islam.1148.de.html?dram:article_id=179986, abgefragt am 28.06.2015 und 06.01.2017.

193 **Zirker**, siehe oben: Sure 91:7–8, S. 379.

194 **Zirker**, siehe oben: Sure 91:9–10, S. 379.

195 **Zirker**, siehe oben: Sure 2:38, S. 17.

196 **Görgün**, Tahsin, Interview, Leusch Peter, Das Menschenbild im Koran, siehe oben.

19.2.1 Text – Interpretation des Koran im Hinblick auf Gleichwertigkeit

Die Schöpfungsgeschichte im Koran und besonders Sure 4 über die Frauen, das Vorbild Mohammeds für die muslimischen Männer, Mohammeds Aussprüche im Zusammenhang mit Frauenangelegenheiten sind in einer Zusammenschau und im Kontext der Geschichte zu interpretieren.

Sure 4 >An Sar< die Frauen, ist wichtig für das Verstehen der Frauenrechte im Koran, wie sie schon vor 1400 Jahren im Koran angelegt wurden. Jegliche andere Fassung, wie die Internationalen Menschenrechtspakte und die UN Konventionen werden von vielen muslimischen Rechtsgelehrten und Muslimen nur als menschliches Flickwerk betrachtet.

Im Koran wird einzig und allein die **Gottesfürchtigkeit** an die Spitze der Unterscheidungsmerkmale gestellt, **nicht das Geschlecht**. „Ihr Menschen! Gewiss, wir erschufen euch aus einem männlichen und einem weiblichen Wesen und machten euch zu Völkern und Stämmen, damit ihr euch kennen lernt. Gewiss, der Geehrteste von Euch bei Allah ist der Gottesfürchtigste von euch."[197] Gottesfürchtigkeit ist also der einzige Maßstab zur Profilierung, nicht Herkunft, sozialer Status, Bildung – nicht Männlichkeit.[198]

Die Interpretation der Sure 4:34[199] ist ein Spiegel des eigenen kulturellen Hintergrundes. Hierbei eröffnen sich mehrere Möglichkeiten. Vieles wurde auch hineininterpretiert, denn **wer die Interpretationshoheit hat, richtet sich die Normen zu seinem Nutzen.** Fest steht, dass der Koran dem Mann mit Sure 4:34 keine Vorrangstellung verschaffen wollte, wenn man die Schöpfungsgeschichte mit der paarweisen Anordnung der Geschlechter im Hinblick auf die gerechte Verteilung von gleichwertigen Rechten und Pflichten in der Ehe berücksichtigt.

19.2.2 Text – Interpretation des Koran im Hinblick auf Unterhalt und Gehorsam im Bereich der Sexualität

„Die Männer stehen den Frauen vor, weil Gott die einen vor den anderen ausgezeichnet hat, und weil sie von ihrem Vermögen ausgegeben haben. Die rechtschaffenen Frauen sind gehorsam und wahren das Verborgene, da Gott es

---

197 **Zirker**, Der Koran, siehe oben: Sure 49:13 Gottesfürchtigkeit steht an erster Stelle, S. 322.

198 **Horsch**, Silvia, Vortrag am 13.09.2004 in den Cranach-Höfen, Lutherstadt-Wittenberg, Gleichberechtigung, die muslimische Frau – Was prägt unser Bild? Siehe auch: http://www.al-sakina.de/inhalt/artikel/frauen_islam/frauen_im_islam.pdf, abgefragt am 28.06.2015 und 06.01.2017.

199 **Zirker**, Der Koran, siehe oben: Sure 4:34, S. 60.

wahrt. Die, deren Widerwillen ihr fürchtet, die ermahnt, meidet ihre Betten und schlagt!"[200]

In diesem Text verbergen sich die zwei wichtigsten Komponenten, **zwei Säulen** des **islamischen Eherechtes**, der **Unterhalt** des Mannes für Essen, Kleidung, angemessene Wohnung, nach malakitischer Rechtsschule auch medizinische Versorgung im Krankheitsfall. Dafür ist die **Frau jederzeit sexuell bereit**. Zahlt der Mann nicht, ist ihr Ungehorsam gerechtfertigt. Verweigerung bei aufrechten Unterhaltsleistungen rechtfertigt die Züchtigung nach zweimaliger Ermahnung.[201]

Die komplementäre Anordnung von Rechten und Pflichten im Islam, unter Berücksichtigung der Biologie von Mann und Frau, entspricht nicht dem westlichen Verständnis. Unserem Verständnis von Menschenrechten für Frauen liegt das **Prinzip der Gleichheit** zugrunde, im Islam das **Prinzip der Verschiedenheit** und dies führt immer wieder zu Konflikten.[202]

19.3 Gerechte Verteilung von Rechten und Pflichten in der Ehe

Die Zielvorstellung beinhaltet im islamischen Eherecht eine komplementäre Anordnung von gleichwertigen Rechten und Pflichten zwischen Mann und Frau in der Ehe. Diese paarweise Anordnung von Mann und Frau im koranischen Schöpfungsbericht verpflichtet den Ehemann zur Versorgung der Familie. Die Ehefrau ist die Einzige, die schwanger werden und Kinder bekommen kann. Diese Auszeichnung gewährt ihr Rechte, vor allem die Freistellung von der Beschaffung des Lebensunterhaltes. Kinder bekommen und Kinder ernähren sind gleichwertige Verpflichtungen in einer muslimischen Gesellschaft.

Das Konzept der Arbeitsteilung dient der gerechten Zuordnung von unterschiedlichen Rechten und Pflichten. Gleichberechtigung besteht insofern, als Pflichten und Rechte gerecht verteilt werden sollen, besonders für die Zeit, in der die Frau kleine Kinder zu versorgen hat. Es gibt aber keine Vorschrift, die diese Arbeitsteilung generell festschreibt. Weder lässt sich aus dem Koran noch aus der Sunnah ableiten, dass sich die Frau nicht am Erwerb des Lebensunterhaltes

---

200 **Zirker**, Der Koran, siehe oben.

201 **Schirrmacher**, Christine, Frauen unter der Scharia, Strafrecht und Familienrecht im Islam, Internationale Gesellschaft für Menschenrechte, http://www.igfm.de/fileadmin/igfm.de/pdf/Publikationen/Dokumentationen/IGFM_Frauen_unter_der_Scharia_2005.pdf, abgefragt am 22.02.2017.

202 **Schröter**, Hiltrud, Das Gesetz Allahs, Menschenrechte, Geschlecht, Islam, Christentum, Frankfurt, 2007, S. 11.

beteiligen soll. Der Mann darf sich auch mit der Kindererziehung beschäftigen. Es gibt diesbezüglich keinerlei Einschränkungen. **Khadija,**[203] Mohammeds erste und ältere Langzeitehefrau war eine erfolgreiche Geschäftsfrau, bei der er selbst angestellt war und **Aisha,** seine letzte und junge Ehefrau war eine eifrige Koran-Lehrerin.[204]

19.4 Ehe – Paarbeziehung – Züchtigungsrecht im Koran

Die Ehe ist im Islam ein bürgerlicher Vertrag, „eine rechtliche, religiöse, wirtschaftliche und symbolische Transaktion",[205] kein heiliges Sakrament. Die Frau behält ihren Namen. Sie erhält die Morgengabe, Geld oder eine Wohnung, je nach sozialem Rang. Es ist ihre Absicherung im Falle einer Scheidung.

Die Ehe basiert auf Gütertrennung. Der Mann hat kein Zugriffsrecht auf den Besitz seiner Frau. Er ist aber verpflichtet für ihren, und den Unterhalt der Kinder aufzukommen. Als Gegenleistung darf bei diesem Austauschgeschäft die Frau den Geschlechtsverkehr nicht mehr verweigern. Durch den Ehevertrag kauft der Mann den Geschlechtsbereich der Frau und ihren Gehorsam „arvum mulieris [des Saatfeldes Frau; ein Begriff aus dem Koran]. Im Allgemeinen wird jedoch davon ausgegangen, dass der Ehemann nur die Nutzung des Körpers der Frau erhält, nicht die Frau selbst."[206] Verweigert sich die Frau, ist sie ungehorsam, außer in zulässigen Fällen, wie Menstruation und bei schwerer Krankheit, greift der zweite Satz der oben genannten **Sure 4:34**, das **Züchtigungsrecht.** Nach zweimaliger Ermahnung dürfte der Ehemann die Frau schlagen, käme da nicht ein Ausspruch Mohammeds und seine vorbildliche Lebensweise in die Quere und ein anderer Vers im Koran, der sagt, dass es gegen die Würde der Frau gerichtet ist, wenn der Ehemann seine Frau schlägt. Patriarchale Gewalt betrifft alle Frauen dieser Welt – auch ohne Koran.

Die Familie ist nach dem Koran eine Einrichtung zur gegenseitigen Unterstützung, keine Spielwiese der Gewalt, sondern eine Oase der Entfaltung und Geborgenheit. **Der Koran sieht auch die Zustimmung der Braut zur Ehe vor und nicht die Zwangsehe**. Der Koran spricht von Liebe und Zuneigung. „Sie sind euch ein Kleid und ihr seid ihnen ein Kleid."[207] **Das koranische Konzept**,

---

203 **Muhammad Ibn Sa'd**, The Women of Madina, London, 2006, pp. 9–12.

204 **Bewley**, Aisha, Über das Leben von Aisha bint Abi Bakr, Ehefrau des Propheten, in: Islamische Zeitung, Juli 2015, S. 10 Grundlagen, siehe auch: **Muhammad Ibn Sa'd**, siehe oben: p. 43–56.

205 **Schirrmacher**, Chistine, Frauen unter der Scharia, siehe oben.

206 **Schirrmacher**, siehe oben.

207 **Zirker**, siehe oben: Sure 30:21, S. 253 und Sure 2:187, S. 30.

dass Männer und Frauen Teil eines Paares sind, dass sie aufeinander angewiesen sind, ohne dass einem von beiden eine höhere Stellung zukommt, **ist verloren gegangen.**[208]

19.5 Der Verstand und die Verschuldenshaftung

Allah hat den Menschen das Potential zum Guten und zum Bösen mit ihren Genen mitgeliefert. **Allah sagt – wie schon Zarathustra** – dass nur die im Leben fortkommen werden, die gute Eigenschaften weiterentwickeln werden.[209] Durch Wissen, Verstand und durch die Beachtung der Gottesgesetze werden gegenseitige Rechte geschützt und respektiert. „In allem sind Zeichen für Leute, die verstehen."[210] Mit dem Verstand soll das Schlechte vermieden werden. Aus dem Verstand wird die Rechenschaftspflicht abgeleitet. Jeder ist für das, was er tut verantwortlich. **Sure 2:286**[211] **impliziert eine Verschuldenshaftung.**[212]

20 Frauenrelevante Sunnah und Hadithe

Ergänzende Erklärungen der Koransuren findet man in den gesicherten Hadithen, den Aussprüchen Mohammeds. Die Sunnah gibt Hinweise über die vorbildliche Lebensweise Mohammeds mit der besonderen Bedeutung, wie er als Vorbild die Frauen behandelt hat. Überliefert ist, dass er **partnerschaftlich** und **gewaltfrei** mit seinen Ehefrauen verkehrte und von sich selbst behauptete: „Der Beste unter euch ist derjenige, der seine Frau am gütigsten behandelt, und ich bin unter euch derjenige, der seine Frauen am besten behandelt."[213] Diese Vorbildwirkung ist nicht bei allen Männern angekommen. Viele bevorzugen schwache Frauen, damit sie sich stark fühlen können.

---

208 Gleichberechtigung, die muslimische Frau-Was prägt unser Bild? Siehe unten FN 212.

209 **Zirker**, Koran, siehe oben: Sure 91:9–10, S. 379.

210 **Zirker**, Koran, siehe oben: Sure 2:38, S. 17.

211 **Zirker**, Koran, siehe oben: S. 41.

212 **Horsch**, Silvia, **Vortrag** am 13.09.2004 in den Cranach-Höfen, Lutherstadt-Wittenberg, Gleichberechtigung, die muslimische Frau – Was prägt unser Bild? Siehe: **Schirrmacher**, siehe oben. Nach dem Koran ist es völlig ausgeschlossen, dass Frauen als Kompensationsgabe in eine Opferfamilie gegeben werden, wo sie dann den Ausgleich für ein Verbrechen, das sie nicht begangen haben, herstellen sollen.

213 **Bouchari**, Safiya, Behandlung von Frauen, https://www.islamische-zeitung.de/islamische-lebenspraxis-von-safiya-bouchari/, abgefragt am 22.02.2017.

21 Aisha, letzte Frau Mohammeds als wichtigste Rechtsquelle der Sunnah[214]

Eine besonders wertvolle Informationsquelle sehen die Exegeten in Aisha bint Abi Bakr, der Lieblingsfrau Mohammeds. Weil Aisha so jung war, wurde sie Augenzeugin von Mohammeds Leben und konnte ihr Detailwissen über den Propheten nach dessen Tod weitergeben.[215] Durch die geistige und körperliche Nähe zum Propheten war und ist sie ein großes Vorbild für die muslimischen Frauen.[216] Sie wird als eine intelligente, humorvolle und erfrischende Person beschrieben. Aishas Berichte über den Propheten flossen in die Hadithe ein und sind wertvolle Überlieferung. Ca. 2 200 Hadithe stammen von Aisha und vermitteln den Gläubigen einen Eindruck, wie Mohammed Offenbarungen empfangen hat, wie er gelebt, geliebt, gekämpft und Recht gesprochen hat.[217]

22 Das Islamische Strafrecht – Vergehensarten[218]

Das Strafrecht ist ein Teilbereich der Scharia und beinhaltet teilweise drakonische Strafen mit Publikumswirksamkeit zum Zwecke der Abschreckung. Kapitalvergehen, Vergehen mit Wiedergutmachung und Ermessensvergehen gliedern den Strafen-Katalog und es werden Bestrafungen wie, Prügelstrafe, Auspeitschen, Steinigen, Köpfen, Amputationen wie selbstverständlich durch die Scharia-Gerichtshöfe ausgesprochen.[219] Für westliche Vorstellungen sind diese Bestrafungen Folter. Viele muslimische Länder praktizieren kein Scharia-Strafrecht, aber immer mehr Staaten – vor allem Bürgerkriegsländer – holen es wieder zurück.[220]

---

214 **Bewley**, Aisha, Über das Leben von Aisha bint Abi Bakr, Ehefrau des Propheten. Die Lehrerin von Medina, in: Islamische Zeitung, Juli 2015, S. 10 Grundlagen.

215 **Abu Iman Abd ar-Rahman Robert Squires**, Original Text, übersetzt und ergänzt von Edin-Husein, Topcagic für Moslem.de http://www.way-to-allah.com/dokument/Die_Junge_Ehe_Der_Aisha_Ra_01.pdf, abgefragt am 06.01.2017.

216 **Abu Iman Abd ar-Rahman Robert Squires**, siehe oben: S. 14.

217 **Abu Iman**, siehe oben: S. 14. Muhammad Ibn Ahmad Ibn Rassoul, (gesicherte Überlieferungskette), Sahih al-Bukhari, Nr. 0050, S. 13, Verlag Islamische Bibliothek. http://www.way-to-allah.com/dokument/Auszuege_aus_Sahih_Al-Bukhari.pdf, abgefragt am 01.07.2015 und 06.01.2017.

218 **Schirrmacher**, Christine, Spuler-Stegemann, Ursula, Frauen und die Scharia, München, 2004, S. 35.

219 **Schirrmacher**, siehe oben: S. 37.

220 **Petersohn**, Alexandra, siehe oben: S. 38. Im Osmanischen Reich wurde das Familienrecht zum ersten Mal 1856 kodifiziert und 1972–1974 erfolgte in Libyen die Kodifizierung der Strafvorschriften auf der Grundlage des Koran.

Das islamische Strafrecht war aber nie ein anonymes Paragraphenrecht. Immer hatte ein Richter die Lebensumstände und den Gesamtzusammenhang zu überprüfen. Wegen des Ermessensspielraumes des Richters ist es aber in jedem islamischen Land interessant, wer zum Richter bestellt wird.[221]

22.1 Grundsätze

Die Grundsätze der praktischen Rechtsprechung betrafen ursprünglich den Ausgleich von Schaden, die Aussöhnung streitender Parteien, den Schutz Schwächerer und die Heilung von Beziehungen.[222]

22.2 Vier-Zeugenregelung

Bedeutsam für die Frau wurde das Strafrecht im Zeugenrecht zum Beispiel, wenn der Ehemann der Frau aus irgendwelchen Gründen Ehebruch vorwarf, er aber keine vier Zeugen benennen konnte, dann überwog die Zeugenaussage der Frau, der des Mannes.[223] Vergewaltigungen konnten von den Frauen allerdings nie zur Anzeige gebracht werden, da ihre schwache Position bei Gericht kaum zur Verurteilung des Täters geführt hätte, eher zu ihrer eigenen.[224] **Ursprünglich war die Vier Zeugenregelung ein Entwurf zum Schutz der Frauen, Sure 24:6–9.** Das Patriarchat bedient sich einer anderen Interpretation und sagt, dass Frauen vier männliche Augenzeugen bringen müssen, um den Vorwurf der Vergewaltigung zu entkräften oder ein Geständnis des Täters. Foltern ist erlaubt. Fakten werden keiner Überprüfung unterzogen, der leiseste Verdacht genügt, um die Frau zu verurteilen.[225]

22.3 Kapital- oder Grenzvergehen >Hadd-Vergehen<[226]

Ehebruch und Unzucht sind Kapitalvergehen, es wird dadurch nicht ein Menschenrecht, sondern Gottesrecht verletzt. Die Verletzung wiegt schwerer als Mord.[227] Wurde Gottesrecht verletzt, erübrigt sich eine formale Anklage. Jeder

---

221 **Shinwari**, Oberster Richter, http://derstandard.at/1188960/Koedukation-ist-unislamisch, abgefragt am 22.07.2015 und 06.01.2017.

222 **Krausen**, Halima, Scharia, von den Anfängen bis zum modernen Rechtsstaat, 2007, https://heimatkunde.boell.de/2013/11/18/scharia-von-den-anf%C3%A4ngen-bis-zum-modernen-rechtsstaat, abgefragt am 29.03.2017.

223 **Zirker**, Koran, siehe oben: Sure 24:6–9, S. 218.

224 **Schirrmacher**, **Spuler-Stegemann**, Frauen und die Scharia, München, 2004, S. 35.

225 **Schirrmacher**, **Spuler-Stegemann**, Frauen und die Scharia, siehe oben: S. 45.

226 **Zirker**, siehe oben: Sure 17:32; Sure 60:12.

227 **Schirrmacher**, siehe oben: S. 37.

ist berechtigt bei Kenntnisnahme einer Grenzverletzung dem Gericht Mitteilung zu erstatten. Der Weg der gütlichen Einigung oder eine Begnadigung durch einen Richter, Herrscher, Imam oder einen religiöseren Führer ist dann nicht mehr möglich. Die Strafe wird gemäß Koran oder Überlieferung vollzogen, sofern ein Geständnis oder die erforderliche Anzahl von Augenzeugen vorhanden ist. Unverheiratete werden gemäß Sure 24:2–3 mit 100 Peitschenhieben bestraft, sind die Täter verheiratet, erfolgt die Steinigung, da die Überlieferung die Todesstrafe verlangt.[228]

22.4 Verbrechen mit Wiedervergeltung >Qisas-Vergehen< Privatrache[229]

Koran und Überlieferung kennen Verbrechen, welche die Privatrache auf der Seite des Opfers vorsehen. Rache und Vergeltung werden im Koran nicht infrage gestellt. In diesem Rahmen gilt der vorsätzliche Mord nicht als Kapitalverbrechen, weil nicht Gottesrecht, wie beim Ehebruch, sondern nur Menschenrecht verletzt wurde. Diese Regelung hat zur Folge, dass ein Ehebrecher gesteinigt werden darf und ein vorsätzlicher Mörder im Rahmen der Privatrache mit der Zahlung eines Blutpreises davonkommt. Im berechtigten Krieg darf getötet und verletzt werden, außerhalb derartiger Kampfhandlungen wird die Schuld einer Tötung durch den Richter untersucht. Der schuldige Täter muss schuldfähig sein, das heißt, erwachsen und voll zurechnungsfähig. Verlangt das Opfer seine Tötung, muss auf die gleiche Art und Weise getötet werden, oder es muss dem Täter durch das Opfer selbst oder einen nahen männlichen Verwandten genau dieselbe Verletzung zugefügt werden, wie sie das Opfer erleiden musste. Diesbezüglich sind die Regeln strikt und genau in der Scharia geregelt. Es gilt hier das Prinzip der Gleichheit. Nur eine Frau kann für eine Frau getötet werden und nur ein Mann für einen Mann. Das Opfer kann sich auch mit der Zahlung von Blutgeld begnügen. Für Frauen muss weniger bezahlt werden, weil Frauen nicht die Zahllast für den Unterhalt der Familie treffen. Im Koran wird das Blutgeld als Erleichterung bezeichnet, Sure 4:92.[230] **Vorsätzliche Tötung** außerhalb der Privatrache – Sure 4:93[231] gilt als verwerflich und wird mit der Hölle bestraft. **Selbstmord** ist ein sträfliches Vergehen und wird von Gott auf das Schwerste

---

228 **Zirker**, Koran, siehe oben: Sure 17:32; Sure 60:12.

229 **Schirrmacher**, siehe oben: S. 48, 49.

230 **Schirrmacher**, siehe oben: S. 50.

231 **Schirrmacher**, siehe oben: S. 51.

bestraft. In der Regel kam das harte islamische Strafrecht selten zur Anwendung, da viele Hürden eingebaut wurden.

22.5 Ermessensvergehen >Tazir-Vergehen<

Die meisten Vergehen sind Ermessensvergehen. Der Richter darf das Strafausmaß bestimmen, da weder im Koran noch in der Überlieferung ein Strafausmaß festgeschrieben wurde. Dieser Umstand erschwert die Schaffung von Rechtstaatlichkeit und widerspricht unserem Prinzip von „nulla poena sine lege“[232] keine Bestrafung ohne vorangegangenem Gesetz.

Menschen können daher in Gefängnissen beliebig festgehalten werden, oder werden durch Bestechung der Richter freigelassen.

23 Scharia-Komponenten: Koran, Sunnah, Hadithe, Idschtihad, Analogieschluss

Zusammenfassend muss man also sagen: Die Scharia ist kein kodifiziertes Gesetzbuch, das in allgemeingültiger Form verabschiedet und schriftlich niedergelegt wurde. Die Scharia ist eine Komposition aus dem **Koran** – der Gottesverfassung, aus der **Sunnah** – der Überlieferung von Mohammeds vorbildhafter Lebensweise, seinen Aussprüchen, seiner Rechtsprechung, niedergeschrieben in den **Hadithe,** aus dem **Idschtihad** – der Auslegung dieser Rechtsquellen durch relevante Rechtsgelehrte, durch die **Ulamah**. Bei manchen Rechtsschulen ist auch der **Analogieschluss** relevant und bei den Schiiten die **Fatwas,** Rechtsgutachten der rechtgeleiteten Imame.[233] Der jordanische Prinz al Hasan ibn Talal beschreibt die Scharia als einen Werdegang, der niemals ein Ende findet.[234]

---

232 **Schirrmacher**, siehe oben: S. 52, 53, z.B. vorsätzliche Tötung außerhalb der Privatrache, Sure 4:93 gilt als verwerflich und wird mit der Hölle bestraft. Selbstmord ist ein sträfliches Vergehen und wird von Gott auf das Schwerste bestraft. (kein weltliches Strafmaß).

233 **Zirker**, Hans, der Koran, 2. Aufl., Darmstadt, 2007, S. 7–11.

234 **Rohe**, Mathias, Das islamische Recht, siehe oben: S. 17.

2. Kapitel Das Islamverständnis im Wandel der Zeit

1 >Tadschdid< und >Islah< Erneuerung und Reform

Viele muslimische Gelehrte, auch gläubige Muslime, viele Rebellen und Terroristen wünschen keine Reform des Islam, obwohl diesbezüglich zwei Konzepte zur Verfügung stünden. Eine Hadithe, ein Ausspruch des Propheten Mohammed lautet: ‚Wahrlich, Allah sendet für die >Ummah< zu Beginn jedes Jahrhunderts einen, der den Glauben für sie erneuert (judschaddidu)‘.[235] Mohammed gilt als der letzte Prophet, daher versteht man unter >der< einen Gelehrten oder einen bedeutenden Denker, der mit viel Sachverstand das Beste für diese >Ummah< anstrebt und der die Quellen der Scharia, Koran und Sunnah im Lichte eines jeden neuen Jahrhunderts im zwischenmenschlichen Bereich neu interpretiert. Man nennt das „Tadschdid“,[236] Konzept, auch Methode der Erneuerung. Das „Islah“, das Konzept der Reform, findet sich bereits im Koran und ebenfalls in Äußerungen des Propheten. Es beinhaltet Gedanken bezüglich der Besserung, der Reinigung, der Versöhnung, der Wiedergutmachung und ebenfalls der Reform. Im Islam gibt es also einen Ansatz des beständigen Reformierens der heiligen Texte – **„tadschdidiyya“** und auch ein Verstehen der näheren Umstände **„islahiyya“**. Beide Konzepte waren und sind ein wesentlicher Bestandteil der islamischen Tradition. „Die ersten Gelehrten, die verschiedene Sphären und mannigfaltige Instrumente der islamischen Wissenschaften kategorisierten, insbesondere in den Bereichen des Rechts und der Jurisprudenz, bezogen diese Dimensionen mit ein, wenn sie sich z. B. auf den **‚idschtihad‘**, die selbständige Interpretation oder auf die **‚maslaha‘**, das Gemeinwohl bezogen.[237]

---

235 **Ramadan**, Tariq, Radikale Reform, Die Botschaft des Islam für die moderne Gesellschaft, aus dem Englischen von Kathrin **Möller**, Kathrin und **Vonderstein**, Anne, München, 2009, S. 20. Siehe auch: Grundzüge eines modernen Islam, Islam ist immerwährende Reform, 3. Teil Für den deutschsprachigen Raum hat **Khorchide**, Mouhanad erstmals eine zeitgenössische Theologie vorgestellt. Er zeigt, wie der Islam aus sich heraus, nicht von außen, zu einem Selbstverständnis kommen kann, das eine grundsätzliche Wende hin zu einer Theologie eines barmherzigen Gottes vollzieht. http://www.deutschlandfunk.de/deutung-des-islams-1-der-barmherzige-gott.886.de.html?dram:article_id=325718, abgefragt am 22.02.2017.

236 **Ramadan**, Tariq, siehe oben: S. 21.

237 **Ramadan**, Tariq, siehe oben: S. 21, 22.

Es gibt heute eine Bemühung vonseiten vieler muslimischer Gelehrten, im Koran eine Rechtleitung, angepasst an die Gegenwart zu finden, denn so heißt es, der Koran gibt niemanden das alleinige Recht, Gottes Wort zu deuten. Würde jeder den Koran so deuten, wie es ihm gerade passt, würde dies einem Polytheismus gleichkommen.[238]

Bei einer Reformdebatte muss man allen Gehör schenken. Schwierigkeiten bereitet die Konfrontation der konservativen mit den liberalen Kräften innerhalb der muslimischen Gelehrtenschaft, der „Ulamah".[239] Liberale Kräfte werden mit dem Umbringen bedroht und nehmen sich aus Angst aus der Diskussion wieder zurück. Viele Denker kommen zu dem Schluss: Eine grundlegende Reform des Islam ist nicht nur nötig, sondern auch möglich. Der Islam steht nicht grundsätzlich zu den Werten des Westens wie Demokratie und Menschenrechte im Widerspruch. Ein Wortführer der Muslimbrüder empfiehlt geradezu das Modell der Volksherrschaft und die Partizipation von Frauen an dieser Herrschaft und noch dazu in den größten arabischen Medien wie „al-Jazeera und auf Islamonline"[240] im Internet. Man kann also gespannt sein. Robert Schediwy meint, dass „der historische Jesus mit den heutigen Traditionsbewahrern so wenig zu tun hat wie der Prophet Mohammed mit dem Kopftuch – und beide dürften sich vermutlich, könnten sie sehen, was aus ihren Vorstellungen in den Händen religiöser Machtpolitiker und Pharisäer geworden ist, in Trauer abwenden."[241] 2015 war der Appell des Dalai-Lama an die Welt: „Ethik ist wichtiger als Religion."[242]

2 Kulturelle Identität

Was haben wir und die anderen nicht? Was unterscheidet uns von den anderen? Wir können davon ausgehen, dass sich hinter diesem Denken ein hierarchisches Muster verbirgt, bei dem das Selbstbild immer besser vermittelt wird, als das Fremdbild. Entscheidend dabei sind gesellschaftspolitische Werte. Stellt man dem Okzident den Orient gegenüber, verblüfft die westliche Fortschrittlichkeit und die islamische Rückständigkeit. Gerne wird auch noch die westliche

---

238 **Muhammad Mushtaq Ahmad**, Jihad and Peace Treaties, siehe oben, p. 11.

239 **Haenni**, Patrick, Der Islam, die Moderne als Pfand, die geteilte Welt in: Amipur, Katajun und Amann, Ludwig (Hrsg.), Der Islam am Wendepunkt, liberale und konservative Reformer einer Weltreligion, 2. Aufl., Freiburg, 2006, Vorwort.

240 **Haenni**, Patrick, Der Islam, die Moderne als Pfand, die geteilte Welt, siehe oben: S. 207.

241 **Schediwy**, Robert, Flüchtlinge: Besinnung auf das falsche Erbe, in: der Standard, 23.12.2015, S. 27.

242 **Dalai Lama**, Der Appell des Dalai Lama an die Welt, Alt, Franz, Salzburg, 2015.

Friedfertigkeit und die islamische Gewaltbereitschaft betont. Markant unterschieden wird zwischen westlicher Rationalität und islamischer Frömmigkeit. Freiheit und Toleranz verbucht der Westen ebenfalls auf seinem Habenkonto aber auch ökonomische, militärische und technologische Überlegenheit. Arabische Staaten fühlen Abneigung und Bewunderung für den Westen.[243] Mehrheitlich überwiegt aber die Abneigung gegenüber dem Westen und seinen Werten.[244] „Islamische Werte sollen sich geistig und moralisch von westlichen Werten unterscheiden, die als Orte moralischer Anarchie, defekter Familien, des Konsumwahns und zügelloser Sexualität dargestellt werden."[245] Gudrun Krämer glaubt, dass jede Seite seine kulturelle Überlegenheit demonstrieren möchte und interkulturelle Menschenrechtsdialoge bisher wenig Annäherung gebracht hätten.[246] Bassouni sagt, dass UN-Menschenrechte von Muslimen nur angenommen, nicht aber übernommen werden können, wenn sie aus der islamischen Tradition abgeleitet werden können.[247]

Im 19. Jahrhundert haben islamische Gelehrte überlegt, wie man der westlichen Überlegenheit begegnen könne. Es gab eine bekannte syrische, säkulare Denkströmung, die Muslime aufklären und nach dem Vorbild Europas den Islam, wie das Christentum reformieren wollten. Traditionalistische Denkströmungen suchten nach der eigenen Stärke in der islamischen Geschichte. Vorbilder waren die Gelehrten al-Gazali, oder ibn Taimiyya, die einen Wandel, wie er auch im Koran nicht ausgeschlossen wird, befürworteten. Es galt Beständigkeit und Wandel in Einklang zu bringen. Was dann folgte, war die innere Reform des islamischen Normensystems im Lichte der Vernunft. Rationale Überlegungen sollten eine an die Zeit angepasste Auslegung von Koran und Sunnah liefern. Der Perser, Gamal al Din al Afghani (gest. 1897), der ägyptische Theologe Muhammad Abduh (gest. 1905) und sein Schüler Muhammad Rashid Rida (gest. 1935) verlangten die Öffnung des Tores zur Neuauslegung von Koran und Sunnah und befreiten den Islam von nicht-islamischen Inhalten. „Sie erkannten, dass der Stillstand des religiösen Denkens aus der Unfähigkeit der Muslime resultierte, die kontext- und zeitabhängige Qualität der islamischen

243 **Bassiouni**, Mahmoud, Menschenrechte zwischen Universalität und islamischer Legitimität, Berlin, 2014, S. 11–13.

244 **Krämer**, Gudrun, Wettstreit der Werte: Anmerkungen zum zeitgenössischen islamischen Diskurs, in: Joas, Hans und Wiegandt, Klaus (Hrsg.) Die kulturellen Werte Europas, Bonn, 2005, S. 469.

245 **Bassiouni**, Mahmoud, siehe oben: S. 16.

246 **Krämer**, Gudrun, Gottesstaat als Republik, Baden-Baden, 1999, S. 147.

247 **Bassiouni**, Mahmoud, siehe oben: S. 20.

Jurisprudenz als solche zu identifizieren."[248] Die Interpretation der islamischen Quellen entsteht nicht aus einem Nichts heraus, sondern reflektiert stets historische, kulturelle, soziale und politische Rahmenbedingungen. Islamische Werte sind zwar beständig, aber müssen stets neu konkretisiert werden und quantitativ und qualitativ den Herausforderungen des Jahrhunderts gerecht werden. Das bedeutet, dass das muslimische Denken reformiert werden muss.

3 Das islamische Normensystem, die Scharia

In der Scharia gibt es viele verschieden Normen. Glaubensnormen und Normen, die rituelle Handlungen festlegen. Für die Normen zwischenmenschlicher Beziehungen legen die islamischen Quellen lediglich allgemeine Prinzipien fest, die der menschlichen Konkretisierung im Umfeld ihrer jeweiligen Umstände überlassen sind. In zwischenmenschlichen Beziehungen gilt im Islam was vernünftig erscheint. Der Koran hat nicht alles geregelt, sondern appelliert an die Vernunft der Menschen. Um die Scharia begreiflicher zu machen, hat Bassiouni eine Grafik[249] in seine Ausführungen eingefügt, die ich für sehr hilfreich erachte und daher in leicht abgeänderter Form übernommen habe. Hier finden sich Glaubensnormen, Ethiknormen und Handlungsnormen, die sich in rituelle Normen und in Normen zwischenmenschlicher Beziehungen unterteilen. Für den Scharia-Vorbehalt betrachten wir nur die Normen zwischenmenschlicher Beziehungen.

Die religiöse Intelligenz widmete sich mehr den rituellen und den zwischenmenschlichen Normen, die Herrschenden kümmerten sich um die Normen des Regierens und der Kriegführung. Konzepte für Gerechtigkeit, Gleichheit und Freiheit wurden vernachlässigt. Lange Zeit gab es in der muslimischen Welt keine Auseinandersetzung mit einem Konzept über Menschenrechte. Das muslimische Denken war auf den privaten Bereich beschränkt, während die staatliche Rechtspraxis in der islamischen Welt despotischer und diktatorischer Natur war.[250] Eine Weiterentwicklung der zwischenmenschlichen Normen fand lange Zeit nicht statt. Es gab Sammlungen von Präzedenzfällen und Rechtsentscheidungen der Rechtsschulen, die wie Gesetzestexte behandelt wurden, die für immer gelten sollten. Veränderungen durften nicht vorgenommen werden. Diese Praxis übersah aber, dass alle islamischen Normen sozial, politisch, kulturell und zwischenmenschlich in der Zeit, wo sie offenbart wurden, verankert

248 **Bassiouni**, Mahmoud, siehe oben: S. 35, 36, 37, 180, 181.
249 **Bassiouni**, Mahmoud, siehe oben: S. 41, Abbildung 3, Islamisches Normensystem.
250 **Bassiouni**, Mahmoud, siehe oben: S. 68–70.

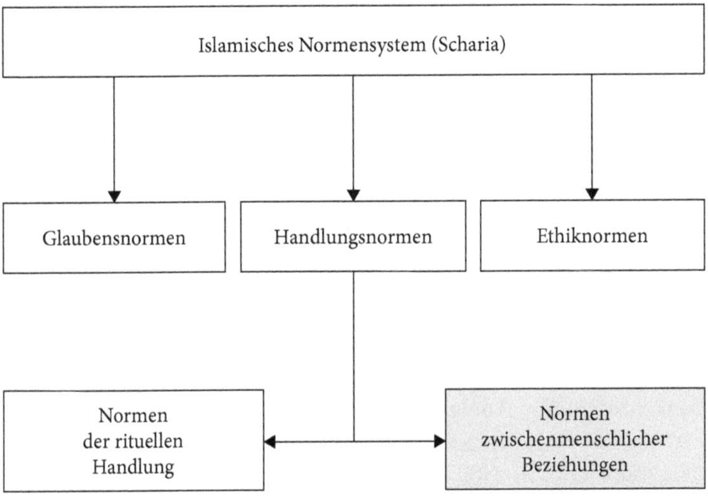

Abbildung 3: Islamisches Normensystem nach Bassiouni

sind und sich wesentlich von den heutigen Bedürfnissen und Rahmenbedingungen unterscheiden. Man kann die Vergangenheit nicht in die Gegenwart projizieren. Was einmal fortschrittlich war, ist heute überholt. Die Re-Interpretation von Koran und Sunnah sind daher heute eine große Herausforderung. Nyazee sagt zurecht: „Jede Generation muss, ungeachtet der Verehrung für ihre Vorfahren, ihr eigenes Kreuz tragen und muss ihre eigene Denkkraft in Anspruch nehmen, um die Probleme zu lösen."[251] Das islamische Recht hat überzeitliche Normen, aber die Normen der zwischenmenschlichen Beziehungen fallen nicht darunter. Bassiouni zitiert Mumisa, der das Problem darin sieht, dass es eine zeitliche und räumliche Lücke gibt, zwischen dem Koran und uns selbst, daher kann man den Koran nicht einfach lesen und verstehen. Diese Bemerkung ist wichtig, weil viele glauben, dass man den Koran im Rahmen des >idschtihad< auch ohne historisch-kritischen Bezug neu interpretieren kann. Unumstritten unter den Muslimen ist die Tatsache, dass der Koran für die Zeit der Offenbarung die beste Rechtslage für die Gläubigen darstellte. „Entscheidend ist also, den Sinn der Norm zu verstehen und unter anderen Bedingungen eine Regelung zu finden, die diesem Sinn entspricht, selbst wenn sie dem Wortlaut des Koran

251 **Nyazze**, Imran Ahsan Khan, Theories of Islamic Law. The Methodology of Ijtihad, Islamabad, 1994, siehe oben: S. 24.

zuwiderläuft."[252] Islamische Rechtsnormen besitzen demnach keinen letztgültigen Charakter, sondern sind einem sozialen Wandel unterzogen. In Hinblick auf die Untersuchung der Länderberichte, werden wir dies besonders im Familienrecht von Tunesien und Marokko feststellen, wo fortschrittliche Regierungen islamische Gesetze bereits der Realität angepasst haben.

4 Spektrum der Vereinbarkeit der UN Menschenrechte mit dem Islam

Bassiouni hat in seiner Arbeit „Menschenrechte zwischen Universalität und islamischer Legitimität" ein Spektrum der Vereinbarkeit von Menschenrechten und Islam grafisch dargestellt. Hier beschreibt er abstrakt Beispiele von **Unvereinbarkeit, Ablehnung, Aneignung** und **Angleichung** von UN Menschenrechten im Islam, wie wir es in den Länderberichten sehen werden. Beispielsweise zitiert Bassiouni Bassam Tibi, der die Ansicht vertritt, dass sich der Islam und Menschenrechte wie Feuer und Wasser verhalten. Er sagt, der Islam hätte keinen Subjektbegriff entwickelt, weil die >Ummah<, die religiöse Gemeinschaft nur ein Kollektiv darstellt. Ein Individuum, das gegenüber dem Staat Rechte beansprucht, kennt die >Ummah< nicht. In dieser Hinsicht bezieht sich Tibi auf den führenden Islamgelehrten Ibn Taimiyya (1328). Tibi behauptet, alle Macht liegt beim Herrscher, der seine Machtfülle von Gott erhalten hat. Rechte gegenüber Allah und dem Herrscher sind nicht vorgesehen, daher ist im Islam ein Konzept von Menschenrechten unmöglich. Tibi wirbt aber für die Europäisierung des Islam. Er meint: „Entweder islamisieren die Muslime Europa, oder Europa europäisiert den Islam."[253] Eine Zwischenlösung gibt es für ihn nicht. Bassiouni bestreitet diese Ansicht und entgegnet, dass Ibn Taimiyya und viele andere islamische Rechtsgelehrte sehr wohl davon ausgehen, dass der Mensch auch im Islam individuelle Rechte besitzt. Ablehnung und Unvereinbarkeit liegen sehr eng beisammen.

Bei der Aneignung lautet die Kernaussage: Menschenrechte basieren auf einem religiösen Fundament und können daher nur im Islam verwirklicht werden. Menschenrechte sind bereits seit 1400 Jahren ein Bestandteil der islamischen Kultur. Aus dieser Erkenntnis heraus kam es 1981 zur Allgemeinen

---

252 **Bassiouni**, Mahmoud, siehe oben: S. 75, siehe auch: **Mumisa**, Michael, Islamic Law, Theory and Interpretation, Beltsville, 2002. S. 38, siehe auch: **Kalisch**, Muhammad, Vernunft und Flexibilität in der islamischen Rechtsmethodik, Oxford, 2008, S. 5.

253 **Bassiouni**, Mahmoud, siehe oben: S. 88, 89, siehe auch: **Tibi**, Bassam, Im Schatten Allahs, Der Islam und die Menschenrechte, Düsseldorf, 2003, S. 14.

Erklärung der Menschenrechte im Islam und 1990 zur Kairoer Erklärung der Menschenrechte im Islam. Bassouni meint, es kam zur Islamisierung der Menschenrechte, denn man hat Menschenrechtsnormen mit Belegstellen aus Koran und Sunnah versehen. Auch die Demokratie, das Prinzip der „Schura", das Beratung und Beschlussfassung bedeutet, gibt es demnach im Islam schon seit Anbeginn. Nach dieser Vorstellung sind Menschenrechte und „Schura" eine Quelle Gottes und daher wirksamer verankert als Menschenrechte, die durch einen politischen Prozess entstanden sind. Keine Macht der Welt kann von Gott verliehene Rechte wieder entziehen.[254]

Wenn wir die Islamisierung von Menschenrechten näher betrachten, erkennen wir, dass Menschenrechte, die den Rahmen der Scharia sprengen, nicht anerkannt werden. Wie wir ebenfalls in den Länderberichten sehen können, werden nur Menschenrechte anerkannt, die mit der Scharia harmonieren. In der Kairoer Menschenrechtserklärung sind Freiheits- und Gleichheitsrechte durch die Scharia begrenzt. Die Scharia steht über jeder von Menschen erdachten Forderung. Es besteht daher auch kein Zweifel, dass einige moderne Menschenrechte nicht in das enge Korsett der Scharia passen, wenn man wieder so leben möchte wie im siebenten Jahrhundert n. Chr. Zeitgemäße Frauenrechte, Ehe-, Erbvorschriften und politische Partizipationsrechte sprengen den schariarechtlichen Rahmen. Frauen und Männer haben im Islam gleiche Würde, aber unterschiedliche Rechte und unterschiedliche Aufgaben, aber von gleichem Wert. Nach klassischem islamischen Recht wird ein Menschenbild vertreten, in dem die Frau keusch, schwach, zweitrangig und schutzbedürftig ist. Sie gebiert, erzieht Kinder und versorgt den Haushalt, der Mann übernimmt den Unterhalt. Nach der Scharia wird aus der natürlichen Verschiedenheit auch eine ungleiche Rechtsstellung abgeleitet. Besonders für die Bewahrung der Keuschheit hat das Patriarchat der islamischen Frau ein breites Spektrum an Rechten vorenthalten.[255]

Nach der Grafik nach Bassiouni kommt jetzt die Angleichung. Frauenrechte, Apostasieverbot und Körperstrafen stehen auf dem Prüfstand. „Charakteristisch für das Argument der Angleichung ist, dass die im islamischen Rechts- und Gedankengebäude enthaltenen Normen stets als abhängig von bestimmten Umständen betrachtet werden. Die islamische Offenbarung enthalte demnach nichts, was im Widerspruch zu den Menschenrechten stünde, allenfalls ein paar Detailbestimmungen, die sich jedoch aus besonderen historischen Umständen

254 **Bassiouni**, Mahmoud, siehe oben: S. 92–98.
255 **Bassiouni**, Mahmoud, siehe oben: S. 105–106.

erklären ließen."[256] Für diesen Ansatz steht nicht die Religion im Weg, sondern das klassische islamische Recht, das als autoritär erachtet wird. Die Vertreter der Angleichung suchen nach alternativen Anknüpfungspunkten für ein modernes Menschenrechtsverständnis. Nur durch eine männliche Brille gelesen, erkennen sie in Sure 4:34 eine Überlegenheit der Männer. Hier wird die Unterhaltspflicht des Mannes unter die Lupe genommen. In Sure 2:282 geht es um die weibliche Zeugenaussage, die nur halb so viel wert ist, wie die eines Mannes. Bei der Polygamie in Sure 4:129 spricht der Koran selbst schon von Gleichbehandlung aller vier Frauen. Im Fall der Apostasie, dem Abfall vom Islam, nennt der Koran und die Sunnah keine Strafen, die im Hier und Jetzt zu vollziehen wären. Die Vertreter der Angleicher verknüpfen diesen Abfall vom Islam an die geschichtliche Tatsache des Abfalls der arabischen Stämme vom Islam nach dem Tod Mohameds. Der Abfall vom Islam war demnach ein politischer Akt.[257] Khan argumentiert, dass der Abfall vom Glauben zwar ein spirituelles Vergehen darstellt, aber ohne weltliche Folgen. „Das ist das Wesen der Freiheit, den eigenen Glauben zu wechseln. Die Aussagen des Qurans hierzu sind eindeutig."[258] Bei den Scharia-Vorbehalten in den einschlägigen Konventionen und den Länderberichten werden wir sehen, dass alle untersuchten islamischen Länder diesbezüglich sehr strikt an ihrem Scharia-Vorbehalt bei der Religionsfreiheit festhalten. Interessant sind die Beispiele, die Bassiouni nach textuellem, evolutionärem, intentionalem, hermeneutischem und pragmatischem Ansatz anführt, die aber hier nicht behandelt werden können.

---

256 **Bassiouni**, Mahmoud, siehe oben: S. 108, siehe auch: **Charfi**, Mohammed, Die Menschenrechte im Bezugsfeld von Religion, Recht, Staat in den islamischen Ländern, in: Schwartländer, Johannes (Hrsg.), Freiheit der Religion. Christentum und Islam unter dem Anspruch der Menschenrechte, Mainz, 1993, S. 100.

257 **Bassiouni**, Mahmoud, siehe oben: S. 111.

258 **Bassiouni**, Mahmoud, siehe oben: S. 112, siehe auch: **Khan**, Muhammad Zafrullah, Islam und Menschenrechte, Frankfurt, 2004, S. 133.

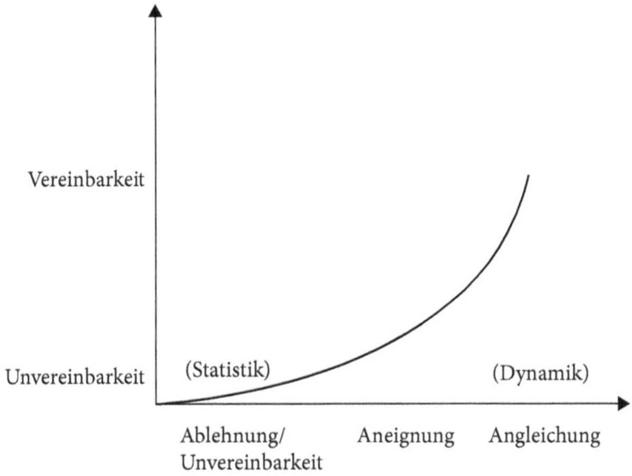

Abbildung 4: Spektrum der Unvereinbarkeit nach Bassiouni,[259] Islam – UN Menschenrechte

5 Der Einfluss des Islam auf die europäische Kultur

Der muslimische Vormarsch Richtung Europa begann 652 n. Chr., als eine kleine Berbertruppe das byzantinische Sizilien erreichte. Der große Sieg über Spanien folgte 711 durch die Umaijaden. Sie nannten das eroberte Gebiet al Andaluz, das auch einen Teil Portugals umfasste. Eine muslimische Mehrheitsbevölkerung gab es in al Andaluz im 10. Jh. n. Chr. Die christliche Offensive, bekannt unter dem Namen „La Reconquista" folgte auf dem Fuß. 1236 verblieb nur die Provinz Granada bis 1492 unter muslimischer Herrschaft.[260] 965 errichteten die Araber auf Sizilien ein Emirat, das 1072 von den Normannen, den Wikingern, übernommen wurde. Sie brannten alles nieder, auch Moscheen. Die „La Reconquista" führte im 12. Jh. zur Renaissance, zur Wiedergeburt griechisch-römischer Werte, aber auch zum Einfluss des Islam auf das Christentum und auf das gesamte europäische Mittelalter. Im neunten Jahrhundert wurde in Bagdad von Kalif al Ma'mun das Haus der Weisheit (bait al hikmat) gegründet. Es war eine Art Hochschule und die heutigen arabischen Hochschulen am arabischen Golf beziehen sich darauf. Der einflussreiche Scheich Mohammad Bin Rashid Al Maktoum fordert für die arabische Welt, dass man sich wieder auf die arabische,

259 **Bassiouni**, Mahmoud, siehe oben: Grafik, Spektrum der Unvereinbarkeit, S. 80.
260 **Falcones**, Ildefonso, Die Pfeiler des Glaubens, München, 2010, S. 89 ff.

denkerische Tradition besinnt, und nicht nur alles der westlichen wissenschaftlichen Rezeption überlässt. Arabische Wissenschaftler müssen ihr Erbe selbst aufarbeiten. In der „Bildungs-Revolution", die mit voller Kraft in den Golfstaaten bereits vor zehn Jahren eingesetzt hat, sollen moderne Forschungsleistungen auf Weltniveau erreicht werden. Höselbarth Frank hat ein äußerst interessantes Handbuch zur Bildungs-Revolution am Golf und über die Universitäten der acht Anrainerstaaten des Golfs geschrieben. Im Koran heißt es: „Und sag: Mein Herr, lasse mich an Wissen zunehmen."[261]

6 Untersuchung der Tabah-Stiftung in Abu Dhabi

Araber und Araberinnen suchen Orientierung im Islam. Die Tabah-Stiftung in Abu Dhabi hat 2016 eine repräsentative Umfrage in acht arabischen Ländern, wie Marokko, Ägypten und Saudi-Arabien gestartet und herausgefunden, dass fast alle Befragten, Männer und Frauen im Alter von 15–34 Jahren, überzeugte Muslime sind, aber dennoch mit dem real existierenden Islam unzufrieden wirken. Es wird zu oft über die arabischen Jugendlichen gesprochen, aber zu selten mit ihnen, beklagte der Verantwortliche Abas Yunas von der Tabah-Stiftung. „Eine der gestellten Fragen lautete: ‚Führen die Versuchungen der modernen Welt bei Ihnen als Muslim zu Gewissenskonflikten?' Abas Yunas: ‚In vier Ländern antworteten die meisten auf diese Frage mit Ja. In weiteren drei Ländern ist der Anteil jener, die einen Konflikt verspüren, immer noch sehr hoch.' Einzige Ausnahme: das relativ abgeschottete Saudi-Arabien. Hier fühlen sich acht von zehn jungen Muslimen in ihrem Religionsverständnis nicht bedroht."[262] Zur Kinderrechtskonvention zur Rassendiskriminierungskonvention und zur Frauendiskriminierungskonvention hat Saudi-Arabien einen generellen Scharia-Vorbehalt angebracht. Strenge Gebetsvorschriften, Frauen in schwarzen Abajas und eindeutige Familienhierarchien, kaum westliche Touristen, nur muslimische Mekka-Pilger, in Schranken gehaltene Fremdarbeiter und kaum Asylanten. Saudi-Arabien ist heute 2017 noch immer eine geschlossene Gesellschaft.

261 **Höselbarth**, Frank, Die Bildungs-Revolution am Golf. Ein Handbuch, Hildesheim, 2010, Einleitung.

262 **Stryjak**, Jürgen, Wie sich junge Muslime den Islam wünschen. http://www.deutschlandfunk.de/repraesentative-umfrage-wie-sich-junge-muslime-den-islam. 1773. de.html?dram:article_id=344315, abgefragt am 02.01.2017.

Der westliche Lebensstil, die Popkultur und der Einfluss der digitalen Welt bedrängen dennoch das herrschende Islamverständnis, dem sich nicht mehr alle Jugendlichen unterwerfen wollen. Sie erwarten, dass man den Islam an die moderne Welt anpasst. Die Jugendlichen, Männer und Frauen gleichermaßen, verlangen auch nach weiblichen Predigerinnen und nach einer modernen Form der Religionsvermittlung. Das widerspricht eklatant den extremistischen Vorstellungen eines Islamischen Staates oder den Vorgaben anderer Terrororganisationen. ‚Neun von zehn Befragten finden, dass der IS und Al-Qaida eine totale oder eine weitgehende Perversion islamischer Lehren betreiben.' Allerdings stimmen sieben Prozent der Befragten mit den Vorstellungen der Terroristen überein, was ein enorm großes und besorgniserregendes Rekrutierungsfeld für zukünftige Jihadisten darstellt.[263] „Dass sich junge Leute den Terrorgruppen anschließen, hat nach Ansicht der Befragten im wesentlichen drei Ursachen:

1. die Politik der korrupten Unterdrückerregime in ihren Heimatländern,
2. die Propaganda radikaler Prediger,
3. sowie ein niedriges Bildungsniveau.

Die meisten der jungen Befragten geben also weder der Politik des Westens noch dem Islam an sich die Schuld am Entstehen von Extremismus. Für sie tragen die Vertreter der eigenen politischen und religiösen Eliten eindeutig die Hauptverantwortung."[264]

---

263 **Stryjak**, Jürgen, Wie sich junge Muslime den Islam wünschen, siehe oben.
264 **Stryjak**, Jürgen, siehe oben.

3. Kapitel

A Scharia-Vorbehalt – menschenrechtliche Verträge der Vereinten Nationen

Wiener Vertragsrechtskonvention, WVK
Vienna Convention on the Law of Treaties, VCLT

Kann man islamische Menschenrechte mit UN-Menschenrechten überhaupt vergleichen? Im siebenten Jahrhundert n. Chr. wurden im Islam Menschenrechte religiös begründet. Menschen hatten Rechte untereinander, aber keine Rechte gegenüber der höchsten Instanz, Gott, Allah. Für gläubige Muslime ist der Verstoß gegen die Scharia so etwas wie für Völkerrechtler der Verstoß gegen ius cogens.[265] UN-Menschenrechte wurden nach zwei verheerenden Weltkriegen erst nach 1948, durch die Vernunft geleitet, auf universeller Ebene proklamiert. Diese Menschenrechte fußen auf der europäischen Aufklärung und viele Forderungen entstanden im Rahmen der französischen Revolution.

Nach der Dekolonialisierung, der Entstehung von islamischen Nationalstaaten und der Entwicklung von islamischen Verfassungen, steht der Islam nach wie vor tragend im Vordergrund. Aufgrund der Verschiedenartigkeit der islamischen Länder gibt es aber >den< Islam nicht, daher existiert auch nicht >ein< Menschenrechtsverständnis. Was in einem Land erlaubt ist, wird in einem anderen islamischen Land enger gesehen, daher gibt es auch nicht >den< Scharia-Vorbehalt.

„Ein Vorbehalt zu völkerrechtlichen Verträgen ist eine bei Vertragsabschluss abgegebene Willenserklärung, mit welcher bezweckt wird, die Rechtswirkungen einzelner Vertragsbestimmungen in der Anwendung auf sich auszuschließen oder einzuschränken."[266]

Mohammed hat im siebenten Jh. n. Chr. gesagt, dass der Islam alle 100 Jahre der Gesellschaft angepasst werden soll.[267] Veränderungen bei der Art und Weise

---

265 **Vienna Convention on the Law of Treaties, Art 53**, http://legal.un.org/ilc/texts/instruments/english/conventions/1_1_1969.pdf, abgefragt am 03.03.2017.

266 **Karl**, Wolfram, Vorbehalt, in: Lexikon des Rechts. Völkerrecht, 2. Aufl. Neuwied/Darmstadt, 1992, S. 399–400.

267 **Ramadan**, Tariq, Radikale Reform, Die Botschaft des Islam für die moderne Gesellschaft, München 2009, S. 20, „Wahrlich Allah sendet für die >Ummah< zu Beginn jedes Jahrhunderts einen, der den Glauben für sie erneuert."

der Interpretation der islamischen Rechtsquellen sind auch tatsächlich erfolgt, aber sehr zögerlich, sehr sparsam und der Koran wird schon ewig nur von Männern ausgelegt.[268] Lokale Traditionen und das Patriarchat spielten in den jeweiligen islamischen Ländern immer eine große Rolle. Heute prägen wieder Kriege, der Staatenzerfall und das Erstarken der Salafisten die wirtschaftliche, gesellschaftliche und soziale Lage in den meisten islamischen Kernländern. Salafisten distanzieren sich laut und explizit von Demokratie und Menschenrechten und sehen auch diesbezüglich keine Anlagen in den islamischen Quellen.

Im 3. Kapitel werde ich islamische Vorbehalte in menschenrechtlichen Verträgen der Vereinten Nationen in den arabischen Kernländern und im Iran beschreiben. Obwohl ich den Fokus auf Scharia-Vorbehalte lege, ist es nicht Absicht, die Idee zu vermitteln, dass muslimische Länder immer Scharia-Vorbehalte anbringen. Muslimische Länder haben vielseitige Haltungen diesbezüglich eingenommen. Einige haben diese menschenrechtlichen Verträge der Vereinten Nationen ohne Scharia-Vorbehalte unterzeichnet, ratifiziert oder sind beigetreten, andere Länder haben wieder Scharia-Vorbehalte offen oder versteckt angebracht. Nicht alle Vorbehalte haben prima vista einen schariatrechtlichen Hintergrund. Einige diesbezügliche Beispiele habe ich schon in meiner Einleitung aufgezeigt. Bevor ich systematisch alle Scharia-Vorbehalte der arabischen Kernländer und des schiitischen Iran untersuche, möchte ich als Beispiel für einen generellen Scharia-Vorbehalt Libyen nennen, der beim Beitritt (1989) zur ICEDAW, International Convention on the Elimination of All Forms of Discrimination against Women, angebracht wurde. "Accession is subject to the **general reservation** that such accession cannot conflict with the laws on **personal status** derived from the **Islamic Shariah**". Die Folge ist offensichtlich. Libyen vermutet, dass zumindest einige Artikel dieser Konvention mit der Scharia im Widerspruch stehen. Wo sich solche Konflikte abzeichnen, sagt Libyen den anderen Konventions-Partnern, dass es Wert darauflegt, dass die Scharia im libyschen **Personenstandsrecht** nicht verletzt werden darf. Personenstandsrecht ist ein Schwerpunkt in der Scharia. Islamische Quellentexte werden unterschiedlich interpretiert, daher kann es zu Differenzen in den verschiedenen muslimischen

268 **Zirker**, Hans, Der Koran, Darmstadt 2007, siehe oben, siehe auch: **Schirmbeck**, Samuel, Die Vorfälle von Köln und der Islam, in: der Standard, 16./17.01.2016, Sure 4:34, „Die Männer stehen über den Frauen, weil Gott sie ausgezeichnet hat." Sure 2:228, „Die Männer stehen eine Stufe über ihnen. Gott ist mächtig und weise. Sure 2:223, „Eure Frauen sind euch ein Saatfeld. Geht zu eurem Saatfeld, wo immer ihr wollt ..." Siehe dazu auch: **Nahed**, Selim, Nehmt den Männern den Koran! Für eine weibliche Interpretation des Islam, München, 2. Aufl., 2009, S. 17 ff.

Ländern kommen. Auf jeden Fall will Libyen durch die Bestimmungen der ICEDAW, der International Convention on the Elimination of All Forms of Discrimination against Women, im Personenstandsgesetz nicht gebunden sein. ICEDAW will aber genau jede Diskriminierung der Frau auch im Personenstandsgesetz eliminieren. Andere muslimische Länder machen viel genauere Scharia-Vorbehalte.[269]

Objections, Einwendungen, Einwände, Einsprüche, Widersprüche, Proteste können von allen anderen Ländern, die ebenfalls Vertragsparteien des jeweiligen menschenrechtlichen Vertrages sind, gegen diese Vorbehalte abgegeben werden. Der Menschenrechtsrat, verschiedene Länder, NGO's, Feministinnen, verschiedene Autoren und Schriftgelehrte haben diese Scharia-Vorbehalte ebenfalls kritisiert und man versucht, dass diese Vorbehalte zurückgezogen werden. Man will überzeugen, dass Scharia-Vorbehalte dem Sinn und Zweck eines menschenrechtlichen Vertrages zuwiderlaufen. Manchmal ist das auch bereits gelungen.[270]

Zur Zulässigkeit von Scharia-Vorbehalten in menschenrechtlichen Verträgen der Vereinten Nationen ist die WVK,[271] besonders der Art 19 WVK, Wiener Vertragsrechts Konvention, heranzuziehen. Zum Stand vom 10. März 2017 gibt es 114 Mitgliedsstaaten dieses Übereinkommens. Im internationalen Beziehungsgeflecht ist man sich darüber einig, dass es Regeln geben muss, die eine friedliche Zusammenarbeit und ein gedeihliches Auskommen miteinander gewährleisten sollen. Nachdem es sich bei der WVK um kodifiziertes Gewohnheitsrecht handelt, sind alle Staaten zur Einhaltung der Regeln verpflichtet. Gewohnheitsrecht beruht auf Voraussetzungen wie der consuetudo, der dauernden Übung und auf der opinio iuris, der Rechtsüberzeugung. Handeln Staaten über lange Zeit in einer bestimmten Weise, weil sie davon ausgehen, dazu verpflichtet oder berechtigt zu sein, so entsteht Gewohnheitsrecht. So ist zumindest die Auffassung des

269 Siehe dazu später: z.B. bei der Convention on the Elimination of Discrimination against Women, ägyptischer Vorbehalt zu Art 16 der Convention.

270 Siehe dazu später: z.B. bei International Convention on the Rights of the Child, ägyptischer Scharia-Vorbehalt zu Art 20, Art 21, oder omanischer Scharia-Vorbehalt zu Art 7, 9, 21, 30 der Convention, zurückgezogen.

271 **Vienna Convention on the Law of Treaties**, English, https://treaties.un.org/pages/ViewDetailsIII.aspx?src=TREATY&mtdsg_no=XXIII-1&chapter=23&Temp=mtdsg3&clang=_en, abgefragt am 10.03.2017. https://treaties.un.org/doc/Publication/UNTS/Volume%201155/volume-1155-I-18232-English.pdf, abgefragt am 06.01.2017. **Wiener Vertragsrechtskonvention, WVK**, Deutsch, https://www.ris.bka.gv.at/GeltendeFassung.wxe?Abfrage=Bundesnormen&Gesetzesnummer=10000684&ShowPrintPreview=True, abgefragt am 06.01.2017.

Westens. Warum sollte man aber an Gewohnheitsrecht gebunden sein, an dessen Entstehung man nicht mitgewirkt hat, fragen sich viele islamische Länder?[272]

Art 2 lit. d.) WVK definiert den Begriff des Vorbehalts. Er ist demnach eine einseitige Willenserklärung. Der betreffende Staat ändert dadurch für sich Rechtswirkungen des entsprechenden Vertrages. Es ist immer auf den Willen des erklärenden Staates abzustellen. **Vorbehalte sind grundsätzlich zugelassen**. „Die Rechtswirkung des zugelassenen Vorbehaltes ist eine Vertragsänderung zwischen dem, den Vorbehalt anbringenden Staat und dem, ihn ausdrücklich oder stillschweigend annehmenden Staat (Art 21 I WVK), und zwar auf gegenseitiger Basis. Das bedeutet, dass die annehmenden Vertragsstaaten den Vorbehalt auch für sich in Anspruch nehmen können. Die, den Vorbehalt ablehnenden Staaten sind durch die, vom >Vorbehalt belasteten< Vertragsbestimmungen im Verhältnis zum >Vorbehalt anbringenden< Staat nicht gebunden. Insoweit besteht dann eine Vertragslücke, die durch allgemeine Regeln, insbesondere durch Völkergewohnheitsrecht zu schließen ist. Das Vertragsverhältnis der anderen Vertragsparteien untereinander wird von dem Vorbehalt in keiner Weise berührt, Art 21 II WVK."[273]

Art 19 behandelt das Anbringen von Vorbehalten und ordnet an, dass ein Staat bei der Unterzeichnung, Ratifikation, Annahme oder Genehmigung eines Vertrages oder beim Beitritt zu einem Vertrag, einen Vorbehalt anbringen kann, „sofern nicht

a.) der Vertrag den Vorbehalt verbietet;
b.) der Vertrag vorsieht, dass nur bestimmte Vorbehalte gemacht werden dürfen, zu denen der betreffende Vorbehalt nicht gehört, oder
c.) in den unter lit. a.) oder b.) nicht bezeichneten Fällen, der Vorbehalt mit dem Ziel und Zweck des Vertrages unvereinbar ist."[274]

Professor Mark Villiger schreibt in seinem Kommentar zu Art 19 WVK Folgendes:

Wenn man die Zulässigkeit eines Vorbehaltes unter Punkt c.) objektiv beurteilen will, muss man sagen, dass dies vom Verständnis eines jeden Mitgliedstaates abhängt. Das Verständnis zu Art 19c.) ist mit Art 20(4) WVK eng verbunden. Alles zusammengenommen ist eine ziemlich komplizierte Übung.[275] Art 20(4)

---

272 **Nußberger**, Angelika, Das Völkerrecht, München, 2009, S. 21–23.

273 **Lorenzmeier**, Stefan; Rohde, Christian; Völkerrecht, Berlin, Heidelberg, 2003, S. 37, 38.

274 **Villinger**, Mark E., Commentary on the 1969 Vienna Convention on the Law of Treaties, Leiden, Netherlands, 2009, S. 257.

275 **Villinger**, Mark E., Commentary on the 1969 Vienna Convention, siehe oben: S. 273.

WVK drückt eigentlich aus, dass ein Vertrag, der einen Vorbehalt beinhaltet, wirksam wird, wenn ein Vertragsstaat den Vorbehalt angenommen hat.[276]

Was passiert aber, wenn einer oder mehrere Mitgliedsstaaten einen Einwand gegen einen Vorbehalt ausgesprochen haben? Eigentlich müssen die Artikel 19–23 WVK zusammengelesen werden. Art 20 ist besonders wichtig für Art 19, denn die Formulierung eines Vorbehalts ist nur eine Seite der Münze. Die Reaktion auf den Vorbehalt liegt bei den anderen Mitgliedstaaten, ob sie diesen akzeptieren, oder ob sie ihn ablehnen. Man kann sagen, Art 19 betrifft die Vorbehalte, die verboten sind und Art 20 behandelt die, die erlaubt sind.[277]

Art 20(2) der Internationalen Rassendiskriminierungs-Konvention, International Convention on the Elimination of All Forms of Racial Discrimination of 1979, bietet eine interessante Lösung, wenn sie sagt, dass ein Vorbehalt, der gegen Ziel und Zweck der Konvention verstößt, nicht erlaubt sein soll, wenn sich zwei Drittel der Mitgliedstaaten gegen den Vorbehalt aussprechen.[278]

Die Charta der Vereinen Nationen haben islamische Länder, wenn überhaupt, dann ohne Scharia-Vorbehalte ratifiziert, auch das Statut des Internationalen Gerichtshofes.[279] Scharia-Vorbehalte gegen die Einbindung des IGH haben aber alle islamischen Staaten bei den Konventionen angebracht - zum Beispiel bei der Konvention über die Verhütung und Bestrafung des Völkermordes, aber auch bei anderen Abkommen.[280]

Gemäß Art 6 WVK besitzt jeder souveräne Staat die Fähigkeit Verträge zu schließen. Kommt es zum Streit zwischen zwei oder mehreren Vertragsparteien, bevorzugt die WVK die in der UN Charter[281] in Art 33 benannte

---

276 **Lorenzmeier**, Stefan, **Rohde**, Christian, Völkerrecht, S. 37, 38.

277 **Villinger**, Mark E., Commentary on the 1969 Vienna Convention, siehe oben: pp. 257–274.

278 **Villinger**, Mark E., Commentary on the 1969 Vienna Convention, siehe oben: pp. 257–274. Tatsächlich war das bei meinen Untersuchungen nie der Fall. Im Höchstfall haben sich vier oder fünf Mitgliedstaaten gegen einen Scharia-Vorbehalt ausgesprochen.

279 **Charter of the United National and Staute of the International Court of Justice**, https://treaties.un.org/Pages/ViewDetails.aspx?src=TREATY&mtdsg_no=I-1&chapter=1&lang=en, abgefragt am 03.03.2017, oder https://treaties.un.org/doc/publication/ctc/uncharter.pdf, abgefragt am 07.01.2017.

280 **Convention on the Prevention and Punishment of the Crime of Genocide**, Algerien, Marokko, Jemen, siehe später: die Vorbehalte dazu.

281 **UN Charter**, https://treaties.un.org/Pages/ViewDetails.aspx?src=TREATY&mtdsg_no=I-1&chapter=1&lang=en, abgefragt am 13.01.2016 oder http://www.un.org/en/charter-united-nations/index.html, oder: https://treaties.un.org/doc/publication/ctc/uncharter.pdf, abgefragt am 07.01.2017.

Streitbeilegungsmechanismen. Im Sonderfall einer Streitigkeit, bei einer Kollision zwischen Vertrag und einer zwingenden Norm des Völkerrechts, des ius cogens, festgehalten in den Art 53 und in Art 64 WVK sieht die WVK die Streitbeilegung in letzter Instanz durch den IGH[282] vor. Schiedsgerichte sind ebenfalls empfohlene Alternativen. Jede andere Streitigkeit über Ungültigkeit, Rücktritt oder Beendigung und Suspendierung eines Vertrages eröffnet die Möglichkeit eines Antrages nach Art 66 WVK beim Generalsekretär der Vereinten Nationen und die Einsetzung einer Vergleichskommission. Die Artikel über das Verfahren im Rahmen der WVK, Art 65–68 WVK "does not constitute ius cogens, and the parties are free to different procedures under different conditions."[283]

Wie die Untersuchung ergeben hat, wollen islamische Staaten weder den IGH noch Vergleichskommissionen tätig werden lassen. Man verlässt sich lieber auf die eigene 1400-jährige islamische Streitbeilegungspraxis. Alle untersuchten arabischen Länder haben in allen Konventionen gegenüber dem Internationalen Gerichtshof einen Scharia-Vorbehalt angebracht. Begründet wird dieser nicht, aber das islamische Recht verbietet Nichtmuslimen über Muslime zu urteilen.

B Internationaler Menschenrechtsschutz – UN Berichtesystem

Der Internationale Menschenrechtsschutz hat 1945 mit der Satzung der Vereinten Nationen und der Gründung der Menschenrechtskommission begonnen. Die Menschenrechtskommission hat die Allgemeine Erklärung der Menschenrechte ausgearbeitet. Sie enthält bürgerliche, politische, wirtschaftliche, soziale und kulturelle Rechte. Bei der Religionsfreiheit wird hier auch das Recht verbürgt, die Religion zu wechseln. Dies ist ein Recht, das die islamische Welt in der Praxis nie anerkannt hat,[284] wie wir es auch bei den Scharia-Vorbehalten und in den dazu korrespondierenden Länderberichten sehen werden.

Die Allgemeine Erklärung der Menschenrechte war ursprünglich eine Resolution der UN Generalversammlung. Zwischenzeitlich wird ihr ius cogens Charakter zugesprochen. Die Menschenrechtskommission, die die Allgemeine Erklärung der Menschenrechte ausgearbeitet hat, befasste sich weiterhin mit dem Menschenrechtsschutz und hat zwei weitere Menschenrechtsschutzpakte ausgearbeitet, die 1966 fertiggestellt waren, aber erst zehn Jahre später in Kraft getreten sind. Die Pakte sehen ein Schutzsystem, in der Gestalt eines Durchsetzungssystems vor.

---

282 **IGH Statut**, siehe oben: UN Charter.

283 **Villinger**, Mark, Commentary VC, siehe oben: pp. 799–849.

284 **Nußberger**, Angelika, Das Völkerrecht, München, 2009, S. 28.

Die Menschenrechtskommission, MK wurde 1946 gegründet, aber 2006 vom Menschenrechtsrat, MR abgelöst. Wie die Menschenrechtskommission ist auch der Menschenrechtsrat ein politisches Organ. Die MK hatte 53 Mitglieder, der MR hat 47 Mitglieder. Eine Möglichkeit des Schutzsystems ist das sogenannte **Berichtesystem**, das im UN Pakt I enthalten ist. Beim UN Pakt I mit den sozialen, wirtschaftlichen und kulturellen Rechten ist im **Art 16** das Berichtssystem verpflichtend für alle Vertragsparteien vorgesehen. Berichtssystem heißt: Die Mitgliedsländer dieses UN Paktes müssen in regelmäßigen Abständen, Berichte über die Umsetzung dieses Vertrages an den Generalsekretär der Vereinten Nationen, GS schicken. Der GS leitet diese Berichte an den Wirtschafts- und Sozialrat weiter und der schaut sich das an. Er kann dann Stellungnahmen an die Generalversammlung weiterschicken, die sich ebenfalls damit befasst. So sieht es zumindest Art 16 des UN Paktes I vor.

1985 hat der Wirtschafts- und Sozialrat den Ausschuss für wirtschaftlich, soziale und kulturelle Rechte eingesetzt. Dieser Ausschuss nimmt dem Wirtschafts- und Sozialrat die Begutachtungsarbeit der Länderberichte ab. Das heißt, diese Berichte gehen jetzt vom GS an den Ausschuss für soziale, wirtschaftliche und kulturelle Rechte. Der UN Pakt I sieht diesen Ausschuss eigentlich nicht vor.

Was ist die Sanktion, wenn die Vertragsstaaten so einen Bericht eingereicht haben? Wenn der Bericht geprüft wurde, nachdem auch NGO's dazu befragt worden sind, werden **Empfehlungen** abgegeben. Es wird zum Beispiel empfohlen, was die Staaten bei der Umsetzung dieses Vertrages besser machen können.

Im **UN Pakt II** über die bürgerlichen und politischen Rechte gibt es gemäß **Art 40** ein verpflichtendes **Berichtssystem.** Die Staaten übermitteln ihre Berichte an den Generalsekretär der VN und der GS übermittelt die Berichte an den **Menschenrechtsausschuss,** MA.

Die Sanktionen in diesem Menschenrechtsausschuss sind nicht Empfehlungen, sondern **Bemerkungen.** Der Ausschuss stellt fest, dass dies oder jenes nicht ordnungsgemäß ist, oder, dass vonseiten der Vertragspartner nicht genügend Einsatz da gewesen ist. Er macht aber keine Empfehlungen, was besser gemacht werden könnte. Der Menschenrechtsausschuss kann aber dem Wirtschafts- und Sozialrat Bericht erstatten und dadurch das politische Organ in diesen Prozess involvieren.

In **Art 41** ist das **Staatenbeschwerdeverfahren** auf freiwilliger vorgesehen. Bislang hat noch nie ein Staat über einen anderen Staat beim Menschenrechtsausschuss Beschwerde eingebracht.

Bedeutsamer ist das **Individualbeschwerdeverfahren** nach dem 1. Zusatzprotokoll. Das Verfahren gibt es nach freiwilliger Unterwerfung des betreffenden Staates. Wenn ein Staat, eine Person in den vom UN Pakt II gewährten Rechten, verletzt, dann muss diese Person zuerst den innerstaatlichen Instanzenzug ausschöpfen. Hernach kann das Individuum eine Mitteilung an den Menschenrechtsausschuss senden. Es gibt keine Fristen. Der Menschenrechtsausschuss kann sich in gewissen Fällen für unzuständig erklären. Wenn der Menschenrechtsausschuss die Beschwerde angenommen hat und in der Sache prüft, wird er zuerst den Staat kontaktieren und sich die Seite des Staates anhören. Der Staat wird antworten und der MA urteilt dann in Form von **Auffassungen**. Diese Auffassungen sind nicht verbindlich, haben aber eine hohe Autorität. Unter den islamischen Staaten besteht kein Bedarf sich freiwillig dieser Möglichkeit zu unterziehen.

Auf internationaler Ebene gibt es noch eine große Anzahl von Abkommen und fast alle Konventionen verfügen über ein Berichtesystem, nicht aber die Völkermordkonvention und die Konvention über die politischen Rechte der Frauen. Acht internationale Verträge habe ich auf ihren Scharia-Vorbehalt überprüft, um anschließend die diesbezüglichen Länderberichte, sofern vorhanden, einfließen zu lassen. Anhand dieser Berichte kann man verfolgen, ob und wie diese arabischen Vertragsstaaten und der Iran den Scharia-Vorbehalt handhaben und natürlich auch, wie unregelmäßig sie Länderberichte verfassen. Die reichen und einflussreichen Vereinigten Arabischen Emirate haben beispielsweise zur Internationalen Kinderrechtskonvention, der sie 1997 unter Scharia-Vorbehalten beigetreten sind, erst 2001 ihren einzigen diesbezüglichen Länderbericht, betreffend Konventions-Vorbehalte geschickt. Saudi-Arabien verfasst seine Berichte nur mehr auf Arabisch.

I Scharia-Vorbehalte zur Internationalen Völkermordkonvention International Convention on the Prevention and Punishment of Crime of Genocide, ICPPCG[285]

Die Völkermordkonvention ist am 12. Jänner 1951 in Kraft getreten. Zum Stand vom 8. März 2017 gehören ihr 147 Staaten an.

---

285 **International Convention on the Prevention and Punishment of Crime of Genocide**, Chapter IV, http://www.ohchr.org/EN/ProfessionalInterest/Pages/CrimeOfGenocide.aspx, abgefragt am 07.01.2017 weiter mit https://treaties.un.org/Pages/ViewDetails.aspx?src=TREATY&mtdsg_no=IV-1&chapter=4&clang=_en, abgefragt am 03.03.2017.

1 Algerien[286]

Algerien ist der Konvention am 31.10.1963 beigetreten und hat einen Vorbehalt zu **Art 9**, der die Zuständigkeit des **Internationalen Gerichtshofes**, IGH, festlegt, abgegeben. Algerien schloss die Zuständigkeit des IGH aus. Zu **Art 6** der Konvention erklärte man, dass nichts in dieser Bestimmung so ausgelegt werden darf, als ob für die in Art 3 genannten Delikte (Völkermord, Verschwörung zur Begehung von Völkermord, unmittelbare und öffentliche Anreizung zur Begehung von Völkermord, Teilnahme am Völkermord) die Zuständigkeit zur Aburteilung dieser Verbrechen, wenn sie auf algerischen Boden begangen wurden, von den algerischen Gerichten auf ausländische übertragen worden sei. Hinter diesem Vorbehalt steht die islamische Rechtsauffassung, wonach über Muslime, Nichtgläubige nicht zu Gericht sitzen dürfen.[287] Ich habe dieses Thema bereits in meiner Einleitung am Beispiel der Arabischen Emirate erklärt. Hier befindet sich ein versteckter Scharia-Vorbehalt, weil die oberste Gerichtsbarkeit bei den meisten islamischen Kernländern direkt in den Händen des Herrschers liegt oder unten dessen Einfluss steht.[288] Dem algerischen Vorbehalt gleichzuhalten sind der Vorbehalt von Bahrain und alle weiteren bei dieser Konvention.

---

286 **Algerien, Chapter IV, Human Rights, International Convention on the Prevention and Punishment of the Crime of Genocide, ICPPCG, reservations**, https://treaties.un.org/Pages/Treaties.aspx?id=4&subid=A&lang=en, abgefragt am 07.01.2017.

287 **Algerien, ICPPCG, reservations**, siehe oben. Siehe auch: **Übereinkommen über die Verhütung und Bestrafung des Völkermordes**, http://www.bgbl.de/xaver/bgbl/start.xav?startbk=Bundesanzeiger_BGBl&jumpTo=bgbl254s0729.pdf#__bgbl__%2F%2F*[%40attr_id%3D%27bgbl254s0729.pdf%27]__1457091019121, abgefragt am 08.03.2016 und 07.01.2017.

288 **Harrer**, Gudrun, Oben laufen die Fäden zusammen, in: der Standard, 23.02.2016, S. 2 Wahlen im Iran. „Im Februar 2016 wird im Iran neben dem Parlament auch der 88-köpfige Expertenrat gewählt, der laut iranischer Verfassung den Revolutionsführer wählt und überwacht. Wer dafür kandidieren darf, bestimmt der Wächterrat. Dieser besteht aus sechs Juristen und sechs Geistlichen. Letztere werden vom religiösen Führer ernannt. Die Juristen wählt das Parlament – aber es dürfen nur vom Höchstrichter empfohlene Personen sein und der Höchstrichter wird vom Revolutionsführer ernannt. Eine Aufgabe des Wächterrats ist die Überprüfung der vom Parlament verabschiedeten Gesetze auf ihre Konformität mit dem Islam. Gibt es Konflikte zwischen Parlament und dem Wächterrat, dann kommt der 1988 von Ayatollah Khomeini kreierte Schlichtungsrat ins Spiel. Seine 35 Mitglieder sind ebenfalls vom religiösen Führer Khomeini ernannt."

1 a Stellungnahme zu Algerien

Algerien ist der Völkermordkonvention bereits 1963 beigetreten. Der algerische Unabhängigkeitskrieg von Frankreich endete 1962, ein Jahr davor. Die Front Liberation Nationale (FLN) hatte mit Morden, Bombenattentaten und Dauerterror ihr Ziel erreicht. Algerien war nach 132 Jahren der Unterdrückung und Ausbeutung frei. Mit der Befreiung begann das Blutbad. Es war der Beginn für eine gnadenlose Jagd auf all jene Algerier, die in der Armee der Besatzer gedient hatten. Zehntausende wurden getötet, während die französische Regierung tatenlos zusah. Bei diesen Kämpfen von 1954 bis 1962 wurde von den Franzosen eine halbe Million Algerier getötet. 50 % der algerischen Opfer waren Zivilisten. Erst im Oktober 2016 hat sich Präsident François Hollande für das Leid der Harkis, der muslimischen Hilfssoldaten, entschuldigt. Heute leben fast 500 000 Harkis, ihre Angehörigen und Nachkommen in Frankreich. Frankreich tut sich bis heute schwer mit der Aufarbeitung des Kolonialkrieges.[289]

2 Bahrain[290]

Bahrain ist am 27. März 1990 der Völkermordkonvention mit dem Vorbehalt zu **Art 9** der Konvention beigetreten. Im Falle Bahrains[291] wird auch der **Internationale Gerichtshof** nicht akzeptiert. Im Streitfall ist in jedem Fall die Zustimmung aller Streitparteien der Konvention erforderlich.

3 Marokko[292]

Marokko ist der Konvention am 24. Jänner 1958 mit einem Vorbehalt zu **Art 6** und **Art 9** beigetreten. In Anlehnung an Art 6 der Konvention, wo Handlungen, denen Genozid zur Last gelegt wird, vor ein zuständiges Gericht des betreffenden

---

289 **Hollande bekennt Verantwortung für Algerien Krieg**, in: SN, 26.09.2016. S. 4 WP.

290 **Bahrain, ICPPCG reservations**, https://treaties.un.org/Pages/ViewDetails.aspx?src=TREATY&mtdsg_no=IV-1&chapter=4&clang=_en#EndDec, abgefragt am 03.03.2017, siehe weiter mit link 18 https://treaties.un.org/Pages/ViewDetails.aspx?src=TREATY&mtdsg_no=IV-1&chapter=4&clang=_en#18, abgefragt am 03.03.2017.

291 **Bahrain Constitution**, 2002, http://www.constitutionnet.org/vl/item/bahrain-constitution-2002, Art 2, "The religion of the State is Islam. The Islamic Shari'a is a principal source for legislation. The official language is Arabic." Abgefragt am 07.01.2017.

292 **Marokko, ICPPCG, reservations**, https://treaties.un.org/Pages/ViewDetails.aspx?src=TREATY&mtdsg_no=IV-1&chapter=4&clang=_en#EndDec, abgefragt am 03.03.2017.

Staates, in dessen Gebiet die Handlung begangen worden ist, oder vor das **Internationale Strafgericht** gebracht werden können, sagt Marokko, dass in diesen Fällen, marokkanische Gerichtshöfe[293] allein die Kompetenz haben, darüber zu urteilen. Art 9, wo der Internationale Gerichtshof als oberste Instanz genannt wird, kann nur akzeptiert werden, wenn die marokkanische Regierung ihre ausdrückliche Zustimmung abgegeben hat. Streitfälle über die Interpretation, Anwendung und Erfüllung der Völkermordkonvention können nur mit ausdrücklicher Zustimmung sämtlicher Streitparteien vor den Internationalen Gerichtshof gebracht werden.

4 Vereinigte Arabische Emirate[294]

Die Vereinten Arabischen Emirate sind am 11. November 2005 ebenfalls mit einem Vorbehalt zu **Art 9** der Völkermordkonvention beigetreten. Für den Fall, dass zwischen den Vertrag schließenden Parteien ein Streit über die Auslegung, Anwendung und Erfüllung des Vertrages entsteht, sagen die Emirate, dass der **Internationale Gerichtshof** nur angerufen werden darf, wenn alle Streitparteien dies wünschen.[295]

5 Jemen[296]

Die Demokratische Republik Jemen ist am 9. Februar 1987 der oben genannten Konvention beigetreten und sie will ebenfalls durch **Art 9** der Konvention nicht

---

293 **Morocco Constitution**, 2011, http://www.constitutionnet.org/files/morocco_eng.pdf, Art 3, "Islam is the religion of the State, which guarantees to all the free exercise of beliefs [cultes]," abgefragt am 22.02.2017.

294 **Vereinigte Arabische Emirate, reservations**, https://treaties.un.org/Pages/ViewDetails.aspx?src=TREATY&mtdsg_no=IV-1&chapter=4&clang=_en#EndDec, abgefragt am 03.03.2017.

295 **Vereinigte Arabische Emirate, reservations**, siehe oben, siehe auch: United Arab Emirates Constitution, 1971, Amendments 2004, https://www.constituteproject.org/constitution/United_Arab_Emirates_2004.pdf, Art 7, "Islam shall be the official religion of the Union. The Islamic Shari'ah shall be a principal source or legislation in the Union," abgefragt am 07.01.2017.

296 **Yemen, ICPPCG, reservations**, Jemen wird in der ganzen Arbeit mit **Y** geschrieben, wegen der leichteren Auffindbarkeit in allen UN-Dokumenten, https://treaties.un.org/Pages/ViewDetails.aspx?src=TREATY&mtdsg_no=IV-1&chapter=4&clang=_en#EndDec siehe weiter link 31. https://treaties.un.org/Pages/ViewDetails.aspx?src=TREATY&mtdsg_no=IV-1&chapter=4&clang=_en#31, abgefragt am 03.03.2017.

gebunden sein. Die Wahl des **Internationalen Gerichtshofes** im Streitfall solle nur erfolgen, wenn es diesbezüglich die ausdrückliche Zustimmung aller Streitparteien gibt. **Einwendungen** durch andere Mitgliedstaaten der Konvention zu diesen Vorbehalten der oben genannten fünf islamischen Länder **gibt es nicht**.

5 a Stellungnahme zum Jemen

Wie fast überall im Nahen Osten, findet auch im Jemen ein Bruderkrieg statt, dessen konkurrierende Ziele für Außenstehende verwirrend sind, da sich hier Sunniten und Schiiten bekämpfen, die sich in Form des sunnitisch arabischen Herrscherhauses und der ebenso kompromisslosen schiitischen Revolutionshüter im Iran in einem mörderischen Konflikt gegenüberstehen. Al-Qaida im Jemen möchte das Regime in Saudi-Arabien und die Regierung im Jemen stürzen und dafür im Jemen ein Kalifat errichten. Daneben gibt es Houthi Rebellen, die vom Iran unterstützt werden und den jemenitischen Ableger des IS, des Islamischen Staates. Ihr gemeinsames Motto lautet: Gott ist groß, Tod den USA, Tod Israel, verdammt seien die Juden, Sieg dem Islam. Welcher Islam soll siegen? Die saudische Militärintervention, unterstützt durch Waffen aus Amerika und England hat Schulen, Märkte und Krankenhäuser bombardiert. Mitte August 2016 kam es zu Massendemonstrationen im ärmsten arabischen Land. Hunderttausende Menschen sterben im Jemen leise durch Bomben und vor Hunger und Seuchen und die Welt bemerkt es 2018 noch immer nicht – vielleicht weil Russland nicht involviert ist?[297]

6 Schiitischer Iran[298]

Die Islamische Republik Iran hat die Völkermordkonvention am 8. Dezember 1949 unterzeichnet und ist der Konvention am 14. Aug 1956 beigetreten. Zum Unterschied von manchen sunnitisch-arabischen Kernländern hat der schiitische Iran bei der Genozid Konvention **keinen Scharia-Vorbehalt** gemacht. Die Islamische Republik Iran anerkennt also auch unter dem Regime der Ajatollahs den Internationalen Gerichtshof. Es sind diesbezüglich keine Änderungen erfolgt. Der Bedarf den IGH zu bemühen, ist aber auch im Iran nicht vorhanden. Die oberste richterliche Entscheidungsmacht liegt in den Händen des Ajatollah.[299]

---

297 **Nasser**, Afrah, Save Yemen before the famine rages, Spotlight 38/2016, Vienna Institute for Dialogue and Cooperation.

298 **Der schiitische Iran, ICPPCG, no reservations**, https://treaties.un.org/Pages/ViewDetails.aspx?src=TREATY&mtdsg_no=IV-1&chapter=4&clang=_en, abgefragt am 03.03.2017.

299 **Harrer**, Gudrun, siehe Kommentar oben in FN 288.

I A Zusammenfassung

Algerien, Bahrain, Marokko, Die Vereinigten Arabischen Emirate und der Jemen haben **Vorbehalte zu Art 9** der Völkermordkonvention gemacht. Nähere Begründung dazu wurde nicht mitgeliefert, nur, dass man an diesen Artikel 9 nicht gebunden sein will. **Länderberichte gibt es zur Völkermordkonvention nicht**. Art 9 der Völkermordkonvention bietet den Vertragsparteien in Streitfällen hinsichtlich der Auslegung und Anwendung des Vertrages den IGH als Streitschlichtungsinstanz an. Es ist aber mit Sicherheit davon auszugehen, dass auch in der heutigen Realität, das Ajatollah Regime in Teheran den IGH nicht bemühen wird, obwohl der Vertrag ohne Scharia-Vorbehalt noch unter dem Schah-Regime unterzeichnet wurde. Der Gottesstaat hat das Ende der Fremdherrschaft im Iran ermöglicht, er wird auch den Scharia-Gerichtshöfen im Land sämtliche heikle Entscheidungen, bezogen auf Auslegung und Anwendung von internationalen Menschenrechtsverträgen überlassen und von sich aus nicht tätig werden wollen, den Internationalen Gerichtshof zu bemühen.

Der IGH ist organisatorisch fest mit den Vereinten Nationen verbunden und wird auch aus ihrem Haushalt finanziert. Alle Mitglieder der Vereinten Nationen sind automatisch Mitglieder des IGH Statuts. Auch Nichtmitglieder der Vereinten Nationen können Mitglieder des IGH Statuts werden, wenn sie die von der Generalversammlung vorgeschrieben Bedingungen erfüllen. **Die Gerichtsbarkeit des IGH beruht aber auf der freiwilligen Unterwerfung.** Der Gerichtshof kann nur Streitigkeiten behandeln, wenn die beteiligten Staaten die Gerichtsbarkeit des IGH ausdrücklich anerkannt haben. Diese Anerkennung kann auf drei Arten erfolgen. Die obligatorische Anerkennung nach **Art 36 (2)** des IGH Statuts. **Es ist zulässig, die Unterwerfung mit Vorbehalten zu versehen.** Im sogenannten Connally Vorbehalt haben sogar die USA festgehalten, dass Angelegenheiten, die zu den innerstaatlichen Angelegenheiten der USA zählen, nicht der Gerichtsbarkeit des IGH unterstehen. Verträge können auch noch mit weiteren Klauseln versehen werden, die den IGH vorsehen oder ausschließen. **Der IGH** beginnt das Verfahren immer mit der **Prüfung seiner Zuständigkeit und der Zulässigkeit der Klage.**

Die Entscheidung des IGH ist endgültig und bindet, die am Streit beteiligten Parteien. Alle arabischen Mitgliedsstaaten der oben genannten Konvention haben bezüglich der Möglichkeit den IGH als Schlichter anzurufen, einen Scharia-Vorbehalt angebracht.

I B Stellungnahme

Der Vorbehalt zu Art 9 bedeutet, dass bei Auslegungsschwierigkeit ohne Streitschlichtung durch den International Court of Justice ein muslimisches Land immer schariabezogen auslegen wird. Beispielsweise kann man, wenn die Takfirismusregeln[300] nicht sauber durch einen Qadi, einen Richter angewendet werden, sondern wenn man den Koran nach Gutdünken (Sure 3:7)[301] interpretiert, jeden verfolgen und töten. Auf dieser Koranauslegung fußen al Quaida-, Taliban- und IS-Konzepte, um Nichtgläubige zu verfolgen. Es gibt eine >al aqd al aman< eine Vereinbarung der Sicherheit. „Die Muslime im Westen leben unter einer ‚Vereinbarung der Sicherheit', es ist ihnen nicht gestattet, gegen jene zu kämpfen, mit denen sie eine ‚Vereinbarung der Sicherheit' haben. Sich an diese ‚Vereinbarung der Sicherheit' zu halten, ist eine wichtige Verpflichtung für alle Muslime. Jene Muslime jedoch, die im Ausland leben, unterliegen keiner Vereinbarung mit den ‚Kuffar' (Ungläubigen) im Westen, sodass es für sie zulässig ist, die Nicht-Muslime im Westen anzugreifen, sei es als Vergeltung für die Bombardierung und Morde, die ständig in der gesamten muslimischen Welt vonseiten der Nichtmuslime verübt werden, oder als offensiver Angriff, mit dem Ziel, die Muslime aus der Gefangenschaft der ‚Kuffar' zu befreien. Für sie sind Angriffe wie die Flugzeugentführungen des 11. September ein praktikables Mittel im Jihad, auch wenn es den Muslimen, die in Amerika unter einer ‚Vereinbarung der Sicherheit' leben, nicht gestattet ist, Operationen wie jene der ‚Großartigen Neunzehn' am 11. September durchzuführen. Dieser Artikel beschäftigt sich mit dieser ‚Vereinbarung' und dem, was die islamischen Gelehrten über >al agd al aman< die ‚Vereinbarung der Sicherheit' gesagt haben." […][302] Im Westen ist es höchste Zeit, dass man sich damit befasst!

Wolfgang Petritsch, der ehemalige UN Sonderbeauftragte, glaubt fest daran, dass die fatale Intervention im Irak ein echtes Kriegsverbrechen war und den Weg für die Terrororganisation ‚Islamischer Staat' geebnet hat.[303] Der islamische

---

300 **Nasiri**, Omar, Mein Leben bei al-Quida, die Geschichte eines Spions, München, 2007, S. 228–232. Takfirismusregeln beinhalten Regeln, wie man jemanden zum Ungläubigen macht. Siehe: **Ramsauer**, Petra, Die Dschihad Generation, Wien, Graz, Klagenfurt, 2015, S. 159.

301 **Zirker**, Hans, Der Koran, siehe oben: Sure 3:7, S. 41. „Die, in deren Herzen Verkehrtheit ist, folgen dem, was von ihr mehrdeutig ist, indem sie nach Unruhe trachten und nach Deutung suchen."

302 **Scheikh Muhammad Afifi al-Akiti**, Verbot von Angriffen auf Zivilisten, Englischer Originaltext 2005, Deutsche Übersetzung 2006, Hellenthal, Ludwigshafen, S. 21.

303 **Petritsch**, Wolfgang im Interview mit Gerald, John, Die Regierendenden stehen ziemlich daneben, in: der Standard, 31.10. und 01.11.2015, S. 12.

Islamwissenschaftler Navid Kermani[304] ist von der Mitverantwortung des Westens am Desaster im Nahen Osten überzeugt, und der ägyptische Präsident Abdelfattah as Sisi sagte im Interview mit dem Daily Telegraph, dass alle NATO Staaten, die an der Beseitigung von Machthaber Muammar al Gaddafi mitgewirkt hätten, nun dazu beitragen müssten, dass der Zustrom zu radikalen Terrortruppen gestoppt werde.[305] Der Friedensnobelpreisträger Mohamed el Baradei vertritt im Interview mit Gudrun Harrer die Meinung, dass der ‚Islamische Staat' das Symptom einer Krise nicht nur im Nahen Osten sei. Auch der ehemalige US-Präsident Obama bezeichnete den IS als ‚Auswuchs' der US-Invasion 2003 in den Irak. Baradei meint auch, es sei mehr eine Folge des jahrzehntelangen Missmanagements des Nahen Ostens. „Der Westen ist mit jedem Diktator ins Bett gegangen, die Menschen waren völlig egal. Wer hat denn den Islam in die Politik gebracht? In Afghanistan bediente man sich der Mujaheddin, danach machten sie eben alleine weiter. In Syrien hat man versucht, so etwas wie ‚moderate Rebellen' zu entwickeln, sie sind teilweise zu den Extremisten übergelaufen. Eine Politik der Scheuklappen, die sich 2018 im Pulverfass Afrin wiederholt."[306]

Der Zusammenbruch der Zentralregierungen hat sich in diesen Bürgerkriegen, wie in Syrien, im Irak, im Jemen und in Libyen als Turbo erwiesen. Durch den permanenten Kriegszustand werden Differenzen nur noch gewaltsam gelöst. Die Daesch, der Islamische Staat, agiert noch um einiges gewalttätiger, überhaupt gegenüber Schiiten, Yeziden und anderen Minderheiten. 2014 wurden Tausende Yeziden in das Sinjar Gebirge getrieben, teils wurden sie versklavt, vergewaltigt oder getötet. Bei der yezidischen Tragödie spricht man von Völkermord.[307] Sie wollen alle Religionen, die nicht abrahamitisch sind, vernichten. Auch halten sie Muslime, die in europäischen Ländern zu Wahlen gehen für Abtrünnige, die getötet werden müssen.[308] Wird der Islamismus zur Bedrohung für die gesamte

---

304 **Gmünder**, Stefan, Wenn nicht das Glauben, so doch das Sehen lernen, in: der Standard, 03.11.2015, S. 25.

305 **AFP**, Ägypten fordert von der NATO mehr Einsatz in Libyen, in: der Standard, 05.11.2015, S. 5 International, siehe auch: **Smetana**, Marian, Auf den Spuren des Online-Dschihad, in: SN, 26.08.2015, S. 11.

306 **El Baradei**, Mohamed im Interview mit Gudrun, Harrer, ‚Es ist das tiefe Gefühl der Demütigung', in: der Standard, 25.11.2015, S. 4.

307 **Red**, Kurden versuchen Teilung der IS-Gebiete im Irak, in: der Standard, 13.11.2015, S. 5, siehe auch: Harrer, Gudrun, Die jezidische Tragödie, in: der Standard: 13.11.2015, S. 32.

308 **Todenhöfer**, Jürgen, im Interview mit Hasewend, Ingo, al Kaida ist Kinderkram gegen den IS, in: Premium, Kleine Zeitung, Nr. 5, 2016, S. 28. 29.

westliche Welt? In den vergangenen Wochen haben Terrorstrategen des IS den Tod auch in die Straßen von Ankara, Beirut, Paris und in den Himmel über Sinai getragen. Die Anschläge in Paris fielen mit dem erzwungenen Rückzug des IS aus der irakischen Stadt Sinjar zusammen. Ein abgeschobener Tunesier mordete 2016 mit einem gestohlenen LKW auf einem Berliner Weihnachtsmarkt. Im August 2017 mordeten Marokkaner in Barcelona. Wie werden die Daesch den Zusammenbruch ihrer bisherigen Haupt-Stadt Mossul rächen?[309]

Auch die al Nusrafront ist extrem gewalttätig, wird aber von Saudi-Arabien, der Türkei und Qatar finanziell unterstützt. Die syrische Regierung setzt wieder Fassbomben gegen alle ein, die sich ihnen widersetzen. Alles wird in Schutt und Asche gelegt. Mittlerweile bomben auch Russland und Frankreich mit. Auf Zivilisten wird keinerlei Rücksicht mehr genommen. Der gegenseitige Hass und die Gier nach strategischem Einfluss überzieht mittlerweile wie eine Staubschicht jede Ruine.

König Abdullah II von Jordanien beschreibt den IS, die Daesch als „Khawarej" die „Gesetzlosen des Islam", die nur Hass und Angst verbreiten. „Khawarej" bezeichnete man im siebenten Jahrhundert n. Chr. auch die ersten Radikalen im Islam. Diese „Ausgezogenen", hatten die >Ummah<, die Gemeinde der Gläubigen verlassen. Im Deutschen spricht man auch von den Karajiten. Der vierte Kalif Ali bei den Sunniten bzw. der erste Imam Ali für die Schiiten wurde 661 n. Chr. von einem „Ausgezogenen" ermordet. Die Karajiten radikalisierten sich immer mehr. Wer ihrer Sichtweise widersprach, war kein Muslim mehr und konnte bekämpft werden. Im Rahmen der Takfirismusregeln kann man einem Muslim die Religion entziehen und ihn so vogelfrei machen. Das wird bei al Qaida, den Taliban und auch beim IS so gehandhabt.[310]

In der UN Charter sind die Prinzipien Territorialität und Staatssouveränität fest verankert. Während westliche Menschenrechtsregime nach einer Weltbürger-Gesellschaft mit dem Individuum im Mittelpunkt trachten, folgten die Vereinten Nationen auch lange einer nationalstaatszentrierten politischen Ordnung. Erst mit der Resolution 60/1 der Generalversammlung aus 2005[311] kam die Wende. Bezogen auf Menschenrechte gilt heute ein erweitertes Souveränitätskonzept und das bedeutet, dass die nationalen Regierungen zum Schutz ihrer

---

309 **Barzani**, Massud, Die Tage des Irak als Zentralstaat sind gezählt, Mossul ist die letzte Hochburg des IS im Irak, Barzani der Kurdenführer im Interview, http://www.faz.net/aktuell/politik/thema/mossul, abgefragt am 22.02.2017.

310 **Harrer**, Gudrun, Innerislamische Schuldsuche, in: der Standard, 18.11.2015, S. 9.

311 **UN Resolution, General Assembly, A/Res/60/1 aus 2005**, http://www.ifrc.org/docs/idrl/I520EN.pdf, abgefragt am 07.03.2017.

Bevölkerung verpflichtet sind. Gelingt es ihnen nicht, dieser Verpflichtung nachzukommen, kommt es zu Säuberungen und zu Verbrechen gegen die Menschlichkeit, so geht die Souveränität auf die Internationale Gemeinschaft über. Aber diese Internationale Gemeinschaft ist heute gelähmt, wie wir das gerade in Syrien und Jemen sehen.

Sind wir also auf dem Weg in ein Jahrhundert der Völkermorde? Systematisches Morden, Foltern, Versklaven, Entführen, und Vergewaltigen hat im 21. Jahrhundert wieder Hochkonjunktur. Wie kann man den Rückfall in die Barbarei verhindern? Jan Figel glaubt, dass es einen Königsweg gegen religiösen Fundamentalismus und gewaltsamen Extremismus gibt, und der heißt: Förderung der Religions- und Glaubensfreiheit und die Erziehung unserer Kinder zu einem Leben in Vielfalt.[312]

Die Völkermordkonvention verfügt über kein eigenes Länderberichtesystem. Der Scharia-Vorbehalt, bezogen auf den Internationalen Gerichtshof, ist auf die Eigenheit des islamischen Rechts zurückzuführen, dass kein Ungläubiger über einen Gläubigen Recht sprechen darf. Problematisch ist der Scharia-Vorbehalt in internationalen Verträgen deshalb, weil die Scharia kein real vorliegendes Gesetzbuch ist, sondern eine interpretationsbedürftige Komposition aus Koran, Sunnah und Idschtihad, der Rechtsfindungskunst der relevanten, islamischen Rechtsgelehrten. Heute bemühen sich viele muslimische Gelehrte, im Koran eine Rechtleitung zu finden, die an die Gegenwart angepasst ist, andere aber wollen wieder so leben wie im siebenten Jahrhundert nach Christus. Der Koran gibt aber niemanden das alleinige Recht, Gottes Wort zu deuten. Würde jeder den Koran deuten, wie es ihm passt, so würde das einem Polytheismus gleichkommen.[313] Gerade deshalb aber entstand der Islam, weil man vom Vielgötterglauben und den vielen Streitereien der arabischen Stämme wegkommen wollte. Man wollte durch eine religiös-politische Institution, den Propheten Mohammed, Frieden schaffen. Der Islam wird heute blockiert und deformiert. Eine Parallele sehe ich bei den Vereinten Nationen, der Weltorganisation, die für Frieden und Sicherheit auf dem Globus sorgen sollte. Hier zerren die Großmächte leider auch nicht an einem Strang. Das Vetorecht des UN Sicherheitsrates bei Genozid und Verbrechen gegen die Menschlichkeit ist indirekt daran schuld, dass der

---

312 **Figel**, Jan, Sind wir auf den Weg in ein Jahrhundert der Völkermorde? In: die Furche, 48, 01.12.2016, S. 7.

313 **Mushtaq**, Muhammad Ahmad, Jihad und Peace Treaties, Research Papers, vol VI no. 1–2 (2006) Editor in cheaf, Jonas Matus, University of Budapest, Hungaria, editors Geistlinger Michael, University Salzburg, Muhammad Yusuf Faruqi, International University in: Islamabad, Pakistan, pp. 4–6.

schlimmste Krieg der Gegenwart in Syrien nicht zu stoppen ist. Bei Neuwahlen des UN-Generalsekretärs besteht selten ein Interesse einen starken Chef oder eine durchsetzungskräftige Chefin zu wählen. Die Vereinten Nationen, eine rein politische Einrichtung, wird so blockiert und degradiert.

II Scharia-Vorbehalte zur Internationalen Rassendiskriminierungskonvention, International Convention on the Elimination of All Forms of Racial Discrimination, ICERD[314] und Länderberichte

Die Rassendiskriminierungskonvention ist am 4. Jänner 1969 in Kraft getreten. Zum Stand vom 8. März 2017 gehören ihr 178 Staaten an.

1 Bahrain[315]

Das Königreich Bahrain ist der Konvention am 27. März 1990 beigetreten und hat einen Vorbehalt zu **Art 22** der Konvention gemacht. Art 22 sagt, wenn es bei der Auslegung oder Anwendung dieses Übereinkommens zu Streitigkeiten kommt, so soll dem **Internationalen Gerichtshof** die Entscheidung darüber obliegen, sofern nicht die Streitparteien einer anderen Art der Beilegung zustimmen.[316]

Bahrain will, dass im Streitfall jede Streitpartei ihre ausdrückliche Zustimmung abgeben muss, sollte der Fall dem Internationalen Gerichtshof vorgelegt werden.

---

314 **Chapter IV, Human Rights, International Convention on the Elimination of All Forms of Racial Discrimination, ICERD**, https://treaties.un.org/Pages/Treaties.aspx?id=4&subid=A&lang=en, weiter mit https://treaties.un.org/Pages/ViewDetails.aspx?src=TREATY&mtdsg_no=IV-2&chapter=4&clang=_en, abgefragt am 07.01.2017, siehe auch: **Internationales Übereinkommen zur Beseitigung jeder Form von Rassendiskriminierung**, http://www.rassendiskriminierungskonvention.de/internationales-uebereinkommen-zur-beseitigung-jeder-form-von-rassendiskriminierung-3100/, abgefragt am 22.02.2017. **Rassendiskriminierung, besonders betroffene Rechte**, http://www.rassendiskriminierungskonvention.de/von-der-rassendiskriminierung-besonders-betroffene-rechte-3170, abgefragt am 07.01.2017.

315 **Bahrain, Chapter IV, International Convention on the Elimination of All Forms of Racial Discrimination, ICERD, reservations**, https://treaties.un.org/Pages/ViewDetails.aspx?src=TREATY&mtdsg_no=IV-2&chapter=4&clang=_en#EndDec, abgefragt am 23.02.2017.

316 **Bahrain, ICERD, reservations**, siehe oben.

1.1 Bahrain – Länderbericht zum Scharia-Vorbehalt, 2004

Gemäß Art 9 der Konvention müssen Mitgliedstaaten der Rassendiskriminierungskonvention Länderberichte an den UN Generalsekretär und dieser an den Ausschuss der Konvention schicken. Bahrain hat im Jahr 2004 in seinem siebenten Länderbericht,[317] der 2003 fällig war, zu **Art 22** und dem **Internationalen Gerichtshof** keine Stellungnahme abgegeben. Das Herrscherhaus ist sunnitisch, die Bevölkerung aber hauptsächlich schiitisch. Regionale Konflikte stehen auf der Tagesordnung.

2 Ägypten[318]

Ägypten hat die Rassendiskriminierungskonvention am 1. Mai 1967 ratifiziert und einen Vorbehalt zu **Art 22** der Konvention gemacht. Art 22 schlägt den **Internationalen Gerichtshof** zur Streitschlichtung vor. Die ägyptische Regierung will, dass bei jedem Streitfall die Zustimmung aller Streitparteien einzuholen ist, um den Streit im Falle von Interpretations- oder Anwendungsdifferenzen der Konvention schlichten zu können. Ägypten will an den Internationalen Gerichtshof nicht gebunden sein.

2.1 Ägypten – Länderbericht zum Scharia-Vorbehalt, 2014

Unter Art 9 der Konvention hat auch Ägypten seinen 17–22 Länderbericht,[319] der 2012 fällig war, am 15. April 2014 eingeschickt. Ägypten berichtet, dass nach der Revolution von 2011 wichtige Veränderungen stattgefunden haben. Zahlreiche Verfassungserklärungen wurden gemacht. Im Juni 2012 gab es Präsidentschaftswahlen, die am 25. Dezember 2012 in einer neuen Verfassung mündete. Die Revolution vom 30. Juni 2013 schaffte einen neuen Fahrplan, weil die

---

317 **Bahrain – Länderbericht, 2004, CERD/C/443/Add. 1** http://tbinternet.ohchr.org/_layouts/treatybodyexternal/TBSearch.aspx?Lang=en&TreatyID=6&DocTypeID=29 view document and open with doc oder html, http://docstore.ohchr.org/SelfServices/FilesHandler.ashx?enc=6QkG1d%2fPPRiCAqhKb7yhsk7DMS%2fh1ozSLCNXgFf8WMIrMYi5Weeb1DLqNyyYXjxx25Ero1OWZZg7txqw2XsZ96jjnR90wnmI6dJmrB3JO%2bNJW9BNNOFhvwchlxY45tTF, abgefragt am 22.02.2017.

318 **Ägypten, ICERD, reservations**, https://treaties.un.org/Pages/ViewDetails.aspx?src=TREATY&mtdsg_no=IV-2&chapter=4&clang=_en#EndDec, weiter mit link 17 und link 21, abgefragt am 22.02.2017.

319 **Ägypten – Länderbericht, 2014, CERD/C/EGY/17–22**, http://docstore.ohchr.org/SelfServices/FilesHandler.ashx?enc=6QkG1d%2fPPRiCAqhKb7yhsnzMdtfBJIhswKsLCnCy4%2bR8bQ4p33Q8FBlMnOWl8PdqEWQB4KBD%2bfnsSZLGqQVGgM%2fifZJA01t965%2bj20VQWDVC4ap%2fID0SszAzcJUhgOd2, abgefragt am 22.02.2017.

Verfassung von 2012 wieder aufgehoben wurde und man eine neue vorbereiten musste. Unter dieser neuen Verfassung von 2014 wurde vieles signifikant verändert. Große Hoffnungen für die Zukunft wurden geweckt, weil Pfeiler für Demokratie und gutes Regieren gesetzt wurden, um das große Elend im Lande zu mindern. Zu **Art 22** gibt es keine Stellungnahme. Es ist anzunehmen, dass der **Internationale Gerichtshof** nur kontaktiert wird, wenn das auch der Wille Ägyptens ist.

3 Irak[320]

Die Republik Irak hat die Rassendiskriminierungskonvention am 21. Dezember 1965 unterzeichnet und am 13. Februar 1979 ratifiziert, aber mit dem Vorbehalt, dass sich der Irak nicht an die verpflichtende Rechtsprechung des **Internationalen Gerichtshofes** gemäß **Art 22** der Konvention gebunden fühlt. Sollte ein Streitfall vor den Internationalen Gerichtshof gebracht werden, so müsste im Vorhinein das Einverständnis aller Streitparteien eingeholt werden.[321]

3.1 Irak – Länderbericht zum Scharia-Vorbehalt, 2013

Der periodische Länderbericht gemäß Art 9 der Konvention wurde durch den Irak als 15.–21. Länderbericht,[322] der 2011 fällig war, am 18. Juni 2013 eingesandt. Zu **Art 22** und der Wertschätzung des **Internationalen Gerichtshofes** im Streitfalle gibt es keine weiteren Informationen. Der Vorbehalt ist daher nach wie vor aufrecht.

---

320 **Irak, ICERD, reservation,** https://treaties.un.org/Pages/ViewDetails.aspx?src=TREATY&mtdsg_no=IV-2&chapter=4&clang=_en#EndDec siehe link 17, abgefragt am 22.02.2017.

321 **Irak Constitution, 2005,** http://www.washingtonpost.com/wp-dyn/content/article/2005/10/12/AR2005101201450.html, abgefragt am 22.02.2017", Article 2, Islam is the official religion of the State and it is a fundamental source of legislation."

322 **Irak – Länderbericht, 2013, CERD/C/IRQ/15–21,** http://docstore.ohchr.org/SelfServices/FilesHandler.ashx?enc=6QkG1d%2fPPRiCAqhKb7yhsl%2fyrM1B9TT0oGmEKg0FjIHOdz%2f6eG%2fWtmtpx9OpUed3nmfPInHMN1mV6HYjbpoIY1%2fLgukcnG%2bbfPt4Fr3B2LD6hD92qJF0%2fBaJUIBMaN5K, abgefragt am 22.02.2017.

4 *Kuwait*[323]

Kuwait ist der Rassendiskriminierungskonvention am 15. Oktober 1968 beigetreten, ebenfalls mit einem Vorbehalt zu **Art 22** der Konvention. Jeder Streit, der zwischen zwei oder mehreren Mitgliedsstaaten wegen der Interpretation oder der Anwendung der Konvention hervorgeht, kann nur mit Zustimmung jeder Streitpartei vor den **Internationalen Gerichtshof** gebracht werden.[324]

4.1 Kuwait - Länderbericht zum Scharia-Vorbehalt, 2010

Gemäß Art 9 der Konvention hat Kuwait seinen 15.–20. Länderbericht,[325] der 2008 fällig war, 2010 abgeschickt. Wie man unschwer erkennen kann, werden Berichte zusammengelegt und nicht regelmäßig verfasst. Es gibt keinen Länderbericht zu **Art 22** der Rassendiskriminierungskonvention. **Der Internationale Gerichtshof** im Rahmen der Anti-Diskriminierungskonvention wird weiterhin nicht anerkannt.

4.2 Kuwait - Länderbericht zum Scharia-Vorbehalt, 2016

Kuwait hat am 18.04.2016 seinen 21.–24. Länderbericht[326] geschickt, aber zu Art 22 keine Stellungnahme abgegeben.

---

323 **Kuwait, ICERD, reservations**, https://treaties.un.org/Pages/ViewDetails.aspx?src=TREATY&mtdsg_no=IV-2&chapter=4&clang=_en#EndDec weiter mit link 17, abgefragt am 22.02.2017.

324 **Kuwait Constitution, 1962, reinstated 1992**, https://www.constituteproject.org/constitution/Kuwait_1992.pdf, abgefragt am 20.01.2016, Art 2 "The religion of the State is Islam and Islamic Law shall be a main source of legislation."

325 **Kuwait - Länderbericht, 2010, CERD/C/KWT/15-20**, http://tbinternet.ohchr.org/_layouts/treatybodyexternal/Download.aspx?symbolno=CERD%2fC%2fKWT%2f15-20&Lang=en open with doc oder html, http://docstore.ohchr.org/SelfServices/FilesHandler.ashx?enc=6QkG1d%2fPPRiCAqhKb7yhsizYfU8H%2frcAWOrNPUN5eARSOhjPE6N8Dv0H%2bQQKO7bIt5nlXkV6WKXAMVf1G9L5iCTm2d26kMJWUcdq5jUsrtWyOn9NWxEu9v8x6yVrJzYZ, abgefragt am 22.02.2017.

326 **Kuwait - Länderbericht, 2016, CERD/C/KWT/21-24**, http://tbinternet.ohchr.org/_layouts/treatybodyexternal/TBSearch.aspx?Lang=en&TreatyID=6&DocTypeID=29 open with html, http://docstore.ohchr.org/SelfServices/FilesHandler.ashx?enc=6QkG1d%2fPPRiCAqhKb7yhsizYfU8H%2frcAWOrNPUN5eATrN4SMj7ELeqNIP7fQUhMgQKyOwpx%2fhdsLrIScQr%2bP2auJYM60OmPfm81E6Gi6bThmUNm2mSdY37VtLnbSIjUO, abgefragt am 22.02.2017.

5 *Libanon*[327]

Die Republik Libanon ist am 12. November 1971 mit Vorbehalt zu **Art 22** der Rassendiskriminierungskonvention beigetreten. Auch dieses arabische Land wird im Streitfall nur unter ausdrücklicher Zustimmung aller Konfliktparteien den **Internationalen Gerichtshof** bemühen.[328]

5.1 Libanon – Länderbericht zum Scharia-Vorbehalt, 1997

Gemäß Art 9 der Rassendiskriminierungskonvention hat Libanon 1997 seinen 6.–13. periodischen Bericht,[329] der 1996 fällig war, eingesandt. Zu **Art 22** der Konvention wurde keine Stellungnahme abgegeben. Der Vorbehalt gegenüber dem **Internationalen Gerichtshof** bleibt daher nach wie vor bestehen.

5.2 Libanon – Länderbericht zum Scharia-Vorbehalt, 2003

Zu Art 22 gab es in diesen 14.–16. sehr kurzen Bericht[330] keine Stellungnahme.

---

327 **Libanon, ICERD, reservations**, https://treaties.un.org/Pages/ViewDetails.aspx?src=TREATY&mtdsg_no=IV-2&chapter=4&clang=_en#EndDec, abgefragt am 22.02.2017.

328 **Libanon Constitution**, 1995, http://www.presidency.gov.lb/English/LebaneseSystem/Documents/Lebanese%20Constitution.pdf, "Article 9 There shall be absolute freedom of conscience. The state in rendering homage to the God Almighty shall respect all religions and creeds and shall guarantee, under its protection the free exercise of all religious rites provided that public order is not disturbed. It shall also guarantee that the **personal status** and religious interests of the population, to **whatever religious sect they belong**, shall be respected." Für Muslime heißt das, die Scharia kommt zur Anwendung. "Art 20, The judicial power shall be exercised by courts of various degrees and jurisdictions. It shall function within the limits of an order established by the law and offering accordingly the necessary guarantees to judges and litigants. The law shall determine the conditions and limits of the judicial guarantees. The judges shall be independent in the exercise of their functions. The decisions and judgments of all courts shall be rendered and executed in the name of the Lebanese People."

329 **Libanon – Länderbericht, 1997, CERD/C/298/Add. 2**, http://tbinternet.ohchr.org/_layouts/treatybodyexternal/Download.aspx?symbolno=CERD%2fC%2f298%2fAdd.2&Lang=en,pdf, abgefragt am 22.02.2017.

330 **Libanon – Länderbericht, 2003, CERD/C/383/Add. 2**, http://docstore.ohchr.org/SelfServices/FilesHandler.ashx?enc=6QkG1d%2fPPRiCAqhKb7yhspzotB7l8WfOYQyL7gK7rasYHlan8rvslSiv%2fsitBs%2fYDxGrPAhB8%2f0%2bXVRyfsl%2fnoT%2b6fzQlRrGuzW%2bNCgZhyrRULsuiK4sxpK9mbGZ4THL, abgefragt am 22.02.2017.

6 *Libyen*

Das Königreich Libyen ist am 3. Juli 1968 mit Vorbehalt zu **Art 22** der internationalen Rassendiskriminierungskonvention beigetreten. Im Streitfall über Interpretation oder Anwendung der Konvention möchte man nicht an den **Internationalen Gerichtshof** gebunden sein. Sollte man den Internationalen Gerichtshof einschalten wollen, so müssen alle Streitparteien dem vorher zustimmen.[331]

6.1 Libyen – Länderbericht zum Scharia-Vorbehalt, 2003

Gemäß Art 9 der Konvention hat die Libysch-Arabische-Jamahilya seinen 17. Länderbericht,[332] der 2002 fällig war, 2003 eingeschickt. Zu Art 22 der Konvention gibt es keine Stellungnahme, das heißt soviel, dass auch Libyen weiterhin nicht an den Internationalen Gerichtshof gebunden sein will.

7 *Marokko*

Marokko hat die Rassendiskriminierungskonvention am 18. September 1967 unterzeichnet und ist ihr am 18. Dezember 1970 beigetreten. Wie viele andere islamische Länder hat auch das Königreich Marokko zu **Art 22** der Konvention einen Vorbehalt abgegeben. In jedem individuellen Rechtsstreit über die Interpretation und Anwendung der Konvention ist das Einverständnis jeder Streitpartei einzuholen, für den Fall, dass der **Internationale Gerichtshof** eingeschalten werden sollte.[333]

7.1 Marokko – Länderbericht zum Scharia-Vorbehalt, 2009

Marokko hat seinen 17–18. Länderbericht,[334] der 2006 fällig war, am 30. Oktober 2009 eingeschickt. Zu Art 22 gibt es keine Stellungnahme, das bedeutet, dass

---

331 **Libyen, ICERD, reservations**, https://treaties.un.org/Pages/ViewDetails.aspx?src=TREATY&mtdsg_no=IV-2&chapter=4&clang=_en#EndDec, abgefragt am 22.02.2017.

332 **Libyen – Länderbericht, 2003, CERD/C/431/Add. 5**, http://docstore.ohchr.org/SelfServices/FilesHandler.ashx?enc=6QkG1d%2fPPRiCAqhKb7yhsr7rG2HV%2b9FLKzlVeQdv3U7ibkHQVzdc9eYtn1Vacmd8X7bH1cFH5TM5iH3U3yl5o%2f4CJ4DMUNz%2fEZ6oA27c00vUbU5bKKyKcLuDxm2MernX, abgefragt am 22.02.2017.

333 **Marokko, ICERD, reservations**, https://treaties.un.org/Pages/ViewDetails.aspx?src=TREATY&mtdsg_no=IV-2&chapter=4&clang=_en#EndDec, abgefragt am 22.02.2017.

334 **Morokko – Länderbericht, 2009, CERD/C/MAR/17–18**, http://docstore.ohchr.org/SelfServices/FilesHandler.ashx?enc=6QkG1d%2fPPRiCAqhKb7yhsmy9yYGUyps4C

auch das Königreich Marokko weiterhin nicht an den Internationalen Gerichtshof gebunden sein will.

8 Saudi-Arabien

Das Königreich Saudi-Arabien ist der Rassendiskriminierungskonvention am 23. September 1997 beigetreten und will die Bestimmungen auch beachten, sofern diese nicht den Gesetzen der Islamischen Scharia widersprechen. An **Art 22** und an den **Internationalen Gerichtshof** will man dezidiert nicht gebunden sein. Obwohl Saudi-Arabien einen **generellen Scharia-Vorbehalt**[335] zu dieser Konvention abgegeben hat, ist es umso mehr erstaunlich, dass es diesbezüglich von keinem einzigen Vertrags-Mitgliedsland einen Einwand gegeben hat.[336]

8.1 Saudi-Arabien – Länderbericht zum Scharia-Vorbehalt, 2001

Der 16. Länderbericht[337] wurde gemäß Art 9 der Rassendiskriminierungskonvention im Jahr 2001 eingeschickt und man weist erneut und ausdrücklich auf die Verfassung des Königreiches, das Buch Gottes, den Koran und die Sunnah des Propheten (Art 1) hin. Die Regierungsgewalt im Königreich Saudi-Arabien wird vom Buch des allmächtigen Gottes und der Sunnah Seines Propheten abgeleitet (Art 7). Die Regierung des Königreiches Saudi-Arabien stützt sich auf Gerechtigkeit, Beratung und Gleichheit – alles in Übereinstimmung mit der Islamischen Scharia (Art 8). Betreffend den Schutz der Menschenrechte, das Verbot der Rassendiskriminierung eingeschlossen, sagt Art 26 des arabischen

---

xxNcB1%2bhW44tMrhk9gw1vLV8E5ZU3v%2fmRnF7cN6PPq3K8pHC3hnkLIhMtIWnB4Ak2Xb1U9UyKVMflWM6EsrQrHifB3YW9sg, abgefragt am 22.02.2017.

335 **Saudi-Arabian Constitution**, http://home.lu.lv/~rbalodis/Baznicu%20tiesibas/Valsts&B_attiecibas/Islams/Saudi_Arabia_islam.pdf, abgefragt am 03.03.2017. "Art 1, The Kigdom of Saudi Arabia is a sovereign Arab Islalamic State with Islam as its religion. God's Book and the Sunnah of His Prophet, God's prayers and peace be upon him, are its constitution."

336 **Saudi-Arabien, ICERD, reservations**, https://treaties.un.org/Pages/ViewDetails.aspx?src=TREATY&mtdsg_no=IV-2&chapter=4&clang=_en#EndDec, abgefragt am 22.02.2017.

337 **Saudi-Arabien – Länderbericht, 2001, CERD/C/370/Add. 1**, http://docstore.ohchr.org/SelfServices/FilesHandler.ashx?enc=6QkG1d%2fPPRiCAqhKb7yhsrZbSVEypk4IILQeV2YpJqXZHr%2bk1oWGxPNPfmer5CUdcE3g%2fqEKYl0GsiC10tlkyuKfO4FlWzU8SKIM54J0A92sP6KHNUYJXE5x5AePprIk, abgefragt am 22.02.2017.

Grundgesetzes Folgendes: **‚Der Staat soll die Menschenrechte gemäß der islamischen Scharia schützen.‘**[338]

Art 47 des Grundgesetzes anerkennt den Grundsatz, dass Staatsbürger und Personen, die sich im Königreich aufhalten, vor dem Gesetz gleich sind. Sie haben das gleiche Recht, rechtliche Hilfe in entsprechenden Verfahren, die das Gesetz vorschreibt, zu erhalten. Streitsachen werden gemäß den Vorschriften an allen saudischen Gerichtshöfen und vor dessen rechtlichen Gremien kostenlos bearbeitet. Die Justiz ist unabhängig, das setzt Art 46 des Grundgesetzes fest. Die Justiz ist eine unabhängige Autorität und ihre Justizverwaltung und die **Richter sind einzig und allein der islamischen Scharia untergeordnet.** Der heilige Koran und die Sunnah des Propheten enthalten alle Bestimmungen, die alle Formen der Diskriminierung wie Rasse, Hautfarbe usw. verbieten.

Nach den Worten des Allmächtigen Gottes: ‚Menschen! Wir schufen euch als Männer und als Frauen und machten euch zu Nationen und Stämmen, auf dass ihr euch kennen lernt. Nach Ansicht Gottes ist der Nobelste unter euch derjenige, der Ihn am meisten fürchtet. In der Sunnah des Propheten – Gott segne ihn und gebe ihm Heil – ist alles aufgezeichnet. Ihr habt einen einzigen Lord und Vater. Ihr seid Abkommen von Adam und Adam ist aus Lehm gemacht. Nach Gottes Ansicht ist der Wertvollste der, der Ihn am meisten fürchtet.‘

‚Es gibt keine Überlegenheit zwischen Arabern und Nicht-Arabern, zwischen Weißen und Schwarzen. Der einzige **Unterscheidungsfaktor ist die Frömmigkeit**. Habe ich euch nicht gewarnt, Gott ist mein Zeuge. Die Anwesenden sollen die Abwesenden warnen und der Prophet sagte auch: ‚Wer die Bigotterie befürwortet, dafür kämpft und dafür stirbt, ist nicht einer von uns.‘[339]

Die Statuten der Rechtsprechung sagen, dass **Richter unabhängig** sind. Sie und die Justizverwaltung **unterstehen einzig und allein der Autorität der islamischen Scharia. Niemand hat das Recht in diese Justizverwaltung einzugreifen.** Der Rechtskodex wird durch königliche Dekrete verkündet. Dekret M/21 of 20/5/1421 enthält Details darüber, wer gleiche Rechte genießt. Die Strafbestimmungen werden gerade erneuert und hernach bekannt gemacht.

Die Bestimmungen des Königreiches betreffend der Internationalen Verträge und Konventionen stehen in Art 70. Dieser gibt Auskunft darüber, dass internationale Regeln, Verträge, Konventionen und Sonderrechte im Rahmen der königlichen Dekrete bekannt gemacht und berichtigt werden müssen. Gemäß diesen Bestimmungen wird jeder internationale Vertrag oder jede internationale

---

338 **Saudi-Arabien – Länderbericht, 2001**, siehe oben.

339 **Saudi-Arabien – Länderbericht, 2001**, siehe oben.

Konvention durch das königliche Dekret genehmigt und als durchsetzbar erachtet. Der Beitritt zur International Convention on the Elimination of all Forms of Racial Discrimination wurde durch das Dekret M/12 of 16/4/1418 A.H. genehmigt. Die Bestimmungen der Konvention sind durch das königliche Dekret unter einem **generellen Scharia-Vorbehalt gebilligt** worden und werden nun als Teil der heimischen Regeln betrachtet. Bei Streitigkeiten darüber können die Gerichtshöfe oder rechtlichen Verwaltungsbehörden des Königreiches angerufen werden.[340] **Art 22** der Antidiskriminierungskonvention findet keinerlei Erwähnung mehr, das bedeutet, die Anrufung des **Internationalen Gerichtshofes** wird ohnehin nicht in Betracht gezogen.

8.2 Saudi-Arabien – Länderbericht zum Scharia-Vorbehalt, 2016 (a)

Saudi-Arabien hat am 9. Oktober 2016 einen weiteren Länderbericht eingeschickt – aber nur noch auf Arabisch.[341]

9 Syrien – Kein Scharia-Vorbehalt

Die syrisch-arabische Republik[342] ist der Rassendiskriminierungskonvention am 21. April 1969 **ohne** irgendeinen **Vorbehalt** beigetreten und anerkennt auch den Rassendiskriminierungsausschuss, Committee on the Elimination of Racial Discrimination.[343]

10 Jemen

Die demokratische Republik Jemen ist der Rassendiskriminierungskonvention am 18. Oktober 1972 beigetreten, anerkennt auch die Kompetenz des

---

340 **Saudi-Arabien – Länderbericht, 2001**, siehe oben.

341 **Saudi-Arabien – Länderbericht, 2016, CERD/C/SAU/4–9**, http://tbinternet.ohchr.org/_layouts/treatybodyexternal/TBSearch.aspx?Lang=en&TreatyID=6&DocTypeID=29 view document, http://tbinternet.ohchr.org/_layouts/treatybodyexternal/Download.aspx?symbolno=CERD%2fC%2fSAU%2f4-9&Lang=en öffnen mit html, geht nur auf Arabisch, abgefragt am 22.02.2017.

342 **Syrian Constitution**, 2012, http://www.voltairenet.org/article173033.html, abgefragt am 20.01.2016. "Art 3, The religion of the President of the Republic is Islam; Islamic jurisprudence shall be a major source of legislation. The State shall respect all religions, and ensure the freedom to perform all the rituals that do not prejudice public order; The personal status of religious communities shall be protected and respected."

343 **Syrien, ICERD, no reservations**, https://treaties.un.org/Pages/ViewDetails.aspx?src=TREATY&mtdsg_no=IV-2&chapter=4&clang=_en#EndDec weiter mit link, abgefragt 03.03.2017.

Rassendiskriminierungsausschusses, fühlt sich aber nicht an **Art 22** der Konvention gebunden. Sollten also Streitigkeiten über die Auslegung oder Anwendung dieses Übereinkommens entstehen, so wird auf Verlangen einer Streitpartei der Streitfall dem **Internationalen Gerichtshof** zur Entscheidung vorgelegt. Dazu sagt auch Jemen, dass alle Parteien dem im Vorhinein zustimmen müssen.[344] Jemen äußert auch Bedenken zu **Art 17(1)** und **Art 18(1)**, wenn man sich nicht der Satzung des Internationalen Gerichtshofes unterwirft. Jemen findet, dass die Teilnahme an der Konvention allen interessierten Staaten ohne Diskriminierung oder Einschränkung gewährt werden soll.[345]

10.1 Jemen – Länderbericht zum Scharia-Vorbehalt, 2010

Jemen hat seinen 17–18. Länderbericht[346] 2010 abgeschickt. Zu **Art 22** bezüglich der Nichtunterwerfung unter den **Internationalen Gerichtshof** im Rahmen dieser Konvention, erfolgte keine Änderung.

11 Der schiitische Iran

Der schiitische Iran hat die Rassendiskriminierungskonvention am 8. März 1967 unterzeichnet und am 29. August 1968 **ohne** jeglichen **Scharia-Vorbehalt** ratifiziert.[347]

---

344 **Yemen, ICERD, reservations**, https://treaties.un.org/Pages/ViewDetails.aspx?src=TREATY&mtdsg_no=IV-2&chapter=4&clang=_en#EndDec weiter mit link 16, 17, abgefragt am 03.03.2017.

345 **Charter of the United Nations**, https://treaties.un.org/doc/publication/ctc/uncharter.pdf, abgefragt am 22.02.2017, siehe oben auch Yemen ICERD reservations.

346 **Jemen – Länderbericht, 2010, CERD/C/YEM/17–18**, http://docstore.ohchr.org/SelfServices/FilesHandler.ashx?enc=6QkG1d%2fPPRiCAqhKb7yhsjjCQgX5RAILDo5irKkPl9fkCxEwBVZF8tMoWmnU28%2buqZpn1Oh6mi2gIeNeFMT58BokwZz9Aav7%2fBt60RUPuFZgjesX7sRzu3eQc6TQTjwl, abgefragt am 22.02.2017.

347 **Iran, Chapter IV, ICERD, no reservations**, https://treaties.un.org/Pages/ViewDetails.aspx?src=TREATY&mtdsg_no=IV-2&chapter=4&clang=_en#EndDec, abgefragt am 03.03.2017, Siehe auch: **Iranian Constitution**, http://www.iranonline.com/iran/iran-info/government/constitution-1.html, abgefragt am 03.03.2017. "The Islamic Republic is a system based on belief in:

1. the One God (as stated in the phrase "There is no god except Allah"), His exclusive sovereignty and the right to legislate, and the necessity of submission to His commands;
2. Divine revelation and its fundamental role in setting forth the laws;

II A Zusammenfassung

Bahrain, Kuwait, der Libanon, Libyen, Marokko, Saudi-Arabien und der Jemen sind der Rassendiskriminierungskonvention mit Vorbehalt zu Art 22 der Konvention beigetreten. Ägypten und der Irak haben diese Konvention mit Vorbehalt zu Art 22 ratifiziert. Syrien ist vorbehaltslos beigetreten und der Iran hat diesen Vertrag bereits unter dem Schah-Regime ohne Vorbehalt ratifiziert. **Art 22** beinhaltet wieder die Einschaltung des **Internationalen Gerichtshofes** im Streitfall. Saudi-Arabien hat festgehalten, dass der Staat die Menschenrechte gemäß der islamischen Scharia zu schützen hat. Die Justiz unterliegt wieder nur der Scharia und der heilige Koran und die Sunnah des Propheten enthalten alle Bestimmungen, die Diskriminierungen verbieten. Der einzige Unterschied zwischen den Menschen sei der Grad ihrer Frömmigkeit.

II B Stellungnahme

Nicht Rasse, Hautfarbe, Vermögen oder Geschlecht, sondern Frömmigkeit ist ein Gradmesser für den Unterschied der Menschen. Hierbei wird allerdings nur die Frömmigkeit der Muslime gemessen und zu Zeiten der Entstehung des Koran hat es auch noch keine Aufspaltung in Sunniten und Schiiten und deren Untergruppen gegeben. Die >Ummah<, die Gemeinschaft der Gläubigen, bestand damals auch noch aus jüdischen und christlichen Stämmen. Mohammeds Bestrebungen waren, die Anerkennung von diesen Stämmen als letzter Prophet Gottes auf Erden zu erhalten. Juden und Christen, die sogenannten

---

3. the return to God in the Hereafter, and the constructive role of this belief in the course of man's ascent towards God;
4. the justice of God in creation and legislation;
5. continuous leadership (imamah) and perpetual guidance, and its fundamental role in ensuring the uninterrupted process of the revolution of Islam;
6. the exalted dignity and value of man, and his freedom coupled with responsibility before God; in which equity, justice, political, economic, social, and cultural independence, and national solidarity are secured by recourse to:

1. continuous ijtihad of the fuqaha' possessing necessary qualifications, exercised on the basis off the Qur'an and the Sunnah of the Ma'sumun, upon all of whom be peace;
2. sciences and arts and the most advanced results of human experience, together with the effort to advance them further;
3. negation of all forms of oppression, both the infliction of and the submission to it, and of dominance, both its imposition and its acceptance."

Buchbesitzer, standen unter dem Schutz der Muslime und mussten dafür Schutzgeld zahlen. Sie durften sich auch nicht bewaffnen, taten sie es dennoch, war das ein Kriegsgrund. Diese vom Islam inspirierte Gemeindeordnung mit Herrschaftsanspruch erfasste innerhalb von zehn Jahren die gesamte Arabische Halbinsel[348] und Allah sagt in Sure 3:110 „Ihr seid die beste Gemeinschaft, die je unter Menschen hervorgebracht worden ist. Ihr gebietet das Rechte und verbietet das Verwerfliche und glaubt an Allah."[349] Das „Modell Medina" wurde idealisiert und erlebt heute nicht nur bei den Fundamentalisten eine Auferstehung. Nach ihren Vorstellungen ist die ganze Welt als eine islamische >Ummah< mit Scharia-Recht und Kalifat organisiert. Königreich, Emirat, Sultanat, Jamahilya, Republik, wie auch immer die heutigen arabischen Staatsformen lauten, sie entsprechen nicht der >Ummah<, der Gemeinschaft der Gläubigen.

Die Praxis der >Ummah< änderte sich aber schon nach den Mohammed nachfolgenden vier Kalifen, Abu-Bakr, Umar, Utman und Ali. Es kam zur Spaltung des Islam unter den muslimischen Dynastien der Umaiyaden und Abbasiden. Die >Ummah< des Propheten verwandelte sich wieder in eine reine Stammesherrschaft und das hochorganisierte Verwandtschaftsgefüge bekämpft seit eh und jäh eine, wenn vorhandene Zentralgewalt. Wir sehen das heute in Libyen, im Irak, in Syrien, im Jemen und besonders in Afghanistan. Vor diesem Hintergrund sollen islamische Regierungen die Rassendiskriminierungskonvention ohne Abstriche umsetzen und als Schlichtungsinstanz bei Anwendungs- und Auslegungsfragen im Verbund mit anderen Vertragspartnern den Internationalen Gerichtshof anerkennen. Jeder islamische Herrscher möchte ein starker Führer sein, aber nur die gepaarte Autorität Mohammeds, einerseits durch seine mächtige Position als Streitschlichter und andererseits als Prophet, zusätzlich flankiert durch seine militärischen Erfolge, erlaubten es ihm, allgemeine Veränderungen und Verbesserungen in der arabischen Bevölkerung herbeizuführen.

Aus den folgenden Länderberichten werden wir erfahren, dass dies auch die derzeitigen muslimischen Herrscher möchten, aber die Herrschaft und oberste Rechtsprechung wird durch die Scharia begrenzt. In dieser Hinsicht werden relevante islamische Rechtsgelehrte ihre Meinung wohl nie zugunsten westlicher

---

348 **Arabische Halbinsel**, https://www.google.at/?gws_rd=ssl#q=Saudi-Arabien,+Halbinsel&*, abgefragt am 20.03.2017.

349 **Nyazee**, Imran Ahsan, Lehrbuch für modernes Arabisch, landeskundliche Information., Rsearch Papers, Vol. VI. No. 1–2 (2006) editors Michael Geistlinger, University Salzburg, Muhammad Yusuf Faruqi, International Islamic University in Islamabad, Pakistan, p. 1. Siehe auch: **Schröter**, Hiltrud, Das Gesetz Allahs, Menschenrechte, Geschlecht, Islam, Frankfurt, 2007, S. 19.

Regelungen abändern, sonst wären sie überflüssig und würden sich selbst abschaffen. Wenn in einem islamischen Land diskriminiert wird, entscheidet die örtliche Justiz und diese unterliegt wieder nur der Scharia. Der heilige Koran und die Sunnah des Propheten enthalten alle Bestimmungen, die Diskriminierungen verbieten, so steht es im letzten Länderbericht Saudi-Arabiens aus 2001.

Mit der Ablieferung der Länderberichte hat nicht nur Saudi-Arabien ein Problem, sondern zwei Drittel der Mitgliedsstaaten. Weil der Ausschuss über kein echtes Sanktionen-System verfügt, ist diese Taktik des Vergessens durch die Mitgliedstaaten ein immer wiederkehrendes Problem.

III Scharia-Vorbehalte zum Internationalen Pakt über die wirtschaftlichen, sozialen und kulturellen Rechte, International Covenant on Economic, Social and Cultural Rights, ICESCR[350] und Länderberichte

Der Pakt über die wirtschaftlichen, sozialen und kulturellen Rechte ist am 3. Jänner 1976 in Kraft getreten. Zum Stand vom 8. März gehören ihm 165 Staaten an.

1 Algerien

Algerien hat den ICESCR am 10. Dezember 1968 **ohne Scharia-Vorbehalt** unterzeichnet und am 12. September 1989 **ratifiziert.**[351]

2 Ägypten

Ägypten hat den Pakt I am 4. August 1967 unterzeichnet, ist dem Vertrag durch das Präsidenten-Dekret No 537 aus 1981 beigetreten und hat am 14. Jänner 1982 den Pakt ratifiziert. Unter Berücksichtigung der Bestimmungen der Islamischen Scharia, und wenn diese nicht mit den Gesetzen der Konvention in Konflikt

---

350 **International Covenant on Economic, Social and Cultural Rights, ICESCR**, http://www.ohchr.org/EN/ProfessionalInterest/Pages/CESCR.aspx, abgefragt am 22.02.2017. **UN Wirtschafts-und Sozialpakt**, http://www.bgbl.de/xaver/bgbl/start.xav?startbk=Bundesanzeiger_BGBl&jumpTo=bgbl273s1569.pdf#__bgbl__%2F%2F*[%40attr_id%3D%27bgbl273s1569.pdf%27]__1451332046015, abgefragt am 22.02.2017.

351 **Algerien, ICESCR, no reservations**, Algerien hat versehentlich einen Scharia-Vorbehalt zu Art 23(4) des Paktes II hier in Pakt I angebracht. Zum Scharia-Vorbehalt zu Art 23 (4) wird aber in Pakt II berichtet. https://treaties.un.org/Pages/ViewDetails.aspx?src=TREATY&mtdsg_no=IV-3&chapter=4&clang=_en weiter mit https://treaties.un.org/Pages/ViewDetails.aspx?src=TREATY&mtdsg_no=IV-3&chapter=4&clang=_en#EndDec, abgefragt am 10.03.2017.

stehen, akzeptiert, unterstützt und ratifiziert Ägypten diese Konvention. Diese Formulierung kommt einem **generellen Scharia-Vorbehalt** gleich.[352] Die ägyptische Verfassung von 2014 sagt in Art 2 noch immer: "Islam is the religion of the State and Arabic is its official language. The principles of Islamic Sharia are the main source of legislation."[353]

2.1 Ägypten – Länderbericht zum Scharia-Vorbehalt, 2011

Gemäß **Art 16** und **Art 17** des Paktes I hat Ägypten seinen 2. und 3. periodischen Bericht[354] 2011 eingesandt. Die Ratifikationserklärung war mit einem generellen Scharia-Vorbehalt versehen und der Pakt wurde in arabischer Sprache in der Ausgabe No 14 der Official Gazette am 8. April 1982 veröffentlicht. Dadurch wurde der Vertrag zu Landesrecht und stimmte mit Art 151 der ägyptischen Verfassung überein.[355]

Gemäß Art 17 des Paktes I schickte Ägypten einen Anfangsbericht am 18. 11. 1998, zusätzlich einen im Jänner 2000 an den Ausschuss. In einem Spezialanhang wurde eine Liste mit Themen und Fragen vom Ausschuss bezüglich des Paktes I beantwortet. Ägypten wünscht sich die praktische Anwendung der Bestimmungen des Paktes I so zu verstehen, dass es keine Unvereinbarkeiten oder Widersprüche zwischen den Bestimmungen des Paktes I und der Islamischen Scharia gibt. Ägypten hofft nun, deutlich gemacht zu haben, dass Art 17(3) des Paktes erfüllt ist. Art 17(3) Pakt I „Hat ein Vertragstaat den Vereinten Nationen oder einer Sonderorganisation bereits sachdienliche Angaben gemacht, so brauchen diese nicht wiederholt zu werden; vielmehr genügt eine genaue Bezugnahme auf diese Angaben."[356]

---

352 **Ägypten, ICESCR, reservations**, https://treaties.un.org/Pages/ViewDetails.aspx?src=TREATY&mtdsg_no=IV-3&chapter=4&clang=_en weiter mit https://treaties.un.org/Pages/ViewDetails.aspx?src=TREATY&mtdsg_no=IV-3&chapter=4&clang=_en#EndDec, abgefragt am 10.03.2010.

353 **Ägyptische Verfassung**, englische Version, 2014, http://www.sis.gov.eg/Newvr/Dustor-en001.pdf, abgefragt am 22.02.2017.

354 **Ägypten – Länderbericht, 2011, E/C.12/EGY/2-4** http://tbinternet.ohchr.org/_layouts/treatybodyexternal/Download.aspx?symbolno=E%2fC.12%2fEGY%2f2-4&Lang=en open with html, http://docstore.ohchr.org/SelfServices/FilesHandler.ashx?enc=4slQ6QSmlBEDzFEovLCuWwoUF8EnngV%2bs8SHRvuiZ6i733UWIYWeOprfcqTC4TjE23%2fs%2bKs3LRUWRUyz72%2bwGTRF6aMGIEcoBQtPina%2fsOnBmGrbF%2fWI2doxlyIpJSta, abgefragt am 22.02.2017.

355 **Ägypten – Länderbericht, 2011**, siehe oben.

356 **UN Wirtschafts- und Sozialpakt,** siehe oben: alle dt. Zitate wurden dieser Seite entnommen.

Ägypten bedient sich kontinuierlich bei internationalen und nationalen Menschenrechtsinstrumenten und ist entschlossen, dabei positiv mitzuwirken. Im Laufe der Zeit konnte man beobachten, wie Ägypten sukzessiv Scharia-Vorbehalte zurückgezogen hat. Im Kontext des Paktes I ist es erwähnenswert, dass Ägypten auch wesentlichen ILO (International Labour Organisation) Konventionen beigetreten ist.[357]

3 Irak

Der Irak hat den Pakt I am 18. Februar 1969 unterzeichnet und am 25. Jänner 1971 **ohne Scharia-Vorbehalt** ratifiziert.[358]

3 a Stellungnahme zum Irak

Der Irak wird gerne als Wiege der Zivilisation bezeichnet, weil auf dem Gebiet des alten Mesopotamien viele Hochkulturen (Sumerer, Akkader, Babylonier, Assyrer, Medier) anzutreffen waren. Unter dem Staub der Geschichte und den Trümmern der vielen Kriege liegt alles begraben. Bagdad war in der Abbasidenzeit der Sitz der Weisheit und für die Entstehung des Islam war die Region extrem wichtig. Unter dem Abbasidenkalifen al Mansur wurde Bagdad 762 n. Chr. zur Hauptstadt des Reiches. 830 unter dem Kalifen al Ma'mun kam es zur Gründung des „Hauses der Weisheit" in Bagdad. Hier wurden griechische Werke aus Philosophie, Medizin und Naturwissenschaften ins Arabische übersetzt. Al Ma'mun selbst war Geograph und hat selbst bedeutende Erdmessungen angestellt. Bagdad lag im Zentrum der damals bewohnten Welt und im Suq al Warraqin gab es über 100 Papierläden. Im damaligen „Haus der Weisheit" arbeiteten auch Christen, Juden und Sabäer mit. In der Zeit der Rezeption gab es keine Berührungsängste mit anderen Weltanschauungen. Bagdad war für alle Wissensgebiete und Menschen weltoffen, die Wissen nach Bagdad brachten. 1258 wurde Bagdad von den Mongolen total zerstört. Man sagt, der Tigris wäre „sechs Monate schwarz gewesen von der Tinte, der ins Wasser geworfenen Schriften."[359] Die älteste Universität „al Mustansiriyya" des Irak, gegründet 1227, zählt neben Bologna zu den ältesten Universitäten der Welt. Vor 1991 gehörten die irakischen Universitäten

---

357 **Ägypten – Länderbericht, 2011**, siehe oben.

358 **Irak, ICESCR, no reservations**, https://treaties.un.org/Pages/ViewDetails.aspx?src=TREATY&mtdsg_no=IV-3&chapter=4&clang=_en, abgefragt am 06.03.2017. https://treaties.un.org/Pages/ViewDetails.aspx?src=TREATY&mtdsg_no=IV-3&chapter=4&clang=_en#EndDec weiter mit link 22, abgefragt am 22.02.2017.

359 **Höselbarth**, Frank, Die Bildungs-Reform am Golf. Ein Handbuch, siehe oben: S. 20–40.

zu den besten der Region. Nach zwei Golfkriegen und dem Einmarsch der USA 2003 dauert die Verwüstung des Irak bis heute an. Heute sind 97 Prozent der Iraker Muslime, davon 60 Prozent Schiiten und ca. 33 Prozent Sunniten und alle hoffen auf ein besseres Morgen.

4 Libyen

Libyen ist dem Internationalen Pakt I am 15. May 1970 **ohne Scharia-Vorbehalt** beigetreten. Wie fast alle arabischen Länder hat auch Libyen im Rahmen dieses Beitrittes ausdrücklich festgehalten, dass dadurch keine Anerkennung Israels verbunden ist.[360]

5 Syrien

Die syrisch arabische Republik ist dem Pakt I am 21. April 1969 **ohne Scharia-Vorbehalt** beigetreten. Der Vorbehalt gegen Israel wird auch von Syrien formuliert. "The accession of the Syrian Arab Republic to these two Covenants shall in no way signify recognition of Israel or entry into a relationship with it regarding any matter regulated by the said two Covenants."[361]

6 Jemen

Jemen ist dem Pakt I am 9. Februar 1987 **ohne Scharia-Vorbehalt,** aber ebenfalls mit dem Vermerk, Israel nicht anerkennen zu wollen, beigetreten.[362]

---

360 **Libyen, ICESCR, no reservations**, https://treaties.un.org/Pages/ViewDetails.aspx?src=TREATY&mtdsg_no=IV-3&chapter=4&clang=_en, abgefragt am 06.03.2017, weiter mit https://treaties.un.org/Pages/ViewDetails.aspx?src=TREATY&mtdsg_no=IV-3&chapter=4&clang=_en#EndDec link 22, abgefragt am 22.03.2017.

361 **Syrien, ICESCR, no reservations**, https://treaties.un.org/Pages/ViewDetails.aspx?src=TREATY&mtdsg_no=IV-3&chapter=4&clang=_en, abgefragt am 06.03.2017. Weiter mit https://treaties.un.org/Pages/ViewDetails.aspx?src=TREATY&mtdsg_no=IV-3&chapter=4&clang=_en#EndDec siehe link 22, abgefragt am 22.03.2017.

362 **Yemen, ICESCR, no reservations**, https://treaties.un.org/Pages/ViewDetails.aspx?src=TREATY&mtdsg_no=IV-3&chapter=4&clang=_en, abgefragt am 06.03.2017. https://treaties.un.org/Pages/ViewDetails.aspx?src=TREATY&mtdsg_no=IV-3&chapter=4&clang=_en#EndDec link 16, abgefragt am 22.03.2017.

7 Schiitischer Iran

Der schiitische Iran hat Pakt I am 4. April 1968 unterzeichnet und am 24. Juni 1975 ratifiziert. Es wurde **kein Scharia-Vorbehalt** angebracht.[363]

III A Zusammenfassung

Mitglieder des International Covenant on Economic, Social and Cultural Rights sind die arabischen Länder Algerien, Ägypten, Irak, Libyen, Syrien, Jemen und der schiitische Iran. Ägypten hat dieses Abkommen unter einem generellen Scharia-Vorbehalt ratifiziert, während alle übrigen Länder die Scharia in diesem Vertrag nicht als Hindernis betrachten. Auch Ägypten hat im Laufe der Jahre einige Scharia-Vorbehalte zurückgezogen. Fast alle Länder hielten aber fest, dass die Mitgliedschaft bei diesem Abkommen auf keinen Fall die Anerkennung Israels beinhaltet. Hierbei handelt es sich um einen **neutralen Vorbehalt** ohne religiöse Konnotation.

III B Stellungnahme

Das Königreich Saudi-Arabien war offiziell im 2. Weltkrieg neutral, unterstützte aber heimlich die Achsenmächte. König Abdelaziz al Saud hatte das Königreich 1932 gegründet und dieses zum ersten Mal 1945 auf dem Zerstörer USS Murphy, dem ersten Kriegsschiff, das in Saudi-Arabien angelegt hatte, verlassen, um sich mit dem amerikanischen Präsidenten Franklin D. Roosevelt auf der „Quincy" am Großen Bittersee, im Suezkanal, zu treffen. Das Hauptgesprächsthema war Palästina. Ibn Saud lehnte die Ansiedlung der jüdischen Flüchtlinge aus Europa im Nahen Osten ab. Seiner Auffassung nach, waren die Palästinenser nicht schuld am tragischen Schicksal der Juden. Warum sollten sie daher ihr Land räumen, um jüdischen Siedlungen Platz zu machen? Seiner Meinung nach, sollte Deutschland Gebiete für die Juden abtreten. Für ihn waren es die christlichen Deutschen, die den Juden Hab und Gut samt Leben genommen hatten, daher müssten auch sie dafür büßen und nicht die Muslime in Palästina. Dennoch endete 1948 das britische Mandat über Palästina und Ben Gurion rief den Staat Israel aus. Der jüdische Traum wurde erfüllt, für die Araber war es eine Katastrophe, „Nakba",[364] jährlich wird daran erinnert.

---

363 **Schiitischer Iran, ICESCR, no reservations**, https://treaties.un.org/Pages/ViewDetails.aspx?src=TREATY&mtdsg_no=IV-3&chapter=4&clang=_en, abgefragt am 22.02.2017.

364 **Tiedjen**, Jörg, Der Pakt der „Quincy", S. 62, in: inamo 87, Informationsprojekt Naher und Mittlerer Osten, Jahrgang 22, Herbst 2016, siehe auch: **Qumsiyeh**, Mazin,

Für die Nichtanerkennung Israels verantwortlich zeichnet die Besetzung palästinensischer Gebiete durch Israel. Als Jitzachak Rabin vor 21 Jahren ermordet wurde, trauerten Araber und Israelis gemeinsam. Bei der Beisetzung von Schimon Peres blieben Arabiens Staatschefs fern. Ein Grund dafür ist sicherlich die triste Lage in der arabischen Welt. Arabiens Führer bangen jeden Tag um ihr Leben und wollen kein Zeichen der Versöhnung mit Israel setzen. In Israel dominiert die politische Rechtspartei und sie kehrt den Palästinensern den Rücken zu, solange sich die arabischen Nachbarstaaten selbst zerfleischen. Das palästinensische Volk ist nicht nur territorial gespalten. Im Westjordanland regiert die kompromissbereite Fatah, im Gazastreifen die islamistische Hamas und Israel forciert den Siedlungsbau in den besetzen Gebieten.[365]

Im Nahostkonflikt begründen Muslime den Anspruch auf Jerusalem auch damit, dass Jerusalem nach Mekka und Medina die drittheiligste Stadt des Islam ist. Einer der großen deutschen Islamwissenschaftler und Koranübersetzer, Prof. Bobzin, erklärt Sure 17 Verse 1–2 zur zentralen Stelle für diese Haltung.[366] Frieden im Nahen Osten ist nicht nur möglich, sondern auch nötig und unabwendbar, man braucht aber einen mutigen Führer. John Kerry, der ehemalige amerikanische Außenminister der Obama Regierung, forderte Israel noch in seiner letzten Amtshandlung Ende 2016 auf, endlich mit den Palästinensern Frieden zu schließen und eine Zweistaatenlösung zu akzeptieren. Der Weltsicherheitsrat hatte Israel zu einem vollständigen Siedlungsstopp in den besetzten Palästinensergebieten, einschließlich Ostjerusalem aufgefordert. Auch Präsident Trump sieht mittlerweile im Expansionsdrang Israels keine Zukunft für einen Nahost-Frieden. König Abdullah von Jordanien hat den Gesinnungswandel bei Präsident Trump möglich gemacht, nachdem er auf die prekäre Lage Jordaniens

---

Kanaan: Ein gemeinsames Land, Menschenrechte und der israelisch-palästinensische Kampf, Frankfurt, 2015, S. 201, „Der große Unterschied liegt darin, dass der israelische Staat die Palästinenser zu Opfern gemacht hat, die überhaupt nichts für die Gräueltaten der Nazis konnten, während die palästinensischen Militanten auf die Gesellschaft reagieren, die sie zu Opfern machen."

365 **Wild**, Petra, Apartheid und ethnische Säuberung in Palästina. Der zionistische Siedlerkolonialismus in Wort und Tat, 2. Aufl. Wien, 2013, S. 183 ff.

366 **Bobzin,** Hartmut, Koran, Sure 17:1–2, „Gepriesen sei, der seinen Knecht nachts reisen ließ vom heiligen Gebetsplatz bis zum fernsten, um den herum wir Segen spendeten, um ihm von unseren Zeichen einige zu zeigen. Siehe, er ist der Hörende, der Sehende." Vortrag Friedrich-Alexander-Universität, Erlangen-Nürnberg, siehe auch: Deutschlandfunk, 31.07.2015, 10 Uhr, siehe auch: http://www.deutschlandfunk.de/sure-17-verse-1-2-der-anspruch-der-muslime-auf-jerusalem.2395.de.html?dram:article_id=326974, abgefragt am 03.03.2017.

und die destabilisierende Siedlungspolitik Israels aufmerksam gemacht hatte. Jordanien ist Amerikas enger Verbündeter und eines von zwei arabischen Ländern, das mit Israel einen Friedensvertrag geschlossen hat. Doch die plötzliche Anerkennung Jerusalems durch die USA als Israels Hauptstadt hat den zögerlichen Friedensprozess wohl endgültig gestoppt.

IV Scharia-Vorbehalte zum Internationalen Pakt über die bürgerlichen und politischen Rechte, International Covenant on Civil and Political Rights, ICCPR[367] und Länderberichte

Der internationale Pakt über die zivilen und politischen Rechte ist am 23. März 1976 in Kraft getreten. Zum Stand 8. März 2017 gehören dem Pakt 168 Staaten an.

1 Algerien[368]

Algerien hat den Internationalen Pakt über die bürgerlichen und politischen Rechte am 10. Dezember 1968 unterzeichnet und unter Vorbehalt am 12. September 1989 ratifiziert. Das Land anerkennt auch den Ausschuss des Paktes gemäß Art 41. Zu **Art 23(4)** betreffend gleiche Rechte und Pflichten von Ehegatten bei der Eheschließung, während der Ehe und bei der Auflösung hat Algerien eine zu interpretierende Erklärung „interpretative declaration" eigentlich einen Scharia-Vorbehalt gemacht, weil Art 23(4) nicht mit der nationalen Gesetzgebung harmoniert. Die rechtlichen Wirkungen des Gleichberechtigungsmodells, welche Art 23(4) IPBPR zugrunde liegen, sollen für die Frau ausgeschlossen werden. Eherecht ist eine Domäne der Scharia, daher weist Algerien auf die "essential foundations of the Algerian legal system"[369] hin. Das algerische Personalstatut und das 1987 kodifizierte Eherecht beruhen zu großen Teilen auf Scharia-Vorschriften. In der Erklärung wird zwar nicht explizit die Vereinbarkeit mit

---

367 **International Covenant on Civil and Political Rights, ICCPR**, https://treaties.un.org/Pages/ViewDetails.aspx?src=TREATY&mtdsg_no=IV-4&chapter=4&clang=_en weiter für den text mit https://treaties.un.org/doc/Treaties/1976/01/19760103%2009-57%20PM/Ch_IV_03.pdf, abgefragt am 22.02.2017.

368 **Algerien, ICCPR, reservations**, https://treaties.un.org/Pages/ViewDetails.aspx?src=TREATY&mtdsg_no=IV-4&chapter=4&clang=_en#EndDec weiter mit link 13, abgefragt am 22.02.2017.

369 **Algerische Verfassung**, http://www.joradp.dz/HFR/Index.htm, französisch, siehe auch: engl. Version, 2008, http://faolex.fao.org/docs/pdf/alg72556.pdf, abgefragt am 22.02.2017.

der Scharia verlangt, aber Art 2 der algerischen Verfassung sagt, dass der Islam Staatsreligion ist. Das bedeutet, dass die nationalen Gesetze schariakompatibel ausgelegt werden müssen. Deutschland hat dagegen protestiert und weist darauf hin, dass Algerien durch sein lokales Recht nicht seine Verpflichtung, entsprechende Schritte für die Gleichberechtigung der Eheleute während und nach der Auflösung der Ehe zu setzen, zurückweisen darf. **Art 23(4)** des **Internationalen Paktes über die bürgerlichen und politischen Rechte** sagt: „Die Vertragsstaaten werden durch geeignete Maßnahmen sicherstellen, dass die **Ehegatten gleiche Rechte und Pflichten** bei der Eheschließung, während der Ehe und bei der Auflösung der Ehe haben. Für den nötigen Schutz der Kinder im Falle einer Auflösung der Ehe ist Sorge zu tragen."[370]

Aufgrund von Unruhen ist in Algerien vom 4. und 5. Juni 1991 an, für vier Monate ein Ausnahmezustand verhängt worden. Die algerische Regierung gibt bekannt, dass diese Unruhen wohl mit den am 27. Juni 1991 bevorstehenden Wahlen und dem dabei stattfindenden Demokratisierungsprozess in Zusammenhang zu sehen sind. Ein Demokratisierungsprozess ist in einem muslimischen Land immer ein heikles Unterfangen, das islamistische Gruppen alarmiert. Verbunden mit dieser aufrührerischen Situation, welche die Unversehrtheit der Behörden beeinträchtigt, kann die Sicherheit für die Menschen und ihr Eigentum nicht mehr gewährleistet werden. Es kommt daher zu Beeinträchtigung der **Art 9(3), 12(1), 17, 19(2) und 21** des Zivilpaktes. Der Ausnahmezustand in ganz Algerien gilt bis 29. September 1991. Die Unruhen und der Ausnahmezustand haben auch 1992 und darüber hinaus angehalten.[371]

1.1 Algerien – Länderbericht zum Scharia-Vorbehalt, 2006

Gemäß Art 40 der Konvention hat Algerien am 22. September 2006 seinen 3. Länderbericht[372] an den Generalsekretär der Vereinten Nationen geschickt.

---

370 **UN Wirtschafts- und Sozialpakt, ICESCR**, http://www.bgbl.de/xaver/bgbl/start.xav?startbk=Bundesanzeiger_BGBl&jumpTo=bgbl273s1569.pdf#__bgbl__%2F%2F*[%40attr_id%3D%27bgbl273s1569.pdf%27]__1451332046015, abgefragt am 22.02.2017. Alle deutschen Zitate wurden dieser Seite entnommen. (Art 23 (4) gehört zum nächsten Pakt II, ich berücksichtige ihn dort, wird aber im Quellen-Dokument hier genannt) Der Bericht zu Art 23 (4) wird ebenfalls bei Pakt II behandelt, siehe: **ICCPR**, https://treaties.un.org/doc/Treaties/1976/01/19760103%2009-57%20PM/Ch_IV_03.pdf, abgefragt am 22.03.2017.

371 **Algerien, ICCPR,** reservations, siehe oben.

372 **Algerien – Länderbericht ICCPR reservations, CCPR/C/DZA/3**, http://docstore.ohchr.org/SelfServices/FilesHandler.ashx?enc=6QkG1d%2fPPRiCAqhKb7yhsupCifj

Nach Art 40 des Paktes sind die Mitgliedsstaaten verpflichtet, über die Maßnahmen, die sie zur Verwirklichung der Rechte dieses Paktes getroffen haben, innerhalb eines Jahres zu berichten. Hernach erfolgen Berichte jeweils auf Anforderung des Ausschusses. In den Berichten ist auf Umstände hinzuweisen, die die Durchführung dieses Paktes behindern. Im Länderbericht wird ebenfalls auf die 1991er Unruhen hingewiesen, auf den Scharia-Vorbehalt bei Art 23(4) des Paktes und auf den deutschen Einspruch dagegen. Im Bericht aus 2006 berichtet Algerien, welche Maßnahmen gesetzt wurden, um den Anforderungen des Art 23(4) des Paktes gerecht zu werden.

Die algerische Regierung hat den Scharia-Vorbehalt damit erklärt, dass Art 58 der algerischen Verfassung die Familie schützt. Ferner werden die Beziehungen in der Familie zusätzlich durch den Familien-Kodex, basierend auf der Scharia, geregelt. Die Familie ist das Rückgrat der Gesellschaft und diese reflektiert die soziale und wirtschaftliche Entwicklung im Land. Der Familien-Kodex hat sich nach Verkündigung des Aktes No 84-11 vom 9. Juni 1984 nicht verändert, obwohl es in der algerischen Gesellschaft weitreichende Veränderungen gegeben hat und man eigentlich die heimische Rechtsprechung mit den internationalen, ratifizierten Konventionen in Einklang bringen müsste. Am 27. Februar 2006 kam dann ein Erlass, der Verbesserungen brachte.

a) Das Mindestheiratsalter für Männer und Frauen wurde auf 19 Jahre festgelegt.
b) Eine Eheschließung bedarf nun der Zustimmung von Mann und Frau.
c) Künftig wird die Braut den „Wali“ für die Ehezeremonie selbst bestimmen.
d) Es gibt größere Flexibilität bei der Vormundschaft.
e) Es gibt neue Regeln beim Sorgerecht im Falle einer Scheidung.

Verbessert wurden die Art 4 und 36 des Familienkodex. Liebe, Güte und gegenseitige Hilfe zwischen den Eheleuten sind wichtige Koordinaten für eine gelungene Kindererziehung. Kinder sollen die Möglichkeit haben, bei ihren Eltern aufzuwachsen. Nur ganz besondere Umstände dürfen eine Trennung rechtfertigen und darüber soll ein Gericht befinden. Der Erlass No 72-03 vom 10. Februar 1972, der den Schutz von Jugendlichen unter 21 betrifft, deren Gesundheit, Moral und Erziehung gefährdet ist, muss nun besonders durch einen Jugendrichter verfolgt werden. Ein Jugendrichter wird auch in Streitfällen, bezüglich des Sorgerechtes eingeschalten.

ZpImgcLMaz30WluQ4JbZdADcHfKb52U0FeUqXlfPdVGa2G9kK%2fNyG3lCBe2LI VrNANOH7IXkKfuvYTFfP47V%2bsBL08gf05tI%2bvpKH, abgefragt am 22.02.2017.

Kapitel 5, Art 65 der Verfassung beinhaltet Staatsbürgerrechte, die sich auf die Familie beziehen, besonders auf die Eltern, die die Pflicht trifft, die Kinder zu erziehen und zu beschützen. Umgekehrt trifft die Kinder die Pflicht, ihren Eltern beizustehen und zu helfen.[373]

1 a Stellungnahme zu Algerien

Vor 24 Jahren starben im Algerischen Bürgerkrieg zwischen Islamisten und dem Staat 150 000 Algerier. Die Islamisten sind nach wie vor in Algerien stark vertreten. Sie haben auf die Regierung Einfluss ausgeübt, damit der Familienkodex lange nicht geändert wurde. Frauen stehen nach wie vor unter der Aufsicht der Männer. Durch Fatwas, Rechtsgutachten, haben sie Frauen gezwungen, sich zu verschleiern. Ein Gesetz, das Gewalt gegen Frauen kriminalisiert, musste aufgehoben werden. Die größte Moschee Afrikas wurde in Algerien gebaut. Für die Zeit nach dem derzeitigen Regime hat man bereits vorgesorgt.

Algerien ist zuletzt in den Mainstream-Medien kaum behandelt worden, da die Situation im Vergleich zu den meisten anderen arabischen Staaten relativ ruhig und friedlich ist. Dies könnte sich nach Einschätzung des britischen Journalisten, Stephen Pollard, nach dem Ableben des schwerkranken Präsidenten, Abdelaziz Bouteflika, jedoch schlagartig ändern. Sollte ein neuerlicher Bürgerkrieg ausbrechen, wird mit 10–15 Millionen Flüchtlingen, die nach Europa, hauptsächlich nach Frankreich fliehen würden, gerechnet. Frankreich steht kurz vor neuen Präsidentenwahlen. "An Algerian civil war and the ensuring crisis would shake France to the core. Who ever it will be in the Elysee, the French president would have to grapple with a crisis that could prove to be the EU's final tipping point."[374]

2 Bahrain[375]

Bahrain ist dem ICCPR am 20. September 2006 beigetreten und hat zu den **Art 3, Art 18 und Art 23** bemerkt, dass die Interpretation dieser Artikel nicht in einer Art und Weise erfolgen darf, die den Bestimmungen der Islamischen Scharia

373 **Algerien – Länderbericht zu ICCPR reservations, CCPR/C/DZA/3,** siehe oben.

374 **Pollard**, Stephen, How Algeria could destroy the EU, when President Bouteflika dies, the Islamists will seize power, and Europe will face another refugee crisis. http://www.spectator.co.uk/2016/12/how-algeria-could-destroy-the-eu/, abgefragt am 22.02.2017.

375 **Bahrain, ICCPR, reservations**, https://treaties.un.org/Pages/ViewDetails.aspx?src=TREATY&mtdsg_no=IV-4&chapter=4&clang=_en#EndDec weiter mit link 15, abgefragt am 22.02.2017.

widerspricht. Art 3 gewährleistet Gleichberechtigung von Mann und Frau bei allen in diesem Pakt festgelegten bürgerlichen und politischen Rechten. Art 18 berechtigt zur Religions-, Gewissens- und Gedankenfreiheit und Art 23 behandelt gleiche Rechte und Pflichten der Ehegatten. Bezüglich dieser drei Artikel liegt ein partieller Scharia-Vorbehalt vor. Bei **Art 9(5)**[376] sagt die Konvention, dass jeder strafrechtlich Verurteilte die Möglichkeit haben muss, das Urteil durch ein höheres Gericht überprüfen zu lassen. Das Königreich Bahrain hat sich zu diesen scharia-behafteten Artikeln durch Länderberichte noch nicht zu seiner Praxis im täglichen Leben geäußert. Es liegt bis jetzt **kein Länderbericht**[377] vor, obwohl Bahrain **Art 41**, den Menschenrechtsausschuss akzeptiert hat.

3 Ägypten

Ägypten hat den ICCPR am 4. August 1967 unterzeichnet und am 14. Jänner 1982 ratifiziert und anerkennt unter Art 41 den Menschenrechtsausschuss. Darüber hinaus hat Ägypten zu diesem Vertrag **keinen Scharia-Vorbehalt** angebracht, sondern nur eine interpretierende Erklärung "declaration" abgegeben und interessanterweise unterstellt, dass **die Scharia mit den Bestimmungen des Paktes kompatibel** sei. "Taking into consideration the provisions of the Islamic Sharia and the fact that they do not conflict with the annexed to the instrument, we accept, support and ratify it."[378]

3 a Stellungnahme zu Ägypten

Zehn Jahre vor der Unterzeichnung des ICCPR haben England, Frankreich und Israel versucht, den ägyptischen Präsidenten Gamal Abdel Nasser zu stürzen, der die Frechheit besessen hatte, den „britisch-französischen Besitz", den Suezkanal zu verstaatlichen. England wollte ihn ermorden lassen. Auch das junge Israel unter Ben Gurion versuchte dem größten arabischen Land einen Schlag zu versetzen, von dem es sich nicht mehr erholen sollte. Frankreich war von der Idee begeistert, weil Nasser galt bei Ihnen als der „Hitler vom Nil", der arabische Muslime bei ihrer Rebellion gegen die Kolonialmacht Frankreich in Algerien

---

376 **Bahrain, ICCPR, reservations,** siehe oben.

377 **Bahrain, kein Länderbericht zu ICCPR reservations bis heute,** http://tbinternet.ohchr.org/_layouts/treatybodyexternal/TBSearch.aspx?Lang=en&TreatyID=8&DocTypeID=45&DocTypeID=29 überprüft am 11.03.2017.

378 **Ägypten, ICCPR, reservations,** https://treaties.un.org/Pages/ViewDetails.aspx?src=TREATY&mtdsg_no=IV-4&chapter=4&clang=_en#EndDec, abgefragt am 22.02.2017.

unterstützt hatte. Am 31. Oktober 1956 bombardierten Frankreich und England ägyptische Flughäfen. Israel besetzte den Sinai und den Gazastreifen. Die USA unter Präsident Eisenhower unterstützen dieses Tun nicht. Präsident Nasser war ein gewähltes, ägyptisches Staatsoberhaupt und Eisenhower sagte: „Nasser verkörpert die emotionalen Forderungen der Menschen der Region nach Unabhängigkeit und den Wunsch, den weißen Mann zu schlagen."[379]

Gleichzeitig passierte auch der ungarische Volksaufstand gegen die sowjetische Besatzung. Die USA griffen nicht ein und der Aufstand wurde blutig von den Kommunisten niedergeschlagen. In Ägypten zogen sich England und Frankreich zurück und Nasser blieb als strahlender Held zurück. Die USA gewannen an Prestige und mit der Eisenhower Doktrin konnte jede nahöstliche Macht verteidigt werden, die vom Kommunismus angegriffen werden sollte. In Ägypten war man entsetzt, man wollte keine ausländische Verteidigung. Israel gönnte Nasser keinen Ruhm und sann auf Rache. 1967 bot sich die Gelegenheit, und Israel führte völkerrechtswidrig gegen Ägypten einen Sechs-Tage-Krieg, um Nasser politisch und militärisch zu demütigen.[380]

1967 wurde auch der ICCPR von Ägypten unterzeichnet und man erklärte: „Unter Bedachtnahme auf die Bestimmungen der Islamischen Scharia und der Tatsache, dass diese, dem der Urkunde angeschlossenen Text nicht widersprechen, nehmen wir ihn an, unterstützen und ratifizieren ihn."[381] Im Teil I, Art 1 des Paktes II, ICCPR[382] ist das Selbstbestimmungsrecht der Völker verankert, kraft dessen sie über ihren politischen Status entscheiden und auch über ihre natürlichen Reichtümer verfügen dürfen. In keinem Fall darf ein Volk seiner eigenen Existenzmittel beraubt werden. Nasser starb 1970 und Israel besetze das Westjordanland und begann seinen Siedlungsbau, der bis heute anhält, und von der arabischen Welt mit allen Mitteln bekämpft wird.

Nach dem Abgang des Altpräsidenten Mubarak und des Muslimbruderpräsidenten Mursi, wurde 2015 wiedergewählt und eine neue Verfassung bekannt

---

379 **Flottau**, Heiko, Die Suezkrise 1956, https://journal21.ch/die-suezkrise-1956, abgefragt am 30.10.2016. Siehe auch: GÖAB-Newsletter Nr. 93/2016.

380 **Flottau**, Heiko, Die Suezkrise 1956, siehe oben: siehe auch: GÖAB-Newsletter Nr. 93/2016.

381 **Ägypten, ICCPR, reservations**, https://treaties.un.org/Pages/ViewDetails.aspx?src=TREATY&mtdsg_no=IV-4&chapter=4&clang=_en#EndDec, abgefragt am 22.03.2017.

382 **Internationaler Pakt über bürgerliche und politische Rechte, Pakt II, ICCPR**, https://www.ris.bka.gv.at/GeltendeFassung.wxe?Abfrage=Bundesnormen&Gesetzesnummer=10000627, abgefragt am 22.02.2017.

gegeben. Über Internet wurde eine ‚Nein zu religiösen Parteien' Kampagne gestartet. Wichtige religiöse Institutionen wie die Al Azhar Universität und das Ministerium für religiöse Angelegenheiten haben dies begrüßt. Kritik gab es von der salafistischen al Nur Partei, die auch Abdelfattah as-Sisis Machtübernahme und die Absetzung der Muslimbrüder unterstützt hatte.[383] Die Salafisten halten das Banner des politischen Islam hoch und verteidigen vehement die sunnitisch-islamische Identität Ägyptens gegenüber Säkularisierung und Verwestlichung. Ihre Botschaft an das Volk beinhaltete den Aufbau eines modernen demokratischen Staates auf der Basis der Scharia als Quelle der Rechtsordnung – sie lehnte es entschieden ab, deshalb für eine religiöse Partei gehalten zu werden. Sie will nur eine Partei mit religiösen Werten, gemäß der Verfassung[384] sein, die Ägypten als einen islamischen Staat definiert. Die Wahlbeteiligung bei der ersten Runde betrug 26,5 Prozent. Die Wirtschaftskrise mit Währungsverfall und steigenden Lebensmittelpreisen dominierte den Wahlausgang.[385] 2015 schrieb Jussef Fahim, der junge ägyptische Journalist und Filmkritiker, dass junge Menschen spurlos verschwinden. In den Gefängnissen wird erbarmungslos gefoltert. Wer die Regierung oder Präsident as-Sisi kritisiert, lebt gefährlich. Tausende Muslimbrüder wurden seit dem Sturz von Präsident Mursi verhaftet und zum Tode verurteilt. Die Bruderschaft selbst stufte man als Terrororganisation ein. Wer heute noch dazugehört, sitzt im Gefängnis, lebt im Exil oder im Untergrund. ‚As-Sisis Politik treibt junge Männer dem IS gerade in die Arme', warnt der französische Orientalist und Politikwissenschaftler, Oliver Roy. Was derzeit in Ägypten passiert, scheint den Westen wenig zu interessieren. Das Chaos in Syrien, im Irak, in Libyen und im Jemen macht heute Schlagzeilen. Ägypten unter as-Sisi wird wieder als Partner bezeichnet und er erhält Waffen und Geld aus den USA und aus Europa. ‚Der Westen lässt uns wieder im Stich', sagt Jussef Fahim. ‚Dabei wollen wir doch das gleiche wie Ihr: Wir wollen ein normales Leben führen, aber man lässt uns nicht.'[386]

383 **Frefel**, Astrid aus Kairo, Kairo plant nächsten Demokratisierungsschritt, in: der Standard, 01.09.2015, S. 5 International.

384 **Egypt constitution 2014**, http://www.sis.gov.eg/Newvr/Dustor-en001.pdf Art 2, "Islam is the religion of the State and Arabic is its official language. The principles of Islamic Sharia are the main source of legislation", abgefragt am 22.02.2017, siehe auch: **Frefel**, Astrid, Salafisten halten das Banner des politischen Islam hoch, in: der Standard, 19.10.2015, S. 2.

385 **Frefel**, Astrid aus Kairo, Wenig Begeisterung für as-Sisis Anhänger, in: der Standard, 28.10.2015, S. 6.

386 **Durm**, Martin, Wie Ägyptens Regime Oppositionelle verfolgt, http://www.tagesschau.de/ausland/aegypten-217.html, abgefragt am 22.02.2017, siehe auch: At-Tahawy,

Am 25. Jänner 2016 war der fünfte Jahrestag der Revolution. Demonstrationen wurden verboten. Man sagte der Bevölkerung, diese verstoßen gegen das islamische Recht. Alle sozialen Gruppen, die vor fünf Jahren zur Revolution aufgerufen hatten, sind heute geschwächt. 2013 wurde die Muslimbruderschaft samt ihrem Präsidenten Mursi gestürzt. 2014 gab es angeblich faire Präsidentschaftswahlen und mit dem Neuaufbau eines Parlaments ist die Ära der Präsidialdekrete zu Ende gegangen, dennoch sind sich Menschenrechtler einig, dass die Zeiten heute schlimmer wären, als noch unter Präsident Mubarak.[387]

4 Irak

Der Irak hat am 18. Februar 1969 den Pakt II, ICCPR, unterzeichnet und am 25. Jänner 1971 ohne Scharia-Vorbehalt ratifiziert. Auch Art 41, den Menschenrechtsausschuss betreffend, wird anerkannt.[388]

4 a Stellungnahme zum Irak

In den 50er Jahren gab es im Irak noch eine weitgehend säkulare Gesellschaft. Der Irak war voll von Frauen und Männern, die studierten und elegant gekleidet waren. Bagdad war eine überaus moderne Stadt und aus dem Vielvölkerstaat Irak hätte man eine orientalische Schweiz machen können. Die Chancen dazu waren da. Heute ist die Gesellschaft radikalisiert und fragmentiert, meinte Samir, der irakische Filmemacher.[389]

2003 begann die Invasion des Irak, angeführt durch die USA und verführt durch das irakische Erdöl. Am Ende standen 35 Ministerien in Flammen. Alles, was zuvor staatlich organisiert war, Bildungswesen, Gesundheitswesen, Militärwesen, die gesamte Verwaltung fiel nun in die Hände von Großkonzernen wie Bechtel oder Halliburton und viele andere, die amerikanisch gelenkt wurden. Ölkonzerne, die 1970 das Land verlassen mussten, kehrten wieder zurück. Es ging nicht nur ums Öl, sondern auch um die Zerstörung einer Regionalmacht

---

Mona, as-Sisi's War on Reporters, in: The New York Times International, weekly, 14.12.2015, p. 2.

387 **Frefel**, Astrid aus Kairo, Ägyptens Evolution sucht wieder ihren Weg, in: der Standard, 25.01.2016, 2016, S. 3 International.

388 **Irak, ICCPR, no reservations**, https://treaties.un.org/Pages/ViewDetails.aspx?src=TREATY&mtdsg_no=IV-4&chapter=4&clang=_en#EndDec, abgefragt am 22.02.2017.

389 **Friedrich**, Otto, Iraqi Odyssee, in: die Furche, 22.10.2015, S. 21, siehe auch: Film von Samir, Regie, Iraqi Odyssee, 162 Min.

und die Stationierung amerikanischer Truppen. Die irakische Armee und Polizei wurden ersatzlos aufgelöst und der Zusammenbruch jeglicher Ordnung war so vorprogrammiert. 1,5 Millionen Mitglieder der herrschenden Baath-Partei waren plötzlich funktionslos. 85 000 Verwaltungsbeamte verloren ihre Arbeit. Die USA besetzten alles neu, auch die Übergangsregierung. Ein neuer Irak wurde auf amerikanischen Schreibtischen entworfen. US-Statthalter wurde Paul Bremer, der die gesamte irakische Wirtschaft für ausländische Investoren öffnete und Zölle abschaffte. Irakische Unternehmen und Bauern wurden schutzlos der ausländischen Konkurrenz ausgeliefert. In Windeseile kletterte die Arbeitslosigkeit auf 70 Prozent. Staatseigene Konzerne wurden privatisiert, das Personal entlassen. Ein neues Ölgesetz schuf günstige Tatsachen zur Ausbeutung der Ölressourcen für amerikanische Konzerne für die nächsten 25–40 Jahre. Soweit das Auge reichte, gab es Plünderung statt Wiederaufbau. Die verarmte, irakische Bevölkerung versorgte man mit billigen Nahrungsmittelimporten aus China, Indien und dem Iran. Der Widerstand gegen die Besatzer wuchs rapide. Ein geheimes Netz von Gefängnissen sollte dem entgegenwirken. In den folgenden Jahren wurden dort Zehntausende gefoltert und ermordet. 2011 verließen US-amerikanische Truppen frustriert das Land, doch die durch die Besatzung geschaffenen Konflikte wirken fort.[390] Das Zweistromland, geprägt durch Euphrat und Tigris, kommt seither nicht mehr zur Ruhe. 14 Jahre nach dem Sturz des irakischen Diktators Saddam Husseins zeigt der Staat Irak starke Zerfallsstrukturen und die USA und der Iran bemühen sich, wer die irakische Souveränität noch ein Stück mehr aushöhlen kann – „die besten Freunde in Teheran oder die doch besten Freunde in Washington?“[391]

Wolfgang Petritsch, der ehemalige UN Sonderbeauftragte glaubt fest daran, dass die fatale Intervention im Irak ein echtes Kriegsverbrechen sei und den Weg für die Terrororganisation „Islamischer Staat“ geebnet hat.[392]

Der islamische Islamwissenschaftler Navid Kermani[393] ist von der Mitverantwortung des Westens am Desaster im Nahen Osten überzeugt und der ägyptische

390 **Guilliard**, Joachim, Neoliberaler Kolonialismus: Irak unter US besatzung, in: Irak. Ein Staat zerfällt. Hintergründe, Analysen, Berichte, Kraitt, Tyma, (Hrsg.) Wien, 2015, S. 95–118.

391 **Friedrich**, Otto, Iraqi Odyssee, in: die Furche, 22.10.2015, S. 21, siehe auch: Film von Samir, Regie, Iraqi Odyssee, 162 Min.

392 **Petritsch**, Wolfgang im Interview mit Gerald John, Die Regierenden stehen ziemlich daneben, in: der Standard, 31.10. und 01.11.2015, S. 12.

393 **Gmünder**, Stefan, Wenn nicht das Glauben, so doch das Sehen lernen, in: der Standard, 03.11.2015, S. 25.

Präsident Abdelfattah as-Sisi sagte im Interview mit dem Daily Telegraph, dass alle NATO Staaten, die an der Beseitigung von Machthaber Muammar al-Gaddafi in Libyen mitgewirkt hätten, nun dazu beitragen müssten, dass der Zustrom zu radikalen Terrortruppen gestoppt werde.[394]

Im Oktober 2016 hat die Rückeroberung von Mossul, der irakischen Millionenstadt und Hauptstadt des 2014 vom IS ausgerufenen Kalifats, begonnen. Unterstützt wurde diese Offensive von einer internationalen Koalition unter Führung der USA. Der IS versuchte seine letzte Bastion im Irak zu verteidigen und benützte dazu Menschen als Schutzschilder. Die Menschen haben Angst, ob sie die Kämpfe überleben werden und was danach passieren wird. Das Gemisch aus irakischer Armee, US Beratern, sunnitischen Stammesmilizen, iranischen Beratern und türkischen Begehrlichkeiten, die bereits nach dem Zerfall des Osmanischen Reiches Anspruch auf Mossul erhoben hatten, lassen nichts Gutes ahnen.[395] Es gibt aber eine simple Logik, lasst das irakische Volk endlich selbst bestimmen, was es will.

5 Kuwait[396]

Kuwait ist dem Pakt II, ICCPR am 21. Mai 1996 beigetreten. Art 41, der Menschenrechtsausschuss wird akzeptiert. Zu **Art 2(1), Art 3, Art 23 (2) (3) und Art 25b, c** gibt es Scharia-Vorbehalte. Alles muss so interpretiert werden, dass die islamischen Gesetze und die Kuwaitischen Gesetze nicht verletzt werden. Art 2(1) der Konvention ruft zur Beachtung der Rechte von Menschen im Land auf. Unterschiede, insbesondere der Rasse, der Hautfarbe, des Geschlechts, der Sprache, der Religion, der politischen oder sonstigen Anschauung, der nationalen oder sozialen Herkunft dürfen keine Hindernisse darstellen. In Art 3 verpflichten sich die Vertragsstaaten die Gleichberechtigung zwischen Mann und Frau zu beachten.[397] „**Art 23** will, dass die Vertragsstaaten durch geeignete Maßnahmen sicherstellen, dass die **Ehegatten gleiche Rechte und Pflichten** bei der Eheschließung, während der Ehe und bei der Auflösung der Ehe haben. Für

394 **AFP**, Ägypten fordert von der NATO mehr Einsatz in Libyen, in: der Standard, 05.11.2015, S. 5 International. Siehe auch: **Smetana**, Marian, Auf den Spuren des Online-Dschihad, in: SN, 26.08.2015, S. 11.

395 **Harrer**, Gudrun, Gerechtigkeit für Mossul, http://derstandard.at/2000045900666/Gerechtigkeit-fuer-Mossul, abgefragt am 29.03.2017.

396 **Kuwait, ICCPR, reservations**, und link 29, https://treaties.un.org/Pages/ViewDetails.aspx?src=TREATY&mtdsg_no=IV-4&chapter=4&clang=_en#EndDec, abgefragt am 22.02.2017.

397 **Kuwait, ICCPR, reservations**, siehe oben.

den Schutz der Kinder im Falle einer Auflösung der Ehe ist ebenfalls Sorge zu tragen."[398] Hierzu meint Kuwait, dass, die Sachlage des Art 23 im kuwaitischen Personenstandsgesetz, das das Islamische Recht zur Grundlage hat, geregelt ist. Wo die Regeln des **Art 23** der Konvention Kuwaitischem Recht widersprechen, beruft sich Kuwait auf sein nationales Recht. Hier liegt ein **partieller Scharia-Vorbehalt** vor. In **Art 25b** und **c** geht es um Wahlen, wählen und gewählt zu werden. Frauen möchte man nicht wirklich Zutritt zu politischen Entscheidungen ermöglichen.[399]

5.1 Kuwait – Länderbericht zum Scharia-Vorbehalt, 2009

Kuwait hat seinen 2. periodischen Länderbericht[400] gemäß Art 40 des Paktes II, ICCPR am 18. August 2009 abgeschickt und berichtet, dass die kuwaitische Verfassung in Art 29 festlegt, dass alle Menschen nach dieser Verfassung gleich an menschlicher Würde sind und vor dem Gesetz gleiche Rechte und Pflichten haben, und zwar ohne Unterschied bezogen auf Rasse, Geburt, Sprache und Religion. Hautfarbe und Vermögen sind in dieser Liste nicht angeführt, obwohl diese Termini in der Universellen Menschenrechtserklärung aufgelistet werden. Man weist darauf hin, dass es in Kuwait nicht den kleinsten Hinweis auf Rassendiskriminierung gibt.

In der Verfassung wird auch darauf hingewiesen, dass Ausländern Menschenrechte gewährt werden, allerdings nicht die gleichen Rechte, wie sie den Inländern zustehen, wie z.B. das Wahlrecht, also das Recht zu wählen und gewählt zu werden, das Recht auf freie Bildung und das Recht Eigentum zu besitzen. Der Fremde genießt aber Freiheitsrechte und Gleichheit vor dem Gesetz. Der Fremde kann auch seine Arbeit selbst wählen und das Land betreten und wieder verlassen. Der fremde Bürger genießt Glaubensfreiheit und alle anderen Rechte, die kuwaitische Staatsbürger und ortsansässige Personen haben.[401]

---

398 **Kuwait, ICCPR, reservations**, siehe oben.

399 **Kuwait, ICCPR, reservations**, siehe oben. "The Government of Kuwait wishes to formulate a reservation with regard to article 25 (b). The provisions of this paragraph conflict with the Kuwaiti electoral law, **which restricts the right to stand and vote in elections to males**. It further declares that the provisions of the article shall not apply to members of the armed forces or the police."

400 **Kuwait – Länderbericht, 2009 zu ICCPR reservations**, http://docstore.ohchr.org/SelfServices/FilesHandler.ashx?enc=6QkG1d/PPRiCAqhKb7yhsppcZtPQ7R1iwND-mNuQ2Q9XJL8awQZvB2PrDBTk93SwDORWVFczwWwRiu5VXA0kBRGGHwt1lMsOxPHbyvqq4fEe+BwoGHjFxSuU4gf2uDjH6, abgefragt am 22.02.2017.

401 **Kuwait – Länderbericht, 2009 zu ICCPR reservations**, siehe oben.

Kuwait ruft den Vorbehalt anlässlich des Beitritts zu ICCPR bezüglich der Art 2 und 3 in Erinnerung und nimmt zu diesen beiden Artikeln Stellung und formuliert, dass sie mit der Verfassung nun konform seien. Man betont wiederholt, dass die Vorbehalte zu den Art 2 und 3 des Paktes nicht die geringste Auswirkung darin haben, dass sie die Rechte und Pflichten, die im Pakt gewährt werden, beeinflussen, denn Art 75 der Verfassung statuiert Prinzipien für Freiheit und Gleichheit.

Art 3 des ICCPR verlangt die Gleichberechtigung von Mann und Frau bei der Ausübung aller in diesem Pakt festgelegten bürgerlichen und politischen Rechte sicherzustellen. Die Sorge um die weiblichen Staatsbürgerinnen hat in Kuwait zu Verbesserungen in den verschiedenen wirtschaftlichen Gebieten für diese geführt. Nach der Verfassung dürfen Frauen arbeiten. Sie haben das Recht eine Arbeit auszuwählen. Sie dürfen sich für kommerzielle und professionelle Tätigkeiten aller Art entscheiden. Der Staat Kuwait fördert den Zugang zu Bildung für Frauen und auch der Zugang zu öffentlichen Posten ist für Frauen, gleich wie für Männer. Außerdem genießen Frauen spezielle Berechtigungen, die es ihnen ermöglichen, ihre Mutterrolle zu erfüllen. Es gibt z. B. Mutterschaftsurlaub bei voller Bezahlung.

Kuwaitische Frauen findet man in den höchsten Posten des Landes, wie im Parlament oder in der Nationalversammlung. Dies verdanken sie der Ergänzung zu Gesetz No 67 aus 2005. Bei den Wahlen von 2009 wurden vier Frauen gewählt. Das zeigt, dass Kuwait bemüht ist, Frauen die gleichen Rechte wie den Männern zu geben und, dass Frauen in der Zukunft des Landes eine größere Rolle spielen werden.

Bei dem Vorbehalt zu Art 23 verweist die Regierung auf die Art 8, 9, 10, und 11 der kuwaitischen Verfassung. Hier wird die Verantwortung des Staates für die Familien und ihre Kinder definiert. Der Staat Kuwait verpflichtet sich, die Familien zu schützen und für sie zu sorgen. Hier reflektiert man auf den Scharia-Vorbehalt, den man zu Art 23 des Paktes gemacht hat.

Es gibt in Kuwait freien Zugang zu Bildung für alle. Alle Staatsbürger und residents haben freien Zugang zur Gesundheitsversorgung. Das ist für eine starke Gesellschaft notwendig. Ferner gibt es Vorsorge für alte, kranke und gefährdete Menschen, eben für alle Notfälle. Kapitel V des kuwaitischen Personenstandsgesetzes beinhaltet Krankenpflege und reguliert in Kapitel VI auch die Verpflichtungen von Eltern bezüglich des Unterhalts für ihre Kinder. Der Erlass No 61 aus 1976 wurde verbessert und bietet nun soziale Sicherheit auf allen Beschäftigungssektoren. Auch das Gesetz No 27 aus 1961 bietet Verbesserungen für den Ruhestand. Zusammengefasst gibt es überall Verbesserungen für die Familien, für Witwen und Waisen, wenn der Versorger, das Familienoberhaupt verstirbt, krank, behindert, bedürftig oder eingesperrt wird. Auch Katastrophen, und schmerzlicher Verlust werden finanziell abgefedert, um kuwaitische Mütter vor möglichen Nöten zu schützen. Diese Vorteile erstrecken sich auch auf kuwaitische Frauen und ihre Kinder, die nicht mit Kuwaitis verheiratet sind.[402]

Der Kuwaitische Strafenkodex bewahrt die Familie vor dem Zerfall. Art 132 daraus bezieht sich auf Familien, auf Eheleute, die ihre Situation nicht verschleiern, z.B. Verbrechen oder Fehlverhalten verbergen. Art 133 des Strafkodex begünstigt Familienmitglieder, die niemanden Unterschlupf bieten, oder Verbrechen und Fehlverhalten verbergen. Ehebruch wird verfolgt. Der verletzte Ehegatte kann fordern, dass eine Verfolgung abgebrochen, oder aufgeschoben wird. Diebstahl, Erpressung, Betrug oder Verrat gegen den Ehemann oder die Ehefrau, gegen Eltern oder Kinder wird auf Wunsch des Opfers strafrechtlich verfolgt. Das Opfer kann eine Einstellung oder schließlich die Bestrafung zu jeder Zeit verlangen.

Beim Beitritt zum ICCPR hat Kuwait einen Scharia-Vorbehalt zu Art 23(2) und (3) gemacht, weil es zu Diskrepanzen zwischen den oben genannten Art 23 und dem kuwaitischen Personenstandsgesetz kommen könnte. Sollte dies der Fall sein, so gelten die Bestimmungen des Personenstandsgesetzes. In diesem Zusammenhang wiederholt Kuwait das Recht zu heiraten, die Freiheit den Ehepartner zu wählen, das Heiratsalter, alle Angelegenheiten im Zusammenhang mit einer Heirat und der Scheidung und weitere Personenstandsangelegenheiten, die im Personenstands-Kodex, Gesetz No 51 aus 1984 geregelt sind. Diese Bestimmungen sind auf den Grundsätzen der großherzigen islamischen **Scharia** gemacht worden. Sie sind die **beste Basis für Personenstandsangelegenheiten**, die religiöse Gesetze kennen. Das Gesetz No 5 aus 1961, Art 33–49 des Personenstandskodex regelt auch die Ehe zwischen kuwaitischen Staatsbürgern und Fremden.

Die Vorbehalte, die zu Art 25 gemacht wurden, sind insofern abgeändert, als man Frauen das Recht gab, zu wählen und gewählt zu werden. Man schuf Zugang zu höherer Bildung für Frauen und auch den Zugang zum Recht für Frauen. Frauen sind heute in allen Rechtsberufen in Kuwait vertreten, sogar in den Fatwa-Gremien und „Legislation Directorate of the Council of Ministers."[403]

---

402 **Kuwait – Länderbericht zu ICCPR reservations, 2009,** siehe oben.

403 **Kuwait – Länderbericht zu ICCPR reservations, 2009,** siehe oben.

5 a *Stellungnahme zu Kuwait*

Am 27.11.2016 gab es in Kuwait Parlamentswahlen. Das mehrheitlich sunnitische Emirat Kuwait (30 % Schiiten) hat 4,4 Millionen Einwohner, davon sind 70 Prozent Ausländer, die nicht wahlberechtigt sind. In den Wahllokalen wurde nach Männern und Frauen getrennt abgestimmt. Kuwait ist der einzige Golfstaat, der über eine frei gewählte Nationalversammlung verfügt. Parteien sind offiziell verboten. Es gibt aber eine starke islamistische Bewegung, die bei diesen Wahlen 20–50 Sitze dazugewonnen hat. Safaa al Haschem ist die einzige Frau in diesem Parlament. Sie gilt bereits als erfahrene liberale Politikerin. Die Wahlen wurden angesetzt, weil der 87-jährige Emir, Scheich Sabah al Ahmed, das Parlament wegen Unruhen vorzeitig aufgelöst hatte. Im kleinen ölreichen Golfstaat wurden die Benzinsubventionen gekürzt. Kuwaitis genießen umfangreiche Privilegien wie kostenlose Bildung,[404] kostenloses Gesundheitssystem, Jobgarantien und das Anrecht auf eine eigene Wohnung, aber dafür verzichten sie auf politische Mitbestimmung. Wenn das wegfällt, und die Leute zahlen müssen, wollen sie auch mitbestimmen, sagt Mohammad Rumaihi, Professor an der Universität Kuwait. Egal wie die Wahlen ausgehen, die Regierung wird immer von einem Mitglied der Herrscherfamilie as-Sabah, die seit 250 Jahren an der Macht ist, gestellt. Schlüsselpositionen, wie das Außen-, Innen- und Verteidigungsministerium werden ebenfalls vom Sabah Clan besetzt. Kuwait ist eines der reichsten Länder der Welt, aber der sinkende Ölpreis lässt den Wohlstand bröckeln.[405]

6 *Libyen*

Libyen ist dem Pakt für zivile und politische Rechte am 15. Mai 1970 beigetreten, akzeptiert den Menschenrechtsausschuss gemäß Art 41 der Konvention und hat **keinen Scharia-Vorbehalt** angebracht.[406]

---

404 **Höselbarth**, Frank, Bildungs-Revolution am Golf, siehe oben: S. 40. Die größte Kuwait Universität mit 14 Fakultäten hat über 20 000 Studierende, 70 Prozent davon sind Frauen. Siehe auch: http://kuweb.ku.edu.kw/ku/index.htm, abgefragt am 04.01.2017.

405 **Kuwait**, Opposition gewinnt viele Sitze im Parlament, http://www.zeit.de/politik/ausland/2016-11/kuwait-parlamentswahl-opposition-parlamentssitze, abgefragt am 22.02.2017.

406 **Libyen, ICCPR, no reservations**, https://treaties.un.org/Pages/ViewDetails.aspx?src=TREATY&mtdsg_no=IV-4&chapter=4&clang=_en#EndDec siehe oben.

6 a Stellungnahme zu Libyen

Libyen „feiert" fünf Jahre nach seiner „Befreiung" durch libysche Milizionäre den Sturz ihres Revolutionsführers Muammar al-Gaddafi. Es war ein brutaler Mord, den im Wesentlichen eine NATO-Intervention ermöglicht hat. Der nordafrikanische Staat Libyen ist heute ein weitgehend gescheiterter Staat. Die staatliche Macht ist 2016 von drei konkurrierenden Regierungen, die von unterschiedlichen arabischen Staaten, jihadistischen Milizen und Stammesverbänden unterstützt werden, aufgeteilt. Wirtschaftliches Chaos, hohe Inflation, Korruption, Pessimismus und Verzweiflung beherrschen das einst blühende Land, indem die verfehlte westliche Nahostpolitik und die widersprüchlichen innerarabischen Koalitionen viel Unheil angerichtet haben. Der fundamentale Islam verspricht durch die Errichtung eines Gottesstaates alle Übel zu beseitigen und er garantiert den Bewohnern ihre Grundbedürfnisse befriedigen zu wollen.[407]

7 Syrien

Syrien ist dem Pakt über die zivilen und politischen Rechte am 21. April 1969 **ohne Scharia-Vorbehalt** beigetreten und anerkennt den Menschenrechtsausschuss gemäß Art 41.[408]

7 a Stellungnahme zu Syrien

„Die Religion ist für Gott – das Land ist für alle"[409] hieß es in Syrien. Der Islamwissenschaftler Philip K. Hitti (1886–1978) schrieb, die Geschichte Syriens ist irgendwie auch die Geschichte der zivilisierten Welt in Miniatur. Syrien war ein Nationalstaat, bevor der derzeitige Bürgerkrieg ausgebrochen war. Über 90 Prozent sind ethnische Araber, unter ihnen sind auch noch immer palästinensische (467 000) und irakische (165 000) Flüchtlinge. Gesetzlich sind alle vertretenen Religionen (Christen, Juden, Muslime …) gleichgestellt. Präsident Hafiz al-Assad musste 1979 sein laizistisches Vorhaben abändern und die islamische Rechtslehre wieder verfassungsmäßig verankern. Das Ehe- und Familienrecht

---

407 **Tibi**, Bassam, Die fundamentalistische Herausforderung. Der Islam und die Weltpolitik, München, 2003, S. 160 ff.

408 **Syrien, ICCPR, no reservations**, https://treaties.un.org/Pages/ViewDetails.aspx?src=TREATY&mtdsg_no=IV-4&chapter=4&clang=_en#EndDec siehe oben.

409 **Abid**, Liselotte, Die Religion ist für Gott – das Land ist für alle, in: Syrien, Ein Land im Krieg. Hintergründe, Analysen, Berichte, Hrg. Edlinger, Fritz, Kraitt, Tyma, Wien, 2015, S. 11.

richtet sich aber nach der Religionszugehörigkeit. Für die Muslime gilt die Scharia. Bemerkenswert ist, dass auf die schiitischen Alawiten (10–13 %) auch die sunnitische Rechtsprechung angewendet wird.[410]

Die Bezeichnung Alawiten leitet sich aus der Verehrung für Ali her. Ali war der Schwiegersohn des Propheten Mohammed, der Mann seiner Tochter Fatima, das einzige Kind, das Mohammed überlebt hatte. Die Alawiten sind 12er Schiiten, das heißt, sie zählen Ali zu ihrem ersten Imam von insgesamt 12 Imamen, die mit gottähnlicher Unfehlbarkeit ausgestattet sind. Bei den Sunniten ist Ali der vierte Kalif. Radikal sunnitische Gruppen bezeichnen Alawiten als Nicht-Muslime. In dieser Haltung verbirgt sich viel Sprengstoff, weil die Alawiten in den letzten 40 Jahren wichtige Posten im Staat, in der führenden Baath Partei, in der Armee und im Sicherheitsapparat übernommen haben und auch die Präsidentenfamilie Syriens zu den Alawiten zählt. Außerdem pflegt Syrien enge politische und wirtschaftliche Beziehungen mit dem schiitischen Iran.[411]

So hat in Syrien eine schiitische Minderheit die Macht über eine sunnitische Mehrheit. Die Mehrheit der syrischen Bevölkerung gehört nämlich zum sunnitischen Islam, (75 %) nach der Schafi'itischen Rechtsschule. In manchen Belangen wird aber auch nach Hanifitischer- oder Hanbalitischer Rechtsschule Recht gesprochen. In Syrien wird auch der Sufismus, der mystische Islam praktiziert. Strenge Sunniten wahhabitischer oder salafistischer Prägung, die es auch in Syrien gibt, akzeptieren nur ihre Auslegung des Koran, Drusen und Yeziden werden überhaupt nicht als Mitglieder einer Buchreligion anerkannt. Landessprache ist Arabisch. Kurdisch, Aramäisch, Armenisch und tscherkessische Dialekte werden ebenso gesprochen.[412]

Syrien galt bis zu seiner Unabhängigkeit 1946 als unregierbar. Mit der Machtübernahme von Hafiz al-Assad setzte sich der militärische Flügel der Baath Partei durch, aber die gesellschaftspolitischen Gegensätze aus der französischen Mandatszeit blieben stets bestehen. Von den Franzosen hatte man die Besserstellung von Vertretern der vielen Minderheiten übernommen. Das galt besonders für die zu Osmanischer Zeit stark marginalisierten Alawiten. Das Regime beabsichtigte dadurch, ein Gleichgewicht zu der sunnitischen Mehrheitsbevölkerung

---

410 **Abid,** Liselotte, siehe oben. Schiitische und Sunnitische Rechtssprechung unterscheiden sich, da sie sich auf verschiedene Rechtsschulen stützen.

411 **Abid,** Liselotte, Die Religion ist für Gott – das Land für alle, in: Syrien. Ein Land im Krieg. Hintergründe, Analysen, Berichte, siehe oben: S. 11–29.

412 **Abid,** Liselotte, Die Religion ist für Gott – das Land für alle, siehe oben: S. 11–29.

herzustellen. **Zwischen 1949 und 1956 hatte der junge Staat 20 Regierungen und vier Verfassungen!**[413]

Der Baathismus war säkular-nationalistisch ausgerichtet und hatte eine starke anti-koloniale Ausprägung. Die Baathisten unterstützten auch den Zusammenschluss mit Nassers Ägypten zur Vereinigten Arabischen Republik, VAR. Syrien wurde kurzzeitig zum Wohlfahrtsstaat, aber 1961 zerbrach das Bündnis mit den Ägyptern. Panarabische Bestrebungen wurden zugunsten von sozialistischen Plänen fallen gelassen. Hafiz al-Assad, 1966 noch Luftwaffenkommandant, wurde zum Verteidigungsminister. Im Sechstagekrieg von 1967 kam es zum Verlust der Golanhöhen an Israel. Der militärische Flügel der Baath-Partei wurde nach wie vor von Hafiz al-Assad geführt. So wurde die Armee politisiert und die Baath Partei militarisiert. 1975 brach der Bürgerkrieg im Libanon aus. Assads Beteiligung an diesem Krieg wurde in Syrien ohne Begeisterung aufgenommen, weil der Kampf auch gegen die Palästinenser geführt wurde. „Assad, ein Löwe im Libanon und ein Hase am Golan"[414] war der Slogan, den die Opposition in Syrien bei Demonstrationen durch die Straßen trug. Daher wurde vom Regime ein mächtiger Repressionsapparat aufgebaut, um Demonstrationen, Unruhen und Unzufriedenheit im Keim zu ersticken.

1980 brachen in Aleppo Unruhen aus, dann in Hama. Die Inflationsrate stieg auf 30 Prozent, die Arbeitslosigkeit war enorm. Die Muslimbrüder radikalisierten sich. Da war es mit der Zurückhaltung des Regimes vorbei. Beim Massaker von Hama wurden 40 000 Menschen getötet, aber Hafiz al-Assad überlebte politisch, weil er mit den USA und Israel kollaborierte und zu den Saudis gute Kontakte pflegte. Das Regime stellte den Kampf gegen die Islamisten bzw. Terroristen als notwendig dar. Der derzeitige Präsident und Sohn Bashar al-Assad macht heute 30 Jahre nach Hama Ähnliches, nur seine Beziehungen zu den USA, zur EU und zu den meisten arabischen Bruderländern sind unterkühlt.[415]

2009 strebte Qatar eine neue Gas-Pipline nach Europa an. Die neue Pipeline wäre durch Saudi-Arabien über Jordanien und Syrien in die Türkei geführt worden. Das Gas aus Qatar sollte in die Nabucco-Pipeline eingespeist und nach Europa weitergeleitet werden. Auch die Energieabhängigkeit von Russland hätte so reduziert werden können. Nur mit dem syrischen Präsidenten Assad war das

---

413 **Kraitt**, Tyma, Eine alawitische Militärdiktatur? Zum Verhältnis von Staat, Militär und Religion in Syrien, in: Syrien. Ein Land im Krieg. Hintergründe, Analysen, Berichte, Edlinger, Fritz, Kraitt, Tyma, (Hrsg.) Wien, 2015, S. 31–43.

414 **Kraitt,** Tyma, Eine alawitische Militärdiktatur? Zum Verhältnis von Staat, Militär und Religion in Syrien. Siehe oben: S. 31–43.

415 **Kraitt,** Tyma, Eine alawitische Militärdiktatur? Siehe oben: S. 31–43.

Projekt nicht zu verwirklichen. Erstens wurde vor der Küste Syriens ein Gasvorkommen entdeckt und zweitens unterzeichnete Assad im Juli 2011 mit dem Iran und dem Irak ein strategisches Abkommen über den Bau einer anderen Pipeline. 2011 begannen auch die Unruhen in Syrien. Die britische Financial Times berichtete damals, dass das Emirat Qatar diese Unruhen üppig sponserte. 50 000 Dollar wurden an jeden Überläufer von Präsident Assads Sicherheitskräften zu den Rebellen gezahlt. Saudi-Arabien wollte das Feld nicht gänzlich dem Emir Hamad bin Khalifa al Thani überlassen und begann somit mit den Waffenlieferungen an die Rebellen. Assad stand also den Wünschen des Emirs aus Qatar und auch den Wünschen der Türkei entgegen, was den plötzlichen Bruch des türkischen Präsidenten Erdogan mit Präsident Assad erklärt.[416]

Es begann mit Unruhen. Neoliberale Reformen in Syrien schafften Ungleichgewichte unter der Bevölkerung. Syrien hatte noch vor wenigen Jahren 16 Millionen Einwohner, die sehr rasch auf 23 Millionen angewachsen waren. Offiziell hat Damaskus 1,7 Millionen Einwohner, aber mit der Umgebung eher sieben Millionen.[417] Die amerikanische Invasion im Irak brachte 1,5 Millionen irakische Flüchtlinge ins Land. Aus dem Libanon musste Assad seine Truppen aufgrund der dortigen „Zedernrevolution“ 2005 abziehen und 2008 bescherte die Finanzkrise doppeltes Leid. Viele Auslandssyrer kehrten aus den Emiraten nach Syrien heim und konnten daher ihre Familien nicht mehr mit Geld unterstützen. Zusätzlich wurde das Land 2010 von einer langanhaltenden Dürre geplagt. Zigtausende Bauern flohen vom Land in die Stadt. Sie suchten in den verarmten Vorstädten nach Wohnungen und Arbeitsmöglichkeiten. Beides war nur sparsam oder überhaupt nicht vorhanden. Sanktionen des Westens gegen Syrien verschärften die soziale Lage noch zusätzlich. So entstand der perfekte Mix für ein brodelndes Elend, dem das Regime ungenügend vorsorgend begegnete, und mit dem Niederschießen von friedlichen Demonstranten eskalierte die Situation gänzlich. Ende Juli 2011 bekundet Oberst Riad Asaad, ein Deserteur der syrischen Streitkräfte, die Gründung der „Freien Syrischen Armee“ (FSA). Sie wollte die Zivilbevölkerung schützen. Einen Monat später bildete sich in Istanbul der

---

416 **Rupp**, Rainer, In Syrien geht's ums Gas. Das Emirat Katar unterstützt Opposition gegen Assad mit Milliarden Dollar. Regierung in Damaskus steht geplantem Pipeline-Bau im Weg. http://www.ag-friedensforschung.de/regionen/Syrien/gas.html, abgefragt am 12.03.2017. Siehe dazu auch: **Kennedy**, Robert F. Jr., Warum die Araber uns in Syrien nicht wollen. In: GÖAB-Newsletter Nr. 30/2016.

417 **Leukefeld**, Karin, Vom Aufstand zum Krieg. In: Syrien. Ein Land im Krieg. Hintergründe, Analysen, Berichte, Edlinger Fritz, Kraitt, Tyma (Hrsg.) Wien, 2015, S. 71. Siehe dazu auch: Kennedy, Robert F. Jr., siehe oben.

Syrische Nationalrat (SNR). Militärisch und finanziell wird dieser durch die USA, Frankreich, Saudi-Arabien, Qatar und durch die Türkei unterstützt. Es gibt keine diplomatischen Verhandlungen. Einstimmig wird der Fall des Assad Regimes gefordert. Der SNR besteht sowohl aus Mitgliedern aus Syrien als auch aus Sympathisanten aus dem Ausland. „Seit Beginn der Unruhen gibt die syrische Muslimbruderschaft der Protestbewegung den Weg vor."[418]

Im Mai 2011 veröffentlichte Präsident Assad das ‚Dekret 61'. „Dabei handelte es sich um eine Amnestie für alle Mitglieder der Muslimbruderschaft, sowie Gefangener anderer islamistischer Gruppen. Warum Assad das getan hat, ist unklar. Es wird spekuliert, dass er es auf eine selbsterfüllende Prophezeiung angelegt hatte. „Wenn ich den Kampf verliere, dann werden die Terroristen Chaos im gesamten Nahen Osten säen, warnte Assad seine Nachbarstaaten und auch den Westen."[419]

Nach dem 11. September 2001 hatte Syrien den Amerikanern Informationen über im Exil lebende Muslimbrüder verraten. Ironischerweise sind das jene Kräfte, die heute von den USA und anderen westlichen Staaten im Kampf gegen Assad unterstützt werden. Aufgrund der US-Invasion im Irak 2003 wechselte die syrische Außenpolitik ihre Strategie. Das in die Enge getriebene Syrien wandte sich zunehmend Teheran zu. Andererseits mischte Syrien auch im irakischen Bürgerkrieg mit. Man konnte eine extrem widersprüchliche Entwicklung beobachten. Radikal-islamistische Aktivitäten wurden toleriert und junge Sunniten sogar ermuntert, im Irak zu kämpfen. Sie sollten den Amerikanern Schwierigkeiten bereiten. Gleichzeitig wurden die Beziehungen zum Iran, der im Irak klar auf schiitischer Seite steht, vertieft. Im Laufe der Zeit legte die Regierung in Damaskus jedoch wieder eine härtere Gangart gegen diese islamistischen Tendenzen im Land ein. Denn die freiwilligen jungen Männer, die in den Irak zogen, kamen radikalisiert und kampferfahren nach Syrien zurück. Sie stellten fortan eine Gefahr dar und wurden vom Regime verfolgt. Bald wurden auch gemäßigte Sunniten verfolgt und die schiitische Minderheit wurde mit Privilegien ausgestattet. Das erzeugte zusätzlich Neid und Hass.[420]

---

418 **Leukefeld,** Karin, Vom Aufstand zum Krieg. Siehe oben: S. 65, 66. Siehe auch: Kennedy, Robert F. Jr. Report, siehe oben.

419 **Ramsauer**, Petra, Die Dschihad Generation, siehe oben: S. 80, 81.

420 **Kraitt**, Tyma, Das Scheitern des Damazener Frühlings: Baschar al-Assads uneingelöste Versprechen. In: Syrien. Ein Land im Krieg. Hintergründe, Analysen, Berichte, Edlinger Fritz, Kraitt, Tyma (Hrsg.) Wien, 2015, S. 50–57. Siehe dazu: Kennedy, Robert F. report, siehe oben.

Syrien unterstützte auch die Hisbollah im Libanon und die Hamas in Gaza und der Iran wurde zu einem wichtigen regionalen Verbündeten. Die Achse Teheran-Damaskus-Beirut funktionierte perfekt. „Hierin zeigt sich die Doppelbödigkeit des Assad-Regimes im Umgang mit den unterschiedlichen Religionsgruppen und auch der Widerspruch zum säkularen Anspruch des Baathismus." [....] „Die Konfessionalisierung des aktuellen Konfliktes ist nicht nur auf das Engagement von den Golfstaaten wie Saudi-Arabien und Qatar zurückzuführen. Sie ist vom Assad-Regime selbst verschuldet worden."[421] Trotzdem sollte man es vermeiden, den Konflikt auf religiöse Motive zu reduzieren. Es geht um Einfluss und Macht im Nahen Osten. Das religiöse Miteinander hat in Syrien bis zuletzt eigentlich nicht so schlecht funktioniert.[422]

In Tunesien, Ägypten und Jemen wurden Langzeitherrscher durch die arabischen Aufstände beseitigt. In Syrien wurde immer unauffällig aber nachhaltig kontrolliert. Das Auge des Regimes dachte alles im Griff zu haben, denn Syrien war ein Land, in dem 26 religiöse und ethnische Gruppen gleichberechtigt zusammenleben konnten. Der 17. März 2011 hat mit der Demonstration für die Freilassung verhafteter Kinder begonnen. Allmählich ist daraus ein blutiger Bürgerkrieg geworden, indem Menschenrechte keinen Platz mehr finden.[423] Ein Franziskanermönch aus Aleppo meint: „Assad ist kein Engel, aber ich danke ihm, dass er nicht davongelaufen ist, sondern unser Präsident geblieben ist. Ohne ihn wären wir schon alle tot."[424] Ein junger, syrischer Flüchtling, der 2015 einen beachtlichen Fußmarsch von Griechenland bis nach Österreich zurückgelegt hatte, erzählte mir, er wollte weder schießen noch beten, er möchte nur so leben wie wir, deshalb ist er hier.

---

421 **Kraitt,** Tyma, Das Scheitern des Damazener Frühlings: Baschar al-Assads uneingelöste Versprechen, siehe oben: S. 50–57. Siehe auch **Kennedy** Report, siehe oben.

422 **Dabashi**, Hamid, Sunniten gegen Schiiten. Zur Konstruktion eines Gegensatzes. Vortrag, 15.10.2015, Diplomatische Akademie, Festsaal, Wien, 19–21 Uhr.

423 **Leukefeld**, Karin, Vom Aufstand zum Krieg, in: Syrien. Ein Land im Krieg. Hintergründe, Analysen, Berichte, Edlinger Fritz, Kraitt Tyma (Hrsg.) Wien, 2015, S. 59 ff.

424 **Auer**, Johannes, „Ohne ihn wären wir alle schon tot", S. 124. Zu Geschichte und Gegenwart des Christentums in Syrien, in: Der Nahe Osten brennt, siehe oben.

8 Tunesien

Tunesien hat den ICCPR am 30. April 1968 unterzeichnet und am 18. März 1969 **ohne Scharia-Vorbehalt** ratifiziert. Auch Tunesien anerkennt den Menschenrechtsausschuss gemäß Art 41.[425]

8 a Stellungnahme zu Tunesien

Tunesien erlangte 1956 seine Unabhängigkeit von Frankreich. Bald darauf wurde ein modernes Personenstandsgesetz erlassen. 1957 schaffte man die Monarchie ab und Tunesien wurde eine Republik. Frauen stellte man im Familienrecht den Männern gleich. Der Anwalt Habib Bourguiba wurde 1959 zum ersten Präsidenten gewählt. Die Scharia als Rechtsgrundlage hatte man 1959 abgeschafft, daher gab es auch zum Pakt keinen Scharia-Vorbehalt. Art 38 der tunesischen Verfassung verlangte aber, dass der Präsident Muslim sein musste. In den 80er Jahren kam es zu schweren Brot-Aufständen und zum Erstarken der Islamisten. Bourguiba war schwer erkrankt und wurde 1987 von Zine el-Abidine Ben Ali abgesetzt. Unter ihm wurden Tausende Islamisten verhaftet. Viele Mitglieder der Ennahda-Bewegung flüchteten nach Frankreich oder Großbritannien. Am 17. Dezember 2010 übergoss sich ein Gemüsehändler aus Verzweiflung über die Behördenwillkür mit Benzin. Es entstand ein spontaner Aufstand der Bevölkerung, den die Islamisten, die Muslimbrüder und die Salafisten zuerst passiv beobachteten. Viele junge Menschen protestierten, weil sie sich vom Ben Ali Regime benachteiligt fühlten. Sie wollten freie Wahlen, Demokratie, Freiheit und Jobs. Am 14. Jänner 2011 verließ Präsident Ben Ali das Land. 23 Jahre herrschte Ben Ali ziemlich willkürlich und korrupt, dann jagte ihn das Volk davon. Es folgten überwachte Wahlen, bei denen über 100 Parteien angetreten waren. Der Übergangspräsident Essebsi warnte vor einer übertriebenen Angst vor der Ennahda Partei, die letztendlich die Wahl gewonnen hatte. Essebsi betonte, dass man demokratische Ergebnisse respektieren müsse. „Das tunesische Experiment wird der Welt zeigen, dass Islam, Demokratie und Menschenrechte kompatibel sind.“[426]

Rachid Ghannouchi hat mit seiner Ennahda (Wiedergeburt) Partei die Wahl gewonnen. Er saß unter dem Ben Ali Regime jahrelang in Haft und lebte lange

425 **Tunesien, ICCPR, no reservations**, https://treaties.un.org/Pages/ViewDetails.aspx?src=TREATY&mtdsg_no=IV-4&chapter=4&clang=_en#EndDec, abgefragt am 22.02.2017.

426 **Dpa, Islam und Demokratie sind kompatibel**, in: SN, 22.10.2011, S. 5 Weltpolitik.

im Exil. Der damals 70-jährige Geistliche ist kein Khomeini und er will Tunesien in die Demokratie führen. Der erste Ministerpräsident Hammadi Jebali beschrieb den Sieg der Ennahda als den Beginn des 6. recht geleiteten Kalifats. Auf die Frage, wie Demokratie und Kalifat zusammenpassen sollten, antwortete Ghannouchi, dass das Kalifat-System mit den Grundsätzen einer modernen Demokratie konform gehe, denn alle Kalifen, Abu-Bakr, Umar, Uthman, Ali und Umar Ibn Abd al-Aziz wären vom Volk gewählt worden. Außerdem wäre Ennahda eine nationale Partei und hätte keine pan-islamischen Bestrebungen. Mit den übrigen islamischen Parteien ist Ennahda sich einig über den Koran und die Sunnah, aber keine Partei hat ein Monopol auf den Islam. Ennahda ist nicht der Meinung, dass Demokratie eine Sünde wäre, oder dass laizistische Parteien verboten werden müssten. Alle Parteien werden also auch in Zukunft bei Wahlen zugelassen werden, sofern von ihnen keine Gewalt ausgeht. Ghannouchi betonte auch, dass die Moral nicht staatlich durchgesetzt werden darf, denn die Gesellschaft selbst bestimmt ihre Werte. Er versprach einen islamischen Staat mit Demokratie ohne Kopftuchzwang und ohne Diskriminierung der Frauen.[427]

Infolge erhielt Tunesien für das Errichten einer Demokratie 2015 den Friedensnobelpreis, doch die Terrororganisation IS, die sich im Nachbarland Libyen ausgebreitet hat, will das Land ins Chaos stürzen, die Scharia einführen und den demokratischen Fortschritt stoppen. Die Salafisten erhalten viel Geld aus Saudi-Arabien und Qatar.

Europa tut zu wenig, um den Wandel in Tunesien zu unterstützen, im Gegenteil, es will Armutsflüchtlinge wieder abschieben. Trotz des politischen Wandels in Tunesien gibt es noch immer bittere Armut. Nach Angaben der OECD finden 62 Prozent der Hochschulabsolventen keinen Job.[428] Das Land steht vor enormen Wirtschaftsproblemen, zumal islamistische Terroranschläge auch den Tourismus beschädigt haben.

---

427 **Ghannouchi**, Rachid, im Interview mit Chaudhry Tahir, in: Islamische Zeitung, März 2012, S. 6.

428 **syd/AP/AFP**, Tausende Tunesier protestieren gegen die Massenarbeitslosigkeit, http://www.spiegel.de/politik/ausland/tunesien-proteste-gegen-massenarbeitslosigkeit-weiten-sich-aus-a-1073290.html, abgefragt am 22.02.2017.

9 Jemen

Jemen ist dem Pakt über die zivilen und politischen Rechte am 9. Februar 1987 unter Anerkennung des Menschenrechtsausschusses gemäß Art 41 **ohne Scharia-Vorbehalt** beigetreten.[429]

9 a Stellungnahme zum Jemen

2011 startete auch im Jemen eine Revolution. Im November desselben Jahres unterzeichnete der jemenitische Langzeitpräsident (34 Jahre) Ali Abdallah Saleh die Golfkooperationsrats-Initiative und verließ das Land. Bei den anschließenden Präsidentschaftswahlen wurde Saleh offiziell abgewählt. Durch die Hintertür kam er wieder ins Land und unterstützte die schiitischen Houthi-Rebellen im Jemen. Der gewählte Präsident Rabbuh Mansur Hadi ist ebenfalls kein Gewinn für die jemenitische Bevölkerung. Man wollte für den Jemen einen neuen Gesellschaftsvertrag aushandeln, hat aber vergessen die Houthi-Rebellen, die Jugend und die südliche Bewegung in diese Beratungen mit einzuschließen. Die Jugend, das sind in erster Linie junge, aber auch ältere Männer, die noch nicht die Entscheidungsträger einer Familie sind. „Innerhalb der Revolution hat das bedeutet, dass die Revolutionäre auch deswegen als Jugend betrachtet worden sind, da sie es waren, die sich gegen die ‚Vätergeneration' des Jemen, die bislang alle wichtigen Entscheidungen für das Land alleine getroffen hat, gewendet haben."[430]

Dann gibt es im Jemen noch die Islah-Partei, die Muslimbrüder und die Stammesfraktionen. Bis 1962 haben die Imame den Norden des Landes beherrscht. Das Imamat wurde zur Republik Nordjemen. Präsident Saleh hat es mithilfe Saudi- Arabiens geschafft, 1978 an die Macht zu kommen. Als Dank dafür erlaubte der Präsident den Saudis im Jemen Koranschulen zu errichten. So wurde ein wahhabitisch salafitisches Bollwerk gegen die ansässigen Zaiditen, ein Zweig der Schiiten, geschaffen. Die schiitischen Houthi begannen dagegen zu protestieren und wurden dabei auch durch den Iran unterstützt. 2004 wurde ihr Anführer Husain al Houthi getötet. Ab 2009 griff auch Saudi-Arabien in den Krieg ein.

Der Südjemen war bis 1990 ein sozialistischer Staat, der sich mit dem Nordjemen zur Republik Jemen vereinigt hatte. Diese Vereinigung war aber niemals

---

429 **Yemen, ICCPR, no reservations**, link 42, https://treaties.un.org/Pages/ViewDetails.aspx?src=TREATY&mtdsg_no=IV-4&chapter=4&clang=_en#EndDec, abgefragt am 22.02.2017.

430 **Al-Rubaidi**, Abdulsalam, Vortrag, Die aktuelle Situation im Yemen, in: GÖAB-Materialien, Heft 87, Oktober 2015, S. 23.

erfolgreich und endete 1994 im Bürgerkrieg. Es entstand die südliche Bewegung und Rufe nach einer Sezession wurden immer lauter. Seit 2011 gibt es Bestrebungen den Süden wieder abzuspalten. 2013 startete ein nationaler Dialog und seit 2014 verfolgt man eine föderale Aufteilung der Regionen, bei der man die Wünsche der Houthis nicht berücksichtigt hatte. Sie wollen einen Zugang zum Roten Meer, der ihnen eine wirtschaftliche Unabhängigkeit garantiert. In der Zwischenzeit waren die Houthis militärisch sehr erfolgreich und beherrschen heute die Hauptstadt Sanaa. Sie waren niemals ein Teil der alten korrupten Eliten. Sie sind heute ein neuer, erfolgreicher, politischer Faktor und genossen die Unterstützung des alten abgetretenen, aber noch immer sehr einflussreichen Präsidenten Saleh. Saudi-Arabien befürchtet, dass sich der iranische Einfluss auf die Houthis ausdehnen könnte. In Saudi-Arabien gibt es einen neuen König und dieser erlaubt seinem Lieblingssohn im Jemen Stärke zu demonstrieren, aber nicht nur im Jemen, sondern auch gegenüber den anderen Konkurrenten im eigenen Königshaus. Die Beherrschung des Bab al-Mandab, einer 27 km schmalen Meerenge am Süd-Ausgang des Roten Meeres, spielt ebenfalls eine entscheidende Rolle. Hier befindet sich ein empfindliches Nadelöhr des internationalen Schiffverkehrs, das für Saudi-Arabien, das keinen eigenen Zugang zum Indischen Ozean hat, ganz besonders bedeutsam ist.

Saudi-Arabien will keine Neuerungen, weder in der Religion, noch findet das Königreich Gefallen an den neuartigen Wünschen der Jugend, die auch Menschenrechte inkludieren, noch versteht man das Aufflammen der sich abspaltenden, südlichen Bewegung im Jemen, noch schätzt man die schiitischen Houthi-Rebellen. Saudi-Arabien will Sicherheit an seinen Grenzen und im eigenen Land, daher muss man auch das Eingreifen im Jemen als Revolution gegen die Revolution von 2011 verstehen. Im Süden kämpft man wieder für die Unabhängigkeit vom Norden. Die Houthis kämpfen im Süden mittlerweile auch gegen al Qaida. In der südlichen Bewegung gibt es großes Misstrauen gegenüber Saudi-Arabien und Präsident Hadi. Beide haben nicht vor, dem Süden die Unabhängigkeit zu geben, denn sie unterstützten auch al Qaida im Kampf gegen die Houthis. Die Houthis und die USA bekämpfen zusammen al Qaida im Jemen und gleichzeitig unterstützen die USA Saudi-Arabien.[431]

Und wo steht die Europäische Gemeinschaft? 2016 haben sich die Ereignisse in und um den Jemen überschlagen, aber in der internationalen Presse wird kaum über die Katastrophe im Jemen berichtet. Man konzentriert sich auf

---

431 **Heinze**, Marie-Christine, Vortrag, Die aktuelle Situation im Yemen, GÖAB-Materialien, Heft 87, Oktober 2015, S. 1–22.

den Krieg in Syrien und die Befreiungsaktion der irakischen Stadt Mossul vom Islamischen Staat. Alle drei Ereignisse sind Ausdruck fundamentaler Konflikte zwischen einzelnen Staaten, Ethnien und Religionsgemeinschaften im gesamten Nahen Osten. Saudi-Arabien wird auf seine Terrorfinanzierung nicht gerne angesprochen, und der Westen hat schon lange den Gesamtüberblick über diese religiös-ideologisch aufgeladene Hegemonialpolitik zwischen schiitischen Iranern und sunnitischen Saudis, deren Weltanschauung dem IS gleicht, verloren.[432]

Schon vor dem Krieg war Bildung im Jemen Mangelware. 70 Prozent der Bevölkerung lebt auf dem Land. Hier besteht immer noch sozialer Druck, möglichst bald zu arbeiten, zu heiraten und eine Familie zu gründen. Aber es ist enorm schwierig im Jemen Arbeit zu finden, daher gehen viele nach Saudi-Arabien, um dort zu arbeiten. 2011 haben die Jungen ihren Frust Luft verschafft und protestierten in den Straßen von Sanaa gegen die alten Eliten. Viele von ihnen haben sich bewaffnet und kämpfen heute auf einer Seite der vielen verschiedenen Gruppen, oder sie haben den Jemen verlassen. Die Frustration ist geblieben. Wie immer dieser Konflikt ausgehen wird, programmiert sind unendliches menschliches Leid und kaum zu beziffernde materielle Schäden, mit deren Beseitigung noch Generationen beschäftigt sein werden. Seit Beginn der von Saudi-Arabien geführten Militäraktion im Mai 2016 sind schon viele Tausende Menschen getötet worden und ca. drei Millionen Menschen suchen ihr Heil in der Flucht.[433]

10 Schiitischer Iran

Die Islamische Republik Iran hat den Internationalen Pakt über die zivilen und politischen Rechte am 4. April 1968 unterzeichnet und am 24. Juni 1975 **ohne Scharia-Vorbehalt** ratifiziert.[434]

---

432 **Steinberg**, Guido, Interview mit Köhler, Michael, Terror-Finanzierung, „Die Saudis werden darauf nicht gerne angesprochen", http://www.deutschlandfunk.de/terror-finanzierung-die-saudis-werden-darauf-nicht-gerne.694.de.html?dram:article_id=338946, abgefragt am 22.02.2017.

433 **Al-Rubaidi**, Abdulsalam, Vortrag, Die aktuelle Situation im Jemen, GÖAB-Materialien, Heft 87, Oktober 2015, S. 23 ff.

434 **Iran, ICCPR, no reservations**, https://treaties.un.org/Pages/ViewDetails.aspx?src=TREATY&mtdsg_no=IV-4&chapter=4&clang=_en#EndDec, abgefragt am 22.02.2017.

10 a Stellungnahme zum schiitischen Iran

Reza Pahlavi wurde durch die Unterstützung der Briten zum Begründer der Pahlavi Dynastie und mit einer 130 000 Mann starken Armee ausgerüstet. Unter ihm wurde Persien 1934 in den Iran, das Land der Reinen umbenannt. Sein Ziel war die Modernisierung und Industrialisierung des Landes nach Kemal Atatürks Vorbild. Er sorgte für Infrastruktur, Alphabetisierung auch für Mädchen und für ein neues Rechtssystem. Die Einführung westlicher Kleidung und das Schleierverbot für Frauen wurden zum Sprengstoff bei den konservativen Kräften des Landes. Unter Schah Reza wurde die Stellung der islamischen Frauen verbessert. 1962 wurde die Gleichberechtigung vor dem Gesetz für Männer und Frauen und das aktive Wahlrecht für Frauen und Männer eingeführt. 1967 brachte das Familiengesetz Erleichterungen bezüglich der Scheidung der Frau. Die Kluft zwischen verwestlichter Minderheit und traditioneller Mehrheit wurde vergrößert. Die Linken und die Islamisten formierten sich zum Widerstand, den man auch bei den Schiiten religiös begründete. Prophet Mohammeds und Kalif Alis Kampf dienten ihnen als Vorbild für ihren eigenen Jihad gegen das amerikanisch gestützte, vom Glauben abgefallene Schah-Regime. Die muslimische >Ummah< unter Mohammed wurde zum angestrebten Ziel. Die religiöse Legitimation einer Revolution und das Zerwürfnis von Klerus mit dem Schah, erfolgten für den Westen beinahe unbemerkt. Die wirtschaftliche Ausbeutung, der Ölboom und die darauffolgende internationale Wirtschaftskrise, vor allem aber die sozialen Missstände unter dem Schah-Regime waren der eigentliche Motor der Revolution von 1979. Ayatollah Khomeini versprach Gleichberechtigung und demokratische Freiheiten. Das brachte ihm 97 Prozent Zustimmung des Volkes, auch die der Frauen.[435]

1979 erfolgte auch die Geiselnahme in der amerikanischen Botschaft und 1980 begann der irakische Angriff auf den Iran. Für Khomeini wurde der Stellvertreterkrieg, den Saddam Hussein gegen den Iran für die USA und mit deren Unterstützung acht Jahre gegen den Iran führte, der auf iranischer Seite eine Million Opfer auswies, zum weiteren Beweis für seinen gerechtfertigten Hass gegen die USA. Amerika demonstrierte im ersten Golfkrieg seine Macht und beendete 1988 innerhalb von 41 Tagen den Krieg, spielte den Sieg dem Irak zu, der somit als Aggressor keine Reparationszahlungen an den Iran leisten musste. Zuvor zerstörten die Amerikaner aber noch die größten und mächtigen Raffinerien des Iran und zwei Drittel der iranischen Schiffe.[436] Der Iran hat daraus gelernt und

---

435 **Gronke**, Monika, Geschichte des Irans, 2. Aufl. München, 2006, S. 99.

436 **Gruber**, Lilli, Tschador, München, 2007, S. 192, 203.

versucht, wo auch immer, die Opposition, wie Hizbollah und Hamas in besetzten Ländern zu stärken. In jedem Fall fühlte sich die Regierung in Teheran lange einer atomaren Abschreckungsstrategie verpflichtet. Am 17.07.2015 wurde ein sogenannter "Joint Comprehensive Plan of Action"[437] in Wien unterzeichnet, der die internationalen Sanktionen gegen den Iran wegen seines Atomprogrammes schrittweise aufheben soll. Die internationale Atombehörde hat mittlerweile bestätigt, dass der Vertrag seit 16.01.2016 in Kraft ist, aber die großen Wirtschaftsaufträge aus dem Iran müssen noch warten, weil die USA neue bilaterale Sanktionen in Kraft gesetzt haben, welche vor allem den internationalen Zahlungsverkehr betreffen. Es gibt kaum westliche Banken, welche Zahlungsverkehr mit dem Iran abwickeln, weil sie Sanktionen seitens der USA befürchten.

Die Industrialisierung unter dem Schah Regime mit der gleichzeitigen Vernachlässigung der Landbevölkerung führte zur Landflucht und bewirkte die Überbevölkerung der iranischen Oasenstädte. 1795 war Teheran unter den Kadjaren eine 15 000 Seelen Gemeinde. Heute zählt die Stadt über 14 Millionen Einwohner. Der Aufruf der Ayatollahs, Söhne zu zeugen, führte zu einer hohen Geburtenrate und verschärfte die Bevölkerungskonzentration, die Armut und die Arbeitslosigkeit in und um die Städte. Durch die Verstaatlichung, über das Instrument von Stiftungen,[438] wurde der Gottesstaat zum größten Arbeitgeber. Stiftungen zahlen keine Steuer, sie operieren wie ein Staat im Staat und jeder schätzt sich glücklich, wenn er hier Arbeit findet.[439] Rein rechnerisch ist der Iran ein reiches Land, das über 10–15 Prozent der Welterdölreserven verfügt. Die extrem junge und alphabetisierte Bevölkerung lebt zu 65 Prozent in Städten, 40 Prozent davon unter der Armutsgrenze. Sie stellen immerzu die Frage: „Wenn der Iran so reich ist, warum sind wir so arm?"[440]

Eine Theokratie hatten sich die IranerInnen anders vorgestellt. De facto herrschen im Iran die Rechtsgelehrten, stellvertretend für den verborgenen Imam, den Mahdi, bis zu dessen Rückkehr am Jüngsten Tag.[441] Kommunisten, Laizisten und Liberale wurden sukzessive eliminiert, ins Gefängnis geworfen oder unter Druck gesetzt. Diese Gruppen kämpfen heute im Untergrund gegen die

---

437 **Edlinger**, Fritz, GÖAB newsletter, Nr. 110, Iran: bitte warten.

438 **Tobas Nuri**, Osman, Das Stiftungs- und Spendenwesen im Islam, Istanbul, 2006, S. 15 ff. Siehe auch: **Mentes**, Kübra, Ein Aufgabenfeld für das Stiftungswesen, in: Islamische Zeitung, April, 2015, S. 10.

439 **Gruber**, Lilli, Tschador, München, 2007, S. 211, 212.

440 **Gruber**, Tschador, siehe oben: S. 222.

441 **Gronke**, Monika, Geschichte des Irans, siehe oben: S. 110. Vergleichbar mit dem Erscheinen des Messias am Jüngsten Tag im Katholizismus.

Verfassung der Islamischen Republik und gegen [...] „die Stellvertreter Gottes auf Erden, die heute schon so weit sind, dass sie Gott für ihren Stellenvertreter im Himmel halten."[442]

IV A Zusammenfassung

Algerien hat den UN Pakt über die bürgerlichen und politischen Rechte unterzeichnet und ratifiziert und zu Art 23(4) betreffend gleiche Rechte und Pflichten von Ehegatten bei der Eheschließung, während der Ehe und bei der Auflösung einen Scharia-Vorbehalt gemacht, weil Art 23(4) nicht mit der nationalen Gesetzgebung harmoniert. Bahrain ist dem Pakt beigetreten und sagt zu den Art 3, Art 18 und Art 23, dass die Interpretation dieser Artikel nicht in einer Art und Weise erfolgen darf, die den Bestimmungen der Islamischen Scharia widersprechen. Ägypten und der Irak unterzeichneten und ratifizierten ohne Scharia-Vorbehalt, wobei Ägypten interessanterweise eine interpretierende Erklärung abgegeben hat, die beinhaltet, dass die Scharia mit den Bestimmungen des ICCPR kompatibel sei. Kuwait ist dem Pakt beigetreten und hat zu den Art 2(1), Art 3, Art 23(2) (3) und Art 25 b, c Scharia-Vorbehalte gemacht. Libyen und Syrien sind vorbehaltslos beigetreten. Tunesien hat ohne Vorbehalt unterzeichnet und ratifiziert, Jemen ist vorbehaltslos beigetreten und der Iran hat ebenfalls vorbehaltslos unterzeichnet.

IV B Stellungnahme

Auffallend bei Unterzeichnung, Beitritt oder Ratifikation dieser bisher genannten Verträge ist, dass sie teilweise schon sehr früh erfolgt sind und die damaligen jungen arabischen Nationalstaaten, die teilweise noch unter kolonialer Vormundschaft standen, noch nicht so verhärtete Positionen bezüglich der Einhaltung der Scharia eingenommen hatten. Ägypten hat sogar erklärt, dass die Bestimmungen des Paktes über die bürgerlichen und politischen Rechte mit der Scharia harmonieren. Offenbar war damals die Staatsangehörigkeit wichtiger als die Zugehörigkeit zur islamischen >Ummah<. Man war eher bereit, menschenrechtliche Verträge der Vereinten Nationen ohne Wenn und Aber auf dem Papier zu akzeptieren. Die Alltagsrealität sieht heute anders aus. Die Scharia ist mittlerweile in allen arabischen Ländern und im Iran die Basis der nationalen Gesetzgebung und der Islam laut Verfassung Staatsreligion. In Syrien, dem Irak, in Libyen und im Jemen herrschen Bürgerkriege. Funktionierende Staatsgebilde

---

442 **Gruber**, Lilli, Tschador, siehe oben: S. 126, S. 162, S. 167.

gibt es nicht mehr. Religiöse Fundamentalisten und skrupellose Banden beherrschen weite Teile der Region. Gekämpft wird für ein Kalifat und einen Kurdenstaat. Die von den ehemaligen Kolonialmächten gezogenen Grenzen werden gesprengt. Der Nahe Osten brennt.[443]

V Scharia-Vorbehalte zum Internationalen Übereinkommen gegen Folter und andere grausame, unmenschliche oder erniedrigende Behandlung oder Strafe, International Convention against Torture and other Cruel, Inhuman or Degrading Treatment or Punishment, ICAT:[444] Einwendungen, Rücknahme

Die Antifolterkonvention ist am 26. Juni 1987 in Kraft getreten. Mit Stand 8. März 2017 gehören diesem Vertrag 161 Staaten an.

1 Algerien[445]

Algerien hat diese Konvention am 26. November 1985 **ohne Scharia-Vorbehalt** unterzeichnet und den Vertrag am 12. September 1989 ratifiziert. Gemäß den Artikeln 21 und 22 anerkennt die algerische Regierung die Zuständigkeit des Antifolterausschusses zur Entgegennahme und Prüfung von Mitteilungen, in denen ein Vertragsstaat geltend machen kann, dass ein anderer Vertragsstaat den Verpflichtungen aus diesem Übereinkommen nicht nachkommt. Der Ausschuss darf keine Mitteilung entgegennehmen, die einen Vertragsstaat betrifft, der keine diesbezügliche Anerkennungserklärung abgegeben hat.

---

443 **Edlinger**, Fritz, (Hrsg.), Der Nahe Osten brennt, Wien, 2016.

444 **International Convention against Torture and other Cruel, Inhuman or Degrading Treatment or Punishment**, https://treaties.un.org/Pages/Treaties.aspx?id=4&subid=A&lang=en weiter mit: https://treaties.un.org/Pages/ViewDetails.aspx?src=TREATY&mtdsg_no=IV-9&chapter=4&clang=_en, abgefragt am 14.01.2017. **International Convention against Torture**, https://treaties.un.org/doc/Treaties/1987/06/19870626%2002-38%20AM/Ch_IV_9p.pdf, oder http://www.ohchr.org/EN/ProfessionalInterest/Pages/CAT.aspx, abgefragt am 14.01.2017.
Antifolterkonvention, http://www.institut-fuer-menschenrechte.de/fileadmin/user_upload/PDF-Dateien/Pakte_Konventionen/CAT/cat_de.pdf, abgefragt am 22.02.2017.

445 **Algerien, ICAT, reservations**, https://treaties.un.org/Pages/ViewDetails.aspx?src=TREATY&mtdsg_no=IV-9&chapter=4&clang=_en, abgefragt am 22.02.2017.

2 *Bahrain*

Bahrain ist der Antifolterkonvention am 6. März 1998 beigetreten und fühlt sich an Art 30(1)[446] nicht gebunden. Dieser versteckte Scharia-Vorbehalt betrifft Schiedsverfahren und den Internationalen Gerichtshof, denn jede Streitigkeit zwischen zwei oder mehr Vertragsstaaten bezüglich der Anwendung und Auslegung dieses Übereinkommens könnten auf Verlangen durch ein Schiedsverfahren geregelt werden, oder nach sechs Monaten bei Nichteinigung an den **Internationalen Gerichtshof** zur Entscheidung gebracht werden.[447] Nach Art 30(2) kann jeder Staat Art 30(1) ablehnen. Es handelt sich hierbei um einen **zulässigen Vorbehalt** und die anderen Vertragsstaaten sind gegenüber einem Vertragsstaat, der einen solchen Vorbehalt gemacht hat, durch Absatz 1 nicht gebunden. Ursprünglich gab es auch noch einen Vorbehalt zu Art 20, der Anerkennung des Antifolterausschusses. Dieser Vorbehalt wurde aber am 4. August 1998 zurückgezogen. Zu Art 30(1) gibt es im Dekret Nr. 30 aus 2011 (eine Art Länderbericht) keine Stellungnahme.[448]

3 *Kuwait*

Kuwait ist der Antifolterkonvention am 8. März 1996 beigetreten. Es gibt Vorbehalte zu Art 20 und 30(1) der Konvention wie bei Bahrain. Eine fremde Gerichtsbarkeit wird nicht akzeptiert. Bei Art 20 muss der Ausschuss Nachricht erhalten, dass im Hoheitsgebiet eines Vertragsstaates gefoltert wird, dann kann er den Vertragsstaat auffordern, Informationen zu liefern und dazu Stellung zu nehmen. Der Ausschuss kann auch vertrauliche Untersuchungen einleiten, bei denen der Vertragsstaat mitwirken darf. Das Ergebnis wird an den Vertragsstaat

---

446 **Bahrain, ICAT, reservations**, https://treaties.un.org/Pages/ViewDetails.aspx?src=TREATY&mtdsg_no=IV-9&chapter=4&clang=_en#EndDec, abgefragt am 22.02.2017, weiter mit link 14, https://treaties.un.org/Pages/ViewDetails.aspx?src=TREATY&mtdsg_no=IV-9&chapter=4&clang=_en#14, abgefragt am 22.02.2017.

447 **Antifolterkonvention**, http://www.institut-fuer-menschenrechte.de/fileadmin/user_upload/PDF-Dateien/Pakte_Konventionen/CAT/cat_de.pdf, siehe oben.

448 **Bahrain - ICAT, Decree No 30, 2011**, http://www.ohchr.org/EN/HRBodies/CAT/pages/catindex.aspx weiter mit http://tbinternet.ohchr.org/_layouts/treatybodyexternal/TBSearch.aspx?Lang=en&TreatyID=1&DocTypeID=45&DocTypeID=29&DocTypeCategoryID=1 weiter mit http://tbinternet.ohchr.org/_layouts/treatybodyexternal/Download.aspx?symbolno=INT%2fCAT%2fADR%2fBHR%2f21809&Lang=en öffnen mit pdf, http://tbinternet.ohchr.org/Treaties/CAT/Shared%20Documents/BHR/INT_CAT_ADR_BHR_21809_E.pdf, abgefragt am 22.03.2017.

weitergeleitet. Das gesamte Verfahren ist vertraulich, kann aber nach Art 24 in einen Jahresbericht aufgenommen werden. Es gibt keinen Länderbericht.[449]

4 Marokko

Marokko hat die Antifolterkonvention am 8. Jänner 1986 unterzeichnet und ist ihr am 21. Juni 1993 beigetreten. Zu dem Artikel 30(1) und 30(2) betreffend die **Unterwerfung unter den IGH** oder ein Schiedsgericht gibt es einen zulässigen Vorbehalt, während die marokkanische Regierung den Ausschuss in Art 20, 21 und Art 22[450] mittlerweile anerkennt. Dieser darf Mitteilungen zwecks Prüfung übernehmen und das anschließende Verfahren, zum Zwecke der Aufklärung, ob in einem Mitgliedstaat systematische Folterungen durchgeführt werden, anberaumen.[451] Es liegt **kein Scharia-Vorbehalt** vor.

4 a Stellungnahme zu Marokko

Nur wenige Tage vor dem Beginn der UNO-Klimakonferenz 2016 in Marrakesch, rollte eine Protestwelle gegen die Behördenwillkür durch Marokko. Ein Fischhändler war infolge eines Streits mit der Polizei in einer Müllpresse zu Tode gequetscht worden. Marokkos König wird beschuldigt, einen autoritären Herrschaftsapparat zu finanzieren, der die Bevölkerung unterdrückt. Die marokkanische Bevölkerung hat genug von der Willkür der Polizei im Land. Zehntausende gingen auf die Straßen und verlangten weniger Korruption, weniger staatliche Gewalt, weniger Amtsmissbrauch, dafür mehr Schulen, mehr Bildung, bessere Zukunftschancen und mehr Bürgerrechte. Vom 7.–18. November fand in Marrakesch die UNO-Weltklimakonferenz statt, auf Transparenten stand

---

449 **Kuwait, ICAT, reservations**, https://treaties.un.org/Pages/ViewDetails.aspx?src=TREATY&mtdsg_no=IV-9&chapter=4&clang=_en#EndDec, abgefragt am 22.02.2017.

450 **Marokko, ICAT, reservations**, https://treaties.un.org/Pages/ViewDetails.aspx?src=TREATY&mtdsg_no=IV-9&chapter=4&clang=_en#EndDec, abgefragt am 22.02.2017.

451 **Antifolterkonvention**, http://www.institut-fuer-menschenrechte.de/fileadmin/user_upload/PDF-Dateien/Pakte_Konventionen/CAT/cat_de.pdf, abgefragt am 05.01.2016. Art 22 (1) „Ein Vertragsstaat kann auf Grund dieses Artikels jeder Zeit erklären, dass er die Zuständigkeit des Ausschusses zur Entgegennahme und Prüfung von Mitteilungen einzelner Personen oder Namen einzelner Personen anerkennt, die der Hoheitsgewalt des betreffenden Staates unterstehen und geltend machen, Opfer einer Verletzung dieses Übereinkommens durch den Vertragsstaat zu sein. Der Ausschuss darf keine Mitteilung entgegennehmen, die einen Vertragsstaat betrifft, der keine Erklärung abgegeben hat.“

geschrieben: „Willkommen zum Gipfel, wir zerfleischen die Menschen hier."[452] Ein ähnlicher Vorfall hatte in Tunesien eine Revolution gegen die Ben Ali-Diktatur ausgelöst. Der Vorfall mit dem Fischer legt die Vermutung nahe, dass man in Marokko auch foltert und die Proteste dagegen bezeugen, dass die Bevölkerung genug hat vom behördlichen Machtmissbrauch und dessen Straflosigkeit.[453]

5 Qatar®

Qatar[454] ist der Antifolterkonvention am 11. Jänner 2000 beigetreten und hat vorerst einen generellen Scharia-Vorbehalt abgegeben, der langsam und teilweise aufgehoben wurde. Gänzlich zurückgezogen wurde der Vorbehalt zu den Artikeln 21 und 22, das heißt, dass Qatar die Zuständigkeit des Antifolterausschusses anerkennt. Der Vorbehalt zu den **Artikeln 1 und Art 16** der Konvention bleibt aufrecht. Art 1 beschreibt, dass Folter jede Handlung beinhaltet, durch die einer Person vorsätzlich große körperliche oder seelische Schmerzen oder Leiden zugefügt werden. In Art 16 verpflichtet sich jeder Vertragsstaat, in seinem Hoheitsgebiet nicht zu foltern und Personen keine vorsätzlich großen körperlichen und seelischen Leiden zuzufügen, z.B., um von einer Person ein Geständnis zu erlangen.

5 aa Einwendungen (Italien, Dänemark, Portugal, GB, Nordirland)[455]

Italien hat am 5.02. 2001 den Vorbehalt geprüft und befindet den Scharia-Vorbehalt nicht vereinbar mit den Verpflichtungen aus der Konvention. Gemäß Art 19 WVK widerspricht der Scharia-Vorbehalt Qatars Ziel und Zweck der Antifolterkonvention. "The Government of the Italian Republic believes that the reservation concerning the compatibility of the rules of the Convention with the **precepts of the Islamic law and the Islamic Religion** raises doubts as the commitment of Qatar to fulfill its obligations under the Convention."[456] Dieser

452 **Schulze**, Ralph, Ein Aufschrei geht durch Marokko, in: SN, 03.11.2016, S. 6 Weltpolitik.

453 **Tod eines Fischhändlers in Marokko löst Protestwelle aus**, http://diepresse.com/home/politik/aussenpolitik/5110874/Tod-eines-Fischhaendlers-lost-Protestwelle-in-Marokko-aus, abgefragt am 03.03.2017.

454 **Qatar, ICAT, reservations**, https://treaties.un.org/Pages/ViewDetails.aspx?src=TREATY&mtdsg_no=IV-9&chapter=4&clang=_en#EndDec weiter mit link 24 und link 25, abgefragt am 20.02.2017.

455 **Qatar, ICAT, reservations**, siehe oben und weiter mit link 24.

456 **Qatar, ICAT, reservations**, siehe oben.

Vorbehalt kann auch nicht unter Art 20(5) WVK[457] subsumiert werden, daher legt Italien einen Einwand ein. Der Einwand soll aber nicht bedeuten, dass der Vertrag zwischen Italien und Qatar nicht in Kraft treten soll.

Dänemark hat den Inhalt des Scharia-Vorbehalts von Qatar bei der Antifolterkonvention am 21. Februar 2001 geprüft und diesen generellen Scharia-Vorbehalt ebenfalls nicht vereinbar mit Ziel und Zweck der Antifolterkonvention befunden. Dänemark erhebt Zweifel, wie Qatar die Pflichten aus der Konvention erfüllen will. Dennoch befürwortet Dänemark das Inkrafttreten der Konvention zwischen Qatar und Dänemark.[458]

Portugal prüfte den Scharia-Vorbehalt von Qatar am 20. Juli 2001 und stellte fest, dass der Vorbehalt gegen die Prinzipien der Konvention verstößt und hält auch fest, dass interne Gesetze nicht herangezogen werden dürfen, um einen Vorbehalt zu rechtfertigen, um gleichzeitig die Basis des internationalen Rechts zu untergraben. Der Scharia-Vorbehalt ist nicht vereinbar mit Ziel und Zweck des Vertrages, daher widerspricht Portugal ausdrücklich diesem Vorbehalt, der mit der Scharia gerechtfertigt wird.

Großbritannien und Nordirland lehnen den Scharia-Bezug ebenfalls ab. Sie verneinen den Hinweis auf nationales Recht, noch dazu ohne dessen Inhalt zu benennen. Für die anderen Mitgliedstaaten wird nicht präzisiert, wie man den Verpflichtungen der Konvention nachkommen will. Großbritannien und Nordirland legen daher am 9. November 2001 einen Einwand ein, der allerdings das Inkrafttreten des Vertrages zwischen dem Königreich, Irland und Qatar nicht ausschließt.[459]

2012 erfolgte eine teilweise Rücknahme des Scharia-Vorbehalts zur Antifolterkonvention durch Qatar. Die Zuständigkeit des Antifolterausschusses zur Entgegennahme von Mitteilungen gemäß Art 21 und Art 22 werden mittlerweile anerkannt. Von Qatar gibt es aber bis heute keinen Länderbericht[460] zur Umsetzung der Konventionsbestimmungen.

---

457 **WVK**, Wiener Vertragsrechtskonvention, https://www.ris.bka.gv.at/GeltendeFassung.wxe?Abfrage=Bundesnormen&Gesetzesnummer=10000684, abgefragt am 20.02.2017.

458 **Qatar, ICAT, reservations**, siehe oben.

459 **Qatar, ICAT, reservations**, siehe oben.

460 **Qatar, ICAT, kein Länderbericht**, http://tbinternet.ohchr.org/_layouts/treatybodyexternal/TBSearch.aspx?Lang=en&TreatyID=1&DocTypeID=45&DocTypeID=29&DocTypeCategoryID=1, abgefragt am 22.02.2017.

6 *Saudi-Arabien*[461]

Saudi-Arabien ist der Antifolterkonvention am 23. September 1997 beigetreten, anerkennt aber weder den Ausschuss nach Art 20 der Konvention noch ein Schiedsverfahren, noch den Internationalen Gerichtshof gemäß Art 30(1), aber es gibt keinen sonstigen Scharia-Vorbehalt. Von anderen Ländern gibt es **keinen Einwand.**[462]

6 a Stellungnahme zu Saudi-Arabien

Saudi-Arabien bekämpft die Schia in seiner Ostprovinz, denn hier liegen auch die größten Ölfelder des Landes. In der Ostprovinz werden nicht nur die Zwölfer-Schiiten diskriminiert, sondern auch die Ismailiten oder Siebener Schiiten. 15 Prozent der saudischen Bevölkerung sind Schiiten und sie werden nicht als gleichwertige saudische Bürger behandelt. Die wahhabitischen Geistlichen haben den schiitischen Islam immer als ihren größten Feind angesehen. Die Herrscherfamilie hat versucht zu vermitteln, bis der Machtgewinn der Schia in der Ostprovinz zu gefährlich wurde, weil man um das Öleinkommen fürchtete. Die saudischen Schiiten in der Ostprovinz kooperieren nicht nur mit dem Iran, sondern auch mit dem Irak, mit Syrien, dem Südjemen, Bahrain, Ägypten und Kuwait. Seit Ende 2014 sind die Schiiten in der Ostprovinz auch zur Zielscheibe des IS geworden. Scheich Nimr al Nimr, der sich für die arabischen Schiiten in Saudi-Arabien, in der Ostprovinz, in Bahrain, im Irak und Pakistan einsetzte, wurde zu Beginn 2016 hingerichtet. Er wurde von Saudi-Arabien als Volksverhetzer beschrieben. Die weltweite Medienberichterstattung darüber führte dann zum Eklat zwischen dem Iran und Saudi-Arabien.[463] Abdel bin Ahmad al Jubeir, der Außenminister des Königreichs, versuchte diese und weitere Hinrichtungen von 47 Menschen mit der Bekämpfung des Terrorismus zu rechtfertigen. Die saudischen Behörden haben nachweislich Teilnehmer politischer Protestaktionen, ja selbst Kinder gefoltert und hingerichtet.[464]

---

461 **Saudi-Arabien, ICAT, reservations**, https://treaties.un.org/Pages/ViewDetails.aspx?src=TREATY&mtdsg_no=IV-9&chapter=4&clang=_en#EndDec, abgefragt am 20.02.2017.

462 **Saudi-Arabien, kein Länderbericht**, http://tbinternet.ohchr.org/_layouts/treatybodyexternal/TBSearch.aspx?Lang=en&TreatyID=1&DocTypeID=45&DocTypeID=29&DocTypeCategoryID=1, abgefragt am 22.02.2017.

463 **Matthiesen**, Toby, Die Schia in Saudi-Arabien, in: Inamo, Nr. 87, Saudi-Arabien, Herbst 2016, S. 12–15.

464 **Green**, Chris, Menschenrecht-Persilschein-ein Service der Werbeagentur, in: Inamo 87, Informationsprojekt Naher und Mittlerer Osten, Jahrgang 22, Herbst 2016, S. 19.

7 Syrien

Syrien ist der Antifolterkonvention am 19. August 2004 beigetreten und anerkennt den Antifolterausschuss nicht. Gemäß Art 28(1) besteht die Möglichkeit bei der Unterzeichnung, der Ratifikation oder beim Beitritt, dass jeder Staat die in Art 20 vorgesehene Zuständigkeit des Ausschusses nicht anerkennt, daher ist der Vorbehalt erlaubt.[465]

7 a Stellungnahme zu Syrien

Amnesty International berichtete am 7. Februar 2017, dass in syrischen Militärgefängnissen, wie in dem von Sednaja nördlich von Damaskus, von 2011 bis 2015 mindestens 13 000 Personen gehängt worden sind. Die meisten von ihnen waren Zivilisten. Der Bericht basiert auf Aussagen von 84 Zeugen, darunter Gefängniswärter, Behördenvertreter, ehemalige Häftlinge, Richter und Anwälte. Geständnisse wurden unter Folter erzwungen und Beschuldigte konnten mittels Militärtribunale in wenigen Minuten verurteilt werden, erklärte der Generalsekretär von Amnesty Deutschland, Markus N. Beeko. Heute fordert man eine Untersuchung durch die Vereinigten Nationen.[466]

V A Zusammenfassung

In der Antifolterkonvention wird Folter als jede Handlung bezeichnet, bei der Personen vorsätzlich großes körperliches Leid oder seelische Schmerzen zugefügt werden. Folterungen werden gerne vorgenommen, um Geständnisse zu erzwingen oder um Menschen einzuschüchtern. Die Vertragsstaaten müssen Folterhandlungen überall und jederzeit unterlassen. Bei ausreichendem Verdacht auf Folterungen sind die Vertragsstaaten verpflichtet mutmaßliche Folterer zu bestrafen, oder diese an ein Land auszuliefern, das ein Strafverfahren gegen diese Person eröffnet. Außerdem darf eine Person nicht an ein Land ausgeliefert werden, wo diese Personen Opfer einer Folterhandlung werden könnten. Die Vertragsstaaten der Antifolterkonvention sind zur regelmäßigen Berichterstattung an den Ausschuss gegen Folter verpflichtet, **sofern sie diesen Ausschuss**

---

465 **Syrien, ICAT, no reservations außer zulässiger Vorbehalt zu Art 20**, https://treaties.un.org/Pages/ViewDetails.aspx?src=TREATY&mtdsg_no=IV-9&chapter=4&clang=_en#EndDec, abgefragt am 22.02.2017.

466 **Amnesty-international**, Neuer Bericht über Massenhinrichtungen in Syrien, http://www.faz.net/aktuell/politik/ausland/syrien-amnesty-international-bericht-ueber-massenhinrichtungen-14862164.html, abgefragt am 07.02.2017.

anerkennen. Der gemäß **Art 20** der Antifolterkonvention **zulässige Vorbehalt** kann aber jederzeit durch eine Notifikation an den Generalsekretär der Vereinten Nationen zurückgenommen werden, was bisher von den untersuchten Ländern nicht erfolgt ist.

Algerien hat als einziges arabisches Land die Antifolterkonvention ohne Scharia-Vorbehalt unterzeichnet und ratifiziert. Bahrain anerkennt den Antifolterausschuss, aber nicht den IGH. Qatar hat seinen generellen Scharia-Vorbehalt bis auf Art 1 und Art 16 zurückgezogen und akzeptiert mittlerweile auch den Antifolterausschuss nach Art 21 und Art 22. Kuwait, Marokko und Saudi-Arabien machen Gebrauch von Art 28 und anerkennen weder den Antifolterausschuss noch den IGH. Syrien will ebenfalls keine Anerkennung des Antifolterausschusses. Gegen den Scharia-Vorbehalt von Qatar zu den Art 1 und Art 16 gibt es Einwendungen von Italien, Dänemark, Portugal, Großbritannien und Nordirland. **Qatar hat die exakten Kollisionspunkte der Art 1 und Art 16 der Antifolterkonvention mit der Scharia nicht aufgezeigt.**

Die widersprechenden, oben genannten Vertragspartner empfinden, dass der Vorbehalt dem Sinn und Zweck des Vertrages, nämlich, dass im Vertragsland nicht gefoltert werden darf, widerspricht. Die Einwendungen sind allerdings nur formaler Art, denn das Inkrafttreten des Abkommens mit Qatar soll dennoch nicht ausgeschlossen werden. Lediglich Portugal gibt nicht zu erkennen, ob der Vertrag nun zwischen Portugal und Qatar gelten soll. **Es gibt keine Berichte zur Antifolterkonvention.**

V B Stellungnahme

Die Einschätzung eines Vorbehalts nach der WVK bietet einen Mittelweg an. Es gibt keine entweder oder Lösung. Ein Vorbehalt nach der WVK soll aber nach Möglichkeit vorübergehenden Charakter haben, um dem Land Zeit zugeben, die nationalen Regeln der Konvention anzupassen, denn der Vorbehalt ist ein Eingriff in den Inhalt des Vertrages. **Ein genereller Scharia-Vorbehalt, wie in Qatar bei der Antifolterkonvention gemacht hat, lässt sich inhaltlich kaum zuordnen**. Umgekehrt sieht man die Bemühung einzelner arabischer Länder, Vorbehalte ehrlich abbauen zu wollen. Qatar hat dies bei der Antifolterkonvention teilweise gemacht.

Amnesty International hat bereits 2013 eine Verschlechterung der Menschenrechtssituation im Zusammenhang mit dem ‚Krieg gegen den Terror' und dem ‚Arabischen Frühling' in den arabischen Ländern festgestellt. Besonders in Syrien hat im Zuge des Bürgerkrieges die staatliche Gewalt gegen Oppositionelle stark zugenommen. Auch in Tunesien wird immer öfter gefoltert, aber die

Situation ist besser als in Libyen oder in Ägypten. Menschenrechte sind besonders für Gefangene eingeschränkt worden. Demonstrationen für Bürgerrechte oder Menschenrechte sind in arabischen Ländern undenkbar geworden. Tausende Menschen, die sich für politische oder religiöse Rechte einsetzen, werden noch immer ohne Haftbefehl eingesperrt und teilweise von Sicherheitskräften gefoltert. Betroffen sind vor allem Schiiten, Christen, Kritiker der Regierung und Menschenrechtsaktivisten. Ihre Familien werden bedroht und eingeschüchtert.

Die sunnitisch-wahhabitische Lehre des Islam ist in Saudi-Arabien zwingend. Die Ausübung anderer Religionen wird nicht geduldet, obwohl Gegenteiliges behauptet wird. Auch die schiitische Minderheit steht in Saudi-Arabien unter ständigem Beschuss. In vielen arabischen Ländern, vor allem in Saudi-Arabien sind Misshandlungen weit verbreitet. Stockschläge, Quetschungen, das Aufhängen von Gefangenen an den Handgelenken, Schlafentzug und Beleidigungen sind übliche Strafen. Auch Kinder werden geprügelt und ausgepeitscht. Die Scharia-Gesetzgebung sieht in Saudi-Arabien noch immer Amputationsstrafen und Steinigungen vor. Die Todesstrafe gibt es für Mord, Ehebruch, Vergewaltigung und für Apostasie, Abfall vom Islam. Hinrichtungen erfolgen durch öffentliche Enthauptungen durch das Schwert, vorwiegend nach dem Freitagsgebet. Amnesty startete eine Anti-Folter-Kampagne und forderte alle Regierungen auf, ihren Verpflichtungen aus der Antifolterkonvention nachzukommen.[467]

V C Fragen und Antworten

Dürfen allgemein akzeptierte Menschenrechtsstandards unter Scharia-Vorbehalt gestellt werden? Ist die Scharia als zulässige Ausnahme von universellen Menschenrechtsstandards zu betrachten? Vereinbarte universelle Menschenrechtsstandards, wie das Folterverbot sind weder westlich noch islamisch. Sie sind durch Rechtsüberzeugung und Praxis erzeugte Kodifizierungen. Diese sind fundamental, kulturübergreifend und für alle Menschen auf dieser Welt gültig. Islamische Staaten haben entsprechende völkerrechtliche Verträge ratifiziert und sind daher daran gebunden.

Die Praxis, auch gegenüber Internationalen Menschenrechtsverträgen, wird aber anders gelebt, weil „Die Allgemeine Erklärung der Menschenrechte“[468]

467 **Amnesty International, Länderkurzbericht 2013, Saudi-Arabien**, http://www.amnesty.de/kurzinfo/2013/5/saudi-arabien, abgefragt am 03.03.2017. Siehe auch: **Amnesty Bericht 2016**, http://www.amnesty.de/journal/2016/februar/wir-haben-uns-grosse-freiheiten-erkaempft, abgefragt am 03.03.2017.

468 **The Universal declaration of Human Rights**, http://www.un.org/en/documents/udhr/, abgefragt am 12.03.2017.

als reines westliches Dokument gilt, weil die meisten islamischen Länder 1948 daran nicht mitgewirkt haben und erst Jahrzehnte später ihre Unabhängigkeit erhalten haben. Der seit 1981 einsetzende Minimalkonsens innerhalb der islamischen Länder brachte eigene islamische Menschenrechtserklärungen hervor, die im Wesentlichen die Unterschiede zu der westlichen Erklärung liefern und jede Rüge des Westens als Einmischung in innere Angelegenheiten des muslimischen Staates betrachten.[469] So reagierte Saudi-Arabien auf die Kritik wegen seiner Massenhinrichtungen von 47 Personen und eines religiösen schiitischen Führers Anfang Jänner 2016 äußerst verärgert.[470]

Sicherheitspolitik und Menschenrechtspolitik werden aber oft als unüberbrückbare Gegensätze dargestellt. Das Vertrauen der arabischen Welt in die Politik des Westens ist beschädigt und der Glaube an Demokratie und Menschenrechte ist durch das Bekanntwerden der amerikanischen Folterungen in Abu Ghraib und in vielen anderen Gefängnissen schwer gestört. Auch haben die USA zur Antifolterkonvention weitreichende Vorbehalte angebracht, die mit innerstaatlichem Recht begründet werden.[471]

VI Scharia-Vorbehalte zum Internationalen Übereinkommen über die Rechte des Kindes, International Convention on the Rights of the Child, ICRC:[472] Einwendungen, Rücknahme und Länderberichte

Die Kinderrechtskonvention ist am 2. September 1990 in Kraft getreten. Zum Stand vom 8. März 2017 gehören ihr 196 Staaten an.

---

469 **Auswärtiges Amt, Betr.: Scharia und Menschenrechte,** Berlin, den 29.01.2002, Bezug: ‚Ankündigungen des Obersten Richters in Afghanistan, dass die Gerichte weiterhin Verurteilungen zu Steinigungen und öffentlichen Hinrichtungen auf der Grundlage der Scharia vornehmen werden.' http://www.ecoi.net/file_upload/1329_1204205673_mk391-1673afg.pdf, abgefragt am 22.02.2017.

470 **Mesc, red**, Riad riskiert mit Hinrichtungen neue Konfrontation, in: der Standard, 04.01.2016, S. 3 International.

471 **Amery**, Jean, in: Frei und gleich geboren, Ein Menschenrechte-Lesebuch, Kapitel II Folter, Engelmann, Reiner, Fiechtner, Urs M. (Hrsg.), München, 2008, S. 113–123.

472 **International Convention on the Rights of a Child, ICRC, Chapter IV Human Rights, Multilateral Treaties Deposited with the Secretary-General** https://treaties.un.org/Pages/Treaties.aspx?id=4&subid=A&lang=en, siehe weiter: https://treaties.un.org/Pages/ViewDetails.aspx?src=TREATY&mtdsg_no=IV-11&chapter=4&clang=_en, abgefragt am 22.02.2017. **Kinderrechtskonvention im Bundesgesetzblatt,** https://www.bgbl.de/xaver/bgbl/start.xav?startbk=Bundesanzeiger_BGBl&jumpTo=bgbl292s0121.

1 Algerien[473]

Algerien hat die Kinderrechtskonvention am 26. Jänner 1990 unterzeichnet und ist ihr am 16. April 1993 beigetreten. Algerien hat hinsichtlich des Art 14(1) und (2) eine interpretative Erklärung abgegeben. Nach **Art 14(1)** sollen die Vertragsstaaten das Recht des Kindes auf Gedanken-, Gewissens- und **Religionsfreiheit** achten. Nach **14(2)** sollen die Vertragsstaaten die Rechte und Pflichten der Eltern achten."[474] Die Bestimmungen von **Art 14(1) und (2)** werden von der algerischen Regierung unter Einhaltung des algerischen Rechtssystems interpretiert werden: Im Besonderen mit der Verfassung, die vertraglich in Art 2 festsetzt, dass der Islam Staatsreligion ist und in Art 35 wird bestimmt, dass es keine Verletzung der Unantastbarkeit der Überzeugung geben darf. Gesetz Nr. 84-11 aus 1984 umfasst die Bestimmungen des Familienkodex. Hier ist vertraglich festgehalten, dass die Erziehung eines Kindes mit der Religion des Vaters im Einklang stehen muss.[475]

Artikel 13,16 und 17 sollen zur Anwendung kommen, wenn man die Interessen des Kindes und die Notwendigkeit von körperlicher und geistiger Unversehrtheit beachtet. In diesem Rahmen wird die algerische Regierung die Bestimmungen dieser Artikel interpretieren und dabei den **algerischen Strafrechtskodex** beachten, besonders den Bereich der öffentlichen Ordnung und für Anstand als Anregung für die Minderjährigen gegen Unsittlichkeit und Ausschweifungen sorgen. Die Bestimmungen von Gesetz Nr. 90-07 aus dem Jahr 1990, das den **Informationskodex** umfasst, der auch den Art 24 beinhaltet, sagt, dass der Direktor einer Publikation, die für Kinder bestimmt ist, durch ein beratendes Gremium unterstützt werden muss. Art 26 desselben Kodex gibt vor, dass nationale und auswärtige Berichte, gemäß den **islamischen Vorstellungen**, **gemäß den nationalen Werten**, der Menschenrechte usw. keine Illustrationen beinhalten dürfen. Publikationen dürfen nichts preisen, was Gewalt und Kriminalität verbreiten könnte.[476]

---

pdf#__bgbl__%2F%2F*%5B%40attr_id%3D%27bgbl292s0121.pdf%27%5D__1482960471513, abgefragt am 22.02.2017.

473 **Algerien, ICRC, reservations zu Art 13, 14(1), (2), Art 16, Art 17**, https://treaties.un.org/Pages/ViewDetails.aspx?src=TREATY&mtdsg_no=IV-11&chapter=4&clang=_en#EndDec, abgefragt am 22.02.2017.

474 **Kinderrechtskonvention,** siehe oben.

475 **Algerien, Convention on the Rights of a Child, reservations,** siehe oben.

476 **Algerien, Convention on the Rights of a Child, reservations,** siehe oben.

„**Art 13(1)** Das Kind hat das Recht auf freie Meinungsäußerung; dieses Recht schließt die Freiheit ein, ungeachtet der Staatsgrenzen, Informationen und Gedankengut jeder Art in Wort und Schrift, Druck durch **Kunstwerke** oder andere vom Kind gewählte Mittel sich zu beschaffen, zu empfangen und weiterzugeben."

„**Art 16(1)** Kein Kind darf willkürlichen oder rechtswidrigen Eingriffen in sein Privatleben, seine Familie, seine Wohnung oder seinen Schriftverkehr oder rechtswidrigen Beeinträchtigungen seiner Ehre und seines Rufes ausgesetzt sein. **(2)** Das Kind hat Anspruch auf rechtlichen Schutz gegen solche Eingriffe oder Beeinträchtigungen."

„**Art 17** Die Vertragsstaaten erkennen die wichtige Rolle der Massenmedien an und stellen sicher, dass das Kind Zugang hat zu Informationen und Material aus einer Vielfalt nationaler und internationaler Quellen, insbesondere derjenigen, welche die Förderung seines sozialen, seelischen und sittlichen Wohlergehens, sowie seiner körperlichen und geistigen Gesundheit zum Ziel haben. Zu diesem Zweck werden die Vertragsstaaten gemäß a)…b)…c)…d)…e)……alles Nötige veranlassen."[477]

1.1 Algerien – Länderbericht zum Scharia-Vorbehalt, 2011[478]

Gemäß Art 44 der Konvention hat Algerien am 18.07.2011 seinen dritten und vierten periodischen Bericht, der 2009 fällig gewesen wäre, geschickt. Darin steht, dass die von Algerien ratifizierten Verträge, Vorrang vor den nationalen Gesetzen haben. Art 132 der algerischen Verfassung sagt: "treaties ratified by the President of the Republic, in the circumstances provided for by the Constitution, shall take precidence over the law."[479] Das hat der Verfassungsgerichtshof des Landes in einer Entscheidung vom 20. August 1989 so bestätigt. Nach

---

477 **Algerien, Convention on the Rights of a Child, reservations,** siehe oben.

478 **Algerien – Länderbericht zu ICRC-Scharia-Vorbehalten (2011 due in 2009)** link 20, view document **CRC/C/DCA/3–4,** http://tbinternet.ohchr.org/_layouts/treatybodyexternal/TBSearch.aspx?Lang=en&TreatyID=5&TreatyID=10&TreatyID=11&DocTypeID=29&DocTypeCategorylD=4, abgefragt am 22.02.2017, http://tbinternet.ohchr.org/_layouts/treatybodyexternal/Download.aspx?symbolno=CRC%2fC%2fDZA%2f3-4&Lang=en, abgefragt am 03.03.2017 öffnen über html, http://docstore.ohchr.org/SelfServices/FilesHandler.ashx?enc=6QkG1d%2fPPRiCAqhKb7yhsqdxxaFX5%2b9wf8bLIQ8D7xrf8IUAZm0LeavmhG7ZtW8xa4IV0axwBqXhyn002Vvg1T24SnyH%2bf3EhEWK568A%2bD7HquxxfOBL%2fFCH5D0iriuf, abgefragt am 03.03.2017.

479 **Algerien – Länderbericht, 2011,** siehe oben.

der Ratifizierung und Publikation des internationalen Vertrages wird jede Konvention in inländisches Recht inkorporiert und jeder algerische Staatsbürger kann sich vor Gericht darauf berufen. Algerien ist fast allen internationalen Menschenrechtskonventionen beigetreten und schickt auch seine periodischen Berichte an den entsprechenden Ausschuss. Daneben arbeitet Algerien auch mit den speziellen Berichterstattern und den United Children's Fund, sowie mit dem Hilfswerk der Vereinten Nationen, UNICEF, zusammen.

Es gibt in Algerien sehr viel Respekt für die Rechte des Kindes. Gewissens- und Meinungsfreiheit, **Art 13** der Konvention sind in der Verfassung verankert, auch die Religionsfreiheit, **Art 14(1), (2)** der Konvention, wird in Algerien garantiert. Jedoch legt der Art 2 der Verfassung fest, dass der Islam Staatsreligion ist und der Familienkodex sagt, Kinder sind nach der Religion des Vaters zu erziehen. Das heißt aber nicht, dass andere Gemeinschaften nicht nach ihrem Glauben leben dürfen. Es gibt keine Bestrafung nach dem Strafenkodex, wenn man einer anderen ethnischen Gruppe angehört und deren Religion praktiziert. Natürlich darf man den Islam nicht verletzen oder beleidigen.

Das Recht des Kindes auf Privatsphäre, **Art 16** der Konvention wird durch Art 39 und Art 40 der algerischen Verfassung und durch den Code of Criminal Procedere (Art 44–50 und Art 60–65) abgedeckt. Zu Art 16 und **Art 17** der Konvention gibt es auch einen Scharia-Vorbehalt, aber Art 17 wird der Information Act No 90-07 of 3rd April 1990 gegenübergestellt. Jeder Staatsbürger soll freien Zugang zu den Medien haben. Man kann sich selbst informieren, oder man darf informieren. Warum man diesbezüglich einen Vorbehalt angebracht hat, wird im Bericht nicht erklärt. Zu vermuten ist, dass man wie in anderen muslimischen Ländern, den Medien nicht gestattet, Gott, seinen Propheten Mohammad und den Islam zu beleidigen. Hier stößen die Medienfreiheit und das Recht sich zu informieren an ihre Grenzen.[480]

1 a Stellungnahme zu Algerien

Bei der muslimischen Hauptbevölkerung in Algerien ist der Vater immer Muslim. Nach dem „fitrah“[481] Konzept, wird ein Kind als Muslim geboren und kann nur durch die Eltern oder Freunde verführt werden, eine andere Religion

---

480 **Algerien – Länderbericht, 2011,** siehe oben.

481 **Islamisches „fitrah“ Konzept,** http://www.igfm.de/themen/scharia/menschenrechte-im-islam/gottes-recht-versus-menschen-recht/, abgefragt am 03.03.2017. Siehe dazu auch: **Ceming,** Katharina, Ernstfall Menschenrechte, Grundlagen, des islamischen Menschen-, Welt-, und Staatsbildes. München, 2010, S. 204 ff.

anzunehmen. Es ist daher Pflicht der muslimischen Eltern, das Kind islamisch zu erziehen. Diese interpretative Erklärung Algeriens beim Beitritt kann daher als Scharia-Vorbehalt eingestuft werden. Was im Länderbericht nicht zu Papier gebracht wird, ist, dass ein muslimisches Kind niemals die Religion wechseln darf. Das wäre dann Abfall vom Islam und darauf bezieht sich der Scharia-Vorbehalt zu Art 14(1) und 14(2) der Konvention. Art 17 der Kinderrechtskonvention, betreffend Medienzugang wird ebenfalls kritisch gesehen. Der diesbezügliche Scharia-Vorbehalt wird nicht erklärt.

2 Ägypten ®

Ägypten hat die Kinderrechtskonvention am 5. Februar 1990 unterzeichnet und am 6. Juli 1990 ratifiziert. Zu Art 20 und 21 gab es ursprünglich einen **Scharia-Vorbehalt**, der am 31. Juli 2003 **zurückgezogen** wurde. Bei diesen Artikeln handelt es sich um die Adoption.[482]

2 a Stellungnahme zu Ägypten

Der Länderbericht von Ägypten wurde nicht geprüft, da der Scharia-Vorbehalt zu Art 20 und 21 zurückgezogen wurde. Ob Scharia-Gerichte Adoptionen dulden ist nicht gewiss, aber Ägypten quillt über vor Kindern. Präsident as-Sisi betonte in einer Rede vor der UNO, dass jährlich 2,6 Millionen ÄgypterInnen geboren werden und, dass Ägypten vier Millionen Flüchtlinge beherberge, die millionenfach nach Italien wollen. Europa fürchtet den Exodus aus Ägypten und Präsident Abdel Fattah as-Sisi warnte vor dem Zusammenbruch Ägyptens und den Millionen IS-Sympathisanten, die die Welt stürmen würden. Ägypten, so der Tenor des ägyptischen Präsidenten, sei die wichtigste Antiterrorbastion für Europa.[483] Ägypten hat so viele Probleme, die Einhaltung des Art 20 und 21 gehört bestimmt nicht dazu, aber wenn Kinder adoptiert werden, wäre das ein Segen.

---

482 **Ägypten, ICRC, reservations, link 9, Rücknahme von reservations, Art 20, 21.** https://treaties.un.org/Pages/ViewDetails.aspx?src=TREATY&mtdsg_no=IV-11&chapter=4&clang=_en#9, abgefragt am 03.03.2017.

483 **Gehlen**, Martin, Europa fürchtet den Exodus aus Ägypten, http://www.zeit.de/politik/ausland/2016-09/fluechtlinge-aegypten-schlepper-fluechtlingsabkommen-hilfsgelder, abgefragt am 22.02.2017.

3 Irak

Der Irak ist der Kinderrechtkonvention am 15. Juni 1994 unter einem Scharia-Vorbehalt zu Art 14(1) beigetreten. Darin bestätigen die Vertragsstaaten, dass sie das Recht des Kindes auf Gedanken-, Gewissens- und **Religionsfreiheit**[484] wahren werden.

3.1 Irak – Länderbericht zum Scharia-Vorbehalt, 2014[485]

Gemäß Art 44 der Konvention hat der Irak seinen zweiten, dritten und vierten Länderbericht, der 2011 fällig gewesen wäre, am 7. März 2014 an den Generalsekretär der Vereinten Nationen geschickt. Entschuldigend für die Verspätung nannte man die politische, wirtschaftliche, soziale und kulturelle Lage im Land, vor allem die vielen Kriege und das Embargo, das mit der Resolution 1483 über das Land verhängt wurde. Die Infrastruktur wurde dadurch völlig ruiniert. Alles brach zusammen, nachdem eine Gewaltwelle den Irak förmlich überrollt hatte. Zahlreiche terroristische Gruppen sind zu einer weiteren großen Herausforderung für das Land geworden. Nun ist man glücklich, den 2., 3. und 4. Bericht abschicken zu können. UNICEF, die australische Regierung und das neue Ministerium für Menschenrechte waren bei der Abfassung der periodischen Berichte behilflich.

Schon im ersten Bericht hat der Ausschuss bezüglich des Scharia-Vorbehalts zu Art 14 der Konvention Bedenken geäußert. Wir müssen aber erneut darauf hinweisen, dass **Art 14** mit den Prinzipien der Scharia nicht kompatibel ist und auch nicht mit der irakischen Verfassung aus 2005. Art 14 der Konvention

---

484 **Irak, Convention on the Rights of a Child, ICRC, reservation, Art 14(1)** https://treaties.un.org/Pages/ViewDetails.aspx?src=TREATY&mtdsg_no=IV-11&chapter=4&clang=_en#EndDec, abgefragt am 03.03.2017, "The Government of Iraq has seen fit to accept [the Convention] … subject to a reservation in respect to article 14, paragraph 1, concerning the **child's freedom of religion**, as allowing a child to change his or her religion runs counter to the provisions of the Islamic Shariah."

485 **Irak – Länderbericht, (2014 due in 2011), CRC/C/IRQ/2–4,** http://tbinternet.ohchr.org/_layouts/treatybodyexternal/TBSearch.aspx?Lang=en&TreatyID=5&TreatyID=10&TreatyID=11&DocTypeID=29&DocTypeCategoryID=4, abgefragt am 30.12.2016, link 10, view document CRC/C/IRQ/2-4, http://tbinternet.ohchr.org/_layouts/treatybodyexternal/Download.aspx?symbolno=CRC%2fC%2fIRQ%2f2-4&Lang=en, abgefragt am 03.03.2017, öffnen mit html http://docstore.ohchr.org/SelfServices/FilesHandler.ashx?enc=6QkG1d%2fPPRiCAqhKb7yhsnrFI8dyx5m6sTXXozprc%2fh8gBfHxERk2g2pd%2bAkJ7tlHezrEqz3IBB71p1ES2x27YWkcYYnPATTRPswUxRNZBs6lWSbb38kgPARFFy%2bkl8Z, abgefragt am 03.03.2017.

behandelt die **Religionsfreiheit** und das Recht des Kindes auf Gedanken- und Gewissensfreiheit. **Art 14(3)** bekundet auch die Religionsfreiheit in den gesetzlich vorgesehenen Einschränkungen. Im Irak ist das die Scharia und mit der Scharia im Einklang steht auch die irakische Verfassung. Der Irak bestätigt aber seinen festen Willen diese Kinderrechtskonvention umzusetzen. Der irakische Kinderschutz wird mit dem "Child Protection Act, dem Children's Parliament Act, dem Child Welfare Commission Act, dem Youth Parliament und dem draft amended Minors' Welfare Act No 78 (1989)"[486] umgesetzt, um die Kinderrechte zu stärken und um der Gewalt gegen Kinder zu begegnen. Jedes Jahr wird darüber auch ein Bericht im Land veröffentlicht. Es gibt auch ein Internetportal, das über die Verbesserungen der Rechte zum Schutz der Kinder berichtet. Die kurdische Regierung hat den "Prevention of Domestic Violence Act" in der kurdischen Region des Irak 2011 veröffentlicht. Man ist stets bemüht Gesetze zu erlassen, die die Umsetzung der Konvention ermöglichen.

Kinderhandel, Kinderprostitution, Kinderdrogensucht, Kinderarbeit, Kinderheirat und unbegleitete Flüchtlingskinder sind aber die wirklich großen Sorgenpakete im Irak. Auf der anderen Seite versucht man, auch für talentierte Schüler Schulen im ganzen Land zu errichten. Ein Jugend Parlament-Projekt wurde gestartet. Das Hauptaugenmerk richtet sich aber auf die hohe Analphabetenrate. Es gilt Schulen für alle Kinder zu bauen, die Armut zu beseitigen, indem man Arbeit schafft. Frieden wäre dafür nützlich, aber im Bürgerkriegsland Irak sehr schwer umzusetzen.[487]

3 a Stellungnahme zum Irak

Der amerikanische Präsident Obama ist angetreten, um Kriege im Irak und Afghanistan zu beenden, aber 2014 erweist sich die USA als verlässlicher Partner der Kurden im Nordirak im Kampf gegen die Terrormiliz IS, denn amerikanische Soldaten, die das kurdische Militär trainieren, waren in Bedrängnis geraten. Die Kurden sind auch verlässliche Partner für die USA in Syrien und in der Türkei. Die ganze Wahrheit liegt in der ölreichen nordirakischen Gegend und bei den großen Ölfirmen wie Exxon und Chevron, die dort nach Öl bohren. Der amerikanische Einfluss in dieser Gegend darf nicht schrumpfen. Ein menschlicher Ansatz, mit dem Präsident Obama den amerikanischen Einsatz rechtfertigte, war die Rettung der bedrohten Yeziden vor dem IS. Es gab 66 Prozent Zustimmung der Amerikaner für Luftangriffe gegen den IS. Der Krieg war

486 **Irak – Länderbericht, 2014**, siehe oben.
487 **Irak – Länderbericht, 2014**, siehe oben.

für die Amerikaner unsichtbar, weit weg und ohne amerikanische Tote. Eine internationale Koalition hatte sich mittlerweile dem Luftkrieg angeschlossen, auch arabische Länder. Tausende Luftangriffe sind seither geflogen worden und Tausende tonlose Bilder sind dazu veröffentlicht worden, aber die Anzahl der IS-Krieger wird nicht geringer, denn es melden sich immer mehr Krieger, die den IS unterstützen wollen. Sie werden über das Internet angeworben und kommen aus allen Teilen der Welt. Das vom IS kontrollierte Gebiet wurde immer größer. Die irakische Regierung konnte mittlerweile ausgetauscht werden und ein neuer Präsident wurde installiert, aber Obamas Credo lautete: "no american boots on the ground", während Generäle Bodentruppen fordern. Mit den Einnahmen aus dem irakischen Ölverkauf werden die Luftangriffe gegen den IS finanziert. Durch die Hinrichtung von amerikanischen Journalisten in orangen Häftlingsanzügen, wie man sie aus Guantanamo kennt, gelangt der bisher für die Amerikaner leise Krieg in die amerikanischen Wohnzimmer. Nicole Goodwill war selbst ein halbes Jahr im Irak stationiert. Sie sagt: „Man muss damit beginnen die Probleme offen anzusprechen. Ich denke der IS würde aufhören, wenn wir Bush und Cheney wegen Kriegsverbrechen anklagen. Oder es würde sie zumindest aufhalten."[488] Für Präsident Obama war der Krieg gegen den IS eine politische Pflichterfüllung, weil die Amerikaner durch ihren Irak Krieg zum Aufstieg der radikalen Islamisten beigetragen haben. Für den neuen US Präsidenten Trump ist alles ganz einfach, er sagt: „Ich würde ihnen ihren Wohlstand wegnehmen und ihre Ölfelder bombardieren."[489]

Seit Dezember 2016 läuft im Nordirak eine Offensive zur Befreiung der Stadt Mossul von der Terrormiliz IS. Flüchtlingslager gleichen Geisterstädten. Während Krankenwagen unaufhörlich Verwundete in die eine Stunde entfernte Kurdenstadt Erbil transportieren, erschrecken traumatisierte und durch den IS fanatisierte Kinder und Jugendliche ihre Eltern, und Sittenwächter pochen auf die Einhaltung der Scharia. Wer keinen Bart trägt, dem schneiden sie den Kopf ab, erzählen Kinder in den Flüchtlingslagern. Kinder wurden aber sowohl vom IS als auch von der irakischen Armee rekrutiert.[490] Die internationale

---

488 **Fritz**, Sabrina, Ein Jahr US-Luftangriffe gegen den IS. Der unsichtbare Krieg. http://www.deutschlandfunk.de/ein-jahr-us-luftangriffe-gegen-den-is-der-unsichtbare-krieg.724.de.html?dram:article_id=327641, abgefragt am 22.02.2017.

489 **Fritz**, Sabrina, siehe oben: Siehe auch: **Prucha**, Nico, Die Stimme des Dschihad, Hamburg, 2010, S. 77 ff.

490 **Gerner**, Martin, Kampf um Mossul. Alles was zurückbleibt, ist nur Zerstörung. http://www.deutschlandfunk.de/kampf-um-mossul-alles-was-zurueckbleibt-ist-zerstoerung.1773.de.html?dram:article_id=375987, abgefragt am 22.02.2017.

Gemeinschaft kümmerte sich wenig um das Schicksal von Frauen und Kindern in den vom IS besetzten Gebieten, klagte die Irakerin Yanar Mohammed und hat ihre Kritik auch an den UN-Sicherheitsrat weitergeleitet.[491]

4 Jordanien

Jordanien hat die Kinderrechtskonvention am 29. August 1990 unterzeichnet und am 24. Mai 1991 ratifiziert. Das Haschemitische Königreich hat Scharia-Vorbehalte zu den **Artikel 14, 20 und 21** angebracht, die die **Religionsfreiheit** und **Adoption** betreffen, und formuliert, dass diese Artikel dem Konzept der toleranten Scharia widersprechen.[492]

4 aa Einwendungen (Finnland)

Finnland sagt am 9. Juni 1993 in seiner Einwendung, dass ein Vorbehalt nicht wegen einer nationalen Rechtslage gemacht werden darf, weil man sonst den Verpflichtungen des Vertrages nicht nachkommen kann. Der Vertrag soll aber trotz der Einwendung zwischen Finnland und Jordanien Rechtsgültigkeit erlangen.[493]

4.1 Jordanien – Länderbericht zum Scharia-Vorbehalt, 2013

Gemäß Artikel 44 der Konvention hat Jordanien am 1. März 2013 seinen vierten und fünften Länderbericht,[494] der bereits 2011 fällig gewesen wäre, an den

---

491 **Theissl**, Brigitte, Mohammed, Yanar kämpft für Frauenrechte im Irak, http://derstandard.at/2000042000662/Yanar-Mohammed-kaempft-fuer-Frauenrechte-im-Irak, abgefragt am 22.02.2017.

492 **Jordanien, Convention on the Right of a Child, ICRC, reservations, Art 14, 20, 21.** https://treaties.un.org/Pages/ViewDetails.aspx?src=TREATY&mtdsg_no=IV-11&chapter=4&clang=_en#EndDec, abgefragt am 03.03.2017.

493 **Jordanien, ICRC, Einwendung Finnland**, link 38. https://treaties.un.org/Pages/ViewDetails.aspx?src=TREATY&mtdsg_no=IV-11&chapter=4&clang=_en#38, abgefragt am 03.03.2017.

494 **Jordanien – Länderbericht, 2013 due in 2011, CRC/C/JOR/4–5**, http://tbinternet.ohchr.org/_layouts/treatybodyexternal/TBSearch.aspx?Lang=en&TreatyID=5&TreatyID=10&TreatyID=11&DocTypeID=29&DocTypeCategoryID=4, abgefragt am 03.03.2017, link 13, view document CRC/C/JOR/4-5, open with html, http://docstore.ohchr.org/SelfServices/FilesHandler.ashx?enc=6QkG1d%2fPPRiCAqhKb7yhsiaA1%2f6olxyVVmNojGiLiCeAK3cZ80e1vzssjQMhMXCfMUL2DElIerYkM7zFtTQo92W1G7k%2bYHRE8j0K53O%2fzMPj8c4pXXX9%2fR7E%2bznZ5xrY, abgefragt am 03.03.2017.

UN-Generalsekretär gesandt. Diese Berichte decken die Periode 2005–2011 ab und berichten über Gesetze, die abgeändert wurden, um die Konvention implementieren zu können. Der Bericht geht auch auf die Empfehlungen ein, die der Ausschuss zum dritten Länderbericht gemacht hatte.

Die Regierung von Jordanien hält aber seine Scharia-Vorbehalte zu den Art 14, 20 und 21 aufrecht und sie betont, dass diese Vorbehalte die Rechte der jordanischen Kinder nicht beeinträchtigen, da die jordanische Verfassung das Recht auf Gedanken-, Gewissens- und Religionsfreiheit gewährleistet. Die Tatsache, dass muslimische Kinder ihre Religion nicht wechseln dürfen, wäre ohnehin nur eine Form des Schutzes, den das Gesetz vorsieht, um die religiösen Rechte der Kinder abzusichern.

Der Vorbehalt zu den Artikeln 20 und 21 der Konvention betrifft die Adoption. Kinder profitieren vom islamischen System, „Kafalah",[495] einer alternativen Kinderfürsorge, die mit der Scharia vereinbar ist. Diese „Kafalah" beschützt Kinder in einem sehr hohen Grad, sodass man die Form der Adoption nicht benötigt. Der Ausschuss braucht also auch diesbezüglich über den legalen Status der Konvention in Jordanien nicht besorgt sein.

Die Kinderrechtskonvention wurde ratifiziert und in der "official gazette"[496] gemäß dem Child Ratification Act No. 50 of 2006 veröffentlicht. Internationale Verträge haben Vorrang vor dem nationalen Recht – die Verfassung ist allerdings ausgenommen. Viele nationale Gesetze sind abgeändert worden, damit sie mit der Konvention harmonieren. Doch der jordanische Gerichtshof führt wie folgt aus: „Beide, die Scharia und die gewöhnliche Rechtswissenschaft sagen, dass die internationalen Verträge, die die Staaten unterzeichnet haben, an der Spitze einer Gesetzeshierarchie dieser Staaten stehen und sie sollen, im Falle eines Konfliktes zwischen diesen Bestimmungen und den nationalen Bestimmungen, angewendet werden. Die Gerichtshöfe schlagen sich nun mit Fragen herum, was zur Anwendung kommen soll. Es ist nicht die Aufgabe der Mitgliedsstaaten dieser Verträge, zwischen Vertrag oder nationalem Gesetz auswählen zu können, was sie sich wünschen. Das ist ein wunder Punkt des allgemeinen Systems. Diese Verträge müssen etappenweise abgearbeitet werden, so wie es in der betreffenden Verfassung festgemacht ist."[497]

---

495 **Jordanien – Länderbericht, 2013**, siehe oben.

496 **Jordanien – Länderbericht, 2013**, siehe oben.

497 **Jordanien – Länderbericht, 2013**, siehe oben: "Both sharia and ordinary law jurisprudence establish that the international treaties which States sign are at the pinnacle of the hierarchy of laws of those States and are considered to prevail, for the puposes of application, should there be a conflict between their provisions and those of a

Das bedeutet aber, dass die jordanische Verfassung,[498] die schariakonform sein muss, immer Vorrang hat.

4 a Stellungnahme zu Jordanien

2015 beherbergt Jordanien 1,4 Millionen syrische Flüchtlinge, wobei zehn Prozent in Lagern untergebracht sind und der Rest sich auf das ganze Land verteilt. Fremde willkommen zu heißen, ist ein Teil der arabischen Kultur, aber wenn Fremde im Schnitt 17 Jahre bleiben, überfordert das jeden Gastgeber. Jordanien hat die Internationale Gemeinschaft um drei Milliarden Dollar Unterstützungsgelder gebeten, ca. 30 Prozent davon sind bisher jährlich gezahlt worden. Daher muss ein Viertel des jordanischen Staatshaushaltes für Flüchtlinge ausgegeben werden. König Abdullah II betont, dass die Völkergemeinschaft, Jordanien im Stich lässt. Jordaniens Schwachstelle ist die Wirtschaft. 2015 spürt Europa ein klein wenig von Jordaniens Bürde, die sie Europa abnimmt. In Jordanien müsste mehr investiert werden, damit mehr Arbeitsplätze geschaffen werden könnten, auch für die Flüchtlinge. König Abdullah spricht heute von einem 3. Weltkrieg, der gerade abgeht. Das Eingreifen der Russen in Syrien betrachtet er als eine Chance. Für ihn liegt der Schlüssel in Moskau. In Syrien müsse man zusammenfinden, um sich dem globalen 3. Weltkrieg stellen zu können. Man muss den Islamischen Staat und seine weltweiten Ableger bezwingen. Er spricht vom Bürgerkrieg im Irak, in Syrien, in Libyen, den aber die arabischen Länder nicht alleine beenden könnten. Der König fordert daher auch eine Lösung für das Israel-Palästinenser-Problem, das bei allen anderen Problemen in der Region mitschwingt.[499]

5 Kuwait

Kuwait hat die Kinderrechtskonvention am 7. Juni 1990 unterzeichnet und am 21. Oktober 1991 ratifiziert. Bei der Unterzeichnung legte Kuwait einen **generellen Scharia-Vorbehalt** ein, der bei der Ratifizierung in Hinblick auf Art 21 wie folgt spezifiziert wurde: "The State of Kuwait, as it adheres to the provisions of

---

national law. It is not for the parties in a dispute to select which treaty or law they wish to see applied. This is a contingent feature of the general system. All this is subject to the proviso that the treaties must have passed through the stages, specified in the Constitution of the country in which the dispute in question is heard."

498 **Jordanische Verfassung, 1952**, http://cco.gov.jo/Portals/0/constitution_en.pdf, abgefragt am 03.03.2017, Art 2, "Islam is the religion."

499 **König Abdullah II von Jordanien** im Interview mit Euro News, 11.11.2015, 21 Uhr.

the **Islamic shariah as the main source of legislation**, **strictly bans abandoning the Islamic religion** and **does not therefore approve adoption.**"[500] Die Hauptquelle der Gesetzgebung ist die Scharia. Religionsabfall wird nicht geduldet, Adoption ist ebenfalls nicht erlaubt.[501]

5.1 Kuwait - Länderbericht zum Scharia-Vorbehalt, 2012[502]

Gemäß Art 44 wurde am 12.05.2012 der zweite periodische Bericht,[503] der eigentlich schon 1998 fällig gewesen wäre, eingeschickt. Einführend berichtet man über die Lage in der nordwestlichen Ecke des Arabischen Golfes, die offizielle Landessprache Arabisch und den Islam, seine Religion. Kuwait ist Mitglied des Golfkooperationsrates, GCC, Mitglied der Arabischen Liga, Mitglied der Islamischen Konferenz und Mitglied der Vereinten Nationen. Kuwait ist ein reiches Land, eines der führenden Erdöl produzierenden und Erdöl exportierenden Länder der Welt und eines der Gründungsländer der OPEC, "Organisation of Petroleum Exporting Countries".[504] Kuwait ist ein sehr gut entwickeltes Land. 99 Prozent der Erwachsenen sind gebildet mit einem Durchschnittseinkommen von 43 000,– US$.

In Kuwait legt man sehr viel Wert auf Bildung. Vom Kindergarten bis zur Universität sind alle Einrichtungen frei von Gebühren zugänglich. Ca. 14 Prozent des Staatsbudgets fließen in die Bildung. Die Analphabetenrate lag 2009 bei 3,5 Prozent. Das Staatssystem wird als demokratisch bezeichnet, obwohl der Emir ein beachtliches Mitspracherecht bei der Legislative, der Exekutive und der Judikative hat. Der Emir schließt auch internationale Verträge ab. Der Vertrag ist in Kuwait gültig, wenn er unterzeichnet, ratifiziert und in der Official Gazette

500 **Kuwait, Convention on the Rights of a Child, reservations, generell und Art 21**, https://treaties.un.org/Pages/ViewDetails.aspx?src=TREATY&mtdsg_no=IV-11&chapter=4&clang=_en#EndDec, abgefragt am 03.03.2017.

501 **Die Adoption im Koran**, http://www.eslam.de/begriffe/k/kind_annehmen.htm, abgefragt am 20.02.2017. Siehe: **Zirker**, Hans, Koran, 2. Aufl. Darmstadt, 2007, Sure 33:3–5, S. 260.

502 **Kuwait – Länderbericht, 2012 due in 1998, CRC/C/KWT/2** http://tbinternet.ohchr.org/_layouts/treatybodyexternal/TBSearch.aspx?Lang=en&TreatyID=5&TreatyID=10&TreatyID=11&DocTypeID=29&DocTypeCategorylD=4, abgefragt am 03.03.2017 link 17, view document CRC/C/KWT/2, html, http://docstore.ohchr.org/SelfServices/FilesHandler.ashx?enc=6QkG1d%2fPPRiCAqhKb7yhsqkKV0xrUf%2bC9C%2f9uTI230gmEHnDnxpN9iMGSQAJwl9e80d119O2KoBV9OcrghcqS5x3zFQ%2fdnq1bHjl74xkftOhoeIO6G6OHmLxa7NeguE8, abgefragt am 03.03.2017.

503 **Kuwait – Länderbericht, 2012**, siehe oben.

504 **Kuwait – Länderbericht, 2012**, siehe oben.

veröffentlicht wurde. Der Verfassungsgerichtshof wurde mit Act no 14 of 1973 errichtet und er hat die alleinige Kompetenz, wenn eine Vertragsbestimmung mit einer Verfassungsbestimmung kollidiert.

Die kuwaitischen Gesetze legen sehr viel Wert auf die Förderung der Kinder. Genannt wird die Verfassung, das Personenstandsgesetz Act No 51 von 1984. Das Ministerium für islamische Angelegenheiten legt sehr viel Aufmerksamkeit auf gute Erziehung von Kindern, denn sie sollen aufrichtige Staatsbürger und Staatsbürgerinnen werden. Es gibt auch ein "Department of the Schöning Lamp",[505] das Programme und Veranstaltungen für Kinder organisiert.

Die Kuwaitische Verfassung gewährt Meinungsfreiheit, die im Rahmen der geltenden Gesetze ausgeübt werden kann. Öffentliche Moral, Recht und Ordnung müssen in jedem Fall erhalten bleiben. Kuwait anerkennt die wichtige Rolle der Medien, garantiert auch den Kindern Zugang zu Informationen, aber die Medien dürfen weder Gott noch den Koran oder den Propheten beleidigen.[506] Religionsfreiheit wird im ganzen Bericht kein einziges Mal genannt.

Kinder müssen vor jeglicher Ausbeutung geschützt werden, denn Kinder sind die Basis der Gesellschaft, die auf Moral und Patriotismus aufbaut. Penal Code, Act 16 of 1960, Juveniles Act No 3 of 1983, Article 185 of the Penal Code enthalten Bestimmungen zugunsten von Kindern. Es wurden unzählige Bestimmungen angeführt, aber kein einziges Wort wurde über den Scharia-Vorbehalt verloren, obwohl Kuwait bei der Unterzeichnung und der Ratifikation einen generellen Scharia-Vorbehalt angebracht hatte. Art 21 wird sogar explizit angeführt. Hier geht es um die Adoption eines Kindes. Im Bericht wird aber ausführlich das Family Fostering Act No 82/1977 angeführt. Hier werden Familien ermuntert, sich um Waisenkinder zu kümmern, und zwar als Pflegeeltern.[507]

5 a Stellungnahme zu Kuwait

Kuwait wurde 1961 unabhängig und hat sich zügig entwickelt, bis am 2. August 1990 die irakische Invasion startete, die durch eine US geführte Koalition zurückgeschlagen wurde und am 23. Februar 1991 Kuwait befreit werden konnte. Fünf Milliarden US Dollar wurden benötigt, um die Infrastruktur wiederherzustellen, die durch die Invasion beschädigt wurde. Seit dem Golfkrieg wird Kuwait

505 **Kuwait – Länderbericht, 2012**, siehe oben.

506 **Kuwait – Länderbericht, 2012**, siehe oben: "It is prohibited to publish material that disparages, ridicules or expresses contempt for the essence of God, the Holy Koran, the prophets or the noble companions, wives or family of the Prophet."

507 **Kuwait – Länderbericht, 2012**, siehe oben.

im Westen kaum wahrgenommen. Die Hälfte der Einwohner sind Ausländer. Bei der einheimischen Bevölkerung sind 60 Prozent Sunniten und 30 Prozent Schiiten. Formal ist Kuwait ein demokratischer Staat, doch der Islam spielt eine wesentliche Rolle in der Gesellschaft. Das friedliche Zusammenleben von Muslimen und Andersgläubigen wird auch in Kuwait durch islamistische Strömungen gestört.[508]

Es ist mein erster untersuchter Länderbericht, indem die Scharia mit keinem Wort erwähnt wird. Im Bericht wird über Adoption Art 21 der Konvention und Religionsfreiheit nichts geschrieben. Man gewinnt den Eindruck, dass die islamischen Gesetze völlig mit der Kinderrechtskonvention harmonieren.

6 Marokko ®

Marokko hat die Kinderrechtskonvention am 26. Jänner 1990 unterzeichnet und am 21. Juni 1993 ratifiziert. Marokko interpretiert **Art 14(1),** die **Religionsfreiheit betreffend,** im Kontext seiner Verfassung vom 7. Oktober 1996 und der nationalen Gesetze. Art 6 der Verfassung benennt den Islam als Staatsreligion und Art 54(6) des Act 70-03 des Familienkodex verlangt von den Eltern, dass sie den Kindern ein religiöses Vorbild sind und die Erziehung gutes Benehmen vermittelt.[509] Am 19. Oktober 2006 hat die marokkanische Regierung den UN Generalsekretär informiert, dass Marokko den Scharia-Vorbehalt zu Art 14 der Kinderrechtskonvention zurücknimmt ®.

6.1 Marokko – Länderbericht zum Scharia-Vorbehalt, 2013

Marokko hat seinen vierten Länderbericht[510] gemäß Art 44 der Kinderrechtskonvention am 05.08.2013 geschickt, obwohl er bereits 2009 fällig gewesen wäre.

---

508 **Draser**, Marc, Kuwait, https://www.missio-hilft.de/de/themen/religionsfreiheit/laenderberichte/kuwait.html, abgefragt am 03.03.2017.

509 **Marokko, ICRC, reservations Art 14(1) 2006 zurückgezogen**® https://treaties.un.org/Pages/ViewDetails.aspx?src=TREATY&mtdsg_no=IV-11&chapter=4&clang=_en#EndDec, abgefragt am 03.03.2017. link 45, https://treaties.un.org/Pages/ViewDetails.aspx?src=TREATY&mtdsg_no=IV-11&chapter=4&clang=_en#45, abgefragt am 03.03.2017.

510 **Marokko – Länderbericht, 2013 due in 2009, CRC/C/MAR/3-4** http://tbinternet.ohchr.org/_layouts/treatybodyexternal/TBSearch.aspx?Lang=en&TreatyID=5&TreatyID=10&TreatyID=11&DocTypeID=29&DocTypeCategoryID=4, abgefragt am 03.03.2017 link 13, view document CRC/C/MAR/3-4, http://tbinternet.ohchr.org/_layouts/treatybodyexternal/Download.aspx?symbolno=CRC%2fC%2fMAR%2f3-4&Lang=en, abgefragt am 03.03.2017, öffnen mit doc.

Das Königreich Marokko überreichte einen kombinierten dritten und vierten Länderbericht über die Umsetzung der Kinderrechtskonvention. Man berichtete über weitreichende Veränderungen in der neuen Verfassung von 2011, besonders auch bezüglich der Adoption.

2006 hat die marokkanische Regierung den **Vorbehalt zu Art 14 der Konvention zurückgezogen** und nur mehr eine Erklärung zu Art 14(1) beim Generalsekretär der Vereinten Nationen abgegeben. Bei Art 14(1) der Konvention geht es um die Religionsfreiheit, die man in Marokko im Lichte der Verfassung sehen müsse. Art 6 der Verfassung sieht den Islam als Staatsreligion vor. **Religionsfreiheit bedeutet für Marokko, Freiheit sich zum Islam zu bekennen.** Art 54(6) des Act 70-03 des Familienkodex sagt, dass Eltern ihren Kindern gute religiöse Führung schulden. Im Rahmen der neuen Verfassung vertritt Marokko genau diese Position. Ob man ungestraft vom Islam abfallen dürfe, geht aus dem Bericht nicht hervor.

Im Zeitraum von 2003 bis 2011 hat Marokko unheimlich viele nationale Gesetze abgeändert, damit sie mit den Prinzipien der Kinderrechtskonvention harmonieren. Erwähnenswert ist die Adoption. Gesetzestexte sollen schließlich die Rechte des Kindes fördern, daher wurde auch der Familienkodex abgeändert. Nun gibt es einen wesentlichen Unterschied zur früheren „Mudawana", das Kinderrecht nur im Rahmen des Unterhalts berücksichtigte. Heute müssen Kinderrechte in Marokko auf breiter Ebene berücksichtigt werden. Es gibt Gleichheit zwischen Buben und Mädchen zum Beispiel beim Heiratsalter, in Bezug auf das Erbe und bei der Scheidung kann sich das Kind aussuchen, ob es in der Obhut des Vaters oder der Mutter sein möchte.

Die Kinderrechtskonvention wurde auf vielseitige Art und Weise in der Gesellschaft bekannt gemacht. Man hat 2500 Kopien der Konvention auf Französisch und auf Arabisch in Schulen verteilt, auch Werbespots wurden im Radio und im Fernsehen gesendet. Marokko bemüht sich vielseitig, ein moderner Staat zu werden.[511]

7 Oman ®

Der Oman ist der Kinderrechtskonvention am 9. Dezember 1996 beigetreten, fühlt sich aber nicht verpflichtet dem Kind Religionsfreiheit zu gewähren, solange das Kind nicht volljährig ist. Das bedeutet **Scharia-Vorbehalt zu Art 14**. Am 9. Dezember 2014 wurden die Vorbehalte zu **Art 21**, betreffend die Adoption und **Art 7**, betreffend die Staatsbürgerschaft **zurückgezogen**®. Der Vorbehalt zu

511 **Marokko – Länderbericht, 2013**, siehe oben.

Art 14 bleibt. The Sultanate does not consider itself to be bound by those provisions of article 14 of the Convention that accord a child the right to choose his or her religion.[512]

7.1 Oman – Länderbericht zum Scharia-Vorbehalt, 2006

Am 08.05.2006 hat das Sultanat Oman gemäß Art 44 der Konvention seinen zweiten Länderbericht,[513] der 2004 fällig gewesen wäre, geschickt und zeigte sich darüber sehr erfreut. Einleitend wird darauf hingewiesen, dass der Islam die offizielle Religion des Landes ist und daher Mutterschaft und Kindschaft die wichtigsten sozialen Faktoren darstellen, die von der Islamischen Scharia hergeleitet werden. Die Familie und die aufrechte Ehe sind die bedeutendsten Eckpfeiler für Kinder.

Der Bericht betont auch die Verantwortung der muslimischen Gesellschaft für Waisenkinder, die im Rahmen eines Pflegschaftssystems, „Kafalah"[514] großgezogen werden. Adoption ist im sunnitischen Islam verboten, aber man betrachtet Pflegeeltern als guten Ersatz und einer Adoption gleichwertig.

Das Sultanat Oman erstreckt sich 3165 km entlang des Arabischen Meeres und bildet durch den Golf von Oman den Eingang zum Indischen Ozean. Im Norden des Sultanats führt die wichtigste Erdölstraße, die enge Meeresstraße von Hormuz. Das Sultanat hat Grenzen mit Saudi-Arabien, mit den Vereinigten Arabischen Emiraten und mit der Republik Jemen. Wie auch in diesen Ländern, müssen internationale Verträge, wie die Kinderrechtskonvention, die das Sultanat ratifiziert hat, in der "Official Gazette" publiziert werden. Diese Kinderrechtskonvention ist im Sultanat in Schulen und Universitäten gebührend bekannt gemacht worden. Tausende Kopien wurden dort verteilt. Die Zusammenarbeit mit UNICEF war ebenfalls sehr hilfreich.

---

512 **Oman, CRC, reservations,** https://treaties.un.org/Pages/ViewDetails.aspx?src=TREATY&mtdsg_no=IV-11&chapter=4&clang=_en#EndDec, weiter mit link 48, abgefragt am 03.03.2017.

513 **Oman – Länderbericht, 2006 due in 2004, CRC/C/OMN/2** http://tbinternet.ohchr.org/_layouts/treatybodyexternal/TBSearch.aspx?Lang=en&TreatyID=5&TreatyID=10&TreatyID=11&DocTypeID=29&DocTypeCategorylD=4, abgefragt am 03.03.2017, weiter mit link 39, view document CRC/C/OMN/2, öffnen mit html, http://docstore.ohchr.org/SelfServices/FilesHandler.ashx?enc=6QkG1d%2fPPRiCAqhKb7yhsomYmrW4g8ER%2boj%2bFNa2k6cminMol5F%2fIi4Z4oLJcY04MWEKKDT%2ftroEzXHuxgGSr%2b4AMgFmWY%2b%2f1ak%2fE%2bXWvVtAqnwscZ0MUOA7w6LJLx60, abgefragt am 03.03.2017.

514 **Oman – Länderbericht, 2006,** siehe oben.

Das Sultanat hatte zu den Art 7, 9, 14, 21, 30, ursprünglich Vorbehalte * angebracht. Geblieben ist der Scharia-Vorbehalt zu Art 14. Im Länderbericht wurde darauf nicht eingegangen. Man stellt lediglich fest: "Art 28 of the Basic Law of the State guarantees the freedom of individuals to perform their religions observances."[515] Es gibt nichts, was Kinder daran hindert, irgendetwas über ihre Religion zu lernen, oder ihre Religion auszuüben, sofern dies nicht die öffentliche Moral und Ordnung behindert. In privaten Schulen werden nichtmuslimische Studenten vom Religionsunterricht befreit. In Gemeinschaftsschulen, die einen Studentenmix und einen Religionsmix aufweisen, wird kein religiöses Material verwendet.[516]

7 a Stellungnahme zum Oman

Das Sultanat Oman ist ein ziemlich großes Land, etwas kleiner als Deutschland, hat aber nur 2, 8 Millionen Einwohner (80 Millionen in Deutschland) und davon sind 1, 2 Millionen Gastarbeiter. Sultan Qabus ibn Said al Said hatte selbst seinen Vater ins Exil geschickt, das Land einer sanften Modernisierung unterzogen und regiert seit 1970. Er ist bei seinem Volk sehr beliebt. Bei seinem Amtsantritt waren 75 % der Omanis Analphabeten. Es gab nur drei Schulen. Heute gibt es 1300 Schulen und auch Universitäten. Alle omanischen Kinder bekommen zur Volljährigkeit mit 18 Jahren ein Grundstück im Ausmaß von $600m^2$ vom Sultan geschenkt. Mittlerweile ist Sultan Qabus schwer erkrankt und für einen arabischen Herrscher ungewöhnlich – kinderlos. Auch dem Oman drohen daher unruhige Zeiten, sollte die Nachfolge nicht reibungslos funktionieren, denn der Oman ist strategisch gesehen ein sehr wichtiges Land, das Begehrlichkeiten weckt. 60 % des weltweit verbrauchten Erdöls passiert die Straße von Hormus, wo das Sultanat und der Iran wichtige Positionen einnehmen.[517]

Die Stellungnahme zu Art 14(1) der Konvention ist in diesem Länderbericht sehr knapp bemessen und geht eigentlich nicht darauf ein, ob ein muslimisches Kind seinen Glauben wechseln könnte, ohne dafür bestraft zu werden. In sunnitisch muslimischen Ländern lautet die Devise eher: einmal muslimisch, immer muslimisch! Im Oman wird eine weniger gebräuchliche Form des Islam gelebt, nämlich der **Ibadismus, eine eigene Mischung aus Sunnah und Schia.** Pazifismus, Toleranz und Nachsicht sind bei dieser Form des Islam äußerst ausgeprägt. Adoption wird aber dennoch nicht anerkannt. Die Ibadiya, den Ibadismus findet

---

515 **Oman – Länderbericht, 2006,** siehe oben.

516 **Oman – Länderbericht, 2006,** siehe oben.

517 **Oman**, eigene Recherche im Land, 2017.

man nur im Oman, in Sansibar, das bis 1861 zum Sultanat gehört hatte und in einigen Enklaven Tunesiens und Algeriens. Religionsfreiheit bezieht sich auch im Islam ibaditischer Prägung eher auf die Nichtgläubigen, die in der Regel nicht behindert werden, wenn sie ihren Glauben ausüben oder auch ändern möchten. Im Schlussstatement des Berichtes wird zwar angemerkt: "Its reservations undergo periodic review and thorough consideration", (CRC/C15/Add. 161)[518] und die Verfassung sagt in Art 2, dass die Scharia die Grundlage der Gesetzgebung ist. "The religion of the State is Islam and Islamic Sharia is the basis of legislation."[519]

Ich möchte noch darauf hinweisen, dass in der Präambel des Übereinkommens über die Rechte des Kindes steht, dass den Kindern in den Ländern der Welt besondere Berücksichtigung zukommen muss, und dass unter **gebührender Beachtung der Traditionen und der kulturellen Werte jedes Volkes,** für den Schutz und die harmonische Entwicklung des Kindes zu sorgen ist. In muslimischen Ländern ist die Scharia mehr als eine Tradition – sie ist das Gesetz Gottes.

8 Qatar ®

Qatar hat die Kinderrechtskonvention am 8. Dezember 1992 unterzeichnet und am 3. April 1995 ratifiziert. **Primär** gab es einen **generellen Scharia-Vorbehalt**, hinsichtlich aller Artikel, die mit der Scharia nicht vereinbar waren. Dann hat man sich 2009 entschlossen, die generelle Scharia zurückzuziehen. Betreffend Art 2 und Art 14 besteht er aber weiterhin.[520]

„**Art 2(1)** Die Vertragsstaaten achten die in diesem Übereinkommen festgelegten Rechte und gewährleisten sie jedem ihrer Hoheitsgewalt unterstehenden Kind ohne jede Diskriminierung unabhängig von der Rasse, der Hautfarbe, dem Geschlecht, der Sprache, der **Religion**, der politischen und sonstigen Anschauung, der nationalen, ethnischen oder sozialen Herkunft, des Vermögens, einer Behinderung, der Geburt oder des sonstigen Status des Kindes, seiner Eltern oder seines Vormundes.

---

518 **Oman – Länderbericht, 2006,** siehe oben: **Rücknahme, Genereller Scharia-Vorbehalt®.**

519 **Oman Constitution, 2011**, https://www.constituteproject.org/constitution/Oman_2011.pdf, abgefragt am 14.01.2017, Art 2, "The religion of the State is Islam and Islamic Sharia is the basis for legislation."

520 **Qatar, ICRC, reservations, Genereller Vorbehalt zurückgezogen, Vorbehalt zu Art 2, Art 14 bleibt**, https://treaties.un.org/Pages/ViewDetails.aspx?src=TREATY&mtdsg_no=IV-11&chapter=4&clang=_en#EndDec, abgefragt am 03.03.2017.

Art 2(2) Die Vertragsstaaten treffen alle geeigneten Maßnahmen, um sicherzustellen, dass das Kind vor allen Formen der Diskriminierung oder Bestrafung wegen des Status, der Tätigkeiten, der Meinungsäußerungen oder der Weltanschauung seiner Eltern, seines Vormunds oder seiner Familienangehörigen geschützt ist.

Art 14(1) Die Vertragsstaaten achten das Recht des Kindes auf Gedanken-, Gewissens- und **Religionsfreiheit.**

Art 14(2) Die Vertragsstaaten achten die Rechte und Pflichten der Eltern und gegebenenfalls des Vormunds, das Kind bei der Ausübung dieses Rechts in einer seiner Entwicklung entsprechenden Weise zu leiten.

Art 14(3) Die Freiheit seine Freiheit, seine **Religion** oder Weltanschauung zu bekunden, darf nur den gesetzlich vorgesehenen Einschränkungen unterworfen werden, die zum Schutz der öffentlichen Sicherheit, Ordnung, Gesundheit, Sittlichkeit oder der Grundrechte und -freiheiten anderer erforderlich sind."[521]

8 aa Einwendungen[522] (Schweden, Dänemark, Belgien, Österreich)

Schweden machte am 29. März 1994 einen Einwand gegen den Vorbehalt von Qatar. Ein Einwand gegenüber Qatar wurde1996 von **Dänemark** nachgereicht, weil der Scharia-Vorbehalt gegen Ziel und Zweck des Vertrages verstößt, auch weil der Vorbehalt nicht genau definiert wurde. Der Vertrag soll aber trotzdem mit Qatar, Schweden und Dänemark zustande kommen. Dänemark ist auch der Ansicht, dass es kein Zeitlimit für einen Einwand gegen den Vorbehalt gibt. "It is

---

521 **Kinderrechtskonvention**, http://www.bgbl.de/xaver/bgbl/start.xav?startbk=Bundesanzeiger_BGBl&jumpTo=bgbl292s0121.pdf#__bgbl__%2F%2F*[%40attr_id%3D%27bgbl292s0121.pdf%27]__1452184336903, abgefragt am 07.01.2016, erneuert am 03.03.2017.

522 **ICRC, Einwendung gegen Scharia-Vorbehalte Qatar, von Schweden**, link 20, https://treaties.un.org/Pages/ViewDetails.aspx?src=TREATY&mtdsg_no=IV-11&chapter=4&clang=_en#20, abgefragt am 03.03.2017. **Einwendung von Dänemark**, siehe link 22, https://treaties.un.org/Pages/ViewDetails.aspx?src=TREATY&mtdsg_no=IV-11&chapter=4&clang=_en#22, abgefragt am 03.03.2017. **Einwendung von Belgien**, siehe link 50, https://treaties.un.org/Pages/ViewDetails.aspx?src=TREATY&mtdsg_no=IV-11&chapter=4&clang=_en#50, abgefragt am 03.03.2017. **Einwendung von Österreich**, siehe link. 51, https://treaties.un.org/Pages/ViewDetails.aspx?src=TREATY&mtdsg_no=IV-11&chapter=4&clang=_en#51, abgefragt am 03.03.2017. **Qatar-Genereller Scharia-Vorbehalt zurückgezogen**,* siehe link 52, https://treaties.un.org/Pages/ViewDetails.aspx?src=TREATY&mtdsg_no=IV-11&chapter=4&clang=_en#52, abgefragt am 03.03.2017.

the opinion of the Government of Denmark that no time limit applies to objections against reservations, which are inadmissible under international law." Die dänische Regierung rät Qatar den Vorbehalt zu überdenken. **Belgien** akzeptiert den Scharia-Vorbehalt Qatars ebenfalls nicht und sagt der Vorbehalt verstößt gegen Ziel und Zweck des Vertrages und nennt **Art 51(2)** des Vertrages. Am 18. Juni 1996 erhebt auch **Österreich** einen Einwand gegen den Scharia-Vorbehalt Qatars.[523] 2009 informierte die Regierung von Qatar den Generalsekretär, dass der generelle Scharia-Vorbehalt[524] teilweise zurückgezogen wird.

8.1 Qatar – Länderbericht zum Scharia-Vorbehalt, 2008

Qatar hat seinen zweiten Länderbericht[525] am 16.12.2008 eingereicht, der allerdings bereits 2002 fällig gewesen wäre. In Qatar sind Kindheit und Probleme der Kinder von äußerster Wichtigkeit. Kinder genießen größtmöglichen Schutz. Dieser zweite Bericht an den Kinderrechtsausschuss wurde zwischen 2001 und 2006 vorbereitet. Er beinhaltet die Verpflichtung des Landes, gemäß Art 44 der Kinderrechtskonvention, von der Verwirklichung und den Fortschritten bei der Umsetzung des Vertrages zu berichten. Ferner gibt der Länderbericht Antworten auf die Empfehlungen des Ausschusses, anlässlich des ersten Berichtes aus 1999. Qatar hatte nach der Ratifizierung der Konvention einen generellen Scharia-Vorbehalt abgegeben. Qatar hat diesen generellen Scharia-Vorbehalt mittlerweile auf Empfehlungen des Ausschusses, 2009 zurückgenommen®. Nur zu den Art 2 und Art 14 wurde mittels Deklaration ein anhaltender Scharia-Vorbehalt bestätigt.

Qatar hat in der Zwischenzeit viele nationalen Bestimmungen den Menschenrechtsstandards angepasst. Die Kinderrechtskonvention ist mit Zitaten aus dem Koran und mit bestimmtem Hadith aus der Sunnah des Propheten verglichen worden. Im Rahmen von Seminaren und Workshops wurde diese Konvention

---

523 **ICRC, Einwendung von Österreich**, siehe oben: **Art 51(2)** "A reservation incompatible with the object and purpose of the present Convention shall not be permitted."

524 **Qatar, ICRC reservation**, siehe oben, **Genereller Scharia-Vorbehalt Qatar**, "The State of Qatar] enter(s) a general reservation by the State of Qatar concerning provisions incompatible with Islamic Law."

525 **Qatar – Länderbericht, 2008, CRC/C/QAT/2**, http://tbinternet.ohchr.org/_layouts/treatybodyexternal/Download.aspx?symbolno=CRC%2fC%2fQAT%2f2&Lang=en, abgefragt am 03.03.2017. http://docstore.ohchr.org/SelfServices/FilesHandler.ashx?enc=6QkG1d%2fPPRiCAqhKb7yhsmZRXMMSAY1MLz5UyfGcYOeY4%2bMa5cY86qubVCz9JLehgVnIFd0hpBJ3X%2fn6t47i3NFOKMntaI0sbjl4lHC9EuLZYTPM480tlRvMRoADzmtI, abgefragt am 03.03.2017.

einem breiten Publikum vorgestellt. Unterstützung erhielt die Kinderrechtskonvention durch das Office of the United Nations High Commissioner for Human Rights, OHCHR, durch den United Nations International Children's Emergency Fund, UNICEF und durch "her Highness Sheikka Mozah Bint Nasser Al-Misnad."[526]

Dem Scharia-Vorbehalt zu **Art 2** der Konvention, wo es um Diskriminierung wegen des Geschlechts geht, wird ein detaillierter Bericht über das Scharia geprägte **Erbrecht** beigestellt.[527] Die Art 241 bis 301 im Family Act gestalten das Erbrecht von Mädchen und Knaben in Qatar. Auch Kinder erben nach der Scharia. Es erbt sogar der Fötus. Der Erbteil ist vom Geschlecht abhängig. Ehefrauen, Schwestern, Töchter, Enkelinnen und Großmütter, alle erben gemäß der Scharia. Die Regeln sind strikt, aber nach unserem Ermessen fremdartig und sehr verschieden von unserem Erbrecht. Die islamische Jurisprudenz hält sich im Erbrecht strikt an den Koran. Ferner gibt es eine Liste mit 34 Fallbeispielen, nach denen Frauen und Mädchen berechtigt sind, unterschiedliche Anteile zu erben. Die Regel, dass in jedem Fall ein Sohn doppelt so viele Anteile erbt wie eine Tochter, stimmt nicht immer. Im qatarischen Länderbericht werden diesbezüglich viele Fälle sehr aufschlussreich beschrieben.

Art 14 der Konvention ist auch mit einem Scharia-Vorbehalt behaftet. Hier geht es um die **Religionsfreiheit.** Die qatarische Verfassung garantiert in Art 50 Religionsfreiheit. Qatar ist ein muslimisches Land, das seinen muslimischen Kindern nicht erlaubt, die Religion zu wechseln. Es zwingt aber andere Kinder nicht, ihren Glauben aufzugeben und sich zum Islam zu bekennen. Gott sagt: „Es gibt keinen Zwang in der Religion." Wer aber einmal Muslim ist, der bleibt das ein Leben lang. Kinder erhalten automatisch die Religion ihres Vaters.[528]

---

526 **Qatar – Länderbericht, 2008**, siehe oben, siehe auch: Interview mit Sheikka Mozah Bint Nasser Al-Misnad, https://www.youtube.com/watch?v=kF9I8Mc2kvs, abgefragt am 03.03.2017.

527 **Qatar – Länderbericht, 2008**, siehe oben, "In its concluding observations, the committee expresses concern about discrimination against females and children born out of wedlock under existing personal status law (e.g. in inheritance, custody and guardianship)."

528 Die Sängerin Jamala gewann beim 61 Song Contest für die Ukraine. Jamala ist das Kind eines Muslim und einer Christin. Egal wo du geboren wirst und lebst, wenn der Vater Muslim ist, ist das Kind auch Muslim. Jamala ist die erste Muslimin, die den Wettbewerb gewonnen hat.

8.2 Qatar – Länderbericht zum Scharia-Vorbehalt, 2016[529]

Am 24. Juni 2016 ist ein weiter Bericht aus Qatar beim Generalsekretär der Vereinten Nationen eingetroffen, der 2013 fällig gewesen wäre. Qatar hat seinen generellen Scharia-Vorbehalt bereits aufgegeben, aber die **Vorbehalte zu den Art 2 und Art 14 weiterhin aufrecht** gehalten, weil Artikel 34 der Verfassung von 2004 ohnehin festhält, dass "Citizens shall be equal in terms of public rights and duties." Wiederholt wird auch der Art 35 der Verfassung "All persons are equal before the law and there shall be no discrimination whatsoever on grounds of gender, race, language or religion." Der Ausschuss hat aber in seinen letzten Bemerkungen aus 2009 Befürchtungen zum bestehenden "Family Act" und "Nationality Act" geäußert. Nach beiden Gesetzeswerken werden Frauen und Mädchen weiterhin diskriminiert. "Furthermore, discrimination against children born out of wedlock and children of migrant workers is an issue of particular concern to the Committee." Der Ausschuss appelliert weiterhin an das Mitgliedsland der Konvention, die Anliegen des Art 2 umzusetzen und die nationale Gesetzgebung dementsprechend zu ändern. Im letzten Bericht versichert Qatar, dass im Land nicht diskriminiert wird, und benennt die Einrichtungen für Waisenkinder. Zur Religionsfreiheit nach Art 14 bezieht Qatar nur knapp Stellung. "With respect to freedom of thought, conscience and religion, the present report refers to the two previous periodic reports of Qatar."[530] **Die Scharia-Vorbehalte zu Art 2 und Art 14 bleiben also bestehen.**

8 a Stellungnahme zu Qatar

Zusammenfassend gilt: freier Eintritt, aber kein freier Austritt aus dem Islam. Dieser Scharia-Vorbehalt zu Art 14 der Konvention widerspricht dem Sinn und Zweck des Vertrages. Wenn man aber die Präambel der Kinderrechtskonvention dazu liest, dass Traditionen[531] zu berücksichtigen sind, macht der

---

529 **Qatar – Länderbericht zur Kinderrechtskonvention, 2016 due 2013**, http://docstore.ohchr.org/SelfServices/FilesHandler.ashx?enc=6QkG1d%2fPPRiCAqhKb7yhsmZRXMMSAY1MLz5UyfGcYOdilbJbVaX1N%2fSbJLw0dm%2bGZm2iT%2fw5HZd6qQP3Gmp8RBcpkCp3NJig%2fIWGDdWIJMyM3pQ3dBEA3PDmjFx%2fGcr0, abgefragt am 03.03.2017.

530 **Qatar – Länderbericht, 2016**, siehe oben: "The Committee recommends that the State party makes greater efforts to ensure that all children within its jurisdiction enjoy all the rights enshrined in the Convention without discrimination, in accordance with article 2, by effectively reviewing its existing laws which are not in accordance with the principle of non-discrimination ..."

531 **Päambel, Kinderrechtskonvention**, siehe oben: „unter gebührender Beachtung der Bedeutung der Traditionen und kulturellen Werte jedes Volkes."

Scharia-Vorbehalt Sinn und die Religionsfreiheit gilt nur für alle Ungläubigen, also Andersgläubigen. Im Islam ist es seit 1400 Jahren Usus, dass man seine Religion nicht wechselt. Kommt es dennoch dazu, dann bedeutet das Abfall vom Glauben. Muslimische Staaten sind keine säkularen[532] Staaten. Der Islam ist nicht Privatangelegenheit, der Islam ist ein Teil des politischen Systems. Der **Islam ist nach traditioneller Auffassung Religion und Staat** in einem, >din wa daula<. Abfall vom Glauben ist gleichbedeutend mit Staatsverrat.

9 Saudi-Arabien

Saudi-Arabien ist der Kinderrechtskonvention am 26. Jänner 1996 mit einem Vorbehalt gegen alle Artikel beigetreten, die mit dem Islamischen Recht nicht harmonieren.[533]

9 aa Einwendungen (Finnland)

Am 20. März 1997 machte nur Finnland dagegen einen Einwand, der auch nicht näher definiert wurde. Auf jeden Fall sollte aber der Vertrag zwischen Finnland und Saudi-Arabien in Kraft treten.[534]

9.1 Saudi-Arabien – Länderbericht zum Scharia-Vorbehalt, 2015

Saudi-Arabien hat am 08.04.2015 seinen dritten und vierten Länderbericht,[535] der bereits 2011 fällig gewesen wäre, eingesandt und man reagierte auf die Empfehlungen des internationalen Ausschusses für Kinderrechte, betreffend den generellen Scharia-Vorbehalt des Königreiches Saudi-Arabien zur

---

532 Ausnahme ist die Türkei.

533 **Saudi-Arabien, ICRC, reservations, Saudi-Arabia, Genereller Scharia-Vorbehalt**, "The Government of Saudi Arabia enters reservations with respect to all such articles as are in conflict with the provisions of Islamic law." https://treaties.un.org/Pages/ViewDetails.aspx?src=TREATY&mtdsg_no=IV-11&chapter=4&clang=_en#EndDec, abgefragt am 03.03.2017.

534 **Saudi-Arabien, ICRC, Einwendung von Finnland gegen reservations Saudi-Arabien**, link 24, https://treaties.un.org/Pages/ViewDetails.aspx?src=TREATY&mtdsg_no=IV-11&chapter=4&clang=_en#, abgefragt am 24 03.03.2017.

535 **Saudi-Arabien – Länderbericht, 2015 due in 2011, CRC/C/SAU/3–4**, http://tbinternet.ohchr.org/_layouts/treatybodyexternal/TBSearch.aspx?Lang=en&TreatyID=5&TreatyID=10&TreatyID=11&DocTypeID=29&DocTypeCategorylD=4, abgefragt am 03.03.2017. view document, **CRC/C/SAU/3–4**, mit doc öffnen, http://tbinternet.ohchr.org/_layouts/treatybodyexternal/Download.aspx?symbolno=CRC%2fC%2fSAU%2f3-4&Lang=en, abgefragt am 03.03.2017.

Kinderrechtskonvention. Es wurde ein Komitee von vielen Autoritäten geformt und diskutiert, wie man den Vorbehalt zurückziehen oder einengen könnte. Man hat lange über die Auswirkung des Scharia-Vorbehaltes auf diese Konvention diskutiert und darüber, ob eine Rückziehung des Vorbehaltes mit dem Islamischen Gesetz vereinbar wäre. Schließlich hat die saudische Regierung bestätigt, dass der Vorbehalt nicht zurückgezogen werden muss, weil **dieser Scharia-Vorbehalt die Umsetzung der Konvention nicht behindere.** Der Staat werde sich trotz Vorbehaltes bemühen, seinen Verpflichtungen aus dem Vertrag nachzukommen.

Der Ausschuss für Kinderrechte hat im Paragraph 41 darauf hingewiesen, dass man für religiöse Toleranz den Dialog in der Gesellschaft herstellen müsse. Bei dieser Gelegenheit ist es wichtig zu betonen, dass die saudi-arabische Gesellschaft in Religion und Sprache homogen ist. Art 1 des Basic Law of Governance setzt fest: "The Kingdom of Saudi Arabia is a fully sovereign Arab Islamic State. Its religion is the Islam. Its Constitution is the Holy Koran and the Sunnah of the Prophet and its language is Arabic."[536] Trotzdem möchte man betonen, dass der Staat alle nicht muslimischen Bürger und deren Glauben im Land respektiert. Die Regierung mischt sich in deren Glaubensangelegenheiten nicht ein. Saudische Familien wollen ihre Kinder im Sinne des Islam erziehen. Saudische Autoritäten bemühen sich um religiöse Toleranz und Dialogfähigkeit – ganz im Sinne der Kinderrechtskonvention. Das König Abdulaziz Zentrum ist bekannt für seine außerordentlichen Bemühungen um Dialog, Modernisierung, Toleranz und Koexistenz im Sinne von Gerechtigkeit, Gleichheit und Meinungsfreiheit.

Gleiche Bildung für alle Bürger und Bürgerinnen ist ein weiteres Ziel, um das man sich bemüht. Es gibt Schulzwang für die 6–15-jährigen ohne Unterschied, ob es sich um saudische Kinder oder Kinder von "non saudi residents" handelt. In Saudi-Arabien gibt es seit 29 Jahren viele fremde Schulen "that fulfill the child's right to education compatible with his or her religion, language and heritage. More than 20 foreign curricula are taught in the Kingdom."[537] Mittlerweile gibt es 171 Schulen für Fremde. Manchmal schicken sogar saudische Familien ihre Kinder in diese fremden Schulen.

Das König Abdulaziz Zentrum veranstaltet oft Konferenzen und Workshops, um dort über die Herausforderungen der Globalisierung und die kulturelle Öffnung zu diskutieren. Es gibt auch oft Austauschveranstaltungen, wo sich saudische Studenten und Studentinnen mit ihren Kollegen und Kolleginnen von den internationalen Schulen begegnen. Hier werden die Probleme der Kinder und

536 **Saudi-Arabien – Länderbericht, 2015,** siehe oben.
537 **Saudi-Arabien – Länderbericht, 2015,** siehe oben.

Jugendlichen besprochen. **Die saudische Gesellschaft möchte sich öffnen und sie will diese neuen Ideen kompatibel mit der Scharia machen.** Dafür hat man unzählige Gesetze reformiert und Dekrete herausgegeben. Der Länderbericht ist über 100 Seiten lang und voll von neuen Bestimmungen, dass ein saudi-arabisches Kind seine Religion frei bestimmen kann, gibt es aber nach wie vor nicht.

9 a Stellungnahme zu Saudi-Arabien und politischer Hintergrund

Der Gründer des saudischen Königreiches, Ibn Saud, (1876–1953) war 22 Mal verheiratet. Er war aber nie mit mehr als mit vier Ehefrauen gleichzeitig verheiratet und hatte daher die islamische Tradition nicht verletzt. Verlässliche Quellen sprechen von 36 Söhnen und 21 Töchtern, die ebenfalls alle mehrfach geheiratet haben. Heute gibt es 7000–8000 Prinzen und Prinzessinnen. Daraus resultierten bedeutende und weniger bedeutende Familienzweige, da Ibn Saud auch zahlreiche nicht arabische Frauen geheiratet hatte. Ihre Kinder sind weniger wert. Ein Familienstreit vor und hinter den Kulissen, bezüglich der Thronnachfolge, war und ist immer vorprogrammiert.

Daneben fühlt sich das Haus Saud durch die schiitischen Rivalen im Iran belagert. Houthi Rebellen im Jemen machen den Saudis seit 2015 das Leben im Jemen schwer. Die Muslimbruderschaft steht ebenfalls nicht in der Gunst des Königreiches, das seit dem Fall des gewählten Muslimbruders Mursi in Ägypten, begeistert den ägyptischen Militärputsch unterstützt und seit 2014 die Muslimbruderschaft als terroristische Gruppe eingestuft hat.

Heute hat der Sturz des syrischen Präsidenten Priorität. Saudischen Kämpfern in Syrien verwehrt man allerdings die Rückkehr ins Königreich. Mit den USA gemeinsam wird der Islamische Staat bekämpft, der das saudische Königreich für unislamisch hält, obwohl er ebenfalls der wahhabitischen Glaubensüberzeugung nahesteht.

Auch Menschenrechts-Aktivisten sind für das Königreich zu einer zu bekämpfenden Spezies geworden. Der liberale Blogger Raif Badawi ist wegen Beleidigung des Islams zu 1000 Peitschenhieben verurteilt worden. Alle die gegen Menschenrechtsverletzungen kämpfen und politische Reformen verlangen, wie etwa eine zeitgemäße Verfassung oder freie Wahlen, werden verfolgt. Mit Öldollars kann man sich noch die Loyalität des Volkes erkaufen, doch der Krieg im Jemen, die Unterstützung Ägyptens und die Zahlungen an die syrischen Rebellen belasten das saudische Budget enorm.[538]

---

538 **Aarts**, Paul und **Roelants**, Carolien, Saudi-Arabien: Die Tücken der Machtübertragung, S. 4–9, in: Inamo, Nr. 87, Saudi-Arabien, Herbst 2016.

Die Saudis wollten auch das Gaddafi-Regime in Libyen stürzen. Sie verteilten Geld und Waffen und verursachten damit Chaos. Die damalige US Außenministerin Hillary Clinton drängte auf einen Krieg und verließ sich auf die Informationen der Franzosen und der Saudis. Gaddafi seinerseits bezeichnete Saudi-Arabien als eine Schöpfung der Briten und der USA. Der Arabische Frühling bot den Saudis an, nicht nur in Libyen, sondern auch in Syrien, Bahrain und im Jemen einzugreifen. Saudi-Arabien kaufte für viele Milliarden „schöne" Waffen aus Amerika und heuerte Söldner von Pakistan bis Marokko an, denn wenige Saudis sterben gerne am Schlachtfeld.

Das reichste arabische Land bombardiert seit dem 26. März 2015 das ärmste arabische Bruderland, den Jemen. Die Infrastruktur ist zerstört und eine Hungersnot bedroht das jemenitische Volk. Saudi-Arabien beschuldigt auch die USA, Syrien nicht bombardiert zu haben und die iranischen Nuklearsanktionen aufgehoben zu haben.[539] Saudi-Arabien kümmert sich eigentlich nicht um die Umsetzung der Kinderrechtskonvention, sondern ist eher bemüht, die Anwendung der Konventionsbestimmungen von ihrer Vereinbarkeit mit der Scharia wahhabitischer Lesart abhängig zu machen. Saudi-Arabien fährt in jeder Hinsicht einen Konfrontationskurs und in diesem Zusammenhang tauchen auch viele Fragen auf.

Warum erfolgte 2016 in Brüssel ein Terroranschlag? Warum waren so viele Attentäter von Paris belgische Staatsbürger? Warum ist die Ideologie des Islamischen Staates mit dem Wahhabismus der Saudis so eng verbunden? Was geschah 1964 in Saudi-Arabien?

König Feisal hatte seinen Halbbruder König Saud wegen dessen Unfähigkeit abgesetzt. König Saud versuchte, sich den Plänen des ägyptischen Präsidenten Gamal Nasser entgegenzustellen, der immer wieder versucht hatte, das saudische Königshaus öffentlich bloßzustellen. Der saudische Prinz at-Talal weilte im ägyptischen Exil und bastelte an einer dynastischen Strukturänderung. König Feisal benötigte für seine Regentschaft die Unterstützung der Ulamah, der konservativen, islamischen Rechtsgelehrten, um das Königreich vor einer Spaltung zu bewahren. Diese Hilfe war allerdings nicht gratis. König Feisal musste diesem religiösen Establishment Macht abtreten. **Die Religiösen bekamen Einfluss auf das arabische Bildungssystem, kontrollierten die Frauen- und Kinderrechte und die religiöse Missionierung im Ausland.**

539 **Prashad**, Vijay, Wir sind Zeugen des Niedergangs der Großmacht Saudi-Arabien, S. 10–11, in: Inamo, Nr. 87, Saudi-Arabien, Herbst 2016.

Der Erdölverkauf sprudelte viele Dollars in die arabische Staatskasse und ermöglichte den wahhabitischen Islam in die ganze Welt zu exportieren. Der belgische König Baudouin unterstützte diese religiös motivierte Außenpolitik der Saudis 1967 durch einen Erdölliefervertrag, den er mit König Feisal abgeschlossen hatte. Darüber hinaus benötigte Belgien billige Arbeitskräfte. Sie kamen aus dem arabischen Raum nach Belgien und König Feisal ergatterte einen kostenfreien 99-jährigen Pachtvertrag für die älteste Große Moschee in Brüssel. Sie wurde zu einem islamischen Kulturzentrum ausgebaut und durch fromme arabische Imame betreut. Islamische Zentren, Schulen und Moscheen entstanden in ganz Europa, Nord- und Südamerika, Australien und Asien. Hunderte Milliarden Dollar wurden investiert. In Brüssel ist der muslimische Bevölkerungsanteil heute 25 Prozent. Es gibt mittlerweile 350 Moscheen in Belgien, die mit kostenlosen wahhabitisch geprägten Koranausgaben versorgt wurden, die durchaus zur Entfremdung und Radikalisierung der muslimisch belgischen Gesellschaft beigetragen haben könnte, weil auch der belgische Wohnungs- und Arbeitsmarkt stark ausgrenzt. **Ein Viertel der Einwohner von Brüssel ist unter zwanzig und hat muslimische Wurzeln, 50 Prozent der muslimischen Jugend in Brüssel sind arbeitslos.** Soziale Ausgrenzung wurde zum Pulverfass der Feindseligkeiten und der wahhabitische Islam des IS greift auf die Moscheegänger in Europa zurück und motiviert sie zum Handeln. „Terrorismus gedeiht dort, wo schwindende Chancen aufsteigende Erwartungen treffen.“[540]

Frankreich beherbergt die größte muslimische Gemeinde in Europa. Auch hier ist die Integration der muslimischen Immigranten nicht gelungen. Dem Ableben des derzeitigen kranken Herrschers in Algerien, Bouteflika, wird mit größter Sorge entgegengeblickt. Das Kalkül der Islamisten beabsichtigt, Muslime gegen die Mehrheitsgesellschaft aufzuhetzen. Emotionen werden durch den „Krieg gegen den Terror“, den Palästina-Konflikt und die aktuellen Kriege in Syrien, Libyen, Irak, Jemen und Afghanistan aufgepeitscht. Die tunesische Presse hat berichtet, dass Kinder und Heranwachsende angeworben werden, um nach Syrien in den Krieg zu ziehen. Sie erhalten ein Handgeld von 6000 bis 8000 Dollar. In den verarmten Vierteln Tunesiens wird auf offener Straße für den Jihad geworben. Auch in libanesischen Flüchtlingslagern melden sich viele Palästinenser für den Jihad. Geboten werden nicht nur finanzielle Hilfen, sondern auch ein „sinnvolles“ Leben. Für die Verlierer in den vielen Vorstädten von Casablanca, Tunis, Bagdad, London, Paris, Brüssel und vielen anderen, bieten

540 **Clapper**, Lincoln, Anschläge in Belgien: Bezüge zu Saudi-Arabien? S. 16–18, in: Inamo, Nr. 87, Saudi-Arabien, Herbst 2016.

die Islamisten einen gewissen Wohlstand und Anerkennung. Sir Peter Ustinov prägte den Spruch: **„Terror ist der Krieg der Armen, Krieg ist der Terror der Reichen."**[541] Der algerischer Schriftsteller Boualem Sansal warnt unermüdlich vor dem Aufschwung islamistischer Kräfte. Sein jüngster Roman „2084" verschärft Orwell'sche Visionen noch einmal dramatisch und er warnt vor einem entfesselten Islam, der eine Religionsdiktatur errichten könnte, wenn man den religiösen Machtfantasien nicht entschlossen entgegenwirkt.[542]

Saudi-Arabiens Politik hat stets die Macht über die Pilgerstädte Mekka und Medina im Blickfeld und will sich diese Macht nicht vom Iran streitig machen lassen. Ajatollah Ruhollah Khomeini brüskierte Saudi-Arabien, weil er die Monarchie zu einer unislamischen Regierungsform erklärte. Im Iran-Irak Krieg (1980–1988) stellte sich das saudische Königreich daher auf die Seite des Irak. Der iranische Einfluss im Jemen, in Syrien, im Irak und im Libanon stört Riyad. Saudi-Arabien hat 2015 sogar die russischen Rüstungsausgaben übertroffen und bombardiert 2017 noch immer den Jemen, aber an traumatisierten muslimischen Flüchtlingen zeigt man wenig Interesse.[543]

Die Golf Kooperationsstaaten haben allesamt die UNO-Flüchtlingskonvention nicht unterzeichnet. Man begründet das damit, dass andere Araber, wie Syrer eben nicht Flüchtlinge sind, sondern Brüder, denen man schon glaubensmäßig verpflichtet ist, zu helfen. Sie tun dies, indem sie billige Arbeitskräfte aus muslimischen Ländern als Arbeitsmigranten aufnehmen.[544]

10 Syrien ®

Die Syrisch-Arabische Republik hat die Kinderrechtskonvention am 18. September 1990 unterzeichnet und hat diese am 15. Juli 1993 ratifiziert. Bestimmungen des Vertrages, die nicht mit der syrischen Gesetzgebung und mit der Islamischen Scharia konform laufen, stehen unter einem Vorbehalt. Besondere Beachtung gilt den **Art 14, Religionsfreiheit** und den **Art 20 und 21, Adoption.**[545]

---

541 **Ruf**, Werner, Der Islamische Staat oder Daesh, in: Der Nahe Osten brennt, (Hrsg.) Edlinger Fritz, Wien, 2016, S. 67, 68.

542 **Müller**, Helmut, Thuswaldner, Anton, Orwell und der Islam, in: SN, 15.10.2016, S. 7.

543 **Tabatabai**, Adnan, Saudi-Arabien aus Teheraner Perspektive, S. 20–22, in: Inamo, Nr. 87, Saudi-Arabien, Herbst 2016. Siehe auch: **Daniljuk**, Malte, Saudi-Arabien an allen Fronten, S. 60, 61, in: Inamo, Nr. 87, siehe oben.

544 **Harrer**, Gudrun, Kritik an Golfstaaten trifft empfindlichen Nerv, in: der Standard, 17.09.2015, S. 9 Schwerpunkt.

545 **Syrien, ICRC®, Genereller Scharia-Vorbehalt, (besonders Art 14, 20, 21, dann Rücknahme)®** "The Syrian Arab Republik has reservations on the Convention's provisions

10 aa Einwendungen (Dänemark, Niederlande, Deutschland)

Aus Gründen eines unbeschränkten Geltungsbereiches bezüglich des Scharia-Vorbehalts, definiert die dänische Regierung diesen Vorbehalt als nicht vereinbar mit Ziel und Zweck mit der Kinderrechtskonvention und in diesem Zusammenhang auch nicht vereinbar mit dem internationalen Recht. Daher gibt die dänische Regierung am 16. November 1995 einen Einspruch gegen diesen Vorbehalt ab. Die Konvention soll aber zwischen Dänemark und Syrien in Kraft treten. Dänemark empfiehlt Syrien den Vorbehalt zu überdenken.[546] Am 6. Februar 1995 erheben auch die Niederlande einen Einwand gegen diesen generellen Scharia-Vorbehalt. "Provisions of the Convention shall be interpreted in the light of the principles of Islamic laws and values." Deutschland hat ebenfalls Einwendungen erhoben, weil Art 20 und 21 mit einem Scharia-Vorbehalt versehen wurden und am 6. Mai 1996 erhielt der UN Generalsekretär von der syrischen Regierung die Nachricht, dass die syrische Gesetzeslage, basierend auf der Scharia, keine Adoption erlaubt und dass daher Art 20 und Art 21 auf keinen Fall so interpretiert werden dürfen, dass eine Adoption zulässig wäre. Der Scharia-Vorbehalt zu **Art 14**[547] in der Kinderrechtskonvention, betreffend die **Religionsfreiheit des Kindes**, wird damit begründet, dass diese Freiheit dem **Art 18(4) des Internationalen Paktes über die zivilen und politischen Rechte** zuwiderlaufen würde, denn hier werden die Eltern, der Vormund oder die Pflegeeltern aufgerufen, die religiöse und sittliche Erziehung ihrer Kinder in Übereinstimmung mit

---

which are not in conformity with the Syrian Arab legislation and with the Islamic Shariah's principles, in particular the content of article 14 related to the Right of the Child to the freedom of religion [...] and articles 20 and 21, concerning the adoption." https://treaties.un.org/Pages/ViewDetails.aspx?src=TREATY&mtdsg_no=IV-11&chapter=4&clang=_en#EndDec, abgefragt am 03.03.2017. **Einwendung von Dänemark**, siehe link 22, https://treaties.un.org/Pages/ViewDetails.aspx?src=TREATY&mtdsg_no=IV-11&chapter=4&clang=_en#22, abgefragt am 03.03.2017. **Einwendung von den Niederlanden**, siehe link 29, https://treaties.un.org/Pages/ViewDetails.aspx?src=TREATY&mtdsg_no=IV-11&chapter=4&clang=_en#29, abgefragt am 03.03.2017. Syrische Erwiderung auf die **Einwendung von Deutschland**, siehe link 58, https://treaties.un.org/Pages/ViewDetails.aspx?src=TREATY&mtdsg_no=IV-11&chapter=4&clang=_en#58, abgefragt am 03.03.2017. **Syrien-Scharia-Vorbehalt zu Art 20, 21 zurückgezogen**, siehe link 59, https://treaties.un.org/Pages/ViewDetails.aspx?src=TREATY&mtdsg_no=IV-11&chapter=4&clang=_en#59, abgefragt am 03.03.2017.

546 **Syrien, ICRC, reservations,** siehe oben.

547 **Kinderrechtskonvention**, siehe oben, **Art 14 (1)** „Die Vertragsstaaten achten das Recht des Kindes auf Gedanken-, Gewissens- und **Religionsfreiheit**.“

ihren eigenen Überzeugungen sicherzustellen. Diese Überzeugung beruht bei muslimischen Eltern auf der Islamischen Scharia, daher kann sich ein unmündiges, muslimisches Kind auch keine andere Religion aussuchen. **Religionsfreiheit des Kindes entspricht weder der Scharia noch der syrischen öffentlichen Ordnung.**[548] Erstaunlich ist die Entwicklung, weil die syrische Regierung dem Generalsekretär angezeigt hat, dass man gewillt ist, den Vorbehalt bezüglich der Artikel 20 und 21 betreffend die Adoption aufzuheben.[549]

10.1 Syrien – Länderbericht zum Scharia-Vorbehalt, 2010

Am 2. Juni 2010 hat Syrien gemäß Art 44 (1b) der Konvention seinen dritten und vierten Länderbericht,[550] der 2009 fällig gewesen wäre, geschickt. Beim letzten Bericht hat der Ausschuss die Scharia-Vorbehalte kritisiert und empfohlen, diese aufzuheben. Es ist daher zu betonen, dass die Syrisch-Arabische Republik dies im Falle der Art 20 und Art 21, betreffend die **Adoption**, im Jahr 2007® gemacht hat. Der Scharia-Vorbehalt zu Art 14 bleibt allerdings bestehen. Hierbei handelt es sich um die Religionsfreiheit bei Kindern. Die syrische Regierung schätzt religiöse Diversität und garantiert seinen Bürgern, dass jeder in seinem Gebiet die Freiheit hat, seinen religiösen Traditionen zu folgen. Allerdings wird muslimischen Kindern nicht erlaubt, ihre Religion zu wechseln.

10 a Stellungnahme zu Syrien

Erstaunlich und raffiniert zugleich ist bei der Begründung des Verbots auch hier im Länderbericht, dass die syrische Regierung nicht die Scharia anführt, sondern **Art 18(4) des Internationalen Paktes für zivile und politische Rechte.** „Die Vertragsstaaten verpflichten sich, die Freiheit der Eltern und gegebenenfalls des Vormunds oder Pflegers zu achten, die religiöse und sittliche Erziehung ihrer Kinder in Übereinstimmung mit ihren eigenen Überzeugungen

---

548 **Syrien, Convention on the Rights of a Child, reservations,** siehe oben.

549 **Syrien, Convention on the Rights of a Child, reservations,** siehe oben.

550 **Syrien – Länderbericht, 2010 due 2009, CRC/C/SYR/3–4** http://tbinternet.ohchr.org/_layouts/treatybodyexternal/TBSearch.aspx?Lang=en&TreatyID=5&TreatyID=10&TreatyID=11&DocTypeID=29&DocTypeCategorylD=4, abgefragt am 03.03.2017, link 24, view document **CRC/C/SYR/3–4**, http://tbinternet.ohchr.org/_layouts/treatybodyexternal/Download.aspx?symbolno=CRC%2fC%2fSYR%2f3-4&Lang=en, abgefragt am 03.03.2017. open with html, http://docstore.ohchr.org/SelfServices/FilesHandler.ashx?enc=6QkG1d%2fPPRiCAqhKb7yhsrnYnXU6%2f%2fP3ITkS4CcLtGzgBwGTvuIHM%2bDENIjfCkVnN16CAtL505h7ITVOtyfDZ9i6CHVNSZp7aAa0KC7K1pVw3oVOyuBlqos1LluMq5sV, abgefragt am 22.02.2017.

sicherzustellen."[551] Dasselbe wird auch im Internationalen Pakt für soziale, wirtschaftliche und kulturelle Rechte verlangt. Die syrische Regierung fragt sich, wie kann das sein, dass diese Forderung in der Kinderrechtskonvention abgelehnt wird? Es ist daher die Hoffnung der syrischen Regierung, dass der Ausschuss es schätzt, wenn man in Syrien den Vorbehalt zu Art 14 der Kinderrechtskonvention aufrecht hält und betont, dass dieser Vorbehalt auf das Kind beschränkt ist, seine Religion ändern zu dürfen. Die syrische Regierung ist besorgt, dass die Freiheit der Eltern, ihre Kinder in ihrem Sinne religiös zu erziehen, unterminiert werden könnte. Dies würde den Zusammenhalt der Familie beschädigen und gerade dieser Zusammenhalt ist ein Verdienst der syrischen Gesellschaft.

Unterschiedliche Religionen in einer Familie beherbergen auch ein erbrechtliches Problem. Muslime können nur von Muslimen erben. "There can be no transmission by inheritance where the religion is different."[552] Der Sohn könnte also den Vater nicht mehr beerben, wenn er vom Islam abfällt. Außerdem macht es wenig Sinn, den Kindern bis zu ihrer Großjährigkeit nicht zu erlauben, über ihr Vermögen frei zu verfügen, während man ihnen im gleichen Zeitraum erlauben würde, den Glauben zu wechseln.

11 Tunesien ®

Tunesien hat am 26. Februar 1990 die Kinderrechtskonvention unterzeichnet und am 30. Jänner 1992 ratifiziert. **Art 2** der Konvention entspricht nicht den Bestimmungen der tunesischen Gesetzgebung, wie dem Personenstandsgesetz, betreffend Ehe- und Erbrecht, die eine Domäne der Scharia darstellen.[553]

---

551 **Syrien – Länderbericht, 2010,** siehe oben.

552 **Syrien – Länderbericht, 2010,** siehe oben.

553 **Tunesien, ICRC, reservations, Art 2,** https://treaties.un.org/Pages/ViewDetails.aspx?src=TREATY&mtdsg_no=IV-11&chapter=4&clang=_en#EndDec, "The Government of the Republic of Tunisia enters a reservation with regard to the provisions of article 2 of the convention, which may not impede implementation of the provisions of its national legislation concerning personal status, particularly in relation to marriage and inheritance rights." Abgefragt am 03.03.2017. **Tunesien – Scharia-Vorbehalt zu Art 2 zurückgezogen®**, siehe link 60, https://treaties.un.org/Pages/ViewDetails.aspx?src=TREATY&mtdsg_no=IV-11&chapter=4&clang=_en#60, abgefragt am 03.03.2017.

11.1 Tunesien – Länderbericht zum Scharia-Vorbehalt, 2008

Tunesien hat am 10. November 2008 seinen dritten Länderbericht[554] abgegeben, der über die Situation der Kinderrechte im Land, gemäß Art 44 1b der Konvention in der Periode 2002–2007 erstellt wurde. Der Bericht berücksichtigt bereits Empfehlungen des Kinderrechtsausschusses, die nach dem zweiten Bericht erfolgt sind. So weist die tunesische Regierung stolz darauf hin, dass die Scharia-Vorbehalte zu den Art **40 2(b) und (v) zurückgenommen** wurden. Verblieben ist der Scharia-Vorbehalt zu Art 2 der Kinderrechtskonvention. Hier geht es wieder um die Diskriminierung von Kindern. Viele nationale Gesetze wurden abgeändert, um sie mit der Konvention in Einklang zu bringen. So waren Veränderungen in der Gesetzgebung zu treffen, damit unehelich geborene Kinder nicht mehr diskriminiert werden, weil sie nicht den Namen des Vaters tragen können. Diesbezüglich änderte man das Personenstandsgesetz mit dem Gesetz, Act No 27–58 of March 1958. "Concerning public guardianship, unofficial tutorship and **adoption**."[555] Das ist eine große Errungenschaft in einem muslimischen Land. **Tunesien spielt diesbezüglich eine Vorreiterrolle in den arabischen Ländern.** Durch die Gesetzesänderung wird es diesen Kindern leichter gemacht, ihre Abstammung nachzuweisen, nämlich durch eine DNA Analyse, indem sich der vermutete Vater und die vermutliche Mutter einem Gentest unterziehen müssen. Auf diese Art und Weise hat heute in Tunesien jedes verlassene Kind, dessen Abstammung unbekannt ist, das Recht, so ein offizielles Dokument zu erhalten. Mit dieser Methode kann auch geklärt werden, welcher Vater unterhaltspflichtig ist.

Damit Kinderrecht allgemein bekannt gemacht wurde, hatte man bereits 1999 eine Informationskampagne gestartet. Auch die Medien und NGO's spielten dabei eine große Rolle. Die Devise lautete: "Prepare young people for a life which has no room for any kind of discrimination or segregation, based on sex, social origin, race or religion."[556]

---

554 **Tunesien – Länderbericht, 2008 due in 2004, CRC/C/TUN/38** http://tbinternet.ohchr.org/_layouts/treatybodyexternal/TBSearch.aspx?Lang=en&TreatyID=5&TreatyID=10&TreatyID=11&DocTypeID=29&DocTypeCategoryID=4, abgefragt am 03.03.2017, link 31, view document, **CRC/C/TUN/38**, http://tbinternet.ohchr.org/_layouts/treatybodyexternal/Download.aspx?symbolno=CRC%2fC%2fTUN%2f3&Lang=en, open with html, http://docstore.ohchr.org/SelfServices/FilesHandler.ashx?enc=6QkG1d%2fPPRiCAqhKb7yhshjFaTGrFeunlH%2f73cXHiNBEDd33Bu7USplDqaQCmBkz6gVrID5u2Z8vpkZfbnTx7%2fwyw0J4i8NVm%2btxlSr4rhQ6ibTdh2BuzFpEnJ8Zzpfe, abgefragt am 03.03.2017.

555 **Tunesien – Länderbericht, 2008,** siehe oben.

556 **Tunesien – Länderbericht, 2008,** siehe oben.

11 a Stellungnahme zu Tunesien

Tunesien hat zu den Art 14, 20 und 21 über die **Religionsfreiheit und Adoption, keinen Scharia-Vorbehalt eingelegt**, sowie viele andere arabische Länder. In Tunesien gibt es mittlerweile auch ein **Adoptionsgesetz**, das das islamische Adoptionsverbot mithilfe eines **Rechtskniffes „hiyal“**[557] umgeht. Im Islamischen Recht gibt es Einengungen, die wirtschaftlichen Bedürfnissen nicht mehr entsprechen. Die Abweichung von islamischen Rechtsvorschriften gestaltet sich aber extrem schwierig. Wenn aber praktikable Lösungen erforderlich sind, greift man in die Trickkiste, wie auch beim strengen Zinsnahmeverbot. Zusammengefasst könnte man einen Rechtskniff auch Umgehung der Vorschriften, unter Wahrung der Form nennen.

12 Vereinigte Arabische Emirate[558]

Die Vereinigten Arabischen Emirate sind der Kinderrechtskonvention am 3. Jänner 1997 beigetreten. **Art 7**[559] wird mit einem Vorbehalt versehen, da die Emirate der Meinung sind, dass die Erlangung der Staatsbürgerschaft eine interne Angelegenheit darstellt, die durch die nationale Gesetzgebung abgedeckt wird.

---

557 **Rohe**, Mathias, Das Islamische Recht, Islamische Rechtskniffe, hiyal, München, 2009, S. 116 ff.

558 **Vereinigte Arabische-Emirate, ICRC, reservations zu Art 7, 14, 17, 21,** https://treaties.un.org/Pages/ViewDetails.aspx?src=TREATY&mtdsg_no=IV-11&chapter=4&clang=_en#EndDec, abgefragt am 03.03.2017. **Vorbehalt zur Kinderrechtskonvention Art 21,** https://treaties.un.org/Pages/Declarations.aspx?index=United%20Arab%20Emirates&chapter=4&treaty=133#EndNotesSection, abgefragt am 03.03.2017. **Einwendung von Österreich**, siehe link 61, https://treaties.un.org/Pages/ViewDetails.aspx?src=TREATY&mtdsg_no=IV-11&chapter=4&clang=_en#61, abgefragt am 03.03.2017.

559 **Kinderrechtskonvention**, http://www.bgbl.de/xaver/bgbl/start.xav?startbk=Bundesanzeiger_BGBl&jumpTo=bgbl292s0121.pdf#__bgbl__%2F%2F*[%40attr_id%3D%27bgbl292s0121.pdf%27]__1452184336903, abgefragt am 03.03.2017. **Art 7(1)** „Das Kind ist unverzüglich nach seiner Geburt in ein Register einzutragen und hat das Recht auf einen Namen von Geburt an, das Recht eine Staatsangehörigkeit zu erwerben, und soweit möglich, das Recht, seine Eltern zu kennen und von ihnen betreut zu werden.“ **Art 7(2)** „Die Vertragsstaaten stellen die Verwirklichung dieser Rechte im Einklang mit ihrem innerstaatlichen Recht und mit ihren Verpflichtungen aufgrund der einschlägigen internationalen Übereinkünfte in diesem Bereich sicher, insbesondere für den Fall, dass das Kind sonst staatenlos wäre.“

Art 14,[560] die Religionsfreiheit betreffend, **Art 17** betrifft den schrankenlosen Zugang zu den Massenmedien und **Art 21**, die Adoption, werden ebenfalls mit einem Scharia-Vorbehalt belegt. "Since, given its commitment to the principles of **Islamic law**, the United Arab Emirates does not permit the system of **adoption,** it has reservations with respect to this article and does not deem it necesary to be bound by its provisions."[561] Art 21 sagt, dass „Vertragsstaaten, die das System der Adoption anerkennen oder zulassen, gewährleisten, dass dem Wohl des Kindes bei der Adoption die höchste Bedeutung zugemessen wird." Diesbezüglich hätte es keines Vorbehalts bedurft, weil schon der Artikel 21 selbst beinhaltet: [...] „die Staaten, die eine Adoption anerkennen oder zulassen" [...].[562]

Die Emirate schätzen und respektieren die Massenmedien wie Art 17, aber sie sollen im Kontext der heimischen Gesetze genutzt werden. Die Traditionen und kulturellen Werte des Landes dürfen auf keinen Fall beschädigt werden, so steht es auch in der Präambel der Kinderrechtskonvention. "While the United Arab Emirates appreciate and respect the functions assigned to the mass media by the article, it shall be bound by its provisions in the light of the requirements of domestic statues and laws and, in accordance with the recognition accorded them in the preamble to the Convention, such a manner that the country's traditions and cultural values are not violated."[563]

12 aa Einwendungen (Österreich)

Ein Einwand gegen diesen Scharia-Vorbehalt wurde von Österreich am 16. November 1998 gemacht.[564]

560 **UAE, United Arabic Emirate, ICRC reservations**, siehe oben. "The United Arab Emirates shall be bound by the tenor of this article 14 to the extent that it **does not conflict with** the principles and provisions of **Islamic law.**"

561 **VAE, Vereinigte Arabische Emirate, ICRC, reservations Art 21**, https://treaties.un.org/Pages/Declarations.aspx?index=United%20Arab%20Emirates&chapter=4&treaty=133#EndNotesSection, abgefragt am 03.03.2017.

562 **Kinderrechtskonvention**, siehe oben.

563 **VAE, ICRC, reservations**, siehe oben.

564 **VAE, ICRC, Einwendung von Österreich**, siehe link 61, https://treaties.un.org/Pages/ViewDetails.aspx?src=TREATY&mtdsg_no=IV-11&chapter=4&clang=_en#61, abgefragt am 03.03.2017.

12.1 Vereinigte Arabische Emirate – Länderbericht zum Scharia-Vorbehalt, 2001

Die Vereinigten Arabischen Emirate haben am 24.10.2001 ihren ersten Länderbericht,[565] der bereits 1999 fällig gewesen wäre, nach New York an den UN Generalsekretär geschickt und es ist seither auch kein weiter Bericht mehr eingetroffen. Die Kinderrechtskonvention, denen die Emirate 1997 beigetreten sind, wäre aber ein bedeutungsloses Papier, wenn es in den Emiraten nicht soziale, umweltpolitische und gesundheitliche Entwicklung gegeben hätte. Eine Familie basiert in den Emiraten im 21. Jahrhundert auf Liebe, gegenseitigem Respekt und auf Gesetzen. Diesbezüglich sind Religion, Moral und Patriotismus stützende Elemente, weil die Familie und Kinder ein wesentlicher Eckpfeiler der arabischen Gesellschaft sind.

Gemäß Art 44 der Kinderrechtskonvention sind Mitgliedstaaten der Konvention zur Umsetzung der Rechte des Kindes verpflichtet. Durch Länderberichte wird gezeigt, wie dieser internationale Vertrag in das nationale Recht implementiert wurde. Die Regierung der Emirate gibt in ihrem Bericht unheimlich viele Details bekannt, was im Land alles zugunsten der Kinder bewegt wurde. Zu den Artikeln 7, 14, 17 und 21 wurden Scharia-Vorbehalte abgegeben, zu denen man sich aber nicht geäußert hat.

12 a Stellungnahme zu den Vereinigten Arabischen Emiraten

In Art 7 geht es um die Staatsangehörigkeit, Art 14 behandelt die Religionsfreiheit des Kindes und bei Art 17 will man, dass die Traditionen und die Werte des Landes durch die Medien nicht beschädigt werden dürfen. Art 21 behandelt die Adoption. Von anderen muslimischen Ländern kennen wir schon diesbezügliche Scharia-Vorbehalte und welche Bedenken sich dahinter verbergen.

---

565 **United Arab Emirates – Länderbericht, 2001 due in 1999, CRC/C/78/Add. 2** http://tbinternet.ohchr.org/_layouts/treatybodyexternal/TBSearch.aspx?Lang=en&TreatyID=5&TreatyID=10&TreatyID=11&DocTypeID=29&DocTypeCategoryID=4, abgefragt am 03.03.2017, link 56, view document **CRC/C/78/Add. 2**, http://tbinternet.ohchr.org/_layouts/treatybodyexternal/Download.aspx?symbolno=CRC%2fC%2f78%2fAdd. 2&Lang=en, öffnen mit html, http://docstore.ohchr.org/SelfServices/FilesHandler.ashx?enc=6QkG1d%2fPPRiCAqhKb7yhstupsCkLWcDpr01lPp9KeUisq9Lm79f8IB4ONvIHJ7TEJ247fy1ESGok%2fqeHq%2fIhA5fT2sh4Q%2bXc%2bTBTyNgg%2foLkaQscQadndmzp%2fod73LQm, abgefragt am 03.03.2017, **Es ist kein weiterer Länderbericht bisher eingetroffen.**

Die Vereinigten Arabischen Emirate haben sich in ihrem ersten und einzigen Länderbericht mit keinem Wort zu den Vorbehalten geäußert.

Die Vereinigten Arabischen Emirate haben auch den Pakt über die bürgerlichen und politischen Rechte, der am 23. März 1976 in Kraft getreten ist, bislang noch nicht unterzeichnet oder ratifiziert. In diesem Pakt wäre im Art 18 ebenfalls eine Definition von Religionsfreiheit enthalten. In den Emiraten gibt es 85 Prozent ausländische Staatsbürger, denen im Rahmen des islamischen Staatswesens, Religionsfreiheit gewährt wird. Religionsfreiheit bezieht sich allerdings nicht auf die 15 Prozent muslimische, einheimische Bevölkerung, die auch durch ihre Bekleidung, die weiße *dishdash* für die Männer und die schwarze *abaja* für die Frauen ihre Homogenität und Zugehörigkeit zur privilegierten Bevölkerungsgruppe gegenüber den vielen Ausländern, der inhomogenen Masse, signalisieren. Themen wie Apostasie und Konversion sind wie in vielen anderen arabischen Ländern auch in den Emiraten ein Tabuthema. Ein Verbot der Konversion ergibt sich bereits aus Art 2 der Verfassung, wonach der Islam Staatsreligion ist. Missionierung oder das Verteilen von religiösen Büchern ist unter Strafandrohung verboten.[566] In Europa war das Verteilen von kostenlosen Korantexten bisher erlaubt. Am 16. November 2016 hat Deutschland diesbezüglich eine Kehrtwende vollzogen, weil die dahinterstehenden Akteure Terroranschläge mit der Religion rechtfertigen und den IS, Islamischen Staat glorifizieren. Koranverteilungsaktionen gab es bisher in 15 Ländern, auch in Österreich.[567]

13 Schiitischer Iran

Die islamische Republik Iran hat die Kinderrechtskonvention am 5. September 1991 unter einem **generellen Scharia-Vorbehalt** unterzeichnet und am 13. Juli 1994 ratifiziert. "The Government of the Islamic Republic of Iran reserves the right not to apply any provisions or articles of the Convention **that are incompatible with Islamic Laws and the international legislation** in effect."[568]

---

566 **Religionsfreiheit**, https://www.missio-hilft.de/media/thema/religionsfreiheit/laenderberichte/10-vereinigte-arabische-emirate.pdf, abgefragt, 22.02.2017.

567 **Kostenlose Koranverteilung an alle Haushalte, Aktion „lies"**, https://www.tagesschau.de/inland/die-wahre-religion-101.html, abgefragt am 22.02.2017.

568 **Iran, ICRC, reservations**, https://treaties.un.org/Pages/Declarations.aspx?index=Iran%20%28Islamic%20Republic%20of%29&chapter=4&treaty=133#EndNotesSection, abgefragt am 03.03.2017. **Iran-Genereller Scharia-Vorbehalt** https://treaties.un.org/Pages/ViewDetails.aspx?src=TREATY&mtdsg_no=IV-11&chapter=4&clang=_en#EndDec, abgefragt am 03.03.2017. **Einwendung von Dänemark**, siehe link 22, https://treaties.un.org/Pages/ViewDetails.aspx?src=

13 aa Einwendungen (Dänemark, Österreich, Italien)

Da der Scharia-Vorbehalt einen unbegrenzten und undefinierten Charakter hat, ist er mit Ziel und Zweck der Konvention nicht vereinbar und daher im Internationalen Recht unzulässig. Dänemark erhebt am 16. November 1995 einen Einwand dagegen und fordert den Iran auf, den Vorbehalt in der Kinderrechtskonvention zu überdenken. Nach der Meinung Dänemarks gibt es für Einwendungen kein Zeitlimit. "It is the opinion of the Government of Denmark that no time limit applies to objections against reservations, which are inadmissible under international law."[569] Die Konvention soll aber dennoch zwischen den beiden Ländern in Kraft treten.

Am 6. September 1995 wendet Österreich ein, dass man den generellen Scharia-Vorbehalt der iranischen Republik gemäß **Art 51**[570] **der Kinderrechtskonvention** und nach **Art 19 der WVK**[571] als nicht zulässig erachtet, weil der Iran keine Informationen geliefert hat, noch durch konsequente Praxis beweist, dass der Vorbehalt mit Ziel und Zweck der Konvention vereinbar ist.

Am 25. September 1995 bringt Italien denselben Einwand wie Österreich vor, betont aber, dass der Vertrag zwischen Italien und dem Iran trotzdem in Kraft treten soll.

TREATY&mtdsg_no=IV-11&chapter=4&clang=_en#22, abgefragt am 03.03.2017. **Einwwendungen von Österreich, Italien**, siehe link 37, https://treaties.un.org/Pages/ViewDetails.aspx?src=TREATY&mtdsg_no=IV-11&chapter=4&clang=_en#37, abgefragt am 03.03.2017.

569 **Iran, ICRC, reservations, Einwendung von Dänemark**, siehe oben.

570 **Art 51(1)** "The Secretary-General of the United Nations shall receive and circulate to all States the text of reservations made by States at the time of ratifications or accession. **(2)** A reservation incompatible with the object and purpose of present Convention shall not be permitted." **(3)** "Reservations may be withdrawn at any time by notification to that effect addressed to the Secretary-General of the UN, who shall inform all States. Such notification shall take effect on the date on which it is received by Secretary-General." Siehe oben: Convention on the Rights of a Child.

571 **Art 19 WVK Anbringen von Vorbehalten**, https://www.ris.bka.gv.at/GeltendeFassung.wxe?Abfrage=Bundesnormen&Gesetzesnummer=10000684, abgefragt am 17.11.2016. „Ein Staat kann bei der Unterzeichnung, Ratifikation, Annahme oder Genehmigung eines Vertrages oder beim Beitritt einen Vorbehalt anbringen, sofern nicht a) der Vertrag den Vorbehalt verbietet; b) der Vertrag vorsieht, dass nur bestimmte Vorbehalte gemacht werden dürfen, zu denen der betreffende Vorbehalt nicht gehört, oder c) in den unter lit. A nicht bezeichneten Fällen der Vorbehalt mit dem Ziel und Zweck des Vertrages vereinbar ist."

13.1 Schiitischer Iran – Länderbericht zum Scharia-Vorbehalt, 2015

Die Islamische Republik Iran schickt gemäß Art 44 am 16. April 2013 seinen dritten und vierten Länderbericht.[572] In **Art 1** der Kinderrechtskonvention wird das Kind als jeder Mensch beschrieben, der das achtzehnte Lebensjahr noch nicht vollendet hat, soweit die Volljährigkeit, nach dem auf das Kind anzuwendenden Recht nicht früher eintritt.[573] Artikel 1210 des iranischen Zivilrechtskodex besagt, dass das Großjährigkeitsalter bei Burschen mit 15 Jahren und bei Mädchen mit dem abgeschlossenen neunten Lebensjahr, gemäß dem „Jijari Kalender"[574] angegeben wird. Dennoch wird in den meisten Gesetzen der Islamischen Republik Iran das achtzehnte Lebensjahr als Grenze zum Erwachsenenalter angenommen.

Artikel 20 der iranischen Verfassung setzt fest, dass alle Männer und Frauen politische, ökonomische, soziale und kulturelle Rechte im Einvernehmen mit den Islamischen Gesetzen genießen. Allen Kindern wird Bildung gewährt, unabhängig ihrer Rasse, ihrer Religion und ihrer politischen Ansichten. Schüler, Schülerinnen, Studenten und Studentinnen einer Minderheitsreligion genießen Bildungseinrichtungen entsprechend ihrer Religion. Behörden bemühen sich auch um Kinder, die ohne Vormund aufwachsen, unabhängig von ihrer Religion, Rasse und Staatsbürgerschaft. Für Hunderttausende Flüchtlingskinder gibt es Wohltätigkeitszentren im ganzen Land, besonders für irakische, afghanische und pakistanische Jugendliche. Diese Kinder benötigen auch klinische Hilfe. Sie müssen gleich den iranischen Kindern geimpft und wegen HIV und Aids betreut werden. Daneben versorgen NGO's diese Flüchtlingskinder mit Kleidung, Nahrung und Sanitätsprodukten.

Gemäß Artikel 12 der iranischen Verfassung ist in der Islamischen Republik Iran der Islam Staatsreligion, und zwar das **Zwölfer Schiitentum**, "Twelve Ja'fari School".[575] Andere islamische Rechtsschulen, wie die **Hanifiten, die Schafiiten, die Hanbaliten und die Zaiditen** werden ebenfalls respektiert. Bezogen auf

---

572 **Islamic Republik of Iran – Länderbericht, 2015 due in 2013, CRC/C/IRN/3-4** http://docstore.ohchr.org/SelfServices/FilesHandler.ashx?enc=6QkG1d%2fPPRiCAqhKb7yhsoLV%2bKLJ6ZP5NvlpJ%2b3%2fKzUYEAUj2eUbGz29yekpZTTqlu4jzKUlsw2BQ%2bTHl%2bxpOiRs3OQbeVe0k1XWk1ggcRGajmeX2Kg0cGjyPA4%2bgTEZ, abgefragt am 22.02.2017.

573 **Kinderrechtskonvention**, http://www.bgbl.de/xaver/bgbl/start.xav?startbk=Bundesanzeiger_BGBl&jumpTo=bgbl292s0121.pdf#__bgbl__%2F%2F*[%40attr_id%3D%27bgbl292s0121.pdf%27]__1452184336903, abgefragt am 03.03.2017.

574 **Islamische Republik Iran – Länderbericht, 2015,** siehe oben.

575 **Iran – Länderbericht, 2015,** siehe oben.

das Personalstatut (Ehe, Scheidung, Vererbungslehre) verfolgen sie manchmal unterschiedliche Ziele. Rechtsstreitigkeiten werden ebenfalls gemäß den unterschiedlichen Rechtsschulen entschieden.

Artikel 13 der Verfassung sagt, dass **zoroatristische, jüdische und christliche Iraner** die einzigen akzeptierten Minderheiten, die innerhalb der erlaubten Grenzen ihre Religion, ihre Traditionen und persönlichen Angelegenheiten praktizieren dürfen, sind. Das gilt aber nur solange man sich nicht gegen den Islam und die islamischen Republik Iran konspiratorisch betätigt.

Adoption ist im schiitischen Iran erlaubt, obwohl es der Islam an sich verbietet, wie wir das bisher in anderen sunnitisch islamischen Ländern beobachten konnten. Vielleicht liegt das am schiitischen Islam. Eine Erklärung wird dazu nicht geliefert. Eher liegt es aber daran, dass es im Iran Hunderttausende unbegleitete Flüchtlingskinder gibt und wohl eine Notwendigkeit gegeben ist, gute Adoptionseltern zu finden. Will ein Ehepaar ein Kind adoptieren, so gibt es zuerst eine sechsmonatige Probezeit. Ein Gericht entscheidet dann, ob eine Familie kompetent und finanziell in der Lage ist, ein Kind zu adoptieren.

Ein sehr großes Problem im Iran sind drogensüchtige Jugendliche. Es gibt unzählige Seminare und Workshops, die sich mit diesen Problemen rund um die jugendliche Drogensucht auseinandersetzen. Ein weiteres Problem stellen im Iran die vielen bettelnden Straßenkinder dar. Aufgrund der extremen Armut verkaufen Eltern oft ihre Kinder. Diese werden für Schmuggel, Kinderhandel, Kinderarbeit, Kinderprostitution und für Zwangsheirat missbraucht. Die iranische Polizei und die Grenzkontrollen werden geschult, darauf zu achten und Kinder in eigene Auffangzentren zu bringen, wo sie betreut werden. Die islamische Republik versucht so oft es möglich ist, zu helfen. Man benötigt auch psychiatrische Zentren, um traumatisierte Kriegskinder zu betreuen. Bezüglich der Bildung genießen alle Kinder gleiche Rechte. Man versucht diese spezielle Problematik im Iran auch schultechnisch zu lösen. Liest man den iranischen Länderbericht, gewinnt man den Eindruck, dass Kinder im Iran eine ganz besondere Stellung einnehmen, gerade weil sie in diesem Land so zahlreich als unbegleitete Flüchtlingskinder in Erscheinung treten.

Auf den generellen Scharia-Vorbehalt bei der Kinderrechtskonvention wird im Länderbericht nicht explizit eingegangen. Die Beleuchtung der Schicksale der Kinder steht im Vordergrund. Die Flüchtlingsthematik und die Drogenproblematik werden auf vielen Seiten beschrieben und man hat den Eindruck, dass die Islamische Republik Iran vieles versucht, aber dennoch überfordert ist.[576]

---

576 **Islamische Republik of Iran – Länderbericht, 2015**, siehe oben.

13 a Stellungnahme zum schiitischen Iran

Ein Muslim hat nicht das Recht vom Islam in eine andere Religion zu wechseln. Muslime dürfen auch nicht Atheisten werden. Glaube ist keine private Überzeugung, sondern der Staat wacht darüber. Hierbei unterscheidet sich der Islam ganz wesentlich vom Christentum und der aufgeklärten westlichen Welt, wo es eine Trennung zwischen Kirche und Staat gibt. Im Islam ist der Glaube keine private Angelegenheit, sondern eine öffentliche Sache. Professor Schirrmacher sagt: „Dort, wo der Islam Staatsreligion und tragende Säule der staatlichen Ordnung und Gesellschaft ist, bedeutet Glaubensabfall Erschütterung der muslimischen Gemeinschaft und Lebensordnung. Als loyaler Staatsbürger gilt, wer am Islam festhält. Wer vom Islam abfällt, begeht Staatsverrat."[577]

Kehrt man sich willentlich vom Islam ab, so ist das Apostasie und das heißt soviel, dass man Gott und den Propheten Mohammed nicht anerkennt. Vernachlässigt man die fünf Säulen des Koran wissentlich, fällt das auch unter Apostasie. „Und wenn sie sich abwenden, dann greift sie und tötet sie, wo immer ihr sie findet, und nehmt euch niemand von ihnen zum Freund oder Helfer!"[578] Sure 4:89, Sure 16:106, Sure 2:217, Sure 3:86–91, Sure 9:68 und Sure 4:137 weisen ebenfalls auf den Glaubensabfall hin und bestrafen die Abgefallenen mit Höllenqualen. Eine konkrete Strafe im Diesseits nennt der Koran nicht. Zu Lebzeiten Mohammeds und nach seinem Tod wurde diesbezüglich die Todesstrafe vollstreckt. „Heute besteht in der sunnitischen und schiitischen Rechtswissenschaft weitgehend Einigkeit darüber, dass Apostasie, Gotteslästerung, die Verspottung des Propheten und der Engel mit dem Tod zu bestrafen seien – was in der Praxis jedoch längst nicht immer zur Ausführung kommt, jedenfalls nicht durch ein Gerichtsverfahren."[579] Amnesty International hat eine neue Studie veröffentlicht und dokumentiert darin 49 Iraner, die zum Zeitpunkt ihrer Hinrichtung noch nicht 18 Jahre alt waren. Der Iran hat 1994 die Kinderrechtskonvention ratifiziert, die Hinrichtungen von Kindern verbietet.[580]

---

577 **Schirrmacher**, Christine, Abfall vom Islam nach Koran und Scharia, http://www.ead.de/arbeitskreise/islam/arbeitshilfen/abfall-vom-islam-nach-koran-und-sharia.html, abgefragt am 22.02.2017.

578 **Schirrmacher**, Christine, Abfall vom Islam, siehe oben.

579 **Schirrmacher**, Christine, Abfall vom Islam, siehe oben.

580 **Red, flon**, Khomeini darf nicht antreten, in: der Standard, 27.01.2016, S. 4 International.

VI A Zusammenfassung

Bei der Kinderrechtskonvention sind von den arabischen Ländern erstaunlich viele generelle Scharia-Vorbehalte beim UN-Generalsekretär eingetroffen. Die Anwendung der Konventionsbestimmungen wird von der Vereinbarkeit mit dem Islamischen Recht abhängig gemacht. Qatar, Kuwait und der hauptsächlich schiitische Iran bekunden zwar Interesse an internationalen Menschenrechtsstandards, wollen dann aber doch wieder nicht gebunden sein, denn es geht hier ja um ihren Nachwuchs, den man lieber gefügig als aufmüpfig wissen möchte.

Wer keinen Generalvorbehalt angebracht hat, stoßt sich dennoch an Art 14 der Kinderrechtskonvention. Syrien argumentiert interessant bei der Religionsfreiheit, die sie mit Art 18(4) des Internationalen Paktes für zivile und politische Rechte vergleicht und feststellt, dass sich die Inhalte widersprechen. Art 14 plädiert für die Religionsfreiheit des Kindes und Art 18(4) will, dass die Eltern, der Vormund oder Pfleger die religiöse und sittliche Erziehung ihrer Kinder in Übereinstimmung mit ihren eigenen Überzeugungen sicherstellen sollen. Die syrische Regierung ist besorgt, dass die Freiheit der Eltern, ihre Kinder in ihrem Sinne religiös zu erziehen, durch Art 14 der Kinderrechtskonvention unterminiert werden könnte. Dies würde den Zusammenhalt der Familie beschädigen.

Unterschiedliche Religionen in einer Familie beherbergen auch ein erbrechtliches Problem. Muslime können nur von Muslimen erben. "There can be no transmission by inheritance where the religion is different."[581] Kinder, die einen anderen Glauben angenommen haben, könnten von ihren Eltern nicht mehr erben. Außerdem macht es wenig Sinn, den Kindern bis zu ihrer Großjährigkeit nicht zu erlauben, über ihr Vermögen frei zu verfügen, während man ihnen im gleichen Zeitraum erlauben würde, den Glauben zu wechseln. Tunesien anerkennt mittlerweile die Adoption und hat dies durch einen Rechtskniff, „hiyal", elegant gelöst. Wer will, kann auch islamische Vorschriften geschmeidig biegen.

VI B Stellungnahme

Für mich ist dieser syrische Einwand schlüssig und zeugt davon, dass nicht jede Formulierung in der Konvention genügend mit anderen Konventionsgesetzen abgestimmt wurde. Der Scharia-Vorbehalt ist gerechtfertigt, denn in jeder Kultur gibt es Kodierungen, Prägungen. „Wenn man in einer Kultur etwas Neues

581 **Syrien – Länderbericht, 2010**, siehe oben.

einführen will, muss sich das Neue an die Kultur anpassen. Umgekehrt funktioniert es nicht, ist Rapaille Clotaire überzeugt."[582]

Sehr aufschlussreich ist für mich auch die Herangehensweise der syrischen Regierung an die Umsetzung von Kinderrechten. Man hat nicht nur Kopien der Konvention verteilt und die Medien bemüht, sondern man hat über die Kinderrechte in Schulen, in Instituten, im Fernsehen und im Radio, in den regionalen Zeitungen und in der Gesellschaft diskutiert und man hat Wettbewerbe veranstaltet. Syrien war sehr bemüht, sämtliche Verpflichtungen, die sich aus der Konvention ergeben, zu erfüllen, sofern sie Sinn machten. Nachdem sich Syrien im Krieg befindet, wurden diese Bemühungen beendet. Millionen von syrischen Kindern befinden sich innerhalb und außerhalb Syriens auf der Flucht und kämpfen um ihr Überleben.

Viele arabische Länder haben auch zu **Art 20 und Art 21**, betreffend die Adoption, Vorbehalte gemacht. **Die Adoption** ist im Koran in Sure 33:4–5 geregelt und sagt, dass es im Islamischen Recht keine Adoption gibt. Es ist verboten einen Sohn oder eine Tochter, zu adoptieren. Die Biologie muss stimmen, sonst können die angestammten Rechte nicht übertragen werden. Durch eine bloße Erklärung kann man nicht wirklich Sohn oder Tochter werden. "…and He [i.e., Allah] has not made your claimed [i.e., adopted] sons your [true] sons. That is [merely] your saying by your mouths, but Allah says the truth, and He guides to the [right] way. Call them [i.e., the adopted children] by [the names of] their fathers; it is more just in the sight of Allah. But if you do not know their fathers, they are your brothers in religion…"[583]

Tunesien ist mittlerweile ein arabisches Vorzeigeland geworden und hat zu den Art 14, 20 und 21 über die Religionsfreiheit und Adoption, keinen Scharia-Vorbehalt eingelegt, sowie viele andere arabische Kernländer.

In arabischen Ländern sind außereheliche Schwangerschaften sehr problematisch und ein Fall für die beschädigte Familienehre. Viele Frauen und außereheliche Kinder werden daher eher getötet, als dass für das ledige Kind eine Adoption in Erwägung gezogen wird.

---

582 **Rapaille**, Clotaire, Der Kultur-Code, Was uns verbindet, was uns trennt, München, 2007, S. 18.

583 **Die Adoption im Koran**, http://www.islam-pedia.de/index.php5?title=Adoption, abgefragt am 03.03.2017. Siehe dazu: **Zirker**, Hans, Koran, siehe oben: Sure 33:3–5, S. 260.

Wenn der Vater das Kind aus einer unehelichen Beziehung nicht anerkennt, kann die Mutter des Kindes der Prostitution bezichtigt werden. Auch diese rigiden Methoden wandeln sich in Tunesien, Marokko und Algerien.

Das Rechtsinstitut des „Rechtskniffes“ auch „hiyal“ genannt, erlaubt in Tunesien bereits die Adoption, weil die wirtschaftliche Lage dies erfordert. Die Marokkanerin Jamila Bargach beschreibt in ihrem 2002 erschienen Buch über Kindesaussetzung und heimliche Adoption in Marokko den sozialen und ökonomischen Wandel in Marokko.

Solange die Mädchen sehr jung verheiratet wurden, waren Schwangerschaften außerhalb der Regeln kein Problem. Heute gibt es andere Rahmenbedingungen für Mädchen. Viele heiraten erst Ende zwanzig, da kann es schon vorkommen, dass kein Ehemann zur Stelle ist. Ledige Mütter und uneheliche Kinder werden stigmatisiert und ausgegrenzt. Ihre Rechte werden missachtet. Von den arabischen Staaten ist Tunesien am modernsten und stellt uneheliche Kinder den ehelichen Kindern gleich. In Marokko und Tunesien können Mütter ihre Kinder nach der Geburt auch zur Adoption freigeben. Eine Studie hat ergeben, dass keine Frau sich bewusst für ein Kind ohne Ehemann entschieden hat. „Die ledigen Mütter und ledige Kinder stehen am unteren Ende der sozialen Skala. Sie sind dreifach ausgeschlossen – ökonomisch, gesellschaftlich und familiär.“[584]

Was nützt es, wenn die Gesetze bereits moderner sind als die Traditionen?

VII Scharia-Vorbehalte zum Internationalen Übereinkommen über die politischen Rechte der Frauen, International Convention on the Political Rights of Women, ICPRW[585]

Das Übereinkommen über die politischen Rechte der Frauen ist am 7. Juli 1954 in Kraft getreten. Mit 8. März 2017 gehören der Konvention 123 Staaten an.

---

584 **Sabra**, Matina, Ein Tabu bröckelt. https://de.qantara.de/inhalt/uneheliche-kinder-in-der-arabischen-welt-ein-tabu-brockelt, abgefragt am 13.11.2016.

585 **International Convention on the Political Rights of Women, ICPRW, Chapter XVI** https://treaties.un.org/Pages/ViewDetails.aspx?src=TREATY&mtdsg_no=XVI-1&chapter=16&clang=_en, abgefragt am 22.02.2017. “The consent of all the parties concerned is required for the referral of any dispute to the International Court of Justice.” Text: https://treaties.un.org/doc/Treaties/1954/07/19540707%2000-40%20AM/Ch_XVI_1p.pdf, abgefragt am 22.02.2017. Siehe auch: **Internationales Übereinkommen über die politischen Rechte der Frau**, http://www.un.org/Depts/german/uebereinkommen/ar640-vii-oebgbl.pdf, abgefragt am 22.03.2017.

1 Marokko

Marokko ist der Konvention am 22. November 1976 beigetreten, hat aber betont, dass im Streitfall alle Parteien zustimmen müssen, wenn die Angelegenheit vor den **IGH**, Internationalen Gerichtshof gebracht werden sollte. Es handelt sich hier eindeutig um einen Vorbehalt zu **Art 9** der Konvention.[586]

2 Tunesien

Tunesien ist der Konvention am 24. Jänner 1968 beigetreten, aber ebenfalls unter Vorbehalt zu **Art 9** der Konvention. "For any dispute to be referred to the **International Court of Justice**, the agreement of all the parties to the dispute shall be necessary in every case."[587]

3 Jemen

Der Jemen ist am 9. Februar 1987 dem Vertrag über die politischen Rechte der Frauen beigetreten, akzeptiert aber nicht den letzten Satz des **Art 7**. "The People's Democratic Republic of Jemen declares that it does not accept the last sentence of article 7 and considers that the juridical effect of a reservation is to make the Convention operative as between the State making the reservation and all other States parties to the Convention with the exception only of that part thereof to which the reservation relates."[588]

An **Art 9** des Vertrages, der den **IGH** als Streitschlichtungsinstanz ansieht, will der Jemen nicht gebunden sein. Alle Parteien müssten zustimmen, damit ein Streit vor den IGH gebracht werden könnte.[589]

---

586 **Marokko, ICPRW, reservations,** siehe oben.

587 **Tunesien, ICPRW, reservations,** https://treaties.un.org/Pages/ViewDetails.aspx?src=TREATY&mtdsg_no=XVI-1&chapter=16&clang=_en#EndDec, abgefragt am 22.02.2017.

588 **Yemen, ICPRW, reservations,** https://treaties.un.org/Pages/ViewDetails.aspx?src=TREATY&mtdsg_no=XVI-1&chapter=16&clang=_en#EndDec, weiter mit link 11, https://treaties.un.org/Pages/ViewDetails.aspx?src=TREATY&mtdsg_no=XVI-1&chapter=16&clang=_en#11, abgefragt am 22.02.2017.

589 **Internationales Übereinkommen über die politischen Rechte der Frau,** siehe oben: Art 9, „Alle Streitigkeiten, die zwischen zwei oder mehreren Vertrag schließenden Parteien entstehen und die Auslegung oder Anwendung dieses Übereinkommens betreffen und nicht im Verhandlungsweg geregelt werden können, werden über Wunsch einer der an den Streitigkeiten beteiligten Parteien dem **Internationalen Gerichtshof** unterbreitet, sofern sich die betreffenden Parteien nicht auf einen anderen Weg zur Regelung einigen."

VII A Zusammenfassung

Marokko ist der Konvention über die politischen Rechte der Frauen 1976, Tunesien bereits 1968 und der Jemen 1987 beigetreten. Es zeigt von einer gewissen Fortschrittlichkeit dieser drei muslimischen Länder, weil Frauen in der Regel keine politischen Rechte zugestanden werden.

In islamischen Ländern gibt es einen ungeschriebenen Gesellschaftsvertrag und der lautet: Die einfachen Leute sind gehorsame Untertanen, dafür lässt der Staat sie wirtschaften, wie sie wollen. Politisches Engagement wird nicht geduldet. Den Scharia-Vorbehalt zu Art 9 kennen wir bereits. Der Internationale Gerichtshof wird als Streitschlichtungsorgan aus den bereits bekannten Gründen nicht akzeptiert.

VII B Stellungnahme

Art 7 der Konvention sagt, falls ein Staat anlässlich der Unterzeichnung, der Ratifikation oder eines Beitritts einen Vorbehalt zu irgendeinem Artikel dieses Übereinkommens macht, hat der Generalsekretär den Text des Vorbehalts allen Staaten mitzuteilen, die Parteien dieses Abkommens sind oder werden können. Jeder Staat, der an einem Vorbehalt Anstoß nimmt, kann innerhalb eines Zeitraumes von **90 Tagen** den UN Generalsekretär, GS verständigen, dass er den Vorbehalt nicht annimmt. **„In einem solchen Fall tritt das Übereinkommen zwischen diesem Staat und dem Staat, der den Vorbehalt macht, nicht in Kraft.“**[590]

Hier wird im Vertrag dezidiert festgehalten, dass der Vertrag zwischen Vorbehalt abgebenden und dagegen protestierenden Staat nicht gelten soll. In den meisten Fällen, die ich bisher untersucht habe, wurde betont, dass der Vertrag trotz des Protestes oder einer Einwendung zwischen den betroffenen Mitgliedstaaten gelten soll.

590 **Internationales Übereinkommen über die politischen Rechte der Frau**, siehe oben.

VIII Scharia-Vorbehalte zum Übereinkommen zur Beseitigung jeder Form von Diskriminierung der Frauen, International Convention on the Elimination of all Forms of Discrimination against Women, ICEDAW:[591] Einwendungen, Rücknahme und Länderberichte

Das Übereinkommen zur Beseitigung jeder Form von Diskriminierung der Frau, nach dem Unterzeichnungsort auch **Kopenhagener Konvention** genannt, ist am 3. September 1981 in Kraft getreten. Zum Stand vom 8. März 2017 gehören ihr 189 Staaten an.

1 Algerien ®

Algerien[592] ist der oben genannten Konvention am 22. Mai 1996 beigetreten. Zu **Art 2** der Konvention, wobei es sich um den Grundsatz der Gleichbehandlung von Mann und Frau handelt, sagt die algerische Regierung, dass dieses Gesetz dem Algerischen Familienkodex nicht widersprechen darf. Der Vorbehalt zu **Art 9(2)** betreffend die Staatsbürgerschaft, wurde **zurückgenommen.** Bei **Art 15(4)** macht Algerien erneut einen Scharia-Vorbehalt. Hier geht es um die gleichen Rechte für Männer und Frauen hinsichtlich der Rechtsvorschriften

---

591 **ICEDAW; International Convention on the Political Rights of Women, Scharia-Vorbehalte,** https://treaties.un.org/Pages/ParticipationStatus.aspx?clang=_en weiter mit: Chapter IV Human Rights, https://treaties.un.org/Pages/Treaties.aspx?id=4&subid=A&clang=_en weiter mit: https://treaties.un.org/Pages/ViewDetails.aspx?src=TREATY&mtdsg_no=IV-8&chapter=4&clang=_en, abgefragt am 16.01.2017. Siehe auch: **Internationales Übereinkommen zur Beseitigung jeder Form von Diskriminierung der Frau** https://www.ris.bka.gv.at/GeltendeFassung.wxe?Abfrage=Bundesnormen&Gesetzesnummer=10000741, abgefragt am 16.01.2017. **ICEDAW**, https://treaties.un.org/doc/Treaties/1981/09/19810903%2005-18%20AM/Ch_IV_8p.pdf, abgefragt am 16.01.2017 oder **ICEDAW, International Convention on the Elemination of all Forms of Discrimination against Women**, https://treaties.un.org/doc/Publication/UNTS/Volume%201249/volume-1249-I-20378-English.pdf, abgefragt am 17.01.2017. **Länderbericht, Algerien 2010, ICEDAW/C/DZA/3–4** http://tbinternet.ohchr.org/_layouts/treatybodyexternal/Download.aspx?symbolno=CEDAW%2fC%2fDZA%2f3-4&Lang=en öffnen mit doc, abgefragt am 16.01.2017.

592 **Algerien, ICEDAW, reservations**, https://treaties.un.org/Pages/ViewDetails.aspx?src=TREATY&mtdsg_no=IV-8&chapter=4&clang=_en#EndDec, abgefragt am 16.01.2017, weiter mit link 69 https://treaties.un.org/Pages/ViewDetails.aspx?src=TREATY&mtdsg_no=IV-8&chapter=4&clang=_en#69, abgefragt am 17.02.2017.

über die Freizügigkeit und die freie Wahl ihres Aufenthaltsortes und ihres Wohnsitzes. Algerien will, dass Art 15 (4) ebenfalls nicht dem algerischen Familienkodex widerspricht. Der Vorbehalt setzt sich bei **Art 16** fort. Es handelt sich auch hierbei um gleiche Rechte für Männer und Frauen während und bei der Auflösung der Ehe und diese Regelung darf wieder nicht mit den Bestimmungen des algerischen Familienkodex kollidieren. An **Art 29 (1)** fühlt sich Algerien nicht gebunden. Streitigkeiten wegen der Auslegung und Anwendung der Konvention sollen nicht vor ein Schiedsgericht oder den **IGH**, Internationalen Gerichtshof gebracht werden dürfen, wenn nicht alle Parteien dem ausdrücklich zugestimmt haben. Hier liegt ein partieller Scharia-Vorbehalt vor, denn Familienrecht ist eine Domäne des Islamischen Rechts und die Rechtsprechung gibt ein islamisches Land nicht aus der Hand.

1 aa Einwendungen (Schweden, Portugal, Dänemark)

Zu diesen Vorbehalten gibt es Einwendungen[593] von Schweden, Portugal und Dänemark, weil sie die Scharia-Vorbehalte Algeriens mit dem Ziel und dem Zweck des Vertrages nicht vereinbar erachten. Man beruft sich auf **Art 28(2)** der oben genannten Konvention, der sagt, dass mit Ziel und Zweck dieses Übereinkommens unvereinbare Vorbehalte nicht zulässig sind.[594]

1.1 Algerien – Länderbericht zum Scharia-Vorbehalt, 2010

Algerien hat seinen 3. Und 4. periodischen Bericht[595] am 24. März 2010 eingesandt. Seit der Unabhängigkeit von 1962 arbeiteten Algeriens Landesbehörden hart, um Menschenrechte zu beschützen und zu fördern. Die algerische Verfassung berücksichtigt universelle Menschenrechtsprinzipien. Es wird dabei auch die Authentizität und die anhaltende moderne Entwicklung in der algerischen

---

593 **Algerien, ICEDAW, reservations, Einwendungen**, link 69, https://treaties.un.org/Pages/ViewDetails.aspx?src=TREATY&mtdsg_no=IV-8&chapter=4&clang=_en#69, abgefragt am 16.01.2017.

594 **Übereinkommen zur Beseitigung jeder Form von Diskriminierung der Frau**, siehe oben.

595 **Algerien – Länderbericht, 2010, CEDAW/C/DZA/3–4** http://tbinternet.ohchr.org/_layouts/treatybodyexternal/Download.aspx?symbolno=CEDAW%2fC%2fDZA%2f3-4&Lang=en, abgefragt am 22.03.2016, öffnen mit html http://docstore.ohchr.org/SelfServices/FilesHandler.ashx?enc=6QkG1d%2fPPRiCAqhKb7yhsqIW7xsH63TzPVZQc03dkiHwP4xdY%2foHr4%2b%2f2kWQE6EQsX%2fGX%2fobbB%2bJan8whwOzbWv2rMkmhL9UemE8q%2fKvpsbXcaX6C%2bTzeui49wIBzOS%2f, abgefragt am 22.02.2017.

Gesellschaft beachtet. 1989 öffnete sich Algerien für ein Vielparteiensystem und man beschleunigte den Prozess für internationale Menschenrechtserrungenschaften. Heute ist Algerien ein Land mit fundamentalen Freiheiten, dass auch die geforderten Berichte an die verschiedenen internationalen Ausschüsse übersendet.

Nach dem zerstörerischen Freiheitskrieg hatte Algerien viele Herausforderungen zu bewältigen. Da war zuerst der Wiederaufbau in allen Gebieten. Es folgte die kostenlose, verpflichtende Schulbildung der Kinder und der kostenlose Zugang zum Gesundheitssystem für alle Staatsbürger. 1988 schlug Algerien eine Strategie ein, um das Land zu demokratisieren und die Wirtschaft zu liberalisieren. 1989 kam die neue Verfassung mit zusätzlichen Freiheiten, politischem Pluralismus, Trennung der Gewalten und einer unabhängigen Rechtsprechung gemäß Art 138 der Verfassung. Es folgten mehr repräsentative Wahlmechanismen. Am 12. November 2008 wurde die Verfassung erneut reformiert. Dies brachte auch neue Möglichkeiten für Frauen, die Gesellschaft tatkräftig mitzugestalten.[596]

Das Rechtssystem ist nun dreiteilig aufgebaut. Es gibt trial courts, courts of appeal und den Supreme Court. An der Spitze des Council of State steht eine Frau. Algerien hat fast alle internationalen Menschenrechtsverträge ratifiziert.

Um den Bestimmungen des Algerischen Familien-Kodexes zu entsprechen, musste Algerien zu **Art 2** einen Scharia-Vorbehalt anbringen. Die Gesetze im Familien-Kodex prägen das Konzept, um Diskriminierung von Frauen zu eliminieren. Der Staat muss diesbezügliche Gesetze, Regeln, Brauchtum und traditionelle Praktiken beseitigen, um Frauen vor Diskriminierung zu schützen. Der Familienkodex, das Personenstandsgesetz und die Bestimmungen im Erbrecht haben die Scharia zur Grundlage, also göttliches Recht, das für alle Muslime gilt. Diese Gesetze sind bestimmt und unveränderbar.[597]

Nach Art 28 der Verfassung sind alle algerischen Staatsbürger vor dem Gesetz gleich. Es herrscht keine Diskriminierung wegen der Geburt, der Rasse, des Geschlechts oder wegen persönlichen oder sozialen Umständen. Art 132 der Verfassung sagt, dass jede ratifizierte Konvention Vorrang hat vor lokalem Recht. Nachdem der multilaterale Vertrag von Algerien ratifiziert und in der Official Gazette publik gemacht wurde, wird jede Konvention Teil des lokalen Rechts. Gemäß Art 132 der Verfassung wird der internationale Vertrag so zu höherem Recht. Jeder algerische Bürger kann die Bestimmungen vor Gericht vorbringen.

---

596 **Algerien – Länderbericht, 2010**, siehe oben.
597 **Algerien – Länderbericht, 2010**, siehe oben.

In diesem Zusammenhang ist es erwähnenswert, dass das National Committee on Justice der Regierung Reformen empfohlen hat, nämlich, lokales Recht an das Recht der internationalen Konventionen anzupassen. Seit 2001 hat man dies bei vielen Kodizes erfolgreich gemacht. Die Konvention zur Beseitigung jeder Form von Diskriminierung der Frau hat auch den Beweis vor algerischen Gerichten bereits angetreten, da die Bestimmungen rechtliche Kraft haben, außer den Bestimmungen, die unter einem Scharia-Vorbehalt stehen.[598]

Art 9(2) des Übereinkommens zur Beseitigung jeder Form von Diskriminierung der Frau, war auch mit dem algerischen National-Kodex und dem algerischen Familien-Kodex unvereinbar. Nach den Gesetzes-Reformen von 2005 wurde der Vorbehalt zu Art 9(2), **betreffend die Staatsbürgerschaft** der Frau, am Frauentag, den 8. März 2008 **zurückgezogen.**

Art 15(4) der Konvention sollte nicht so interpretiert werden, dass er den Bestimmungen von Kapitel 4 Art 37 des algerischen Familien-Kodexes widerspricht. Hier geht es um die Wahl des **Aufenthaltsortes der Ehefrau** und ihres **ordentlichen Wohnsitzes**. Diese Bestimmungsorte wählt der Ehemann aus. Aber das wird heute nicht mehr so eng gesehen, wenn der Ehemann arbeitsbedingt oft von seiner Familie getrennt leben muss. Hier handelt es sich um ein legales außereheliches Zusammenleben. Ist eine Frau unverheiratet, gibt es keine Regeln, welchen Wohnort sie wählt. Laut Verfassung kann sie ihren Wohnort im Territorium selbst bestimmen.

Zu **Art 16** der Konvention gibt es auch einen Vorbehalt nach der Scharia. Der Familien-Kodex wurde durch das Gesetz No 84-11 vom Juni 1984 verkündet und dieses wurde nie an die Gesellschaft angepasst. Randgruppen mit sozialen Anliegen haben darauf bestanden, dass dieser Familien-Kodex mit der Convention on Elimination of all Forms of Discrimination against Women vereinbar gemacht werden muss. Die Regierung ist darauf eingegangen, und hat mit dem Erlass No 05-02 vom Februar 2005, bezogen auf den Familien-Kodex aus 1984, mit Änderungen wie folgt geantwortet.[599]

Nach dem neuen Familien-Kodex darf nur mehr bei **beidseitigem Einverständnis der Ehepartner geheiratet** werden. Eine **Zwangsehe ist verboten**, auch die **Stellvertreter-Ehe "proxy marriage" wird abgeschafft.** Beide angehenden Eheleute müssen explizit zustimmen. Stimmt ein Ehegatte nicht zu, dann ist die Ehe ungültig. Der **„Wali"**, entweder der Vater oder eine andere Person darf eine minderjährige Person nicht zur Ehe zwingen. Das **Mindestheiratsalter ist**

598 **Algerien – Länderbericht, 2010,** siehe oben.
599 **Algerien – Länderbericht, 2010,** siehe oben.

19 Jahre. Art 36 des Familien-Kodex hält die Rechte und Pflichten der Eheleute fest. Das alte Konzept dem **Ehemann zu gehorchen** und der **übertriebene Respekt vor den Eltern des Bräutigams** wurde **aufgegeben**. Nun gibt es gegenseitige Rechte und Pflichten und gegenseitigen Respekt zwischen Mann und Frau, um gemeinsame Abmachungen rund um die Familie, die Eltern und Kinder zu managen. **Polygamie** ist die **Ausnahme** in der algerischen Gesellschaft. Dazu benötigt der Ehemann die Zustimmung seiner ersten und auch der zukünftigen Frau. Zusätzlich benötigt der Mann die Zustimmung des Family Court und der Mann muss geloben, beide Frauen gleich gut zu versorgen.[600]

Durch neue Bestimmungen sind die **Klagsgründe für die Frau angestiegen**. Sie kann auch Zerrüttung der Ehe angeben, oder auch, dass der Ehegatte den Bedingungen des Ehevertrages nicht nachkommt. **Entschädigungszahlungen** sind eine wesentliche Komponente eines jeden Scheidungsvertrages. Widerspenstige Ehemänner, die ihren ausgefassten Zahlungsleistungen nicht nachkommen, werden hart bestraft. Ein Scheidungsurteil der Ersten Instanz ist final und bindend und wird im "civil status" eingetragen. Auch zur Obhut gibt es Änderungen. Änderungen in diesem Teil des Familien-Kodexes bekräftigen die Wichtigkeit der Interessen des Kindes. In erster Linie erhält jetzt die **Mutter das Sorgerecht vor dem Vater**. Der Vater wird aufgefordert, für eine ordentliche Behausung und eine finanzielle Unterstützung zu sorgen. Auch einer berufstätigen Mutter kann nach Art 67(2) des Familien-Kodizes das Sorgerecht nicht mehr entzogen werden. Bei der **Vormundschaft** hat die **Mutter** einen wesentlichen **Fortschritt** errungen. Eine Mutter kann nun an die Stelle des Vaters treten und auch Formalitäten für das Kind erfüllen, z.B. bei der Frage der Bildung, oder wenn der Vater abwesend ist, besonders aber nach einer Scheidung.[601]

Eine Rücknahme des Vorbehaltes zu Art **29(1)** gibt es nicht.

1 a Stellungnahme zu Algerien

Algerien ist seit 48 Jahren von der französischen Kolonialmacht unabhängig, dennoch kämpfen die Frauen gegen den Druck des Patriarchats. Bis in die 80er Jahre war es den Frauen gestattet, sich nicht zu verhüllen. Seit dem Erstarken des Islamismus hat sich das Straßenbild geändert. Frauen werden von Vätern, Männern oder Brüdern und Onkeln vor die Alternative gestellt sich zu verhüllen, oder das Haus nicht zu verlassen. Frauen wird gesagt, dass der Islam den verhüllten Frauen einen höheren Stellenwert gibt, und Männer ihnen daher mehr

600 **Algerien – Länderbericht, 2010**, siehe oben.
601 **Algerien – Länderbericht,** siehe oben.

Respekt entgegenbringen. Nadia Ait Zai, die Chefin des Algierer Frauenzentrums glaubt, dass hier die Regierung eingreifen sollte und Regeln für ein modernes Zusammenleben von Männern mit Frauen aufstellen müsste. Das Argument der Frauen, dass sie sich nur unter dem Hidschab frei und unbelästigt bewegen können, stellt den algerischen Männern einen Persilschein aus, unverhüllte Frauen belästigen zu dürfen. Der Terrorismus hat die algerische Gesellschaft verändert. In Algerien gibt es heute auch eine große Anzahl verstoßener Frauen, die auf der Straße landen, weil es kaum Frauenzentren und auch keine Arbeitsplätze für Frauen gibt. Der Staat hat zwar gute Gesetze für Ehefrauen gemacht, die aber von den staatlichen Institutionen, wie Polizei und Justiz kaum beachtet werden, daher gibt es auch kaum Frauen, die es wagen, ihr Recht einzuklagen, weil nachträgliche Repressionen unvermeidbar sind. Dies bestätigt auch der Amnesty International Report von 2012. Die UN-Sonderberichterstatterin über Gewalt gegen Frauen berichtete, dass sich die Regierung bemüht habe, Diskriminierung von Frauen in Angriff zu nehmen. Seither haben sich die Bedingungen für Frauen unwesentlich verändert und man schaut gebannt auf die eventuellen Nachfolger des schwerkranken Präsidenten Bouteflika.[602]

2 Bahrain[603]

Bahrain ist dem Übereinkommen zur Beseitigung jeder Form von Diskriminierung der Frau am 18. Juni 2002 beigetreten und hat Scharia Vorbehalte zu den Artikeln 2, 9 (2), 15(4), 16(1) und 29(1) gemacht. **Art 2** muss so interpretiert werden, dass er den Bestimmungen der islamischen Scharia nicht widerspricht. Gleichberechtigung von Mann und Frau wird in der Scharia als Gleichwertigkeit gelesen und verstanden. Mann und Frau besitzen gleichwertige Rechte und Pflichten, dass bedeutet aber durchaus, dass diese Rechte und Pflichten verschieden sind und dem Art 2 der Konvention, der jede Form von Diskriminierung der Frau ablehnt, nicht entspricht. Laut Art 2 verpflichten sich die Vertragsstaaten dieses Diskriminierungsverbot in ihre Staatsverfassung aufzunehmen, und ihre

---

602 **Semouri**, Abida, Algier, Verhüllt in der Öffentlichkeit. 48 Jahre Unabhängigkeit haben algerischen Frauen kaum Freiheiten gebracht. http://www.ag-friedensforschung.de/regionen/Algerien/frauen.html, abgefragt am 20.02.2017. Siehe auch: **Amnesty International Bericht 2012**, https://www.amnesty.de/jahresbericht/2012/Algerien, abgefragt am 20.02.2017.

603 **Bahrain, ICEDAW, reservations**, link 71. https://treaties.un.org/Pages/ViewDetails.aspx?src=TREATY&mtdsg_no=IV-8&chapter=4&clang=_en#EndDec, abgefragt am 16.01.2017.

Rechtsvorschriften in diesem Sinne zu gestalten.[604] Bei **Art 9(2)** gewähren die Vertragsstaaten den Frauen die gleichen Rechte wie Männern im Hinblick auf die Staatsangehörigkeit ihrer Kinder. Bei Art **15(4)** will man gleiche Rechte für Männer und Frauen hinsichtlich der Rechtsvorschriften über die Freizügigkeit und die freie Wahl des Aufenthaltsortes und des Wohnsitzes. Hier und auch bei **Art 16** geht es um Eingriffe in das Familienrecht, das völlig der Scharia unterliegt. Mann und Frau sollen gleiche Rechte bei der Wahl des Ehepartners haben. In der Ehe und bei der Auflösung der Ehe müssen beide Partner gehört werden. Die Kinderfrage und die Fragen bezüglich Vormundschaft, Pflegschaft, Adoption müssen partnerschaftlich gelöst werden.[605] Bei **Art 29(1)** will Bahrain auch nicht an den Internationalen Gerichtshof gebunden sein, sollten sich bezüglich Interpretation und der Anwendung der Konvention Streitigkeiten ergeben.[606] Hier

604 **Bahrain, ICEDAW, reservations,** siehe oben.

605 **Übereinkommen zur Beseitigung jeder Form von Diskriminierung der Frau,** siehe oben. **Art 16(1) „**Die Vertragsstaaten treffen alle geeigneten Maßnahmen zur Beseitigung der Diskriminierung der Frau in Ehe- und Familienfragen und gewährleisten auf der Grundlage der **Gleichberechtigung von Mann und Frau** insbesondere folgende Rechte: a) gleiches Recht auf Eheschließung; b) gleiches Recht auf freie Wahl des Ehegatten, sowie Eheschließung nur mit freier und voller Zustimmung; c) gleiche Rechte und Pflichten in der Ehe und bei der Auflösung; d) gleiche Rechte und Pflichten als Eltern, ungeachtet ihres Familienstandes, in allen ihre Kinder betreffenden Fragen; in jedem Fall sind die Interessen der Kinder vorrangig zu berücksichtigen; e)….f) gleiche Rechte und Pflichten in Fragen der Vormundschaft, Pflegschaft, Personen- und Vermögenssorge, Adoption von Kindern oder ähnlichen Rechtseinrichtungen, soweit das innerstaatliche Recht derartige Rechtsinstitute kennt; g) die gleichen persönlichen Rechte als Ehegatten, einschließlich des Rechts auf die Wahl des Familiennamens, eines Berufs und einer Beschäftigung; h)…(2).“

606 **Übereinkommen zur Beseitigung jeder Form von Diskriminierung der Frau,** siehe oben. **Art 29(1)** „Entsteht zwischen zwei oder mehr Vertragsstaaten über die Auslegung dieses Übereinkommens eine Streitigkeit, die nicht auf dem Verhandlungsweg beigelegt werden kann, so wird sie auf Verlangen einer Partei zum Gegenstand eines **Schiedsverfahrens** gemacht. Können sich die Parteien innerhalb von sechs Monaten vom Zeitpunkt des Antrags auf ein Schiedsverfahren über dessen Ausgestaltung nicht einigen, so kann eine Partei die Streitigkeit dem **Internationalen Gerichtshof** vorlegen, indem sie einen Antrag im Einklang mit dessen Statut stellt.“ **Art 29(2)** „Jeder Vertragsstaat kann zum Zeitpunkt der Unterzeichnung oder Ratifikation des Übereinkommens oder eines Beitritts dazu erklären, dass er sich **durch Absatz 1 nicht gebunden ansieht.** Die anderen Vertragsstaaten sind gegenüber einem Vertragsstaat, der einen derartigen Vorbehalt angebracht hat, durch Absatz 1 nicht gebunden.“ **Zulässiger SV.**

handelt es sich um einen **zulässigen Vorbehalt**, von dem eigentlich alle untersuchten Länder aus den bereits bekannten Gründen, Gebrauch gemacht haben.

2.1 Bahrain – Länderbericht zum Scharia-Vorbehalt, 2011

Bahrain hat seinen 3. periodischen Länderbericht[607] gemäß Art 18 der Konvention 2011 eingeschickt. Zum Vorbehalt zu **Art 2** hat das Königreich erklärt, dass der Vorbehalt für die Gleichberechtigung von Mann und Frau keine Bedeutung hätte, denn die Gleichwertigkeit von Mann und Frau sind im Koran und in der Sunnah des Propheten ohnehin vorgesehen.[608] Dieser Scharia-Vorbehalt trifft die Frau nur im Rahmen der Familie, bezogen auf die Vormundschaft, die finanziellen Rechte, die die Frau in der Ehe genießt, (sie braucht nichts zum Unterhalt beisteuern, das ist Sache des Mannes) und bezogen auf das Erbe. Andere Sachverhalte, die die Frauen betreffen, werden in der Verfassung und in anderen relevanten Gesetzen behandelt. Sie betreffen nicht diesen Vorbehalt.

Art 2 der Verfassung von Bahrain hält fest, dass die Scharia die Hauptquelle für die Staatsgesetzgebung ist. Gemäß dessen werden alle nationalen Gesetze und internationalen Verpflichtungen im Rahmen der islamischen Gesetze verstanden. Das Königreich Bahrain muss die Bestimmungen dieses Artikels beachten, speziell deshalb, weil die Scharia den Respekt vor Menschenrechten im Rahmen eines universellen Konzeptes betont. Tatsache ist, dass das globale System der Scharia für eine wahre Gleichheit zwischen Mann und Frau auf der Basis von Gerechtigkeit einsteht. Es gibt keine formale Gleichheit. Nehmen wir das Beispiel des Erbes. Eine Frau erbt nur die Hälfte des Mannes. Das sieht nach Diskriminierung der Frau aus, ist es aber nicht, denn diese Regel wird nur in ganz bestimmten Fällen angewendet. Diese ganz bestimmten Fälle wurden durch das Königreich in den früheren Berichten erklärt.[609]

---

607 **Bahrain – Länderbericht, 2011, CEDAW/C/BHR/3** http://tbinternet.ohchr.org/_layouts/treatybodyexternal/Download.aspx?symbolno=CEDAW%2fC%2fBHR%2f3&Lang=en, öffnen mit pdf, abgefragt am 23.03.2016.

608 Was hier aber nicht erklärt wird ist, wie Gleichberechtigung verstanden wird, nämlich ergänzend. Die Frauen und Männer haben ergänzende Rechte und Pflichten in der Ehe. Man muss sich das wie ein Paar Schuhe vorstellen – komplementär. Vor Gott sind Mann und Frau tatsächlich gleich. Sie unterscheiden sich nur im Grad der Frömmigkeit.

609 Nach der Scharia müssen die Aufgaben in einer Ehe zwischen Mann und Frau gerecht verteilt sein. Nachdem Männer den Koran interpretieren, beurteilen auch sie, was sie unter einer gerechten Verteilung verstehen. Siehe oben: **Länderbericht Bahrain.**

In **Art 9(2)** gewähren die Vertragsstaaten den Frauen die gleichen Rechte wie den Männern im Hinblick auf die Staatsangehörigkeit ihrer Kinder. Hierzu wurde auch ein Vorbehalt angebracht. Dieser wird damit begründet, dass der Vater den Kindern bahrainische Nationalität geben kann, während eine bahrainische Frau, die mit einem Nichtbahraini verheiratet ist, ihren gemeinsamen Kindern nicht die bahrainische Nationalität gewähren kann. So versucht man eine Doppelstaatsbürgerschaft zu vermeiden, denn die Kinder aus so einer Ehe würden die Staatsbürgerschaft des Vaters erhalten, auch wenn sie in Bahrain geboren werden. Aber man arbeitet daran, dies im neuen Nationality Act zu ändern. Dann könnte man auch den Vorbehalt zu Art 9(2) der Konvention zurückziehen.

Art 15(4) besagt, dass die Vertragsstaaten Männern und Frauen die gleichen Rechte hinsichtlich der Rechtsvorschriften über die Freizügigkeit und die freie Wahl ihres Aufenthaltsorts und ihres Wohnsitzes gewähren. Uneingeschränkte Freiheit sieht die Scharia bei einer Ehefrau nicht vor. Der Ehemann kann zwar nicht ihren Reisepass einhalten und sie vom Reisen zurückhalten, aber für die Ehefrau ist es selbstverständlich, dass ihr ehelicher Haushalt an der Seite ihres Ehemannes angesiedelt ist. So steht es in der Scharia.[610]

In **Art 16** handelt es sich um viele Ehe- und Familienfragen und wieder um Gleichberechtigung von Mann und Frau. Gemäß der Scharia war es hier wieder ganz wichtig, einen Vorbehalt anzubringen. Dieser Artikel hat es bereits in früheren Berichten notwendig gemacht, aufklärend zu wirken. Man hat daher schon im ersten und im zweiten Länderbericht dazu Stellung genommen. Das Heiratsalter, der Heiratsvertrag, die Vormundschaft, die finanzielle Stellung der Frau in der Ehe, die Obhut der Kinder bei Beendigung der Ehe, Familienplanung und das Erbe der Frau wurden schon dort behandelt. Diesbezüglich hat man als Verbesserung Gesetz No 19 verabschiedet, welches die sunnitische Gemeinde betrifft. Hierin werden Rechte und Pflichten der männlichen und weiblichen Prozessparteien definiert, damit letztendlich die Interessen der Kinder ermittelt werden können. Das Gesetz enthält unter anderem Folgendes:

- Die Zustimmung der Frau zur Ehe.
- In Art 18 wird die Genehmigung des Scharia-Gerichtes benötigt, wenn die Braut noch unter 16 Jahren ist,
- Art 10 des Dekrets No 45 (2007) enthält weitere Bestimmungen für die notarielle Beglaubigung für die Personenstandsdokumente im Fall, dass die Braut unter 15 Jahren und der Bräutigam unter 18 Jahren ist.

---

610 **Bahrain – Länderbericht, 2011**, siehe oben.

- Die Ehefrau hat das Recht im Heiratsvertrag festsetzen zu lassen, dass ihr Mann keine weitere Frau heiraten darf, solange die Ehe besteht.
- Bezüglich der Obhut der Kinder im Scheidungsfall darf der Richter psychologische Experten befragen.
- Eine geschiedene fremde Frau darf weiterhin in Bahrain wohnen bleiben, solange sie die Obhut über ihre Kinder hat.

Der Ausschuss der Konvention gegen Diskriminierung von Frauen hat ein einheitliches Familiengesetz für Sunniten und Schiiten empfohlen, damit familiäre Angelegenheiten vereinheitlicht werden können. Daran wird noch gearbeitet.

Erwähnenswert ist, dass man in Bahrain eine Familienberatung und eine Schlichtungsstelle im Justizministerium und in der Stelle für islamische Angelegenheiten eingerichtet hat. Es wurde erkannt, dass man mit Beratungen oft sozialen und psychischen Schaden von Familien fernhalten kann.

Das Königreich Bahrain verspricht im Zusammenhang mit der Antidiskriminierungskonvention gegenüber Frauen alles zu unternehmen, um Schaden von den Frauen fernzuhalten. Der Wunsch, die Konvention anzuwenden, ist gestützt auf das Gesetz und den politischen Willen. Ohne Zweifel gibt es mit dem Committee der Convention wichtige Dialoge und Empfehlungen.[611]

Zu **Art 29** gibt es keinen Bericht. Der Internationale Gerichtshof wird im Zusammenhang mit dieser Konvention weiterhin nicht anerkannt.

2 a Stellungnahme zu Bahrain

Amnesty International berichtet über Frauen in der Golfregion wie Bahrain, Oman, Qatar, Saudi-Arabien und in den Vereinigten Arabischen Emiraten, dass es in dieser Region keine Gleichberechtigung für Frauen gibt und schon gar nicht für die Millionen Gastarbeiterinnen, die wie Arbeitssklavinnen gehalten werden. Alle Golfstaaten haben zur ICEDAW Scharia-Vorbehalte angebracht. Dennoch hat es in Bahrain die Araberin Mona Almoayyed geschafft, als Großunternehmerin in einem arabischen Land Fuß zu fassen. Im Interview meinte sie zur Gleichberechtigung, dass es bei dem Tempo in der arabischen Welt wohl noch 1000 Jahre benötigen wird, bis Frauen Gleichberechtigung erreicht haben werden. Den Männern in Bahrain bescheinigt sie Aufgeschlossenheit. Sie öffnen ihre Kreise, während es in Saudi-Arabien, selbst in den Restaurants noch

---

611 **Bahrain – Länderbericht, 2011**, http://tbinternet.ohchr.org/_layouts/treatybodyexternal/Download.aspx?symbolno=CEDAW%2fC%2fBHR%2f3&Lang=en, öffnen mit pdf, abgefragt am 22.02.2017.

eine strikte Geschlechtertrennung gibt. Sie selbst bezeichnet sich eher als eine Ausnahme, weil sich arabische Frauen üblicherweise gar nicht soviel Erfolg und Stärke zutrauen und ihr Heil lieber in der Ehe suchen.

Um ein Unternehmen in Bahrain erfolgreich zu leiten, muss man auch sehr loyal dem Königshaus gegenüberstehen, dann kann man auch beispielsweise Frauenquoten in der Handelskammer durchsetzen. Almoayyed zitiert einen berühmten Satz von Kennedy: ‚Frage nicht was dein Land für dich tun kann, sondern was du für dein Land tun kannst.'[612] Sie meint, dass Bahrain noch keine Demokratie ist, aber auf einem guten Weg dorthin wäre, obwohl 2011 auch in Bahrain Chaos herrschte, weil Menschen durch den Iran aufgehetzt worden wären, die auch in Bahrain einen Gottesstaat errichten wollen. Den König und seine Politik zu kritisieren, betrachtet sie als unhöflich, aber man kann durchaus Vorschläge anbringen. Sie zum Beispiel wünscht sich mehr Transparenz bei den Ausgaben der Regierung. Steuern gibt es in Bahrain bis jetzt noch keine, aber gute Schulen und eine kostenlose Krankenversicherung. Von den Reichen in Bahrain erwartet sie, dass sie sich mehr für den Aufbau von Demokratie engagieren mögen. Die Ausbeutung von ausländischen Arbeitskräften müsse auf jeden Fall beendet werden.

3 Ägypten ®

Ägypten[613] hat den oben genannten Vertrag am 16. Juli 1980 unterzeichnet und ist am 18. September 1981 dem Vertrag beigetreten. Die arabische Republik Ägypten ist gewillt, dem Inhalt des **Art 2** zu entsprechen, für den Fall, dass diese Zustimmung nicht der Islamischen Scharia widerspricht. Hier geht es wieder um gleiche Rechte und Pflichten zwischen Mann und Frau. Bei **Art 16(1),** Gleichberechtigung zwischen Mann und Frau und zu **Art 29(1),** betreffend den Internationalen Gerichtshof,[614] gibt es Scharia-Vorbehalte.

Im Islam sagt man, die Verteilung von Rechten und Pflichten zwischen Männern und Frauen entspricht einem Paar Schuhe. Frauen haben äquivalente

---

612 **Michler**, Inga, Bahrain, Wie sich eine Frau in der Männerwelt durchsetzt, https://www.welt.de/wirtschaft/article121233597/Wie-sich-eine-Frau-in-der-Maennerwelt-durchsetzt.html, abgefragt am 20.02.2017.

613 **Ägypten, ICEDAW, reservations,** link 21, **Rücknahme.** https://treaties.un.org/Pages/ViewDetails.aspx?src=TREATY&mtdsg_no=IV-8&chapter=4&clang=_en#EndDec, abgefragt am 17.01.2017. weiter mit https://treaties.un.org/Pages/ViewDetails.aspx?src=TREATY&mtdsg_no=IV-8&chapter=4&clang=_en#21, abgefragt am 17.01.2017.

614 **Ägypten, ICEDAW, reservations,** siehe oben.

Rechte, nicht gleiche Rechte. **Äquivalente Rechte sorgen für eine Balance in der Ehe**. Diese Rechte sollen durch nichts infrage gestellt werden. Der Mann zahlt nach der Scharia für den Unterhalt, er zahlt Brautgeld für die Frau, die Frau behält ihr Vermögen, braucht in der Ehe nichts davon hergeben, daher begrenzt die Scharia die Rechte der Frau bei der Scheidung, gemäß einem richterlichen Urteil. Eine Beschränkung für den Mann im Falle der Scheidung gibt es nicht.[615]

Am 4. Jänner 2008 hat Ägypten seinen **Vorbehalt zu Art 9(2) zurückgezogen**. Hier sollen die Vertragsstaaten den Frauen die gleichen Rechte wie den Männern, im Hinblick auf die Staatsangehörigkeit ihrer Kinder, gewähren.[616]

3.1 Ägypten – Länderbericht zum Scharia-Vorbehalt, 2008

Gemäß Art 18 hat Ägypten 2008 seinen 6. und 7. Länderbericht[617] abgeliefert. Dieser Bericht wurde vom National Council for Women, NCW, der Ratsversammlung für Frauen mit dem Dekret No 90 of 2000 zusammengestellt. Er soll Frauen eine aktive Teilnahme an der Entwicklung des Landes ermöglichen. Ihre verfassungsrechtliche Gleichberechtigung soll in der Praxis gestärkt werden.

Ägypten hat zu **Art 2** der Antidiskriminierungskonvention von Frauen einen Vorbehalt eingebracht, der mit der islamischen Jurisprudenz begründet wurde. Art 2 will, dass die Vertragsstaaten jede Form von Diskriminierung der Frau verurteilen, aber auch, dass diese ihre diskriminierenden Rechtsvorschriften ändern.

Die ägyptische Regierung hat schon vieles davon umgesetzt. Art 8 der Verfassung sieht für alle StaatsbürgerInnen gleiche Möglichkeiten vor. Art 40 der Verfassung sagt, alle BürgerInnen sind vor dem Gesetz gleich.[618] Sie haben gleiche öffentliche Rechte und Pflichten ohne Diskriminierung wegen der Rasse,

---

615 **Ägypten, ICEDAW, reservations,** siehe oben.

616 **Ägypten, ICEDAW, reservations**, link 21, **Rücknahme des Vorbehalts zu Art 9(2)** https://treaties.un.org/Pages/ViewDetails.aspx?src=TREATY&mtdsg_no=IV-8&chapter=4&clang=_en#21, abgefragt am 17.01.2017.

617 **Ägypten – Länderbericht, 2008, CEDAW/C/EGY/7**http://tbinternet.ohchr.org/_layouts/treatybodyexternal/Download.aspx?symbolno=CEDAW%2fC%2fEGY%2f7&Lang=en view document and open with doc, abgefragt am 19.02.2017. http://docstore.ohchr.org/SelfServices/FilesHandler.ashx?enc=6QkG1d%2fPPRiCAqhKb7yhssmw5jHDQuNBd%2bTWAIG8TlGsL04NzgndrIysCcYul7xztY7I54NZIKQIAlbKX8LrBp7j941sNnTL95C%2fF8p7AfZJ5lQm0ukm1Lp1E2eRUm6m, abgefragt am 17.02.2017.

618 Im Islam sind alle Menschen vor Gott gleich. Einziges Unterscheidungsmerkmal ist ihre Frömmigkeit.

der Ethnie, der Sprache, der Religion, des Glaubensbekenntnisses oder des Geschlechts. Art 10 der ägyptischen Verfassung schützt die Mutterschaft und die Kindheit. Die Verfassung garantiert den Frauen Schutz und hält sie für **gleichwertig**[619] mit den Männern. Alle Gesetze, die auf eine Diskriminierung von Frauen hinweisen, sind verfassungswidrig. Man räumt aber ein, dass etliche Artikel im ägyptischen Strafen-Kodex überfällig sind, weil sie Diskriminierung von Frauen zulassen.[620]

Die Regierung arbeitet ernsthaft daran, Diskriminierung von Frauen zu beseitigen. Auch denkt man darüber nach, den Vorbehalt zu Art 2 der oben genannten Konvention zurückzuziehen. Bei **Art 9(2)** hat man den Vorbehalt bereits zurückgezogen.® Hierzu wurde das ägyptische Nationality Law berichtigt. Nun herrscht Gleichheit vor dem Gesetz, wenn es sich um eine ägyptische Frau, die mit einem Nichtägypter verheiratet ist und einem Ägypter, der mit einer Nichtägypterin verheiratet ist. **Beide können nun die ägyptische Staatsbürgerschaft an ihre Kinder weitergeben.** Tausende Kinder von Ägypterinnen haben bisher die ägyptische Staatsbürgerschaft erhalten, seitdem dieses Gesetz geändert wurde.

Die Ratsversammlung für Frauen möchte auch eine Scharia-Vorbehaltsrücknahme für Art 2 der Konvention erreichen, denn Art 2 steht eigentlich nicht mehr der Verfassung entgegen. Ganz besonders zieht man hierfür Art 11 der Verfassung heran. "The State shall quarantee the proper coordination between the duties of the women towards the family and her work in the society, considering her equal with man in the fields of political, social, cultural and economic life without violation of the rules of Islamic Jurisprudence."[621]

Eine Klarstellung wird benötigt, um Konstrukte zu eliminieren, die versuchen, die Pflichten der Frauen gegenüber der Familie soweit auszudehnen, dass sie für andere Arbeiten keine Zeit mehr finden mögen. Das ist jedoch falsch, denn der Verfassungsartikel sagt nicht, dass die Frauen alleine für die Familien zuständig sind. Es gibt heute Arbeitsgesetze, die Mutterschaftsurlaub und Kinderbetreuung unterstützen und dann gibt es auch noch die modernen, ägyptischen Männer, die der Frau fallweise Hausarbeiten und Kinderbetreuung abnehmen sollten.

619 Dem menschenrechtlichen **"Equality Concept"** der Vereinten Nationen im Sinne von identischen Rechten und Pflichten für Männer und Frauen wird eine Absage erteilt.

620 **Ägypten – Länderbericht, 2008**, siehe oben.

621 **Ägypten – Länderbericht, 2008**, siehe oben.

Zu **Art 16** der Konvention hat Ägypten auch einen Scharia-Vorbehalt gemacht, weil die Rechte und Pflichten in der Ehe in Ägypten nicht gleich sind, sondern gleichwertig. Gleichheit wie das in vielen Punkten des Art 16 gefordert wird, würde die Rechte der Frauen wie sie derzeit bestehen, verkürzen. **Art 16a** verlangt gleiches Recht auf Eheschließung. **Art 16b** fordert gleiches Recht auf freie Wahl des Ehegatten und die Eheschließung nur mit freier Zustimmung. Die Frau hat das Recht einen vorgesehenen Ehemann abzulehnen. Ohne ihre Zustimmung gibt es keine gültige Ehe. In Ägypten gibt es aber widersprüchliche Heiratspraktiken tribaler Natur, besonders auf dem Land. Wenn eine Frau das Gericht aufsucht, wird eine solche Heirat definitiv für ungültig erklärt werden. Nur welche Frau auf dem Land sucht schon ein Gericht auf?

Art 16c verlangt gleiche Rechte und Pflichten in der Ehe und bei der Auflösung. Im islamischen und im ägyptischen Recht werden vom Mann anlässlich der Ehe eine Mitgift und ein Goldgeschenk für die Braut erwartet. Die Frau braucht nichts Ähnliches zur Ehe beisteuern. Der Mann muss auch ein eheliches Heim vorbereiten und möblieren. Die Frau trifft solche Vorbereitungen nicht. Nach islamischem und nach ägyptischem Recht muss der Ehemann während der Ehe Aufwendungen machen. Die Ehefrau braucht finanziell nichts zur Ehe beisteuern, auch wenn sie durch ihren Beruf ein Einkommen hätte. Egal wie hoch ihr Einkommen wäre, sie kann es für sich behalten oder für sich ansparen oder ausgeben. Bei einer Scheidung muss der Ehemann der Ehefrau die verzögerte Mitgift und den Unterhalt für ein Jahr zahlen. Die Höhe dieser Zahlungen bemisst sich nach der Dauer der Ehe. Es gibt kein korrespondierendes Erfordernis für die Frau. Seit der Ausgabe des Gesetzes Nr. 1 von 2000 ist eine Frau zur einseitigen Kündigung des Ehevertrages (khula) berechtigt. Sie muss nicht befürchten, dass sie dem Ehemann etwas zurückzahlen muss, was sie von ihm bei oder während der Ehe geschenkt bekommen hat.[622]

Art 16d verlangt gleiche Rechte und Pflichten als Eltern, ungeachtet ihres Familienstandes, in allen, ihre Kinder betreffenden Fragen, in jedem Fall sind die Interessen der Kinder vorrangig zu berücksichtigen. Nach ägyptischem Recht ist die Mutter berechtigt, die Kinder bis zum 15. Lebensjahr großzuziehen. Hernach kann das betroffene Kind selbst wählen, bei welchem Elternteil es leben möchte. Hier sorgt das Gesetz in erster Linie dafür, dass die Interessen des Kindes berücksichtigt werden. Der Mann hat auch in dieser Zeit für eine passende Wohnung für seine geschiedene Ex-Frau und seine Kinder zu sorgen, solange sie die Kinder großzieht. Er muss auch für alle Ausgaben der Kinder

---

622 **Ägypten – Länderbericht, 2008**, siehe oben.

aufkommen. Nach ägyptischem Recht trifft die Frau für diese Ausgaben keine finanzielle Verpflichtung.

Aus den oben genannten Gründen möchten wir nicht den ägyptischen Vorbehalt zu Art 16 der Konvention gegen Rassendiskriminierung von Frauen zurückziehen. Wollten wir das machen, so würde das die Rechte der Ehefrauen unter islamischem und ägyptischem Recht schmälern. Das islamische Recht stellt Ehefrauen eindeutig besser als das Konventionsrecht. (Diese Zeilen wurden auch im Länderbericht fett gedruckt).

Art 16e fordert gleiches Recht und freie, verantwortungsbewusste Entscheidung über Anzahl und Altersunterschied ihrer Kinder sowie den Zugang zu Informationen und Bildungseinrichtungen. Ägyptische Väter und Mütter sind bestrebt, ihren Kindern das Bestmögliche zu vermitteln und sie bestmöglich zu bilden. Es gibt aber auch Ausnahmen, aber die Regierung kann nicht überall intervenieren.

Art 16f sieht gleiche Rechte und Pflichten in Fragen der Vormundschaft, Pflegschaft und Adoption vor. Diese Verpflichtungen treffen in Ägypten den Vater alleine. Der Vater übernimmt Vormundschaft oder Pflegschaft. Er kann diese auch freiwillig an die Mutter des Kindes abgeben, wenn sie psychisch, körperlich und finanziell in der Lage ist. Das kann der Fall sein, wenn der Vater im Ausland arbeitet, was bei Ägyptern nicht so selten vorkommt. Adoption ist nach islamischem Recht verboten.[623]

Zu **Art 29(1)** gibt es im Länderbericht keine Stellungnahme, was soviel bedeutet, dass der Internationale Gerichtshof keine Bedeutung für Ägypten hat.

3 a Stellungnahme zu Ägypten

Der derzeitige ägyptische Präsident as-Sisi beklagt den Niedergang des Islam. Lange Zeit war die jordanische Königin die einzige, ranghohe Erscheinung, die es wagte, den IS, den Islamischen Staat zu kritisieren. Sie sagte, der IS pervertiere den Islam und nehme 1,6 Milliarden Muslime in Geiselhaft. Jetzt forderte auch der ägyptische Präsident as-Sisi vor den höchsten Rechtsgelehrten der al-Azhar Universität in Kairo, der höchsten Instanz des sunnitischen Islam, eine islamische Reformation. As-Sisi zeigt säkulare Tendenzen, ist ein Mann des Militärs, vom Volk gewählt, und fordert eine religiöse Revolution, aber eine gesellschaftliche Revolution versucht er zu unterbinden. Er ließ die Muslimbruderschaft

---

623 **Ägypten – Länderbericht, 2008**, siehe oben.

verfolgen. Tausende von ihnen sitzen in den Gefängnissen, auch der gestürzte Präsident Mursi.[624]

2011 sind viele gegen den ägyptischen Präsidenten Hosni Mubarak für ein besseres Ägypten auf die Straße demonstrieren gegangen. Es gab einen hohen Anteil an rebellierenden Frauen. Von den Männern arbeiten heute viele für den IS, aus Frust, Arbeitslosigkeit und weil man dort Geld verdienen kann. Die Euphorie der ägyptischen Revolution wirkt heute befremdend. Viele sprechen von einer kollektiven Depression. Andere wiederum haben für die Proteste auf dem Tahrir-Platz 15 Jahre Haft ausgefasst. Willkommen im Ägypten von Abdel Fattah as-Sisi.[625]

Die Jugend wird weggesperrt, die Medien werden mundtot gemacht und die Frauen im täglichen Leben diskriminiert. Auch das Personenstandsgesetz, das Frauen noch immer hochgradig benachteiligt, ist unverändert in Kraft. Beispielsweise werden Frauen nach wie vor daran gehindert, sich von gewalttätigen Ehemännern scheiden zu lassen. Sie verlieren dann das Recht auf finanzielle Versorgung. Ein gesamtgesellschaftlicher Dialog über Geschlechterrollen wurde aber mit der Revolution von 2011 erneut angestoßen. Der alltägliche Straftatbestand der sexuellen Belästigung in der ägyptischen Öffentlichkeit wird seit Juni 2014 als Straftatbestand im ägyptischen Gesetzbuch detailliertest beschrieben, leider aber nur sehr zögerlich verfolgt. Die Hauptrolle der Frau besteht in der Erziehung der Kinder, die im Einklang mit einer eventuellen beruflichen Beschäftigung stehen muss.[626]

---

624 **Dietrich**, Alexander, Ägyptens Revolution gegen den moralischen Niedergang des Islam, https://www.welt.de/politik/ausland/article136039867/Revolution-gegen-moralischen-Niedergang-des-Islam.html, abgefragt am 20.02.2017.

625 **Lehmann**, Elisabeth, Ägypten unter as-Sisi. Selbst für Superhelden eine Herausforderung http://www.deutschlandradiokultur.de/aegypten-unter-al-sisi-selbst-fuer-superhelden-eine.979.de.html?dram:article_id=337762, abgefragt am 20.02.2017.

626 **Mehr als eine Nebengeschichte-Frauenrechte**, Rollenbilder und Geschlechterpolitik in Ägypten. (Der Blog Alsharq ist ein Projekt von Ehrenamtlichen zur Förderung eines unabhängigen Journalismus im Nahen Osten.) http://www.alsharq.de/2016/nordafrika/agypten/mehr-als-eine-nebengeschichte-frauenrechte-rollenbilder-und-geschlechterpolitik-in-aegypten/, abgefragt am 20.02.2017.

4 Irak ®

Der Irak[627] ist der oben genannten Konvention am 13. August 1986 beigetreten. Die Republik fühlt sich aber an die **Art 2(f)** und **(g),**[628] **Art 9(1)** und **(2)** und **Art 16** und **Art 29(1)** der Konvention nicht gebunden. Die Artikel dürfen der Scharia nicht widersprechen. Frauenrechte und Pflichten sind denen der Männer äquivalent, um ein Gleichgewicht herzustellen und der Internationale Gerichtshof wird abgelehnt, weil Nichtgläubige nicht über Gläubige richten dürfen.[629] Am 18. Februar 2014 hat der Irak seinen Vorbehalt zu **Art 9(1), (2)** ® **zurückgezogen**.[630]

4.1 Irak – Länderbericht zum Scharia-Vorbehalt, 2013

Am 11.01.2013 hat der Irak gemäß Art 18 der Konvention seinen 4., 5. und 6. periodischen Länderbericht[631] geschickt und auch zu den Vorbehalten Stellung genommen. Im Irak ist seit dem Wandel 2003 alles sehr schwierig geworden. Zwar garantiert die Verfassung aus 2005, dass alle IrakerInnen vor dem Gesetz gleich sind, dass es keine Diskriminierung wegen des Geschlechts, der Rasse, der Ethnie, der Nationalität, der Geburt, der Hautfarbe, der Religion oder wegen des wirtschaftlichen und des sozialen Status gibt. Nationality Act No 26 (2006) gewährt Männern und Frauen das gleiche Recht "passing their nationality to their children" und stimmt daher mit Art 9(2) der Rassendiskriminierungskonvention

627 **Irak, ICEDAW, reservations, link 72, Rücknahme** https://treaties.un.org/Pages/ViewDetails.aspx?src=TREATY&mtdsg_no=IV-8&chapter=4&clang=_en#EndDec, abgefragt am 17.01.2017.

628 **Übereinkommen zur Beseitigung jeder Form von Diskriminierung der Frau,** siehe oben, **Art 2f** […]„alle geeigneten Maßnahmen einschließlich gesetzgeberischer Maßnahmen zur Änderung oder Aufhebung aller bestehenden Gesetze, Verordnungen, Gepflogenheiten und Praktiken zu treffen, die eine Diskriminierung der Frau darstellen." **Art 2g** […] „alle innerstaatlichen strafrechtlichen Vorschriften aufzuheben, die eine Diskriminierung der Frau darstellen."

629 **Irak, ICEDAW, reservations,** siehe oben.

630 **Irak, ICEDAW, reservations, link 72, Rücknahme** https://treaties.un.org/Pages/ViewDetails.aspx?src=TREATY&mtdsg_no=IV-8&chapter=4&clang=_en#EndDec, abgefragt am 17.01.2017.

631 **Irak – Länderbericht, 2013, CEDAW/C/IRQ/4–6** http://tbinternet.ohchr.org/_layouts/treatybodyexternal/TBSearch.aspx?Lang=en&TreatyID=3&DocTypeID=29 weiter mit http://tbinternet.ohchr.org/_layouts/treatybodyexternal/Download.aspx?symbolno=CEDAW%2fC%2fIRQ%2f4-6&Lang=en view document and open with doc, abgefragt am 19.02.2017.

gegen Frauen überein. Das heißt somit, der Vorbehalt zu **Art 9(2)** der Konvention wurde beseitigt. Auch bezüglich Art 2 der Konvention wurden Verbesserungen getroffen. Im Irak gibt es so viele neue Gesetze, aber die Einhaltung ist problematisch, da die Verfassung den Regionen auch eigene Gesetze erlaubt, die allerdings der Verfassung nicht widersprechen dürfen. Aktuell erlaubt die Gesetzeslage den Frauen tatsächlich noch keine Gleichheit. Frauen sind von vielen Faktoren abhängig, vor allem auch von den Traditionen, die nicht durch eine neue Gesetzgebung gelöst werden können. **Diese Traditionen sind in der Gesellschaft verankert, um sie zu ändern, braucht es Zeit und Frieden**. Zum Strafenkodex sind von der Regierung noch keine Dekrete verkündet worden, die diese Gesetze abändern, die Frauen noch immer diskriminieren.[632]

2009 gab es einen großen Aufstand. Einige Organisationen verlangten, dass Frauen auch das Recht auf einen fairen Prozess hätten. Es gab 15 Frauen, die durch den Strafenkodex No 111 (1969) zum Tode verurteilt wurden, die aber vor ihrer Hinrichtung noch einmal ihre Familien sehen durften. In Kurdistan ist die Situation für die Frauen besser. Dort wurde das Personenstandsgesetz 2007 geändert. Es enthält strikte Regeln gegen Polygamie und genaue Regeln für die Scheidung. Auch die Regeln für Ehrenmorde wurden geändert. Ehrenmord ist in Kurdistan nun ein gewöhnliches Verbrechen ohne strafmildernde Umstände. Art 2 der Konvention ist aber noch weit davon entfernt, gänzlich umgesetzt worden zu sein. Der Scharia-Vorbehalt dient nach wie vor der Schlechterstellung der Frau in vielen Angelegenheiten des täglichen Lebens.

Aufgrund der Befolgung der Prinzipien der Islamischen Scharia hat der Irak auch zu **Art 16** der oben genannten Konvention einen Vorbehalt gemacht, mit dem Hinweis auf familiäre Verpflichtungen, die im irakischen Personenstandsgesetz No 188 (1959) stehen. Dieses Personenstandsgesetz regelt die Ehe und die Auflösung der Ehe aller muslimischen Iraker und Irakerinnen. Nichtmuslime haben diesbezüglich eigene, spezielle Gesetze. Die dafür zuständigen Gerichte sind die Personenstands-Gerichtshöfe in allen Gouvernoraten.

Ein Eheversprechen ist ein Vertrag zwischen Mann und Frau, die einem Mann zugeteilt wird, um ein gemeinsames Eheleben zu führen und Kinder zu zeugen. Dafür wird zuerst ein Angebot erstellt, das durch die Annahme erst komplett ist. Man braucht dafür Rechtsfähigkeit, man muss bei vollem Verstand sein und volljährig, also 18 Jahre alt sein. Das Gesetz verlangt dann nicht mehr die Zustimmung des Vormundes. Für die Heirat benötigt man aber Zeugen.

---

632 **Irak – Länderbericht, 2013**, siehe oben.

Ist der Ehepartner unter 15 Jahren, sagt ein Richter, ob die Person für eine Heirat geeignet ist, nachdem er diesbezüglich vom Vormund, Vater oder Mutter oder einem nahen Verwandten die Einwilligung eingeholt hat. Fehlt diese Einwilligung, kann der Richter auch selbst entscheiden. Auf jeden Fall darf der Gesellschaft durch eine Kinderheirat kein Schaden entstehen. Aufgrund der islamischen Traditionen, der Armut und des Mangels an gesetzlichem und gesundheitlichem Wissen, gibt es trotz gesetzlicher Vorgaben noch viele Kinderehen. Eine UNICEF Studie besagt, dass zwischen 2000 und 2008 sechzehn Prozent Kinderehen geschlossen wurden. Zwangsverehelichungen werden aber bestraft, sofern man davon überhaupt Kenntnis erhält.

Für eine Scheidung gibt es mehrere gesetzliche Möglichkeiten. Die Scheidung muss aber nach der Scharia durchgeführt werden. Der Scheidungswillige darf weder betrunken noch geistesgestört sein. Der Ehemann kann durch dreimaliges Wiederholen einer Verstoßungsformel seine Frau verlassen. Die Scheidung ist dann unwiderrufbar. Es gibt auch eine widerrufbare Form der Scheidung. Hierbei kann der Ehemann nach einer dreimonatigen Periode (iddat) ohne neuen Ehevertrag zu seiner Ehefrau zurückkehren.[633]

Dann gibt es die unwiderrufbare Scheidung und davon gleich zwei Untergruppen. Die kleine unwiderrufbare Scheidung erlaubt dem Mann seine Frau nach einer Wartefrist erneut zu heiraten. Die große unwiderrufbare Scheidung verbietet dem Mann seine Frau nach einer Wartefrist wieder zu heiraten. Das Gesetz verpflichtet aber jeden Scheidungswilligen ein Gesuch beim kompetenten Gericht einzubringen, wenn dem Tun eine Verstoßung vorangegangen war. Der scheidungswillige Partner muss Kompensationszahlungen leisten. Dadurch will man Scheidungen reduzieren. Diese Art Strafzahlung soll aber nicht größer sein, als der Unterhalt für zwei Jahre.

Es gibt auch die legale Trennung des ehelichen Bandes. Das Gericht recherchiert diesbezüglich genau, und beide Ehepartner können eine Trennung beantragen, wenn ganz bestimmte Sachverhalte gegeben sind. Entweder es kam zu ehelicher Gewalt und die Ehe kann deshalb nicht mehr weitergeführt werden, oder es gibt Alkohol-, Drogen-, Spielsucht oder Sodomie in der Ehe. Zwangsverehelichung oder Verehelichung unter 18 Jahren ohne Zustimmung des Gerichtes sind weitere legale Scheidungsgründe.

Eine Ehefrau kann weitere Scheidungsgründe vorbringen:

- Wenn der Ehemann eine 2. Ehefrau ohne Zustimmung des Gerichtes ehelicht.

633 **Irak – Länderbericht, 2013, CEDAW/C/IRQ/4–6,** siehe oben.

- Wenn der Ehemann für länger als drei Jahre verurteilt wird, auch wenn es ihm möglich ist, in der Zwischenzeit finanziell für seine Frau zu sorgen.
- Wenn der Ehemann seine Ehefrau ohne legitimen Grund für zwei oder mehr Jahre verlässt.
- Wenn der Ehemann seine Ehefrau nicht innerhalb von zwei Jahren nach dem Ehevertrag um die Ehefeierlichkeiten fragt und die Ehe noch nicht vollzogen wurde.
- Wenn der Ehemann impotent oder unfruchtbar ist, oder sonst irgendwie die Ehe nicht vollziehen möchte.

Das Gericht stellt dann den Grund fest, versucht zu retten, was zu retten ist, oder schreitet zur Scheidung.[634]

Weiters gibt es noch die freiwillige Trennung (khula). Durch das Angebot einer Scheidungsformel und deren ausdrücklicher Annahme, kommt es zur Scheidung. Dabei wird auch eine Kompensationszahlung fällig, die etwa in der Höhe des Brautgeldes ist. Das Gesetz hält auch fest, was im Falle einer Trennung mit den Kindern geschehen soll. Die Mutter muss das Baby stillen und die minderjährigen Kinder betreuen. Per Gesetz werden dem Mann Zahlungen dafür vorgeschrieben. Ist die Mutter gesund und im Vollbesitz ihrer geistigen Fähigkeiten, versorgt die Mutter die gemeinsamen Kinder bis zu deren Volljährigkeit. Eine Wiederverehelichung der geschiedenen Frau ist kein Hinderungsgrund für die Versorgung der Kinder. Auf jeden Fall entscheidet das Gericht über den Verbleib der minderjährigen Kinder, entweder zugunsten der Mutter oder für den Vater. Wohlfahrtseinrichtungen gibt es im ganzen Irak. Diese bieten eine kostenlose Gesundheits- und Schwangerenvorsorge an.[635] Solange der Vater lebt, ist er der legale Vormund. Stirbt er, geht die Vormundschaft über die unmündigen Kinder auf die Mutter über.

Ein Adoptionssystem gibt es im Irak nicht. Das verbietet die Scharia. Es gibt aber ein Pflegesystem, also die Möglichkeit sich als Pflegeeltern zu bewähren, indem man sich um Waisenkinder kümmert. Bei diesem System werden Vater und Mutter gleichbehandelt.

Im Falle der Verehelichung, behält die Frau ihren Mädchennamen. Sie nimmt nicht den Namen des Mannes an. Auf ihrer Identitätskarte wird nur ihre Heirat eingetragen. Eine Hochzeit ist für die irakische Frau kein Hinderungsgrund einen Beruf auszuüben oder eine außerhäusliche Arbeit anzunehmen. Es gibt keine legalen Einschränkungen. Sie darf auch Vermögen besitzen. Eine

---

634 **Irak – Länderbericht, 2013**, siehe oben.

635 **Irak – Länderbericht, 2013**, siehe oben.

Verlobung eines Kindes hat ebenfalls keinen gesetzlichen Effekt, weil es ein legales Alter für die Ehe gibt. Gesundheitseinrichtungen sind für beide angehenden Eheleute vorhanden. Wenn die Heiratsvorbereitungen mit der Hochzeit abgeschlossen sind, erhalten beide Ehepartner offizielle Dokumente vom Bürgeramt. Hier werden Ehen, Geburten, Scheidungen und Todesfälle registriert.

4.1.1 Personalstatus in der Region Kurdistan

Das Personenstandsgesetz wurde hier oft geändert. Act No 15 (2008) wurde nach 17-jährigem Kampf veröffentlicht. In Kurdistan benötigt die Ehe die beiderseitige Zustimmung, also von Mann und Frau. Die Basis für die Ehe ist die Liebe, Mitgefühl und Verantwortung. Das festgesetzte Heiratsalter ist 16 Jahre. Das Gesetz verlangt, dass das Mädchen in der Gegenwart ihres Vormundes, des Vaters in der Regel, verheiratet wird. Auch in Kurdistan kann die Frau die Scheidung beantragen, wenn der Ehemann eine zweite Frau heiratet. Der Ehemann wird bei der willkürlichen Scheidung gezwungen, für drei bis fünf Jahre den Unterhalt zu bezahlen. Werden die ehelichen Pflichten durch herrisches Benehmen eines Ehepartners verletzt, gibt es Sanktionen.

Die Regierung sorgt auch für geschiedene unterhaltslose Frauen durch eine Sozialfürsorge, bis sie sich wiederverheiratet. Für eine „Khula Scheidung" benötigt man nicht die Zustimmung des Ehepartners, wenn ein Schiedsrichter feststellt, dass die Frau nicht mit dem Ehemann leben kann. Diese Gesetzesänderungen haben den kurdischen Frauen im Personenstandsgesetz schon viele Verbesserungen gebracht, aber sie entsprechen auch nicht dem Art 16 der Konvention gegen Diskriminierung von Frauen.[636]

4 a Stellungnahme zum Irak

Seit 2015 führt eine Frau die Geschicke von Bagdad. Thikra Alwasch ist Bürgermeisterin von Bagdad. Iraks Premierminister Haider al Abadi hat versprochen, dass er die Rolle der Frauen stärken werde, und hat Alwasch ernannt. Für die Hauptstadt steht dem Premier dieses Recht zu, während in den 18 irakischen Provinzen Vertreter gewählt werden müssen. Einst gehörte der Irak zu den fortschrittlichsten arabischen Ländern, was Frauenrechte anbelangte. Saddam Hussein hat diese Freiheiten allmählich wieder eingeschränkt und der Bürgerkrieg hat den Frauen ihre Rechte wieder genommen. Dennoch sind im Irak starke Frauen nicht mehr aufzuhalten. Ein starkes Indiz dafür ist die steigende

636 **Irak – Länderbericht, 2013**, siehe oben.

Scheidungsrate, die bei 25 Prozent liegt. Eine Scheidung ist auch im Irak für die Frau mit vielen Unannehmlichkeiten verbunden, während sich der Mann nach islamischem Recht sehr rasch seiner Ehehälfte entledigen kann. Bagdads neue Bürgermeisterin ist Junggesellin, eine ungewohnte Variante, die sich im arabischen Irak zunehmender Beliebtheit erfreut. Irakische Frauen haben immer mehr Lust auf Selbstständigkeit, Unabhängigkeit und Berufstätigkeit. Im irakischen Abgeordneten-Haus sind mittlerweile über 80 Frauen beschäftigt. In den von der Terrormiliz, IS oder arabisch Daesch kontrollierten Gebieten, werden Frauen in ihre angestammten Schranken verwiesen, verschleppt oder vergewaltigt.[637]

5 Jordanien ®

Das Königreich Jordanien[638] hat das Übereinkommen zur Beseitigung jeder Form von Diskriminierung der Frau am 3. Dezember 1989 unterzeichnet und hat den Vertrag am 1. Juli 1992 ratifiziert. **Vorbehalte** gibt es zu den **Artikeln 9(2), 16(1) c, d, g, f und 29(1).** Es geht immer wieder um Diskriminierung der Frau und das Eherecht und das unterliegt der Scharia. Der Internationale Gerichtshof wird im Falle von Interpretation- und Anwendungsproblemen der Konvention nicht gewünscht. Am 5. Mai 2009 hat Jordanien seinen **Vorbehalt** zu **Art 15(4) zurückgezogen**. Das bedeutet also: Das Königreich gewährt Männern und Frauen die gleichen Rechte hinsichtlich der Rechtsvorschriften über die Freizügigkeit und die freie Wahl ihres Aufenthaltsortes und ihres Wohnsitzes.[639]

5.1 Jordanien – Länderbericht zum Scharia-Vorbehalt, 2016

Das Königreich Jordanien hat gemäß Art 18 seinen 6. periodischen Bericht[640] 2016 abgeschickt. Zum Vorbehalt zu Art 9(2) können wir eine minimale

---

637 **Svensson**, Birgit. Die Junggesellin, die über Bagdad herrscht. https://www.welt.de/politik/ausland/article139161523/Die-Junggesellin-die-ueber-Bagdad-herrscht.html, abgefragt am 20.02.2017.

638 **Jordanien, ICEDAW, reservations, link 73, Rücknahme®** https://treaties.un.org/Pages/ViewDetails.aspx?src=TREATY&mtdsg_no=IV-8&chapter=4&clang=_en#EndDec, abgefragt am 17.01.2017.

639 **Jordanien, ICEDAW, reservations,** siehe oben.

640 **Jordanien – Länderbericht, 2016, CEDAW/C/JOR/6** http://tbinternet.ohchr.org/_layouts/treatybodyexternal/Download.aspx?symbolno=CEDAW%2fC%2fJOR%2f6&Lang=en, view document with html, abgefragt am 20.02.2017.

Änderung des Staatsbürgerschaftsgesetztes feststellen, wenn wir uns die Empfehlungen des Committee on the Elimination of Discrimination against Women in Erinnerung rufen. Das Gesetz verbietet den Kindern von jordanischen Frauen, die mit Ausländern verheiratet sind, nicht länger die jordanische Staatsbürgerschaft zu erlangen. Ein Kind einer jordanischen Mutter kann unter der Bedingung, dass das Kind in Jordanien geboren wurde, die jordanische Staatsbürgerschaft erhalten, wenn die Nationalität des Vaters unbekannt ist, oder der Vater staatenlos ist. Seine Beziehung zum Kind darf nicht gesetzmäßig erfolgt sein. All diese sind Voraussetzungen, die der Nationality Act einfordert, damit in der Praxis eine jordanische Frau die jordanische Staatsbürgerschaft an ihr Kind weitergeben kann.[641]

Seit 2013 gibt es einen Forderungskatalog nach Änderung des betreffenden Gesetzes, damit eine jordanische Frau, die wegen der Heirat mit einem Ausländer auf die jordanische Staatsbürgerschaft verzichtet hat, diese jordanische Staatsbürgerschaft, wann immer sie es wünscht, wiedererlangen kann, ohne dass sie sich vorher scheiden lassen muss. Dies würde die Not der Frau mildern, im Falle, dass sie vom Mann verlassen wird, oder wenn der Mann verschwunden ist. Eine Gleichstellung zwischen Mann und Frau in dieser Angelegenheit würde bedeuten, dass beide Geschlechter ihren Kindern die jordanische Staatsbürgerschaft weitergeben könnten. Die jordanische Regierung ist bemüht, das Leben der Kinder von Jordanierinnen, die mit einem Fremden verheiratet sind, zu erleichtern. 89 000 Jordanierinnen haben 338 444 Kinder mit Nichtjordanier.

Art 16(1) c, d, g verursachen in Jordanien Probleme mit der Scharia.

c) behandelt gleiche Rechte und Pflichten für Mann und Frau in der Ehe und bei deren Auflösung.
d) gleiche Rechte und Pflichten als Eltern.
g) gleiche persönliche Rechte der Ehegatten, einschließlich des Rechts auf Wahl des Familiennamens und des Berufes.

Zu diesem Artikel gab es schon beim letzten Bericht Empfehlungen des Ausschusses. Frauenrechte durchzusetzen sind im Mittleren Osten und in Nordafrika problematisch. Die jordanisch islamische Gelehrtenschaft plädierte dafür, den Vorbehalt zu Art 16 der Konvention nicht aufzuheben, weil sonst die

641 Das ist deshalb so heikel, weil ursprünglich eine Muslimin überhaupt keinen Nichtmuslimen heiraten durfte. Nur der Mann darf eine Nichtmuslimin heiraten, weil dann automatisch die Kinder zu Muslimen werden und die Staatsbürgerschaft des Vaters erhalten.

Islamische Scharia beeinträchtigt wäre. Man sollte alles, was die Bestimmungen der Islamischen Scharia behindert, mit einem Vorbehalt versehen.

Das wäre einmal das Personenstandsgesetz von 2010, das stichhaltige, verfahrensrechtliche Bestimmungen zum Thema Heirat behandelt. Das gesetzliche Heiratsalter ist 18 Jahre. In seltenen Fällen und nur mit der Erlaubnis eines Richters darf schon mit 15 geheiratet werden. Darunter ist es verboten. Ist der Bräutigam mehr als 20 Jahre älter als die Braut, ist das auch möglich, wenn die Braut zustimmt und das festgesetzte Brautgeld bezahlt wird. Im Heiratsvertrag kann auch vieles mehr vereinbart werden, sofern diese Abmachungen nicht der Scharia widersprechen. So eine Abmachung wäre, dass die Frau in ihrem Beruf arbeiten darf, oder dass sie ihre Schule oder ihr Studium abschließen darf. Unübliche Absprachen werden aber gerne durch sozialen Druck unterbunden. Frauen getrauen sich oft nicht derartige Forderungen in den Heiratsvertrag aufzunehmen. Mittlerweile gibt es Körperschaften oder NGOs, die Frauen darauf aufmerksam machen, was sie dürfen. Eine junge, hübsche und intelligente Frau wird sich diesbezüglich auch viel mehr herausnehmen können, als eine ältere Witwe mit einigen Kindern.

Es gibt auch ein Gesetz, dass Polygamie verbietet. Eine Umfrage 2012 hat aber ergeben, dass 5 % der Ehen polygam sind. Bezüglich der Vererbung und der Obhut gibt es auch neue Regeln. Bis zum 15. Lebensjahr liegt in der Regel die Obhut der gemeinsamen Kinder bei den Frauen. Ab dem 15. Lebensjahr können die Kinder wählen, ob sie lieber beim Vater oder bei der Mutter leben möchten.

Im Strafen-Kodex, Act 279 gibt es eine Stelle, die man bei einer Heirat beachten muss. Ist jemand Partei bei einer Heiratszeremonie, so darf bei einer Hochzeit nichts geschehen, das den Bestimmungen des Personenstandsgesetzes widerspricht, sonst macht man sich strafbar. Das Personenstandsgesetz beruht auf den Regeln der Scharia. Das gesetzliche Heiratsalter ist 18. Man darf wissentlich nur eine Frau heiraten, kein Kind. Das Supreme Judge's Department hat aber veröffentlicht, dass bei Scharia-Gerichtshöfen 12,6 % der Bräute unter 18 Jahren registriert wurden. Die Mädchen kommen vorwiegend aus dem ländlichen Raum. Hier bedarf es noch mehr Aufklärung.

Im Erbrecht gibt es einen Fragenkatalog, der noch abgearbeitet werden muss. Das Erbrecht wird ebenfalls von der Scharia bestimmt. Es geht hierbei nicht um absolute Gleichheit zwischen Mann und Frau, sondern um Gerechtigkeit und eingegliederten Ausgleich. Die Tochter bekommt einmal nur die Hälfte eines Sohnes als Erbe, während sich in einem anderen Fall der Anteil einer Frau erhöhen kann. Das hängt von vielen Faktoren ab. Wieder in sechs anderen Fällen erbt eine Frau gleich viel wie ein Mann. Die Bestimmungen des Erbrechts findet man ebenfalls im Personenstandsgesetz. Eine muslimische Frau kann von einem

Christen nichts erben und umgekehrt. Zwei Ehegatten können voneinander nicht erben, wenn sie verschiedene Religionen haben.

Dann gibt es noch die berufstätige Frau mit einem eigenen Einkommen, mit dem sie einen Haushalt unterstützen darf unter zwei Bedingungen: Die Beschäftigung ist rechtmäßig und der Ehemann hat ausdrücklich zugestimmt, dass die Frau berufstätig sein darf.

Die Scheidung ist ebenfalls ein großes rechtliches Minenfeld. Bei willkürlichen Scheidungen will man die Kompensationszahlungen seitens des Mannes, zugunsten von Frauen im fortgeschrittenen Alter, erhöhen. Nach einer Scheidung übernimmt der Mann meistens alle finanziellen Konsequenzen. Das Personenstandsgesetz erlaubt es auch der Frau, sich scheiden zu lassen. Sie kann das Recht, sich scheiden zu lassen, auch in den Heiratsvertrag aufnehmen lassen, ohne dass sie etwas von den Rechten, die ihr aus dem Heiratsvertrag erwachsen sind, aufgeben muss. Doch welche Frau macht das schon?

Weibliche Scheidungsgründe sind: beunruhigende sexuelle und körperliche Verfehlungen seitens des Ehemannes. Wird eine Ehefrau von ihrem Mann verlassen, nicht sexuell berührt, ist der Mann impotent, unfruchtbar oder ist er beim Brautgeld säumig, so sind das klare Scheidungsgründe. Körperliche Gewalt und seelische Grausamkeit sind weitere Scheidungsgründe. In der Regel wird der Frau vor Gericht geglaubt, sie benötigt keine Zeugen. Scharia-Gerichtsberichte zeigen, dass Mütter auch als Nachlassverwalterinnen für ihre minderjährigen Kinder fungieren. Dafür benötigen sie aber die Zustimmung des Gerichtes.

Zu **Art 29** gibt es keinen Bericht. Scharia-Vorbehalte werden in Jordanien ganz genau eingehalten. Ein Gericht von Ungläubigen, wie der Internationale Gerichtshof, darf nicht über die Auslegung und Anwendung der Artikel mit Scharia-Vorbehalt urteilen.[642]

5 a Stellungnahme zu Jordanien

Auch die jordanische Gesellschaft beruht auf patriarchalen Strukturen, daran kann auch eine moderne Königin Rania nicht rütteln. Auf die Frage, ob jordanische Frauen in ihrer Gesellschaft häufig zu Betroffenen von Diskriminierung werden, antwortete ein junger Mann: „Frauen haben die wichtigste Rolle von allen – die Kindererziehung. Viele haben gar nicht den Wunsch zu arbeiten. Außerdem fehlen Frauen oftmals die Transportmittel, um zur Arbeit zu

642 **Jordanien – Länderbericht, 2016**, siehe oben.

gelangen, da bereits der Mann mit dem Auto zur Arbeit fährt. Der Mann sorgt für die finanzielle Sicherheit der Familie, das ist hier ebenso."[643]

Polygamie ist in Jordanien weit verbreitet. Nicht selten wird eine Frau gegen ihren Willen verheiratet, weil sie zum Heiraten einen männlichen Vormund benötigt, der auch den Heiratsvertrag unterzeichnet. Ein vergewaltigtes Mädchen kann von ihrem Vergewaltiger geheiratet werden, das wird von ihrer Familie sogar gewünscht, dass die Braut die Ehe unterwürfig akzeptiert, um die Familienehre zu retten. Der Druck von Familie und Gesellschaft auf Frauen ist enorm. Aufmüpfige Frauen werden nicht selten ermordet. Da es in Jordanien für Frauen keine Schutzhäuser gibt, werden sie oft in Gefängnissen aufbewahrt, der einzigen administrativen Obhut, wenn ihnen Straftaten nachgesagt wurden. Viele jordanische Gesetze werden nicht als Frauendiskriminierung empfunden, sondern als Element ihrer kulturellen Identität betrachtet.[644]

6 Kuwait ®

Kuwait[645] ist am 2. September 1994 der oben genannten Konvention beigetreten. **Art 9(2)** der Konvention wird nur insoweit vorgesehen, als er dem kuwaitischen Nationalrecht nicht entgegensteht, das festsetzt, dass die Nationalität eines Kindes durch die Nationalität des Vaters bestimmt sein soll.[646] An Art **16(f)** fühlt sich Kuwait nicht gebunden, weil die Bestimmung mit der Islamischen Scharia kollidiert. Islam ist die offizielle Religion des Staates und Adoption ist im Islam nicht vorgesehen.[647] An den Internationalen Gerichtshof, **Art 29(1)** fühlt sich Kuwait ebenfalls nicht gebunden.

Art 7(a)[648] war ursprünglich nicht kompatibel mit dem Kuwaitis Electoral Act. Die Regierung von Dänemark hat dagegen protestiert und vorgebracht, dass

---

643 **Aktuelle Eindrücke über die Situation der Frauen in Jordanien**, Terre des Femes, https://www.frauenrechte.de/online/index.php/themen-und-aktionen/eine-welt/aktuelles/archiv-iz/1183-aktuelle-eindruecke-ueber-die-situation-von-frauen-in-jordanien, abgefragt am 20.02.2017.

644 **Aktuelle Eindrücke über die Situation der Frauen in Jordanien**, siehe oben.

645 **Kuwait, ICEDAW, reservations**, link 32, 74, https://treaties.un.org/Pages/ViewDetails.aspx?src=TREATY&mtdsg_no=IV-8&chapter=4&clang=_en#EndDec, abgefragt am 17.01.2017.

646 **Übereinkommen zur Beseitigung jeder Form von Diskriminierung der Frau** vom 18. Dezember 1979, Quelle: Bundesgesetzblatt (BGBl) 1985 II, S. 647, siehe oben.

647 **Kuwait, ICEDAW, reservations,** siehe oben.

648 **Übereinkommen zur Beseitigung jeder Form von Diskriminierung der Frau,** siehe oben **Art 7a** „Die Vertragsstaaten treffen alle geeigneten Maßnahmen zur **Beseitigung der Diskriminierung der Frau im politischen und öffentlichen Leben ihres Landes**

internes Recht nicht als Rechtfertigung für einen Vorbehalt herangezogen werden darf, um Vertragspflichten nicht erfüllen zu müssen.

6 aa Einwendungen (Dänemark, Belgien, Österreich, Portugal)[649]

Dänemark hält diesen Vorbehalt nicht vereinbar mit Ziel und Zweck der Konvention. Dänemark opponierte konsequent gegen diesen unzulässigen Vorbehalt, wobei aber der Vertrag zwischen Dänemark und Kuwait in Kraft blieb. Die dänische Regierung hat aber der kuwaitischen Regierung empfohlen, den Vorbehalt zu überdenken! Dieser wurde 2005 zurückgezogen.[650]

Auch Belgien, Österreich und Portugal haben gegen den Vorbehalt zu Art 7(a) und Art 16(f) protestiert und 1996 festgehalten, dass diese **Vorbehalte** nach **Art 28(2)** der Konvention **verboten** sind.[651]

6.1 Kuwait – Länderbericht zum Scharia-Vorbehalt, 2010

Gemäß Art 18 der Konvention hat Kuwait 2010 seinen 3. und 4. Länderbericht[652] an den Ausschuss geschickt und hat zu den Vorbehalten wie folgt Stellung bezogen. Frauen ganz allgemein spielen in Kuwait eine wesentliche Rolle. Gott hat sie durch die Mutterschaft ausgezeichnet und sie mit wertvollen Kräften ausgestattet, die sich von Epoche zu Epoche bis in die Moderne herauf zum Vorteil der Frauen gestaltet haben. Heute finden wir Frauen in den höchsten Positionen und viele Lebensbereiche sind auf das Mitwirken der Frauen angewiesen. Heute genießen auch Frauen in Kuwait viele Rechte, die ihnen ein angenehmes Leben sichern. In die kuwaitische Gesellschaft sind Frauen mittlerweile gut

---

und gewährleisten insbesondere allen Frauen in gleicher Weise wie den Männern a) das Stimmrecht bei allen Wahlen und Volksabstimmungen sowie das passive Wahlrecht für alle öffentlich gewählten Gremien."

649 **Kuwait, ICEDAW, reservations, Link 32, Einwendungen, link 74**, https://treaties.un.org/Pages/ViewDetails.aspx?src=TREATY&mtdsg_no=IV-8&chapter=4&clang=_en#32 und link 74, https://treaties.un.org/Pages/ViewDetails.aspx?src=TREATY&mtdsg_no=IV-8&chapter=4&clang=_en#EndDec, abgefragt am 17.01.2017.

650 **Kuwait, ICEDAW, reservations, Rücknahme,** ® siehe oben.

651 **Übereinkommen zur Beseitigung jeder Form von Diskriminierung der Frau,** siehe oben Art 28(2) „Mit Ziel und Zweck dieses Übereinkommens unvereinbare Vorbehalte sind nicht zulässig."

652 **Kuwait – Länderbericht, 2010, CEDAW/C/KWT/3–4** http://docstore.ohchr.org/SelfServices/FilesHandler.ashx?enc=6QkG1d%2fPPRiCAqhKb7yhsglff%2fiazrVw%2bcyfdY9GxZ565QjMVsDpHI28j3M9ngfIpAwag9g5GfgBqOxuDmtAAFCa9iVKg4IKaUn5%2fN9NGoGcLmztt3iJdvUCvdQuQZgM, abgefragt am 20.02.2017.

eingebunden, denn Kuwait ist der Convention on Elimination of all Forms of Discrimination against Women durch das Amiri Dekret No 24 of 1994 beigetreten. In der kuwaitischen Regierung gibt es heute weibliche Minister und Frauen sind auch in der kuwaitischen Nationalversammlung und im Parlament vertreten. Sie haben einen formidablen Einzug in die politische Arena gemacht.

Zu **Art 9** der oben genannten Konvention hat Kuwait einen Scharia-Vorbehalt abgegeben, weil der Nationality Act No 15/1959 festsetzt, dass die Nationalität durch das ius sanquinis gewährt wird. Mit anderen Worten, die Nationalität wird durch den Vater auf das Kind übertragen. Nun werden dadurch Kinder von kuwaitischen Frauen, die mit einem Fremden verheiratet sind und in Kuwait wohnen, benachteiligt, weil sie nicht die kuwaitische Staatsbürgerschaft erhalten, sondern die ihres ausländischen Vaters. Es gibt aber auch Ausnahmen von der Regel. "Any person who is born in or outside Kuwait to a Kuwaiti mother and whose father is unknown or whose paternity has not been legally established is Kuwaiti."[653]

Wird die Mutter vom Fremden geschieden, oder ist ihr Ehegatte verstorben oder eingesperrt, so bemüht sich die kuwaitische Rechtssprechung, Härtefälle zu vermeiden. Man hat begonnen, den Geltungsumfang der Staatsbürgerschaft zu verbreitern. Soweit sind echte humanitäre Überlegungen schon entwickelt worden. Es gibt Committees, die sich dafür starkmachen, dass sukzessive das Recht die Staatsbürgerschaft weiterzugeben, auch den Frauen in Kuwait ermöglicht wird. Noch wurde der Scharia-Vorbehalt nicht zurückgezogen, aber die Zeichen stehen günstig.

Von Kuwait gibt es zu **Art 16f** ebenfalls einen Scharia-Vorbehalt. Es geht wieder um Ehe- und Familienfragen. Alle Bestimmungen des Civil Code sind frei von Diskriminierung der Frau. Sie kann ihr Eigentum selbst verwalten und ihre persönlichen Angelegenheiten regeln, ohne dass ihr Hindernisse in den Weg gelegt werden. Betreffend das Personenstandsgesetz regelt der Gerichtshof eheliche Streitigkeiten, Scheidung, Unterhaltsfragen, Obhut, Erbe und Vermächtnisse. Hierfür gilt das Gesetz No 51 von 1984. Nach den Vorschriften des Personenstandsgesetzes darf die Frau ihren Ehemann selbst wählen. Es gibt keine Verehelichung ohne ihre Zustimmung. Act No 31 von 2008 sieht vor, dass Heiratswillige zuerst einen Gesundheitscheck absolvieren müssen. Das Heiratsalter muss passen. Das Mädchen darf nicht unter 15 der Mann nicht unter 17 Jahre sein. Jede Ehe wird registriert.

---

653 **Kuwait – Länderbericht, 2010**, siehe oben.

Gemäß Heiratsvertrag stehen der Frau eine Mitgift, eine ordentliche Unterkunft und ein angemessener Unterhalt zu, den der Ehemann, gemessen an seinem Einkommen, leisten muss. Als Scheidungsgründe kann die Frau Gewalt oder Abwesenheit des Mannes vorbringen. Auch Verurteilungen oder Gefangennahme sind Scheidungsgründe, aber auch Vernachlässigung des Unterhaltes. Ist der Ehemann zahlungsunfähig, wird er vom Richter zu Unterhaltszahlungen angehalten. Eine Frau hat auch das Sorgerecht für die Kinder nach der Scheidung. Der geschiedene Ehegatte kommt für den Unterhalt der Kinder auf. Frauen sind wichtig, daher gibt es in Kuwait viele Gruppierungen, die Frauenprogramme auflegen, um Frauen zu fördern und zu vertreten. Frauen sind die Gestalter der zukünftigen Generationen und auf ihren wertvollen Beitrag kann man nicht mehr verzichten. Das hat auch die kuwaitische Regierung erkannt.[654] Noch reichen die Erkenntnisse aber nicht aus, um den Scharia-Vorbehalt zu Art 16f, der die völlige Diskriminierung der Frau zu eliminieren beabsichtigt, zurückzuziehen.

Zu **Art 29**, zur Anerkennung des Internationalen Gerichtshofes im Streitfall über die Auslegung und Anwendung der oben genannten Konvention gibt es keinen Bericht.

6 a Stellungnahme zu Kuwait

In Kuwait tragen die meisten Frauen einen Hijab, ein enges Kopftuch, aber was hier zählt, ist nicht das Tuch, sondern der Kopf darunter. Viele Ausländer, die in Kuwait beschäftigt sind, staunen darüber, wie viele Frauen in Kuwait in der Technik als Führungskräfte eingesetzt sind. Interessant ist auch, wie sich heute in Kuwait Männer und Frauen kennenlernen, wenn sie nicht über die Familie arrangiert verheiratet werden.[655] Man staunt auch darüber, wie sich kuwaitische Frauen ihren Weg an die Börse, in die Ministerien und ins Parlament bahnen. Die Kuwaiterin Massouma al Mubarak hat 2005 das Planungsministerium übernommen und kämpft seither für die Rechte der Frauen und hat auch immer wieder darauf bestanden, dass die kuwaitische Verfassung[656] Gleichberechtigung zwischen Männern und Frauen in Art 7 festhält. 2005 wurde den kuwaitischen Frauen das Wahlrecht zugestanden. Auf die Frage, ob die konservative

---

654 **Kuwait – Länderbericht, 2010**, siehe oben.

655 **Christian**, Meine Zeit in Kuwait, Blog, http://kuwait.myblog.de/, abgefragt am 22.02.2017.

656 **Kuwait, Constitution, 1962, reinstated 1992**, https://www.constituteproject.org/constitution/Kuwait_1992.pdf?lang=en, abgefragt am 22.02.2017.

Männerwelt nicht weiter die Rechte der Frauen bekämpfe, sagt Massouma al Mubarak fast trotzig: ‚Lass sie Widerstand leisten. Aber das können sie nicht offen tun. Denn nun sind sie auf die Stimmen der Frauen angewiesen.'[657]

Auch wirtschaftlich sind die kuwaitischen Frauen erfolgreich, was Wafaa al Raschid geschichtlich begründet. Kuwaitische Männer waren früher vier Monate im Jahr mit dem Perlentauchen beschäftigt gewesen, weitere vier Monate haben sie damit verbracht, die Perlen in Indien zu verkaufen. In dieser Zeit haben die Frauen allein gewirtschaftet und das Geld zusammengehalten. Heute sind kuwaitische Frauen gut gebildet und Männer fürchten sich vor der weiblichen Konkurrenz. Politisch aktive Frauen kommen aus der Stadt und aus ländlichen Stammesgebieten, aber die Islamisten sitzen mittlerweile auch in Kuwait im Parlament und alles ist für Frauen schwieriger geworden.[658]

7 Libanon[659]

Libanon ist am 16. April 1997 der oben genannten Konvention beigetreten. Auch hier gibt es wieder ähnliche Scharia-Vorbehalte zu den Artikeln **9(2), 16(1) c, d, f, g** und **29(2)**, den Internationalen Gerichtshof.[660] Die Vertragsstaaten sollen alle geeigneten Maßnahmen zur Beseitigung der Diskriminierung der Frau in Ehe- und Familienfragen treffen und diesbezüglich gibt es wieder ein schariarechtliches Problem. Die Regierung von **Dänemark** erhebt 1998 **Einwendungen** gegen die Vorbehalte, weil diese gegen das Ziel und den Zweck der Konvention verstoßen, **Art 28(2)** und daher unzulässig sind. Die dänische Regierung empfiehlt der libanesischen Regierung diese Vorbehalte zu Art 9(2) und Art 16(1) c, d, f, g zu überdenken.[661]

7.1 Libanon – Länderbericht zum Scharia-Vorbehalt, 2006

Gemäß Art 18 der Konvention hat die Regierung des Libanon am 07.07.2006 seinen 3. periodischen Bericht[662] an den Ausschuss geschickt. Zu den Artikeln **9(2),**

---

657 **Flottau**, Heiko, Frauen in Kuwait. Es zählt der Kopf nicht das Tuch, http://www.sueddeutsche.de/politik/frauen-in-kuwait-es-zaehlt-der-kopf-und-nicht-das-tuch-1.840857, abgefragt am 22.02.2017.

658 **Flottau**, Frauen in Kuwait, siehe oben.

659 **Libanon, ICEDAW, reservations, link 20, Einwendung Dänemark,** https://treaties.un.org/Pages/ViewDetails.aspx?src=TREATY&mtdsg_no=IV-8&chapter=4&clang=_en#EndDec, abgefragt am 17.01.2017.

660 **Libanon, ICEDAW, reservations**, siehe oben.

661 **Libanon, ICEDAW, reservations**, siehe oben.

662 **Libanon – Länderbericht, 2006, CEDAW/C/LBN/3** http://tbinternet.ohchr.org/_layouts/treatybodyexternal/Download.aspx?symbolno=CEDAW%

16(1) c, d, f, g und 29(2) wurden Scharia-Vorbehalte angebracht. Bei Art 9(2) wird Frauen und Männern das Recht gewährt, die Staatsbürgerschaft an ihre Kinder weiterzugeben. Das Committee on the Elimination of Discrimination against Women hat bereits in seinen letzten Empfehlungen vermerkt, dass man über die Verlängerung des Vorbehalts zu Art 9(2) besorgt ist, und dass man weiterhin empfiehlt, den Vorbehalt aufzugeben. Es gibt noch immer drei wichtige Punkte, die Frauen im Libanon hinsichtlich Art 9(2) diskriminieren.

- Eine libanesische Mutter kann ihren Kindern die libanesische Staatsbürgerschaft nicht weitergeben.
- Eine libanesische Ehefrau kann ihrem nicht libanesischen Ehemann die libanesische Staatsbürgerschaft nicht übertragen.
- Ferner herrscht Diskriminierung zwischen einer gebürtigen libanesischen Mutter und einer ausländischen Mutter, die im Libanon lebt und eine libanesische Staatsbürgerschaft erworben hat. Die Letztere kann die libanesische Staatsbürgerschaft nach dem Tod ihres libanesischen Mannes an ihre Kinder weitergeben, während einer gebürtigen Libanesin dieses Recht verwehrt bleibt.

Es gibt vielseitige Versuche von NGOs, das Nationalitätengesetz in Hinblick auf die Geschlechtergleichheit, zu beanstanden. Es geht vor allem um den Widerspruch zwischen Verfassung, die sagt, dass alle Libanesen vor dem Gesetz gleich sind, und anderen libanesischen Gesetzen, die diesbezüglich nachteilig formuliert wurden. Sie hindern libanesische Frauen daran, die libanesische Staatsbürgerschaft ihren Kindern und ausländischen Ehemännern zu übertragen. Es gibt auch noch andere vielfältige und kreative Bemühungen diesen Scharia-Vorbehalt zu Fall zu bringen.[663]

Art 16 (1) c regelt gleiche Rechte und Pflichten in der Ehe und bei deren Auflösung, das betrifft gleiche Rechte und Pflichten als Eltern, bei f geht es um Vormundschaft, Vermögensvorsorge, Pflegschaft und Adoption, bei g handelt es sich um die Wahl des Familiennamens. Im Libanon werden alle diese Sachverhalte im Personenstandsgesetz geregelt. Nachdem es im Libanon viele Konfessionen gibt, wird alles nach eigenen Gesetzen geregelt. Für Muslime gilt die Scharia, und die Zuständigkeit unterliegt alleine den Scharia-Gerichtshöfen.

2fC%2fLBN%2f3&Lang=en, öffnen mit doc oder pdf, abgefragt am 03.03.2017. "The implementation of **paragraph 16(c) and (d)** of the Convention shall be without prejudice to any of the **rights guaranteed to women by the Islamic Shariah.**"

663 **Libanon – Länderbericht, 2006**, siehe oben.

Ehen, Scheidungen und Geburten müssen auf alle Fälle registriert werden. Das Heiratsalter für Sunniten ist 17 für Frauen und 18 bei Männern. Bei Mädchen, die erst neun Jahre alt sind, braucht man eine eigene Genehmigung. Bei den Schiiten ist das gesetzliche Ehealter für beide Geschlechter die Pubertät. Ehen werden durch den Richter geschlossen und beide Ehepartner müssen der Eheschließung zustimmen. Trotzdem gibt es bei Sunniten und Schiiten Einschränkungen. Ein muslimischer Mann darf eine nichtmuslimische, aber monotheistische Frau heiraten, die ihre Religion behalten darf, aber so eine Ehe wird nach Art 58 des Familienrechtskodex für ungültig erachtet. Nach islamischem Recht darf der Vormund der Braut sogar eine Ehe annullieren, wenn sich die Braut für einen nicht qualifizierten, z.B. nicht muslimischen Ehemann entschieden hat (Art 47 Familienrechtskodex). Bei der Verehelichung gibt es auch Trauzeugen – ein männlicher Trauzeuge oder zwei weibliche. Gebräuchlicher ist aber nur ein männlicher Zeuge.

Wichtig für die muslimische Braut ist die Mitgift. Die Höhe dieses Brautgeldes wird im Ehevertrag festgesetzt. Üblicherweise wird diese Mitgift auf zwei Teile aufgeteilt. Ein Teil wird im Voraus bezahlt, ein Teil später, z.B. bei der Scheidung. Beide Teile gehören nur der Ehefrau und sind als Sicherstellung für Notsituationen gedacht – eine Art Versicherung für die Ehefrau. Will sich die Frau scheiden lassen, verliert sie diesen zweiten Teil, wenn dies nicht anders vertraglich fixiert wurde. Die Praxis berichtet aber, dass Frauen sehr oft um ihr Brautgeld gebracht werden. Sie werden regelrecht ausgebeutet. Der Supreme Council of the Sharia Court vom 02.12.1992 sagt, dass das Brautgeld nicht wie ein Geld für eine Ware zu verstehen ist. "While some people consider that the dowry treats the woman as a commodity by putting a price on her, the opinion oft he Sunni court is: 'The dowry is not matter of buying or selling, nor is it a woman's price for sexual benefits or pleasure enjoyed or made use of equally by both the man and the woman. A human being is not bought or sold and his humanity cannot be estimated at any price. His freedom is sacred in Islam. The purpose of having the dowry paid, in whole or in part, in advance and at a later date is to secure the wife's need for a trousseau with the portion paid in advance, and to guarantee her needs after divorce or the death of her husband, from the portion due for a later payment.' "[664]

In einer muslimischen Ehe ist der Mann das Oberhaupt. Die Frau hat zu gehorchen und ihr Verantwortungsbereich ist der Haushalt und die Kinder. Rechte und Pflichten sind gerecht verteilt. **Eine Frau gilt als aufmüpfig,**

---

664 **Libanon – Länderbericht, 2006,** siehe oben.

wenn sie den Gehorsam verweigert und das Haus ohne Erlaubnis verlässt. Sie riskiert damit, die finanzielle Unterstützung ihres Mannes zu verlieren. Umgekehrt erhält sie von ihrem Mann keinen Unterhalt, darf sie sich ihm verweigern – das bedeutet allerdings Qual und Gefahr für die Ehefrau. Sie darf daher das gemeinsame Heim verlassen und zu ihren Eltern zurückkehren. Die vorherrschende Tendenz an islamischen Gerichtshöfen heißt nicht, dass die Ehefrau durch Gewalt gezwungen werden darf, bei ihrem Ehemann zu bleiben. Ein weiteres Problem bei den Sunniten stellen Kinder aus einer anderen Ehe dar. Der Mann hat nämlich das Recht, diese Kinder in eine neue Ehe mitzunehmen. Die neue Ehefrau muss dem nicht zustimmen, während eine Frau dieses Recht nicht hat, ihre Kinder ohne Zustimmung des neuen Ehemannes in die neue Ehe mitzunehmen.

Im Libanon erhalten Kinder den Namen des Vaters, die Ehefrau darf ihren Mädchennamen behalten, wenn sie das möchte. Kinder dürfen aber nur dann den Namen der Mutter erhalten, wenn der Vater unbekannt ist. Der Vater sorgt für den Unterhalt der Ehefrau und den der Kinder. Unter Unterhalt versteht man Unterkunft, Bekleidung, Versorgung mit Lebensmittel, medizinische Versorgung und Ausgaben für Bildung. Gewöhnlich ist das kein Problem, kann aber sehr problematisch werden, wenn es zu Streitigkeiten kommt, denn der Unterhalt ist in einer muslimischen **Familie alleinige Angelegenheit des Mannes**. Die Grundlage dafür steht im Koran: 'Men are in charge of women, because Allah hath made the one of them to excel the other, and because they spend of their property.'[665]

Eine geschiedene Frau hat auch in der ‚iddat' Warteperiode Anspruch auf Unterhalt und der richtet sich danach, ob die Scheidung „revocable" oder „irrevocable", minor oder major ist. Das Ganze hängt dann auch noch davon ab, wie hoch "the portion of the dowry paid in advance"[666] war. Natürlich muss der Vater auch Unterhalt für seine Kinder zahlen, bis sie selbst für sich aufkommen können – bei den Mädchen, bis sie heiraten. Elterliche Autorität, Vormundschaft erstreckt sich auch auf das Vermögen der Kinder, sollte eines vorhanden sein.

Polygamie ist sowohl bei den Sunniten als auch bei den Schiiten erlaubt. Erlaubt sind bis zu vier Ehefrauen, wenn der Mann in der Lage ist, seine Ehefrauen gleichzubehandeln. Bei den Sunniten kann die Frau ihr Einverständnis zu einer weiteren Ehe abgeben oder verweigern. Nach der Scharia ist eine Verweigerung aber unzulässig.

---

665 **Libanon – Länderbericht, 2006**, siehe oben.
666 **Libanon – Länderbericht, 2006**, siehe oben.

Bei den Sunniten und den Schiiten hat der Mann das Recht sich scheiden zu lassen, unabhängig davon, ob die Frau zustimmt und auch unabhängig von einem Richter. Es gibt verschiedene Formen der islamischen Scheidung – widerrufbar, unwiderrufbar. Für alle Arten der Scheidung gibt es genaue islamische Regeln. Bei den Sunniten darf sich auch die Frau scheiden lassen, in der schiitischen Gemeinschaft hat die Frau bezüglich der Scheidung keine ausdrücklichen Rechte. Falls der Ehemann zustimmt, kann das eheliche Band per „khula" (Formeln) aufgelöst werden. Scharia-Gerichtshöfe akzeptieren aber mittlerweile, dass sich Frauen im Ehevertrag das Recht zur Scheidung vorbehalten dürfen. Nach einer Scheidung kann die Frau ihren Besitz selbst verwalten. Jeder behält, was er in die Ehe mitgebracht hat, und die Frau erhält ihren eventuell noch ausständigen Teil der Mitgift.

Bezüglich der Vererbung gibt es große Unterschiede. Nichtmuslime erben nach dem Zivilgesetz von 1959 und gemäß der Rechtsprechung von Zivilgerichten, während Muslime nach der Scharia erben und vererben und diesbezüglich Scharia-Gerichte zuständig sind. Ein Muslim darf auch nichts von einem Nichtmuslimen erben und umgekehrt "even if the two are brothers or spouses."[667]

Zu **Art 29** ist kein Bericht vorhanden.

7 a Stellungnahme zum Libanon

Der Libanon ist das einzige arabische Land, das nicht dezidiert die Scharia in seiner Verfassung[668] als Rechtsgrundlage anführt, sondern alle Religionen zulässt. Für Muslime gilt aber ganz eindeutig die Scharia. Nie eindeutig war und ist die politische Lage im Libanon.

Zwischen 1975 und 1990 tobte im Libanon ein Bürgerkrieg. 2006 gab es einen 30-Tage-Krieg, darauf folgte 2007/2008 der Nahr al Bared Konflikt.[669] Bis 2005 war der Südlibanon von syrischen Truppen besetzt. Seit 2011, dem Krieg in Syrien, steht

---

667 **Libanon – Länderbericht, 2006**, siehe oben.

668 **Lebanon Constitution, 1995**, http://www.presidency.gov.lb/English/LebaneseSystem/Documents/Lebanese%20Constitution.pdf, abgefragt am 17.01.2017. Art 9: "There shall be absolute freedom of conscience. The state inrendering homage to the God Almighty shall respect all religions and creeds and shall guarantee, under its protection the free exercise of all religious rites provided that public order is not disturbed. It shall also guarantee that the personal status and religious interests of the population, to whatever religous sect they belong, shall be respected."

669 **Sydow**, Christoph, Gleichgültigkeit gegenüber der Lage in Nahr al Bared, http://www.alsharq.de/2007/mashreq/libanon/libanon-gleichgultigkeit-gegenuber-der-lage-in-nahr-al-bared/, abgefragt am 17.01.2017.

das kleine Land unter permanentem Druck und droht zusammenzubrechen. Das kleine Nahost Land, so groß wie Tirol oder Oberösterreich, mit vier Millionen Einheimischen zählt 2016 noch immer 400 000 palästinensische Flüchtlinge aus den früheren Nahostkriegen. Das Land hat seit dem Syrienkrieg zusätzlich 2000 Flüchtlingslager mit über zwei Millionen Flüchtlingen aus Syrien. Weitere Spannungen liefert auch die Zusammensetzung der libanesischen Gesellschaft aus 18 verschiedenen Konfessionen. Heute werden im Land schon mehr syrische Kinder geboren als libanesische Kinder. 60 Prozent der Flüchtlingskinder besuchen keine Schulen. 40 Prozent sind ohne Job, mehr als die Hälfte lebt unter der Armutsgrenze, sagt Paul Karam, der Präsident der Caritas Libanon. Seit 29.10.2016 gibt es nach zweieinhalb Jahren Vakanz wieder einen Präsidenten, den 81-jährigen Michel Aoun, einen prosyrischen General, der höchst wahrscheinlich nicht die Anerkennung durch die Regionalmacht Saudi-Arabien erhalten wird. Weitere Spannungen zwischen Sunniten, Schiiten und Christen sind daher vorprogrammiert. Die letzte Parlamentswahl fand 2009 statt. Ein heute Zwanzigjähriger hatte noch nie die Gelegenheit seine Stimme abzugeben. Radikale Gruppen bieten einfache Lösungen für komplexe Probleme und welche Lösung bietet die Europäische Union, deren Vertreter 2016 in Scharen das gebeutelte kleine arabische Land besuchten?[670]

Es ist schon erstaunlich, dass der Libanon trotz aller Schwierigkeiten 2006 einen Länderbericht verfasst hat, dass unter den widrigen Umständen im Land aber Anstrengungen gemacht werden, um einen Scharia-Vorbehalt zu beseitigen, darf wohl nicht erwartet werden. Seit 2016 steht das Land vor dem Kollaps. Bereits jeder fünfte Bewohner ist ein Flüchtling. Man erhält ein Visum, das jährlich für 200 Dollar verlängert werden muss. Wer kann, macht sich auf den Weg nach Europa, weil auch die Flüchtlingshilfe im Libanon gekürzt wurde.[671]

8 Libyen ®

Libyen[672] ist der Konvention zur Beseitigung jeder Form von Diskriminierung der Frau unter Anbringung von Scharia-Vorbehalten am 16. Mai 1989

670 **Wank**, Lukas, Neuhuber, Jürgen, Die Grenzen der Internationalisierung externer Faktoren, in: GÖAB-Newsletter Nr. 97/2016 (Gesellschaft für Österreichisch-Arabische Beziehungen) Siehe auch: Müller, Helmut L., Der Libanon stöhnt unter Flüchtlingslast. „Sie dürfen nicht arbeiten, sie dürfen sich nicht ansiedeln. Doch fast jeder Dritte im Land ist bereits ein Flüchtling", in: SN, 28.10.2016, S. 5 Weltpolitik.

671 **Sterkl**, Maria, Langsam geht die Luft aus, in: der Standard, 22.10.2015, S. 2.

672 **Libyen, ICEDAW, reservations, link 34. Genereller Scharia-Vorbehalt aufgehoben.** https://treaties.un.org/Pages/ViewDetails.aspx?src=TREATY&mtdsg_no=IV-8&chapter=4&clang=_en#EndDec, abgefragt am 17.01.2017.

beigetreten. Beim Beitritt wurde ein genereller Scharia-Vorbehalt abgegeben, damit die Artikel der Konvention nicht mit dem Personalstatut, das von der Islamischen Scharia[673] abgeleitet wird, kollidieren. **Dieser generelle Scharia-Vorbehalt wurde aufgegeben**. Geblieben ist der Scharia-Vorbehalt zu Art 2 und Art 16 c, d. **Art 2**, hier geht es um die Aufhebung der Diskriminierung der Frau und ihre Gleichbehandlung mit dem Mann, soll nur implementiert werden, wenn es keinen Widerspruch mit den zwingenden Normen der Islamischen Scharia gibt. Das Gleiche gilt auch für die Art **16(c), (d)**, wo es um die gleichen Rechte und Pflichten in der Ehe und bei deren Auflösung geht. Art 16(d) betrifft gleiche Rechte und Pflichten als Eltern, ungeachtet des Familienstands.

8.1 Libyen – Länderbericht zum Scharia-Vorbehalt, 1999

Am 15.03.1999 hat Libyen seinen 2. Länderbericht[674] eingesandt. Für die muslimische Gesellschaft der libysch-arabischen Jamahiriya ist der Heilige Koran die soziale Gesetzesgrundlage. Der islamische Glaube definiert die Beziehungen untereinander. Der Islam legt Rechte und Pflichten in allen Lebensbereichen zwischen Männern und Frauen fest. Männer wie Frauen sind von allen Formen der Knechtschaft und Ausbeutung befreit. Die alles umfassende Botschaft im Koran lautet: 'Oh humankind! We have created you male and female and have made you nations and tribes that you may come to know one another. The noblest of you in the sight of God is the most pious.' "The criterion of distinction is therefore piety and not gender, race, colour, descent, lineage or high rank." Das einzige Unterscheidungsmerkmal vor Gott zwischen Männern und Frauen ist der Grad der Frömmigkeit.

Der Islam hat mit der schlechten vorarabischen Tugend, neugeborene Mädchen lebendig zu begraben, aufgeräumt und ferner bestimmt, dass eine gute Erziehung und Bildung für Mädchen, Sinn macht. Der Islam sagt, Mädchen sollen auch erben und ihren Mann selbst bestimmen können, ihren Namen nach der Hochzeit beibehalten dürfen und ein stattliches Brautgeld erhalten, damit sie finanziell im Notfall abgesichert sind. Frauen sollen über ihr Vermögen selbst bestimmen und sämtlichen legitimen Aktivitäten nachgehen dürfen. Die arabische Gesellschaft ist frei und gleich, gemäß der dritten Universaltheorie, die

673 **Libyen, ICEDAW, reservations**, siehe oben. "Accession is subject to the general reservation that such accession cannot conflict with the **laws on personal status** derived from **the Islamic Shariah.**"

674 **Libyen-Länderbericht, 1999, CEDAW/C/LBY/2** http://tbinternet.ohchr.org/_layouts/treatybodyexternal/Download.aspx?symbolno=CEDAW%2fC%2fLBY%2f2&Lang=en, abgefragt am 12.03.2017.

im Grünen Buch[675] niedergeschrieben wurde. Hierin werden gleiche politische, ökonomische und soziale Rechte für Männer und Frauen festgehalten. Zwischen den Geschlechtern sind die Pflichten gerecht, gemäß den biologischen Unterschieden, aufgeteilt. Dementsprechend wurden auf der Grundlage des Koran Gesetze gemacht.

Die libysch-arabische Jamahiriya ist am 16. Mai 1989 der Convention on the Elimination of all Forms of Discrimination against Women beigetreten und hat erst einmal einen generellen Scharia-Vorbehalt angebracht, denn der Beitritt zu diesem Vertrag sollte dem Personalstatut, basierend auf der islamischen Scharia nicht entgegenstehen. Nach Empfehlungen des Ausschusses den Scharia-Vorbehalt aufzugeben, hat die libysch-arabische Jamahiriya dem Generalsekretär der Vereinten Nationen angezeigt, dass dieser generelle Scharia-Vorbehalt abgeändert® wird und nun nur mehr auf **Art 2 und Art 16c, und d** der Antifrauendiskriminierungs-Konvention beschränkt bleibt.[676]

Art 2 der oben genannten Konvention soll so verstanden werden, dass die diesbezüglichen Normen der islamischen Scharia, betreffend das Erbe von Männern und Frauen, nicht verletzt werden. Art 16c und d mögen ohne Vorurteile gegenüber den Rechten, die die islamische Scharia den Frauen in diesen Angelegenheiten gewährt, umgesetzt werden. Art 16c sorgt für gleiche Rechte und Pflichten in der Ehe und bei deren Auflösung. Art 16d will gleiche Rechte und Pflichten als Eltern.

Erwähnenswert ist, dass libysche Gesetze den Bestimmungen der Convention on the Elimination of all Forms of Discrimination against Women nicht entgegenstehen. In den meisten Fällen sind sie ohnehin nach Buchstabe und Geist voll kompatibel. Die libysch-arabische Gesellschaft ist sehr bemüht, die Gesetze der Konvention einzuhalten.

Sehr erschwerend sind allerdings die ungerechten Sanktionen, die von der Internationalen Gemeinschaft gegenüber Libyen verhängt wurden. Diese Sanktionen haben einen feindlichen Anstrich, und sie wirken sich sehr nachteilig auf die libysch-arabische Gesellschaft aus. Das Embargo und die unfairen Sanktionen haben die Inflationsrate auf über 200 Prozent getrieben. Die Arbeitslosigkeit ist ebenfalls rapide angestiegen. Alle Bereiche des täglichen Lebens sind von den Sanktionen betroffen, darunter leiden besonders Frauen und Kinder. Das Gesundheitswesen leidet darunter, Impfstoffe sind schwer und nur sehr teuer

---

675 **Al Qaddafi**, Muammar, **Das Grüne Buch**, Herausgeber, Internationales Studien-und Forschungszentrum des Grünen Buches, Tripolis. (kein Datum im Buch angegeben).

676 **Libyen – Länderbericht, 1999**, siehe oben.

zu erhalten. Die Kindersterblichkeitsrate ist extrem angestiegen. Der wirtschaftliche Schaden ist mittlerweile mit 23 Milliarden Dollar zu beziffern. Frauen und Mütter bitten daher das angesehene Committee, das drückende Embargo und die ungerechten Sanktionen aufzuheben.

Das Prinzip der Gleichheit zwischen Männer und Frauen ist im Koran verankert und in der libyschen Verfassung steht: 'Citizens are all equal before the law.'[677] Die Menschen praktizieren ihre Autorität durch den "Basic People's Congress." Das Prinzip der Gleichheit ist auch in der Great Green Charter for Human Rights in the Age of the Masses and the Strengthening of Freedom Act No 20 of 1991 verankert. Es gibt keine Diskrimination zwischen Männern und Frauen in Libyen. Es gibt auch für Männer und Frauen den gleichen Zugang zu den Gerichten. Man kann dort Beschwerden einbringen und Entschädigung erhalten.

Die libyschen Gesetze betonen die Gleichheit zwischen Mann und Frau in allen Angelegenheiten. Es wird weder geheiratet noch geschieden ohne faires Verfahren, noch geben Mann und Frau ihre Zustimmung zur Ehe ohne eine faire Grundlage. Qualifiziert zum Heiraten ist man mit 20 Jahren. Es gibt keine Zwangsheirat. Der Vormund darf die Schutzbefohlenen nicht davon abhalten, zu heiraten, wenn sie dies wollen. Ist es erwiesen, dass eine Frau in der Ehe Gewalt erleiden muss, kann sie sich schieden lassen. Sie behält dann weiterhin die Obhut über ihre Kinder und hat ein Recht auf Entschädigungszahlung. Kann die Ehefrau keinen Schaden nachweisen und sie will sich dennoch scheiden lassen, dann erlöschen ihre legitimen Rechte. Erhält die Frau in ihrer Ehe keinen Unterhalt von ihrem Gatten oder verschwindet der Ehemann, ist er geisteskrank oder impotent, darf sie sich scheiden lassen und sie behält die Obhut über ihre Kinder. Sie genießt Nichteinmischung in ihr Vermögen und sie hat weiterhin Anspruch auf Unterhalt, der gerichtlich durchgesetzt werden kann. Kinder haben das Recht auf Vater und Mutter. Nach Möglichkeit sollten sie aber von der Mutter großgezogen werden "because they thrive only on true maternity and natural breastfeeding."[678]

Die Ehe ist eine gerechte Partnerschaftsbeziehung. Polygamie ist nur in einem sehr engen Bereich erlaubt.

- Die Frau muss zustimmen, oder das Gericht muss eine weitere Ehe genehmigen.
- Die sozialen Umstände und die finanziellen Möglichkeiten des Mannes müssen eine weitere Ehe rechtfertigen.

---

677 **Libyen – Länderbericht, 1999**, siehe oben.
678 **Libyen – Länderbericht, 1999**, siehe oben.

Die Ehe beschränkt in keiner Weise die Kompetenz der Frau über ihr Vermögen zu bestimmen. Die Ehefrau darf auch einer Arbeit nachgehen und sie muss ihren Mädchennamen nicht aufgeben. Die Frau ist erbberechtigt, aber sie erbt nur die Hälfte dessen, was ein Mann erben darf. Auf ihrem Geld lasten aber keine Verpflichtungen, wie z.B. die Unterhaltszahlungen, die der Mann mit seinem Geld für Frau und Kinder tätigen muss.[679]

Zu **Art 29** der Gerichtsbarkeit des Internationalen Gerichtshofes gibt es keinen Bericht.

8 a Stellungnahme zu Libyen

Es gibt keine weiteren Länderberichte und es wird sie wohl noch lange nicht geben, denn unter Berufung auf die ‚Schutzverantwortung' für die libyschen Zivilisten, festgehalten in der UN-Resolution 1973 vom 17. März 2011 bombardierten britische und französische Flugzeuge Libyen. Moskau und Peking hatten dieser Resolution zugestimmt, nichts ahnend, dass der Westen dies als Freibrief zum Sturz von Gaddafi benutzen wird. Im September 2011 lobte der britische Premier Cameron in Bengasi eine jubelnde Masse: „Ihre Stadt war ein Vorbild, wie sie den Diktator verjagt und die Freiheit gewählt haben."[680]

Den Amerikanern war Gaddafi ein Dorn im Auge, wegen seiner führenden Position in der Afrikanischen Union und weil er verhinderte, dass die USA dort ungehindert Militärbasen errichten konnten. Auch der Zugriff auf das libysche Öl passierte nicht ungehindert.

Gaddafi war ein Feudalherrscher und seit 1969 an der Macht. Libyen ist ein von Stämmen und Clans geprägtes Land. Nach seiner Hinrichtung kam es erneut zu Disputen zwischen den vielen verfeindeten Stämmen, die Gaddafi immer irgendwie unter Kontrolle halten konnte. Libyen ist ein weiteres Beispiel für das unglückliche Eingreifen des Westens. Eine feudale Ordnung kann man nicht zwangsweise demokratisieren. Das Ergebnis ist Staatszerfall und Milizen-Herrschaft und eine Wüste für Menschenrechte.[681]

---

679 **Libyen – Länderbericht, 1999**, siehe oben.

680 **Lüders**, Michael, Wer den Wind sät. Was westliche Politik im Orient anrichtet. München, 2015, S. 213–215.

681 **Lüders**, Michael, siehe oben.

9 *Marokko*

Marokko[682] ist der oben genannten Konvention am 21. Juni 1993 beigetreten und hat dabei verschiedene Scharia-Vorbehalte abgegeben.[683] Die Regierung von Marokko ist bereit, **Art 2** der Konvention zu beachten, vorausgesetzt, dieser widerspricht nicht dem marokkanischen Personalstatut, das von der Scharia hergeleitet wird. Männerrechte und Pflichten unterscheiden sich von Frauenrechten und Pflichten. Sie sind äquivalent, bilden also eine Balance zwischen den Eheleuten und gewährleisten den Zusammenhalt in der Familie.[684] **Art 9(2)** gewährt den Frauen in Hinblick auf die Staatsbürgerschaft die gleichen Rechte wie den Männern, **Art 15(4)** gewährt Männern und Frauen gleiche Rechte hinsichtlich der Freizügigkeit des Aufenthaltsortes und des Wohnsitzes und **Art 16** betrifft die Gleichberechtigung zwischen Mann und Frau. Alles ist sehr heikel, weil inkompatibel mit der Scharia.

Die Vorschriften nach der Scharia sagen, dass der Mann Brautgeld zahlen und für den Unterhalt seiner Familie alleine sorgen muss. Die Frau ist nicht für den Unterhalt zuständig, aber der Ehemann ist auch nach der Auflösung der Ehe für eine gewisse Zeit unterhaltspflichtig. Diese Pflicht trifft die Frau nicht. Sie darf ihr Vermögen behalten und der Ehemann hat das zu respektieren. Aus diesen Gründen gewährt die Scharia die Scheidung den Frauen nur, wenn sie durch einen Scharia-Richter vorgenommen wird.[685] **Der Scharia-Vorbehalt** bezüglich der **Artikel 9(2)** und **16** wurde am 8. April 2011 **zurückgezogen, der Rückzug des Vorbehaltes zu Art 15 (4)** erfolgte etwas später.[686] **Art 29,** Schiedsgerichte und der Internationale Gerichtshof werden abgelehnt, sofern nicht alle Parteien damit einverstanden sind, diese im Streitfall über die Auslegung und Anwendung der Konvention zu kontaktieren.

---

682 **Marokko, ICEDAW, reservations,** link 78, https://treaties.un.org/Pages/ViewDetails.aspx?src=TREATY&mtdsg_no=IV-8&chapter=4&clang=_en#EndDec, abgefragt am 18.01.2017.

683 **Marokko, ICEDAW, reservations,** siehe oben.

684 **Zirker,** Hans, Der Koran, Darmstadt, 2. Aufl., 2007, Sure 51:49, S. 326. Nicht gleichbe-rechtigt, aber gleichwertig, Der Islam kennt eigentlich keine Diskriminierung und Abstufung aufgrund des Geschlechts. Der Koran spricht davon, dass Männer und Frauen aus einem einzigen Wesen gleich geschaffen und vor Gott gleichwertig sind.

685 **Marokko, ICEDAW, reservations,** siehe oben. "For these reasons, the Islamic Shariah confers the right of divorce on a woman only by decision of a Shariah judge."

686 **Marokko, ICEDAW, reservations,** siehe oben.

9.1 Marokko – Länderbericht zum Scharia-Vorbehalt, 2006

Marokko hat seinen 3. und 4. Länderbericht[687] gemäß Art 18 der Konvention am 18. September 2006 abgeschickt und sich zu den Vorbehalten geäußert. Marokko ist äußerst bemüht, all seine Vorbehalte aufzugeben. Die marokkanischen Gesetze haben viele Bestimmungen, die der Antifrauendiskriminierungskonvention ähnlich sind und auch Geschlechterdiskriminierung verurteilen. Es gab in letzter Zeit viele Reformen bezüglich der Verpflichtungen dieser Konvention. Daneben muss man auch betonen, dass die marokkanische Verfassung Gleichheit der Geschlechter vor dem Gesetz und gleichen Zugang zu den Gerichten garantiert. Weitere rechtliche Hilfsmittel sind über den Diwan Al Madhalin und den Consultative Council on Human Rights erhältlich. Es gibt auch Nachforschungen bezüglich Menschenrechtsverletzungen. Ganz wichtig ist der Kampf gegen die häusliche Gewalt gegenüber Frauen und Mädchen.

Das Strafgesetzbuch wurde ebenfalls reformiert. Ehegatten wird Gleichheit vor dem Gesetz garantiert, wenn es wegen Ehebruchs zum Mord kommt. Es gibt für Mörder keine strafmindernden Umstände mehr. Jeder Ehemann und jede Ehefrau, der oder die sich diesbezüglich schuldig gemacht hat, werden verfolgt. Auch die medizinische Verschwiegenheitspflicht wurde bei häuslicher Gewalt aufgehoben und es werden bei vorsätzlichen, akuten Verletzungen strengere Strafen verhängt. Eine große Hemmschwelle für die durchgängige Abschaffung der Frauendiskriminierung stellt noch das niedrige Niveau der Bildung der marokkanischen Frauen dar, speziell in den ländlichen Gebieten. Hier muss Marokko noch fortschrittlicher werden und mehr Bildungseinrichtungen für die Frauen schaffen. Ohne Alphabetisierung der marokkanischen Frauen können diese ihre Rechte nicht genügend kennenlernen. Das ist auch ganz wichtig, um Gewalt gegen Frauen zu bekämpfen. Es gibt noch ungenügend Schutzeinrichtungen für misshandelte Ehefrauen. Eigentlich gibt es überhaupt noch keine staatlichen Fluchtzentren für Frauen, die aus den ehelichen Wohnungen geworfen werden. Man arbeitet daran, um Klischeevorstellungen zu eliminieren.

Art 15(4) beschreibt die Freizügigkeit und die freie Wahl des Aufenthaltsorts und des Wohnsitzes.[688] Bewegungsfreiheit wird nach der Verfassung auf derselben Basis wie für Männer auch den Frauen gewährt. Dieses Recht ist für

---

687 **Marokko – Länderbericht, 2006, CEDAW/C/MAR/4** http://tbinternet.ohchr.org/_layouts/treatybodyexternal/Download.aspx?symbolno=CEDAW%2fC%2fMAR%2f4&Lang=en, abgefragt am 22.02.2017.

688 **Übereinkommen zur Beseitigung jeder Form von Diskriminierung der Frau,** siehe oben.

verheiratete Frauen sehr effektiv, die sie ja noch die Erlaubnis des Mannes einholen müssen, wenn sie einen Reisepass beantragen wollen. Auf jeden Fall wurde dieser Vorbehalt zu Art 15(4) der oben genannten Konvention ebenfalls aufgegeben. "As noted earlier in this report, Morocco has withdrawn the declaration in question and now recognizes the provision of article 15(4)."[689]

9 a Stellungnahme zu Marokko

Marokko hat erst vor Kurzem das fortschrittlichste Gesetz für Frauen- und Familienrechte in der arabischen Welt etabliert. Die Änderung im Familienkodex kam neun Monate nach den islamistischen Unruhen. König Mohammed hat lange gezögert, die Reformen durchzuführen, da es zu Straßenprotesten von Hunderttausenden Islamisten gekommen war. Sie wollten keine Änderungen der „moudawana"[690] des Familienrechts. Der König wird beschuldigt, den Forderungen Europas und der USA nachzugeben. Wie man sieht, ist es nicht leicht für muslimische Herrscher, fortschrittliche Gesetze für Frauen einzuführen. Dennoch gab es auch Anfang Jänner 2017 eine revolutionäre Entscheidung aus dem marokkanischen Innenministerium. Die Vollverschleierung, also Burka und Nikab der Frauen, wurde in Marokko verboten. Eine Begründung wurde gleich mitgeliefert. Kriminelle verwenden die Burka zur Tarnung von Verbrechen.[691]

Im Oktober 2016 gab es Parlamentswahlen, die von vereitelten Terroranschlägen begleitet wurden. In Marokko sind 40 Prozent der Bevölkerung unter 25 Jahren, sie leben in den Städten und sie sind arbeitslos. Armut, Perspektivlosigkeit und die weitverbreitete Korruption führen zu Frustration. Der 53-jährige König erbte 1999 den Thron von seinem Vater. Er ist der reichste Mann Marokkos, der einflussreichste Unternehmer und gleichzeitig auch der religiöse Führer des Volkes. Mithilfe seiner Königspartei trachtet der König danach, den Einfluss der islamistischen Partei im Zaum zu halten und das touristisch gut besuchte Land stabil zu halten. Demokratie wird nur sehr dosiert zugelassen. Die PJD, die Partei für Gerechtigkeit und Entwicklung, betont die Werte des Islam – Glaube, Gerechtigkeit und Gemeinschaft. Marokkos amtierender

689 **Marokko – Länderbericht, 2006**, siehe oben.

690 **Morrocan Personal Status, moudawana**, https://www.centreforpublicimpact.org/case-study/moroccan-moudawana-reform/, abgefragt am 17.01.2017.

691 **Hackensberger**, Alfred aus Tanger, Marokko verbannt offenbar Burkas binnen 48 Stunden, in: die Welt, https://www.welt.de/politik/ausland/article161062731/Marokko-verbannt-offenbar-Burkas-binnen-48-Stunden.html, abgefragt am 09.02.2017.

Regierungschef Abdelilah Benkirane ist der Chef der PJD.[692] Benkirane und seine gemäßigten Islamisten sind gegen die Gleichberechtigung von Mann und Frau und man sagt ihnen nach, dass sie keine Jobs für die jungen Menschen geschaffen haben, während der König mit dem US-Flugzeugbauer Boing verhandelt. 8000 Arbeitsplätze sollen durch eine Zusammenarbeit bald entstehen.[693] Auch umwelttechnisch ist der König sehr engagiert. Hierbei wird er von der deutschen Siemens AG unterstützt, die Potential bei erneuerbarer Energie nicht nur in Marokko, sondern auch in der von Marokko besetzten Westsahara geortet hat.[694] Der König ist beliebt und das Volk will vor allem Stabilität, keine irakischen, libyschen oder gar syrischen Verhältnisse. Die wahre Macht liegt nicht beim Parlament, sondern beim König – und der steht definitiv nicht zur Wahl.

10 Oman[695]

Das Sultanat ist der Konvention zur Beseitigung jeder Form von Diskriminierung der Frau am 7. Februar 2006 beigetreten und hat dabei festgestellt, dass die Konvention den Bestimmungen der Scharia und den Gesetzen des Sultanats Oman nicht widersprechen darf. Diesbezüglich gibt es Probleme mit den Artikeln **9(2), 15(4), 16 a, c, f und 29(1).** Das Sultanat fühlt sich an die Bestimmung des **Art 29(1)**, den Internationalen Gerichtshof nicht gebunden.[696]

---

692 **PJD**, Parti de la justice et de developpement.

693 **Schulze**, Ralph, Auch in Marokko kriselt es. In: SN, 07.10.2016, S. 6 Weltpolitik. Siehe auch: Borchers, Jens, Das Sagen hat der König. Parlamentswahlen in Marokko, http://www.deutschlandfunk.de/parlamentswahl-in-marokko-das-sagen-hat-der-koenig.724.de.html?dram:article_id=367819, abgefragt am 22.02.2017.

694 **Goldau**, Axel, Weltklimakonferenz in Marokko. Ist der ‚grüne Kolonialismus' zu stoppen? In: Inamo, Jahrgang 22, Winter 2016, S. 3.

695 **Oman, ICEDAW, reservations**, https://treaties.un.org/Pages/ViewDetails.aspx?src=TREATY&mtdsg_no=IV-8&chapter=4&clang=_en#EndDec, abgefragt am 17.01.2017.

696 **Oman, ICEDAW, reservations,** siehe oben. Art **9(2)** Hier geht's um gleiche Rechte in Hinblick auf die Staatsbürgerschaft, Art **15(4)** das betrifft die Gleichberechtigung von Mann und Frau bei der Freizügigkeit und der freien Wahl ihres Aufenthaltsortes und ihres Wohnsitzes. Art **16 a, c, f,** betreffen wieder die Gleichberechtigung in Ehe- und Familienfragen, auch betrifft es die Adoption, die es im Islam nicht gibt.

10.1 Oman – Länderbericht zum Scharia-Vorbehalt, 2010

Das Sultanat Oman hat nach Art 18 seinen ersten Bericht[697] am 20.07.2010 eingeschickt. Hierin äußern sich Regierungsverantwortliche und private Organisationen zu den Vorbehalten. Es wird vermieden, die Scharia beim Namen zu nennen, aber man spürt ihre Bestimmungen im Hintergrund. Die nationale Gesetzgebung ist wichtiger, als die Erfüllung von internationalen Verträgen. Dies wird offensichtlich bei der Argumentation zu Art 9(2), der Antidiskriminierungskonvention gegenüber Frauen und bei der Möglichkeit der omanischen Frau die omanische Staatsbürgerschaft an ihre Kinder zu vererben, wenn sie mit einem Ausländer verheiratet ist. Erwähnt wird, dass nach dem Dekret Nr. 3 aus 1983 und dem National Law, Dekret Nr. 58 aus 1993 Frauen und Männer gleiche Rechte haben, um die omanische Staatsbürgerschaft zu erwerben, zu behalten oder zu wechseln. Eine Frau behält auch die omanische Staatsbürgerschaft, wenn sie einen Ausländer heiratet, nur kann sie die omanische Staatsbürgerschaft nicht ihren Kindern weitergeben, denn es gilt das right of blood. Das heißt, für die Kinder gilt, dass sie die Nationalität des Vaters erhalten. Nur wenn der Vater unbekannt ist, oder wenn er Omani war, aber die Staatsbürgerschaft verloren hat, kann die omanische Frau ihrem Kind die omanische Staatsbürgerschaft geben, egal ob die Geburt im Sultanat Oman oder im Ausland erfolgt ist. Es gibt auch das Konzept der Einbürgerung, das aber erst nach 20 Jahren oder nach 10 Jahren greift, wenn die Frau mit einem Omani verheiratet ist. Um das Problem für Kinder aus Mischehen (omanische Frau und fremder Mann) zu limitieren, bietet die omanische Regierung spezielle Möglichkeiten, wie das Aufenthaltsrecht, medizinische Versorgung und Beschäftigung.

Einen Vorbehalt gibt es auch zu **Art 15(4)** der Konvention – "equality before the law and in civil matters."[698] Es geht hierbei um Rechtsvorschriften über die freie Wahl ihres Aufenthaltsortes und ihres Wohnsitzes. Diesbezüglich wird im Bericht der Vorbehalt nicht erklärt. Man geht davon aus, dass Männer, so wie Frauen das Recht haben, sich ungehindert im Land zu bewegen und ihren Aufenthaltsort frei wählen dürfen. Das steht eindeutig im Basic Law of the State, Art 18. 'Furthermore, the Aliens' Residency Law guarantees that every one

---

697 **Oman – Länderbericht, 2010, CEDAW/C/OMN/1** http://tbinternet.ohchr.org/_layouts/treatybodyexternal/TBSearch.aspx?Lang=en&TreatyID=3&DocTypeID=29 view document http://tbinternet.ohchr.org/_layouts/treatybodyexternal/Download.aspx?symbolno=CEDAW%2fC%2fOMN%2f1&Lang=en, open with doc, abgefragt am 20.02.2017.

698 **Oman – Länderbericht, 2010**, siehe oben.

working in the Sultanate, man or woman, has the right to bring his spouse and children to live with him in the capacity of accompanying spouses'.[699] Eigentlich handelt es sich bei dieser Formulierung nicht um die Beantwortung oder Erklärung, warum zu Art 15(4) der Konvention ein Vorbehalt gemacht wurde. Es erklärt in keiner Weise, ob die omanische Ehefrau denselben Aufenthaltsort wählen muss wie ihr Ehemann, weil die Ehefrau nach der Scharia bei ihrem Ehemann leben soll und die bekannten Probleme, wenn es zum Streit in der Ehe kommt oder auch zu Gewalt, und ob die Frau dann das gemeinsame Heim verlassen darf. Diese Problematik im Rahmen des islamischen Rechts wurde gekonnt ausgelassen.

Der Oman hat zu **Art 16 a, c,** und **f** der oben genannten Konvention ebenfalls einen Scharia-Vorbehalt angebracht. Es geht hier um Ehe- und Familienfragen – a, gleiches Recht auf Eheschließung, c, gleiche Rechte und Pflichten in der Ehe und bei ihrer Auflösung und f, bei Fragen der Pflegschaft, Vormundschaft und Adoption. Hier verweist man auf das Personenstandsgesetz, veröffentlicht durch das Royal Decree No 32 aus 1997, das Familienangelegenheiten regelt. Seine Bestimmungen basieren auf der islamischen Scharia, die die Hauptquelle für die Gesetzgebung im Sultanat darstellt. Nichtmuslime im Oman haben diesbezüglich ihre eigenen Gesetze und unterliegen in Familienangelegenheiten nicht der Scharia.

Heirat ist die Grundlage der Familie und die einzige Form des Zusammenlebens. Die Frau darf sich den Ehepartner aussuchen, sie muss zustimmen und darf nicht gezwungen werden. Das legale Heiratsalter wird mit 18 Jahren festgesetzt. Traditionell gibt es aber auch jüngere Bräute. Ehen und Scheidungen müssen registriert werden. Für die Braut gibt es das Brautgeld, das einen wesentlichen Bestandteil des Ehevertrages darstellt. Die Scheidung regelt der Art 82 des Personenstandsgesetzes, der acht legale Scheidungsgründe anführt. Während der aufrechten Ehe obliegt die Obhut der Kinder beiden Elternteilen. Im Scheidungsfall behält die Ehefrau in der Regel die Obhut über die Kinder, sofern die Frau geistig und körperlich in der Lage ist. Darüber befindet ein Richter.

Adoption gibt es im islamischen Rechtssystem nicht, weil es keine Verwandtschaft zwischen Findling und den nicht natürlichen Eltern geben darf. Nur die gesetzliche Ehe erlaubt die wahre Eltern-Kinderbeziehung. Das omanische Recht kennt aber das Pflegefamiliensystem, bei dem es zu keiner verwandtschaftlichen Beziehung kommt. Das Kind erhält auch nicht den Namen des Pflegers.

699 **Oman – Länderbericht, 2010**, siehe oben.

Nachdem der Oman eigentlich einen generellen Scharia-Vorbehalt für alle Bestimmungen, die mit der Scharia nicht harmonieren, ausgesprochen hat, muss man hier auch noch das Eigentumsmanagement erwähnen, das im Oman ebenfalls der Scharia unterliegt. Eine Witwe oder Töchter erben einen gewissen Anteil des Besitzes des verstorbenen Vaters. Es bedarf dafür keines Letzten Willens oder eines Testamentes. Das Erbe wird so auf der Basis der Scharia gerecht zwischen Männern und Frauen aufgeteilt. Die Frau kann über das Geld oder den Besitz frei verfügen. Ist ihr Ehemann zum Beispiel bankrott, so hat das keinen Einfluss auf das Vermögen der Ehefrau. Ihr Vermögen darf der Ehefrau nicht weggenommen werden. Sind Eheleute aber gemeinsame Eigentümer eines Unternehmens oder einer Fabrik, so hat die Ehefrau dieselben Rechte als Eigentümerin, wie der Ehemann. Jeder kann frei über seine Anteile verfügen. Im Falle einer Scheidung, erhält jeder seinen Anteil. Die häusliche oder landwirtschaftliche Arbeit einer Ehefrau wird nicht als Vermögen bewertet, zählt aber als Beitrag zur Familienpflege.

Zum Vorbehalt zu **Art 29** der Konvention wurde im Länderbericht nichts Neues mitgeteilt.[700]

10 a Stellungnahme zum Oman

Das Durchschnittsalter der Omani liegt bei 19 Jahren. Ehefrauen haben im Schnitt sechs bis acht Kinder. Von staatlicher Seite wird aber die Dreikindfamilie angestrebt. Sultan Qabus, das Oberhaupt der Omani, vertritt die Ansicht, dass der Fortschritt des Landes auch von der Ausbildung seiner Frauen abhängt. Berufstätige Frauen sind also im Oman keine Seltenheit. Frauen arbeiten in der Privatwirtschaft als einfache oder gehobene Angestellte, in Führungspositionen und ebenso als Geschäftsführerinnen und Geschäftsinhaberinnen. Sahar al Kaabi ist so eine omanische Power Frau, die im omanischen Wüstenstaat Karriere gemacht hat, in einem Land, das bisher von Männern dominiert wurde. Liberale Gesetze ermöglichen das heute im Oman, was in den meisten anderen arabischen Ländern erst zögerlich beginnt.[701] Frauen im Oman sind auch politisch aktiv, sie dürfen wählen und können auch gewählt werden, sie bekleiden öffentliche Posten, auch beim Militär und sie stellen die Hälfte der Angestellten in der Regierung. Diesbezüglich gibt es keine Diskriminierung. In erster Linie

700 **Oman – Länderbericht, 2010**, siehe oben.

701 **Klüver**, Nathalie, Bericht aus Muskat, Die weibliche Seite Arabiens. http://www.spiegel.de/wirtschaft/oman-die-weibliche-seite-arabiens-a-662858.html, abgefragt am 22.02.2017.

werden Arbeitsplätze an qualifizierte omanische Staatsbürger vergeben, um deren Beschäftigung sicherzustellen und um die ‚Omanisierung'[702] vieler Wirtschaftszweige wiederherzustellen und die vielen Gastarbeiter abzubauen.

11 Qatar[703]

Qatar ist der Konvention zur Beseitigung jeder Form von Diskriminierung der Frau am 29. April 2009 beigetreten. Es gibt zahlreiche Scharia-Vorbehalte. Die Regierung von Qatar akzeptiert den **Art 1**,[704] vorausgesetzt er verträgt sich mit dem **islamischen Recht**. Ungeachtet ihres Familienstandes, "irrespective of their martial status" soll Art 1 Frauen nicht dazu verführen, außerhalb der Familie oder der Ehe Beziehungen zu pflegen. Vorbehaltlich dieses Verständnisses, soll die Konvention in Kraft gesetzt werden. **Art 2(a)** ist mit Art 8 der Verfassung von Qatar nicht vereinbar. Art 2(a) will aber, dass sich die Vertragsstaaten verpflichten, den Grundsatz der Gleichberechtigung von Mann und Frau in ihre Staatsverfassung aufzunehmen. **Art 5 a** darf nicht so verstanden werden, dass man die Frauen ermutigt, ihre angestammte Rolle als Mutter und Kinderhüterin zu verlassen, wodurch die Familienstruktur untergraben werden würde.[705] **Art 9(2)** ist mit dem Staatsbürgergesetz von Qatar nicht vereinbar. Gemäß Art 9(2) müssen die Vertragsstaaten den Frauen in Hinblick auf die Staatsbürgerschaft ihrer

---

702 **Oman**, http://www.oman.de/oman-landeskunde/gesellschaft-frauen-bildung/frauen-gesellschaft-bildung-familie/, abgefragt am 22.02.2017.

703 **Qatar, ICEDAW, reservations**, link 79. https://treaties.un.org/Pages/ViewDetails.aspx?src=TREATY&mtdsg_no=IV-8&chapter=4&clang=_en#EndDec, abgefragt am 16.02.2017. Weiter mit link 79.

704 **Übereinkommen zur Beseitigung jeder Form von Diskriminierung der Frau** siehe oben, **Art 1:** „In diesem Übereinkommen bezeichnet der Ausdruck ‚Diskriminierung der Frau' jede mit dem Geschlecht begründete Unterscheidung, Ausschließung oder Beschränkung, die zur Folge oder zum Ziel hat, dass die auf Gleichberechtigung von Mann und Frau gegründete Anerkennung, Inanspruchnahme oder Ausübung der Menschenrechte und Grundfreiheiten durch die Frau – ungeachtet ihres Familienstands – im politischen, wirtschaftlichen, sozialen, kulturellen, staatsbürgerlichen oder jedem sonstigen Bereich beeinträchtigt oder vereitelt wird."

705 **Übereinkommen zur Beseitigung jeder Form von Diskriminierung der Frau** siehe oben. **Art 5(a)** „Die Vertragsstaaten treffen alle geeigneten Maßnahmen, um den Wandel in den sozialen und kulturellen Verhaltensmustern von Mann und Frau zu bewirken, um so zur Beseitigung von Vorurteilen sowie von herkömmlichen und allen sonstigen auf der Vorstellung von der Unterlegenheit oder Überlegenheit des einen oder anderen Geschlechts oder der stereotypen Rollenverteilung von Mann und Frau beruhenden Praktiken zu gelangen."

Kinder die gleichen Rechte wie den Männern gewähren.[706] **Art 15(1)** widerspricht ebenfalls dem Islamischen Gesetzen. Hierbei handelt es sich um die Erbschaft und die Zeugenaussage. In vorislamischer Zeit war die Frau nicht erbberechtigt. Der Islam ermöglichte den Frauen ein Erbe anzutreten, aber eine Frau erbt immer nur halb soviel wie ein Mann erben würde, Koran, Sure 4:11–12. Natürlich kann man per Testament etwas Anderes verfügen. Selbst im fortschrittlichsten arabischen Land Tunesien basiert das Erbrecht auf der Scharia.[707]

Art 15(1) fordert aber, dass die Vertragsstaaten Frau und Mann vor dem Gesetz gleichstellen. Art **15(4)** wird ebenfalls nur unter Scharia-Vorbehalt akzeptiert, "as it is inconsistent with the provisions of the family law."[708] Familienrecht ist die Domäne der Scharia und Art 15(4) verlangt, dass die Vertragsstaaten Männern und Frauen die gleichen Rechte hinsichtlich der Rechtsvorschriften über die Freizügigkeit und die freie Wahl ihres Aufenthaltsortes und ihres Wohnsitzes gewähren. Mit **Art 16** gibt es ebenfalls Probleme, weil dieser nicht scharia-kompatibel ist. Art **16(1) a** verlangt von den Vertragsstaaten, dass sie geeignete Maßnahmen treffen müssen, um die Diskriminierung der Frau in Familien- und Ehefragen zu eliminieren. Art **16(1) c** will gleiche Rechte und Pflichten in der Ehe und bei deren Auflösung. **Art 16(1) f** möchte gleiche Rechte und Pflichten bei der Vormundschaft, Pflegschaft und Adoption. Adoption ist nach islamischem Recht verboten.[709] An Art **29(2)**, den Internationalen Gerichtshof fühlt sich Qatar ebenfalls nicht gebunden.

11 aa Einwendungen (Mexiko, Portugal)[710]

Mexiko hat gegen die Scharia-Vorbehalte in den Art 2, 9, 15, 16 Einwendungen erhoben, weil sie gemäß **Art 28(2) gegen Ziel und Zweck** der Konvention verstoßen. Dies soll aber nicht das in Krafttreten der Konvention zwischen Mexiko und Qatar beeinträchtigen.[711] Auch Portugal ist derselben Meinung und sagt: Ein Vorbehalt, der den fundamentalen Prinzipien eines Vertrages zuwiderhandelt, soll nicht erlaubt sein. Der Einwand soll aber auch nicht das in Kraft Treten

---

706 **Übereinkommen zur Beseitigung jeder Form von Diskriminierung der Frau,** siehe oben.

707 **Erbrecht im Islam,** http://www.islaminstitut.de/uploads/media/Erbrecht.pdf, abgefragt am 20.02.2017.

708 **Qatar, ICEDAW, reservations,** siehe oben.

709 **Übereinkommen zur Beseitigung jeder Form von Diskriminierung der Frau,** siehe oben.

710 **Qatar, ICEDAW, reservations, Einwendungen Mexiko, Portugal,** link 79, siehe oben.

711 **Qatar, ICEDAW, reservations,** siehe oben.

der Konvention "Convention on the Elimination of all Forms of Discrimination against Women" zwischen Portugal und Qatar behindern.[712]

11.1 Qatar – Länderbericht zum Scharia-Vorbehalt, 2012

Qatar hat seinen ersten Länderbericht[713] gemäß Art 18 am 20. März 2012 geschickt.

Art 1 der obengenannten Konvention lautet: „In diesem Übereinkommen bezeichnet der Ausdruck ‚Diskriminierung der Frau' jede mit dem Geschlecht begründete Unterscheidung, Ausschließung oder Beschränkung, die zur Folge oder zum Ziel hat, dass die auf Gleichberechtigung von Mann und Frau gegründete Anerkennung, Inanspruchnahme oder Ausübung der Menschenrechte und Grundfreiheiten durch die Frau – **ungeachtet ihres Familienstandes** – im politischen, wirtschaftlichen, sozialen, kulturellen, staatsbürgerlichen oder jedem sonstigen Bereich beeinträchtigt oder vereitelt wird."[714] Zu Art 1 hat Qatar einen Scharia-Vorbehalt gemacht. Die Verfassung Qatars bestätigt, dass alle qatarischen Staatsbürger, ungeachtet des Geschlechts gleiche Rechte und Pflichten haben. Frauen genießen Schutz vor Diskriminierung. Geschlechtergleichheit wird von qatarischen Gesetzen anerkannt, dennoch gibt es Ausnahmen von der Regel wegen der Scharia-Bestimmungen im Erb-, Zeugen-, und Familienrecht. Auch in der Scharia gibt es Regeln über Gleichheit, aber es sind nicht die gleichen wie in der Konvention. Dennoch kann man davon ausgehen, dass sich die Bestimmungen ergänzen, denn es liegt im Interesse der Familie und der qatarischen Gesellschaft.[715]

Qatar akzeptiert Art 1 der Konvention, wenn diese Bestimmung mit dem Islamischen Gesetz und den qatarischen Gesetzen kompatibel ist. In Art 1 heißt es ‚ungeachtet ihres Familienstandes'. **Diese Formulierung soll nicht zu Beziehungen außerhalb der Ehe anregen. Außereheliche Beziehungen sind nach der Scharia für Frauen und auch für Männer verboten.** Die Scharia ist aber

---

712 **Qatar, ICEDAW, reservations,** siehe oben.

713 **Qatar – Länderbericht, 2012, CEDAW/C/Qat/1** http://docstore.ohchr.org/SelfServices/FilesHandler.ashx?enc=6QkG1d%2fPPRiCAqhKb7yhsgU%2bGVhCNQpWtRROUJcRa%2bolx6uEBsznJWlPjIwciZu0Y8sc4A0E4G%2fmaE3qwhEQ0mVW6sQHcUOGWk%2fSaJFQ1lVF0iVcZPSKYYicKNqMmc3Y, abgefragt am 20.02.2017.

714 **Übereinkommen zur Beseitigung jeder Form von Diskriminierung der Frau,** https://www.ris.bka.gv.at/GeltendeFassung.wxe?Abfrage=Bundesnormen&Gesetzesnummer=10000741, abgefragt am 22.02.2017.

715 **Übereinkommen zur Beseitigung jeder Form von Diskriminierung der Frau,** siehe oben.

die Hauptquelle der qatarischen Gesetze. Die Ehe ist im Ehevertrag nach dem Familienkodex, basierend auf der Scharia, geregelt. In Qatar haben Frauen noch viel unter den alten Bräuchen und Traditionen zu leiden. Das Ziel der Regierung ist es aber, die Entwicklung zu einer modernen Gesellschaft zu unterstützen.

Art 2a der Konvention ist ebenfalls von einem Scharia-Vorbehalt umfasst, obwohl Geschlechtergleichheit ein Pfeiler der neuen Verfassung ist. Art 2a sagt: „Die Vertragsstaaten verurteilen jede Form von Diskriminierung der Frau; sie kommen überein, mit allen geeigneten Mitteln unverzüglich eine Politik zur Beseitigung der Diskriminierung der Frau zu verfolgen, und verpflichten sich zu dem Zweck den Grundsatz der Gleichberechtigung von Mann und Frau in ihre Staatsverfassung oder in andere geeignete Rechtsvorschriften aufzunehmen." Art 35 der qatarischen Verfassung sagt: „Alle Menschen sind vor dem Gesetz gleich. Alle Bürger haben gleiche Rechte und Pflichten."[716] Viele Gesetze wurden geändert, um die Gleichberechtigung voranzutreiben. Im Act No 19 of 2008 heißt es jetzt, dass Frauen das Recht hätten, **die gleiche Summe an Blutgeld zu erhalten wie Männer**. Vorher bekamen sie nur die Hälfte. Der Passport Act No 14 of 1993 wurde 2009 geändert. Frauen können heute ohne Zustimmung ihres Vormunds einen Pass beantragen. Mit Decree Law No 19 of 2007, the Traffic Act, wird den **Frauen erlaubt, einen Führerschein zu erwerben.**

Der Supreme Constitutional Court wurde 2008 errichtet. Er urteilt alleine über verfassungsrechtliche Angelegenheiten. Fragen von Gewalt und Missbrauch von Frauen fällt in den Zuständigkeitsbereich des Staatsanwaltes. In diesem Zusammenhang spielt auch die Qatar Foundation und die Polizei eine große Rolle. Sie zeigen Verbrechen gegenüber Frauen auf. Das Dar al-Aman Schutzhaus, 2007 errichtet, dient zum Schutz von Frauen und Kindern und wird ebenfalls von der Qatar Foundation betrieben. Es gibt auch unzählige Trainingskurse und Gesetzesinformationsstellen, Schulen, Fernsehen und Presse, die Frauen über ihre Rechte aufklären. Obwohl sehr viel getan wird, um Frauen aufzuklären, herrschen Lücken zwischen dem, was das Gesetz vorschreibt und der tatsächlichen Praxis. Es sind die Traditionen, die Frauen daran hindern, ihre Rechte zu genießen. **Frauen selbst haben oft nicht den Willen dazu, Traditionen aufzugeben.** Das ist eine große Herausforderung für die Regierung.

Mit dem Amiral Decree No 44 of 2008 wurde das Qatar National Vision 2030 document on comprehensive development gestartet. Am Ende sollte es keine geschlechtsspezifische Diskriminierung mehr geben. Der Vorbehalt zu **Art 2a** wurde deshalb gemacht, weil er mit dem Art 8 der qatarischen Verfassung

716 **Qatar – Länderbericht, 2012**, siehe oben.

kollidiert. Dort wird die männliche und nicht die weibliche Thronfolge festgeschrieben. "The son whom the Amir Hamad bin Khalifa bin Hamad bin Abdullah bin Jasim names as Crown Prince shall inherit the power to rule."[717] Dieser Wechsel auf den Thron ist mittlerweile vollzogen worden.[718] Frauen an der obersten Spitze sind wohl noch lange nicht vorgesehen.

Zu **Art 5a** der Konvention gibt es ebenfalls einen Scharia-Vorbehalt. „Die Vertragsstaaten treffen alle geeigneten Maßnahmen um a.) den Wandel in den sozialen und kulturellen Verhaltensmustern von Mann und Frau zu bewirken, um so zur Beseitigung von Vorurteilen sowie von herkömmlichen und allen sonstigen auf der Vorstellung von der Unterlegenheit oder Überlegenheit von Mann und Frau beruhenden Praktiken zu gelangen."[719] Der Islam weist Diskriminierung aufgrund des Geschlechts ohnehin zurück. 'O mankind! Be careful of your duty to your Lord Who created you from a single soul and from it created its mate and from them twain hath spread a multitude of men and women.' ('Surah Al-Nisa, Verse 1')[720] Das steht mehr oder weniger auch in Art 1 der Qatari Verfassung, die auch sagt, dass ihre Hauptquelle die Scharia ist. In Art 34 der Verfassung wird wiedergegeben, dass alle Bürger vor dem Gesetz gleich sind und gleiche Rechte und Pflichten haben. Die Rollenverteilung in den Familien ist ebenfalls auf der Grundlage der Scharia entstanden. Das Oberhaupt in der Familie ist der Vater. Er ist zuständig für ihren Schutz und ihren Unterhalt, während beide Elternteile Verantwortung bei der Kindererziehung übernehmen. Das soll aber nicht den Status der Ehefrauen mindern, sondern dieses System ist dem internationalen Management einer Familie ähnlich, nämlich, um die Interessen einer Familie abzusichern. **Genau betrachtet ist die Scharia ein ganz modernes System.**

Es ist schon wahr, dass es auch negative Aspekte über den Status von muslimischen Frauen in der lokalen Kultur gibt. Männer wie Frauen halten an einem stereotypen Rollenverständnis fest. Frauen klammern sich daran und vermitteln alte Traditionen an ihre Kinder. Es ist nicht leicht, so eine lange Tradition aufzubrechen oder zu ändern. Das ist ein zeitaufwendiger Prozess und etliche Organisationen bemühen sich, den Frauen mehr Rechte, die ihnen zustehen, zu

---

717 **Qatar – Länderbericht, 2012**, siehe oben.

718 **Thronwechsel, Qatar, 2013**, Am Dienstag nun will der 61-Jährige die Macht freiwillig, per königlichem Dekret und Fernsehansprache weitergeben – an den 33-jährigen Tamim bin Hamad at-Thani, den Viertgeborenen unter seinen Söhnen. http://www.zeit.de/politik/ausland/2013-06/katar-thronwechsel-altahin, abgefragt am 22.02.2017.

719 **Qatar, ICEDAW, reservations**, siehe oben.

720 **Qatar – Länderbericht, 2012**, siehe oben.

vermitteln. Eine Ehe soll partnerschaftlich aufgebaut sein, so war es in den Ehen des Propheten Mohammed.

Mittlerweile sind in Qatar Frauen auch schon in vertrauensvolle öffentliche Positionen aufgestiegen, die zuvor nur von Männern besetzt waren. Die Presse und die modernen Medien tragen dazu bei, dass sich das Verständnis gegenüber Frauenpower ändert. Es gibt aber auch negative Botschaften, die über das Fernsehen vermittelt werden. Qatar steht diesem Treiben negativ gegenüber. Medienfreiheit soll aber nicht eingeschränkt werden, dafür muss es aber mehr Aufklärung geben. An der Universität gibt es sogar Medienlehrgänge für Frauen. In der Bildungsstadt 'Education City in Qatar' sorgt man ebenfalls dafür, Medientrainingslehrgänge anzubieten. Hier verzeichnet man sogar mehr weibliche Studienteilnehmer als männliche.

Der Supreme Council for Family Affairs kümmert sich vor allem, um Gewalt in der Familie zu beseitigen. Man hat herausgefunden, dass der Verursacher immer ein männlicher Verwandter ist, Bruder, Vater oder Ehemann. Vier Prozent der Ehefrauen werden regelmäßig geschlagen, zehn Prozent von Zeit zu Zeit und 14 % eher selten. **Man arbeitet fleißig daran, häusliche Gewalt zu eliminieren**. Es gibt Trainingskurse, Workshops und Seminare. In Qatar existiert keine eigene Gesetzgebung gegen Gewalt in der Familie. Das wurde auch lange nicht verfolgt. Heute läuft alles über den Strafrechtskodex, die Maximalstrafe ist die Todesstrafe.

Warum Qatar einen Scharia-Vorbehalt zu **Art 5a** der Konvention gemacht hat, wird wie folgt erklärt: **"The State of Qatar declares that the question of modification of 'patterns' referred in Art 5a of the Convention must not be understood as encouraging women to abandon their role as mothers and their role in child-rearing, thereby undermining the structure oft he family."**[721] Das Ziel in Qatar, bezogen auf die Vorschläge des Art 5a ist, dass die Frauen zwar ihre traditionellen, stereotypen Rollen verlassen, ohne dass sie dabei der Familie Schaden zufügen. Die Familie ist nämlich eine Säule in der Scharia, aber auch in der qatarischen Gesellschaft. In Art 21 der Verfassung steht, dass der Staat die Familie schützen muss. Er muss die Mütter und Kinder beschützen, daher soll die Mutterrolle auch genügend geehrt werden, wie es die Scharia vorsieht. "Hence, the process of modifying female stereotypes must not be such as to downplay the role of women as wives and mothers."[722]

721 **Qatar – Länderbericht, 2012**, siehe oben.
722 **Qatar – Länderbericht, 2012**, siehe oben.

Art 9(2) Nationalität „Die Vertragsstaaten gewähren Frauen die gleichen Rechte wie Männern im Hinblick auf die Staatsangehörigkeit ihrer Kinder.“[723] Qatar hat dazu auch einen Scharia-Vorbehalt angebracht, denn der National Act sagt, Nationalität wird auf der Basis von Blut vererbt, das heißt, Kinder erhalten die Staatsbürgerschaft vom Vater. Qatarische Frauen, die mit einem Ausländer verheiratet sind, können ihre Staatsbürgerschaft nicht an ihre Kinder weitergeben. Dadurch sollen **Doppelstaatsbürgerschaften vermieden werden**. Es wird aber darauf geschaut, dass diese Kinder aus Mischehen nicht noch zusätzlich benachteiligt werden. Sie haben gleichen Zugang zu Bildung, Gesundheit und Beschäftigung.

Zu **Art 15(1)** gibt es ebenfalls einen Scharia-Vorbehalt. „Die Vertragsstaaten stellen die Frau dem Mann vor dem Gesetz gleich.“[724] Das stimmt bei Frauen in Bezug auf das Erbe und die Zeugenschaft nicht, denn das widerspricht den Bestimmungen des Islamischen Gesetzes. Es ist wahr, dass nach der Scharia die Zeugenschaft von Männern und Frauen unterschiedlich bewertet wird, man sieht das aber nicht als Diskriminierung gegen Frauen. Im Erbrecht unter der Scharia passieren die größten Missverständnisse. Das ist der oberflächlichen Interpretation des Koran geschuldet. Man sagt, die Scharia benachteiligt die Frauen im Erbrecht, weil Frauen nur die Hälfte eines Mannes erben. Die Wahrheit ist, Frauen erben nur in gewissen Fällen, die Hälfte von dem, was ein Mann erbt. Alle Fälle des Erbrechtes sind in der Scharia genau beschrieben. **Die Fälle, wo eine Frau weniger als ein Mann erbt, haben nichts mit Diskriminierung zu tun, sondern mit sozialer Gleichheit.** Der Islam sichert den Frauen ein Erbe zu, auch wenn sie reich sind. Art 51 der Verfassung sagt: “The right to inherit is safeguarded and is regulated by the sharia.” Es hängt natürlich auch davon ab, ob man als Ehefrau, Schwester, Tochter, Enkeltochter oder Großmutter erbt.

Ein weiterer Scharia-Vorbehalt gilt dem **Art 15(4)** der Konvention. „Die Vertragsstaaten gewähren Männern und Frauen die gleichen Rechte hinsichtlich der Rechtsvorschriften über die Freizügigkeit und die freie Wahl ihres Aufenthaltsortes und ihres Wohnsitzes.“[725] Nachdem die Scharia auch dafür die Grundlage bietet, ist der Art 15(4) nicht vereinbar mit Act No 22 of 2006 und den sozialen Normen des Landes. Ein Ehemann hat für sich und seine Ehefrau und Kinder

---

723 **Übereinkommen zur Beseitigung jeder Form von Diskriminierung der Frau,** siehe oben.

724 **Übereinkommen zur Beseitigung jeder Form von Diskriminierung der Frau,** siehe oben.

725 **Übereinkommen zur Beseitigung jeder Form von Diskriminierung der Frau,** siehe oben.

ein passendes Heim zu beschaffen, sagt Art 64 des Actes: "and the wife shall live with her husband in the home that he has prepared for her."[726] Die Frau reist auch nur mit dem Ehemann, nicht alleine, außer sie hat seine Erlaubnis. Falls die Frau einem Beruf nachgeht, benötigt die Ehefrau die Zustimmung ihres Mannes. Natürlich zwingt das Gesetz die Ehefrau nicht gegen ihren Willen beim Ehemann zu wohnen, wenn sie vom Ehemann geschlagen wird und sie daher die Scheidung wünscht. Auch unverheiratete Frauen wohnen nicht allein, sie leben bei ihren Eltern. Frauen leben nur eventuell allein, wenn sie geschieden oder verwitwet sind und niemanden haben, der für sie sorgt.

Art 16(1) a, c, f, sind ebenfalls mit einem Scharia-Vorbehalt belegt. **Art 16(1) a** behandelt gleiches Recht bei der Eheschließung. Der Vorbehalt steht aber dafür, weil Männer mehr Rechte haben bei der Eheschließung, nämlich: "as it is inconsistent with the provisions of Islamic law that assigns certain rights to men in marriage, such as the right to enter into marriage without the guardian having to be there, the right to marry without guardian having to be there, the right to marry a woman who belongs to the 'People of the Book' (i.e. who is a member oft he Christian or the Jewish faith) and the right to take more than one wife."

In **Art 16(1) c** gibt es gleiche Rechte und Pflichten in der Ehe und bei deren Auflösung. Das verträgt sich auch nicht mit den Bestimmungen der Scharia, denn Partner in der Ehe haben getrennte und gemeinsame Rechte. Das Minimum Heiratsalter ist für Bräute 16 Jahre und für Männer 18, darunter darf nur mit Zustimmung des Vormunds bei der Frau oder eines Richters geheiratet werden. Vor Inkrafttreten des Actes No 22 von 2006 konnte man noch viel früher heiraten. Die Bildung der Eheleute hat es bewerkstelligt, dass immer später geheiratet wird, zumindest erst dann, wenn eine Ausbildung abgeschlossen wurde. Unter der Scharia werden Frauen in der Ehe als finanziell unabhängig betrachtet, denn sie bekommen Unterhalt vom Ehemann und dürfen ihr eigenes Geld behalten. Sie müssen mit ihrem Geld nicht zum Unterhalt beitragen. Das ist das individuelle Recht der Frau. Zum Unterhalt gehören Nahrung, Bekleidung, Wohnung, medizinische Betreuung und alles was man so braucht. Väter sorgen für ihre Töchter bis zur Heirat, auch wenn diese geschieden oder Witwen werden, zumindest solange bis sie wieder eigenes Geld bekommen, vom Exmann oder vom Staat oder von einem anderen Ehemann. Männer müssen ihre Frauen und Kinder beschützen und alleine für den Unterhalt der Familie sorgen. Weil Männer Frauen beschützen, heißt das nicht, dass sie ihnen diktieren dürfen. Die

726 **Qatar – Länderbericht, 2012**, siehe oben.

Beziehung in der Ehe soll respektvoll sein, so will es die Scharia. "Custodienship does not mean that men have the right to rule over their wives."[727]

In der Scharia sind Familienplanungsmethoden nicht verboten. Es gibt in Qatar jede Menge Gesundheitsvorsorge, die für Frauen und Kinder kostenlos sind. In der Ehe sorgen beide Ehepartner für die Kinder. Nach einer Scheidung geht das Sorgerecht normalerweise auf die Mutter über, sofern der Richter nicht anders entscheidet. Das Wohl der Kinder steht bei einer Scheidung im Mittelpunkt. Hat ein Kind Vermögen, so darf dieses auch von der Mutter verwaltet werden. Im Wesentlichen gehen Scheidungen von Männern aus. In der Regel erhält die Frau eine Kompensationszahlung. Es gibt aber auch Scheidungsgründe, die eine Frau berechtigen, die Trennung zu betreiben. Vor jeder Scheidung werden mehrere Schlichtungsversuche durch einen Richter probiert. Nichtbezahlung des Unterhaltes ist in allen Fällen ein wesentlicher Scheidungsgrund für die Frauen.

Bei **Art 16(1) f** hat Qatar ebenfalls einen Scharia-Vorbehalt angebracht. Es geht hierbei um Vormundschaft, Pflegschaft und Adoption. Adoption gibt es im islamischen Recht und im qatarischen Recht nicht. Vormundschaft ist auf die Kindererziehung und Kinderbetreuung beschränkt. Minderjährige Kinder dürfen nicht von der Mutter bei einer Eheschließung bevormundet werden, sondern nur vom Vater oder einem Richter.

Man ist in Qatar äußerst bemüht, die Bestimmungen der Convention on the Elimination of all Forms of Discrimination against Women bei den Frauen bekannt zu machen.

Zu **Art 29(1)** hat Qatar ebenfalls einen Scharia-Vorbehalt angebracht, indem es erklärt, dass es **wie Art 29(2) anbietet, sich durch Art 29(1) nicht gebunden fühlt**. "The article allows for a reservatiion to be entered to this provision. So Qatar decided to enter a reservation that it would not be compelled to submit to international arbitration or a decision of the International Court but would remain free to decide whether it wished to do so, should a dispute arise."[728]

Die Regierung von Qatar bedankt sich beim Committee on Elimination of All Forms of Discrimination against Women für seine Bemühungen und verspricht, dass man fleißig daran arbeiten will, um Frauendiskriminierung zu eliminieren.

---

727 **Qatar – Länderbericht, 2012**, siehe oben.
728 **Qatar – Länderbericht, 2012**, siehe oben.

11 a Stellungnahme zu Qatar

In Qatar kommt auf 1,8 Männer eine Frau, weil hier so viele ausländische Bauarbeiter leben. Rund 80 Prozent der qatarischen Bevölkerung sind Gastarbeiter, nur rund 200 000 Menschen haben auch die Staatsbürgerschaft Qatars. Der Zustrom von GastarbeiternInnen ins reiche Qatar ist ungebrochen, denn hier gibt es Arbeit. Diskriminierung gehört zum Alltag. Die Eigentümer der Unternehmen sind immer Qataris. Ohne ihre Zustimmung passiert in Qatar nichts. Jeder, der hier arbeiten will, benötigt einen Sponsor, einen ‚Kafala',[729] mit weitreichenden Befugnissen. Ausreise, Kündigung und vieles mehr hängen von dessen Wohlwollen ab. Qatari arbeiten selten und wenn nur in gehobenen Stellungen. Die Gehälter bewegen sich dort ab 9000 Euro aufwärts monatlich und garantieren eine kostenlose Krankenversicherung. Berührungspunkte zwischen Ausländern und Einheimischen gibt es kaum.

90 Prozent der qatarischen Frauen sind verschleiert, sie fühlen sich unter ihrer Abaja beschützt und heben sich durch ihre traditionelle Kleidung von den vielen Ausländern ab. Auf Fernreisen entledigen sich viele qatarische Frauen der Abaja und tragen dezente westliche Kleidung. Selbstbewusste Frauen kommen aus der Oberschicht und auch in Qatar drückt sich das in einer sehr hohen Scheidungsrate aus. Bis zu vier Ehefrauen sind erlaubt und das wird in Qatar nicht selten praktiziert, was den Männern teuer kommt. Auch geschiedene Ehefrauen müssen weiterhin von den Männern finanziell versorgt werden.[730]

Für einen gut bezahlten Job drücken auch in Qatar die Frauen die Schulbank, während Männern, gut bezahlte Jobs in die Wiege gelegt werden. Scheicha Moza, die ehemalige First Lady Qatars,[731] hatte den Wandel im Land eingeleitet. Sie verhalf den Frauen zu mehr Rechten. Heute dürfen Frauen in Qatar wählen und auch gewählt werden. Sie dürfen auch Staatsämter bekleiden und sie können Auto fahren. Immer mehr gebildete qatarische Frauen wünschen sich gebildete Männer mit Universitätsabschluss. 80 Prozent der Uniabsolventen in Doha sind aber Frauen. Das Studium ist kostenlos und einheimischen Studenten wird sogar während der Studienzeit ein Gehalt bezahlt, denn der Arbeitsmarkt

729 **Stier**, Sebastian, Diskriminierung gehört zum Alltag, http://www.tagesspiegel.de/sport/unterwegs-mit-einem-gastarbeiter-in-katar-einheimische-verdienen-in-katar-mindestens-9000-euro-pro-monat/9176466-3.html, abgefragt am 22.02.2017.

730 **Qatar**, Wie geht es muslimischen Frauen unter ihrer Abaya wirklich? http://www.brittneys.de/frauen-in-qatar-ein-erfahrungsbericht/, abgefragt am 22.02.2017.

731 **The Communication of Qatar through Sheikha Moza** https://www.youtube.com/watch?v=LqH9namg0jg, abgefragt am 22.02.2017.

soll nationalisiert werden. Dennoch zeigen katarische Männer wenig Interesse, sich fortzubilden. ‚Qatar ist ein junger Staat, vieles muss noch geregelt werden',[732] erklärt Lina Kassem. Seit 1971 ist Qatar unabhängig. Davor war Qatar geprägt durch eine reine Beduinen-Stammesgesellschaft.

12 Saudi-Arabien[733]

Das Königreich Saudi-Arabien hat die oben genannte Konvention am 7. September 2000 unter einem **generellen Scharia-Vorbehalt** ratifiziert – für den Fall, dass die Normen der Konvention und die Bestimmungen der Scharia inkompatibel sind. An **Art 9(2)** und **Art 29(1)** fühlt sich das Königreich überhaupt nicht gebunden. Das ist der allumfassendste und kürzeste Vorbehalt und niemand hatte da einen Einwand!

12.1 Saudi-Arabien – Länderbericht zum Scharia-Vorbehalt, 2007

Gemäß Art 18 hat auch das Königreich am 29. März 2007 seinen 1. und 2. Länderbericht[734] eingeschickt. Seit der Bekanntmachung des Royal Decree vom 23. September 1932 ist das Königreich Saudi-Arabien vereinigt und versucht konsequent soziale, ökonomische, politische und kulturelle Reformen, die sich mit der islamischen Religion vertragen, durchzusetzen. Seit 1979 gibt es diesbezüglich Fünfjahrespläne, die die arabische Gesellschaft in eine moderne aber ausgewogene Zukunft führen sollen. Der achte Fünfjahresplan (2005–2010) bezieht sich auf alle Gesetze, die in Harmonie mit dem Heiligen Koran und der Sunnah des Propheten durch das Basis Law of Governance, wie ein guter Gesetzesschirm wirken soll. Der Heilige Koran und die Sunnah des Propheten enthalten viele zeitgemäße Bestimmungen, die Diskriminierung aufgrund der Rasse,

---

732 **Doha,** taz, Frauenrechte in Qatar auf dem Vormarsch. Männer meiden die Unis, http://www.taz.de/!5044838/, abgefragt am 22.02.2017.

733 **Saudi-Arabien, ICEDAW, reservations,** https://treaties.un.org/Pages/ViewDetails.aspx?src=TREATY&mtdsg_no=IV-8&chapter=4&clang=_en#EndDec, abgefragt am 17.02.2017.

734 **Saudi-Arabien – Länderbericht, 2007, CEDAW/C/SAU/2** http://tbinternet.ohchr.org/_layouts/treatybodyexternal/TBSearch.aspx?Lang=en&TreatyID=3&DocTypeID=29 weiter mit link 22 and open document, http://tbinternet.ohchr.org/_layouts/treatybodyexternal/Download.aspx?symbolno=CEDAW%2fC%2fSAU%2f2&Lang=en open with doc oder html http://docstore.ohchr.org/SelfServices/FilesHandler.ashx?enc=6QkG1d%2fPPRiCAqhKb7yhskcAJS%2fU4wb%2bdIVicvG05RxlhErwotp5aP%2b3VFcYeh%2f8MBDCJPNY5XTZVPLuOngj%2f06yB1boW%2fYafLjTkYBcO2zY6dQXW9qRjl%2bR1zqrQuoP, abgefragt am 16.04.2016 und 19.02.2017.

der Hautfarbe oder des Geschlechts verhindern sollen. Frauen dürfen dieselben Rechte und Pflichten auf der Grundlage von Gleichheit genießen. Das Basic Law of Governance will die Menschenrechte ganz besonders schützen, das bedeutet aber, dass die Menschenrechte im Gleichgewicht mit der islamischen Scharia sein müssen. Wie schon gesagt, die Scharia schließt die Diskriminierung von Frauen aus. Auch das Recht zum Streit wird für Männer, Frauen und "residents" vor allen Gerichten des Landes kostenlos gewährt. Soziale Sicherheit wird sehr hoch geschätzt.

Das Königreich Saudi-Arabien hat die Convention on the Elimination of all Forms of Discrimination against Women auf der Basis des Royal Decree no 25 am 28. August 2000 mit folgendem Wortlaut ratifiziert: "The Kingdom's accession to the Convention on Elimination of all Forms of Discrimination against Women adopted by United Nations General Assembly resolution 34/180 (18 December 1979) in the attached wording, is approved with the reservation that, in case of contradiction between any term oft he Convention and the norms of Islamic Law, the Kingdom is not under the obligation to observe the contradictory terms of the Convention. The Kingdom does not consider itself bound by article 9(2) and article 29(1) of this Convention."[735]

Die Bestimmungen der Konvention werden nun als inländische Gesetze betrachtet. Sollten diese Gesetze verletzt werden, dürfen diesbezüglich inländische Gerichtshöfe oder Behörden angerufen werden. Die wichtigsten Gerichte sind the Court of the King and of the Crown Prince. Es gibt aber auch noch jede Menge Scharia Gerichtshöfe und eigene "courts of personal status", die für alle Personenstandsstreitigkeiten zuständig sind.

Die Ratifizierung der Konvention wird bewirken, dass Frauenrechte in Saudi-Arabien eingehalten werden. **Der Scharia-Vorbehalt soll aber beachtet werden, denn dieser Vorbehalt ist mit den Art 19–23 der Wiener Vertragsrechtskonvention vereinbar. Sie verstoßen nicht gegen Ziel und Zweck des Vertrages.** "These reservations are consistent with art 19–23 of Vienna Conventions on the Law of Treaties, concerning reservations, especially as the accord with the subject of the Convention and are not incompatible with its purpose."[736]

Wenn man nun über inländische und internationale Gesetze und deren Anwendung im Königreich philosophiert, ist eine Entkoppelung von der Islamischen Scharia unvorstellbar. "To talk about the philosophy of domestic and international law and the application thereof in the Kingdom of Saudi-Arabia

---

735 **Saudi-Arabien – Länderbericht, 2007**, siehe oben.

736 **Saudi-Arabien – Länderbericht, 2007**, siehe oben.

in isolation from the Islamic Shariah is inconceivable."[737] In einem islamischen Staat entstehen neue Gesetze auf der Grundlage der Islamischen Scharia und hier setzt das Basic Law of Governance fest: Das Königreich Saudi-Arabien ist ein völlig souveräner, arabisch-islamischer Staat. Seine Religion ist der Islam und seine Verfassung ist das Buch Gottes und die Sunnah Seines Propheten, daher dürfen die Gesetze des Landes nicht gegen das Regelwerk der Islamischen Scharia verstoßen. Wäre es so, würde das zu neuen Prinzipien führen – zu Neuerungen – die dem Konzept der Islamischen Scharia widersprächen.

Was an dieser Stelle betont werden muss, ist, dass es in vielen Ländern eine Trennung zwischen Kirche und Staat gibt. In der islamischen Theorie gibt es aber keine Existenzberechtigung für eine Trennung zwischen Islamischer Scharia und dem Staat und seinen verschiedenen Gesetzen. Unsere Gesetzesgrundlage finden wir in der Islamischen Scharia. Das soll mit unserem generellen Vorbehalt zu den Artikeln der Convention klargemacht werden. [...] "by the Kingdom's explanatory reservation relating to the application of the Convention within a framework which does not conflict with the principles oft he Islamic Shariah."[738]

Explizit hat das Königreich Saudi-Arabien einen Vorbehalt zu **Art 9(2)** der Konvention angebracht. Die Staatsbürgerschaft ist eine Angelegenheit, die in die Autorität eines jeden Staates fällt. Im article 7 des Royal Decree no 20 (12 Dhu'l Qaadah 1379 AH) steht, dass ein Saudi eine Person ist, die im oder außerhalb des Königreiches von einem saudischen Vater oder einer saudischen Mutter oder einer saudischen Mutter und einem staatenlosen Vater oder einem Vater mit unbekannter Nationalität geboren wurde. Eine saudische Frau verliert nicht ihre Nationalität, wenn sie einen Ausländer heiratet, außer sie möchte die Staatsbürgerschaft ihres Mannes annehmen. Kinder erhalten immer die Staatsbürgerschaft ihres Vaters, sofern dessen Staatsbürgerschaft bekannt ist. Im Nationality Law wird die Frau dadurch nicht diskriminiert. Die Gesetzeslage ist so gestaltet, dass man eine **Doppelstaatsbürgerschaft vermeiden** möchte.

12.2 Saudi-Arabien Länderbericht zum Scharia-Vorbehalt, 2016[739]

Saudi-Arabien hat am 29. August 2016 seinen dritten und vierten Länderbericht, der 2013 fällig gewesen wäre, geschickt, aber nur auf Arabisch.

---

737 **Saudi-Arabien – Länderbericht, 2007**, siehe oben.

738 **Saudi-Arabien – Länderbericht, 2007**, siehe oben.

739 **Saudi-Arabien – Länderbericht, 2016, CEDAW/C/SAU/3–4** http://tbinternet.ohchr.org/Treaties/CEDAW/Shared%20Documents/SAU/CEDAW_C_SAU_3-4_6006_A.pdf, abgefragt am 19.02.2017.

12 a Stellungnahme zu Saudi-Arabien

Die Anhänger des Rechtsschulgründers Abdul-Wahhab agierten nicht immer gewaltfrei. Die weltliche Macht durch Abdul-Aziz ibn-Saud (1875–1953) benützte die Gewaltbereitschaft der wahhabitischen Brüder, um sein Reich Saudi-Arabien zu gründen und auszudehnen. Mit ihrer Hilfe hat König ibn-Saud Mekka und Medina von den Osmanen zurückerobert. Doch die Wahhabiten kritisierten den König, weil er Neuheiten wie das Telefon und das Auto einführen wollte. Man einigte sich auf eine Art Trennung von Staat und Religion. Das staatliche Monopol erhielt der Herrscher, aber die Wahhabiten wurden zu religiösen Stützen des Staates. Seither liegt das Rechtswesen in ihrer Hand und es gilt die Scharia entsprechend den wahhabitischen Gottesgelehrten. Islamisten und Wahhabiten befürworten die Rückkehr zu Lebensformen und Bräuchen des siebenten Jahrhunderts nach Christi. Strenge Regeln der Geschlechtertrennung, wie sie im damaligen arabischen Stammeswesen herrschten, sollen fortdauern, während der enorme Erdölreichtum Saudi-Arabien zum Verbündeten und Schutzbefohlenen der USA gemacht hat. Das saudische Herrscherhaus vollzieht heute einen Spagat zwischen der Weltmacht und der Antike und muss auch die Rechte der Frauen irgendwie, wenigstens formell, unterbringen.[740]

Im Dezember 2015 gab es in Saudi-Arabien zum dritten Mal Kommunalwahlen und erstmals durften Frauen im wahhabitischen Königreich wählen und auch gewählt werden. Selbst zur Wahl fahren dürfen sie allerdings nicht. Diesmal konnten zwei Drittel der Personen gewählt werden, ein Drittel wurde ernannt und das Wahlalter setzte man von 21 auf 18 Jahre herab. Sämtliche Aktivitäten rund um die Wahlen wurden auf das Strengste kontrolliert. Menschenrechtsaktivistinnen hatten keine Chance, als Kandidatinnen aufgestellt zu werden. Frauen und Männer wählten in streng getrennten Wahllokalen. Frauen dürfen im Königreich auch nicht ohne einen Vormund beziehungsweise eines Wächters reisen, arbeiten oder ihre Kinder in Schulen einschreiben. Jeder männliche Verwandte hat über eine Frau mehr Rechte, als sie selbst. Die saudi-arabische Frau steht nicht nur unter dem Druck der Regierung, dem Königshaus, sondern ganz besonders auch unter dem Druck der erzkonservativen saudi-arabischen Gesellschaft.[741]

---

740 **Hottinger**, Arnold, Islamismus. Religiöse Wege zur Gewalt, Teil 1, https://www.journal21.ch/religioese-wege-zur-gewalt-teil-1, abgefragt am 15.03.2017.

741 **Harrer**, Gudrun, Auch Frauen dürfen ein bisschen wählen, in: der Standard, 10.12.2015, S. 4 International.

Am 21. August 2016 präsentierte Arte einen Film über die heimliche Revolution der Frauen in Saudi-Arabien. Im öffentlichen Raum sind arabische Frauen in die religiös-korrekte Abaja gehüllt, aber beruflich gehen manche Frauen selbstbewusst ihren Weg. Rasha Hefzi wählte man vor einigen Monaten in den Stadtrat. Erstmals im Königreich konnten Frauen nicht nur wählen, sondern auch für ein öffentliches Amt kandidieren. Man wollte sie aber gleich wieder hinter einer Wand verstecken. Diese arabische Frau hat das nicht zugelassen. **Sie meinte, Frauen könnte man nicht beschützen, indem man sie ausschließt, einhüllt oder ihnen einen männlichen Vormund beistellt. Sie sagte, das wäre kein Schutz, sondern eine Diskriminierung.** Viele arabische Frauen zeigen neuerdings Mut. Sie gehen voran und leisten Pionierarbeit. Sie erkämpfen sich ihre Position als Politikerinnen, Unternehmerinnen, Anwältinnen, Chefredakteurinnen. Sie entwickeln Ideen für eine moderne Gesellschaft. Sie wollen ihr Land zum Wohle der Frauen verändern, klug, diplomatisch und hartnäckig. Im letzten Arab Human Development Report heißt es: „Der Aufstieg der Frauen ist eine Vorbedingung für eine arabische Wiedergeburt."[742]

13 Syrien[743]

Die syrisch-arabische Republik ist der Konvention zur Beseitigung jeder Form von Diskriminierung der Frau am 28. März 2003 beigetreten und hat zu den **Artikeln 2,**[744] **9(2),**[745] **15(4),**[746] **16(1) c, d, f, g,**[747] **16(2)**[748] und

742 **Arab Human Development Report, 2014,** http://hdr.undp.org/en/content/human-development-report-2014-arabic, abgefragt am 22.08.2016.

743 **Syrien, ICEDAW, reservations**, https://treaties.un.org/Pages/ViewDetails.aspx?src=TREATY&mtdsg_no=IV-8&chapter=4&clang=_en#EndDec, abgefragt am 19.02.2017.

744 **ICEDAW**, siehe oben: **Art 2**, hier geht es generell um die Diskriminierung der Frau, die man eliminieren muss.

745 **Syrien, ICEDAW, reservations,** siehe oben: **Art 9(2),** concerning the grant of a woman's nationality to her children.

746 **ICEDAW**, siehe oben: **Art 15(4),** concerning freedom of movement and of residence and domicile.

747 **ICEDAW**, siehe oben: **Art 16(1) c, d, f, g**, concerning equal rights and responsibilities during marriage and at its dissolution with regard to guardianship, the right to choose a family name, maintenance and adoption.

748 **ICEDAW**, siehe oben: **Art 16(2),** concerning the legal effect of the betrothal (Verlobung) and the marriage of a child, in as much as this provision is incompatible with the provisions of the **Islamic Shariah.**

29(1)[749] Scharia-Vorbehalte angebracht. Kein Staat hat Einwendungen erhoben!

13.1 Syrien – Länderbericht zum Scharia-Vorbehalt, 2005

Am 29. August 2005 hat Syrien seinen ersten Staatenbericht[750] an den UN Sekretär geschickt und einleitend festgestellt, dass das Land strategisch eine sehr schwierige Lage hat. Mit der Türkei teilt es eine gemeinsame Grenze von 845 km, mit dem Irak 596 km, mit Palästina 74 km, mit Jordanien 356 km, mit dem Libanon 359 km und mit dem Mittelmeer 183 km. Mit Tartous gibt es hier auch einen russischen Flottenstützpunkt.

Erst in weiterer Folge wird darauf hingewiesen, dass Syrien ein aufgeschlossenes Land ist und daher auch der Antifrauendiskriminierungskonvention beigetreten ist.[751] Die syrische Kommission für Familienfragen, ein Regierungsgremium hat in vier syrischen Städten oft Workshops abgehalten, mit dem Ziel die syrischen Scharia-Vorbehalte zur Konvention aufzugeben. Islamische Rechtsgelehrte waren dabei anwesend, um ihren Standpunkt bei der Kompatibilitätsprüfung mit der Islamischen Scharia zu betonen. Die meisten der Männer und Frauen waren sich einig, dass die Vorbehalte fallen gelassen werden können, bis auf die Vorbehalte zu Art 16(1) c, f und Art 29(1). Das entsprach auch den vielen Bestrebungen der syrischen Gesellschaft, vor allem den Frauenorganisationen. Trotz allem, bestehen noch Bestimmungen im Nationality Act, im Personenstandsgesetz und im Strafenkodex, die den Bestimmungen der obigen Konvention widersprechen.

Syrische Frauen gibt es mittlerweile in allen Parteien. In der sozialistischen arabischen Baath Partei arbeiten 120 Frauen und 743 Männer. In den Kongress wurde zumindest eine Frau gewählt. In der syrischen kommunistischen Partei gibt es 20 % Frauen; fünf davon sind in Führungspositionen. Im syrischen Parlament sind 12 % Frauen vertreten und in den Ministerien tummeln sich schon 12 % Frauen.

Syrien hat zu **Art 2** der Konvention einen Vorbehalt gemacht, obwohl dieser Artikel der syrischen Verfassung nicht widerspricht. Art 25 der Verfassung sagt,

---

749 **ICEDAW**, siehe oben: **Art 29(1)**, concerning **arbitration** between States in the event of a dispute.

750 **Syrien – Länderbericht, 2005, CEDAW/C/SYR/1** http://tbinternet.ohchr.org/_layouts/treatybodyexternal/TBSearch.aspx?Lang=en&TreatyID=3&DocTypeID=29 view document http://tbinternet.ohchr.org/_layouts/treatybodyexternal/Download.aspx?symbolno=CEDAW%2fC%2fSYR%2f1&Lang=en open with doc, abgefragt am 20.02.2017.

751 **Syrien – Länderbericht, 2005**, siehe oben.

alle Menschen sind vor dem Gesetz gleich. Sie haben gleiche Rechte und gleiche Pflichten. Syrische Frauen dürfen sich wirtschaftlich engagieren, sie dürfen Verträge abschließen, Unternehmen führen, kaufen und verkaufen und profitieren von allen ökonomischen, sozialen, gesundheitlichen, kulturellen und bildungsmäßigen Errungenschaften des Staates. Bei der Beschäftigung gibt es gleiche Löhne für Männer und Frauen. Frauen können wählen und gewählt werden. Im 9. Fünfjahresplan 2001–2005 werden wieder viele Verbesserungen für die Frauen angegangen. Dennoch gibt es noch Bräuche und Traditionen in Syrien, die fortdauern und ein stereotypes Frauenbild vermitteln. Es gibt sie noch immer, diese Bestimmungen im Nationality Act, im Penal Code und vor allem im Personal Status Act, die die Lücken zwischen der Verfassung und der Konvention bestimmen. Frauen haben aber auch noch immer große Wissenslücken, die ihre Rechte betreffen. Die syrische Kommission für Familienangelegenheiten soll Abhilfe schaffen.

Art 9(2) ist nicht vereinbar mit der Scharia. Dekret No 276 von 1969 behandelt die Staatsbürgerschaft. Die syrische Staatsbürgerschaft wird nach dem ius sanquinis vergeben, erst in zweiter Linie nach dem ius soli. Jeder, der in Syrien von einer syrischen Mutter geboren wird und der Vater unbekannt ist, ist syrischer Staatsbürger. Syrische Mütter, die einen Fremden in Syrien heiraten, können die syrische Staatsbürgerschaft nicht an ihre Kinder weitergeben. "The nationality of minors continues to be transmitted from their father."[752] Die syrische Frau hat aber das Recht, die Staatsbürgerschaft ihres Mannes anzunehmen. Der ausländische Mann kann nur über die Einbürgerung nach vielen Jahren die syrische Staatsbürgerschaft erhalten. Man überlegt, diesen Vorbehalt fallen zu lassen. "The reservation to Art 9 (2) of the Convention is being considered and modified."[753]

Art 15(4) bestimmt, dass die Vertragsstaaten Männern und Frauen die gleichen Rechte hinsichtlich der Rechtsvorschriften über die Freizügigkeit und die freie Wahl ihres Aufenthaltsortes und ihres Wohnsitzes gewähren.[754] Dieser Paragraph ist nicht kompatibel mit der Islamischen Scharia. Die Schriftgelehrten sind der Meinung, dass nach Hanifitischer, Malakitischer und Hanbalitischer Rechtsschule der Ehemann das Domizil aussucht und bezahlt, wo er mit seiner Familie wohnen wird, "because he is the person who is legally obliged to provide

---

752 **Syrien – Länderbericht, 2005**, siehe oben.

753 **Syrien – Länderbericht, 2005**, siehe oben.

754 **Übereinkommen zur Beseitigung jeder Form von Diskriminierung der Frau** siehe oben.

maintenance."[755] Aber die meisten Männer und Frauen, die sich in dieser Kommission beraten haben, sind der Meinung, dass dieser Vorbehalt nicht mehr zeitgemäß sei.

Die in den **Art 16(1) c, f, g** und **Art 16(2)** genannten Vorbehalte werden ebenfalls der Islamischen Scharia geschuldet. Man beruft sich in c) auf gleiche Rechte und Pflichten in der Ehe und bei deren Auflösung. Der Richter bestätigt die Ehe, ob sie auch gültig ist. Polygamie ist eigentlich verboten. "**The system of polygamy was not established by Islam.**" It is well known that Khadijah, the first woman to whom the Prophet was married and with whom he lived and had children, despite the age difference between them. He took no other wife until after she had died; even though it was customary in Arab countries to take several wives. Polygamy undermines the dignity of the family and supresses its rights."[756]

Wenn ein Mann eine Frau heiratet, die nur vorgibt eine Jungfrau zu sein, es aber in Wirklichkeit nicht ist, verliert die Braut das Recht auf ihr Brautgeld. Wenn der Bräutigam die Ehe aber weiterführen will, muss er der Braut die Hälfte des Brautgeldes rückerstatten. Die Ehe bedarf der beidseitigen Zustimmung. Eine erzwungene Ehe ist ungültig. Normalerweise wird im Beisein eines Richters geheiratet. Die Regeln für die Ehe richten sich für die Sunniten, die größte Gruppe in Syrien, nach der Hanifitischen Rechtsschule. Die Ehe ist ein Kaufvertrag mit Angebot der einen Partei, des Bräutigams und der Annahme, der Braut. Dieser Vertrag muss im Department of Civil Status eingetragen werden. Eine muslimische Frau muss erst ihren Vormund (mahram) um Erlaubnis fragen. Ein Mann muss dies nicht tun. In der Regel ist es auch der mahram, der danach trachtet, dass eine Ehe gelöst wird, wenn der Ehemann das Brautgeld oder den Unterhalt nicht zahlt. Das Brautgeld kann auch geteilt werden. Ein Teil wird gleich fällig, der Rest bei Scheidung oder bei Tod des Ehemannes. Alles bezüglich des Brautgeldes wird über einen Richter geregelt, denn dieses Geld soll der Frau im Notfall zur Verfügung stehen. Verstirbt der Ehemann vor der Ehefrau, erhält sie einen zweiten Teil des oben genannten Brautgeldes.

Die Ehefrau erbt nach Islamischen Recht aber nur, wenn beide Partner Muslime sind. Nichtmuslime können von Muslimen nicht erben! "In other words, there is no transmission by inheritance where the religion is different."[757] Die Ehefrau erbt ein Viertel des Vermögens des muslimischen Ehemannes, sofern

755 **Syrien – Länderbericht, 2005**, siehe oben.
756 **Syrien – Länderbericht, 2005**, siehe oben.
757 **Syrien – Länderbericht, 2005**, siehe oben.

sie keine Kinder hat. Die genaue Erbfolge und Anteile werden im Koran genau beschrieben. "The lawful share is statutory portion of the heir in the estate and the order of inheritance shall begin with the Qur'anic heirs, namely: the father, the agnatic grandfather and otherwise the maternal uncle, followed by the maternal aunt, the husband, the wife, any granddaughter by a son, the full sisters, the consanguine sisters, the mother and the true grandmother."[758] Im Falle der ausnahmsweise gewährten Polygamie, wird der Anteil einer Ehefrau auf alle Ehefrauen aufgeteilt.

Für die Scheidung gibt es viele Modelle, zum Beispiel eine widerrufbare oder eine nichtwiderrufbare Scheidung. Bevor es aber zu einer Scheidung kommt, gibt es viele Schlichtungsversuche. „Mukhala'ah" ist die einvernehmliche Scheidung. In den meisten Fällen geht die Scheidung vom Manne aus und die Frau erhält dafür eine Kompensationszahlung. Auch für die Kinder bleibt der Mann unterhaltspflichtig. Nach einer Scheidung bleiben die Kinder einer muslimischen Frau in ihrer Obhut, vorausgesetzt, sie heiratet nicht wieder. Bei einer Wiederverehelichung verliert sie das Recht auf Obhut ihrer Kinder, während der Ehemann dieses Recht nicht verliert, wenn er wieder heiratet. Egal in wessen Obhut sich die Kinder befinden, der Vater sorgt für ihren Unterhalt. Die Obhut endet für Burschen mit 13 Jahren für Mädchen ist bis zum 15. Lebensjahr zu bezahlen. Während sich die Kinder in der Obhut der Mutter befinden, darf die Mutter mit ihren Kindern nicht ohne die Zustimmung des Vaters verreisen. Art 137 des Personenstandsgesetzes gilt für die Obhut: "In order to be fit for custody, a person must be a rational adult who is able to safeguard the health and morals of the child."[759]

Art 16 f beinhaltet gleiche Pflichten und Rechte bei der Vormundschaft, Pflegschaft, der Personen- und Vermögenssorge, Adoption von Kindern. Das Interesse der Kinder ist vorrangig zu berücksichtigen. In der Regel übernimmt der Vater die Vormundschaft oder der agnatische Großvater. Der Richter kann die finanzielle Obhut über das Vermögen der minderjährigen Kinder auch der Mutter übertragen, wenn es im Interesse des Kindes ist. Adoption ist nach Islamischen Recht verboten. Es gibt aber die Pflegschaft, wo Kinder in einer Familie betreut werden, ohne dass die Kinder den Namen des Vaters erhalten. "Breastfeeding shall be the task assigned to the mother." Die Vormundschaft ist aber in Syrien von Religion zu Religion verschieden. Art 128 des Personenstandsgesetzes bestimmt, in welchen Fällen der Vater die Vormundschaft übernimmt.[760]

758 **Syrien – Länderbericht, 2005**, siehe oben.
759 **Syrien – Länderbericht, 2005**, siehe oben.
760 **Syrien – Länderbericht, 2005**, siehe oben.

Art 16 g behandelt die gleichen persönlichen Rechte als Ehegatten, einschließlich des Rechts auf die Wahl des Familiennamens, eines Berufes oder einer Beschäftigung. Frauen behalten nach ihrer Hochzeit ihren Familiennamen und sie dürfen ihren Namen auch nicht an ihre ehelichen Kinder weitergeben. Die Ehe, Scheidung und Elternschaft wird im Department of Civil Status registriert. Will die Frau außerhalb ihres gemeinsamen Wohnsitzes arbeiten, so benötigt sie die Erlaubnis ihres Ehemannes. Zwischen 8 p.m. und 7a.m. dürfen muslimische syrische Frauen außerhalb ihres Heimes auf jeden Fall nicht arbeiten.

Art 16(2) sagt, dass die Verlobung und die Eheschließung eines Kindes keine Rechtswirksamkeit haben. In Syrien ist das Mindestalter für die Ehe für beide Geschlechter 18 Jahre. Dann heißt es wieder in einem anderen Gesetz, wenn der Bursche 15 Jahre alt ist, und das Mädchen 13 und diese beiden heiraten möchten, so soll der Richter diese Ehe erlauben, wenn die beiden dafür psychisch und körperlich reif sind. "In other words, the **cadi has the right to authorize child marriage**, provided that the guardian gives his consent. This article continues to provide an avenue for those guardians who give their girls in marriage at an early age, particularly in rural areas, insofar as the phenomenon of early marriage still exists in certain social environments governed by customs and taditions whereby girls marry at a young age."[761]

Die Syrische Kommission für Familienangelegenheiten hat sich auch für die Aufhebung der Scharia-Vorbehalte zu Art16(1) g und 16(2) ausgesprochen. Die Vorbehalte zu Art 16(1) c und f sollen bleiben, weil diese Bestimmungen sonst mit der Islamischen Scharia nicht vereinbar sind. Zu Art 29(1) gibt es keinen Bericht.

13 a Stellungnahme zu Syrien

Nun herrscht Krieg in Syrien und es ist zu befürchten, dass sich nichts zum Besseren ändern wird. 2016 gab es bereits mehr als 500 000 Tote und sieben Millionen Menschen gelten im Land als Vertriebene. Der als lokaler Konflikt im Zuge des sogenannten Arabischen Frühlings begonnene Aufstand hat also längst das Ausmaß einer der größten Katastrophen der letzten Jahrzehnte angenommen.

761 **Syrien – Länderbericht, 2005**, siehe oben.

14 Tunesien[762]

Tunesien hat die oben genannte Konvention am 24. Juli 1980 unterzeichnet und am 20. September 1985 ratifiziert. Mit dem Kapitel I der tunesischen Verfassung darf die Konvention allerdings nicht kollidieren.[763] Vorbehalte, die schariarechtlich begründet werden, gibt es zu dem **Art 2 f**, wo es sich vorwiegend um die Eliminierung der Diskriminierung der Frau handelt, **Art 9(2)**,[764] behandelt die Staatsbürgerschaft, **Art 16(1) c, d, f, g** und **h,**[765] Ehe-, Scheidungs- und Familienangelegenheiten, die nicht dem tunesischen Personalstatut widersprechen dürfen, weil seine Grundlage die Scharia ist. **Art 29(1)**, der Internationale Gerichtshof wird nicht anerkannt. **Art 15(4)**[766] soll gemäß der WVK nicht so ausgelegt werden, dass er mit den Bestimmungen des Personalstatuts Kapitel 23 und 61 im Konflikt steht.[767] Hier muss man genau in die tunesische Verfassung[768]

---

762 **Tunesien, ICEDAW, reservations**, https://treaties.un.org/Pages/ViewDetails.aspx?src=TREATY&mtdsg_no=IV-8&chapter=4&clang=_en#EndDec weiter mit link 80, https://treaties.un.org/Pages/ViewDetails.aspx?src=TREATY&mtdsg_no=IV-8&chapter=4&clang=_en#80, abgefragt am 19.02.2017.

763 **Tunisian Constitution, 2014**, http://www.constitutionnet.org/files/2014.01.26_-_final_constitution_english_idea_final.pdf, abgefragt am 19.02.2017, **Art 1**, "Tunisia is a free, independent, sovereign state; its religion is Islam, its language Arabic, and its system is republican."

764 **Übereinkommen zur Beseitigung jeder Form von Diskriminierung der Frau,** siehe oben **Art 9(2)** „Die Vertragsstaaten gewähren Frauen die gleichen Rechte wie Männern im Hinblick auf die Staatsangehörigkeit ihrer Kinder."

765 **Übereinkommen zur Beseitigung jeder Form von Diskriminierung der Frau,** siehe oben. „Die Vertragsstaaten treffen alle geeigneten Maßnahmen zur Beseitigung der **Diskriminierung der Frau in Ehe- und Familienfragen** und gewährleisten auf der Grundlage der **Gleichberechtigung von Mann und Frau** insbesondere folgende Rechte: c) gleiche Rechte und Pflichten in der Ehe und bei der Auflösung; d) gleiche Rechte und Pflichten als Eltern, ungeachtet ihres Familienstandes, in allen ihre Kinder betreffenden Fragen….f) gleiche Rechte und Pflichten in Fragen der Vormundschaft, Pflegschaft, Personen- und Vermögenssorge, **Adoption** von Kindern oder ähnlichen Rechtseinrichtungen………g) die gleichen persönlichen Rechte als Ehegatten………h) gleiche Rechte beider Ehegatten hinsichtlich des Eigentums an Vermögen und dessen Erwerb, Bewirtschaftung………"

766 **Tunesien, ICEDAW, reservations,** siehe oben, **Art 15(4)** „Die Vertragsstaaten gewähren Männern und Frauen die gleichen Rechte hinsichtlich der Rechtsvorschriften über die Freizügigkeit und die freie Wahl ihres Aufenthaltsorts und ihres Wohnsitzes."

767 **Tunesien, ICEDAW, reservations,** siehe oben.

768 **Tunisian Constitution, 2014,** siehe oben.

schauen, ob der Islam als Staatsreligion angeführt ist, dann ist immer die Scharia tonangebend.

14.1 Tunesien – Länderbericht zum Scharia-Vorbehalt, 2000

Tunesien hat seinen 3. und 4. Länderbericht[769] am 2. August 2000 an den Ausschuss geschickt und behauptet, dass man selbst, wenn man 3000 Jahre zurückblickt, sagen kann, dass Frauen in Tunesien immer eine privilegierte Stellung gehabt haben. Die Stadt Karthago wurde von einer Frau namens Alyssa gegründet. Kairouan war die erste islamische Hauptstadt auf afrikanischem Boden und im **Heiratsvertrag von Kairouan** war es der Braut erlaubt, von ihrem Mann die **Monogamie** zu fordern. Die echte Frauenemanzipation startete in Tunesien im 20. Jahrhundert im Rahmen des Unabhängigkeitskampfes. Tahar Haddad, ein großer islamischer Denker, unterstützte die Frauenbewegung. Er setzte sich sehr für ihre Befreiung von der Bürde der Tradition ein, und kämpfte für die Bildung von Mädchen. Er veröffentlichte das Buch „La femme dans la société et dans la Chariâa" (Die Frau in der Gesellschaft und in der Scharia).

Unter dem ersten Staatspräsidenten Habib Bourguiba wurde 1956 das erste Personenstandsgesetz, noch vor der ersten Verfassung, veröffentlicht. Die Polygamie wurde verboten, die zivile Ehe und die legale Scheidung gesetzlich verankert. Die Familie etablierte sich auf der Basis von Gleichheit beider Ehepartner. So verband man den arabisch-islamischen Realismus mit den neuen, täglichen Bedürfnissen. Die Verfassung von 1959 sah dann bereits vor, dass alle Menschen vor dem Gesetz gleich sind und gleiche Rechte und gleiche Pflichten haben. Die Frauen erhielten bald das Recht zu wählen, zu arbeiten, das Recht auf freie Bildung, das Recht auf sozialen Schutz und das Recht Verträge zu schließen.

1980 war Tunesien eines der ersten Länder, das die Convention on the Elimination of all Forms of Discrimination against Women unterzeichnete. 1987 wurde ein Mehrparteiensystem eingeführt. 1988 bestätigte man, dass das Personenstandsgesetz von immenser Bedeutung sei. 1999 errichtete man eine ad hoc commission und das High Committee for Human Rights. Zuvor wurde noch einmal die Verfassung reformiert und Frauenrechte einer Erneuerung unterzogen. Seitdem heißt es: "Tunesian national identity and as a specific feature of Tunisian culture, which is essentially chracterized by dual quest to preserve

---

769 **Tunesien – Länderbericht, 2000, CEDAW/C/TUN/3-4** http://tbinternet.ohchr.org/_layouts/treatybodyexternal/Download.aspx?symbolno=CEDAW%2fC%2fTUN%2f3-4&Lang=en, abgefragt am 17.02.2017.

the authentic values of Arab and Muslim culture and interact with the universal values of the modern-day world."[770]

Das Heiratsalter für Frauen wurde mit 17 Jahren festgesetzt. Man führte auch die Registrierung der Ehe, der Scheidungen und der Geburten ein. Die Zustimmung zur Ehe durch die Frau wurde zu einem Muss! Sollte der Vater vor der Mutter versterben, so übernimmt diese die Vormundschaft über ihre unmündigen Kinder. Auch im Erbrecht und bei der Geburtenkontrolle wurden Verbesserungen zugunsten der Frauen getroffen. Verhütungsmittel und die Abtreibung wurden erlaubt. Tunesien ratifizierte auch die Konvention über die politischen Rechte der Frauen. Die Unzulässigkeit von Diskriminierung der Frauen ist zu einem fundamentalen Prinzip jeder politischen Organisation im Lande geworden.

1992 hat Präsident Zine El Abidine Ali den Personal Status Code, den Nationality Code und den Criminal Code reformieren lassen. Frauen erhielten dadurch im privaten und öffentlichen Leben noch mehr Rechte und die Gleichheit in der partnerschaftlichen Ehe wurde zum Prinzip erhoben. Davor hieß es noch: "A wife shall respect the prerogatives of her husband and shall owe him obedience." Nun heißt es: "Each spouse shall treat the other with consideration and should cooperate in managing the family's affairs and each of the spouses should be considerate of maintaining good relations and should avoid causing injury to the other."[771] Die Frau ist nicht mehr ein unterwürfiges Wesen, sondern sie entscheidet gleichberechtigt über die Ausbildung ihrer Kinder mit und auch in finanzielle Dinge ist ihre Meinung gefragt.

Eine große **Erneuerung ist die Möglichkeit der Frau zum Unterhalt durch ihre berufliche Tätigkeit beizutragen**. Das hat den Status der Frau in der Familie geändert. Obwohl der Vater nach wie vor das Familienoberhaupt bleibt, wird die Frau nicht mehr zwangsweise dominiert. 1999 waren bereits 24 Prozent der Frauen berufstätig. Art 23 des Personenstandsgesetzes wurde zu einer wichtigen Bestimmung für Frauen ausgebaut. Als Vormund darf die Frau auch über die Verheiratung ihrer minderjährigen Kinder mitreden. Selbst eine geschiedene Frau kann Obhut und Vormundschaft über ihre minderjährigen Kinder erhalten, wenn sich der Vater der Kinder als ungeeignet qualifiziert.

Bis 1993 gab es für den Ehemann, der seine Frau umgebracht hatte noch mildernde Umstände für Totschlag. Damit ist es jetzt vorbei. Der Ehemann gilt als Mörder und kann eine lebenslange Haftstrafe ausfassen. **Der Ehemann hat**

---

770 **Tunesien – Länderbericht, 2000**, siehe oben.

771 **Tunesien – Länderbericht, 2000**, siehe oben.

nicht mehr das Recht über Leben und Tod seiner Ehefrau. Die Frau hat ein Recht auf Leben, es ist ein unveräußerliches Menschenrecht.

Zu **Art 2 f** der Frauenantidiskriminierungskonvention hat Tunesien einen Scharia-Vorbehalt gemacht, sich aber im Länderbericht nicht extra dazu geäußert. „Die Vertragsstaaten verurteilen jede Form von Diskriminierung der Frau; sie kommen überein, mit allen geeigneten Mitteln unverzüglich eine Politik zur Beseitigung der Diskriminierung der Frau zu verfolgen, und verpflichten sich zu diesem Zweck, alle geeigneten Maßnahmen einschließlich gesetzgeberischer Maßnahmen zur Änderung oder Aufhebung aller bestehenden Gesetze, Verordnungen, Gepflogenheiten und Praktiken zu treffen, die eine Diskriminierung der Frau darstellen."[772] Tunesien zählt seitenweise Gesetze auf, die geändert wurden, und beschreibt die oben genannten Verbesserungen zugunsten der Frauen, diskutiert aber nicht wie andere Länder, ob oder wie man den Vorbehalt aufheben könnte.

Zu **Art 9(2) „Die Vertragsstaaten gewähren Frauen die gleichen Rechte wie** Männern im Hinblick auf die Staatsangehörigkeit ihrer Kinder",[773] sagt der Länderbericht, dass bis zur Reform 1993 die tunesische Frau, die mit einem Ausländer verheiratet war, nicht berechtigt war, die tunesische Staatsbürgerschaft an ihre Kinder weiterzugeben. Wenn ein Kind von einer tunesischen Mutter und einem ausländischen Vater im Ausland geboren wurde, müssen Vater und Mutter dies innerhalb eines Jahres der tunesischen Behörde anzeigen, wenn ein Kind die tunesische Staatsbürgerschaft erhalten sollte. Einer tunesischen Ehefrau wird die Staatsbürgerschaft nicht entzogen, wenn sie einen Ausländer in Tunesien heiratet. Tunesische Frauen können aber ihre Nationalität ihren in Tunesien geborenen Kindern weitergeben, wenn der Vater unbekannt oder staatenlos ist. Dann darf sie auch ihren Familiennamen an das Kind übertragen. "The strengthening of women's rights in matters of nationality was confirmed by the reform of the Constitution of 1997."[774] Im Länderbericht 2000 werden dazu keine näheren Angaben gemacht. Einen neueren Länderbericht gibt es aber noch nicht, man weiß daher auch nicht, ob der Scharia-Vorbehalt mittlerweile aufgehoben wurde.

---

772 **Übereinkommen zur Beseitigung jeder Form von Diskriminierung der Frau,** siehe oben.

773 **Übereinkommen zur Beseitigung jeder Form von Diskriminierung der Frau,** siehe oben.

774 **Tunesien – Länderbericht, 2000,** siehe oben.

Tunesien hat einen weiteren Scharia-Vorbehalt zu **Art 15(4)** abgegeben. „Die Vertragsstaaten gewähren Männern und Frauen die gleichen Rechte hinsichtlich der Rechtsvorschriften über die Freizügigkeit und die freie Wahl ihres Aufenthaltsorts und ihres Wohnsitzes."[775] "In view of the sacred value of marital and familiy ties in Tunisian culture, the Code of Personal Status decreed the cohabitation of spouses as a fundamental principle of the marriage contract."[776] Art 23 des Personenstandsgesetzes ist so etwas wie die Tunesische Familiencharter und diese verlangt klar und deutlich das Zusammenleben der beiden Ehepartner. Die Mutter verliert sogar die Obhut über ihre Kinder, wenn sie woanders wohnt. Umgekehrt kann der Vater die Vormundschaft zugunsten der Mutter verlieren, wenn er sein eheliches Zuhause für längere Zeit verlässt und keine bekannte Adresse angibt. In einer normalen ehelichen Beziehung und wenn die Ehegatten darin übereinstimmen, können sie aus beruflichen Gründen verschiedene Domizile vereinbaren. Das ist ein Zugeständnis an die Auslandsbeschäftigung vieler Ehemänner.

Zu **Art 16 c,** hier geht es um gleiche Rechte und Pflichten in der Ehe und bei der Auflösung, **Art 16 d** behandelt gleiche Rechte als Eltern, **Art 16 f** sorgt sich um gleiche Rechte in Fragen der Vormundschaft, Pflegschaft in Vermögensangelegenheiten und bei der Adoption. Kinderehe und Polygamie sind in Tunesien verboten und Gleichheit in der Ehe sind geboten. In der Ehe und bei der Scheidung haben Mann und Frau gleiche Rechte. Geändert hat sich die Bedeutung des Brautgeldes. Das Brautgeld repräsentiert nicht mehr die materielle Bedingung zu einer Ehe, sondern ist eher zu einer psychologischen Demonstration der Liebe des Mannes zur Frau geworden. **Seitdem die Frau arbeiten darf und eigenes Geld verdienen kann, ist das Brautgeld zu einem symbolischen Wert** von fünf Dinar geschrumpft.

Neu ist auch, wenn es zur Verehelichung einer 17jährigen Frau oder eines 17jährigen Mannes kommt, dann erhalten diese minderjährigen Kinder durch die Ehe Rechtsfähigkeit. "A minor of the age of 17 shall become adult by marriage in regard to personal status and the management of his or her civil and commercial affairs."[777]

Früher hatte der Mann in der Ehe die Entscheidungsgewalt, heute entscheidet man in der Ehe gemeinsam, auch in finanziellen Angelegenheiten und die

775 **Übereinkommen zur Beseitigung jeder Form von Diskriminierung der Frau**, siehe oben.

776 **Tunesien – Länderbericht, 2000**, siehe oben.

777 **Tunesien – Länderbericht, 2000**, siehe oben.

Frau soll zum Unterhalt beisteuern, wenn sie eigenes Geld hat oder verdient. Heute ist die Familie in Tunesien eine Kleinfamilie, (60 %) früher gab es nur Großfamilien. In der Kleinfamilie wird bis zu den finanziellen Angelegenheiten alles partnerschaftlich gelöst. In einem muslimischen Land ist es beachtlich, dass die Frau nun mitverdienen soll. Das stellt das muslimische Ehekonzept, wie wir es bisher kennengelernt haben auf den Kopf. In Ägypten hat man noch darauf gepocht, dass man von der Scharia nicht abweichen kann, weil spezielle Gesetze der Antifrauendiskriminierungskonvention die Frauen bezüglich des Brautgeldes schlechter stellen würden, wenn dies wegfiele. In Ägypten spielt die Ehefrau selbst noch keine ökonomische Rolle, während es in Tunesien heißt: "Recognition of the economic role of the wife within the family. A wife now plays an active role within the family as a generator of economic resources."[778]

Gemäß dem früheren Art 23 des Personenstandsgesetzes musste die Frau dem Mann gehorchen. Diese Machtpyramide wurde mit dem neuen Art 23 abgeschafft: "The relationship of man and wife within marriage is no longer based on hierarchy or power."[779] Die Frau ist nicht mehr länger der Besitz des Mannes, den er beschützen muss. Nach dem Gesetz ist die Frau ein individuelles, menschliches Wesen mit Rechten und Pflichten wie der Mann auch, und die Frau hat ein Recht auf Leben! Eheliche Gewalt wird bestraft und ist kein Ehrendelikt mehr. Auch haften Vater und Mutter gemeinsam für ihre minderjährigen Kinder. Adoption ist im Islam nicht erlaubt, wohl aber die Pflegschaft.

In der Ehe können Besitzverhältnisse verschieden sein, aber es gibt auch gemeinsames Eigentum, das nach einem besonderen Regime bei der Trennung verlangt. Bei der Scheidung haben sich drei Möglichkeiten herauskristallisiert:

1) divorce on mutual consent
2) divorce on grounds of injury
3) divorce on grounds of incompatibility.

Einer Scheidung gehen viele Versöhnungsversuche voraus, überhaupt, wenn minderjährige Kinder vorhanden sind. "The law permits the family magistrate to seek the assistance of a family mediator."[780] Wird eine Ehe durch den Tod eines Ehepartners beendet, so erhält der überlebende Ehepartner die Obhut über die minderjährigen Kinder. Die Rechte der Frauen sind für sie als Mutter, Ehefrau und Individuum sehr gestärkt worden. Einerseits reformierte man die

778 **Tunesien – Länderbericht, 2000**, siehe oben.
779 **Tunesien – Länderbericht, 2000**, siehe oben.
780 **Tunesien – Länderbericht, 2000**, siehe oben.

nationalen Gesetze, aber auch durch die Antifrauendiskriminierungskonvention wurden Verbesserungen errungen. An der Schwelle zum 21. Jahrhundert genießen Frauen in Tunesien viele Rechte. Das liegt auch am politischen Willen, der sich ständig erneuert. Die Basis sind Gleichheit im öffentlichen Leben, in der Familie und durch den gleichen Zugang zu Entscheidungsprozessen.

Zu **Art 29(1) und (2)** gibt es im Länderbericht keine Stellungnahme.

14 a Stellungnahme zu Tunesien

Trotz aller modernen Entwicklungen in der tunesischen Gesellschaft ist das Personenstandsgesetz von 1956 noch immer in Kraft, das auf dem Islam nach der malakitischen Rechtsschule beruht, sagt Professor Hafidha Chekir in einer Podiumsdiskussion, 2014 in Giessen. Es wurde zwar mehrfach überarbeitet, aber im Grunde ist das Erbrecht noch immer nicht zeitgemäß, und im Eherecht ist nach muslimischer Tradition die Übergabe der Mitgift die Grundlage einer rechtmäßigen Eheschließung. Seit 2011 haben die Salafisten auf der politischen Bühne Frauenrechte angefochten. Bei der Diskussion zur neuen Verfassung sollte nach Mabrouka Mbarek die Büchse der Pandora, die Scharia, nicht geöffnet werden, denn islamische Werte sind immer auch eine Frage der Interpretation, für die niemand garantieren könne. Die Scharia ermöglicht den Richtern die Interpretation der Gesetze, besonders im Familienrecht, das die Rollen in der Familie als komplementär beschreibt. Mann und Frau sind fundamental unterschiedliche Wesen, die sich ergänzen. Islamisten sehen in der Komplementarität eine Partnerschaft zwischen Mann und Frau zum Wohle einer gerechten Gesellschaft. Fortschrittliche Muslime erkennen in der Komplementarität eine Diskriminierung der Frau, weil sie ständig der Vormundschaft der Männer unterstellt wird. In Tunesien wurde lange um eine neue Verfassung gerungen, die Frauenrechte garantiert. Nun heißt es in Art 21, „Der Staat garantiert Chancengleichheit zwischen Männern und Frauen zur Wahrung ihrer unterschiedlichen Verantwortlichkeiten in allen Bereichen.“[781] Die Universalität der Menschenrechte wird in der Präambel der Verfassung bekräftigt, aber auch die Anlehnung an die Lehren des Islam bestätigt. Art 6, die Freiheit des Glaubens wird flankiert

781 **Hafidha, flon**, Podiumsdiskussion, „Die neue Verfassung Tunesiens: Vom ‚Staatsfeminismus' zur Retraditionalisierung der Geschlechterverhältnisse in der Demokratie, Frauenrechte in Tunesien, 2014, vom Französischen ins Deutsche übersetzt von Jutta Hergenhan und Jessica Wilzek, https://www.uni-giessen.de/fbz/genderstudies/uveranst/redechekir, abgefragt am 22.02.2017.

vom Glaubensabfallverbot. Der Kampf um die Gleichberechtigung wird auch in Tunesien durch eine neue Verfassung nicht aufhören.

15 Vereinigte Arabische Emirate (VAE)[782]

Die Vereinten Arabischen Emirate sind dieser Konvention zur Beseitigung jeder Form von Diskriminierung der Frau am 6. Oktober 2004 beigetreten. Scharia-Vorbehalte wurden zu den **Artikeln 2 f, 9, 15(2), 16 und 29(1)** gemacht. Bei Art 2f ist man der Meinung, dass er das islamische Erbrecht verletzt.[783] An Art 9 fühlen sich die Emirate nicht gebunden, da man den Erwerb der Nationalität für eine interne Angelegenheit betrachtet, die durch das nationale Recht geregelt wird. Art 15(2)[784] steht im Konflikt mit den Bestimmungen der Scharia, welche die Rechtsfähigkeit,[785] die Zeugenaussage[786] und das Recht

782 **CEDAW, Vereinigte Arabische Emirate, reservations**, https://treaties.un.org/Pages/ViewDetails.aspx?src=TREATY&mtdsg_no=IV-8&chapter=4&clang=_en#EndDec weiter mit link 63, https://treaties.un.org/Pages/ViewDetails.aspx?src=TREATY&mtdsg_no=IV-8&chapter=4&clang=_en#63, abgefragt am 19.02.2017.

783 **Übereinkommen zur Beseitigung jeder Form von Diskriminierung der Frau,** siehe oben.

784 **Übereinkommen zur Beseitigung jeder Form von Diskriminierung der Frau,** siehe oben **Art 15(2)**: „Die Vertragsstaaten gewähren der Frau in zivilrechtlichen Fragen dieselbe Rechtsfähigkeit wie dem Mann und dieselben Möglichkeiten zur Ausübung dieser Rechtsfähigkeit. Insbesondere räumen sie der Frau gleiche Rechte in Bezug auf den Abschluss von Verträgen, ein und gewähren ihr Gleichberechtigung in allen Stadien gerichtlicher Verfahren.“

785 **Schirrmacher**, Christine, **Rechtsfähigkeit der Frau im Islam**. „Ein Vormund nimmt generell Rechtsgeschäfte für diejenigen wahr, die nach Scharia-Recht als nicht voll rechtsfähig gelten, vor allem für Behinderte oder Minderjährige. Auch die Frau bzw. junge Frau gilt im klassischen Scharia-Recht nur als teilgeschäftsfähig. Das bedeutet, sie kann zwar ein Erbe antreten und eigenes Geld und Gut, wie etwa ihre Brautgabe verwalten oder auch mit diesem Besitz Handel treiben. Auf anderen Gebieten erlangt sie jedoch lebenslang keine volle Geschäftsfähigkeit und ist auf das stellvertretende Handeln einer voll rechtsfähigen Person angewiesen. Der junge Mann wird also mit Eintritt der Pubertät in vollem Umfang geschäftsfähig, die Frau jedoch niemals. Die Vollmacht über die Frau geht, wie Professor Mounira M. Charrad bemerkt, bei ihrer Eheschließung von ihrem Vater auf ihren Ehemann über, ihre eigene rechtlich begrenzte Handlungsfähigkeit bleibt jedoch auch nach ihrer Eheschließung bestehen.“ http://www.igfm.de/themen/frauenrechte/heirat-im-islam/, abgefragt am 19.02.2017.

786 **Zirker**, Hans, Der Koran, siehe oben: S, 40, Sure 2:282 Zeugen, „[…] Lasst zwei Zeugen aus euren Männern bezeugen! Doch wenn keine zwei Männer da sind, dann einen

Geschäfte abzuschließen[787] von Frauen betreffen. Art 16 ist ebenfalls problematisch, weil er das islamische Mitgiftsystem betrifft. In den Emiraten wird die Mitgift berücksichtigt und die Unterstützung nach einer Scheidung ist Pflicht des Mannes. Die Ehegattin hat während und nach der Ehe das Recht auf ihr Eigentum, sie ist nicht verpflichtet von ihrem Geld etwas zum Unterhalt beizutragen. Diese Unterhaltspflicht trifft nur den Ehemann, daher hat er auch das Recht zur Scheidung. Die Scharia macht das Recht der Frau auf Scheidung in Fällen, in denen ihr ein Schaden entstanden ist, von einer gerichtlichen Entscheidung abhängig.[788]

An **Art 29**, den Internationalen Gerichtshof fühlt sich die Regierung der Emirate nicht gebunden.[789]

Mann und zwei Frauen, mit denen ihr als Zeugen einverstanden seid, so dass, wenn eine der beiden sich irrt, die andere sie erinnern kann. […]".

787 **Geschäftsfähigkeit der Frau im Koran**. „Trotz vieler Benachteiligungen hat der Koran im Vergleich zu vorislamischen Zeiten die Stellung der Frau in vielerlei Hinsicht auch gefördert und gestärkt. Hauptanliegen des Korans war es zur damaligen Zeit, der Frau eine gleichwertige Stellung einzuräumen. Nicht nur in religiösen Rechten und Pflichten sollte die Frau dem Mann gleichrangig sein – der Rechtsstatus der Frauen als Eigentum der Männer wurde abgeschafft, die juristische Geschäftsfähigkeit etabliert und den Frauen beispielsweise das Recht zugesprochen, die Morgengabe zu bekommen und über ihren Besitz frei zu verfügen. Außerdem wurde aus der Ehe statt eines Eigentumsverhältnisses eine vertragliche Abmachung. Doch klafft in den meisten islamischen Ländern zwischen der Theorie der Frauenrechte im Koran und der Praxis der Gleichwertigkeit eine erhebliche Lücke." http://www.zdf.de/forum-am-freitag/frauen-im-islam-5227036.html, abgefragt am 19.02.2017.

788 **Vereinigte Arabische Emirate, ICEDAW, reservations,** siehe oben.

789 **VAE, ICEDAW, reservations,** siehe oben: 29(1): „Entsteht zwischen zwei oder mehr Vertragsstaaten über die Auslegung oder Anwendung dieses Übereinkommens eine Streitigkeit, die nicht auf dem Verhandlungsweg beigelegt werden kann, so wird sie auf Verlangen einer Partei zum Gegenstand eines Schiedsverfahrens gemacht. Können sich die Parteien innerhalb von sechs Monaten vom Zeitpunkt des Antrags auf ein Schiedsverfahren über dessen Ausgestaltung nicht einigen, so kann eine Partei die Streitigkeit dem Internationalen Gerichtshof vorlegen, indem sie einen Antrag im Einklang mit dessen Statut stellt. (2) Jeder Vertragsstaat kann zum Zeitpunkt der Unterzeichnung oder Ratifikation des Übereinkommens oder seines Beitritts dazu erklären, dass er sich durch (1) nicht als gebunden ansieht. Die anderen Vertragsstaaten sind gegenüber einem Vertragsstaat, der einen derartigen Vorbehalt angebracht hat, durch (1) nicht gebunden." Erlaubter SV.

15 aa Einwendungen (Dänemark)[790]

Die Regierung von Dänemark hat die Vorbehalte der Regierung der Arabischen Emirate bezüglich der **Art 2(f), 15(2)** und **16**[791] betreffend die Scharia-Regeln geprüft und glaubt, dass sie gegen Ziel und Zweck der Konvention verstoßen und daher gemäß **Art 28(2)** der Konvention nicht zulässig sind. Das sollte aber nicht den Vertragsabschluss zwischen den beiden Staaten behindern, dennoch

790 **CEDAW, VAE, reservations, link 63, Einwand Dänemark,** siehe oben.

791 **Übereinkommen zur Beseitigung jeder Form von Diskriminierung der Frau.** siehe oben. **Art 2(f)** „Die Vertragsstaaten verurteilen jede Form von Diskriminierung der Frau; sie kommen überein, mit allen geeigneten Mitteln unverzüglich eine Politik zur Beseitigung der Diskriminierung der Frau zu verfolgen, und verpflichten sich zu diesem Zweck, (f) alle geeigneten Maßnahmen einschließlich gesetzgeberischer Maßnahmen zur Änderung oder Aufhebung aller bestehenden Gesetze, Verordnungen, Gepflogenheiten und Praktiken zu treffen, die eine Diskriminierung der Frau darstellen." **Art 15(2)** „Die Vertragsstaaten gewähren der Frau in zivilrechtlichen Fragen dieselbe Rechtsfähigkeit wie dem Mann und dieselben Möglichkeiten zur Ausübung dieser Rechtsfähigkeit. Insbesondere räumen sie der Frau gleiche Rechte in Bezug auf den Abschluss von Verträgen ein und gewähren ihr Gleichbehandlung in allen Stadien gerichtlicher Verfahren." **Art 16(1)** „Die Vertragsstaaten treffen alle geeigneten Maßnahmen zur Beseitigung der Diskriminierung der Frau in Ehe- und Familienfragen und gewährleisten auf der Grundlage der Gleichberechtigung von Mann und Frau insbesondere folgende Rechte: a) gleiches Recht auf Eheschließung; b) gleiches Recht auf freie Wahl des Ehegatten sowie auf Eheschließung nur mit freier und voller Zustimmung; c) gleiche Rechte und Pflichten in der Ehe und bei der Auflösung; d) gleiche Rechte und Pflichten als Eltern, ungeachtet ihres Familienstands, in allen ihre Kinder betreffenden Fragen; in jedem Fall sind die Interessen der Kinder vorrangig zu berücksichtigen; e) gleiches Recht auf freie und verantwortungsbewusste Entscheidung über Anzahl und Altersunterschied ihrer Kinder, sowie auf Zugang zu den zur Ausübung dieser Rechte erforderlichen Informationen, Bildungseinrichtungen und Mitteln; f) gleiche Rechte und Pflichten in Fragen der Vormundschaft, Pflegschaft, Personen- und Vermögenssorge, Adoption von Kindern oder ähnlichen Rechtseinrichtungen, **soweit das innerstaatliche Recht derartige Rechtsinstitute kennt;** in jedem Fall sind die Interessen der Kinder vorrangig zu berücksichtigen. g) Die gleichen persönlichen Rechte als Ehegatten, einschließlich des Rechts auf die Wahl des Familiennamens, eines Berufs und einer Beschäftigung. h) Gleiche Rechte beider Ehegatten hinsichtlich des Eigentums an Vermögen und dessen Erwerb, Bewirtschaftung, Verwaltung und Nutzung sowie der Verfügung darüber, gleichwie ob unentgeltlich oder gegen Entgelt."

rät die dänische Regierung den Emiraten die Scharia-Vorbehalte zu überdenken. Es handelt sich hier um **partielle Scharia-Vorbehalte.**[792]

15.1 Vereinigte Arabische Emirate – Länderbericht zum Scharia-Vorbehalt, 2014

Die Vereinigten Emirate haben ihren zweiten und dritten periodischen Bericht[793] am 10. Juli 2014 gemäß Artikel 18 der Konvention gegen Frauendiskriminierung an den Ausschuss geschickt und berichten folgende Begebenheiten. Die Vereinigten Arabischen Emirate wurden am zweiten Dezember 1971 als Staatenbund der sieben Emirate – Abu Dhabi, Dubai, Sharjah, Ras al-Khaiman, Ajman, Umm al-Qaiwain und Fujairah gegründet. Die Hauptstadt ist die Stadt Abu Dhabi. Die Gesamtbevölkerung betrug 2010 nach einer Volkszählung 8 264 070 Einwohner. Das Hauptziel der Regierung ist, für alle Einwohner der Emirate gleiche Möglichkeiten zu schaffen. Im periodischen Abstand überprüft die emiratische Regierung ihre internationalen Verpflichtungen und kontrolliert ebenfalls, ob die formulierten Vorbehalte in den internationalen Verträgen mit den Erfordernissen der Frauenantidiskriminierungskonvention konform laufen. Man ist bemüht, Frauendiskriminierung zu eliminieren. Frauen sollen in allen Bereichen integriert werden. Die lokale Gesetzgebung wird ständig erneuert. Auch der Vorbehalt zu **Art 2 f** der Konvention ist nicht als Diskriminierung von Frauen zu verstehen. „Die Vertragsstaaten unternehmen alle geeigneten Maßnahmen einschließlich gesetzgeberischer Maßnahmen zur Änderung oder Aufhebung

---

792 **UAE, ICEDAW, reservations, Einwendung,** siehe oben. “With regard to the reservations made by the United Arab Emirates upon accession, the Secretary-General received a communication from the following State on the date indicated hereinafter. **Denmark** (14 December 2005) The Government of Denmark has examined the reservations made by the Government of the United Arab Emirates upon accession to the Convention on the Elimination of All Forms of Discrimination against Women regarding **article 2(f), 15(2) and 16 pertaining to Shariah principles.** The Government of Denmark considers that the reservations made by the United Arab Emirates to article 2(f), 15(2) and 16 **referring to the contents of the Shariah Law do not clearly specify the extent to which the United Arab Emirates feel committed to the object and purpose of the Convention.** Consequently, the Government of Denmark considers the said **reservations as being incompatible with the object and purpose of the Convention and accordingly inadmissible and without effect under international law.**”

793 **Vereinigte Arabische Emirate – Länderbericht, 2014, CEDAW/C/ARE/2-3** http://tbinternet.ohchr.org/_layouts/treatybodyexternal/Download.aspx?symbolno=CEDAW%2fC%2fARE%2f2-3&Lang=en, abgefragt am 20.02.2017.

aller bestehenden Gesetze, Verordnungen, Gepflogenheiten und Praktiken, die eine Diskriminierung der Frau darstellen."[794] Der Vorbehalt betrifft einige Sachgebiete, die nach der Tradition und den Bräuchen des Landes so gelebt werden, damit sie die unveränderbaren Regeln der Islamischen Scharia nicht verletzen. Trotzdem ist der Staat ständig bemüht, kulturelle Lebensentwürfe zu ändern, damit sie auch mit der modernen Welt im Einklang stehen können.

2011 gab es Workshops für Richter und Staatsanwälte, um sie in Frauenrechten zu schulen. Ein Trainingsplan wurde vom Department of International Cooperation, dem Human Rights Office und dem Department of Justice mit folgenden Inhalten ausgearbeitet.

1) Ein kurzer Überblick über die Frauenantidiskriminierungskonvention und ihre Verpflichtungen.
2) Bis zu welchem Ausmaß die nationalen Gesetze mit der Konvention vereinbar sind.

Ein anderer Workshop befasste sich mit den internationalen Verpflichtungen der United Arab Emirates. Es umfasste folgende Gebiete:

1) Die Konventionen, die von den Emiraten ratifiziert wurden.
2) The Convention on the Elimination of all Forms of Discrimination against Women.
3) Die Verpflichtungen für die Emirate, die durch diese Ratifizierung entstanden sind.

Zu **Art 9** gab es ebenfalls einen Scharia-Vorbehalt. Hier geht's um die Staatsangehörigkeit der Frauen und ob sie diese an ihre Kinder weitergeben dürfen, wenn sie mit einem Ausländer verheiratet sind. Die Vereinigten Arabischen Emirate haben die Empfehlungen des Committee on Elimination of Diskrimination against Women angenommen. Art 8 der Verfassung der Emirate sagt, dass die Bürger der VAE eine einzige Nationalität haben sollen. Das Federal Law No 17 of 1972 für Nationalität, Aufenthalt und Pässe wurde durch das Gesetz No 10 von 1975 geändert und es regelt nun den Erwerb, den Erhalt und den Verlust der Staatsbürgerschaft auch für Frauen. Eine Frau, die nach dem Gesetz oder durch Einbürgerung Staatsbürgerin der Emirate ist, soll ihre Nationalität nicht verlieren, wenn sie einen muslimischen Ausländer heiratet, es sei denn, wenn sie die Staatsbürgerschaft ihres Mannes annehmen will. Eine Frau, die die Nationalität

794 **Übereinkommen zur Beseitigung jeder Form von Diskriminierung der Frau,** siehe oben.

ihres Mannes annimmt, soll die Staatsbürgerschaft der Emirate wiedererlangen, wenn der Ehemann stirbt, sie verlässt oder die Ehe geschieden wird, vorausgesetzt sie verzichtet auf die Staatsbürgerschaft ihres Mannes. **Doppelstaatsbürgerschaften sind unerwünscht.**

Am zweiten Dezember 2011 hat seine Hoheit, der Präsident der Emirate ein königliches Dekret erlassen, darin wird gefordert, dass Kinder von Staatsbürgerinnen, die mit Ausländern verheiratet sind, wie Staatsbürger zu behandeln sind, eben ohne Diskriminierung in Bezug auf Bildung, Gesundheit und Beschäftigung. Sie können, wenn sie das Alter von 18 Jahren erreicht haben, die emiratische Staatsbürgerschaft beantragen. Eine Statistik des Innenministeriums besagt, dass seit dem Erlass des Dekrets 2 047 Kinder von weiblichen Staatsbürgerinnen, die Staatsbürgerschaft der Vereinigten Arabischen Emirate gewährt wurde. Das Dekret deckt auch Fälle ab, wo die Abstammung der Kinder, bezogen auf ihre Väter, nicht klar ist. Die Verfassung der Emirate garantiert freie Bewegungsmöglichkeit. Der Besitz eines Reisepasses ist ein individuelles Recht und ein Pass darf nur mit einem gerichtlichen Bescheid konfisziert werden.

Zu **Art 15(2)** der Konvention gab es auch einen Scharia-Vorbehalt. „Die Vertragsstaaten gewähren der Frau in zivilrechtlichen Fragen dieselbe Rechtsfähigkeit wie dem Mann und dieselben Möglichkeiten zur Ausübung dieser Rechtsfähigkeit. Insbesondere räumen sie der Frau gleiche Rechte in Bezug auf den Abschluss von Verträgen ein und gewähren ihr Gleichbehandlung in allen Stadien gerichtlicher Verfahren.“[795] In den Emiraten dürfen Männer und Frauen ab dem 21. Lebensjahr Verträge abschließen und sie dürfen sich wirtschaftlich betätigen. Mit Rücksicht auf die Vielfalt der Nationalitäten in den Arabischen Emiraten gibt es eine besondere Regel: “The competence of a married woman to engage in commerce shall be regulated by the law of the state of which she is a national.”[796]

Zu **Art 16** der Konvention zur Beseitigung jeder Form von Diskriminierung der Frauen gab es ebenfalls einen Scharia-Vorbehalt. Hier geht es um Ehe und Scheidung, um Vormundschaft, Pflegschaft und Adoption. Im Länderbericht steht, dass das bundesstaatliche Gesetz No 20 von 2005, basierend auf der Scharia Familienangelegenheiten, wie Heirat, Scheidung, Vormundschaft, Erbschaft usw. regelt. **Die Scharia behandelt Frauen ohne Diskriminierung in jeder Hinsicht**. Unter der Scharia und dem Personenstandsgesetz kann sich die Frau ihren Mann auswählen und auch die Scheidung beantragen (Khula). Die Scharia

795 **Übereinkommen zur Beseitigung jeder Form von Diskriminierung der Frau,** siehe oben.

796 **Vereinigte Arabische Emirate – Länderbericht, 2014**, siehe oben.

bestimmt auch das Erbteil einer Frau, das vom Verwandtschaftsgrad zum Verstorbenen abhängt. Der Islam schützt die Rechte der Frauen. Diese Rechte basieren auf Gerechtigkeit, Fairness und Ausgewogenheit. Die Scharia prüft auch die Pflichten der Frauen und die der Männer. Die finanziellen Kosten für eine Familie hat aber der Mann alleine zu tragen.

Die Vereinigten Emirate sind stolz darauf, dass sie zu den führenden Ländern der Welt zählen, die Frauenrechte permanent vorantreiben. Frauen dürfen auch schon Führungspositionen in allen Sparten einnehmen und in Zukunft sollen sie auch im Parlament vertreten sein. Politische und ökonomische Teilnahme von Frauen wird in den Emiraten ständig ausgebaut und unterstützt.[797]

Zu **Art 29** der Konvention gibt es keine Stellungnahme.

15 a Stellungnahme zu den Vereinigten Arabischen Emiraten

Am 1. Jänner 2017 gab es auf Euro News bei global conversations ein interessantes Interview mit der Parlamentspräsidentin Amal al Qubaisi aus den Emiraten. Sie gehört mittlerweile zu den 50 mächtigsten Frauen der Welt und sie kämpft für Offenheit und Toleranz und bedauert den Zusammenhang von Extremismus und Terror mit dem Islam, weil Terroristen den Islam missbrauchen, um einen Keil zwischen die guten Beziehungen der Emirate und der Europäischen Union zu treiben. Nur eine verstärkte Zusammenarbeit zwischen Arabern und Europäern auf allen Ebenen könne diese tickende Bombe entschärfen. Sie bestätigt auch, dass allein ihr Beispiel zeigt, dass es arabische Frauen bis an die Spitze im öffentlichen Bereich schaffen können, und sie daher ein Vorbild für Frauen aus anderen arabischen Ländern wäre. "There is no more gender gap", ist ihre Überzeugung. Sie plädiert auch für eine gute Medienzusammenarbeit, um die Wahrheit in die Welt hinaus zu transportieren. Dem Sender Euro News zollt sie größten Respekt.[798]

16 Jemen[799]

Jemen hat die Konvention zur Beseitigung jeder Form von Diskriminierung der Frau am 30. Mai 1984 unterzeichnet, will aber an den Internationalen Gerichtshof,

---

797 **Vereinigte Arabische Emirate – Länderbericht, 2014**, siehe oben.

798 **Al Qubaisi,** Amal, The Emirati Amal Al Qubaisi aims to build a common strategy with the EU against terrorism, im **Interview** mit Euronews, 01.01.2017, 9 Uhr 30.

799 **Yemen, ICEDAW, reservations,** https://treaties.un.org/Pages/ViewDetails.aspx?src=TREATY&mtdsg_no=IV-8&chapter=4&clang=_en#EndDec weiter mit link 68, https://treaties.un.org/Pages/ViewDetails.aspx?src=TREATY&mtdsg_no=IV-8&chapter=4&clang=_en#68, abgefragt am 19.02.2017.

Art 29 (1) der Konvention nicht gebunden sein, wenn es zwischen zwei oder mehr Vertragsstaaten zu Streitigkeiten über die Auslegung und Anwendung dieses Abkommens kommt.[800]

16.1 Jemen – Länderbericht zum Scharia-Vorbehalt, 2007

Der Jemen hat seinen sechsten Länderbericht[801] am 13. März 2007 gemäß Art 18 der oben genannten Konvention an die Vereinigten Nationen abgeschickt und vom entsprechenden Ausschuss Empfehlungen entgegengenommen und die nationale Gesetzgebung verbessert. Hinter den Vorbereitungen zu den Länderberichten steht das Women National Committee, WNC. Dieser Ausschuss gehört der Regierung an und ist sehr bemüht, dass die Ziele für Frauen erreicht werden. Der Bericht benennt Fortschritte auf dem Weg zu mehr Frauenrechten. Man hat versucht, die nationalen Gesetze mit den Gesetzen der Scharia und den Gesetzen der Konvention auf eine Linie zu bringen. Das gelang in Zusammenarbeit mit dem WNC und der Zivilgesellschaft. Heute ist man stolz, dass mittlerweile **alle Scharia-Vorbehalte zurückgenommen werden konnten.** Nur mit **Art 29** der Konvention, mit der Gerichtsbarkeit des Internationalen Gerichtshofes, konnte man sich nicht anfreunden. Dieser Vorbehalt steht nach wie vor zur Diskussion. Im Streitfall sind die jemenitischen Gerichtshöfe, nicht der Internationale Gerichtshof, auch keine internationalen Schiedsgerichte zuständig.[802]

16 a Stellungnahme zum Jemen

Die politische Situation habe ich bereits im Rahmen der Stellungnahme zum Pakt II beschrieben. Die Situation der Frauen ab 2011 im Rahmen der friedlichen Proteste gegen das autoritäre Ali Abdullah Saleh-Regime war geprägt von der westlichen Vorstellung der Geschlechtergleichheit. Hunderttausende Frauen verließen die privaten Häuser, die jahrzehntelang für sie vorgesehen waren, und beteiligten sich an Demonstrationen im öffentlichen Raum. Sexuelle Gewalt gegen Frauen, wie in Ägypten, um sie von Demonstrationen fernzuhalten, gab es im Jemen selten. Die jemenitischen Frauen warfen auch einen Blick zurück in

---

800 **Yemen, ICEDAW, reservations,** siehe oben.

801 **Jemen – Länderbericht, 2007, CEDAW/C/JEM/6** http://tbinternet.ohchr.org/_layouts/treatybodyexternal/Download.aspx?symbolno=CEDAW%2fC%2fYEM%2f6&Lang=en, abgefragt am 20.02.2017.

802 **Jemen – Länderbericht, 2007**, siehe oben.

die ihre Geschichte, auf die Führungsrolle von Frauen, wo es bereits zwei bedeutende Königinnen gab. Königin Arwa as-Saiyda im 11. Jh. und natürlich Bilqis, die Königin von Saba. Die Ablehnung richtete sich gegen den gesellschaftlichen Autoritarismus in Form von erzwungenen Traditionen und Gewohnheiten, wie die zementierten Rollen für Männer und Frauen, und gegen die konservative Interpretation der Religion vor allem im Hinblick auf Verbote und Verhaltensregeln für Frauen. Auch nach der Abdankung des Präsidenten Saleh arbeiten die Frauen an einer neuen Verfassung mit. Im Augenblick sind die vielversprechenden Bestrebungen eingefroren, weil sich regionale Mächte wie Saudi-Arabien und der Iran aus geopolitischen Gründen in die inneren Angelegenheiten des Jemen einmischen.[803]

17 Schiitischer Iran

Der Iran ist nicht Mitglied dieser Konvention, es gibt daher auch keinen Länderbericht im Zusammenhang mit dieser Konvention, die die Beseitigung der Diskriminierung der Frauen zum Ziel hat.

17 a Stellungnahme zum schiitischen Iran

Chancengleichheit und Rechtsgleichheit für Frauen gibt es nirgends auf der Welt, davon ist die einzige Frau Ayatollah im Iran überzeugt, aber sie betont, dass die iranische Ehefrau nicht für den Lebensunterhalt der Familie aufkommen muss. Verdient sie aber eigenes Geld, kann sie es für sich behalten. Dies sei auch der Grund, warum Männer bevorzugt angestellt werden. Im Ehevertrag hätte die iranische Frau die Möglichkeit vieles schon vorab für den Fall der Scheidung zu regeln. Sie tut es aber nicht, weil eine geschiedene Frau in der iranischen Gesellschaft keinen Stellenwert hat. Scheidungen werden daher von den Frauen nicht angestrebt. Iranische Männer betrachten Frauen als ihr Eigentum. Unverheiratete Frauen werden wenig geachtet. Iranerinnen sehen die Frauendiskriminierung nicht im Islam begründet, sondern als Ausfluss der männlichen Gewalt.[804]

Gesetze werden im Iran flexibel gehandhabt. Um die strengen islamischen Regeln bezogen auf die Ehe zu umgehen, gibt es im Iran die Ehe auf Zeit. Bei den Sunniten ist diese Form der Ehe verboten. Die Schiiten praktizieren sie seit gut 200 Jahren. Es ist eine legale Form der Prostitution mit dem Verlust

---

803 **Shibli**, Adania, aus dem Englischen übersetzt von Seitz, Sophie, Der kurze Sommer der Frauen, http://www.zeit.de/kultur/2015-11/friedensnobelpreistraegerin-tawakkol-karman-friedlicher-kampf-10nach8/komplettansicht, abgefragt am 20.02.2017.

804 **Gruber**, Lilli, Tschador, München, 2007, S. 276.

der Jungfräulichkeit. Die Ehe auf Zeit ist oft nur eine private, individuelle Vereinbarung und kann Preis, Unterhalt, Dauer und viele anderen Bedingungen enthalten. Kinder aus dieser Beziehung gelten als ehelich. Forciert wurde diese Form der Ehe auch vom damaligen Präsidenten Rafsandschani, besonders nach dem achtjährigen Krieg mit dem Irak. Seiner Meinung nach konnten Jungfrauen auch ohne die Zustimmung des Vaters eine Ehe auf Zeit eingehen. Er hoffte, durch dieses Rechtsgutachten, die Fixierung auf die Jungfräulichkeit zu lockern. Die Hoffnung war umsonst. Sex und Jungfräulichkeit sind nach wie vor extrem wichtig, aber ihre Vereinbarkeit ohne richtige Ehe schwierig.[805]

Im Iran gibt es viele Frauen, die für Demokratie und Menschenrechte kämpfen und dafür einen hohen Preis zahlen, wenn sie sich für Gleichberechtigung und gegen frauenfeindliche Gesetze einsetzen. Verstoße gegen die strikten Kleidervorschriften ziehen oft Hetzkampagnen oder Säure-Attacken nach sich. Gegen häusliche Gewalt, Früh- oder Zwangsverehelichung gibt es kaum eine Handhabe. Im Iran haben viele Studentinnen einen Universitätsabschluss, finden aber sehr schwer einen Job, weil Familienväter bevorzugt werden.[806] Dennoch gibt es im Iran eine Vizepräsidentin, die für den Umweltschutz zuständig ist. Masoumeh Ebtekar[807] hat auf der Klimakonverenz 2016 in Marrakesch gesprochen und ihr Land für Investitionen im Bereich Solarenergie, Müllbeseitigung und Wasserversorgung angeboten. Sie ist der Meinung, dass der Wegfall der internationalen Sanktionen zu Frieden und Stabilität in der Region beitragen kann. Für sie ist Ungerechtigkeit der wahre Grund für Extremismus und Radikalismus, aber auch die Besetzung Palästinas, Armut, inkompetente Regierungen, die von westlichen Mächten unterstützt werden und die westliche Politik, deren Ansatz üblicherweise nur ein militärischer gewesen ist. Die Religion kann auch in einem Land wie dem Iran die vielfältigen Probleme nicht lösen, schon gar nicht mit einer einzigen Deutung des Koran durch den Klerus. Die iranische Bevölkerung behauptet, dass Khomeini sie getäuscht hätte. Er hat die Menschen zur Volksabstimmung gerufen, ohne ihnen zu erklären, was er unter einer islamischen

805 **Gruber**, siehe oben. S. 143–145.

806 **Frauen im Iran**, http://www.menschenrechtsverein.org/index.php/cat/60/title/Gewalt, abgefragt am 22.02.2017.

807 **Masoumeh, Ebtekar**, Vizepräsidentin des Iran, https://unfccc.int/files/meetings/marrakech_nov_2016/application/pdf/iran_cop22cmp12cma_hls.pdf, abgefragt am 22.02.2017.

Republik und ihrer Verfassung versteht, aber vor allem hat er verabsäumt, zu erklären, was er unter einem Gottesstaat versteht.[808]

VIII A Zusammenfassung Scharia-Vorbehalte

Das wesentliche Merkmal der Scharia-Vorbehalte in der Konvention über die Beseitigung der Diskriminierung der Frau ist, dass es sich hier um einen **echten Vorbehalt** handelt, im Gegensatz zu den vielen **unechten Vorbehalten**, wo man nur eben etwas Zeit benötigt, um die nationalen Gesetze den Konventionsbedingungen anzupassen. Bei einem echten Vorbehalt ist der Vertragsstaat nicht gewillt, die eigene nationale Gesetzgebung, die islamische Scharia, abzuändern. Das bedeutet, dass man den internationalen Vertrag der nationalen Rechtsordnung, mit der Scharia als Basis, auf Dauer nachordnet, ungeachtet der Regeln der WVK, die ohnehin einen großen Spielraum zulassen.

Die Frauenantidiskriminierungs-Konvention erweitert in Art 7 die Rechte der Frau im politischen und im öffentlichen Leben. Nach Art 16 g darf die Frau gleichberechtigt den Familiennamen wählen und nach Art 9(2) ihre Staatsangehörigkeit an ihre Kinder weitergeben. Sie darf den ehelichen Wohnsitz mitbestimmen. Anstatt der patriarchal strukturierten Familie wird die partnerschaftliche Ehe vorgeschlagen, in der es nach Art 5b eine gemeinsame Verantwortung für die Erziehung der Kinder gibt. Die Definition von Art 1 der Konvention beschreibt die Gründe, nach denen eine Diskriminierung der Frau vorliegen. Eine Ausschließung oder Beschränkung der Frau, die mit dem Geschlecht begründet wird, hat zur Folge oder ist das Ziel, dass die auf Gleichberechtigung von Mann und Frau gegründete Anerkennung, Inanspruchnahme oder Ausübung der Menschenrechte und Grundfreiheiten durch die Frau – ungeachtet ihres Familienstandes – im politischen, wirtschaftlichen, sozialen, kulturellen, staatsbürgerlichen oder jedem sonstigen Bereich beeinträchtigt oder vereitelt ist. In den untersuchten arabischen Ländern werden Schutzvorschriften für die Frau unterschiedlich beurteilt. Die Pflicht zur Bestellung eines „wali" eines Heiratsvormundes zur Schließung einer gültigen Ehe wird in den meisten arabischen Personalstatuten als unerlässlich erachtet. Er ist der Gestalter des Ehevertrages und handelt den Brautpreis sowie die Morgengabe aus.

Das verminderte Erbrecht der Frau nach der Scharia wird damit gerechtfertigt, dass der Mann durch die Ehe eine größere finanzielle Belastung zu schultern hat. Die UN Konvention verlangt identische Rechte für Männer und Frauen. Im

808 **Alavi**, Nasrin, Wir sind der Iran, Aufstand gegen die Mullahs, die junge persische Weblog-Szene, Köln, 2005, S. 76, 77.

islamischen Recht ist die Rechteverteilung zwischen Mann und Frau gleichwertig. Der Gleichheitsgrundsatz ist auch islamisch, aber er wird nur auf Männer untereinander angewendet.

Algerien hat in Art 28 der Verfassung einen Gleichberechtigungsartikel aufgenommen, ohne diese Gleichberechtigung zwischen Mann und Frau auch im Familien- und Personenstandsgesetz umzusetzen. Eine Angleichung von Internationalem Recht und Islamischen Recht könnte also nur durch eine andere Lesart des Koran erfolgen. Der Libysche Vorbehalt ist in seiner Unbestimmtheit ziemlich unberechenbar, weil etliche Konventionsbestimmungen mit der Scharia kollidieren. Marokko gibt eindeutig zu erkennen, dass die Bestimmungen der Scharia gegenüber den Konventionsregeln, bezogen auf den ehelichen Wohnsitz und gleichberechtigte Weitergabe der Staatsbürgerschaft, Vorrang haben. Die Gleichwertigkeit von Rechten und Pflichten wird von Marokko ebenfalls verteidigt, sowie das Verbot zur Schiedsgerichtsklausel in Art 29. Eine außerarabische Gerichtsbarkeit wird ohnehin von allen arabischen Ländern abgelehnt, weil Nichtgläubige nicht über Gläubige urteilen dürfen. In Tunesien geniest das Staatsangehörigkeitsgesetz und das Personenstandsgesetz höchste Priorität. Nichts darf dagegen verstoßen. Aufhorchen darf man in Tunesien, weil die Regeln der Gleichwertigkeit der Rechte und Pflichten zwischen Mann und Frau nicht als göttlich definiert werden, ferner wird die Adoption anerkannt. In Ägypten dominiert der Mann und das patriarchale System und Ägypten verteidigt auch das schariarechtliche Verstoßungsrecht des Ehemannes bei der Scheidung. Der Irak sperrt sich gegen die Abschaffung frauendiskriminierender Strafgesetze. Jordanien hat Vorbehalte zu den Artikel 9, 15 und 16 und die damalige Volksrepublik Jemen, deren Personalstatut bis zur Wiedervereinigung mit dem Nordjemen die Gleichberechtigung annähernd verwirklicht hatte, erhob wie alle arabischen Staaten einen Vorbehalt bei Art 29, der Gerichtsbarkeit des IGH.

Bei einem **extensiven Vorbehalt** kommt es einerseits zu einer Ausdehnung von Rechten, auf der anderen Seite zur Ausdehnung von Pflichten. Es darf allerdings zu keiner Ausdehnung des Pflichtenkatalogs zulasten einer Partei kommen. Nach Art 20 WVK bedarf es dafür wenigstens der stillschweigenden Annahme durch die anderen Parteien. Bei dieser Annahme merken wir, dass selbst inkompatible Vorbehalte nach Art 19 WVK zulässig werden. Bei einem **Interpretationsvorbehalt** möchte der Vorbehaltsstaat die internationale Gesetzesstelle so übersetzt wissen, dass sie mit dem islamischen Recht harmoniert, weil er den Vertrag ausschließlich in dieser ausgestalteten Auslegung umsetzen will.[809] Warum Qatar einen Interpretations-Vorbehalt zu Art 5 a der Frauenantidiskriminierungs-Konvention gemacht hat, wird wie folgt erklärt: "The State of Qatar declares that the question of modification of 'patterns' referred in Art 5 a of the Convention must not be understood as encouraging women to abandon their role as mothers and their role in child-rearing, thereby undermining the structure of the family."[810] Bei diesem Interpretationsvorbehalt will Qatar den Vertrag ausschließlich in dieser Auslegung umsetzen. Dann gibt es auch noch **interpretative Erklärungen**, die keine direkten Rechtswirkungen für das Pflichtengefüge entfalten. Ihre Bedeutung ist einem Hilfsmittel bei der Auslegung gemäß Art 31(2) b WVK gleichzusetzen.

Die Zulässigkeit von Vorbehalten ist in der WVK vorbehaltsfreundlich dargelegt. Bei der Handhabung von Art 19 WVK treten immer wieder Probleme auf. Die Annahme eines zulässigen Vorbehalts ist nur erforderlich, wenn der Vertrag dies vorsieht. Die explizite Untersagung eines Vorbehaltes regelt Art 19 b, das bedeutet aber nicht, dass alle Vorbehalte, die im Abkommen nicht genannt sind, unzulässig sein sollen. Man konnte ja beim Textentwurf der WVK noch nicht ahnen, wie groß die Interessensvielfalt der Staaten sein wird. Das Völkerrecht ist ein Koordinationsrecht und das heißt, dass Ziel und Zweck eines Übereinkommens von den Vertragsstaaten selbst festgelegt werden. In der Frauenantidiskriminierungskonvention wird in Art 28 (2) festgeschrieben, dass ein Vorbehalt, der gegen Ziel und Zweck der Konvention verstößt, als nicht zulässig erachtet wird. Besonders erwähnenswert sind Vorbehalte zu Vertragstexten mit ius cogens Charakter. Sind diese Vorbehalte unzulässig? Ich glaube schon, weil ein Verstoß gegen zwingendes Recht mit Ziel und Zweck unvereinbar, ja sogar unwirksam ist. Nach Art 53 und Art 64 WVK können solche Verträge für nichtig erklärt werden. Damit wird der gleiche Effekt erzielt wie bei einem Einwand gegen den Vorbehalt. Die Vertragsnorm wird ungültig. Es entsteht eine Lücke, die mit Völkerrecht aufzufüllen ist. Vertraglich kann bestimmt werden, dass der IGH oder ein Schiedsgericht die Einhaltung, Anwendung oder Auslegung der Norm überprüfen. Meine untersuchten arabischen Vorbehaltsstaaten haben eine derartige Überprüfung unisono abgelehnt. Ein Staat der ius cogens-Vertragsbedingungen durch Vorbehalt ausschließt, bleibt dennoch an ius cogens gebunden, nur die Überprüfungsmechanismen können durch Vorbehalt ausgeschlossen

---

809 **Winkler**, Agnes, Zulässigkeit und Rechtswirkung von Vorbehalten nach der WVK, Hamburg, 2007, S. 17–35.

810 **Länderbericht Qatar zur Antifrauendiskriminierungskonvention, 2012**, siehe oben.

werden. Ziel und Zweck des Vertrages werden durch ius-cogens Verletzungen ebenfalls beeinträchtigt, wodurch wir bei Art 19 c WVK angelangt wären. Von der WVK abweichende Regeln, die die Vertragsstaaten selbst aufgestellt haben, ermöglichen einen gesonderten Zugang zu der Beurteilung über die Zulässigkeit von Vorbehalten, der besonders für die Beurteilung eines Scharia-Vorbehalts wichtig sein kann, zumal es sich bei der Scharia für Muslime ebenfalls um zwingende Normen handelt.

Art 20(2) der internationalen Rassendiskriminierungs-Konvention, von 1979 bietet eine interessante Lösung, wenn sie sagt, dass ein Vorbehalt, der gegen Ziel und Zweck der Konvention verstößt, nicht erlaubt sein soll, wenn sich zwei Drittel der Mitgliedstaaten gegen den Vorbehalt aussprechen. Staaten, die mit einem Vorbehalt konfrontiert werden, können mit Annahme oder mit einem Einwand gemäß Art 20(1) WVK darauf reagieren. Keinem Vertragsstaat wird heute das Einverständnis zum Vorbehalt aufgezwungen. Ein in einer Konvention zugelassener Vorbehalt bedarf der Annahme nur, wenn der Vertrag dies vorsieht. Es wird aber auch nicht ausgeschlossen, dass ein Vertragsstaat – das heißt eine Vertragspartei, die zugestimmt hat, durch den Vertrag gebunden zu sein – trotzdem zustimmt, obwohl Schweigen ausreichen würde.

Wie genau ein erlaubter Vorbehalt beschrieben sein muss, wird in der WVK nicht geregelt, aber ein Einwand, Einwendung ist heute nicht mehr streng an die Zulässigkeit des Vorbehalts geknüpft. Die meisten Vorbehaltsklauseln erlauben heute, dass bestimmte Verpflichtungen ausgeschlossen werden dürfen.[811] Ob auch Scharia-Vorbehalte darunterfallen, ist nicht sicher. Auch Art 20(2) WVK ist ungenau. Hier wird die Frage nach Ziel und Zweck des Vertrages herangezogen. Unklar ist, wer zur Interpretation des Vertrages befugt sein soll.[812] Art 20(4) c stellt aber klar, dass ein Vertrag trotz Vorbehalt wirksam wird, wenn ein Staat dem zustimmt, ungeachtet der Anzahl der Teilnehmerstaaten. Ungeregelt bleibt, wie es sich verhält, wenn es einen Einwand eines Vertragsstaates gegeben hat. Ein einfacher Einwand wird in Art 21(3) WVK beschrieben. Dabei werden nur die vom Vorbehalt betroffenen Sachverhalte ausgeschlossen und der Vertrag kommt zustande.

Österreich, Portugal, Belgien, Dänemark, Schweden und Mexiko haben Einwendungen zu den Vorbehalten bei der Frauenantidiskriminierungskonvention eingelegt, aber alle Länder, die einen Einwand angebracht haben, haben

---

811 **Winkler**, Agnes, Zulässigkeit und Rechtswirkungen von Vorbehalten nach der WVK, Hamburg, 2007, S. 129–131.

812 **Winkler**, Agnes, siehe oben: S. 134.

versichert, dass der Vertrag mit dem arabischen Land dennoch zustande kommen soll. Mit Mexiko kam Kritik auch aus einem anderen Winkel der Welt. Österreich hat auch einen Einwand zu den Vorbehalten der Vereinigten Arabischen Emirate beim Beitritt zur Kinderrechtskonvention angebracht, weil sie gegen Ziel und Zweck des Vertrages verstoßen. Deutschland beeinsprucht den Vorbehalt Kuwaits gegen Art 2(2) und Art 3 zum Internationalen Pakt über die wirtschaftlichen und sozialen Rechte, betont aber, dass der Einwand kein Hindernis darstellt für das Inkrafttreten des Paktes zwischen Kuwait und der Bundesrepublik Deutschland. Diese Beispiele könnten noch lange aufgezählt werden. Um die Vertragsschließungspraxis zu vereinfachen, sieht Art 20(5) WVK vor, dass Vertragsstaaten, die mit einem Vorbehalt konfrontiert werden, dem konkludent zustimmen können, wenn sie innerhalb von **12 Monaten** den Vorbehalt nicht beeinspruchen. Schweigen gilt als Annahme. Professor Walter[813] glaubt, dass eine begründete Einwendung sobald als möglich formuliert werden sollte und ich glaube, dass protestierende Länder nicht nur stereotype Texte wie – verstoßen gegen Ziel und Zweck des Vertrages – sondern auch **islamische Rechtszwecke (maqasid asch-scharia)**[814] ins Treffen führen könnten. Dafür müssten aber in den entsprechenden Länder-Gremien (wie auch in den UN Konventions-Ausschüssen) Islamexperten beschäftigt werden.

Art 22 WVK regelt die Rücknahme von Vorbehalten und Einsprüchen bzw. Einwendungen. Sowohl der Vorbehalt als auch der Einspruch bzw. Einwand können einseitig zurückgezogen werden. Die Rücknahme sollte so einfach wie möglich gestaltet sein, um einen Anreiz für eine unbeschränkte Bindung an einen Vertrag zu ermöglichen. Der Vertragspartner muss von der Rücknahme verständigt worden sein, dann ist diese erst gültig. In der WVK bleiben die Folgen für die Rücknahme von Vorbehalten und Einwendungen ungeregelt. Zieht allerdings ein widersprechender Staat seinen Einspruch bzw. Einwand zurück, wird der Vorbehalt voll wirksam.[815] Eine Rücknahme von Einwendungen konnte ich bei meiner Untersuchung nicht feststellen, die Rücknahme® von Vorbehalten

---

813 **Walter**, Christian, Vienna Convention on the Law of Treaties, A Commentary, Dörr, Oliver, Schmalenbach, Kirsten, (Hrsg.) Berlin, Heidelberg, 2012, Reactions to an invalid reservation. "The nullity of an invalid reservation does not depend on the objection or the acceptance by a contracting state. Nevertheless, a State which considers that the reservation is invalid, should do the objection as soon as possible", [....] p. 381.

814 **Bassouni**, Mahmoud, Menschenrechte zwischen Universalität und islamischer Legitimität, Berlin 2014, S. 178 ff. Siehe auch: **Ramadan**, Tariq, Radikale Reform. Die Botschaft des Islam für die moderne Gesellschaft, München, 2009, S. 300 ff.

815 **Winkler**, Agnes, siehe oben: S. 155, 156.

erfolgt gar nicht so selten. Die Ankündigung für die Aufhebung eines Vorbehalts, oder den Vorbehalt zu einem späteren Zeitpunkt abändern zu dürfen, ist mir bei meiner Untersuchung ebenfalls untergekommen. Wenn ein Staat einen Vorbehalt wegen des nationalen Rechts erklärt hat, dieses aber anschließend wegen des Beitritts zu einem internationalen menschenrechtlichen Vertrag abändert, wie dies in den arabischen Länderberichten oft behauptet wird, muss natürlich auch eine Anpassung des Vorbehalts ermöglicht werden. Wäre diese Möglichkeit nicht gegeben, böte sich nur der Austritt aus dem Vertrag und ein neuerlicher Eintritt, der aber vom Vorbehaltsstaat hinausgezögert oder unterlassen werden könnte. Das würde die Einflussmöglichkeiten der Ausschüsse auf arabische Länder behindern.[816]

VIII AA Resümee (I–VIII)

Nach der WVK wird der Scharia-Vorbehalt liberal gehandhabt. Die westliche Welt ist bestrebt, gemeinsame Werteordnungen zu erarbeiten. Bei menschenrechtlichen Verträgen der Vereinten Nationen will man möglichst viele Teilnehmerstaaten an Bord bekommen. Schon bei der Erarbeitung der Vertragstexte ist ein völliger Konsens ausgeschlossen. ‚Eine **relative Vorbehaltsfreiheit** entspricht der Einsicht, dass eine totale Willensübereinstimmung der vertragschließenden Staaten schon zu Beginn des Entstehungsprozesses mehrseitiger Übereinkommen mit zahlreichen Partnern nicht notwendig vorzuliegen braucht. Eine Minderheit soll ja nicht vom Beitritt zu menschenrechtlichen Verträgen der Vereinten Nationen abgehalten werden'.[817]

Durch die Veröffentlichung der Scharia-Vorbehalte und der Länderberichte der Vertragsstaaten von menschenrechtlichen Verträgen der Vereinten Nationen auch im Internet, ist es möglich geworden, die Praxis der Länder jederzeit und überall zu verfolgen. Im Okzident ist das Interesse an der Rechtsauffassung der Scharia gestiegen. Man lernt den unterschiedlichen Zugang zum Umgang mit den Geschlechtern kennen und muss feststellen, dass viele arabische innerstaatliche Gesetze, basierend auf den wörtlich interpretierten islamischen Rechtsquellen, teilweise sehr weit von internationalen Menschenrechtsstandards entfernt sind. In manchen arabischen Ländern ist man bestrebt, internationale Abkommen bei der Bevölkerung bekannt zu machen und nach Möglichkeit Scharia-Vorbehalte abzubauen, was Fundamentalisten aufs Schärfste bekämpfen. Ein Abkommen kann aber auch durch eine oberflächliche Umsetzung zu einer leeren Worthülse

816 **Winkler**, Agnes, siehe oben: S. 169.
817 **Winkler**, Agnes, siehe oben: S. 279.

gerieren, ohne dass ein einziger Vorbehalt dazu erklärt wurde. Das ist beispielsweise beim Iran der Fall. Die Islamische Republik Iran hat den Pakt II, für bürgerliche und politische Rechte am 4. April 1968 unterzeichnet und am 24. Juni 1975 ohne Scharia-Vorbehalt ratifiziert.

Wie steuert man also auf einen Kompromiss bei menschenrechtlichen Verträgen zu?

Nach religiösem – muslimischem, christlichem und jüdischem – Verständnis werden Menschenrechte nicht aus dem ius humanum abgeleitet, sondern sie werden als von Gott gegeben betrachtet. Das bedeutet, dass keine menschliche Legislative Gottesrecht abändern oder aufheben darf. Aus diesem Grund ist die Akzeptanz von Menschenrechten unterschiedlich. Islamische Länder bekritteln oft, dass diese nach 1948 von Menschen erschaffenen Menschenrechte auch vom Westen nicht eingehalten werden. Große Empörung in den arabischen Ländern rief der CIA Folterreport[818] hervor, der am 9. Dezember 2014 erschienen ist.

Die erzkonservativen Wahhabiten in Saudi-Arabien anerkennen nur die Scharia, diese ist ihre Verfassung. Tunesien, Marokko und Algerien akzeptieren teilweise schon Freiheitsrechte nach westlichem Vorbild. Obwohl die meisten islamischen Länder fast alle internationalen Menschenrechtsverträge unterzeichnet und ratifiziert haben oder ihnen beigetreten sind, geschah dies oft mit Scharia-Vorbehalt oder mit dem Hinweis, dass die Interpretation bestimmter Artikel, betreffend das Familien-, Erbrecht und Personenstandsgesetz, nur in einer Art und Weise erfolgen darf, die den Bestimmungen der Islamischen Scharia nicht widersprechen. Scharia-Vorbehalte zu einzelnen Artikeln wurden vielfach bereits aufgehoben, werden aber von einigen arabischen Ländern noch sehr vehement verteidigt. Kuwait vertritt die Meinung, dass die großherzige islamische Scharia die beste Basis für Personenstandsangelegenheiten ist.

Ein Gegenentwurf zu den westlichen Menschenrechten ist die „Allgemeine Erklärung der Menschenrechte im Islam“ aus dem Jahr 1981. Einflussreicher wurde dann die „Kairoer Erklärung“ von 1990. Alle menschlichen Rechte und Freiheiten werden hierin aber von der Scharia begrenzt. Das stieß im Westen

---

818 **Neskovic**, Wolfgang (Hrsg.), Der CIA Folter Bericht. Der offizielle Bericht des US-Senats zum Internierungs- und Verhörprogramm der CIA, Frankfurt am Main, 2015. „Die Bilder gequälter und gedemütigter Gefangener vor allem aus dem irakischen Gefängnis gingen um die Welt und zeigten, dass die USA in eine Falle getappt waren, die jeder terroristischen Aktion erst ihren wahren Sinn gibt: den Gegner dazu zu veranlassen, seine eigenen Moralstandards über Bord zu werfen. Bei den deutschen Terroristen der RAF hieß das: den Gegner dazu zu zwingen, sein ‚wahres faschistisches Gesicht zu zeigen‘“.

auf Widerstand, denn bei diesen Erklärungen wurden den Männern und den Muslimen überhaupt mehr Rechte zugestanden. 1994 folgte die „Charta der arabischen Menschenrechte", die von der Arabischen Liga 2004 überarbeitet wurde. Auch hierbei spielt die Scharia eine tragende Rolle. Man fragt sich also, ob sich allgemeingültige Menschenrechte wie sie in den vielen menschenrechtlichen Verträgen der Vereinten Nationen – also in den untersuchten religionsunabhängigen Verträgen – benannt werden, überhaupt mit der Scharia, einem religiös-politischen System, verbinden lassen, nachdem das islamische Rechtssystem bei der Mehrheit der Muslime hohen Respekt genießt. Mahmoud Bassouni[819] hat dies untersucht und behauptet, dass Menschenrechte aus der Scharia plausibel abgeleitet werden müssen, damit diese in der islamischen Welt zu Autorität gelangen können. Nach meiner Prüfung der vorliegenden Scharia-Vorbehalte und den dazu passenden Länderberichten, schließe ich mich dieser Meinung an und möchte dies in meiner abschließenden Stellungnahme begründen.

VIII B Schlussstellungnahme (I–VIII)

Die westlichen Menschenrechtsvorstellungen basieren auf der jüdisch-christlichen Lehre und stehen in der Tradition säkularer Universalität. Gemäß der christlichen Lehre haben alle Personen, also individuelle Subjekte, Würde, Vernunft, Gewissen und gleiche Rechte. Nach islamischem Verständnis besitzt nur der Muslim die höchste Würde, weil im Naturzustand, bei der Geburt, jeder Mensch Muslim ist. Die größte Würde hat der oder die frommste MuslimIn. Nur die äußeren Umstände, wie beispielsweise die Erziehung oder ein negatives Vorbild der Eltern, können diesen Zustand verändern. Christen und Juden werden so „gemacht". Der Islam ist eine Einladung an die gesamte Menschheit, gemäß Sure 2 Vers 556 herrscht kein Zwang in der Religion. Also jeder konnte aus freier Entscheidung Muslim werden und hatte somit auch islamische Bürgerrechte. Nichtmuslime lebten nicht in der Gemeinschaft der Gläubigen, sondern neben den Muslimen und waren Kopfsteuer[820] zahlende Schutzunterworfene, die ihre Religion beibehalten durften, während es im Christentum nicht selten zu Zwangsbekehrungen gekommen war. Unter den Osmanen wurde das moderne

---

819 **Bassouni**, Mahmoud, Menschenrechte zwischen Universalität und islamischer Legitimität, Berlin, 2014.

820 **Zirker**, Hans, Der Koran, siehe oben: Sure, 9:29, S. 121, vergleiche mit: Religionsfreiheit, Sure 2:256, S. 37. Da einem dhimmi, also Nichtmuslimen, der zum Islam übertrat diese Kopfsteuer erlassen wurde, haben viele Christen und Juden konvertiert.

Staatsbürgertum geschaffen. Alle waren gleich und Osmanen.[821] Die katholische Kirche hatte bis ins 19. Jahrhundert Widerstand gegen Menschenrechte, besonders gegen die Gewissens- und Religionsfreiheit ausgeübt. Der Gottesbezug in der Verfassung ist bei uns weggefallen, aber nicht in den islamischen Ländern. Das geht ganz klar aus den unterschiedlich formulierten Scharia-Vorbehalten der Länderberichte, die ich untersucht habe, hervor.

Besondere Probleme haben die islamischen Staaten mit der westlichen Religionsfreiheit und mit Art 16 von ICEDAW, der International Convention on the Elimination of All Forms of Discrimination against Women, der die Diskriminierung der Frau in Ehe- und Familienfragen beseitigen möchte, der unter anderem auch die Eheschließung von Kindern verbietet. Das ist aber nicht mit dem Vorbild des Propheten Mohammed vereinbar, der Aischa, noch im Kindesalter, geheiratet haben soll. Auch bei Christen und Juden war es damals üblich, sehr junge Mädchen zu heiraten. Frauen wurden damals im Durchschnitt nicht sehr alt.[822] Die Familienplanung musste daher bald einsetzen. Mädchen waren und sind auch heute noch in vielen arabischen Ländern eine Belastung für das Budget und die Familienehre,[823] daher reicht man diese Last gerne an einen ausgesuchten Ehemann weiter. Der ökonomische Status bedingt das soziale Ansehen und ist gleichzeitig ein Maßstab, auf welchem Niveau eine Heirat zu arrangieren ist. Die Position der Frau im Familienkreis ist ein Spiegel ihrer Persönlichkeit und hängt davon ab, wie sie diesen begrenzten Raum für die Entwicklung ihrer Fähigkeiten nutzt. In der islamischen Gesellschaftsstruktur ist nicht das Individuum, sondern die Familie die kleinste Einheit und Frauen werden so erzogen, dass sie Ehe und Schwangerschaften als das höchste Glück im Leben ansehen. Jede islamische Frau wünscht sich Söhne, weil Söhne im Falle einer Scheidung

---

821 **Talbi**, Mohammed, Religionsfreiheit– eine muslimische Perspektive in: Freiheit der Religion, Christentum und Islam unter dem Anspruch der Menschenrechte, Hrg. Schwardtländer, Johannes, Mainz, 1993, S. 53–71. Siehe dazu auch: **Cem Deniz**, Ali, Die Neuen Türken, Wien 2016, S. 27.

822 **Zuhra Wati Johari**, Blaupause für produktive Erziehung, in: Islamische Zeitung, April/2016, S. 10. Prophet Mohammed hatte zwei Söhne und vier Töchter. Qassim wurde zwei Jahre alt, Ibrahim starb mit eineinhalb Jahren, Tochter Zaina starb mit 31 Jahren, Ruqajja starb mit 22 Jahren, Umm Kulthum wurde 28 Jahre alt, Fatima wurde 29 Jahre alt.

823 **Tibi**, Bassam, Im Kulturkampf II: Frauen als Faustpfand, „In der Tradition einer orientalisch-patriarchalen Kultur gilt die Frau nicht als Subjekt, sondern als Gegenstand der Ehre eines Mannes. Ihre Schändung wird nicht so sehr als Sexhandlung und Verbrechen an der Frau betrachtet, sondern eher als Akt der Demütigung des Mannes, dem sie gehört." in: der Standard, 28./29.05.2016. S. 39.

oder dem Ableben des Mannes für sie sorgen würden. Nicht selten gilt es auch noch heute als Pflicht der Söhne, ihre Mutter, wenn nötig, zu unterstützen.

Anhand der Berichte haben wir gesehen, dass fast alle untersuchten arabischen Länder, bis auf den schiitischen Iran, das Heiratsalter auf eine vernünftige Höhe hinaufgesetzt haben. Wir haben aus den Berichten auch erfahren, dass man sich nicht unbedingt daranhält. Im irakischen Länderbericht ist zu lesen, dass es aufgrund der islamischen Traditionen, der Armut und des Mangels an gesetzlichem und gesundheitlichem Wissen noch viele Kinderehen gibt. Auch unter Europa-Flüchtlingen gibt es viele Kinderbräute. Die marokkanische Wissenschaftlerin Mernissi meint dazu: ‚Man begreift nun die Rolle, die die Religion in dem delikaten Theater spielt, das unsere Regierungschefs für uns aufführen: Am Sitz der Vereinten Nationen in New York ein modernes Gesicht zeigen und zu Hause das Gesicht eines Abbasiden-Kalifen, der uns terrorisiert‘.[824]

Scheich Muhammad al Ghazali, Fundamentalist und Lehrer an der Al-Azhar Universität[825] in Kairo, sagt, dass Muslime die Pioniere der Menschenrechte waren. Allah ist ihr Urheber und Menschen müssten diese Gesetze auslegen. In allen islamischen Menschenrechtserklärungen stehen aber nicht die Rechte der Menschen im Vordergrund, sondern ihre Pflichten und der Spruch, dass vor der Scharia, dem Gottesgesetz alle Menschen gleich sind. In allen islamischen Staaten sind die Untertanen heute der Willkür ihrer Herrscher ausgeliefert. Körperstrafen, die wir als barbarisch bezeichnen, sind an der Tagesordnung. Sure 4 Vers 59 befiehlt den Gläubigen zu gehorchen, Allah, dem Gesandten und denen unter euch, die zu befehlen haben. Das ist die autoritäre Linie im Islam, die auf die Zeit zurückgeht, als Mohammed Staatsoberhaupt in Medina war. Die Grundregel im damaligen islamischen Staat war, das Gute vorzuschreiben und das Schlechte zu verbieten. Die Vorschriften entnahm man dem Koran und der Sunnah des Propheten. Gott ist der alleinige Souverän, und wenn ein Herrscher seine delegierte Macht missbrauchte, haben die Muslime die Pflicht ihn abzusetzen. Bei den Sunniten leitete der Kalif die islamische Gemeinde nach den Vorschriften der Scharia, an die er genauso gebunden war, wie jeder Untertan.[826]

---

824 **Schröter**, Hiltrud, Das Gesetz Allahs, Menschenrechte, Geschlecht, Islam und Christentum, Königstein/Taunus, 2007, S. 183.

825 **Wahid**, Shahnoor, Das Zeitalter der Weisheit wiederbeleben, in: Islamische Zeitung, 09/2016, Al-Azhar Universität in Kairo gilt als die älteste Universität, sie wurde 859 n. Chr. gegründet.

826 **Lewis**, Bernard, Die politische Sprache des Islam, dt. Übersetzung, Enderwitz, Susanne, Berlin, 1991, S. 56, 157 ff.

Umstürze gab es in der arabischen Welt viele. Selbst unter den ersten vier recht geleiteten Kalifen wurden drei davon umgebracht. Säkularisierungstendenzen gab es bereits, als sich die Macht zwischen Kalifen und Sultan verteilte. Unter den Kharidschiten im 7. Jahrhundert n. Chr. verweigerte man die Gehorsamspflicht gegenüber dem Herrscher, wenn dieser nicht schariakonform regierte, korrupt oder nicht gerecht war.[827]

Im Oman, in Sanzibar und in einigen Enklaven Algeriens und Tunesiens haben die islamischen Ideen der Karidschiten mit ibaditischer Ausrichtung, die sowohl sunnitische als auch schiitische Elemente vereinigen, als Staatsreligion überlebt. Ein Widerstandsrecht gegen einen ungerechten islamischen Herrscher gibt es auch bei den Schiiten, das nach Ayatollah Khomeinis Meinung bereits auf die Imame, die fehlerlosen Leiter der Gläubigen, zurückgeht.[828]

Von dem Widerstandsrecht machten die arabischen Völker auch Gebrauch gegen die europäischen Kolonialherren und sie beriefen sich auf Menschenrechte und das Selbstbestimmungsrecht der Völker. Die Fundamentalisten von heute behaupten ebenfalls ein Widerstandsrecht gegen ungerechte Herrscher zu besitzen. Sie lehnen aber die Trennung von Staat und Religion ab. Khadduri sieht in dem Widerstandsrecht ein islamisches Konzept für individuelle Abwehrrechte in islamischen Menschenrechtsbegründungen. Dieser Widerstand darf aber nur gegen einen ungerechten Herrscher gerichtet sein, der offensichtlich islamische Regeln missachtet. Möchte man eine Ähnlichkeit mit universellen Menschenrechten herstellen, wäre eine Neuinterpretation der islamischen Texte notwendig. Die Tabuisierung der historisch-kritischen Koranexegese müsste verlassen werden und der politische oder ideologische Gegner dürfte nicht als Ungläubiger verspottet und als Häretiker abqualifiziert werden.[829]

Professor Geistlinger hat 1991 für seine Habilitation Dokumente der algerischen Revolution in Bezug auf eine Annäherung Algeriens an den Kommunismus studiert und auch diesbezügliche Versuche durch Libyen, Syrien, Irak, Iran und Ägypten untersucht, und festgestellt, dass dabei eine marxistisch-leninistisch orientierte Bewertung überhaupt keine Rolle gespielt hatte. Bei der eventuellen Annäherung dieser islamischen Länder an ein anderes politisches System ging es einzig und allein darum, die Grundideen des Islam für eine

---

827 **Salem**, Isam Kamel, Islam und Völkerrecht, Das Völkerrecht in der islamischen Weltanschauung, Berlin, 1984, S. 52 ff. und S. 86.

828 **Khomeini**, Ayatollah, Der islamische Staat, aus dem Persischen von Nader Hassan und Itscherneska, Ilse, Berlin, 1983, S. 44 ff.

829 **Khadduri**, Majid, The Islamic Conception of Justice, Baltimore 1984, S. 23.

fortschrittliche Entwicklung der islamischen Länder zu erschließen.[830] Das Gleiche gilt wohl auch heute für eine eventuelle Annäherung an die Demokratie und an menschenrechtliche Verträge der Vereinten Nationen.

Einzelne Lebensbereiche müssen in den oben untersuchten Ländern der Religion untergeordnet werden, das sind besonders das Familienrecht und das Erbrecht. Nachdem die Großzahl der Muslime traditionell konservativ eingestellt ist, sieht man darin auch kein Hindernis. Anlässlich der Verehelichung zieht die Braut meistens zur Familie des Ehemannes. Sure 65:6 bestimmt, dass die Frau dort zu leben hat, wo ihr Mann lebt. Diesbezüglich gibt es mittlerweile in vielen arabischen Ländern Zugeständnisse an die neuen beruflichen Gegebenheiten, die viele muslimische Ehemänner zwingen, in den reichen Golfstaaten oder in Saudi-Arabien eine Arbeit anzunehmen und ihre Familie in den Heimatländern zurückzulassen.

Muslimische Männer dürfen nichtmuslimische Frauen heiraten, umgekehrt gibt es hier ein striktes Verbot. Eine muslimische Frau darf niemals einen Nichtmuslimen heiraten, weil der Prophet Mohammed von Christen und Juden nicht als solcher anerkannt wird. Es ist daher nicht opportun, eine Muslimin in die Obhut eines Nichtmuslimen zu geben.[831] Ein diesbezüglicher Scharia-Vorbehalt wird nicht so schnell aufgegeben werden, weil sich die Religion des Vaters auch auf seine Kinder vererbt. Sie wären dann Christen oder Juden und hätten eine muslimische Mutter. Die Religion des muslimischen Vaters, der Islam, vererbt sich auf seine Kinder, unwiderrufbar, diesbezüglich gibt es keine Zugeständnisse, auch wenn der Mann mit einer Nichtmuslimin verheiratet ist. Nach der Scharia steht den minderjährigen Kindern aus solch einer Ehe nicht das Recht zu, eine andere Religion zu wählen, das haben die vielen Vorbehalte zu Art 14 der Kinderrechtskonvention gezeigt. Abfall vom Islam ist Verrat und wird in den meisten arabischen Ländern mit dem Tod bestraft. Der nichtmuslimischen Ehefrau ist es nicht gestattet das Kind auch im eigenen Glauben zu erziehen, daher wurde auch bei Art 13(3) des Paktes über die wirtschaftlichen, sozialen und kulturellen Rechte von arabischen Ländern ein Scharia-Vorbehalt angebracht, denn hier heißt es, dass die Vertragsstaaten sich verpflichten, die Freiheit der Eltern zu achten, die religiöse und sittliche Erziehung ihrer Kinder in Übereinstimmung mit ihren Überzeugungen sicherzustellen.

---

830 **Geistlinger**, Michael, Revolution und Völkerrecht, Wien, Köln, Graz, Böhlau, 1991, S. 246, 247.

831 **Reidegeld**, Ahmad A., Handbuch des Islam, Glaubens- und Rechtslehre der Muslime, Kandern im Schwarzwald, 2. Aufl., 2008, S. 773.

Die Staatsbürgerschaft der Frau geht nur in Ausnahmefällen, wenn der Vater unbekannt oder verschollen ist, an ihre Kinder über. Auch darüber haben fast alle untersuchten arabischen Länder Scharia-Vorbehalte formuliert. Der Erwerb der Staatsangehörigkeit gilt als innere Angelegenheit. Extrem wichtig ist ihnen, dass es zu keinen Doppelstaatsbürgerschaften kommt. Diesbezüglich gibt es ebenfalls keine Änderungen im schariakonformen Personalstatut, auch nicht ansatzweise.

Von allen Religionen legt keine Religion soviel Wert auf Familie und Ehe, wie es der Islam tut. Im Islam ist die Ehe in Gegensatzpaaren angelegt. In ihnen spiegelt sich das Milieu ihrer Wertegemeinschaft. Daraus ergibt sich im Islam der Grundsatz der Verschiedenheit, während wir im Westen vom Grundsatz der Gleichheit ausgehen.[832] Im Islam ergänzen sich das männliche und das weibliche Element, wie ein Paar Schuhe. Deutlich wird das im Koran in der Sure al Baqara, Vers 187 ‚Eure Ehefrauen sind ein Gewand für euch und ihr seid ein Gewand für sie.' Unverheiratete Paare sind im Islam fast ein Ding der Unmöglichkeit. Shereen El Feki meint, dass es gefährlich sei, zu glauben, dass der Westen eine Art sexuelles Nirwana gefunden hat und der Rest der Welt diesem Weg folgen muss. Sie sagt auch, um die Gleichberechtigung zwischen Mann und Frau voranzutreiben, müsse sich die Gesellschaft viel mehr mit den muslimischen Männern beschäftigen.[833] Prophet Mohammed stellt sich in der Sunnah immer selbst als gutes Beispiel voran. Die Ehe wird auch als die Hälfte der Religion bezeichnet. ‚Der vollkommenste Gläubige ist derjenige, dessen Charakter am feinsten ist und der am freundlichsten zu seiner Ehefrau ist',[834] so steht es in einer Hadith, in einem Ausspruch Mohammeds.

Im Islam wird Sexualität bejaht, aber Platz ist dafür nur in der Ehe, nach der schiitischen Rechtsschule auch in einer Zeitehe, einer Form von legaler Prostitution, obwohl diese bereits zur Zeit des Kalifen Umar (gest. 644 n. Chr.) verboten war. Also auch hier haben sich islamische Männer eine Nische gesichert.[835] Darüber hinaus werden in vielen muslimischen Ländern Frauen und Mädchen verschleppt, verkauft, vergewaltigt und missbraucht. Sind Frauen ungebildet, gelingt es den Männern besser, sie gefügsam zu machen. Das Machtwort des

832 **Schröter**, Hiltrud, Das Gesetz Allahs, Menschenrechte, Geschlecht, Islam und Christentum, Königstein/Taunus, 2007, S. 13.

833 **El Feki Shereen**, Magazin für Menschenrechte Nr. 43, Das Problem ist die Doppelmoral, S. 15–17.

834 **Massoudi**, Laila, Islamische Lebenspraxis, in: Islamische Zeitung, 02.2016, S. 22.

835 **Ebert**, Hans-Georg, in: Leipziger Beiträge zur Orientforschung. Beiträge zum Islamischen Recht V. Schneider, Irene, Hanstein, Thoralf, (Hrsg.), Frankfurt, 2006.

Mannes ohne Widerspruch zu ertragen, wird ihnen schon sehr bald eingetrichtert. ‚Es ist der Mechanismus der Gewalt, der Frauen kaputtmacht, Frauen kontrolliert, Frauen erniedrigt und sie dort festhält, wo sie angeblich hingehören'.[836] Arabisch islamische Familien funktionieren nicht nur im Inneren patriarchalisch. Gleiches gilt auch für das Verhältnis zwischen den verschiedenen Familien. Alle arabischen Regierungen beteuern in ihren Berichten, dass sie dagegen ankämpfen, und dass sie Frauen schützen wollen.

Viele arabische Länder leiden auch sehr unter den vielen Flüchtlingen aus den diversen Kriegen, die derzeit in islamischen Ländern geführt werden. Ägypten ist berühmt berüchtigt für Übergriffe gegen Frauen, aber auch in anderen muslimischen Ländern sind Frauen nirgends sicher und greifen daher immer öfters zur Vollverschleierung, obwohl Scheich Chaled Omran von der Kairoer Al-Azhar Universität, der wichtigsten Einrichtung des sunnitischen Islams, 2016 im ARD-Hörfunk erklärt hat, dass weder der Koran noch andere Quellen des islamischen Rechts, Frauen dazu verpflichten, einen Gesichtsschleier, auch Niqab genannt, zu tragen. Es wäre vielmehr eine Tradition wie die Beschneidung.

Im Westen fragt man sich, ob der Islam frauenfeindlich ist, oder die Tradition in den islamischen Ländern. Die Tradition ist Gewohnheitsrecht und letztendlich auch Völkerrecht. Warum gibt es in vielen islamisch geprägten Ländern so viele Ehrenmorde oder warum sollen Mädchen nicht ordentliche Schulen besuchen oder einen Beruf ausüben? Mit dem Koran ist das jedenfalls nicht erklärbar, daher müsste der Scharia-Vorbehalt oft als ein unzumutbarer Gewohnheitsrecht-Vorbehalt[837] betrachtet werden, den man mit den anerkannten islamischen Rechtszwecken (maqasid asch-scharia) bekämpfen könnte, sofern derartiges Wissen in den entsprechenden Gremien vorhanden wäre.

Im siebenten Jahrhundert nach Christus brachte der Islam den Frauen einen gewissen Fortschritt. Weibliche Säuglinge durften nicht mehr getötet werden

---

836 **Kristof**, D. Nicholas, Wu Dunn, Sheryl, Die Hälfte des Himmels, Wie Frauen weltweit für eine bessere Zukunft kämpfen, München, 2011, S. 87. Siehe auch: **Tröscher**, Andreas, Noch nie suchten so viele Frauen Schutz in Frauenhäuser. In: SN. 02.12.2016, S. 11. Erschütternd ist auch ein Bericht über österreichische Frauenhäuser, in denen bereits über 3000 Frauen und Kinder aus über 51 Nationen Schutz vor ihren gewalttätigen Ehemännern und Vätern suchen. Frauen sind Eigentum der Männer. Sie dürfen weder Deutsch lernen noch außer Haus arbeiten.

837 **Kemper**, Michael, Reinkowski, Maurus, Rechtspluralismus in der Islamischen Welt, Berlin. 2005, S. 4. Rechtsgelehrte kämpften oft gegen das Gewohnheitsrecht an, weil es mit der Scharia nicht vereinbar ist, andere wieder legitimierten Adat-Recht und inkorporierten es ins islamische Recht.

und die ausufernde arabische Polygamie wurde auf vier Frauen beschränkt.[838] Sure 4:129 verlangt aber eine Gleichbehandlung aller vier Ehefrauen. Manche muslimischen Länder begrenzen heute die Mehrehe durch bestimmte Voraussetzungen, wie Unfruchtbarkeit oder die Zustimmung der ersten Ehefrau. Frauen dürfen im Islam Vermögenswerte besitzen, aber es gibt keine eheliche Gütergemeinschaft. Ferner verlangt der Koran, dass man Frauen in jeder Hinsicht respektvoll behandeln soll, aber die Zeugenaussage einer Frau gilt noch immer halb so viel wie die eines Mannes, weil die Frau zu emotional ist und sich gerne irrt.

Eine Tochter erbt nur halb soviel wie ein Sohn. Wie wir anhand der Länderberichte gesehen haben, wird das in arabischen Ländern sehr unterschiedlich gehandhabt, denn das strikt einzuhaltende islamische Erbrecht[839] bezweckt keine Vermögensanhäufung, sondern eine solidarische Aufteilung unter der Familie des Verstorbenen. Erbrechtsregeln stehen in allen untersuchten arabischen Ländern unter Scharia-Vorbehalt und man hat auch nicht vor, diesen zurückzuziehen, denn das islamische Recht bestimmt den Ehemann zum alleinigen Ernährer seiner Familie, daher sollen Männer auch mehr erben. Nur der Mann ist unterhaltspflichtig, auch noch kurze Zeit nach der Scheidung muss er Kompensationszahlungen leisten. Von der Frau erwartet man, dass sie entweder zu ihrer Familie zurückkehrt, oder wieder heiratet, somit versorgt wird. Diese Versorgungspflicht des Mannes gegenüber der Frau ist in der Sure 4:34 festgelegt, und ist ein Ausdruck der Überlegenheit des Mannes über die Frau, weil sie finanziell von ihm abhängig ist.[840] Im Erbrecht gibt es noch eine Besonderheit, die auf eine Hadith des Propheten Mohammed zurückreicht und hauptsächlich Nichtmuslime betrifft. Ein Muslim erbt nicht von einem Nichtmuslim und

838 **Prophet Mohammed** wurde es gestattet mehr als vier Frauen zu ehelichen. http://tavhid.de/?p=1531, abgefragt am 29.03.2017. Siehe dazu Sure 4:3 und Sure 33:50.

839 **Islamisches Erbrecht Zusammenfassung**, Das islamische Erbrecht ist darauf gerichtet, Reichtum zu verteilen, nicht anzuhäufen. Ein Erblasser darf nur ein Drittel des Nachlasses bestimmen. Zwei Drittel werden unter allen möglichen Verwandten aufgeteilt, Kinder, Eltern, Onkel, Tante. Das führt zur Zersplitterung des Besitztums. Die Witwe erhält höchstens ein Viertel des Nachlasses, weil ein Ehepaar sein Eigentum nicht zusammentun sollte. Jeder Partner wirtschaftet allein und hilft dem anderen aus Solidarität. Im islamischen Erbrecht liegt die Betonung auf der wirtschaftlichen Solidarität. Hier steht das Kollektivdenken im Vordergrund. Die Frau ist im islamischen Recht nicht Individuum, sondern Teil des Kollektivs.

840 **Rauscher**, Thomas, Scharia, Islamisches Familienrecht der Sunna und Schia, Frankfurt a. Main, 1987, S. 38.

dieser erbt auch nicht von einem Muslim. In der Schia hat man das etwas abgeändert, hier darf ein Muslim von einem Nichtmuslim erben, aber nicht umgekehrt. Testamentarisch kann dieses Verbot allerdings ausgeschlossen werden.[841]

In der koranschen Rollenzuweisung ist die Frau in erster Linie Mutter und Hausfrau. Kinderlosigkeit ist ein sozialer Mangel, der zum Scheidungsgrund führt. Sie ist in ein patriarchalisches Gesellschaftssystem eingebettet. Eine kinderlose Frau ist in einer islamischen Gesellschaft nichts wert. Eigentlich ist diese Tatsache nicht nachzuvollziehen, denn des Propheten junge Lieblingsfrau Aischa blieb auch kinderlos und er hat sich nicht von ihr getrennt. Sie wird als eine sehr angesehene, gescheite Person beschrieben. Bei heutigen Scheidungen kann sich der Mann beinahe ungehindert von seiner Frau trennen. Der Ehemann kann sogar durch das bloße dreimalige Wiederholen einer Verstoßungsformel[842] seine Frau verlassen, während die Frau an bestimmte Voraussetzungen und an den gerichtlichen Weg gebunden ist. Für Scheidungsregeln hat der Koran Erklärungen, die strikt eingehalten werden müssen.

Im islamischen Familien- und Erbrecht erkennen wir ganz klar formulierte Unterschiede im Vergleich zum westlich geprägten Lebensentwurf, der zur Grundlage unserer Lebensweise geführt hat, bei den Frauen den Männern gegenüber in fast jeder Hinsicht, laut Gesetz, gleichberechtigt sind. In allen islamischen Ländern, die ich untersucht habe, verharrt man in der traditionellen Rolle der Geschlechteraufteilung. In den Länderberichten sieht man, dass umfangreiche traditionelle Regelungen, die Frauen benachteiligen, etwas aufgeweicht, aber nicht abgeschafft werden. Vonseiten der Regierungen wird argumentiert, dass Bestrebungen im Gang wären, die Rolle der Frau zu modernisieren, dass sich aber die Tradition und die Rechtsgelehrten dagegenstemmen. Als Folge dessen verstehen islamische Regierungen die Pakte und Menschenrechtskonventionen, die sie teilweise unter Scharia-Vorbehalt unterzeichnet oder ratifiziert haben, als den kleinsten gemeinsamen Nenner, der alle Menschen über die Grenzen hinweg verbinden soll.

Die Ehe ist im islamischen Recht kein Sakrament, sondern ein zivilrechtlicher Austauschvertrag,[843] mit Rückgaberecht und Unterhaltsverpflichtung gegen

---

841 **Khoury**, Adel Theodor, Christen unterm Halbmond, Religiöse Minderheiten unter der Herrschaft des Islam, Freiburg, 1994, S. 121.

842 **Verstoßungsformeln** sind in Sure 2:228, Sure 65:6 enthalten, **Zirker**, Der Koran, siehe oben.

843 Nach allen Rechtsschulen mit Ausnahme der hanifitischen, kann der Ehevormund, der „wali“, stellvertretend für die Frau eine rechtsgeschäftliche Willenserklärung abgeben. Nach hanifitischer Lehre kann dieser „wali“ die Braut auch ohne deren Zustimmung mit einem ausgesuchten Bräutigam verheiraten.

sexuelle Verfügbarkeit. Zahlt der Mann nicht Unterhalt oder Brautgeld, ist der Ungehorsam der Frau gerechtfertigt. Verweigerung bei aufrechten Unterhaltszahlungen rechtfertigt die Züchtigung nach zweimaliger Ermahnung.[844] Amina Wadud, eine islamische Wissenschafterin hat einige frauenfeindliche Koranpassagen veröffentlicht und diese frauenfreundlich interpretiert, damit auch diese Suren konventionstauglich werden könnten. Sure 4 Vers 34 im Koran handelt von Ehefrauen und wird üblicherweise so übersetzt: ‚Ermahnt diejenigen, von denen ihr Widerspenstigkeit befürchtet, und entfernt euch von ihnen in den Schlafgemächern und schlagt sie.' Wadud sagt, dass das Wort für schlagen auch anders übersetzt werden kann. Dann klingt diese Sure wie folgt: ‚Und was Frauen betrifft, die euch widerspenstig erscheinen, richtet überzeugende Worte an sie, dann lasst sie allein schlafen und geht mit ihnen ins Bett, wenn sie willens sind.'[845]

Saudi-Arabien hat die Frauenkonvention nach 21 Jahren Bedenkzeit am 7. September 2000 unterzeichnet, aber noch heute, 2017 verbietet die saudische Regierung den Frauen das Selbstlenken eines Autos. Angeblich werden dadurch die Eierstöcke beeinträchtigt. Es gibt aber im Koran keine Stelle, die den Frauen diesbezüglich Vorschriften macht. Lediglich die Behörden erteilen den Frauen keine Fahrgenehmigung. Prophet Mohammed hat seine Frauen Kamele reiten und treiben lassen. Weibliche Koranexegeten sagen, wenn der Koran gestern fortschrittlich war, darf man es nicht zulassen, dass er heute ein Synonym für den alltäglichen Rückschritt darstellt. Khadijah,[846] Mohammeds erste Ehefrau war eine reiche, zweimal verwitwete Geschäftsfrau mit vier Kindern und sie war 15 Jahre älter als Mohammed. Der Prophet war bei ihr angestellt, bevor sie ihm einen Heiratsantrag machte. Das war schon eine sehr moderne Ehe. Befremdend wirken daher Scharia-Vorbehalte betreffend Rechtsfähigkeit, Zeugenaussage und

---

844 **Schirrmacher**, Christine, Frauen unter der Scharia, Strafrecht und Familienrecht im Islam, vgl. Sure 2:223 und Sure 2:187. Siehe: **Rauscher**, Islamisches Familienrecht, S. 38.

845 **Wadud**, Amina, Qur'an and Woman: Rereading the Sacred Text from a Woman's Perspective, New York, Oxford University Press, 1999. Siehe dazu auch: **Sineb El Masrar**, Emanzipation im Islam, 2016. Frauenfeindliche Strukturen, die Masrar in ihrem Buch aufzeigt, sind kein Spezifikum des Islam. Das Züchtigungsrecht des Mannes hat es bis 1928 auch noch in Österreich gegeben. Die väterliche Gewalt des Ehemannes gab es bis 1975. Gleichstellung von Mann und Frau in der Ehe gibt es in Österreich erst seit 50 Jahren. Diskriminierung und Gewalt gegen Frauen sind keine Spezialität einer bestimmten Religion oder Ethnie, sondern ein Teil patriarchaler Gewalt.

846 **Daud**, Abdullah, Khadija bint Khuwaylid, Jeddah, Saudi-Arabia, 1415, p. 2, 3, 7.

das Recht der Frauen, Verträge zu schließen. Aischa[847] war die einzige Frau unter Mohammeds Frauen, die noch Jungfrau[848] war. Später wurde sie sogar des Ehebruchs beschuldigt, nachdem sie versehentlich bei einer Reise in die Wüste für eine Nacht dort vergessen wurde. Mohammed hatte dann aber eine Offenbarung, dass man Ehebruch nur anzeigen darf, wenn man dafür vier Zeugen vorweisen konnte. Diesbezügliche Verleumdungen wurden im Koran mit Peitschenhieben geahndet, Sure 24:11–15. Seit dieser Zeit gab es die Offenbarung, dass sich die Frauen des Propheten und die gläubigen Musliminnen bedecken sollten, damit sie von den anderen Frauen unterschieden werden konnten. Heute gibt es im Islam keine Einigkeit in welcher Form sich Frauen verhüllen sollen.[849] Nachdem

---

847 **Abid**, Liselotte, Als Fatima ihr Recht forderte. Siehe unten FN 848, S. 97, 98, 99,100. Aischas Hochzeitsalter wird mit neun Jahren angegeben. Dieses Alter wird aber angezweifelt. Das junge Heiratsalter wird mit der damaligen geringen Lebenserwartung einer Frau vermutet. Mohammeds Kinder erreichten bis auf Fatima nicht das Erwachsenenalter. Oasen wie Medina waren fieberverseucht. Mekka hatte ein staubtrockenes, heißes Klima, weshalb man Säuglinge oft bei einer Beduinenamme aufwachsen lies. Diese Hintergrundinformation ist nicht unwichtig, wenn man bedenkt, dass das Heiratsalter für Mädchen im Iran nach der Revolution von 1979 auf neun Jahre gesenkt wurde! Erst 2013 erhöhte man das Heiratsalter auf 13 Jahre. Die Realität hat aber die Tradition längst überholt. Das heutige Heiratsdurchschnittsalter im Iran liegt bei 25 Jahren. Auch das iranische Familienrecht muss in einem zeitgemäßen und sozialverträglichen Rahmen gestellt werden.

848 Anhand mancher Länderberichte haben wir gesehen, dass Kinderehen noch immer gerne arrangiert werden, obwohl diesbezüglich gar keine Vorbehalte getroffen wurden. Der Reinheitskomplex der Unberührtheit, um die Ehre der Männer zu wahren, wird noch immer sehr gepflegt. **Kinderehen:** Politik hat keine Zahlen, in: SN, 03.09.2016, S. 2 Innenpolitik. In Europa sieht man dies bei verheirateten Asylwerberinnen. Das SOS Kinderdorf bestätigt, dass besonders viele syrische Flüchtlingsmädchen zwangsverheiratet werden. Vor dem Syrienkrieg sind 13 Prozent der Ehepartner unter 18 Jahren gewesen, nun seien es mehr als 51 Prozent. Oft finden Zwangs-Verehelichungen in Flüchtlingslagern in Jordanien, im Libanon, im Irak und in der Türkei statt. Siehe auch: **Mansour**, Ahmad, Generation Allah, Frankfurt, 2015, 4. Aufl., S. 49. Noch heute werden islamische Frauen sogar in ihrer Hochzeitsnacht ermordet, wenn der Mann feststellt, dass sie nicht mehr Jungfrau ist. Dadurch wurde die Ehre des Mannes beschädigt.

849 **Ibn Isaq**, aus dem Arabischen von Rotter Gernot, Das Leben des Propheten, Kandern im Schwarzwald, 4. Aufl. 2008, S. 188 ff. Siehe auch: **Kopftuch**, Informationsplattform Religion, http://www.religion-online.info/islam/themen/kopftuch-info.html, abgefragt am 03.03.2017. „In der islamischen Welt gibt es keine Einigkeit, in welcher Form sich Frauen in der Öffentlichkeit verhüllen müssen. Der Wortlaut des Koran ist hier nicht eindeutig. Aus Sure 24:31 geht nicht hervor, dass auch der Kopf bzw. die Haare

Mohammed in den Armen seiner jungen Frau verstarb, übernahm Aischa eine aktive öffentliche Rolle. Sie bezog energisch Stellung gegen frauenfeindliche Haltungen und sie hat auch Truppen auf dem Rücken eines Kamels befehligt. In der sogenannten Kamelschlacht bei Basra im Jahr 656 n. Chr. standen sich Aischa und Kalif Ali gegenüber.[850] Den damaligen islamischen Gelehrten hat dies sehr missfallen. Auch die heutigen Gelehrten sind darüber nicht glücklich, dennoch wird Aischa heute von den Sunniten sehr verehrt und viele muslimische Mädchen erhalten noch heute ihren Namen. Aischa war eine Rebellin, aber auch die arabischen Frauen rebellieren. Sie wollen nicht mehr rund um die Uhr beschützt, ausgeschlossen, eingehüllt und einem männlichen Vormund unterstellt werden und sie wollen, dass ihre Jungfräulichkeit ihre Privatsache ist und nicht die Sache ihrer Familie.[851]

Die Rolle des männlichen Ehevormunds (wali) wird auch in manchen arabischen Berichten thematisiert, wodurch die Diskriminierung der Frau fortgesetzt wird. Im Länderbericht aus den Emiraten steht, dass es den Frauen unter der Scharia in jeder Hinsicht gut geht, weil keine Frau diskriminiert wird. Der Islam schützt die Rechte der Frauen. Diese Rechte basieren auf Gerechtigkeit,

---

bedeckt sein sollen. ‚Sie sollen ihre Blicke senken und ihre Scham bewahren, ihren Schmuck, d. h. die Körperteile, an denen sie Schmuck tragen, nicht offen zeigen, mit Ausnahme dessen, was sonst sichtbar ist. Sie sollen ihren Schleier auf den Kleiderausschnitt schlagen und ihren Schmuck nicht offen zeigen'. Auch Sure 33:59 schafft keine Klarheit. ‚O Prophet, sag deinen Gattinnen und deinen Töchtern und den Frauen der Gläubigen, sie sollen etwas von ihrem Überwurf über sich herunter ziehen.' Im Allgemeinen aber wird aus diesen Suren die Pflicht zur Verhüllung abgeleitet."

850 **Abid,** Liselotte, Als Fatima ihr Recht forderte. Habilitation, Wien, 2013. Aischa war die Widersacherin von Ali, dem späteren 4. Kalifen und Ehemann von Fatima, des einzigen überlebenden Kindes des Propheten. Fatimas Mutter war Kadija, die erste Muslimin. S. 96 ff. Siehe auch: **Hofmann**, Murad Wilfried, Den Islam verstehen, Istanbul, 2. Aufl. 2010, Die Spaltung der islamischen >Ummah< erfolgte bereits nach dem Tod des Propheten. Er hinterließ seine junge Frau Aischa und seine Tochter Fatima. Aischa war die Tochter des Prophetengefährten Abu-Bakr. Er wurde der 1. Kalif. Fatima war mit Ali verheiratet und dieser wurde 4. Kalif. Es gab eine Intimfeindschaft zwischen Aischa und Fatima, daraus wurde eine politische, dann eine militärische und schließlich eine dogmatische Auseinandersetzung, die bis heute andauert. Neben den vier sunnitischen Rechtsschulen entstand auch eine schiitische Rechtsschule, die sogar das Rechtsinstitut der Zeit-Ehe bis heute erlaubt. Es ist eine Form der legalen Prostitution neben der Ehe, die es im Gottesstaat Iran auch heute noch gibt, so wie die Kinderehe.

851 **Die heimliche Revolution. Frauen in Saudi-Arabien**, 20.08.2016, Arte 19 Uhr 30.

Fairness und Ausgewogenheit. Die Marokkanerin Fatima Mernissi[852] hat Aischa, die letzte Frau des Propheten, als Sprachrohr für die sunnitisch-muslimischen Frauen wiederentdeckt. Heute gibt es eine sich emanzipierende, liberale und vernetzte junge Generation in den arabischen Ländern. Sie darf den Protest gegen unterdrückerische Regime nicht den radikalen Islamisten überlassen. 2002 wurde der erste Arabische Bericht im Rahmen der UNO herausgegeben. Zu wenig Wissen, zu wenig Stärkung der Frauen und zu wenig Freiheit wurden bemängelt. Heute verfügen islamische Jugendliche über einen besseren Zugang zu Informationen und viele Jugendliche teilen viele Werte nicht mehr mit ihren Eltern, sondern bewundern auch Werte der westlich geprägten Welt. Sie sehen in der göttlichen Absicht – den Unterschied zwischen Mann und Frau allein in deren Maß an Frömmigkeit nach Sure 49:13 zu erkennen – einen Beweis dafür, dass es für Männer und Frauen nicht nur gleichwertige Rechte und Pflichten gibt, sondern auch gleiche.

Die islamische Jugend möchte sich viel mehr am Aufbau einer modernen Zivilbevölkerung beteiligen und strebt nach mehr individueller Kreativität. Modern Street Art in den Straßen von Kairo illustriert die Sehnsucht der Jungen nach Veränderung. Sie fordern Bürgerrechte ein. Im Arabischen UN Bericht von 2015 steht: ‚Aufgrund erstarrter politischer Machtstrukturen, die junge Menschen an den Rand drängen, fühlen sich diese zunehmend ernüchtert. Wenn die Regierungen diese Realität nicht erkennen, werden sie sich künftig mit mehr als einigen Extremisten auseinanderzusetzen haben'.[853]

Die arabische Sprache wurde erst mit dem Koran geboren. Viele Wörter haben syrischen und aramäischen Ursprung, daher ist die exakte Übersetzung des Urkorans, des mündlichen Textes, der Rezitation der Offenbarungen, extrem schwierig. Angelika Neuwirth hat den Koran als den gesichertsten Text der Spätantike bezeichnet und nach einem europäischen Zugang gesucht, der nichtmuslimische Europäer und Muslime verbindet. Neuwirth meint auch, dass die historische Rekonstruktion des Entstehungsmilieus des Korans noch längst nicht abgeschlossen ist.[854] Fest steht lediglich, dass Mohammed nicht der Autor

852 **Mernissi**, Fatima, Die Angst vor der Moderne, Frauen und Männer zwischen Islam und Demokratie, Hamburg, Zürich, 1992, S. 23.

853 **Diwan**, Ishac, aus dem Englischen von Helga Klinger-Groier, Project Syndicate, Die schweigende arabische Mehrheit muss laut werden, in: der Standard, 26.07.2016, S. 23.

854 **Neuwirth**, Angelika, Der Koran als Text der Spätantike. Ein europäischer Zugang. Berlin, 2013, 3. Aufl. S. 15, 31, ‚Der Koran ist nicht nur ein mündlich komponierter Text, er wurde auch durch die Geschichte hindurch primär mündlich überliefert und wird bis heute vorwiegend mündlich vergegenwärtigt.'

des Koran ist, sondern nur der Überbringer, dies haben Computer-Sprachanalysen ergeben, wenn man Koranverse mit den Hadithe vergleicht. Ferner wird der Prophet im Koran auch mehrfach hart kritisiert. Der Text des Koran stand bei Mohammeds Tod bereits fest, denn Tausende Muslime kannten ihn auswendig. Der heutige Text des Koran ist der gleiche wie im siebenten Jahrhundert n. Chr. – Vers für Vers. Man sagt, Kraft und Schönheit des arabischen Textes sprechen für eine göttliche Autorenschaft, die Gottesrecht nicht Menschenrecht in arabischer Sprache mit Gültigkeit für alle Zeiten und alle Orte, wo Muslime wohnen, festgelegt hat.[855]

Im Koran gibt es auch Kleidervorschriften. Sie gelten seit dem Vorfall mit Aischa in der Wüste dem Schutz und der Kennzeichnung der muslimischen Frauen und sie haben nichts gemeinsam mit einer Vollverschleierung oder Wegsperrung der Frauen. Heute beanstanden viele Nichtmuslime aber auch Muslime das Kopftuch, die Vollverschleierung und den islamischen Badeanzug, den Burkini.[856] Die Vorstellung, dass sich muslimische Frauen auf Wunsch ihrer Männer oder zum Schutze vor Männern, im Namen Gottes zur Gänze verhüllen müssen, entspricht nicht der Vorstellung von Gleichberechtigung und Religionsfreiheit im 21. Jahrhundert. Viele muslimische Frauen und Männer und auch ihre Regierungen glauben, dass die Frauen im Westen die Unterdrückten sind, weil sie ihren Körper öffentlich vorzeigen müssen, um den Männern zu gefallen. Ganz allgemein gilt, wenn eine Frau Subjektstatus in den Augen der Männer haben möchte, darf sie ihre Objektsignale eben nur sparsam, gekonnt und zielorientiert einsetzen. Weniger Haut, mehr Stoff, Musliminnen haben eine Fülle von Kleidungsmöglichkeiten für sich entdeckt, um sich korrekt angezogen zu fühlen. Züchtige Mode wird aber auch bei uns immer beliebter. Die Modedesigner Dolce & Gabbana haben eine superschicke, elegante, luxuriöse Kollektion mit Abajas, den Kaftan ähnlichen arabischen Mänteln auf den Markt gebracht, und man macht sich schon Gedanken über einen Burkino für den Mann.[857] Vor zehn

855 **Hofmann**, Murad Wilfried, Den Islam verstehen, Istanbul, 2. Aufl., 2010, S. 10.

856 Die Designerin Zanetti hat seit der Erfindung des Burkinis 2004 schon über 700 000 Stück verkauft, also ein sehr erfolgreiches Geschäftsmodell, und 40 Prozent davon in Europa. Von daher ist es schon eine weite Bewegung und wir beobachten, dass diese züchtige Mode auch immer attraktiver wird. Siehe unten: Alroggen, Antje, Interview.

857 **Allroggen**, Antje, Hackspiel-Mikosch, Elisabeth, Interview, Verschleierungsdebatte, züchtige Kleidung immer mehr in Mode. http://www.deutschlandfunk.de/verschleierungs-debatte-zuechtige-kleidung-ist-immer-mehr.691.de.html?dram:article_id=364085, abgefragt am 03.03.2017.

Jahren hätte bei uns auch niemand daran gedacht, dass wir Islamic Banking[858] anwenden werden. Es war vollkommen undenkbar, dass es ein Zinsverbot geben wird. Man sieht, dass gewisse religiöse Denkfiguren, die wir bereits vergessen haben, plötzlich in einer modernen Gesellschaft wieder auftauchen.

Im Westen und im Nahen und Mittleren Osten ist ein Umbruch der Denkweisen im Gang. Es gibt Vorbilder, wie die Königin von Jordanien, Rania und die Scheika Mozah von Qatar.[859] Meinungsumfragen der Vereinten Nationen in Ägypten, Jordanien, Libanon und Marokko haben ergeben, dass 98 Prozent der Befragten der Meinung sind, dass Mädchen dasselbe Recht auf Bildung haben wie Buben. Bildung macht Frauen kritisch, unabhängig und macht sie zum Vorbild für ihre Kinder.[860] König Mohammed VI von Marokko hat eine Computertechnikerin geheiratet und sie ist nicht verschleiert. In Marokko wurde auch das Familienrecht reformiert und es wird ein toleranter Islam gelehrt. Frauen haben in der Ehe und bei der Scheidung mehr Rechte. In Marokko gibt es bereits über 50 weibliche Imame, Predigerinnen, eine gewagte Neuerung.[861] Man sieht also, dass die Erneuerung der Interpretation der islamischen Rechtsquellen möglich ist, wenn sich Leute mit Verstand der Sache annehmen. In Marokko hat der König selbst veranlasst, dass 75 Gelehrtenräte an denen auch Frauen mitwirken, geschaffen wurden, um den Menschen einen gemäßigten Islam zu vermitteln. 1500 Gelehrte vermitteln den Imamen das nötige Wissen über die Scharia. Marokkanische Radio- und Fernsehsender bieten der marokkanischen Bevölkerung eine Alternative zu den Sendern aus dem Nahen Osten. Der „Amir al

---

858 **Simader**, Elisabeth, Die westliche Finanzkrise. Islamic Financing – Islamic Banking. Ein möglicher Ausweg? Frankfurt am Main, 2013. Der Begriff bedeutet Bankgeschäfte nach den Wertvorstellungen des Islam zu führen. Von der breiten Öffentlichkeit kaum wahrgenommen, verzeichnet diese religiös geprägte Spielart der Finanzbranche seit Jahren starkes Wachstum. Das von islamischen Finanzdienstleistern verwaltete Kapital soll demnach bis 2018 auf 3,4 Milliarden Euro ansteigen. Siehe auch: **Wienerroither**, Angelika, Eine Bank will die Welt verbessern, in: SN, 08.03.2017, S. 9 Lokalteil. Auch in Salzburg hat eine Genossenschaft eine Bank eröffnet, die nachhaltige Ideen ohne Gewinn fördern will.

859 **Scheika Mozah von Qatar**, The woman behind Doha's education city, https://www.washingtonpost.com/news/grade-point/wp/2015/12/06/sheikha-moza-the-woman-behind-dohas-education-city/?utm_term=.33ce6c8abf93, abgefragt am 16.03.2017.

860 **Tobias-Nahi**, Christina Safiya, Frauen und Mädchen im Blickpunkt, in: Islamische Zeitung, Muslime & Globalisierung, S. 9.

861 **Borchers**, Jens, http://www.deutschlandfunk.de/terrorbekaempfung-marokko-lehrt-einen-toleranten-islam.799.de.html?dram:article_id=364224, abgefragt am 30.08.2016.

Muminin", der Führer der Gläubigen, der marokkanische König erkannte, dass er sich auch um die Fatwas, die Erteilung von Rechtsgutachten kümmern müsse. Das geschieht an der Qarawijin Universität in Fes.[862] Das ist auch die Bedeutung des oben im 2. Kapitel unter Punkt 1 beschriebenen >Tadschdid> und >Islah< Erneuerungs- und Reform-Konzeptes, das im Koran und in den Prophetentraditionen Erwähnung findet. Gesellschaften müssen mit Verstand zum Guten reformiert werden, daher muss man den Koran aus heutiger Sicht lesen.[863] Religionsfreiheit nach westlichem Verständnis, der Übertritt vom Islam zu einer anderen Religion ist in Ländern, die den Islam in der Verfassung stehen haben, dennoch nicht statthaft, während ein Wechsel zum Islam immer erlaubt wird. Minderjährige Kinder folgen automatisch der islamischen Religion des Vaters. Diesbezüglich scheint ein Scharia-Vorbehalt wie in Stein gemeißelt zu sein.

Die Vermittlung von ökonomischen Wissen ist die beste Entwicklungshilfe. Eine 37-jährige Jordanierin, Soraya Salti, vermittelt jungen MuslimInnen Businesswissen, um sie für das Geschäftsleben fit zu machen, damit sie eigenes Geld mittels unternehmerischer Selbstständigkeit verdienen können. Sie sagt: „Wenn du die jungen Leute erreichst und diese ihre bisherige Denkweise kritisch hinterfragen, dann kannst du die Zukunft verändern."[864] Solange aber mutige und intelligente Frauen in einer Gefängniszelle, oder im Grab landen, fallweise mit Säure übergossen werden, untergraben die betreffenden Länder ihre Entwicklungschancen und eine Gesellschaft den unaufgeregten, gleichberechtigten Umgang der Geschlechter.

Die muslimische Gesellschaft ist eine junge Gesellschaft. Eine Gesellschaft, die die „Generation Allah"[865] einschließt, die eine Erneuerung des Islam ablehnt.

---

862 **Al Yaadi**, Mohammed, Den Stier bei den Hörnern packen. Die Rolle des Amir Al Muminin in Marokko zur Schaffung von Werten für die Radikalismusprävention, in: Islamische Zeitung, 09/2016, S. 19.

863 **Ramadan**, Tariq, Radikale Reform, Botschaft des Islam für die moderne Gesellschaft, München, 2009, S. 22. Siehe dazu auch: **Manea, flon**, Ich will nicht mehr schweigen. Der Islam, der Westen und die Menschenrechte, Freiburg im Breisgau, 2010, S. 67.

864 **Kristof**, D. Nicholas, Wu Dunn, Sheryl, Die Hälfte des Himmels, Wie Frauen weltweit für eine bessere Zukunft kämpfen, München, 2011, S. 198 ff.

865 **Mansour**, Ahmad, Generation Allah. Warum wir im Kampf gegen religiösen Extremismus umdenken müssen. Frankfurt am Main, 4. Aufl. 2015, S. 8, S. 116–122. Ein Ausdruck der islamistischen Jugendkultur ist die Bekleidung, Symbole, Gesten, Ausdrücke. Es gibt Icons gegen das Alkoholtrinken, Icons über Betende anstatt der nach vorne überfallenden westlichen Jugendlichen, die sich übergeben müssen, weil sie besoffen sind. Es gibt unter den muslimischen Jugendlichen eine Zeichensprache, die den Erwachsenen verschlossen bleibt. Diese Jugendlichen wollen die besten Muslime sein. Gelenkt werden sie durch Imame, die den Koran wortwörtlich auslegen. Der

Eine Generation, die mehr junge Männer als Frauen hat, hat eine Affinität zu Kriminalität und Gewalt, wenn diese Burschen keine Beschäftigung[866] finden und Frauen in eine passive und geknebelte Rolle gedrängt werden und warten müssen, bis ein Mann das geforderte Brautgeld für eine Hochzeit herbeischaffen kann. Mansour[867] sieht aber auch die Gier bei nicht wenigen muslimischen Jugendlichen nach etwas Neuem, nach der Möglichkeit Altbekanntes in einem anderen Licht sehen zu dürfen. Länder, wo Frauen unterdrückt werden, sind in der Regel auch wirtschaftlich rückständig. Fehlende Geschlechtergerechtigkeit ist eine ungenützte wirtschaftliche Ressource. Die weibliche Hälfte der Bevölkerung ist durchaus auch fähig am Aufbau ihrer Länder mitzuwirken, wenn man Möglichkeiten dazu schafft.

In den Länderberichten haben manche Regierungen das bereits erkannt und schaffen Arbeitsplätze für Frauen, sofern diese bereit sind, eine Doppelbelastung auf sich zu nehmen. Das Familienleben darf auf keinen Fall darunter leiden, wenn Frauen berufstätig sein möchten und dafür auch die Erlaubnis ihres Ehemannes erhalten haben. In Kuwait gibt es bereits Mutterschaftsurlaub bei voller Bezahlung und in Tunesien hat das Brautgeld nur mehr symbolischen Charakter, weil die Frau auch zum Unterhalt beitragen darf.

Kofi Annan, der ehemalige Generalsekretär der Vereinten Nationen sagte einmal: ‚Es ist unmöglich, unsere Ziele zu verwirklichen, wenn wir die Hälfte der Menschheit diskriminieren. Wie eine Studie nach der anderen uns lehrt, gibt es kein wirksameres Mittel gegen Unterentwicklung als die Stärkung der Frauen.'[868] Frauen sind der entscheidende Teil des demographischen Prozesses. Was passiert, wenn muslimische Frauen nicht mehr jedes Jahr geschwängert werden möchten, um Söhne für den „jihad" zu gebären? Gebildete Frauen wollen dies schon doppelt nicht, denn eine Frau mit eigenem Einkommen bestimmt auch den Kurs mit. Warum lenken wir also nicht unsere ganze Aufmerksamkeit

---

Buchstabenglaube ist in vielen muslimischen Familien verbreitet. Es gilt das Verbot des Zweifelns und Fragens.

866 **Sportarten**, https://de.wikipedia.org/wiki/Liste_von_Sportarten, abgefragt am 03.03.2017. In den westlich geprägten Ländern gibt es für Jugendliche Hunderte verschiedene Sportarten, wo sich besonders männliche Jugendliche abreagieren können. Das fehlt den islamischen Jugendlichen, dafür gibt es jede Menge Waffen und Drogen.

867 **Mansour**, Ahmad, Generation Allah, siehe oben.

868 **Kristof**, D. Nicholas, **Wu Dunn**, Sheryl, siehe oben, S. 232. Siehe dazu auch: **Arab Human Development Report**, New York, 2002, Creating Opportunities for Future Generations, S. 28. **Arab Human Development Report**, Towards Freedom in the Arab World, New York, 2005, S. 24.

darauf, dass der Kindermangel in der westlichen Welt nicht mit muslimischen Kindern aufgefüllt wird? Die Kraft des männlichen, muslimischen Kinderüberschusses muss sinnstiftend in den Wiederaufbau ihrer eigenen Länder gesteckt werden und der Westen hat die verdammte Pflicht ihnen zu helfen und dabei noch Steuern zu sparen, denn Hilfe zur Selbsthilfe ist billiger, als Waffen und Soldaten. Nicht die Waffenindustrie braucht Unterstützung, sondern die vielen muslimischen Jugendlichen in ihren Heimatländern.

Was passiert, wenn das westliche Ideal der Verbindung von Karriere und Mutterschaft bei den muslimischen Frauen keine Mehrheit findet? In Afghanistan hat die sowjetisch orientierte Regierung vor ca. 35 Jahren in Kabul versucht, das Brautgeld abzuschaffen und die Frauen in den Arbeitsprozess zu integrieren. Das ist damals gescheitert, weil die Frauen mit dem Koran auf dem Kopf auf den Straßen von Kabul und anderen großen Städten dagegen protestiert haben. Ägyptens Regierung hat im Länderbericht sogar betont, dass den ägyptischen Frauen die Abschaffung des Brautgeldes nicht zuzumuten ist, weil das Islamische Recht die Ehefrauen besserstellt. Peter Mersch hat dazu ein Buch geschrieben und behauptet, dass die Gleichberechtigung ein Irrtum sei und, dass die Angleichung der Geschlechter unsere Gesellschaft restlos ruinieren werde. Er fordert ein Präferenzmodell, in dem untersucht werden müsste, ob Frauen sich im Westen für eine Berufstätigkeit entscheiden würden, gäbe es ein schlüssiges Konzept für die Bezahlung von Familienarbeit.[869]

Art 16 c der Frauenantidiskriminierungskonvention möchte im Grunde Ähnliches, die Angleichung der Geschlechter. Brautgeld soll also abgeschafft werden. Die Frau ist keine Sache, die mit der Ehe gekauft wird. Die arabisch islamische Frau aber erwartet anlässlich ihrer Verehelichung ein Brautgeld, aus den in den Berichten angeführten Gründen. Dieses Brautgeld oder Mitgift ist eine zusätzliche finanzielle Absicherung der Braut, obwohl der Mann für sämtliche Aufwendungen in der Ehe aufkommen muss. Die Ehefrau braucht finanziell nichts zur Ehe beisteuern, auch wenn sie durch ihren Beruf ein Einkommen hätte. Egal wie hoch ihr Einkommen wäre, sie könnte es für sich behalten. Aus den oben genannten Gründen möchte Ägypten den Vorbehalt zu Art 16 der Konvention zur Beseitigung jeder Form von Diskriminierung der Frauen auf keinen Fall zurückziehen. Sollten sie das machen, so würde das die Rechte der Ehefrauen unter islamischem und ägyptischem Recht schmälern. Das islamische Recht stellt Ehefrauen eindeutig besser als das Konventionsrecht, so die Meinung der ägyptischen Regierung. Auch in den sonst so fortschrittlichen

869 **Mersch**, Peter, Die Emanzipation ein Irrtum, Norderstedt, 2. Aufl. 2007, S. 10.

Vereinigten Arabischen Emiraten ist man derselben Meinung. Der libanesische Länderbericht aus 2006 zitiert ein Urteil vom Supreme Council of the Sharia Court vom 02.12.1992 der sagt, dass das Brautgeld nicht wie ein Geld für eine Ware zu verstehen ist. "While some people consider that the dowry treats the woman as a commodity by putting a price on her, the opinion oft he Sunni court is: 'The dowry is not matter of buying or selling, nor is it a woman's price for sexual benefits or pleasure enjoyed or made use of equally by both the man and the woman. A human being is not bought or sold and his humanity cannot be estimated at any price. His freedom is sacred in Islam. The purpose of having the dowry paid, in whole or in part, in advance and at a later date is to secure the wife's need for a trousseau with the portion paid in advance, and to guarantee her needs after divorce or the death of her husband, from the portion due for a later payment.' "[870] Nur in Tunesien hat sich die Bedeutung des Brautgeldes bereits den gesellschaftlichen Gegebenheiten angepasst. Das Brautgeld repräsentiert nicht mehr die materielle Bedingung zu einer Ehe, sondern ist eher zu einer psychologischen Demonstration der Liebe des Mannes zur Frau geworden. Seitdem die Frau arbeiten darf, und eigenes Geld verdienen kann, ist das Brautgeld zu einem symbolischen Wert von fünf Dinar geschrumpft.

Saima Muhammad, eine muslimische, pakistanische Frau schwört auf die Macht der Mikrokredite für Frauen. Sie ist der Meinung, wenn Frauen eigenes Geld verdienen und zum Unterhalt beitragen, haben Männer mehr Achtung vor Frauen und es gäbe weniger Streit und Frauen werden weniger geschlagen. Die nationalen Gesetze, zum Beispiel das äußerst komplizierte islamische Erbrecht,[871] müssten also so umgestaltet werden, dass Frauen mehr wirtschaftlichen Einfluss erhalten. Sollte der Ehemann versterben, müssten die Ehefrau und die

---

870 **Libanon – Länderbericht, 2006, CEDAW/C/LBN/3** http://tbinternet.ohchr.org/_layouts/treatybodyexternal/Download.aspx?symbolno=CEDAW%2fC%2fLBN%2f3&Lang=en, abgefragt am 22.02.2017.

871 **Islamisches Erbrecht**, Das islamische Erbrecht ist darauf gerichtet, Reichtum zu verteilen, nicht anzuhäufen. Ein Erblasser darf nur ein Drittel des Nachlasses bestimmen. Zwei Drittel werden unter allen möglichen Verwandten aufgeteilt, Kinder, Eltern, Onkel, Tante. Das führt zur Zersplitterung des Besitztums. Die Witwe erhält höchstens ein Viertel des Nachlasses, weil ein Ehepaar sein Eigentum nicht zusammentun sollte. Jeder Partner wirtschaftet allein und hilft dem anderen aus Solidarität. Es ist nicht wie in Europa, wo die Ehefrau ihr Eigentum in die Ehe mitbringt. Wenn es im Ehevertrag nicht anders geregelt ist, erhält der Ehemann automatisch Verwaltungsrechte über den Reichtum der Frau. Im islamischen Recht liegt die Betonung des Rechts auf der wirtschaftlichen Solidarität. Hier steht das Kollektivdenken im Vordergrund. Die Frau ist im islamischen Recht nicht Individuum, sondern Teil des Kollektivs.

Kinder sein Vermögen erben können und nicht auch die Brüder des verstorbenen Ehemannes, die wieder in vielen Fällen die Witwen heiraten sollen, damit diese finanziell versorgt werden. Das schiitisch islamische Erbrecht ist etwas frauenfreundlicher. Wenn Frauen selbst die Verfügungsmacht über mehr Geld hätten, käme das auch der Gesundheit, der Ernährung und der Bildung ihrer Mädchen und Buben zugute. Durch mehr Wissen würden islamische Staaten mehr profitieren und die islamischen Völker stärken.[872] Bisher hat man nach islamischen Erbrecht aber die patriarchale Vorstellung verteidigt, nach der das Vermögen der Söhne in der Familie bleiben soll, während Töchter ohnehin in einen anderen Familienverband abwandern, wenn sie heiraten.

Das Kindschaftsrecht unterscheidet sich ebenfalls wesentlich von westlichen Vorstellungen. Eine Mutter verliert ihr Recht auf ihr Kind, wenn sie den Ehemann verlässt und an einem anderen Ort einen Wohnsitz begründet, vom Islam abfällt, einen unmoralischen Lebenswandel führt, wenn sie ihr Kind schlecht behandelt oder wenn sie sich wiederverheiratet. In allen arabischen Ländern werden aber Anstrengungen unternommen, das Personalstatut auf der Basis des >Idschtihads<[873] zu reformieren, sofern die Reformen auf gesellschaftliche Akzeptanz stoßen. Auf dem Land kennen die meisten Frauen ihre Rechte nicht und Männer haben Angst vor dem Verlust der vermeintlich göttlichen Privilegien. Nach dem Willen der Männer wird durch Ehre- und Keuschheitsgebote die Bewegungsfreiheit der Frauen stark eingeschränkt. Religiös-konservative männliche Richter an den Scharia-Gerichten und das Erstarken der islamistischen Bewegungen verschärfen die Situation für die Frauen täglich.

Die Anpassung des islamischen Personalstatuts an das internationale Gleichheitsverständnis und der Abbau der Diskriminierung der Frau haben in vielen arabischen Ländern noch einen langen Weg vor sich. Tunesien nimmt diesbezüglich wieder eine Vorreiterrolle ein. Tunesien verbietet die Vielehe, schaffte das einseitige Verstoßungsrecht des Mannes ab, und gewährt den Ehepartnern gleiche Rechte bei der Scheidung. Das Personalstatut kennt auch kein Ehehindernis bei verschiedener Religionszugehörigkeit und das in der Scharia verbriefte Recht eines „wali" wurde beseitigt. In der Ehe ist die Frau gleichberechtigt, die Gehorsamspflicht wurde aufgehoben. Bei einer schuldlosen Scheidung muss die Frau entschädigt werden, und sie erhält auch einen dauerhaften Unterhaltsanspruch nach der Scheidung, sofern sie nicht wieder heiratet. In Tunesien kann

872 **Kristof**, D. Nicholas, **Wu Dunn**, Sheryl, Die Hälfte des Himmels, Wie Frauen weltweit für eine bessere Zukunft kämpfen, siehe oben: S. 232 ff.

873 Siehe dazu: 1. Kapitel, 12 Der Idschtihad, S. 75.

eine Mutter, die mit einem Ausländer verheiratet ist, ihrem im Ausland geborenen Kind die tunesische Staatsbürgerschaft weitergeben. Nicht verändert wurden die islamischen Erbrechtsregeln, aber auch im Eherecht wird vieles nur sehr langsam abgeändert.[874]

In Marokko kann man anhand des Länderberichtes einen ähnlichen Wandel beobachten. Auch die marokkanische Frau kann sich ohne einen „wali" verehelichen. Die Verstoßung der Frau war als Rechtsgeschäft ausgestaltet. Heute ist der >talaq< an die richterliche Entscheidung gebunden. Nach der Scheidung erhält die Frau eine Abfindung, ein Kompensationsgeschenk, das den Schaden, den die Frau durch die Scheidung erlitten hat, ausgleichen soll. Die Mehrehe wurde erschwert. Man ist bestrebt, die islamistischen Kräfte im Land nicht herauszufordern.

Im Jemen wurde nach der Wiedervereinigung eine Angleichung des Personalstatuts vorgenommen. Die Gleichberechtigung wird berücksichtigt. Im Jemen ist man heute stolz, dass mittlerweile alle Scharia-Vorbehalte bei der Konvention gegen Frauendiskriminierung zurückgenommen werden konnten. Nur der IGH wird weiterhin nicht akzeptiert. Durch die Verfestigung der Islamisierung im Land wird der Jemen aber wieder zur Scharia als einziger Rechtsquelle zurückkehren. Ein massiver Widerstand gegen die rechtliche Aufwertung der Frau und gegen die Reform des Familienrechtes ist in Saudi-Arabien und in den Golfstaaten zu verzeichnen, aber – ab Juni 2018 soll es grünes Licht für die saudischen Frauen am Steuer geben. „Der Regen startet mit einem ersten Tropfen", twitterte die saudische Frauenrechtlerin Manal al-Sharif.

Auf der Suche nach dem Fundamentalismus, der sich in allen arabischen Ländern verstärkt sichtbar macht, darf man die Belastungen des Kolonialerbes nicht leugnen. Islamwissenschaftler sagen, der Westen hätte die islamische Welt behindert. Doch das große islamische Imperium mit Damaskus und später Bagdad als Zentrum ist im 13. Jahrhundert untergegangen. Damals gab es keinen Kolonialismus. Der Vorgänger des Kolonialismus waren die Kreuzzüge und die Kreuzritter wollten nach Jerusalem, nicht nach Bagdad zum Kalifen. Der Untergang der islamischen Zivilisation hatte interne Gründe, meint der Iraker Ali Allawi in seinem Buch "The Crisis of Islamic Civilization."[875] Der große islamische Denker des 19. Jahrhunderts, al Afghani war derselben Meinung. Für ihn war die Kolonialzeit die Herrschaft starker Völker über schwache Völker und starke Völker

874 Siehe dazu: 3. Kapitel, VIII, 14 a Stellungnahme zu Tunesien.
875 **Allawi**, Ali, The Crisis of Islamic Civilization, New York, 2010, S. 304.

verfügten über Wissen. Das Zeitalter des Wissens ist für die arabischen Muslime durch die Eroberung Bagdads durch die Mongolen 1258 zu Ende gegangen.[876]

Ab 1970 begann der Aufstieg des Islamismus. Die Niederlage im Sechs-Tage-Krieg 1967 gegen Israel war ein Trauma für die Araber. Ökonomische Gründe und das Scheitern des sozialistischen Experimentes in Ägypten und Syrien spielten eine große Rolle. Mit dem Sechs-Tage-Krieg begann auch der Zusammenbruch der säkularen arabischen Regime. Seit einigen Jahren beobachten wir wieder den Zerfall mehrerer arabischer Staaten. Das Hauptproblem ist das geringe Wirtschaftswachstum und ein riesiges Bevölkerungswachstum. Ägypten ist in den letzten zehn Jahren von 80 Millionen auf 96 Millionen gewachsen. Die Bevölkerung Algeriens hat sich in den letzten 40 Jahren verdreifacht. Aus Damaskus mit 700 000 Einwohnern vor 50 Jahren ist eine Metropole mit 3,5 Millionen Einwohnern geworden. Der aktuelle „youth bulge",[877] die Bevölkerungsexplosion ist größer als alle vorherigen, das bedeutet in den islamischen Ländern gleichzeitig Ressourcenverknappung. Die große Kluft zwischen demographischer und wirtschaftlicher Entwicklung rüttelt an der Stabilität eines Staates. Nicht das Elend in einem Land führt zu einer Rebellion, sondern die Starken unter den Elenden bauen gewalttätige Bewegungen auf.

Jordanien könnte ebenfalls zerfallen, aber auch Saudi-Arabien und die Staaten am Golf. In Kuwait und in den Vereinigten Arabischen Emiraten gibt es nur mehr 20 Prozent Einheimische. Die eigentliche Arbeit verrichten dort billige Arbeitskräfte aus Asien und Afrika. Noch gibt es Geld aus der Schatulle der dortigen Herrscher aus den Erdöleinnahmen, um die Bevölkerung stillzuhalten.

Streitigkeiten können auch zwischen Vertragsstaaten der betreffenden Abkommen entstehen, und zwar über die Auslegung bzw. die Anwendung von menschenrechtlichen Verträgen. Die UN bieten internationale Schiedsverfahren oder den IGH als Streitrichter an. Die untersuchten islamischen Länder haben diese Möglichkeit allesamt abgelehnt und einen Vorbehalt gegen die Rechtsprechung des IGH angebracht. Dahinter steht das Gebot, das Nichtmuslime nicht über Muslime urteilen sollen. Nach islamischem Recht gibt es keine Gewaltenteilung im modernen Sinn. Nach der Vorstellung der islamischen Rechtsgelehrten widerspricht das der Allmacht Gottes, aber es gab bereits im Mittelalter

---

876 **Wahid**, Shahnoor, Das Zeitalter der Weisheit wiederbeleben, in: Islamische Zeitung, 09/2016, S. 9.

877 **Heinsohn**, Gunnar, Söhne und Weltmacht, Terror im Aufstieg und Fall der Nationen, München, 2008, S. 25. **„In islamisch geprägten Länder ist die Bevölkerung in der Zeit von 1900–2000 von 150 auf 1200 Millionen Menschen gestiegen! Sie tragen das Siegesbanner der Fortpflanzung."**

Säkularisierungstendenzen im Verhältnis Kalif zu Sultan. Der eine kümmerte sich um die Religion, war Führer der Gläubigen, der andere widmete sich der Staatsführung, der weltlichen Macht. In Saudi-Arabien und im Iran sind die Rechtsgelehrten auch im 21. Jahrhundert noch überaus mächtig.[878]

Daneben gibt es in arabischen Städten, wie Kairo oder Algier, entlang der Schnellstraßen große Werbeplakate. Sie zeigen schöne Häuser, schöne Autos und schöne Frauen aus Europa. Für diese Leute ist Europa das Paradies und natürlich auch das europäische Sozialsystem ist legendär. Migranten wollen in Europa Zugehörigkeit durch Arbeit erreichen. Wenn aber junge arabische Männer in Europa in Notunterkünften hausen müssen, fühlen sie sich betrogen. Sie entwickeln Rachegefühle gegenüber dem europäischen Mann, stellvertreten durch deren Frauen. Wenn solche Männer nicht bekommen, was sie erwarten, werden sie wütend. Professor Bassam Tibi meint, die Silvesternacht in Köln 2016 war ein kulturell verankerter Racheakt. Zu kritisieren ist hier, die falsche Toleranz und die Unwissenheit über andere Kulturen. Tibi verlangt eine Umerziehung für Migranten aus der Welt des Islams, eine Umerziehung aus der patriarchalen Kultur hin zur Demokratie.[879] Auch Ahmad Mansour, der ehemalige Islamist, fordert den Respekt vor den Unterschieden ein, und er fordert ein Wertesystem, nachdem sich auch die Generation „Allah" orientieren könne und das demokratischen Grundrechten entspricht.[880]

Christina Jones-Pauly verlangt ein neues Menschenrecht für mehr Wissen über andere, religiös motivierte Lebenswirklichkeiten, damit Fundamentalisten nicht glauben, sie dürften den Koran alleine interpretieren. Islamisches Recht genießt im westlichen Wertesystem keine besondere Anerkennung. Der Islam wird als Staatsreligion anerkannt, obwohl es in der islamischen Rechtsphilosophie keinen Staat geben kann, sondern nur die Gemeinschaft der Gläubigen. Es gibt viele Aspekte, die man in westlichen Schulen über fremde Religionen und Philosophien lehren und lernen müsste, anstatt sich nur der Vertiefung der

878 Siehe dazu: 3. Kapitel, VIII, 12 a Stellungnahme zu Saudi-Arabien und 3. Kapitel VIII, 17 a Stellungnahme zum schiitischen Iran.

879 **Tibi**, Bassam, Junge Männer, die die Kultur der Gewalt mitbringen, http://www.welt.de/debatte/kommentare/article155134929/Junge-Maenner-die-die-Kultur-der-Gewalt-mitbringen.html, abgefragt am 22.02.2017.

880 **Mansour**, Ahmad, Generation Allah. Warum wir im Kampf gegen religiösen Extremismus umdenken müssen. Frankfurt, 2015, S. 40. Über die Generation „Allah" sagt Mansour: „Wer die Barmherzigkeit Gottes betont und den Koran als spirituelles Werk liest, wird so verachtet wie die Euro-Muslime, die Demokratie und Menschenrechte als mit ihrer Religion gut vereinbar begreifen." S. 123.

eigenen Doktrin zu widmen. Warum teilt man in den Schulen die Kinder auf? Katholiken gehen in Klasse A, Protestanten in Klasse B, Muslime in Klasse C. Bei einem interreligiösen Ansatz müssten die SchülerInnen nicht separiert werden. ‚Sie erfahren voneinander, übereinander und erleben die Vielfalt des Glaubens direkt'.[881] Man muss islamische Jugendliche zum Nachdenken bringen und Vorbilder außerhalb der Jihadistenszene[882] schaffen.

In Europa, generell im Westen wäre es notwendig, wenn man beim islamischen Recht und dessen Anwendung die Betonung auf die sehr unterschiedlichen Interpretationsmöglichkeiten der islamischen Rechtsquellen legen würde. In einer globalisierten Welt, eine monolithische rigide und wandlungsunfähige muslimische Rechtsautorität und -kultur aufzubauen, wie es Islamisten und Fundamentalisten und die Generation „Allah" und „Allahs Missionare" beabsichtigen, wird im Westen auf immer größeren Widerstand stoßen, daher ist es höchste Zeit, sich mit dem Islam endlich ernsthaft und unvoreingenommen zu befassen. Kritik an einem Islamverständnis, das Gewalt legitimiert, muss auch von Muslime ertragen werden können. Lediglich 200 Verse des Koran befassen sich mit praktischen Dingen wie dem Staat, der Wirtschaft, der Verteidigung, dem Vertrags-, Erb-, Familienrecht und nur ein kleiner Teil ist Strafrecht.[883] All diese Normen sind unabänderlich, wohl aber interpretierbar. „Wer das islamische Recht als primitiv einstuft, kennt es nicht. Es ist hoch entwickelt wie das klassische römische und das zeitgenössische angloamerikanische Recht."[884] Der Islam ist neben der Religion aber auch eine Zivilisation, die sich von der arabischen Halbinsel ausgehend, ausgebreitet hat, und vieles am Verhalten der Muslime ist von ihrer Zivilisation stärker geprägt als vom Islam und das ist Unberechenbarkeit.

Für eine moderne westliche Gesellschaft sind Individualität, Freiheit, Vielfalt, Raum zur Selbstentfaltung, freie Entscheidungsmöglichkeit und Berechenbarkeit eine wichtige Voraussetzung. Das gibt es in einer islamischen Gesellschaft nicht. Da heißt es: „In scha'allah", wenn Allah will. Für die wirtschaftliche Entwicklungsfähigkeit ist das Menschenbild wichtig. Diesbezüglich unterscheidet sich das Islamische sehr wesentlich vom Westlichen und vor allem das Bild der

---

881 **Mansour**, Ahmad, Generation Allah, siehe oben: S. 227.

882 **Germund**, Willi, Allahs Missionare, Bericht aus der Schule des Heiligen Krieges, Köln, 2010.

883 **Jones-Pauly**, Christina, Das Spannungsfeld zwischen islamischen Recht und Menschenrechten aus rechtsvergleichender Sicht, http://www.humanrights.ch/upload/pdf/0000990827_cjp_referat.pdf, abgefragt am 22.02.2017.

884 **Hofmann**, Murad Wilfried, Den Islam verstehen, Istanbul, 2. Aufl. 2010, S. 11.

Frau in der Gesellschaft. Im Islam gehört der Mensch immer zu einem Kollektiv. Im Westen ist der Mensch ein Individuum, er ist autonom und für sein Verhalten verantwortlich. Im Islam ist das völlig anders. Der Mensch ist ein Geschöpf Gottes, ein „makhluq."[885] Allah steuert alles. Daher fordert Professor Bassam Tibi eine Änderung des Menschenbildes bei den Muslimen, damit sie mit Nichtmuslime einen interreligiösen Dialog führen können.

Bereits 1925 erschienen bahnbrechende Werke von islamischen Schriftstellern, die verlangten, dass man den Islam von der Politik trennen müsse. In einer säkular definierten arabischen Nation wären christliche und muslimische AraberInnen gleichberechtigt.[886] In der islamischen >Ummah< ist eine diesbezügliche Gleichberechtigung ein Ding der Unmöglichkeit. Der gemäßigte Islamist Muhammad Yusuf Musa sagt, dass der Islam nicht theokratisch ist, weil der islamische Herrscher keinen göttlichen Charakter hat. Der Islam ist auch keine Monarchie, der Islam ist nicht despotisch, weil der Herrscher dem Recht unterworfen ist. In den islamischen Ländern ist die Geschichte stets anders verlaufen, als es der Koran gebietet. Der Islam ist aber auch keine Demokratie im westlichen Sinne, weil der Volkswille nur zählt, wenn er mit der Scharia übereinstimmt. Die oberste Souveränität liegt nicht beim Volk, sondern bei der Scharia.[887] Im Westen

---

885 **Tibi**, Bassam, Der erste Schritt ist die Änderung des Menschenbildes. http://www.wiwo.de/politik/ausland/bassam-tibi-der-erste-schritt-ist-eine-aenderung-des-menschenbildes/13871676-3.html, abgefragt am 17.03.2017.

886 **Beispiel Syrien**, Syrien mit Damaskus als ältester bewohnter Stadt der Welt, hat eine konfliktreiche Geschichte. Damaskus war von 661–750 die Hauptstadt des Umaiyaden-Reiches, des ersten imperialen Kalifats im Islam, das sich von Spanien bis West-China ausdehnte. Im späten 19. Jahrhundert wurde von den Christen die Idee der Nation übernommen. Christen und Muslime lebten gleichberechtigt nebeneinander, anders als im Kalifat, wo die Christen als Gläubige zweiter Klasse galten. Es entstand der säkulare Panarabismus. Nach der Auflösung des Osmanischen Reiches wurde Syrien von 1920–1945 französisches Mandatsgebiet, danach eine unabhängige, säkulare Republik. Wie wir in den Länderberichten gesehen haben, wurden auch hier Scharia-Vorbehalte zu menschenrechtlichen Verträgen der Vereinten Nationen gemacht, weil die Regierung die orthodoxen Muslime besänftigen wollte.

887 **Tibi**, Bassam, Die fundamentalistische Herausforderung. Der Islam und die Weltpolitik. München, 2003, 4. Aufl. S. 253. Siehe dazu auch: **Öztürk**, Yasar Nuri, Der verfälschte Islam, Düsseldorf, 2007, S. 84 ff. „Zur Führung im Namen Gottes sind einzig und allein die Propheten befugt. Dem Koran nach, ist Mohammed der letzte Prophet. Der Koran akzeptiert darüber hinaus kein Regime im Namen Gottes, keine Theokratie und keine Monarchie. Menschen, ausgenommen die Propheten, können nur im Namen des Volkes und von diesem legitimiert, regieren."

gilt Säkularisierung als eine Vorbedingung für Demokratisierung, im Nahen Osten hingegen wird sie meistens mit Diktaturen in Verbindung gebracht, von der des ehemaligen Schahs im Iran bis zu der des Präsidenten Ben Ali in Tunesien. Eine Diktatur ist zutiefst unislamisch.[888]

Nach dem Scharia-Recht dürfen gläubige Muslime auf Dauer eigentlich nicht in einem nicht-muslimischen Land leben, denn die gewissenhafte Einhaltung des islamischen Gesetzes garantiert nur eine islamische Herrschaft. Sollten Muslime doch im Ausland leben wollen, dürften sie sich eigentlich nicht integrieren.[889] Daher wäre meine Lösung wie folgt: In Österreich ist „Urlaub im Kloster“[890] eines der besten kulturtouristischen Projekte. Es gibt in Europa unzählige Klöster, Stifte und Dependancen des Vatikans. Hier könnten Armutsflüchtlinge mithelfen, diese Immobilien für Armutsflüchtlinge zu adaptieren. Hier könnten sie Sprachen und Berufe erlernen, mit deren Hilfe sie nach einer mehrjährigen Ausbildung in ihre Heimat zurückkehren würden. Hier würde es dann Sinn machen, wenn die EU mithilft, Jobs in den Herkunftsländern zu schaffen. Geld wurde ja schon bisher genügend bei den Geberkonferenzen lukriert, aber es gibt keine Evaluierung, was mit den Milliarden bisher geschehen ist.[891] Mit dem erworbenen Wissen könnten muslimische Armuts-Flüchtlinge zum Aufbau ihrer eigenen Länder einen wertvollen Beitrag leisten, anstelle jahrelang in Europa im Rahmen teurer Asylverfahren im Kreis geschickt, um letztendlich doch wieder abgeschoben zu werden. Natürlich muss für dieses europäische

---

888 **Roy**, Oliver, Der islamische Weg nach Westen, Globalisierung, Entwurzelung und Radikalisierung, München, 2006, S. 339.

889 **Tibi**, Bassam, Weitere islamische Staaten werden zerbrechen, http://www.wiwo.de/politik/ausland/bassam-tibi-weitere-islamische-staaten-werden-zerbrechen/13871676.html, abgefragt am 03.03.2017. Siehe dazu auch: **Darf ein orthodoxer Muslim in einem Land wohnen, wo das islamische Gesetz nicht angewendet wird?** http://www.anti-religion.net/emigration_islam_d.htm, abgefragt am 22.02.2017. Siehe dazu: **Diner**, Dan, Versiegelte Zeit. Über den Stillstand in der islamischen Welt. Berlin 2007, S. 242, 244. „Während die Juden wegen ihrer diasporischen Existenz nicht ihrem eigenen Gesetz allein unterstellt sein konnten, entwickelten die Muslime durch den politischen Charakter ihrer Religion und die erfolgreiche Etablierung ihrer Herrschaft eine historisch gesicherte Gewohnheit, die eine Einheit von Staat oder Herrschaft und Religion dogmatisch ratifizierte.“

890 **Oschwald**, Hanspeter, Der Klosterurlaubsführer, Klöster europaweit, Freiburg im Breisgau, 2008.

891 **Erös**, Reinhard, Erös, Reinhard im Gespräch mit Heuer, Christine, Kinderhilfe Afghanistan, http://www.deutschlandfunk.de/geplante-abschiebungen-aus-der-eu-in-afghanistan-gibt-es-ab.694.de.html?dram:article_id=367652, abgefragt am 05.10.2016.

Projekt Gemeinschaftsgeld im Sinne von Entwicklungshilfe[892] – die bei den armen Menschen ankommt – zur Verfügung gestellt werden. Die Armuts-Flüchtlingsverteilung auf Europa, eine Art – Erasmusschiene, Förderprogramm der EU – wäre durch das Vorhandensein von Klöstern, Stiften, Dependancen des Vatikans[893] und ähnlichen kirchlichen Einrichtungen in Europa und durch deren Aufnahmekapazitäten begrenzt. Es gäbe daher auch schon einen zwingenden Verteilerschlüssel, der auf alle europäischen Länder – ohne Ausnahmen – anzuwenden wäre.

Asylverfahren kosten Geld, Zeit und Nerven. Warum hilft man nicht gleich? Warum schickt die EU viel Geld an Regierungen, die es schaffen, dass das Geld bei den Menschen nie ankommt. Alle europäischen Staaten könnten in diesem Punkt mit der katholischen und evangelischen Kirche in Europa zusammenarbeiten, und um Asyl bittenden Flüchtlingen Hilfe zur Selbsthilfe anbieten. Die meisten Flüchtlinge, die bei uns anklopfen, werden nicht politisch oder religiös verfolgt, sondern von der unendlichen Armut, dem Chaos und der Perspektivlosigkeit in ihrer Heimat. Sie fallen daher bei uns durch den „asylrechtlichen Rost".[894] Eine Abschiebung endet nicht selten in einem terroristischen Auffangpool oder im

---

892 **Seebacher**, Verena, EU pumpte 5,1 Milliarden Euro in den Westbalkan. Der Erfolg ist aber mäßig und die zunehmende Gefahr einer Islamisierung steigt. In: SN, 27.09.2016, S. 4 Weltpolitik. Siehe auch: **Seebacher**, Verena, Die EU erhöht den Druck auf Afghanistan, in: SN, 03.10.2016, S. 6 Weltpolitik. 80 000 Afghanen, die in Europa um Asyl angesucht haben, wurden abgewiesen. Die EU will ein Abkommen zur Rücknahme von Flüchtlingen aushandeln und will dafür Milliarden Euro nach Afghanistan schicken. Viele Afghanen sehen aber in ihrer Heimat keine Zukunftsperspektiven.

893 **Nuzzi**, Gianluigi, Alles muss ans Licht. Das geheime Dossier über den Kreuzweg des Papstes, Salzburg, 2015, Es gibt ein schwarzes Loch des katholischen Immobilienvermögens. Papst Franziskus hatte diesen Missstand 2013 auf einem Symposium vor den versammelten Kardinälen angeprangert. Nicht selten bewohnen auch Kardinäle in Rom 800 qm^2 große Wohnungen kostenlos. Der Vatikan besitzt auch unzählige Dependancen in Europa, die brachliegen. Hier könnte man ebenfalls viele Flüchtlinge unterbringen, betreuen und sie auf eine geglückte Rückkehr in ihr Heimatland vorbereiten. S. 138, 160 ff.

894 **SN, dpa**, Zehntausende Afghanen vor der Abschiebung, in: SN, 04.10.2016, S. 6 Weltpolitik. Auf der Geberkonferenz im Oktober 2016 in Brüssel wurde gerade wieder eine Vereinbarung unterzeichnet, die der EU zusichert, dass die afghanische Regierung gegen viel Geld afghanische Flüchtlinge wieder zurücknimmt. Die Frage lautet: Kommt das Geld bei den armen Menschen an, oder wandert es wieder – wie schon in den letzten 15 Jahren – in die Taschen der korrupten Eliten. Siehe dazu auch Interview mit **Erös**, Kinderhilfe Afghanistan, http://www.deutschlandfunk.de/geplante-abschiebungen-aus-der-eu-in-afghanistan-gibt-es-ab.694.de.html?dram:article_id=367652,

Drogensumpf mit Bumerang Wirkung, die der Westen wieder mit vielen und teuren Sicherheitsmaßnahmen zu bekämpfen versucht, letztendlich auch auf Kosten unserer Freiheitsrechte. Viel reden, nichts sagen, abhören, Daten speichern, Drohnen schicken, Waffen und Geld an Milizen verteilen, damit sich die Muslime gegenseitig abschlachten – wem soll das nützen? In Afghanistan mit einer Bevölkerung von ca. 25 Millionen hat der Westen in den letzten 15 Jahren eine Billion Dollar investiert. Was haben die Herrschenden daraus gemacht? Eigentlich gar nichts, sagt Dr. Erös, der in Afghanistan seit 20 Jahren Schulen und Krankenhäuser mit Einheimischen baut.[895]

Im Mittelalter haben sich alle Gesellschaftsschichten für klösterliche Einrichtungen starkgemacht. Hilfesuchende haben Zuflucht im Kloster gefunden.[896] Man hat hier handwerklich gearbeitet, konnte sich bilden und beten. Nach und nach verloren diese Klöster und kirchlichen Einrichtungen ihre ursprüngliche Bedeutung, nämlich die Wahrnehmung weltlicher Aufgaben. Der soziale Aspekt des klösterlichen Wirkens ist aber geblieben, und Tausende leer stehende Räumlichkeiten in ganz Europa warten auf eine neue Bestimmung und auf neue Dialoge. Der deutsch-algerische Islamwissenschaftler Abdel-Hakim Ourghi[897] ist der Überzeugung, dass es ohne einen Dialog mit dem Islam keinen dauerhaften Weltfrieden geben kann.

Heute wäre es für europäische Klöster eine enorme Imagepflege im Sinne der christlichen Nächstenliebe, mit der europäischen Gemeinschaft gemeinsam ohne Missionierung, Aufbauarbeit zu leisten und mit den Flüchtlingen über die Herausforderung der westlichen und muslimischen Gesellschaft nachzudenken. Die meisten Flüchtlinge kommen aus einer islamischen Welt, und oft aus einer sehr konservativen archaischen Gesellschaft. Diese Leute sind anders

---

abgefragt am 05.10.2016, „zumal eine echte Evaluierung, was mit dem Geld passiere, nie stattgefunden habe."

895 **Erös**, Reinhard, Interview siehe oben.

896 **Jostmann**, Christian, Wie soll man Fremden begegnen, in: die Furche, 22.09.2016, S. 17.

897 **Ourghi**, Abdel-Hakim, ‚Sich dem unangenehmen Thema stellen.' https://www.herder-korrespondenz.de/heftarchiv/69-jahrgang-2015/heft-3-2015/ein-gespraech-mit-dem-theologen-abdel-hakim-ourghi-ueber-islam-und-terrorismus-sich-dem-unangenehmen-thema-stellen, abgefragt am 22.02.2017. „Man muss die Koranpassagen, die zur Gewalt aufrufen, erst einmal geschichtlich verorten, sie reflektieren und sich mit der Frage beschäftigen, wie man die daraus erwachsenden Schwierigkeiten lösen kann. Es ist eine zentrale Aufgabe, in einer Kultur des Dialoges auch über sich selbst und seine eigene Geschichte nachzudenken. Das ist dann gerade nicht gegen den Islam gerichtet, sondern eine unabdingbare Vorrausetzung für eine zeitgenössische Reformlektüre jenseits politischer Interessen."

sozialisiert, sie sind mit einer patriarchalen Struktur aufgewachsen. Wir müssen viel kommunizieren, welche Werte für uns im Westen wichtig sind und vor allem, dass keine Frau diskriminiert werden darf. Flüchtlinge wollen aber nicht nur eine fremde Sprache erlernen, sie wollen über aktuelle Themen sprechen, sie suchen ideologiefreies Wissen. Nicht Ausgrenzung, sondern Kooperation schafft Sicherheit, daheim und in der Welt.

Was hindert Europa daran, den meist muslimischen Armuts-Flüchtlingen eine Berufsausbildung im Rahmen der Entwicklungshilfe zu finanzieren, ihnen Perspektiven in ihrer Heimat aufzuzeigen? Das Cucula Projekt in Berlin wäre so ein Beispiel.[898] Eine Gettoisierung von traumatisierten Menschen wird nirgends in Europa die Flüchtlingsfrage friedlich lösen können. Armuts-Flüchtlinge brauchen Hoffnung und ein Ziel. Das Ziel muss lauten: Ich werde in meiner Heimat gebraucht, weil ich im Gastland gut informiert und ausgebildet wurde, um mein Land aufzubauen, aber auch um international anerkannte Menschenrechte von Scharia-Vorbehalten zu befreien, indem man lernt, die Scharia zeitgemäß zu verstehen, wie es der Prophet Mohammed in einer Hadith[899] gefordert hat, dass alle 100 Jahre der Koran an die Gesellschaft angepasst werden soll. Gemeint war wohl, dass die Kalifen und deren Nachfolger, die Verpflichtung trifft, die >Ummah<, die Gemeinde der Gläubigen, heute die islamischen Staaten, nach islamischem Recht zu führen.[900] Das soll nicht heißen, dass die islamischen Quellen ausgetauscht werden, sondern das bedeutet, dass der Islam an verschiedenen Orten und zu verschiedenen Zeiten anders zu leben und umzusetzen ist. Islamische Gelehrte werden durch die Hadith in die Pflicht genommen, die heiligen Texte zeitgemäß zu interpretieren. Sure 3 Vers 7 sagt sinngemäß: Wer Gutes bewirken will, wird den Koran gut interpretieren, wer Schlechtes veranlassen möchte, wird den Koran schlecht wiedergeben.[901] Auch der ehemalige Islamist und Psychologe Ahmad Mansour plädiert in seinem Buch „Generation Allah“[902]

---

898 **Huemer**, Angela, Miteinander an der Zukunft tischlern, in: die Furche, 15.09.2016, S. 23, Cucula-Refugees Company for Crafts and Design.

899 **Ramadan**, Tariq, Radikale Reform, Die Botschaft des Islam für die moderne Gesellschaft. München, 2009, S. 20, 21. Überlieferte Hadith von Abu Dawud, ‚Wahrlich, Allah sendet für die >Ummah< zu Beginn jedes Jahrhunderts einen, der den Glauben für sie erneuert.‘

900 **Ummah,** siehe dazu FN 157, 158, 165, 176, 178, 180, 181, 235, 237, 253, 850, 1001.

901 **Zirker**, Hans, Der Koran, Darmstadt, 2. Aufl., 2007, S. 41.

902 **Mansour**, Ahmad, Generation Allah. Warum wir im Kampf gegen religiösen Extremismus umdenken müssen. https://www.amazon.de/Generation-Allah-religi%C3%B6sen-Extremismus-umdenken/dp/310002446X, abgefragt am 03.03.2017. Siehe auch: Mansour, Ahmad im Gespräch mit Jasper Barenberg,

für eine tief greifende Reform des Islam, für eine sinnstiftende und nachhaltige Flüchtlingshilfe, um sinnvolle Menschenrechte wirklich universell durchsetzen zu können.

Europa und seine Kirchen könnten also tatkräftig mithelfen, dass in ihr Heimatland zurückkehrende junge, muslimische Flüchtlinge bei uns nicht nur beruflich ausgebildet werden, sondern dass sie auch ein zeitgemäßes Koranverständnis und universelle Menschenrechtskenntnisse in ihre Heimat mitbringen, um beim Abbau von archaischen Traditionen und zum Aufbau einer modernen arabischen Zivilgesellschaft beizutragen. Alle gewaltfreien Traditionen sind eine Bereicherung. Mansour meint, dass Jugendliche, die in der Lage wären, die positiven Aspekte aus beiden Kulturkreisen in sich zu vereinen, die offen für unterschiedliche Kulturen sind und die sich von einer in die andere mühelos bewegen können, zu den Eliten ihrer Länder aufsteigen könnten. In einer globalisierten Welt sind solche Jugendliche einen großen Schritt voraus.[903]

Letztendlich sollte dies auch die dortige Politik positiv beeinflussen und man würde sich bei den Scharia-Vorbehalten zu menschenrechtlichen Verträgen der Vereinten Nationen noch mehr Gedanken machen, wie man diese aufheben könnte, indem man islamische Gesetze aus dem siebenten Jahrhundert n. Chr., besonders im Familien-, Ehe-, Erb- und Personenstandsrecht auch beginnt, in den Moscheen zu diskutieren. Schließlich betont der Koran den Wert der Suche und Aneignung von Wissen. Die muslimische Herrschaft der Antike hat die Gelehrsamkeit gefördert. Auch im neuen islamischen Jahr 1438 nach der Hidjra,[904] also nach Gregorianischem Kalender ab Oktober 2016, kann man dem Islam besser dienen, wenn man ein produktives Leben führt und sich nicht der Obsession hingibt, um sich im Namen Allahs in die Luft zu sprengen.[905]

---

http://www.deutschlandfunk.de/integrationspolitik-es-ist-nicht-klar-welche-werte-wir.694.de.html?dram:article_id=364541, abgefragt am 22.02.2017.

903 **Mansour**, Ahmad, Generation Allah. Warum wir im Kampf gegen den religiösen Extremismus umdenken müssen. Frankfurt am Main, 4. Aufl. 2015, S. 213.

904 **Khorchide**, Mouhanad, Die spirituellen Auswanderer, in: die Furche, 22.09.2016, S. 15. Im Oktober 2016 beginnt das neue islamische Jahr 1438 n. H. nach der „Hidjra". 622 n. Chr. war die Auswanderung, eigentlich Flucht des Propheten Mohammed von Mekka nach Medina. Der Koran beschreibt sie in Sure 51:50 als Flucht zu Gott vor Verblendung und vor dem Bösem im Menschen selbst. Der Koran wünscht, dass der Mensch dazulernt, reift, indem er sich ständig mit sich selbst und seiner Gemeinschaft auseinandersetzen muss.

905 **Wahid**, Shahnoor, Das Zeitalter der Weisheit wiederbeleben, in: Islamische Zeitung, 09/2016, S. 9. Siehe auch: **Nasiri**, Omar, Mein Leben bei al-Qaida, die Geschichte eines Spions, München, 2007, S. 228–232. Der Koran kennt keine Selbstmordattentate, weil

In vielen Länderberichten, die ich untersucht habe, wird betont, dass man in allen Schulen, Universitäten, in den Medien und mit NGOs über ratifizierte menschenrechtliche Verträge der Vereinten Nationen breit gefächert diskutiert hat. Menschenrechte werden für arme Menschen aber erst wichtig, wenn Grundbedürfnisse, wie in Frieden leben, essen, trinken, wohnen, arbeiten, lernen und heiraten dürfen, befriedigt werden können. Für islamische Herrscher sind Menschenrechte, die nicht schariakonform sind, einfach unbequem, weil es zum Aufbruch in einer traditionellen Lebensweise kommen wird, was besonders den immer stärker werdenden Islamisten und Fundamentalisten, die alles Westliche ablehnen, widerstrebt. Islamistische Parteien sind mittlerweile wahlbestimmend geworden, wie wir in Ägypten, Tunesien und in Marokko gesehen haben. Schließlich wollen alle alten islamischen Herrscher weiterhin an der Macht bleiben und das gelingt momentan nur mit mehr Scharia. Die strikte Wahrung der Sakralität der ewigen Scharia, bedeutet Zeit aufhalten.

Der Scharia-Vorbehalt zu menschenrechtlichen Verträgen der Vereinten Nationen in diesen untersuchten arabischen Kernländern und im Iran wird also noch lange bleiben, in der täglichen Praxis sowieso, auf dem Papier und im Internet auch, es sei denn, es gelingt, was die 37-jährige Jordanierin Soraya Salti fordert: „Wenn du die jungen Leute erreichst und diese ihre Denkweise verändern, dann wirst du die Zukunft verändern." Wenn sie denken, ich bin Muslim, aber meine Religion ist meine Privatsache. „Ich werde nicht zu einem besseren Muslim, wenn ich einen Bart trage, oder eine Burka, oder andere Menschen als Gottlose beschimpfe. Ich bin Muslim, aber ich lehne das Gottesbild ab, das bestraft und das mit der Hölle droht. Ich bin Muslim, aber ich sehe Mädchen und Frauen als gleichberechtigt. Ich bin Muslim und ich stehe zur Demokratie und zu universellen Menschenrechten."[906]

Es muss möglich sein, dass nicht alles was von einer archaischen Vorstellung aus dem siebenten Jahrhundert nach Christus abweicht, unislamisch ist. Säkulare und religiös definierte Gesellschaften können sich langsam annähern, wenn wir eine bürgerliche Rechtsordnung mit verbrieften Menschenrechten, eine leistungs- und wettbewerbsorientierte Ökonomie und die Privatisierung der Religion durchsetzen. „Wir müssen dieses Modell verteidigen. Wir dachten, es

---

Allah das Leben geschenkt hat und nur er es wieder nehmen darf. Der Islam geißelt den Selbstmord und den Terror als Todsünde. Siehe dazu auch Interview mit **Lewis**, Bernard. Der Koran kennt keine Selbstmordattentate, Die Zeit, 2004, S. 1–3. Siehe auch: **Zirka**, Hans, Koran, siehe oben: Sure 4:29, S. 59.

906 **Mansour**, Ahmad, siehe oben: S. 231.

genügt, wenn wir dieses Modell exportieren. Das war zu einfach gedacht",[907] sagt Paul Liessmann.

In Europa darf es nicht dazu führen, dass man für die muslimische Minderheitsbevölkerung, im Familien-, Scheidungs-, Erbrecht und im Personenstandsgesetz, wie beispielsweise in Indien, das ich in meiner Einführung erwähnt habe, einen Scharia-Vorbehalt undiskutiert gelten lässt. Das würde bedeuten, dass das traditionell ausgelegte islamische Recht, an den typischen Rollenzuweisungen festhalten darf. Wie wir durch die Länderberichte sehen konnten, dient der Scharia-Vorbehalt nach wie vor der Schlechterstellung der Frauen in vielen Angelegenheiten des täglichen Lebens.

Dazu wäre es sinnvoll gewesen, wenn es noch zu viel mehr Protesten und vor allem qualifizierteren Einwendungen seitens der europäischen Regierungen gekommen wäre, als islamische Länder menschenrechtliche Verträge der Vereinten Nationen unter einem Scharia-Vorbehalt unterzeichnet, ratifiziert haben, oder diesem Vertrag beigetreten sind. Für die inzwischen angewachsene muslimische Diaspora in Europa muss gelten, dass sie selbst ihr sakrales Gesetz, die Scharia, mit der nicht-muslimischen Lebenswelt kompatibel macht, damit ein friedliches Zusammenleben in allen westlich geprägten Ländern möglich wird. Die politische Wiederkehr der Religion in ihrer gewalttätigen Form zwingt den Okzident und den Orient zu einer neuen Auseinandersetzung mit der Frage, wie viel Gott den Menschen guttut. Wenn das Experiment in Europa erfolgreich ist, werden auch arabische Regierungen, auch die Ayatollahs im Iran ihre nationalen Gesetze, basierend auf der Scharia ihrer Gesellschaft anpassen müssen. Sämtliche Scharia-Vorbehalte in menschenrechtlichen Verträgen der Vereinten Nationen könnten dann zurückgezogen werden, wenn sie in die europäische Rechtsprechung erst gar nicht Eingang gefunden haben.

907 **Liessmann**, Paul Konrad, im Gespräch mit Boberski, Heiner, Vernunft und Glaube: getrennte Welten, in: die Furche, 22.09.2016, S. 22.

Schlusszusammenfassung

Die Einschätzung eines Scharia-Vorbehalts nach der WVK bietet einen Mittelweg an. Es gibt keine entweder oder Lösung. Ein Vorbehalt nach der WVK soll aber nach Möglichkeit vorübergehenden Charakter haben, um dem Land Zeit zugeben, die nationalen Regeln den menschenrechtlichen Konventionen der Vereinten Nationen anzupassen, denn der Scharia-Vorbehalt ist ein Eingriff in den Inhalt des multilateralen Vertrages. Das Völkerrecht beansprucht aber nicht regelmäßig, dass ein nationaler Rechtsakt, wenn er gegen Völkerrecht verstößt, als nichtig zu betrachten ist. Eher strikt ist die Auffassung im Völkerrecht, wenn es sich um Verstöße gegen elementare Menschenrechtsnormen handelt, die beispielsweise Kriegsverbrechen oder Folter verbieten.[908] Ein genereller Scharia-Vorbehalt, wie in Qatar bei der Antifolterkonvention gemacht hat, lässt sich inhaltlich kaum zuordnen. Umgekehrt sieht man die Bemühung einzelner arabischer Länder, Scharia-Vorbehalte ehrlich abbauen zu wollen. Qatar hat dies bei der Antifolterkonvention teilweise gemacht, allerdings gibt es keinen Länderbericht, der die Praxis schildert.

Durch die Untersuchung der Scharia-Vorbehalte in menschenrechtlichen Verträgen der Vereinten Nationen von 15 arabisch-sunnitisch geprägten Ländern und dem schiitischen Iran und deren Länderberichte, sofern vorhanden, hat sich gezeigt, dass es kein einheitliches islamisches Menschenrechtsverständnis gibt. Im Zentrum der Argumentation steht aber in jedem arabischen Land das islamische Personenstandsgesetz, besonders das islamische Ehe-, Familien- und Erbrecht. Diesbezüglich kann man trotz allem eine dynamische Entwicklung beobachten. Es gibt etliche Scharia-Vorbehalte, die formell zurückgezogen wurden. In den Begründungen des Scharia-Vorbehalts wurde nicht selten darauf hingewiesen, dass es ohnehin keine Konflikte mit den internationalen Konventionen gibt, wenn man die internationalen Gesetze schariakompatibel interpretiert.

Bezüglich des Brautgeldes argumentiert Ägypten aus der Sicht der ägyptischen Frauen, dass das ägyptische Eherecht für die Frauen einen materiellen Vorteil ergibt und daher dem internationalen Gesetz vorzuziehen ist. Das Scheidungsrecht steht in allen arabischen Ländern noch auf der Seite der Männer. Islamische Werte werden aber gerade in Schulen und durch NGOs häufig hinterfragt, besonders wenn es sich dabei um Frauen und deren Stellung in

---

908 **Herdegen**, Matthias, Völkerrecht, 15. Aufl. München, 2016, S. 172.

der Gesellschaft oder im Beruf handelt. Auch hierbei versuchen einige Länder, besonders Tunesien und Marokko eine Angleichung an den UN Menschenrechtsstandard zu erreichen. In Marokko hat man gesehen, dass der Monarch bei der Modernisierung der Frauenrechte in Schwierigkeiten mit den Islamisten gekommen ist, was andere Herrscher abhält, diesbezüglich auch nur kleine Veränderungen vorzunehmen.

Die Frauen in Saudi-Arabien stehen unter der Kontrolle der Ulamah, der konservativen Islamgelehrten. Angesichts der zunehmenden Islamisierung in allen arabischen Ländern kann eine Verbesserung kurzfristig nicht angenommen werden. Die Regierung in Qatar hat Angst davor, dass die Frauen zu emanzipiert werden und ihre Rolle als Frau und Mutter vernachlässigen und womöglich die islamische Familienstruktur ins Chaos stürzen. In den Emiraten basiert die Familie auf Liebe, gegenseitigem Respekt und auf Gesetzen. Diesbezüglich sind Religion, Moral und Patriotismus stützende Elemente, weil Familie und Kinder ein wesentlicher Eckpfeiler der arabischen Gesellschaft sind. Die Frau wird in allen untersuchten Ländern als Ergänzung des Mannes gesehen. Gleichberechtigung zwischen Mann und Frau wird anders gelebt. Man spricht von gleichwertigen Rechten und Pflichten im Rahmen der Familie. Islamische Regierungen haben formell in den diversen Gesetzen versucht, eine Angleichung an den UN Menschenrechtsstandard zu schaffen. Materiell ist das allerdings selten gelungen, obwohl man durch die Methode des >Idschtihad< auf die veränderten sozialpolitischen Rahmenbedingungen reagiert hat. Am weitesten fortgeschritten ist die Gleichberechtigung zwischen Mann und Frau in Tunesien, Marokko und Kuwait. Ein Stadt-Land Gefälle ist in allen arabischen Ländern zu beobachten. Gebildete Frauen haben aber überall Vorteile. Das Brautgeld fällt höher aus und sie sind in der Lage den Heiratsvertrag und den Koran selbst zu lesen und müssen nicht alles glauben, was ihnen von Männern erzählt wird.

In allen arabischen Ländern wird in den Länderberichten geschildert, dass die Traditionen, besonders am Land noch sehr mächtig sind, und dass man als Regierung bemüht ist, negative, Frauen diskriminierende Traditionen zu eliminieren. Kann und will eine Frau zum Unterhalt beitragen, darf sie ihre Rolle als Ehefrau und Mutter nicht vernachlässigen. In Marokko und Tunesien arbeiten bereits sehr viele Frauen in den Fabriken der aufstrebenden Industriezweige. In der Regel ist der muslimische Ehemann allein für den Unterhalt der Familie zuständig, aber man ist überzeugt, dass eigenes Geld die arabische Frau selbstbewusst macht und ihre Position stärkt.

Religionsfreiheit und Adoption werden im Islamischen Recht anders aufgefasst, als in der UN Kinderrechtskonvention beschrieben. Tunesien hat zu den Art 14, 20 und 21 über die Religionsfreiheit und Adoption keinen

Scharia-Vorbehalt eingelegt. In Tunesien gibt es mittlerweile auch ein Adoptionsgesetz, das das koreanische Adoptionsverbot mithilfe eines Rechtskniffes „hiyal"[909] umgeht.

Auch im Erbrecht gibt es Abweichungen. Nach strikten koranschen Regeln darf ein Erbfall nie zu einer Vermögensanhäufung führen, sondern muss der Vermögensaufteilung dienen. Nach den Regeln des Korans sollen Muslime auch nur an Muslime vererben. In manchen arabischen Ländern kann ein Erblasser auch Gegenteiliges verfügen und sich den islamischen Regeln entziehen.

Durch die vielen Konfliktherde in den islamischen Ländern hat die Islamisierung und die Neigung die Scharia über alles zu stellen, zugenommen. Das Recht die Religion zu wechseln, wie im IPBPR oder in der Kinderrechtskonvention vorgesehen, gleiche Rechte in der Ehe wie im Abkommen zur Beseitigung jeder Form von Diskriminierung der Frauen gefordert, wurden von allen untersuchten Ländern mit einem Scharia-Vorbehalt versehen, weil ihre Ehegesetze alle unisono auf der Scharia fußen und alle Länder sich in ihren Verfassungen darauf berufen, dass ihre Staatsreligion der Islam ist und eine Trennung von Staat und Religion von einer Mehrzahl der Muslime nicht angestrebt wird. Die Religion gibt Halt, sagt was haram (verboten) oder halal (erlaubt) ist, und das ist gerade in so schweren Zeiten, wo viele islamisch-arabische Länder im Elend und Chaos versinken, erwünscht.

909 **Rohe**, Mathias, Das Islamische Recht, **Islamische Rechtskniffe**, **„hiyal"**, München, 2009, S. 116 ff. Zusammengefasst könnte man einen Rechtskniff auch Umgehung der Vorschriften, unter Wahrung der Form nennen.

Nachwort

Die arabische Welt ist heterogen. 15 Staaten (15 + 1 Palästina) sind durch die gemeinsame, arabische Sprache und durch den Islam miteinander verbunden. Gegenwärtig vereint die arabische Welt vielleicht auch noch die Sorge um ihre jungen Menschen. 70 Prozent der Menschen sind jünger als 30 Jahre. Die Jugendarbeitslosigkeit liegt bei 50 Prozent und die politischen Verhältnisse sind angespannt bis chaotisch. Im schiitischen Iran gibt es zu viele AkademikerInnen und ebenfalls zu wenig Arbeitsmöglichkeiten.

Der geographische Raum beginnt im Westen mit Marokko und endet im vorderasiatischen Raum mit den Golfstaaten. Der Raum umfasst fast beinahe 500 Millionen Menschen plus fast 80 Millionen IranerInnen. Gemäß der Ausstattung mit Ressourcen sind auch die Wohlstandsverhältnisse in diesen islamischen Ländern sehr unterschiedlich. Die Zeit zwischen dem 7. und 14. Jahrhundert n. Chr., als arabische Länder noch innovativ in Wissenschaft und Forschung waren, ist ob der vielseitigen heutigen Probleme in Vergessenheit geraten.

2011 begann wieder ein Prozess der Wandlung durch Proteste in Tunesien, der sich auf alle 16 Ländern mehr oder wenig rasch ausgebreitet hat und noch mindestens zehn Jahre dauern wird, wie Bouaida Mbarka, eine junge marokkanische Politikerin glaubt. In Syrien findet ein blutiger Bürgerkrieg statt, Libyen, der Irak und der Jemen zerfallen, Ägypten, Tunesien, Algerien und Marokko werden von den Islamisten heimgesucht.

Die entfernten Despoten haben ihre Länder wie Privatbesitz verwaltet. Die arabischen Aufstände dagegen waren ebenfalls inhomogen. Einig war man sich nur in der Beseitigung der diktatorischen Regime. Europa ist verwirrt, weil diese Statthalter europäischer Interessen abtreten mussten, und Europa nun seine Politik ändern sollte. Arabische Länder müssten ihren Weg alleine finden dürfen. Geopolitische Interessen und allseits erhältliche Waffen verhindern das. Derzeit klopfen sowohl die Türkei, die Saudis und der Iran um einen Führungsanspruch in der arabischen Welt an, der wenn möglich, auch amerikanische, europäische und russische Interessen mitberücksichtigen sollte.

Die arabischen Frauen träumen nicht nur, sie kämpfen auch um Gleichberechtigung. Sie wollen freie Diskussionen und eine demokratische Gesetzgebung. Diesbezüglich gibt es keinen Scharia-Vorbehalt durch die islamischen Gesellschaften, sondern nur durch die islamischen Regierungen. Die junge marokkanische Politikerin Mbarka kämpft für ein demokratisches Marokko, eine moderne Zivilgesellschaft und dafür, dass nicht religiöse Fragen die Politik bestimmen. Mbarka sagt, der arabische Frühling brachte eigentlich die Erweckung der Zivilgesellschaft in jedem arabischen Land. Mbarka meint auch, dass das Bildungsniveau bei den Islamisten geringer sei, daher auch mehr manipulierbar wäre.[910]

Menschenrechtliche Verträge der Vereinten Nationen beruhen ohne Zweifel auf der jüdisch-christlichen Kultur. Westliche Werte und westliche Weltanschauung sind in Gesetze eingeflossen. Die Französische Revolution hat die Trennung von Kirche und Staat beeinflusst. Aber es hat auch in Europa noch 100 Jahre gedauert, bis Liberté, Égalité und Fraternité zu spüren waren. Ob die arabische Revolution von 2011 einen ähnlichen Einfluss auf die Scharia ausüben wird, darf gehofft werden. Die Trennung von Religion und Staat ist für die Mehrheit der Muslime aber noch nicht akzeptabel. Religionsfreiheit, wie wir sie verstehen, liegt noch in weiter Ferne.

Der lange Kampf um die Menschenrechte hat dem Herrscher und heute den Regierungen aufgezeigt, dass es bei der staatlichen Macht Einschränkungen gibt. In muslimisch arabischen Ländern und im Iran habe ich aufgezeigt, dass es im Familien-, Ehe-, Erbrecht noch viele Schlechterstellungen, verglichen mit menschenrechtlichen Verträgen der Vereinten Nationen gibt. Etliche arabische Länder haben daran gearbeitet, ihre nationale Gesetzgebung, basierend auf der Scharia, so zu interpretieren, dass sie mit dem Inhalt vieler menschenrechtlicher Gesetze der Vereinten Nationen konform laufen. Dieser Versuch gelang aber nur über eine Rechtsreform aus der islamischen Tradition heraus. Der starke Pflichtenbezug im Islam behindert nach wie vor die Entwicklung individueller Rechte. Anhand der Länderberichte und den darin genannten Maßnahmen erkennt man schon, dass die Menschenrechtsdiskussion in arabischen Ländern, solange dort nicht Krieg herrscht, eine Rolle spielt. Oft werden aber der Islam und die Menschenrechte instrumentalisiert. Der Islam dient den Islamisten als Vehikel ihre Anliegen in den Vordergrund zu schieben, und der Westen macht die Umsetzung von internationalen Menschenrechten, abhängig von Entwicklungshilfe.

Lobend erwähnen muss man hier Tunesien. Der Vordenker der tunesischen Ennahda Partei, der auch die Wahlen nach dem Abgang des Altpräsidenten Ben Ali in Tunesien gewonnen hatte, meinte in einem Interview mit einer Islamischen Zeitung, dass das System eines Kalifats mit den Grundsätzen einer modernen Demokratie konform gehe, schließlich wären alle recht geleiteten

---

910 **Mbarka**, Bouaida, Die Revolution dauert noch lange. Interview führte Schennach, Stefan, in: die Furche, 22.03.2012, S. 3.

Kalifen Abu-Bakr, Umar, Uthman und Ali auch vom Volk gewählt worden. Die Moral dürfte nicht staatlich vorgegeben werden, denn jede Gesellschaft muss ihre Werte selbst definieren und im Islam hat niemand ein Monopol auf den Glauben. In Tunesien hat der Wettstreit zwischen der islamistischen Ennahda-Partei und der weltlichen Nidaa-Tounes-Partei im Rahmen von Wahlkämpfen eine produktive Debatte über die Rolle der Religion in Politik und Gesellschaft ermöglicht. In Ägypten dagegen hat die autokratische Regierung von Präsident Abdelfattah as-Sisi die Muslimbruderschaft gewaltsam unterdrückt. Tunesien hat Signalwirkung, wohin die Reise in den islamischen Ländern hingehen wird, und sie brauchen Unterstützung durch Europa und durch eine alternative und mutige Form von Entwicklungs- und Investitionshilfe. In arabischen Ländern wird die Religion immer großen Einfluss haben, aber in Tunesien will man auf keinen Fall wieder zur Ein-Mann-Herrschaft zurückkehren. Marc Trevidic, der berühmteste französische Antiterrorrichter dankt in seinem Buch „Ahlam oder der Traum von Freiheit" allen Tunesierinnen und Tunesiern, weil sie für eine weltoffene Demokratie kämpfen und es allen zeigen wollen, dass Tunesien es schaffen kann, auch weil die Frau dem Mann ebenbürtig ist und nicht seine Ergänzung.[911]

Arabische Länder benötigen westliche Länder als Vorbildfunktion. Diesbezüglich gibt es arge Defizite. Besonders die USA haben es in jüngerer Vergangenheit nie geschafft, sich als positive Weltmacht darzustellen. Ganz allgemein entstand der Eindruck, dass Terror, Flüchtlingsströme und Elend von Konfliktregionen ausgehen, wo die Amerikaner als Weltmacht mitmischen und wo man nach vielen Jahren noch immer zu keiner Lösung gekommen ist. Die Meinungsumfrage der "Arab Public Opinion and US Presidential Elections 2016, welche vom Arab Center Washington DC in Zusammenarbeit mit dem Arab Center for Research and Policy Studies Doha durchgeführt worden ist, gab vor den amerikanischen Präsidentenwahlen 2016 bekannt, dass 73 % der Araber über die Amerikaner eine positive Meinung haben, 66 Prozent beurteilen die US-Nahostpolitik negativ. 56 % gaben über Hillary Clinton eine positive Meinung ab. 60 % haben eine negative Meinung von Donald Trump.[912] Die Wahl Donald Trumps zum amerikanischen Präsidenten stützt sich auf eine Abrechnung, die George Packer in seinem Buch „Die Abwicklung", den Zerfall der sozialen Strukturen in Amerika schon ganz gut vorhergesehen hat. „Gewinnen und verlieren – das

911 **Trevidic**, Marc, Ahlam oder Der Traum von Freiheit, Hamburg, 2016, S. 286.

912 **Meinungsumfrage, flon**, http://english.dohainstitute.org/file/Get/10be873b-1128-4912-a2e3-23edecd44505, abgefragt am 22.02.2017.

ist das große amerikanische Spiel, und in der Abwicklung ist der Gewinn größer als je zuvor, die Gewinner entschweben wie riesige Luftschiffe, und die Verlierer fallen tiefer und tiefer, und manche kommen niemals unten an."[913] Der amerikanische Präsident Abraham Lincoln definierte Demokratie noch als "government of the people, by the people, and for the people."[914] Unter einem amerikanischen Präsidenten Donald Trump soll Amerika wieder groß werden, so dessen Ansage. Die fatale Verausgabung Amerikas soll beendet werden. 4999 militärische Einrichtungen besitzt Amerika. 662 davon befinden sich in 36 Ländern über die ganze Welt verstreut. Die imperiale Überdehnung hat seit 1991 zu Kriegen in Afghanistan, Irak, Libyen, Jemen, Somalia und Syrien geführt. Die NATO, die den Zweck hatte, ihre Mitglieder gegen die Sowjetunion zu verteidigen, dehnte sich nach deren Wegfall bis an die Grenzen Russlands aus. Dadurch wurde ein neues Wettrüsten in Gang gesetzt und durch den Krieg in und um Syrien potenziert. Alles unterliegt dem Wandel. Es ist höchste Zeit in eine nachhaltige Entwicklung und in die Partnerschaft mit dem Rest der Welt zu investieren.[915]

Das Osmanische Reich stand nach dem Ersten Weltkrieg auf der Seite der Verlierer. Mustafa Kemal Atatürk, der Begründer der modernen Türkei, formte damals eine nationalistische Widerstandsbewegung gegen die europäischen Besatzer. Er einte alle Untergrundbewegungen, trotz der Rebellion der religiösen Muftis. Er bediente sich einer panislamischen Rhetorik. Die meisten seiner Unterstützer hätten niemals gedacht, dass er als der Mann in den Annalen der Geschichte Platz finden wird, der das Osmanische Reich und das Kalifat abgeschafft hat. Der Laizismus bewirkte aber nicht die Trennung von Religion und Staat, sondern stellte die Religion unter staatliche Kontrolle. Niemand dachte, dass sich in der Türkei eine Demokratie entwickeln könnte, die einen Präsidenten Erdogan hervorgebracht hat, der heute glaubt, dass er von der Fethullah Gülen-Bewegung[916] weggeputscht werden sollte. Die Türkei hat sich viele Jahre

---

913 **Packer**, George, Die Abwicklung. Eine innere Geschichte des neuen Amerika, New York, Frankfurt, 3. Ausgabe, 2014, S. 10.

914 **Nolte**, Paul, Weil Demokratie sich ändern muss, Wiesbaden 2014, S. 24.

915 **Sachs D.**, Jeffry, Die fatale Verausgabung Amerikas, in: die Furche 45, 10.11.2016, S. 3.

916 **Cem Deniz**, Ali, Die neue Türkei, Von Atatürk bis Erdogan, Wien, 2016, S. 202–214. Fethullah Gülen, Ex-Imam, lebt im Exil in den USA. Die Bewegung versucht den Säkularismus mit dem Islam zu vereinbaren. Die meisten sehen aber in der Bewegung eine Sekte, die gerade wegen ihrer Unauffälligkeit gefährlicher sein könnte als Gruppen, die offen die Scharia fordern. Die Gülen-Bewegung verfügt über private Bildungseinrichtungen auf der ganzen Welt. In den USA betreiben die Gülenisten 120 Schulen. In der Türkei baute man sich ein Medien- und Wirtschaftsimperium auf. Die Tageszeitung Zaman wurde zum auflagenstärksten Blatt in der Türkei. Erdogan

lang als Modell zur Nachahmung für die arabischen Länder angeboten. Im wieder aufgeflammten Konflikt mit den Kurden und der Arbeiterpartei Kurdistans, PKK, erklärte ein Imam aus Sirnak den Kampf gegen den türkischen Staat zur religiösen Pflicht.[917] Daneben ist es der türkischen Regierung bis heute nicht gelungen, das Innenleben der türkischen Armee zu kontrollieren. Europa hatte es nie eilig, die strategisch wichtige Türkei in das europäische Wirtschaftssystem einzubinden. Die Türkei zu isolieren, weil dort ein einstiger Hoffnungsträger Erdogan das Sagen hat, der mittlerweile auf die EU und Menschenrechte pfeift, sich aber noch auf die Unterstützung seines Volkes stützt, ist kurzsichtig. 2017 begann so bitter, wie 2016 geendet hatte: mit Terror und mit Toten. Das Ziel der Terrororganisation IS ist es, Menschen mit unterschiedlichen Lebensstilen gegeneinander aufzubringen. Mit dem Putschversuch am 15. Juli 2016 wurde die Büchse der Pandora geöffnet. Alles ist in dem ehemaligen islamischen Vorzeigeland Türkei noch möglich – 2018 auch ein offener Krieg mit Syrien.

Auch in den europäischen Staaten mussten die Bürger die Volksherrschaft nach der Monarchie erst langsam lernen und den materiellen und seelischen Schutt nach den beiden Weltkriegen aufräumen. Das Wissen um gesellschaftliche Zusammenhänge war ohne Internet schwierig zu bekommen. Mit zunehmendem Wohlstand und besserer Bildung verstärkte sich der Wunsch nach politischer Mitbestimmung. Die Zukunft demokratischer Systeme mit Rechtsstaatlichkeit und Menschenrechten wird auch davon abhängen, wie viel Zustimmung sie in der Bevölkerung erfahren können. Unter dem Druck der Zivilgesellschaft geraten die Demokratie, aber auch die arabischen Staaten in Bewegung, zuletzt auch Kuwait, weil der Wohlstand bröckelt.

Auffallend bei Unterzeichnung, Beitritt oder Ratifikation der bisher genannten menschenrechtlichen Verträge der Vereinten Nationen ist, dass sie teilweise schon sehr früh erfolgt sind und die damaligen jungen arabischen Nationalstaaten, die teilweise noch unter kolonialer Vormundschaft standen, noch nicht so verhärtete Positionen bezüglich der Einhaltung der Scharia eingenommen

---

und Gülen wirkten lang zusammen, aber hinter den Kulissen entstand langsam ein Zerwürfnis und es kam zum Bruch der AKP und Gülen. Nach dem Putsch 2016 wurden die zahlreichen Nachhilfeinstitute in der Türkei, die Lebensader der Gülen-Bewegung gesperrt, und die Gülen-Bewegung wird als Fethullahistische Terrorgruppe bezeichnet. Jeder, der nur irgendwie in Verbindung mit dieser Bewegung steht, wird verfolgt. Von den Lehrern bis zu den Richtern, überall sichtet Erdogan Feinde, die suspendiert und verhaftet werden. Ob auch internationale Mächte hinter dem Putsch und der Gülen-Bewegung stehen, wird die Zukunft klären.

917 **Cem Deniz**, Ali, Die neue Türkei, Von Atatürk bis Erdogan, Wien, 2016, S. 46.

hatten. Ägypten hat sogar erklärt, dass die Bestimmungen des Paktes über die bürgerlichen und politischen Rechte mit der Scharia harmonieren. Offenbar war damals die Staatsangehörigkeit wichtiger als die Zugehörigkeit zur islamischen >Ummah<. Man war eher bereit, menschenrechtliche Verträge der Vereinten Nationen ohne Wenn und Aber auf dem Papier zu akzeptieren. Die Alltagsrealität sieht heute anders aus. Die Scharia ist mittlerweile in allen arabischen Ländern, im Iran und immer mehr auch in der Türkei die Basis der nationalen Gesetzgebung und der Islam ist laut Verfassung Staatsreligion. Anhand der Überprüfung der arabischen Länderberichte sieht man, dass diese Berichte immer häufiger ausbleiben. In Syrien, dem Irak, in Libyen und im Jemen herrschen Bürgerkriege. Funktionierende Staatsgebilde gibt es dort nicht mehr. Die von den ehemaligen Kolonialmächten gezogenen Grenzen werden gesprengt. Der Nahe Osten brennt.

Der Iran ist der Meinung, dass sich Saudi-Arabien in einer Legitimationskrise befindet, da der arabische Frühling islamistische Gruppen, wie die Ennahda Partei in Tunesien oder die Muslimbruderschaft in Ägypten erstarken ließ, die sich für Wahlprozesse entschieden haben, die es in Saudi-Arabien nicht gibt. Die Monarchie wandte sich gegen einen Muslimbruder Mursi in Ägypten und unterstützte lieber die salafistische Al Nour Partei und schließlich General Abd al-Fatah as-Sisi. Der saudi-arabische Monarch benötigt die Unterstützung der erzkonservativen Ulamah, der Rechtsgelehrten, um die fehlende Legitimation durch Wahlen zu kompensieren. Bürgerrechtsbewegungen von Tunesien, Ägypten, Bahrain und Jemen, die sich für soziale Gerechtigkeit und politische Teilhabe einsetzen, werden als Sicherheitsbedrohung eingestuft. 2011 kam man daher dem Monarchen von Bahrain mit Panzern zu Hilfe und seit 2015 bekämpft der arabische König im Jemen die schiitischen Houthi Rebellen. Der niedrige Ölpreis bringt Saudi-Arabien in finanzielle Bedrängnis. Bisher erfolgte der soziale Kompromiss mit der Mehrheit der Bevölkerung über subventionierte Preise und einer extrem hohen Rate von staatlichen Angestellten. Junge Araber sehen den sagenhaften Reichtum des Königs und den Luxus von Tausenden Prinzen. Das weckt Begehrlichkeiten, denn in Saudi-Arabien wächst eine hochgebildete Jugend heran, die Forderungen stellen wird. Im Königreich hatte 2014 jeder vierte Jugendliche keine Arbeit. Für Frauen gibt es kaum eine außerhäusliche Beschäftigung, auch sonst ist die Arbeit religiös verteilt. Der größte Teil der Arbeitslosigkeit fällt auf die schiitische Bevölkerung. Saudi-Arabien hat einen gigantischen Investmentfonds mit 1.600 Milliarden Euro aufgelegt und ein radikales Modernisierungsprogramm auf Schienen gestellt, aber auch große Bedenken gegen ein amerikanisches Gesetz angekündet, mit dem das Königreich für die Terroranschläge vom 11. September 2001 zur Verantwortung gezogen werden kann. Ayatollah Khamenei forderte Muslime weltweit auf, Saudi-Arabien das alleinige Organisationsrecht der Pilgerreise nach Mekka zu entziehen. Der iranische Außenminister Javad Zarif forderte über die New York Times die Welt auf, dass man den Wahhabismus beseitigen müsse. Saudi-Arabien kommt nach vielen Jahren endlich wegen seiner konservativen Koranauslegung in Bedrängnis, doch die finanziellen Überschüsse werden in US-Staatsanleihen und US Waffen investiert, das sichert fast Narrenfreiheit.[918]

Im Jemen gab es sogar schon so etwas wie eine Zivilgesellschaft, jede Menge NGOs und Frauenorganisationen. Es ging darum, über die Identität des politischen Regimes hinaus zu denken. „Heute ist die Organisation Mwatana sehr aktiv. Alle Konfliktparteien hassen sie, weil sie die Menschenrechtsverletzungen aller Seiten dokumentiert."[919] 2016 ist die humanitäre Lage in weiten Teilen des Jemens verheerend. An Saudi-Arabien dürften keine Waffen mehr geliefert werden. Das Land könnte nur durch eine neue Generation befriedigt werden, die ein komplett anderes politisches Verständnis vom Zusammenleben mitbrächte. Ansätze davon gab es bereits 2011. Kritisiert werden die derzeitigen Eliten und die internationale Gemeinschaft, die immer wieder auf dieselben alten Rezepte zurückgreifen. Ein UN Mandat wäre zur Lösung des Konflikts notwendig, um die Gräben innerhalb der Bevölkerung wieder zu beseitigen. Zu Friedensverhandlungen müssten sämtliche Gruppen an einem Tisch versammelt werden. Allgemein wurde aber festgestellt, dass die Internationale Gemeinschaft kein Interesse an einer Konfliktlösung zeigt, weil zu viele Firmen und Länder vom Krieg profitieren. Ob es jemals zur Aufarbeitung aller Kriegsverbrechen und einer Sanktionierung der Schuldigen kommen wird, ist fraglich.[920]

Im Westen fürchtet man sich vor dem Islam. Anstatt daran zu arbeiten, dass der Islam sich an seine Gesellschaft anpassen kann, gibt man heute auf der ganzen Welt den Fundamentalisten Waffen in die Hand, weil der Krieg der größte Arbeitgeber ist. Wer nicht in einer Miliz kämpft, hat meist kein Einkommen. Die meisten werden von Tag zu Tag bezahlt. Es gibt kein Waffenembargo gegen Saudi-Arabien oder die Golfstaaten. In Saudi-Arabien verzeichneten die

---

918 **Tabatabai**, Adnan, Saudi-Arabien aus Teheraner Perspektive, S. 20–22, in: Inamo, Nr. 87, Saudi-Arabien, Herbst 2016. Siehe auch: **Daniljuk**, Malte, Saudi-Arabien an allen Fronten, S. 60, 61, in: Inamo, Nr. 87, siehe oben.

919 **Elham**, Manea ‚Die Rolle des Iran wird überschätzt', in: die Furche, 44, 03.11.2016, S. 9.

920 **Al-Omeisy**, Hisham, Al-Ahmad, Safa, Manea, Elham, Vienna Institute for Dialogue and Cooperation, Jemen, Krise, Revolte, Krieg, Vortrag vom 13.10.2016, http://www.vidc.org/fileadmin/Bibliothek/DP/Foto_Veranst/veranstaltungen_MS/Jemen_13.10.16/Jemen_13_10_16_Kurzbericht_final.pdf, abgefragt am 22.02.2017.

Forscher in jüngster Zeit einen Zuwachs von Waffenkäufen um 212 Prozent. Sowohl Amerika als auch Europa, Russland und China liefern Waffen.[921] Warum gibt es dagegen keine Proteste? Warum gibt es in Europa keine Proteste gegen reiche arabische Länder, die kaum Flüchtlinge aufnehmen, aber umso mehr billigste Arbeitskräfte, ohne ihnen nennenswerte Freiheitsrechte zu gewähren? Den Iran, Libanon und Jordanien muss man hierbei ausnehmen, denn diese Länder haben Millionen Flüchtlinge aufgenommen, und diese Bürde auch ausgiebigst bei der Umsetzung des Abkommens über die Rechte des Kindes in ihren Länderberichten erwähnt.[922]

Demokratie, Rechtsstaatlichkeit und UN Menschenrechte sind für den Iran und die Golfmonarchien ein Problem. Besonders dem menschenrechtlichen „Equality Konzept" der Vereinten Nationen im Sinne von identischen Rechten und Pflichten für Männer und Frauen wird eine Absage erteilt, aber auch der Anerkennung des Internationalen Gerichtshofes. Nach Möglichkeit soll kein >Kafir<, Ungläubiger über einen gläubigen Muslim urteilen. Eigentlich herrscht im Islam aber die Meinung vor, dass Christen und Juden nicht als „Ungläubige"[923] bezeichnet werden dürfen, da der Koran sie für Anhänger früherer Propheten mit eigenen Heiligen Schriften hält. Sie wurden als „Schriftenbesitzer" bezeichnet. Gewaltbereite Islamisten benennen alle Andersgläubigen als Ungläubige und bedienen auf diese Art und Weise Feindbilder, obwohl der Koran Muslime auffordert, Andersgläubigen mit Toleranz zu begegnen. Nur Gott kann die Menschen rechtleiten, daher ist ER für die oberste Rechtsprechung zuständig. Die Anerkennung einer fremden Rechtsprechung ist suspekt, weil sie nicht auf der Grundlage der Scharia erarbeitet wurde. Der IGH ist das Gericht der Weltgemeinschaft in Den Haag für Menschenrechtsfragen und das Gericht war bisher wesentlich an der Fortentwicklung des Völkerrechts beteiligt. Die Scharia hat aber in der westlichen Rechtsprechung keinen Stellenwert, daher gibt es den Scharia-Vorbehalt, den man nur ausräumen kann, wenn man das islamische Recht der heutigen arabischen Gesellschaft anpasst und nicht aus

---

921 **Wezemann**, Pieter, Waffenhandel boomt weltweit, sagte Sipri-Forscher Pieter Wezeman dem Deutschlandfunk [AUDIO] Deutschlandfunk, Stockholmer, Friedensforschungsinstitut, Bericht 2017, http://www.deutschlandfunk.de/ruestungsindustrie-der-waffenhandel-boomt-weltweit.1818.de.html?dram:article_id=379386 „Die USA sind der größte Exporteur, Deutschland liegt auf Platz fünf. Die wichtigsten Käufer sitzen im Nahen Osten und in Asien", abgefragt am 20.02.2017.

922 Siehe entsprechende Länderberichte oben.

923 **Christen und Muslime, Engagement und Kompetenz im Dialog**, https://www.christenundmuslime.de/, abgefragt am 09.03.2017.

eigenen machtpolitischen Gründen Menschen knebelt und foltert, wenn sie sich politisch betätigen.

Aber Vorbehalte gibt es nicht nur von arabischen Staaten und dem Iran, weil sie ihr nationales Recht, die Scharia bevorzugen. In den USA kennt man den Connally-Vorbehalt. Die Anerkennung der Gerichtsbarkeit des IGH soll für die USA nicht gelten, wenn bestimmte Angelegenheiten besser den eigenen nationalen Gerichten unterliegen. Genauso wird in arabischen Ländern, in heiklen Angelegenheiten, lieber die einheimische, schariavertraute Rechtsprechung mit auslegungsrechtlichen Sachverhalten betraut.

„Vermögen und Söhne sind der Schmuck des diesseitigen Lebens" heißt es im Koran, Sure 18 Vers 46.[924] Prophet Mohammed hatte zwei Söhne und vier Töchter und er war immer sehr besorgt um ihr Wohlergehen, dennoch starben alle – bis auf Fatima – sehr jung. Bei Mohammed gab es nicht die Vorstellung, dass Töchter weniger wert wären. Eltern mussten den Kindern ein Vorbild sein und ihnen die Lebensziele vermitteln. Kinder sind nur ein anvertrautes Gut von Allah an die Eltern. Die Kinder müssen ihre Eltern ehren und ihnen gehorchen. In schah'Allah – werden ihre Kinder den erhabenen Glauben, die gute Moral und ausgeglichene Verhaltensweisen erben und an die nächste Generation weitergeben? In den untersuchten Länderberichten ist dies eine der größten Sorgen der arabischen Regierungen, dass ihre Kinder durch den westlichen Einfluss und durch westliche Medien verdorben werden könnten.[925]

2016 sind 21 Millionen Muslime auf der Flucht berichtet Amnesty International in seinem neuesten Bericht. Viele von ihnen sind unbegleitete muslimische Jugendliche. Die meisten Kinder haben Jordanien, die Türkei, Pakistan, der Libanon und der Iran aufgenommen. Der Iraner, Houchang Allahyari[926] spricht von einer Million junger afghanischer Menschen ohne Hoffnung im Iran, die nicht Flüchtlinge genannt werden, sondern Gäste, von denen man erwartet, dass sie irgendwann wieder in ihr Heimatland zurückkehren können.

Das Leid in den Aufnahmeländern ist groß. Aus den Länderberichten ist ersichtlich, wie hart es diese muslimischen Länder trifft, mit der Flüchtlingskatastrophe fertig zu werden. Eine gerechtere Aufteilung der „Gäste" auf alle Länder weltweit wäre ein Traum. Bei der Geberkonferenz für Afghanistan in Brüssel 2016 sprach das erste Mal eine afghanische First Lady, Rula Ghani. Sie

---

924 **Zirker**, Hans, Der Koran, Darmstadt, 2. Aufl., 2007, S. 185.

925 **Zuhra Wati Johari**, Blaupause für produktive Erziehung, in: IZ. April, 2016, S. 10.

926 **Allahyari**, Houchang, Rote Rüben in Teheran, Dokumentarfilm, in: Das Kino, Salzburg, 08/2016.

sagte, wenn Millionen von Mädchen dieselbe Chance bekommen, wie die Millionen von Burschen, dann werde sich in Afghanistan etwas ändern. Dass eine Präsidentengattin auch Rückendeckung von ihrem Gatten bekam, ist neu für Afghanistan. Rula Ghani, eine maronitische Christin aus dem Libanon ist überzeugt davon, dass der Glaube stützt, aber auch Wissenstransfer notwendig sei und eine effiziente Begleitung von Bildungs- und Wirtschaftsprogrammen. Die EU will afghanische Flüchtlinge abschieben und Reintegrationsprogramme mit 13,6 Milliarden Euro bis 2020 finanzieren.[927]

Wieso bildet man Armutsflüchtlinge nicht zuerst im Westen aus, bevor man sie zurückschickt? Wichtig wäre es, wenn sie positive Eindrücke, fortschrittliche Ideen und zeitgemäßes Know-how in ihr Heimatland mitbrächten, damit sie den Aufbau in ihrem Land selbst vorantreiben könnten. In Europa gibt es jede Menge gesunder, pensionierter Professionisten, die bei der Ausbildung von Armutsflüchtlingen mithelfen könnten. Jeder Aufbau, der aus eigener Kraft geschafft wird, zählt doppelt, und westliches Entwicklungshilfegeld könnte gleich vor Ort in Tausenden europäischen Klöstern in Humankapital umgewandelt werden. In den Nachkriegsjahren war es auch die Kirche, die am weltlichen Wiederaufbau mitgewirkt hatte.[928] Übergestülpte Programme in den Heimatländern alleine werden gerne torpediert, wenn sie nicht von Einheimischen umgesetzt werden.

Bei den UN-menschenrechtlichen Verträgen verhält es sich ähnlich. Man sagt grundsätzlich ja zum vorgeschlagenen Inhalt, will aber in speziellen Angelegenheiten lieber an der altbekannten Lösung und Tradition festhalten und arabische Monarchen wollen keine Volksherrschaft. Eine Zwangsdemokratisierung von oben ist in Afghanistan und im Irak gescheitert. Es bleibt also nur die wirtschaftliche Integration des Nahen und Mittleren Ostens und der Maghreb Staaten in den Alten Kontinent, mit dem Ziel, dass sich im Süden und im Osten des Mittelmeeres junge Unternehmerschichten entwickeln, von denen dann die Demokratisierung ausgehen wird.[929]

Wir benötigen eine Renaissance des Mittelmeerraumes. Diese gelingt vielleicht, wenn Europa nicht mehr nur sein Heil und seine Zukunft in einer amerikanisch-europäischen Freihandelszone sieht. Bringt eine neue Lösung Vorteile für die Menschen, wird man auch eine Kompatibilität mit der Scharia finden.

---

927 **Graf**, Monika, First Lady hilft Afghanistans Frauen, in: SN, 06.10.2016, Weltpolitik S. 8.

928 **Neuper**, Wolfgang, Kirchlicher Wiederaufbau in der Erzdiözese Salzburg 1945–1968, in: Kirchlicher Wiederaufbau in Österreich, Paarhammer, Hans, Rinnerthaler, Alfred, Hrsg., Frankfurt am Main, 2016. S. 93.

929 **Kepel**, Gilles, Die Spirale des Terrors, München, 2009, S. 320 ff.

In Marokko[930] und Tunesien wurden diesbezüglich schon Fortschritte gemacht. Wichtig wären Investitionen in diesen islamischen Ländern, um Arbeitsplätze für die vielen jungen Menschen zu schaffen. Dazu bedarf es der Gründung von innovativen Zweckgesellschaften mit europäischen Ländern, die sich auf islamische Anleihen denen beispielsweise ein „Ijarah-Vertrag",[931] also ein islamischer Leasingvertrag zugrunde liegt, spezialisieren. Heute benötigen wir dringend einen Liberalismus, der Leistung belohnt, nicht einen Liberalismus, der mit erfundenen Milliarden jongliert. Wir brauchen reale Projekte vor allem mit den arabischen Mittelmeerländern, die auf Nachhaltigkeit, geteiltem Risiko und gemeinsamer Haftung beruhen. Geschenktes Geld ist schnell vertan, wirklich Großes gelingt nur unter Druck und der wäre heute auf westlicher und islamischer Seite gegeben, denn es gibt auf beiden Seiten zu viele arbeitslose, junge Menschen, die mehr Gerechtigkeit bei der Verteilung von Rechten, Pflichten und Arbeit erwarten.

Demokratie, Bürger-, Frauenrechte und Islam sind vereinbar und können im Resultat eine neue, moderne islamische Staatsform hervorbringen, wenn Muslime Vertrauen in gewählte Führer oder Führerinnen auf Zeit investieren und diese Vertrauenspersonen vom Volk nach Gesichtspunkten ihrer persönlichen Fähigkeiten und ihrer Moral ausgewählt werden dürfen. Wenn man vom angeborenen Freiheits- und Gleichheitsdrang ausgeht, hat die Demokratie ohne Hierarchien Konjunktur. Früher war Demokratie nur das Recht der Besitzenden, dann nur das Recht der Männer, später kamen die Frauen dazu und heute wird das Wahlalter immer mehr herabgesetzt. Früher durften Väter in der Demokratie ihre Kinder züchtigen. Damit ist heute Schluss. Auch Kinder und Frauen haben Rechte. Frauen sind nicht mehr die Ergänzung des Mannes. In einem globalen Homogenisierungsprozess werden die Kulturen einander ähnlicher. Die

930 **SN, flon**, Die Sonne ist Afrikas großer Schatz, in: SN, 19.11.2016, S. 7. In Quarazazate baut das Königreich Marokko an seiner Zukunft. Der Sonnen-Kraftwerkskomplex „al Nuur" umfasst 4 x 580 Megawatt Leistung auf 30 Quadratkilometer Fläche. 2 Millionen Marokkaner sollen damit mit Strom versorgt werden. Siehe auch: **Zielmarktanalyase Marokko**, https://www.export-erneuerbare.de/EEE/Redaktion/DE/Downloads/Publikationen/AHK_Zielmarktanalysen/zma_marokko_2014-ee.pdf?__blob=publicationFile&v=6, abgefragt am 22.02.2017.

931 **Simader**, Elisabeth, Die westliche Finanzkrise, Islamic Financing, Islamic Banking. Ein möglicher Ausweg? Frankfurt, 2013, S. 120 ff. Siehe auch: Christen und Muslime, Engagement und Kompetenz im Dialog, http://www.christenundmuslime.de/faq/Was_verstehen_Muslime_unter_Unglaeubigen.php, abgefragt am 22.02.2017.

digitalen Medien können dabei gute Dienste leisten. Das Internet zeigt uns mit einer Fülle an Informationen die Komplexität der Welt.

Der Orient könnte also durchaus beispielhaft geeint und vorbildlich der westlichen Welt vorangehen, wenn muslimische Männer endlich das altmodische Aug um Aug- und das Zahn um Zahn-Prinzip begraben, die Ehre nicht höher schätzen als das Leben und weniger die Gewehrläufe polieren. Der muslimische Orient war schon einmal Vorbild für Europa.[932] Mit einer wörtlichen Lesart des Koran und der Sunnah, sind im 21. Jahrhundert vorwiegend Jobs bei einer Terrororganisation, einer Miliz oder in einer fundamentalen Koranschule zu bekommen.

Im Grunde blieb aber die arabische und iranische Regentschaft bis heute die gleiche. An der Spitze steht der Herrscher, der nicht nur Repräsentant des Staates ist, sondern zugleich auch der Hüter einer höheren Ordnung und Vollstrecker des göttlichen Willens, dem sich das Volk bedingungslos unterzuordnen hat. Das kann sich aber ändern. Nach Vermutungen des Internationalen Währungsfonds könnte Saudi-Arabien einem Bankrott zusteuern. 90 Prozent seiner Einkünfte erzielt das Königreich aus Erdöleinnahmen. Sollte der freie Fall des Erdölpreises nicht gestoppt werden, könnte sich das Staatsdefizit von 2015 um 20 Prozent steigern.[933] Wenn die Schatulle des Königs leer wird, die Leute Steuern an den Staat abführen müssen, wollen sie mitreden. Tunesien ist bereits anders und hat Signalwirkung. Man will auf keinen Fall wieder zur Ein-Mann-Herrschaft zurückkehren.

Bei der Einführung des Islam im siebenten Jahrhundert n. Chr. galt der Islam als fortschrittlich. Das islamische Rechtssystem sollte gemäß dem Koran und nach einer Hadithe Mohammeds, alle 100 Jahre mit Vernunft interpretiert werden. „Das Wort des Koran soll nicht in bloßem Gehorsam angenommen werden; es appelliert an die eigene Einsicht." [...] „In allem sind Zeichen für Leute, die verstehen." [...] „Versteht ihr denn nicht?" [...] „Seht ihr denn nicht?"[934]

---

932 **Eltz-Hoffmann**, Liselotte, Orient und Okzident, Der Einfluss des Morgenlandes auf das Abendland, Wien, 2012, S. 135–139. Im mittelalterlichen Europa wurden die Menschen von Seuchen und Hungersnöten geplagt, während man in muslimischen Ländern Krankenhäuser und Bibliotheken baute, sich mit Mathematik und Astronomie befasste. Andalusien wurde zum Land der religiösen Toleranz. Jerusalem blühte auf. Christliche Kreuzritter antworteten auf diese Toleranz mit einem Blutgemetzel als sie Jerusalem 1099 eroberten.

933 **Saudi-Arabien**, IWF sieht Bankrott in fünf Jahren, in: Islamische Zeitung, 01/2016, S. 6.

934 **Zirker**, Hans, Koran, 2. Aufl., Darmstadt, 2007. Sure 2:23, Sure 2:44, Sure 28:72.

Leider sind in das islamische Recht auch gewohnheitsrechtliche „Adat“[935] Praktiken des siebenten und achten Jahrhunderts nach Christus eingeflossen. Gewohnheitsrecht ist demnach durch längere und ständige Übung innerhalb einer Rechtsgemeinschaft entstandenes Recht. Es wurde über die Jahrhunderte hinweg von eigenen Gerichten durchgesetzt und garantiert, während es parallel dazu das islamische Juristenrecht gab und gibt. Die französische Kolonialmacht hat mit dem berühmten „Berbererlass“ von 1930 auch noch dazu beigetragen, dass archaisches Gewohnheitsrecht vor islamischem Recht angewandt wurde. Die Rechtsgelehrten hatten und haben bis heute große Mühe mit dem praktizierten Recht, das offensichtlich nicht immer mit der Scharia im Einklang stand und steht, umzugehen. Aus praktischen Gründen kann Stammesrecht, das es in allen untersuchten islamischen Ländern gibt, nicht einfach abgeschafft werden, weil es von manchen bedeutsamen, islamischen Gelehrten als Quelle für die Scharia anerkannt wurde. Faktisch überall praktiziertes Stammesrecht ist verantwortlich für den brutalen Bruderzwist „fitna“[936] innerhalb der Stämme, beflügelt aber auch den Streit zwischen Schiiten und Sunniten. Nun stehen sunnitisch-arabische Regierungen und der schiitische Iran vor der großen Aufgabe, Gewohnheitsrecht, islamisches Recht und internationales Recht bezogen auf UN Menschenrechte vor einem islamistischen Hintergrund vereinbar zu machen.

---

935 **Kemper**, Michael, Reinkowski, Maurus, Rechtspluralismus in der Islamischen Welt, Gewohnheitsrecht zwischen Staat und Gesellschaft, Berlin, 2005, S. 4, 5, 18.

936 **Bobzin**, Hartmut, Mohammed, 2. Aufl. München, 2002, S. 103, 106, 107. Siehe auch: Höllmann, Thomas, Die Seidenstraße, München, 2004, S. 34, 49. Mohammed entwickelte in Medina eine neue Staatsform, die Gemeinschaft der Gläubigen, die viel gepriesene „ummah“. Der Schutz, der bis dahin durch den Stamm gewährt wurde, erfolgte in Medina durch die religiöse Gemeinde, die über den Interessen der Blutsverwandtschaft stand. Das ‚Modell Medina‘, die Einheit von Staat und Religion wurde idealisiert und erlebt heute unter den Fundamentalisten eine Auferstehung. Nach ihrer Vorstellung ist die ganze Welt als eine islamische „ummah“ mit Scharia-Recht und Kalifat organisiert. Die Praxis der ‚ummah‘ veränderte sich bereits nach den vier recht geleiteten Kalifen, Bakr, Umar, Utman und Ali, den unmittelbaren Nachfolgern Mohammeds und nach der Spaltung des Islam in Schiiten und Sunniten – unter den muslimischen Dynastien der Umaiyaden und Abassiden. Die „ummah“ des Propheten verwandelte sich wieder in eine reine Stammesherrschaft, wo das hochorganisierte Verwandtschaftsgefüge sich gegenseitig oder zusammen eine Zentralgewalt bekämpft. Besonders ausgeprägt sind Stammesherrschaften heute noch in Afghanistan, in Libyen, in Syrien, im Irak, im Jemen, im Libanon, Jordanien und in vielen weiteren islamischen Ländern.

Schlussfolgerung

Die wissenschaftliche Beschäftigung mit dem Scharia-Vorbehalt in den wichtigsten menschenrechtlichen Verträgen der Vereinten Nationen und den dazu korrespondierenden Länderberichten aus den 15 untersuchten sunnitisch-arabischen Ländern und dem schiitischen Iran, bot Einblicke in die derzeitige, dortige Lebensrealität, die man kennen sollte, wenn man Flüchtlinge aus diesen Ländern aufnimmt. Der Orient unterscheidet sich sehr wesentlich im Umgang zwischen Mann und Frau. Ehe, Kinder, Familie, Erbe und besonders die Religion haben einen ganz anderen Stellenwert, der sich vom westlichen Lebensentwurf deutlich unterscheidet. Die arabische und iranische Sozialisation findet nach wie vor hauptsächlich in Großfamilien, die in alten Traditionen verhaftet sind, statt. Arabisches und persisches Stammesrecht, also Gewohnheitsrecht, beeinflusst nicht nur die Scharia, sondern ebenfalls das gesellschaftliche Leben.[937] Dem tribalen Recht und der Scharia liegen unterschiedliche Legitimationskonzepte zugrunde. Eine klare Zuordnung von Stammesrecht hier und islamischem Recht dort funktioniert nicht. Stamm und Staat sind bereits zwei unvereinbare Systeme,[938] dann kommen noch internationale Menschenrechte hinzu. In manchen Länderberichten wird darauf hingewiesen, dass die Stellung der Frau und der Zugriff auf das familiäre Erbe nicht nur islamisch, sondern am Land noch besonders traditionell geprägt sind.

Die internationalen Zwillingspakte über die wirtschaftlichen, kulturellen, sozialen, bürgerlichen und politischen Rechte, sowie die zahlreichen weiteren internationalen Abkommen, an die, die untersuchten islamischen Ländern zumindest durch eine Unterschrift vertraglich gebunden sind, werden von Scharia-Vorbehalten durch ihre Regierungen wissentlich eingegrenzt, umso mehr, wenn sie auch noch Vertragspartei der WVK, der Wiener Vertragrechtskonvention, wie **Ägypten, Algerien, Kuwait, Libyen, Marokko, Oman, Saudi-Arabien**,

937 **Reidegeld**, Ahmad A., Handbuch des Islam. Die Glaubens- und Rechtslehre der Muslime. (Hrsg.) Özdogan, Hasan, Kandern im Schwarzwald, 2. Aufl., 2008, S. 23. Alle Themen wurden im 831 Seiten langen Buch mehrfach geprüft, aber so mancher Sachverhalt unterscheidet sich in diversen Volksbräuchen vom geschriebenen islamischen Recht.

938 **Hannemann**, Tilman, Gewohnheitsrechte in einer islamischen Rechtsumgebung, in: Rechtspluralismus in der Islamischen Welt. Kemper, Michael, Reinkowski, Maurus (Hrsg.) Berlin, 2005. S. 50–62.

Syrien und Tunesien sind.[939] Mit der Wiener Vertragsrechtskonvention wollte man einen Schlussstrich unter die langjährigen Vorbehaltsdiskussionen ziehen. Man dachte, weil die WVK völkergewohnheitsrechtliche Normen aufgreift und kodifiziert, wären die Probleme gelöst. Das Ziel war eine zwischenstaatliche Konfliktlösung durch einfache und praktische Regeln bei Vertragsabschlüssen. Eine wesentliche Aufgabe fällt auf die Artikel 19 ff., die Vorbehaltsnormen der WVK, die ein freundschaftliches Klima zwischen den Mitgliedsländern der menschenrechtlichen UN-Konventionen ermöglichen sollten. Im Laufe der Zeit entpuppten sich diese Vorschriften als nicht effizient genug, aber man ist bemüht Konventionsvorschriften, der sich ständig wandelnden internationalen Wirklichkeit anzupassen. Der Scharia-Vorbehalt wird aber eher liberal gehandhabt, selbst der, der gegen Sinn und Zweck eines Vertrages verstoßt. Professor Mark Villiger schreibt in seinem Kommentar zu Art 19 WVK Folgendes: Wenn man die Zulässigkeit eines Vorbehaltes unter Punkt c.) objektiv beurteilen will, muss man sagen, dass dies vom Verständnis eines jeden Mitgliedstaates abhängt. Das Verständnis zu Art 19 (c) WVK[940] ist mit Art 20 (4) WVK eng verbunden. Alles zusammengenommen ist eine ziemlich komplizierte Übung.[941] Walter formuliert ähnlich. “Reservations on human rights treaties are a particularly tricky issue.”[942] Art 20 ist besonders wichtig für Art 19, denn die Formulierung eines Vorbehalts ist nur eine Seite der Münze. Die Reaktion auf den Vorbehalt liegt bei den anderen Mitgliedstaaten, ob sie diesen akzeptieren, oder ob sie ihn ablehnen. Man kann sagen, Art 19 betrifft die Vorbehalte, die verboten sind und Art 20 behandelt die, die erlaubt sind.[943]

---

939 **WVK Vertragsparteien der untersuchten arabischen Länder und Iran.** https://www.ris.bka.gv.at/GeltendeFassung.wxe?Abfrage=Bundesnormen&Gesetzesnummer=10000684, abgefragt am 16.01.2017.

940 **Villinger**, Mark E., Commentary on the 1969 Vienna Convention on the Law of Treaties, Leiden, Netherlands, 2009, p. 257. Art 19 behandelt auch das Anbringen von Vorbehalten und ordnet an, dass ein Staat bei der Unterzeichnung, Ratifikation, Annahme oder Genehmigung eines Vertrages oder beim Beitritt zu einem Vertrag, einen Vorbehalt anbringen kann, „sofern nicht a.) der Vertrag den Vorbehalt verbietet; b.) der Vertrag vorsieht, dass nur bestimmte Vorbehalte gemacht werden dürfen, zu denen der betreffende Vorbehalt nicht gehört, oder c.) in den unter lit. a.) oder b.) nicht bezeichneten Fällen, der Vorbehalt mit dem Ziel und Zweck des Vertrages unvereinbar ist.“

941 **Villinger**, Mark, Commentary on the 1969 Vienna Convention, siehe oben, p. 273.

942 **Walter**, Christian, in: Vienna Convention on the Law of Treaties, A Commentary, Hrsg. Dörr, Oliver, Schmalenbach, Kirsten, Berlin, Heidelberg, 2012, p. 267.

943 **Villinger**, Mark E., Kommentar zur WVK, siehe oben, pp. 257–274.

Gesamt betrachtet hat meine Überprüfung auf Scharia-Vorbehalte beim Folterübereinkommen fünf (5) Einwendungen (Italien, **Dänemark**, Portugal, GB, Nordirland) im Fall von Qatar gezeigt. Beim Übereinkommen über die Rechte des Kindes gab es von Finnland gegen Jordanien einen Einwand. Schweden, **Dänemark**, Belgien und Österreich protestierten gegen den Scharia-Vorbehalt von Qatar. Finnland, als einziges Land, beanstandete Saudi-Arabiens generellen Scharia-Vorbehalt und gegen die Vorbehalte von Syrien gibt es Einwendungen von **Dänemark**, Niederlande und Deutschland. Gegen den Scharia-Vorbehalt von den Arabischen Emiraten gibt es einen Einwand von Österreich und gegen den generellen Scharia-Vorbehalt des Iran haben wir Einwendungen von **Dänemark**, Österreich und Italien (13). Etliche Einwendungen ergaben sich naturgemäß beim Übereinkommen zur Beseitigung jeder Form von Diskriminierung der Frau. Schweden, Portugal, **Dänemark** gegen Algerien. **Dänemark,** Belgien, Österreich, Portugal gegen Kuwait. Mexiko, Portugal gegen Qatar und **Dänemark** gegen die Emirate. (10) Bei allen anderen Pakten und Konventionen gab es keine Einwendungen, Einwände bzw. Einsprüche. Bei acht überprüften menschenrechtlichen Verträgen der Vereinten Nationen konnte ich nur 28 Einwendungen gegen Scharia-Vorbehalte von 16 islamischen Ländern, die gegen Sinn und Zweck des jeweiligen Vertrages verstoßen, zählen. Zusätzlich wurde von den Einwand verfassenden Ländern betont, dass der Vertrag dennoch in Kraft treten solle. **Dänemark** ist das Land, das sieben Mal einem Scharia-Vorbehalt widersprochen hat, Österreich folgt an zweiter Stelle mit vier Widersprüchen bzw. Einwendungen.

Art 20(2) der internationalen Rassendiskriminierungs-Konvention, International Convention on the Elimination of All Forms of Racial Discrimination, aus 1979 bietet eine interessante Lösung, wenn sie sagt, dass ein Vorbehalt, der gegen Ziel und Zweck der Konvention verstößt, nicht erlaubt sein soll, wenn sich zwei Drittel der Mitgliedstaaten gegen den Vorbehalt aussprechen.[944]

Art 7 der Konvention über die politischen Rechte der Frauen verlangt, falls ein Staat anlässlich der Unterzeichnung, der Ratifikation oder eines Beitritts einen Vorbehalt zu irgendeinem Artikel dieses Übereinkommens macht, dass der Generalsekretär den Text des Vorbehalts allen Staaten, die Parteien dieses Abkommens sind oder werden können, mitteilt. Jeder Staat, der an einem Vorbehalt Anstoß nimmt, kann innerhalb eines Zeitraumes von **90 Tagen** den

944 **Villinger**, Mark E., Commentary on the 1969 Vienna Convention, siehe oben: pp. 257–274. Tatsächlich war das bei meinen Untersuchungen nie der Fall. Im Höchstfall haben sich vier oder fünf Mitgliedstatten gegen einen Scharia-Vorbehalt ausgesprochen.

UN Generalsekretär, GS, verständigen, dass er den Vorbehalt nicht annimmt. **In einem solchen Fall tritt das Übereinkommen zwischen diesem Staat und dem Staat, der den Vorbehalt macht, nicht in Kraft.**“[945] Hier wird im Vertrag dezidiert festgehalten, dass der Vertrag zwischen Vorbehalt abgebenden und dagegen protestierenden Staat nicht gelten soll. In den meisten Fällen, die ich oben untersucht habe, wurde betont, dass der Vertrag trotz des Einwandes zwischen den betroffenen Mitgliedstaaten gelten soll.

Die Staaten, die den Scharia-Vorbehalt ablehnen, sind an die Vertragsbestimmungen, die durch den Vorbehalt belastet sind, im Verhältnis zum Vorbehalt anbringenden Staat, nicht gebunden. Insoweit besteht dann eine Vertragslücke, die, durch allgemeine Regeln, insbesondere durch Völkergewohnheitsrecht zu schließen ist. Das Vertragsverhältnis der anderen Vertragsparteien untereinander wird von dem Vorbehalt nach Art 21 (2) WVK[946] in keiner Weise berührt. Das Schicksal der Norm, auf die sich der Vorbehalt bezieht, ist offen. Nach dem Konsensprinzip kann ein Staat nur an einen Vertrag gebunden sein, dem er zugestimmt hat. Das heißt, der Vorbehaltsstaat ist an die Norm mit Scharia-Vorbehalt nicht gebunden, bleibt aber nach dem General Comment No. 24/52,[947] der Auffassung des Menschenrechtsausschusses, in vollem Umfang Vertragspartei des jeweiligen menschenrechtlichen Vertrages, was auch von den meisten Einwand einlegenden Parteien gewünscht wird, wie die Untersuchung ergeben hat.

Die Frage, die sich mir nun stellt, ist: Schließt Völkergewohnheitsrecht, das von der International Law Commission kodifiziert wurde, auch wirklich arabisches Gewohnheitsrecht[948] mit ein? Professor Walter meint dazu […] “custom and treaty are mutually indipendent sources of international law” […].[949]

---

945 **Convention on the Political Rights of Women**, https://treaties.un.org/doc/Treaties/1954/07/19540707%2000-40%20AM/Ch_XVI_1p.pdf, abgefragt am 22.02.2017.

946 **Lorenzmeier**, Stefan; Rohde, Christian; Völkerrecht, Berlin, Heidelberg, 2003, S. 37, 38. „Art 21(2) Der Vorbehalt ändert die Vertragsbestimmungen für die anderen Vertragsparteien untereinander nicht.“

947 **Schmalenbach**, Kirsten, Casebook, Internationales Recht, 2. Aufl., Wien, 2014, S. 112.

948 **Bobzin**, Hartmut, Mohammed, siehe oben, S. 91. Bei den Beduinen war die unstete und karge Lebenssituation, Ausgangslage für eine Gesetzgebung. Es entstand ein Gewohnheitsrecht – ein Ehrenkodex, dem sich jeder zu unterwerfen hatte, um von der Stammesgesellschaft nicht ausgeschlossen zu werden. Jeder stand unter dem Schutz dieser Gesellschaft. Wer den Schutz dieser Gesellschaft verlor, war vogelfrei. Mohammed und seine Gefährten mussten aus Mekka fliehen und waren auch vogelfrei, bis sie nach Yathrib kamen und sich dort unter den Schutz eines neuen Stammes stellen durften.

949 **Walter,** Christian, **VCLT, Commentary**, siehe oben: p. 272.

Wenn ja, dann darf die Scharia überall, auch in Europa im Personenstandsrecht, Familien-, Ehe-, und Erbrecht angewendet werden und die Diskussion um einen Scharia-Vorbehalt in UN-menschenrechtlichen Verträgen würde sich erübrigen. Tatsächlich hat islamisches Recht im internationalen Kontext keinen Stellenwert, aber einen umso größeren für die Muslime. Probleme in diesem Zusammenhang sehe ich daher auch bei dem Vorbehaltsartikel 19 der WVK, der auf völkergewohnheitsrechtlicher Ebene die Zulässigkeit von Vorbehalten regelt. **Bahrain, der Libanon, Jordanien, die Vereinigten Arabischen Emirate, der Jemen und der Iran** sind aber **nicht Vertragsparteien der WVK**, die zwar Völkergewohnheitsrecht widerspiegelt, aber nicht arabisches oder persisches. Sind also Scharia-Vorbehalte nach Art 19 c WVK unzulässig, wenn sie gegen den Sinn und Zweck des menschenrechtlichen Vertrages der Vereinten Nationen verstoßen, aber das nationale Recht die Scharia, das für Muslime ius cogens Qualität hat, beachten? Das internationale Folterverbot hat nach Meinung des IGH, den arabische Länder nicht anerkennen, ebenfalls ius cogens Qualität, daher bedeutet ein Scharia-Vorbehalt eine Pattstellung, die es in ausgeprägter Form nur von Qatar bei der Antifolterkonvention gegeben hat, die sukzessive entschärft wurde, weil es dagegen fünf Einwendungen gegeben hat. Stehen blieb der Scharia-Vorbehalt zu Art 1 und Art 16, was die Vermutung zulässt, dass in Qatar gefoltert wird.[950] „Allerdings ist es nicht zwingend, dass das Verbot unmenschlicher, erniedrigender und grausamer Behandlung, die ja unter der Schwelle der Folter liegt (Art 16 CAT), ebenfalls ius cogens Qualität besitzt."[951]

Jedes muslimische Land bekennt sich heute zu einer der oben beschriebenen Rechtsschulen. Man kann selbst wählen. Heute hängt das Personenstandsrecht, das Familien-, Ehe-, und Erbrecht für Muslime von der Zugehörigkeit zu einer der vier klassischen Rechtsschulen[952] ab, das bedeutet, dass Rechtslücken, wie oben auch Vertragslücken, gemäß Rechtsschulenzugehörigkeit behandelt werden müssen. Dazu wird auch der >idschtiha<, die gründliche Bemühung, der Rechtsfindungsprozess durch islamische Rechtsgelehrte von islamischen Regierungen eingefordert, gerade auch in Bezug auf Scharia-Vorbehalte. Der

---

950 **Art 1** beschreibt, dass Folter jede Handlung beinhaltet, durch die einer Person vorsätzlich große körperliche oder seelische Schmerzen oder Leiden zugefügt werden. In **Art 16** verpflichtet sich jeder Vertragsstaat, dass in seinem Hoheitsgebiet nicht gefoltert wird – dass Personen keine vorsätzlich großen körperlichen und seelischen Leiden zugefügt werden, zum Beispiel, um von dieser Person ein Geständnis zu erlangen.

951 **Schmalenbach**, Kirsten, Casebook, Internationales Recht, 2. Aufl., Wien, 2014, S. 112.

952 **1. Kap. 11 Rechtsschulen „Madhahib"** S. 41–48.

Rechtsfindungsprozess erfolgte in den zwei wichtigsten, sunnitischen Rechtsschulen nach unterschiedlichen Methoden. Die höchste sunnitische Instanz – die Islamische Universität, Al-Azhar in Kairo – beachtet sowohl die Hanifitische als auch die Hanbalitische Rechtsschule, daher ist die Qualifizierung mancher Koranstellen, die Scharia-Vorbehalte betreffen, besonders schwierig. Interessant, erstaunlich und einzigartig an den untersuchten Verfassungen ist Art 2 der iranischen Verfassung, der den ständigen >idschtihad<[953] (ijtihad) der Rechtsgelehrten mit den nötigen Qualifikationen von Koran- und Sunnahkenntnissen einfordert.

Auch die westliche Welt ist vermehrt bestrebt, gemeinsame Werteordnungen zu erarbeiten. Bei menschenrechtlichen Verträgen der Vereinten Nationen will man möglichst viele Teilnehmerstaaten an Bord bekommen. Schon bei der Erarbeitung der Vertragstexte wurde aber ein völliger Konsens ausgeschlossen. Die relative Vorbehaltsfreiheit entspricht der Einsicht, dass eine totale Willensübereinstimmung der vertragschließenden Staaten schon zu Beginn des Entstehungsprozesses mehrseitiger Übereinkommen mit zahlreichen Partnern nicht notwendig vorzuliegen braucht. Eine Minderheit soll ja nicht vom Beitritt zu menschenrechtlichen Verträgen der Vereinten Nationen abgehalten werden,[954] zumal Menschenrechtskonzepte in arabischen Ländern in andere sozioökonomische und politische Strukturen eingebettet sind. Professor Waldemar Hummer[955] vertritt die Meinung, dass der Individualrechtsschutz in seiner säkularen Ausprägung nicht für muslimische Länder gelten kann, sondern nur für westlich geprägte Staaten. Professor Schweisfurth bestätigt, dass bezüglich der Rechtsfolgen von unzulässigen Vorbehalten keine Klarheit herrscht.[956] Herdegen, ebenfalls Völkerrechtsexperte meint, dass das Völkerrecht vom nationalen Gesetz

---

953 **Iranian Constitution**, http://www.iranonline.com/iran/iran-info/government/constitution-1.html, abgefragt am 14.01.2017, “The Islamic Republic” is a system based on belief in: Art 2 “[…] **continuous ijtihad of the fuqaha’** possessing necessary qualifications, exercised on the basis of the Qur’an and the Sunnah.” „**idschtihad**“ ist die Bemühung um ein eigenständiges Urteil im Rechtsfindungsprozess, während man beim „**taqlid**“ von der Nachahmung spricht, siehe vorne 1. Kap. 12.

954 **Walter**, Christian, VCLT, Commentary, Historical background, p. 242 ff., “as many States as possible should participate” z.B. bei der Genocide Convention, p. 245.

955 **Hummer**, Waldemar, Der internationale Menschenrechtsschutz: Entwicklung und Grundlagen. Ausprägung der Menschenrechte, in: Österreichisches Handbuch des Völkerrechts, Band I-Textteil, Neuhold, Hummer, Schreuer (Hrsg.), 4. Aufl. Wien, 2004, S. 261.

956 **Schweisfurth**, Theodor, Völkerrecht, Tübigen, 2006, S. 166.

bei Kollision mit dem Völkerrecht nicht dessen Ungültigkeit verlangt, obwohl Art 27 Satz 1 der WVK darauf besteht, dass sich eine Vertragspartei nicht auf innerstaatliches Recht berufen kann, um die Nichterfüllung eines Vertrages zu rechtfertigen. Verbleiben trotzdem noch Normenkonflikte, so setzt sich aus der Sicht des nationalen Rechts das innerstaatliche Recht durch. **Dagegen hat ein internationales Gericht Völkerrecht anzuwenden.**[957] Das ist wahrscheinlich ein weiterer **Grund, warum die untersuchten islamischen Länder den Internationalen Gerichtshof unisono bis heute ablehnen.** Die Menschenrechtsdeklaration des Rates des Islam für Europa von 1981[958] bekundet jedenfalls, dass das irdische Recht von der Scharia abhängig ist.

Nochmals betonen möchte ich das wesentliche Merkmal der Scharia-Vorbehalte in der Konvention über die Beseitigung der Diskriminierung der Frau, dass es sich hier um einen echten Vorbehalt handelt, im Gegensatz zu den vielen unechten Vorbehalten, wo man nur eben etwas Zeit benötigt, um die nationalen Gesetze den Konventionsbedingungen anzupassen. Bei einem echten Vorbehalt ist der Vertragsstaat nicht gewillt, die eigene nationale Gesetzgebung, basierend auf der islamischen Scharia, abzuändern. Das bedeutet, dass man den internationalen Vertrag der nationalen Rechtsordnung, mit der Scharia als Basis, auf Dauer nachordnet, ungeachtet der Regeln der WVK, die ohnehin einen großen Spielraum zulassen. Auch der generelle Scharia-Vorbehalt Saudi-Arabiens zur Beseitigung jeder Form von Rassendiskriminierung ist sehr kontraproduktiv, wenn man die politische Situation und die Schlechterstellung der Schiiten[959] im Land beleuchtet.

Wenn in einem islamischen Land diskriminiert wird, entscheidet die örtliche Justiz und diese unterliegt wieder nur der Scharia. Der heilige Koran und die Sunnah des Propheten enthalten alle Bestimmungen, die Diskriminierungen verbieten, so steht es im letzten Länderbericht Saudi-Arabiens aus 2001.[960] Ähnlich verhält es sich bei der konsequenten Ablehnung der Rechtsprechung des IGH bei Auslegungsfragen von internationalen Verträgen. Die Ansage, dass Ungläubige nicht über Gläubige Recht sprechen dürfen, kann durch nichts gerechtfertigt werden, weil Schriftenbesitzer (Juden, Christen, Zarathustrier) im Islam nicht als Ungläubige bezeichnet werden dürften.[961]

---

957 **Herdegen**, Matthias, Völkerrecht, 15. Auflage, München, 2016, S. 172, 173.

958 **Hummer**, Waldemar, Der internationale Menschenrechtsschutz: Entwicklung und Grundlagen. Ausprägung der Menschenrechte, siehe oben S. 261.

959 **V 6a Stellungnahme zu Saudi-Arabien,** siehe dazu S. 171.

960 **ICERD Länderbericht, Saudi-Arabien, 2001**, siehe dazu: II 8.1 S. 126 ff.

961 **Reidegeld**, Ahmad A., Handbuch des Islam. Die Glaubens- und Rechtslehre der Muslime, siehe oben: S. 773. „Der Muslim akzeptiert (was mehr ist als nur tolerieren)

Um die Vertragsschließungspraxis zu vereinfachen, sieht Art 20(5) WVK vor, dass Vertragsstaaten, die mit einem Vorbehalt konfrontiert werden, dem konkludent zustimmen können, wenn sie innerhalb von 12 Monaten den Vorbehalt nicht beeinspruchen. Schweigen gilt als Annahme. Die meisten Konventions-Mitgliedstaaten haben die islamischen Scharia-Vorbehalte kommentarlos akzeptiert, und wohl gehofft, dass die Koventionsausschüsse islamische Länder im Rahmen der Länderberichte durch Empfehlungen oder Bemerkungen überzeugen können, den Scharia-Vorbehalt aufzugeben, was auch tatsächlich in etlichen Fällen erfolgt ist, aber mit der Realität im Lande nicht harmoniert.

Mit der Ablieferung der Länderberichte haben aber nicht nur arabische Länder ein Problem, sondern zwei Drittel der Mitgliedsstaaten. Weil die Ausschüsse, die die Länderberichte auch in Hinblick auf die Zulässigkeit von Scharia-Vorbehalten überprüfen, über kein echtes Sanktionen-System verfügen, ist diese Taktik des Vergessens durch die Mitgliedstaaten ein immer wiederkehrendes Problem. 9./11.2001 und der beginnende "war on terror", die Bürgerkriege und der allgegenwärtige Terror in den armen arabisch-islamischen Ländern dürften sich aber auch auf die Abfassung von Länderberichten zu den UN-menschenrechtlichen Konventionen negativ ausgewirkt haben. Die reichen arabischen Länder finden aus machtpolitischen Gründen wenig Gefallen an einem uneingeschränkten, internationalen menschenrechtlichen System der Vereinten Nationen und äußern sich in den Länderberichten, sofern überhaupt vorhanden, eher knapp bis gar nicht zu den Scharia-Vorbehalten.

Stellen sich nun Vertragsstaaten von menschenrechtlichen Verträgen der Vereinten Nationen die Frage, ob sie in ihren Rechten verletzt worden sind, wenn ein islamischer Vertragsstaat seine Staatsangehörigen menschenrechtswidrig behandelt, dann kann das nach klassischem Völkerrecht verneint werden, wird aber nach geltendem Völkerrecht durch die „erga omnes Pflichten" ansatzweise bejaht. Das heißt, dass jede Menschenrechtsverletzung theoretisch eine internationale Angelegenheit darstellt. Praktisch können aber die zuständigen Ausschüsse nur darauf hinweisen, und durch politischen und moralischen Druck die

---

die Existenzberechtigung des Christentums und des Judentums als Religion und ist dazu auch durch den Koran verpflichtet, da Jesus und Moses als Propheten betrachtet werden." Auch die Avesta, die Heilige Schrift der Zoroastrier, oder Zarathustrier wurde wie der Koran zu Beginn nur mündlich überliefert und erst viel später in der persischen Sassanidenzeit aufgezeichnet.

Einstellung einer menschenrechtswidrigen Praxis fordern, **oder aber in Zukunft islamische Rechtszwecke** (maqasid asch-scharia) **zur Diskussion anbieten.**[962]

Die tolerante Praxis bei den Einwendungen,[963] (zu den untersuchten Scharia-Vorbehalten bei 16 untersuchten islamischen Ländern und den bekanntesten 8 UN-menschenrechtlichen Verträgen gab es **nur! 28 Einwendungen**) der Mitgliedsstaaten von internationalen, menschenrechtlichen Konventionen und Pakten, hat in der Realität ergeben, dass **Scharia-Recht bereits Eingang in die europäische Rechtsprechung** gefunden hat.[964] In der Einführung habe ich unter Punkt 5 den problematischen Minderheitenschutz für Muslime in Indien beschrieben. In Europa haben wir neue muslimische Minderheiten, die zwar keinen eigenen Minderheitenstatus besitzen, sondern fremden-, asylrecht- oder gemeinschaftsrechtlichen Regimen unterstehen. Gefährlich erachte ich aber die Praxis, dass man in Europa bereits islamisches Eherecht beachtet und Scheidungen per SMS nach arabischen Verstoßungsformeln ermöglicht. Dies sollte man in Zukunft tunlichst unterlassen, um nicht Verhältnisse wie im demokratischen Indien[965] zu ermöglichen, wo die religiöse Minderheit von 170 Millionen Muslime im Personenstandsgesetz, im Familien-, Ehe- und Erbrecht der Scharia unterliegen. Eine wörtliche Auslegung, der islamischen Quellentexte, bedeutet immer eine Schlechterstellung für Frauen und Kinder. „Eine Studie aus Abu Dhabi hat gezeigt, dass die arabische Jugend für das Erstarren des Islam und die Entstehung von Extremismus, den Vertretern der eigenen politischen und religiösen Eliten eindeutig die Hauptverantwortung zuschreibt."[966] Ihr verlängerter Arm darf nicht bis Europa reichen, denn Europa fürchtet sich vor einem gewaltbereiten Islam.[967]

---

962 **Hobe**, Stephan, Einführung in das Völkerrecht, 10. Aufl., Tübingen, 2014, S. 422–423. „Maqasid asch-scharia", islamische Rechtszwecke, **Bassiouni**, Mahmoud, siehe oben.

963 Einwendungen, Einwände, Einsprüche, Widersprüche, es gibt mehrere Bezeichnungen.

964 **Entscheidung 9 Ob 34/10f, Wenn Richter Recht importieren**. Selbst die Scharia kann in privatrechtlichen Fragen in Österreich angewendet werden. „Der OGH hat in seinem erwähnten Urteil betont, dass das Ordre Public weit auszulegen sei. Man dürfe ausländisches Recht nicht ignorieren, nur weil eine Lösung im Widerspruch zu heimischen Recht stehe oder ‚unbillig' erscheine." In: SN, 22.03.2011, S. 19 Gericht & Recht.

965 **Welser**, Maria von, Wo Frauen nichts wert sind. Vom weltweiten Terror gegen Mädchen und Frauen. Abgetrieben, zwangsverheiratet, geschlagen und vergewaltigt. München, 2016, S. 105–202.

966 **Stryjak**, Jürgen, Wie sich junge Muslime den Islam wünschen, siehe oben.

967 **GÖAB, Gesellschaft für österreichisch-arabische Beziehungen**, Newsletter Nr. 12/2017, posted 15.02.2017, Ergebnisse einer europaweiten Umfrage über die Einstellung der europäischen Bevölkerung zur Immigration aus muslimischen Ländern.

In Marokko hat der radikale Religionsgelehrte Mohammed Maghraouri in einem Rechtsgutachten, einer Fatwa 2008 erklärt, dass muslimische Männer neunjährige Mädchen heiraten dürfen, weil solche Ehen ‚ertragreicher' wären. König Mohammed VI, Staatsoberhaupt und Führer der Gläubigen protestierte und verwies auf die marokkanischen Gesetze, wonach Frauen erst mit 18 Jahren heiraten dürfen.[968] Die vielen Reformbemühungen Marokkos sind auch aus den Länderberichten ersichtlich. Sorgen bereiten den marokkanischen, aber auch den tunesischen Behörden die über Internet verbreitete Propaganda der Fundamentalisten. Tunesien, das Geburtsland des >Arabischen Frühlings<, könnte ein wichtiger Trendsetter für den gesamten Nahen Osten werden, wenn das Land nicht vorher in Perspektivlosigkeit versinkt.

Durch die politische Realität, die Ablehnung westlicher Werte, wegen der bitteren Armut und der ausgedehnten Arbeitslosigkeit in vielen arabischen Ländern haben Fundamentalisten die Scharia mit einer wahhabitischen Konnotation in die Gesellschaft zurückgebracht. Islamische Herrscher fürchten um ihre Macht, wenn sie die Kerngebiete der Scharia einer auch nur schonenden Reform unterziehen.

Christina Jones-Pauly[969] fordert ein neues Menschenrecht für mehr Wissen über andere, religiös motivierte Lebenswirklichkeiten, damit Fundamentalisten nicht glauben, sie dürften den Koran alleine interpretieren. Jan Figel, EU Sonderbeauftragter für Religionsfreiheit, glaubt, dass es einen Königsweg gegen religiösen Fundamentalismus und gewaltsamen Extremismus gibt, und der heißt: **Förderung der Religions- und Glaubensfreiheit** und die Erziehung unserer Kinder zu einem Leben in Vielfalt. Gerade das lehnen aber alle untersuchten islamischen Länder ab. Ein Kind eines muslimischen Vaters ist automatisch sein ganzes Leben lang Muslim. Der Psychologe und ehemalige Islamist Mansour[970] meint, dass Jugendliche, die in der Lage wären, die positiven Aspekte aus beiden Kulturkreisen in sich zu vereinen, die offen für unterschiedliche Kulturen sind

---

55 % fordern einen Einwanderungsstopp für Muslime, Spitzenreiter Polen mit 71 % und Österreich mit 65 %. Es besteht Handlungsbedarf! Siehe auch: Chatham House Umfrage.

968 **Kahl**, Hubert, Lexikon des Rechts. König Mohammed VI. lässt sich auf Konflikt mit konservativer Geistlichkeit ein. 15.08.2008, in: SN, S. 6 Weltpolitik.

969 **Jones-Pauly**, Christina, Das Spannungsfeld zwischen islamischem Recht und Menschenrechten aus rechtsvergleichender Sicht, http://www.humanrights.ch/upload/pdf/0000990827_cjp_referat.pdf, abgefragt am 22.02.2017.

970 **Mansour**, Ahmad, Generation Allah. Warum wir im Kampf gegen den religiösen Extremismus umdenken müssen. Frankfurt am Main, 4. Aufl. 2015, S. 213.

und die sich von einer in die andere mühelos bewegen können, zu den Eliten ihrer Länder aufsteigen könnten. In einer globalisierten Welt sind solche Jugendliche einen großen Schritt voraus.

Daher könnte Zuwanderung und Entwicklungshilfe neu gedacht werden. Zwar benötigt Europa Fachkräfte, doch die dürften nicht aus Entwicklungsländern abgezogen werden, sondern umgekehrt, die müssen dorthin zurückgeschickt werden, um ihre eigenen Länder aufzubauen. Alle europäischen Klöster,[971] Stifte und Dependancen des Vatikans auch evangelische, kirchliche Einrichtungen und die Europäische Union könnten bei der beruflichen Ausbildung von Armutsflüchtlingen, gebunden an die neu auszubauenden Aufnahmekapazitäten der oben genannten Einrichtungen, ausnahmslos in ganz Europa gute Dienste leisten. Ein neuer Berufswettbewerb, mit ausgebildeten islamischen Armutsflüchtlingen nach dem Vorbild der Weltmeisterschaft der Berufe,[972] wäre ein guter Werbeträger für eine außerordentliche, europäisch-christliche Maßnahme und ein Kontrastprogramm zur zunehmenden wahhabitischen Missionierung durch Salafisten,[973] die ihr Gesellschaftsverständnis aus dem saudi-arabischen Raum zunehmend nach Europa importieren. 2017 findet ein Wettbewerb der besten Handwerker der Welt im größten Messe- und Veranstaltungszentrum des Mittleren Ostens, in Abu Dhabi, der Hauptstadt der Vereinigten Arabischen Emirate, statt. Warum können Europa und seine Christen abseits der beschränkten Asylpolitik keine Zeichen setzen und Armutsflüchtlinge als Gäste auf der Suche nach einer Chance behandeln, bevor sie wieder in ihr Land zurückgeschickt werden können? Jedes europäische Land hat ein Heer von gutqualifizierten Pensionisten und Pensionistinnen und Freiwilligen, die bei dem

---

971 **Jörg-Brosche**, Claudia, Gottes Werk und Bischofs Beitrag, Bulgarien, in: SN, 18.03.2017, S. 9. Allein in Bulgarien gibt es 200 gut erhaltene Klöster.

972 **Weltmeisterschaft der Berufe**, https://www.wko.at/Content.Node/SkillsAustria/WorldSkills_2017.html, abgefragt am 22.02.2017.

973 **Prantl**, Heribert, Salafisten-Sponsering verstößt gegen die deutsche Staatsräson, http://www.sueddeutsche.de/politik/2.220/golfstaaten-salafisten-sponsoring-versto-esst-gegen-die-deutsche-staatsraeson-1.3292253, abgefragt am 09.03.2017. Saudi-Arabien, Kuwait und Qatar finanzieren in Deutschland salafistische Einrichtungen, wie radikal-religiöse Privatschulen und Kindergärten. „Gewaltgeneigte Salafisten stören den inneren Frieden genauso wie die radikalen Islam-Feinde, die schon ausrasten, wenn sie das Wort ‚Allah' hören." Sie beide bilden eine Gewaltschaukel, die gestoppt werden muss. In einem Land, wo jeder nach seiner Fasson selig werden darf, solange sein Glaube niemanden schadet, darf das Grundrecht auf Religionsfreiheit nicht untergraben werden.

Projekt >**Entwicklungshilfe anders denken**< ihr Wissen weitergeben könnten, bevor sie es zu Grabe tragen.

Wolfgang Schäubele, der ehemalige deutsche Finanzminister, meinte Anfang 2016, dass der Nahe Osten zum Wiederaufbau einen europäischen Marshallplan benötige. Die Gründung von innovativen Zweckgesellschaften mit europäischen Ländern, die sich auf islamische Anleihen, denen beispielsweise ein „Ijarah-Vertrag",[974] also ein islamischer Leasingvertrag zugrunde liegt, könnte nützlich sei, weil wir Projekte anpacken sollten, die auf Nachhaltigkeit, geteiltem Risiko und gemeinsamer Haftung gerichtet sind. Alle christlichen Einrichtungen könnten genützt werden. Tatsächlich hat die katholische Kirche, außer der Caritas, bisher wenig Grundsätzliches zur Flüchtlingsfrage in die öffentliche Diskussion eingebracht, meinte Florian Schuller, der Direktor der Katholischen Akademie in Bayern.[975] Die Alternative, Europa zu einer Festung auszubauen, wäre eine Schande und keine Lösung. Hugo Portisch meint, um Europa zu retten, müsse man zuerst Afrika retten.

Der Wahn des Extremismus und die Wirklichkeit der Scharia liegen sehr eng beisammen, denn Sure 3:7[976] sagt, wer Gutes tun möchte, wird den Koran gut interpretieren, wer Schlechtes bewirken will, wird diese göttliche Quelle schlecht interpretieren. Der Politikwissenschaftler und Islamkritiker, Hamed Abdel-Samad, glaubt, sich in die Luft zu sprengen, ist nicht mutig, aber wenn Muslime mutig sein wollen, dann sollten sie „den Koran vom Sockel des Unantastbar-Allgemeingültigen herunterholen und ihn vermenschlichen."[977]

In den Länderberichten haben wir gesehen, dass sich einige arabische Regierungen bemühen, eine Vereinbarkeit der menschenrechtlichen Verträge der Vereinten Nationen mit der Scharia zu finden, und sogar Scharia-Vorbehalte aufgehoben haben. Beim Scharia-Vorbehalt zu Art 16 der Konvention gegen jede Form von Diskriminierung der Frau hat Ägypten aber fest entschlossen und fett gedruckt im Länderbericht argumentiert, dass der Scharia-Vorbehalt nicht

---

974 **Simader**, Elisabeth, Die westliche Finanzkrise, Islamic Financing, Islamic Banking. Ein möglicher Ausweg? Frankfurt, 2013. S. 120 ff. Siehe auch: Christen und Muslime, Engagement und Kompetenz im Dialog, http://www.christenundmuslime.de/faq/Was_verstehen_Muslime_unter_Unglaeubigen.php, abgefragt am 22.02.2017.

975 **Bruckmoser**, Josef, Papst Franziskus setzt ein sozialpolitisches Signal, in: SN, 20.12.2016, S. 19.

976 **Zirker**, Hans, Der Koran, übersetzt und eingeleitet von Hans Zirker, Darmstadt, 2. Aufl. 2007, Sure 3:7 S. 41.

977 **Abdel-Samad**, Hamed, Der Koran. Botschaft der Liebe. Botschaft des Hasses, 2016, siehe auch: in SN 13.12.2016, Wie die Widersprüche im Koran entstanden sind. S. 19.

zurückgezogen wird, weil dies die Rechte der ägyptischen Ehefrauen schmälern würde, da das islamische Recht die Ehefrauen eindeutig besserstellt als das Konventionsrecht. Wenn man die derzeitige gesellschaftliche, politische und wirtschaftliche Situation in den arabischen Ländern und im Iran verfolgt, muss man dem zustimmen. Viele Familien leben am Land. Arbeitsplätze gibt es hier unterhaltsbedingt nur für Männer und die Ehefrau darf ihren Wohnort nicht selbst wählen. Eine Art Sozialversicherung für die verheiratete Frau ist das Brautgeld und der Unterhalt des Ehemannes. Fehlende Arbeitsplätze, fehlende Kinderbetreuungsplätze und Infrastrukturmängel sorgen selbst in Europa dafür, dass die Landflucht weiblich ist. Die Mängel in armen arabischen Ländern sind umso gravierender. Wieso soll also die arabische Frau auf ihr Brautgeld, das ihr nach der Scharia zusteht, verzichten wollen? **Es steht daher auch eine im westlichen Wohlstand formulierte Idealvorstellung auf dem Prüfstand.**

Für die wirtschaftliche Entwicklungsfähigkeit der islamischen Länder muss sich auch zuerst das Menschenbild, vor allem das Bild der Frau in der Gesellschaft ändern, meint der Islamwissenschaftler Bassam Tibi.[978] In armen arabischen Ländern haben aber immer öfter islamistische Parteien gute Chancen auch durch demokratische Wahlen die politische Macht in naher Zukunft zu übernehmen und einer archaischen Scharia-Auslegung Tür und Tor zu öffnen, daher ist es wichtig, dass interdisziplinär zusammengearbeitet wird.[979] Rechts-, Politik-, Wirtschafts-, Finanz-, Sozial-, Sprach- auch arabische, Kommunikations-, Medien-, Religions- und Islamwissenschaften sollten in Europa und in islamischen Ländern mehr zusammenarbeiten und der **Religionsunterricht in Schulen könnte vereint, nicht getrennt stattfinden**. Schließlich sammelte auch Mohammed als Karawanenführer in Syrien Informationen über das Christentum und das Judentum, bevor er zum Propheten des Islam wurde. Neuwirth, Professorin für Arabistik, hat in ihrem Buch „Der Koran als Text der Spätantike, ein europäischer Zugang,“[980] aufgezeigt, dass die Rekonstruktion des

---

978 **Tibi**, Bassam, Der erste Schritt ist die Änderung des Menschenbildes. http://www.wiwo.de/politik/ausland/bassam-tibi-der-erste-schritt-ist-eine-aenderung-des-menschenbildes/13871676-3.html, abgefragt am 27.08.2016 und 22.02.2017.

979 **Schneider**, Irene, Hanstein, Thoralf (Hrsg.) in: Leipziger Beiträge zur Orientforschung, Beiträge zum Islamischen Recht V, Frankfurt, 2006, Vorwort, „Die Diversifizierung der Problemlagen und die Verschränkungen des internationalen Rechts mit den nationalen Rechten der islamischen Staaten machen eine Analyse der Situation aufgrund interdisziplinärer Zusammenarbeit und eine Bündelung der Kompetenzen unumgänglich.“

980 **Neuwirth**, Angelika, Der Koran als Text der Spätantike. Ein europäischer Zugang, Berlin, 3. Aufl. 2013.S. 46 ff.

Entstehungsmilieus des Koran noch längst nicht abgeschlossen ist, dass aber durch die Verknüpfung verschiedener Disziplinen eine feste Basis für eine neue Koranforschung entwickelt werden kann – **der Koran als Vermächtnis auch an Europa**, der nach einer hadith des Propheten alle Hundert Jahre an die islamische Gesellschaft angepasst werden soll. Wäre dies geschehen, hätten Muslime heute wahrscheinlich die modernste Staatsform der Welt, denn im siebenten Jahrhundert n. Chr. galt der Islam bereits als fortschrittlich. Da möchte Scheich Mohammed Bin Rashid Al Maktoum von Dubai anschließen und er forderte seine Landsleute auf, das arabische Erbe nicht allein der westlichen wissenschaftlichen Rezeption zu überlassen. Er wünscht, dass arabische Wissenschafter selbst tätig werden, und Nachforschungen anstreben.[981]

Hans Zirker, dessen Koranübersetzung ich für meine Arbeit verwendet habe, war Professor für Theologie an den Universitäten Essen und Duisburg mit den Schwerpunkten Islam und theologische Hermeneutik. Für ihn ist der Koran ein Glaubensbuch, das gleichwertige frühere Offenbarungsschriften, wie die Tora und das Evangelium bestätigt, und sich mit Sure 6:90 an „alle Welt" und nicht nur an die Gemeinschaft der Gläubigen wendet. Johann Wolfgang von Goethe hat gemeint, dass der Koran in Erstaunen versetzt und Verehrung abnötigt, aber auch abschreckt. Mit der Ausbreitung des Islam über den arabischen Sprachraum hinaus, wurden Übersetzungen benötigt. Dadurch entstanden viele Übertragungsmöglichkeiten, bei denen die schwierigen arabischen Word- und Satzformen verloren gingen. „Die Erfahrung, dass der Koran primär ein nicht geschrieben-gelesenes, sondern ein rezitiert-gehörtes Buch ist, kann in keiner anderen Sprache als in Arabisch gehörig vermittelt werden."[982]

Der Islam in seiner Variantenvielfalt bewegt sich auf einer völlig anderen Denkschiene, die uns aufgeklärten Westlern Probleme bereitet, weil wir diese fremde Religion und das islamische Gottesrecht aus unserem Blickwinkel betrachten. Wir vergleichen und wir geben dem Modell unserer demokratischen Ordnung, Rechtsstaatlichkeit, unserer Religion und Kultur, in die wir eingebettet sind, den Vorrang. Durch den Vergleich entsteht aber kein Verstehen. „Verstehen ist eine Reise im Land des anderen."[983]

---

981 **Höselbarth**, Frank, Die Bildungsrevolution am Golf. Ein Handbuch. The Education Revolution in the Gulf. A Guide, Hildesheim, 2010, Einleitung. Der Einfluss des Islam auf die europäische Kultur.

982 **Zirker**, Hans, Der Koran, siehe oben: S. 10.

983 **Bernard**, Lewis, Der Koran kennt keine Selbstmordattentate, in: die Zeit, Nr. 13, 2004, S. 1–3. Siehe auch: **Bundeskanzlerin Merkel empfiehlt mehr Reisen in arabische**

Das sollte auch die International Law Commission in Zukunft mehr beachten. Es heißt, der Koran kann nur auf Arabisch gehörig vermittelt werden, daher ist es auf jeden Fall notwendig, dass auch **Art 85 der WVK**[984] **zumindest um die arabische Sprache erweitert werden muss**, wenn man von islamischen Ländern, mit einem Viertelanteil der Weltbevölkerung, mehr Diskussionsbereitschaft bezogen auf Scharia-Vorbehalte in menschenrechtlichen Verträgen der Vereinten Nationen erwarten will. Saudi-Arabien hat am 29. August 2016 seinen dritten und vierten Länderbericht zum Abkommen über die Beseitigung jeder Form von Diskriminierung der Frau an den zuständigen Ausschuss, das Committee on the Elimination of Discrimination against Women, gerichtet, aber nicht auf Englisch, sondern nur noch auf Arabisch.[985] Der neueste, saudi-arabische Länderbericht zur Internationalen Rassendiskriminierungskonvention von 2016 existiert ebenfalls nur noch auf Arabisch.

Mahmoud Bassiouni, der Politikwissenschafter bekennt, dass sich UN-Menschenrechte in einem normativen Spannungsfeld bewegen, weil sie einerseits islamisch legitimiert sein müssen, andererseits müssen sie universal konsensfähig sein. Bassiouni hat in seinem Buch „Menschenrechte zwischen Universalität und islamischer Legitimität,“[986] eine Theorie aufgegriffen, die sich an den **Regeln über die islamischen Rechtszwecke** >maqasid asch-scharia<[987] orientieren, die dem Schutz grundlegender menschlicher Bedürfnisse dienen. Diese Theorie könnte sich zu einem vielversprechenden Ansatz zur Entwicklung eines modernen Islams herausstellen. Aus dem Blickwinkel der Muslime macht Bassiouni auch auf die heuchlerische Menschenrechtspolitik des Westens aufmerksam. Spätestens dann bekommt man das Gefühl, dass der Westen kein Monopol auf die Ausgestaltung der Menschenrechte hat. Das islamische Rechtssystem genießt in der arabischen Welt und im Iran hohen Respekt, daher vertritt Bassiouni die

---

Länder. http://www.spiegel.de/reise/aktuell/angela-merkel-empfiehlt-mehr-reisen-in-arabische-laender-a-1114043.html, 22.02.2017.

984 **WVK, Art 85, authentische Texte**, https://www.ris.bka.gv.at/GeltendeFassung.wxe?Abfrage=Bundesnormen&Gesetzesnummer=10000684 am 22.02.2017. Arabisch fehlt!

985 **Saudi-Arabien – Länderbericht zu CEDAW reservations, 2016**, (a) http://tbinternet.ohchr.org/Treaties/CEDAW/Shared%20Documents/SAU/CEDAW_C_SAU_3-4_6006_A.pdf, abgefragt am 29.03.2017.

986 **Bassiouni**, Mahmoud, Menschenrechte zwischen Universalität und islamischer Legitimität, Berlin, 2014, S. 179 ff.

987 **Ramadan**, Tariq, Radikale Reform, Die Botschaft des Islam für die moderne Gesellschaft, München, 2009, S. 300 ff.

Meinung, dass **Menschenrechte aus der Scharia plausibel abgeleitet werden müssen, damit diese in der islamischen Welt zu Autorität gelangen können.**

Ein typisches Beispiel, stellvertretend für alle anderen untersuchten Länder möchte ich das einflussreiche islamische Emirat Qatar noch einmal nennen. Dort hat man zum Beispiel die Kinderrechtskonvention mit Zitaten aus dem Koran und mit bestimmten Hadithe aus der Sunnah des Propheten verglichen und festgestellt, dass es keinen freien Austritt aus dem Islam gibt. Der Scharia-Vorbehalt zu Art 14 der Kinderrechtskonvention widerspricht dem Sinn und Zweck des Vertrages. Wenn man aber die Präambel der Kinderrechtskonvention dazu liest, dass Traditionen[988] zu berücksichtigen sind, macht der Scharia-Vorbehalt Sinn und die Religionsfreiheit gilt nur für alle Andersgläubigen. Im Islam ist es seit 1400 Jahren Usus, dass man seine Religion nicht wechselt. Kommt es dennoch dazu, dann ist das Abfall vom Glauben. Muslimische Staaten sind keine säkularen[989] **Staaten**. Der Islam ist nicht Privatangelegenheit, der Islam ist ein Teil des politischen Systems. Abfall vom Glauben ist gleichbedeutend mit Staatsverrat.

Saudi-Arabien will alle Konventionsbestimmungen kompatibel mit der Scharia wahhabitischer Lesart sehen. Da saudische Herrscher nie gewählt wurden, benötigen sie die Unterstützung der erzkonservativen Ulamah. Kuwait ist das einzige untersuchte Land, dass in seinem Länderbericht zur Kinderrechtskonvention kein einziges Wort über den Scharia-Vorbehalt verloren hat, obwohl die Regierung bei der Unterzeichnung und Ratifikation einen generellen Scharia-Vorbehalt angebracht hat. Im jordanischen Länderbericht zur Kinderrechtskonvention aus 2013 steht, dass sowohl die Scharia als auch die gewöhnliche Rechtswissenschaft sagen, dass die internationalen Verträge, die die Staaten unterzeichnet haben, an der Spitze einer Gesetzeshierarchie dieser Staaten stehen und angewendet werden sollen. Im Falle eines Konfliktes zwischen diesen Bestimmungen und den nationalen Bestimmungen schlagen sich die Gerichtshöfe mit Fragen herum, was zur Anwendung kommen darf. Es ist aber nicht die Aufgabe der Mitgliedsstaaten dieser Verträge, zwischen Vertrag oder nationalem Gesetz auswählen zu können, was sie sich wünschen. Das ist ein wunder Punkt des allgemeinen Systems. Diese Verträge müssen etappenweise abgearbeitet

---

988 **Päambel, Kinderrechtskonvention**, siehe oben. „unter gebührender Beachtung der Bedeutung der Traditionen und kulturellen Werte jedes Volkes." Aber auch in der Katholischen gilt der Grundsatz: „semel catholiens, semper catholicus", einmal katholisch, immer katholisch.

989 Ausnahme ist die Türkei.

werden, so wie es in der betreffenden Verfassung festgemacht ist. Nur in allen untersuchten Länder-Verfassungen ist der Islam prägend. Die Vereinigten Arabischen Emirate haben zur Kinderrechtskonvention erst 2001 ihren bisher einzigen Länderbericht geschickt. Eine Abänderung islamischer Traditionen liegt nicht in ihrem Interesse. Trotz der erstaunlichen materiellen Errungenschaften liest sich die Geschichte der Emirate wie eine Studie des materiellen Wandels und der Beständigkeit seiner Gesellschaft. Die Vereinigten Arabischen Emirate haben auch den Pakt über die bürgerlichen und politischen Rechte, der am 23. März 1976 in Kraft getreten ist, bislang noch nicht einmal unterzeichnet oder ratifiziert. Auch ein Beitritt liegt in weiter Ferne.

Wie man unschwer erkennen kann, ist die islamische Einstellung zu UN-Menschenrechten vage und der Ansatz von Bassouni richtig. Menschenrechte müssen für Muslime plausibel aus der Scharia abgeleitet werden können, wenn sie für Muslime Bedeutung erlangen sollen. Dafür müssen die islamischen Rechtsquellen, angepasst an eine globalisierte Welt, neu interpretiert werden. Bassouni erwähnt in diesem Zusammenhang beispielsweise die koransche Erbrechtsregelung, die uns in den Länderberichten als Scharia-Vorbehalt begegnet ist. Nach dem Koran erben männliche Erben doppelt soviel wie weibliche Erben, weil Männer die alleinige Pflicht triff, für die Bedürfnisse der Familie zu sorgen. Das ist daher keine Diskriminierung der Frau, sondern nur ein logischer Ausgleich für die Belastung des Mannes. Herrschen andere Bedingungen, wenn die Frau arbeitet und Geld verdient, das sie für den Unterhalt der Familie verwendet, fällt die Zweckbindung des doppelten Erbteils des Mannes weg. Ändern sich Umstände, so müssen auch Normen, wie Verse des koreanischen Erbrechts, neu interpretiert werden, weil es sonst zur Diskriminierung der Frau kommt.

Hinsichtlich des koranschen Strafrechts verhält es sich ähnlich. In der beduinischen, herumziehenden, arabischen Gesellschaft gab es naturgemäß keine Gefängnisse. Einen Dieb musste man dennoch bestrafen. Körperstrafen waren daher sinnvolle Zeichen, um ein Fehlverhalten zu ächten. Verstümmelung der Hand war ein geeignetes Mittel, das heute zur Folter zählt und nicht mehr angewendet werden darf. Auch hier muss es Änderungen bei der Koranauslegung geben, weil der Zweck der Verstümmelung durch einen Gefängnisaufenthalt oder eine Geldstrafe ersetzt werden kann.[990]

Auch beim Abfall vom Glauben und der Religionsfreiheit nach Sure 2:256 verbirgt sich eine ganz andere Geschichte, die man zwecklogisch einfach mit

990 **Bassiouni**, Mahmoud, Menschenrechte zwischen Universalität und islamischer Legitimität, Berlin, 2014, S. 121–123.

Art 14 der Kinderrechtskonvention in Einklang bringen könnte. „Das ist das Wesen der Freiheit, den eigenen Glauben zu wechseln. Die Aussagen des Qurans hierzu sind eindeutig."[991] Gudrun Krämer glaubt, dass es eher der Abwehrkampf gegen übermächtige westliche Einflüsse ist, der arabische Länder an überholten moralischen Wertvorstellungen festhalten lässt.[992] Baderin findet es heuchlerisch, dass sich arabische Männer heute viele Freiheiten herausnehmen und bei den Rechten und Freiheiten der Frauen auf die festgefahrenen Rechtsmeinungen der klassisch islamischen Rechtsschulen zurückgreifen.[993]

Damit Scharia-Vorbehalte in universellen menschenrechtlichen Verträgen der Vereinten Nationen abgebaut werden können, braucht man auch Frieden, wirtschaftliche Sicherheit, einen Verzicht auf Waffenlieferungen[994] in reiche arabische Länder und Mainstream-Medien, die die Widersprüchlichkeit der westlichen Politik und deren brandgefährliche Richtung schonungslos offenlegen.[995]

---

991 **Bassiouni**, Mahmoud, siehe oben: S. 112.

992 **Krämer**, Gudrun, Gottesstaat als Republik. Reflexionen zeitgenössischer Muslime zu Islam, Menschenrechten und Demokratie, Baden-Baden, 1999, S. 158.

993 **Baderin**, Mashood A., International Human Rights and Islamic Law, Oxford, 2003, S. 65.

994 **Leukefeld**, Karin, in: Der Nahe Osten brennt. Verlust der Glaubwürdigkeit – Deutsche Medien zum Konflikt in Syrien. (Hrsg.) Fritz Edlinger. Wien, 2016, S. 190, 191. Die bekannten Waffenlieferanten, aber auch Bosnien, Herzegovina, Bulgarien, Kroatien, Tschechische Republik, Montenegro, Rumänien, Serbien und Slowenien liefern seit 2012 Waffen an die Vereinigten Emirate, Saudi-Arabien, Qatar, Jordanien, Türkei, die an die Rebellen in Syrien weitergeleitet werden. Nicht selten verkaufen die Rebellen Waffen an den IS und al Qaida und al Nusra und andere Milizen.

995 **Leukefeld**, Karin, in: Der Nahe Osten brennt. Siehe oben: „In Syrien war man irritiert über die Entwicklung. Eben noch Partner im Europa-Mittelmeerdialog, war das Land plötzlich zum Paria-Staat geworden." S. 187. Siehe auch: Pressespiegel vom 15.12.2016, Neue Osnabrücker Zeitung. „Syriens Diktator hat viel Blut an den Händen. Jedoch dürfen westliche Führer wie US-Präsident Barack Obama ihre Hände nicht in Unschuld waschen. Fakt ist: Weder Assad noch Russlands Präsident Putin oder der schiitische Gottesstaat Iran waren die Hauptaggressoren in der syrischen Tragödie. Es waren sunnitische Rebellengruppen, die dem Regime in Damaskus den Krieg erklärt hatten, darunter vielfach Extremisten und Terroristen vom Schlage der al-Qaida. Doch wer hat aus ihnen demokratische Freiheitskämpfer gemacht? Sie ermutigt, den Krieg gegen Assad zu führen, und sie mit Waffen beliefert? Es waren Präsident Obama, etliche europäische Regierungschefs und die Despoten der Golfstaaten, die den Sturz des Assad Regimes gefordert haben." Heute kann sich Assad nur mithilfe Russlands und der schiitischen Milizen aus dem Libanon und dem Iran halten. Wer nicht für Assad ist, ist gegen ihn. Macht ist nicht verhandelbar. Die Macht ist nur mit dem Tod des Machthabers zu brechen. Assad weiß, dass er um sein Leben

Theokratie, Emirat, Sultanat und Monarchie sind keine islamischen Staatsformen. Der saudi-arabische Monarch benötigt die Unterstützung der erzkonservativen Ulamah, der Rechtsgelehrten, um die fehlende Legitimation durch Wahlen zu kompensieren. Bürgerrechtsbewegungen von Tunesien bis in den Jemen, die sich für soziale Gerechtigkeit und politische Teilhabe einsetzen, werden als Sicherheitsbedrohung eingestuft.

In der westlichen, postfaktischen Welt bestimmen immer weniger Fakten den Lauf der Dinge, sondern Gefühle. Heute gewinnen Personen Wahlen, die es verstehen Emotionen zu steuern, die mit dem Unwissen der Menschen spekulieren und die, die Klaviatur der digitalen Netzwerke beherrschen. Im Netz darf jeder sein Recht auf Meinungsfreiheit wahrnehmen und kann sich von vorgefertigten Weltbildern irritieren lassen. In den Länderberichten äußern sich arabische Staaten äußerst skeptisch zur Medienfreiheit, besonders im Zusammenhang mit dem Scharia-Vorbehalt zu Art 17 der Internationalen Kinderrechtskonvention.

Von zunehmender Bedeutung für die zahlreiche muslimische Jugend, dem sogenannten "youth bulge"[996] wird daher in Zukunft der Vergleich und die kritische Überprüfung des eigenen und des fremden Menschenbildes sein. Arabische und iranische Frauen werden auch immer öfter ihre Rolle in der Gesellschaft kritischer hinterfragen und ihre Rechte einfordern. Die Devise, die islamische Herrscher gerne ausgeben, dass Macht nicht verhandelbar ist, hat ein Ablaufdatum – auch, weil Europa endlich begriffen hat, dass man nicht nur mit reichen arabischen Ländern gute Beziehungen pflegen kann, sondern auch in Afrika, im Nahen und Mittleren Osten islamisch, also nachhaltig investieren[997] und Arbeitsplätze schaffen muss. Man muss den Menschen in ihrer Heimat eine wirtschaftliche Perspektive bieten, erkannte mittlerweile auch Bundeskanzlerin Merkel. Der Abtransport von Rohstoffen bereichert nicht das Volk, sondern nur deren Herrscher.

Seit der Silvesternacht 2015 in Köln gehen die Uhren auch in Deutschland anders. Die Willkommenskultur neigt sich dem Ende zu. Auch Marokkaner

---

kämpft. Das hat er auch gesagt. Was das für die Menschenrechte bedeutet, kann sich jeder vorstellen."

996 **Heinsohn**, Gunnar, Söhne und Weltmacht, München 2008, S. 14, „Überproportionale Altersausstülpung bei den 15–24jährigen."

997 **Simader**, Elisabeth, Islamic Financing, Islamic Banking. Ein möglicher Ausweg? Siehe oben: Das neue Europa ohne Spekulationsfieber, S. 202 ff., Mutige Investoren, S. 132., Islamische Euro-Bonds mit geteiltem Risiko, S. 134. Siehe auch: CBL International Dubai Business School. **Islamic Banking & Finance**. www.dubai-business-school.com, abgefragt am 22.02.2017.

werden wieder abgeschoben. Viele kehren zurück nach Sidi Moumen, einen 500 000 Menschen-Moloch, ehemalige Müllkippe am Rande der Millionenstadt Casablanca. Sozialwohnungen sind kaum leistbar, man wohnt in Wellblechhütten ohne Strom und Wasser, dazwischen spielen Kinder. Der mittlerweile 21-jährige Abdeslam, ein ehemaliger Armutsflüchtling ist nach vierjähriger Irrfahrt durch Europa nach Marokko mit der Erkenntnis zurückgekehrt: ‚Wenn du hier keinen Erfolg hast, wirst du nirgendwo Erfolg haben. Du musst hier anfangen. Aber wenn die Leute hier nur rumsitzen und warten, dass was passiert, wird sich nichts ändern.'[998] Er wird daher nochmals einen Aufbruch nach Europa wagen. Auch Algerien ist ein Land, das demnächst kippen könnte.[999]

Ein bescheidener Wohlstand für das Volk in allen islamischen Ländern und eine islamische Form von Demokratie würden positiv auf die Auslegung der Scharia im Sinne von Sure 3 Vers 7 einwirken und ermöglichen, dass alle universellen Menschenrechte auch plausibel aus der Scharia abgeleitet werden können. Wie auch die bekannten Islamwissenschaftler Khorchide Mouhanad[1000] und Tarik Ramadan[1001] überzeugt davon sind, dass es im Islam eine immerwährende Reform geben kann und muss, denn die Scharia ist ein Prozess mit

---

998 **Lehmann**, Elisabeth, Reportage aus Marokko im Deutschlandfunk. Es geht um den Ruf unseres Landes. http://www.deutschlandfunk.de/marokkaner-ueber-die-koelner-silvesternacht-es-geht-um-den.1773.de.html?dram:article_id=374960, abgefragt am 10.02.2017.

999 **Pollard**, Stephen, How Algeria could destroy the EU. When President Bouteflika dies, the Islamists will seize power, and Europe will face another refugee crisis. http://www.spectator.co.uk/2016/12/how-algeria-could-destroy-the-eu/, abgefragt am 22.02.2017.

1000 **Khorchide**, Mouhanad, Scharia – der missverstandene Gott. Der Weg zu einer modernen islamischen Ethik, Freiburg, 2013, S. 227–229. Grundzüge eines modernen Islam, Islam ist immerwährende Reform, 3. Teil. Für den deutschsprachigen Raum hat Khorchide, Mouhanad erstmals eine zeitgenössische Theologie vorgestellt. Er zeigt, wie der Islam aus sich heraus, nicht von außen, zu einem Selbstverständnis kommen kann, das eine grundsätzliche Wende hin zu einer Theologie eines barmherzigen Gottes vollzieht. Khorchide ist Leiter des Zentrums für Islamische Theologie an der Uni Münster und beschäftigt sich, wie man präventiv die Werte des gegenseitigen Respekts zwischen Männern und Frauen vermitteln kann. Gleichberechtigung kann man patriarchalisch sozialisierten Männern nicht eintrichtern, wenn man gelernt hat, dass nur Männer untereinander gleichberechtigt sind, aber Frauen eben nur gleichwertig sind, weil sie finanziell vom Mann abhängen.

1001 **Ramadan**, Tariq, Radikale Reform, Die Botschaft des Islam für die moderne Gesellschaft, aus dem Englischen von Möller, Kathrin und Vonderstein, Anne, München,

vielen dynamischen Elementen, die zu einer gerechten Gesellschaftsordnung führen sollten. Da sich die Lebenswirklichkeit des Individuums und die Gesellschaft ständig verändern, beschreibt die Scharia nur den Weg zum Ziel, auf dem Prinzipien wie Gerechtigkeit, Unantastbarkeit der menschlichen Würde, der Freiheit, Gleichheit und soziale Verantwortung von den Herrschern, den Stellvertretern Gottes auf Erden, gewährleistet werden müssen. Diese Prinzipien dürfen auf keinen Fall durch einen akzeptierten Scharia-Vorbehalt, der sich auf eine patriarchale Koran-Interpretation stützt, in Europa durch die unaufhaltsame Zuwanderung von MuslimInnen, durch geduldete, salafistische Missionierung[1002] und durch willkommene, nachhaltige, arabische Investitionen in Europa zu einem „Eurabia“[1003] mit Scharia-Recht für MuslimInnen in Europa führen.

2009, S. 20 ff. **„Wahrlich Allah sendet für die Ummah zu Beginn jedes Jahrhunderts einen, der den Glauben für sie erneuert.“**

1002 **Religionsfreiheit, Vereinigte Arabische Emirate**, https://www.missio-hilft.de/media/thema/religionsfreiheit/laenderberichte/10-vereinigte-arabische-emirate.pdf, abgefragt, 10.02.2017, Missionierung oder das Verteilen von religiösen Büchern ist in den Emiraten unter Strafandrohung verboten. In Europa war das Verteilen von kostenlosen Korantexten bisher erlaubt. Am 16. November 2016 hat Deutschland diesbezüglich eine Kehrtwende vollzogen, weil die dahinterstehenden Akteure Terroranschläge mit der Religion rechtfertigen und den IS, Islamischen Staat, glorifizieren. Koranverteilungsaktionen gab es bisher in 15 Ländern, auch in Österreich. Siehe auch: Kostenlose Koranverteilung an alle Haushalte, Aktion „lies“, https://www.tagesschau.de/inland/die-wahre-religion-101.html, abgefragt am 10.02.2017.

1003 **Hammond**, Peter, Slavery, Terrorism and Islam. The Historical Roots and Contemporary Threat. Revised and expanded third edition, Cape Town, South Africa, 2010, p. 259. “Muslims are openly talking about turning Europa into Eurabia. Moammar Gaddafi of Libya has claimed on Al Jazeera television (10 April 2006) ‘We have 50 million Muslims in Europe. There are signs that Allah will grant Islam victory in Europe.......within a few decades.’ Gadhafi pointed out that already Albania and Bosnia with Muslim majorities have entered the European Union. If Turkey is added to the EU, Europe will have another 50 million Muslims.” Siehe auch: **Rathfelder**, Erich, Wie sich Araber in Bosnien einkaufen. http://diepresse.com/home/panorama/welt/4927294/Wie-sich-Araber-in-Bosnien-einkaufen, abgefragt am 10.02.2017. Gaddafi ist tot, aber Saudi-Arabien, Qatar und die Emirate haben Bosnien als Investoren entdeckt. Eine bosnische Muslima meint: „Er wollte mir als Frau nicht die Hand geben, wir sind doch nicht in Arabien“, zeigt sie sich brüskiert. „Fehlt noch, dass sie von uns bosnischen Frauen fordern, uns zu verschleiern.“ Siehe auch: **Pollard**, Stephen, How Algeria could destroy the EU, When President Bouteflika dies, the Islamists will seize power, and Europe will face another refugee crisis.

Weder eine Arabisierung Europas[1004] noch Kreuzzüge im Nahen Osten bringen uns dem Ziel – Frieden für alle – näher, solange Religionsfreiheit nicht säkular gedacht wird. Cuius regio, eus religio ist keine Option mehr. Die Religion gehört Gott, die Länder den Menschen und die haben das Recht auf Entwicklung und einen Anspruch auf wirtschaftliche, soziale, kulturelle und politische Entfaltung, in der alle universellen Menschenrechte und Grundfreiheiten voll verwirklicht werden können.

Ich habe das vielseitige, und wegen der politischen Situation in vielen arabischen Ländern auch aktuelle Thema – der Scharia-Vorbehalt in menschenrechtlichen Verträgen der Vereinten Nationen – von mehreren Seiten beleuchtet. Abschließend stellt sich mir die Frage, warum der Scharia-Vorbehalt in menschenrechtlichen Verträgen der Vereinten Nationen von den überprüfenden Ausschüssen der internationalen Übereinkommen nicht breit gefächert betrachtet wird. Man darf niemals vergessen, dass in den Islam auch die zarathustrische Lehre[1005] eingeflossen ist, und ihre Devise war und ist: Gut sehen, gut denken, gut handeln, damit sich Gerechtigkeit für alle Menschen entfalten kann.

In den bisher sehr beständigen, für arabische Länder aber teilweise nervigen[1006] Empfehlungen oder Bemerkungen der Konventions-Ausschüsse wurden weder Koran-Suren oder Verse noch Hadithe des Propheten zitiert und diskutiert, wenn schariabezogene Auslegungsprobleme den Sinn und Zweck

---

http://www.spectator.co.uk/2016/12/how-algeria-could-destroy-the-eu/, abgefragt am 10.02.2017.

1004 **SN, flon**, Entchristlichung nicht Schuld der Muslime, in: SN 02.01.2017. S. 2 Innenpolitik. **„Der Wiener Kardinal Christoph Schönborn versteht den Wunsch der Muslime nach einem islamischen Europa, er hätte auch gerne den Nahen Osten wieder christlich.“**

1005 **Schöningh**, Ferdinand, Afghanistan, Paderborn, 2006, S. 198. Zarathustra war ein Prophet, Philosoph, versierter Sozialreformer und begeisterter Kämpfer gegen Gewalt und Unrecht, der ca. 600 v. Chr. lebte. Er sagte, die Menschen sollen selbst ihre Gesetze machen, dabei aber die Wahrheit berücksichtigen, den Verstand gebrauchen und den Fortschritt nicht meiden. Für Zarathustra gab es bereits nur einen Gott und der lebte bei den Menschen, wo es Grausamkeiten, Lügen, Betrug, Neid, Missgunst, politische und religiöse Unterdrückung gab. Seine Religion entwickelte sich aus der Mitte der arischen Völkerfamilie heraus, die aus Angst und Respekt vor den unberechenbaren Naturkräften den Göttern Tier- und Menschenopfer ablieferten. Zarathustra verabscheute das. Im mittelalterlichen persischen **Sassanidenreich (226–642 n. Chr.)** war der **Zoroastrismus Staatsreligion**, während in Arabien, Prophet Mohammed mit dem Islam und seiner Flucht nach Medina, 622 n. Chr. (hijra) eine Glaubensrevolution startete. Siehe dazu auch: 1. Kapitel, 2 Rückblick in das vorislamische Arabien im 7. Jh. n. Chr., S. 34 ff. und 7 Genese des islamischen Rechts.

1006 **ICRC, SV von Qatar, Länderbericht, 2016**, FN 529, 530, siehe oben.

eines internationalen, menschenrechtlichen Vertragsartikels vereiteln, und man wirklich daran interessiert ist, dass alle Scharia-Vorbehalte zurückgenommen werden sollen, überhaupt solche, die gar nicht genau benannt wurden.[1007] Da der IGH zur Klärung nicht herangezogen werden kann, weil arabische Länder diesen ablehnen, wäre es notwendig, dass in den Ausschüssen auch exzellente Islamexperten mit sehr guten Arabischkenntnissen beschäftigt werden, nicht weil Saudi-Arabien seit 2016 seine Länderberichte nur noch auf Arabisch an den GS der Vereinten Nationen schickt, sondern als Signal, dass die Scharia im Rahmen des Völkerrechts Beachtung findet und hinterfragt wird.

Qatar schreibt nämlich 2012 in seinem einzigen Länderbericht[1008] zum Internationalen Übereinkommen zur Beseitigung jeder Form von Diskriminierung der Frauen, dass die **Scharia genau betrachtet, ein ganz modernes System** sei, und mit dem internationalen Management einer Familie vergleichbar wäre, um die Interessen einer Familie abzusichern. Saudi-Arabien gab anlässlich der Ratifikation der obigen Konvention bekannt, dass der generelle Scharia-Vorbehalt beachtet werden soll, da dieser mit den Art 19–23 der Wiener Vertragsrechtskonvention vereinbar sei. Er verstoße nicht gegen Ziel und Zweck des Vertrages.[1009]

Die von Bassiouni weiter entwickelte Theorie, über die, dem Schutz grundlegender menschlicher Bedürfnisse dienenden Regeln der islamischen Rechtszwecke, >maqasid asch-scharia<,[1010] könnte man mit arabischen Ländern, die sich auf einen generellen, undefinierten[1011] oder überholten Scharia-Vorbehalt

---

1007 **Walter**, Christian, VCLT, Commentary, Dörr, Schmalenbach, Hrsg., siehe oben, p. 270, vague and general reservations.

1008 **Qatar – Länderbericht zu SV, 2012, CEDAW/C/Quat/1,** siehe oben, FN 713.

1009 **Saudi-Arabien – Länderbericht zu SV, ICEDAW, 2007**, siehe oben FN 734. "These reservations are consistant with art 19–23 of Vienna Conventions on the Law of Treaties, concerning reservations, especially as the accord with the subject of the Convention and are not incompatible with its purpose."

1010 **Bassiouni**, Mahmoud, Menschenrechte zwischen Universalität und islamischer Legitimität, Berlin, 2014. S. 180–182. „Normen des islamischen Rechts basieren auf zeitlich konstanten Zwecken, die jedoch im Rahmen gegebener Umstände immer wieder neu konkretisiert werden müssen, so dass eine notwendige Korrelation zwischen Recht und gesellschaftlichem Wandel besteht." Siehe dazu auch: **Rohe**, Mathias, Das Islamische Recht, Geschichte und Gegenwart, 2. Aufl. München, 2009, S. 179, 180. Vergleiche: 1. Kapitel, 1.3 Der Koran, die Gottesverfassung, S. 33, 34. 1. Kapitel, 19.5 Der Verstand und die Verschuldenshaftung, S. 55.

1011 **Walter**, Christian, VCLT, commentary, siehe oben, Human Rights Committee formulated under 19c in the General Comment No 24: 'Reservations must be specific and tranparent.'

berufen, im Rahmen der Länderberichte, sofern vorhanden, einschlägig diskutieren, auch auf Arabisch, weil Menschenrechte mithilfe der obigen Methode plausibel aus der Scharia abgeleitet werden können.

Daneben gibt es im Islamischen Recht das diskussionswürdige Institut der Rechtskniffe, „hiyal,“[1012] eine Methode zur Deckung wirtschaftlicher Bedürfnisse. Was im Finanzmanagement möglich ist, sollte auch im Menschenrechtsbereich allgemeine Gültigkeit erlangen, um praktikable Lösungen zu finden, wie manche arabische Länder bereits bewiesen haben, indem man heute die Adoption mit der Scharia kompatibel erachtet.[1013]

Bei einer Lösungssuche der Experten und Expertinnen in den zuständigen Konventions-Ausschüssen ist es immer vorteilhaft, wenn man nicht nur die eigene, sondern auch die Materie der Gegenseite kennt und eventuell auch neue, wissenschaftliche Erkenntnisse über Islamisches Recht parat hat, wie man dieses an eine Gesellschaft im 21. Jahrhundert anpassen könnte, ohne die islamische Legitimität zu verletzen, die heute ca. ein Viertel der Menschen betrifft.

Erfreulich ist daher die Tatsache, dass in Berlin eine Fakultät der Theologien gegründet wurde, an der Protestanten, Katholiken, Muslime und Juden zusammen forschen werden und diese Zusammenarbeit zu einer Bereicherung führen möge.[1014] Im Zeitalter der muslimischen Flüchtlingsströme wäre es ebenso wünschenswert, wenn es auch im Völkerrecht eine Bereitschaft zur Auseinandersetzung mit der Islamischen Rechtslehre gäbe, denn **islamische Flüchtlinge bringen ihren Scharia-Vorbehalt nach Europa mit.**[1015]

1012 **Rohe**, Mathias, Das Islamische Recht, siehe oben: **Rechtskniffe, „hiyal“**, S. 116, 117. Siehe auch: Simader, Elisabeth, siehe oben: **Unternehmensfinanzierungen mit Scharia-Vorbehalt**, S. 112 ff.

1013 **Ägypten, Algerien, Oman, Syrien, Tunesien** haben ihren SV bei Art 20, 21 ICRC zurückgezogen (Adoption).

1014 **Kirchlicher Wiederaufbau in Österreich**, Band 26, Rinnerthaler, Alfred, Paarhammer, Hans, (Hrsg.) Frankfurt am Main, 2016. Dieser Sammelband, Wissenschaft und Religion, entstand durch die Zusammenarbeit von Theologen, Juristen und Historikern. Mein Beitrag zum Scharia-Vorbehalt in finanzrechtlichen Angelegenheiten als Band 25 in dieser Reihe im internationalen Lang Verlag, Frankfurt am Main, ist 2013 erschienen.

1015 **Schneider** Irene, Hanstein, Thoralf (Hrsg.) in: Leipziger Beiträge zur Orientforschung, Beiträge zum Islamischen Recht V, Frankfurt, 2006, Vorwort, „Die Diversifizierung der Problemlagen und die Verschränkungen des internationalen Rechts mit den nationalen Rechten der islamischen Staaten machen eine Analyse der Situation aufgrund **interdisziplinärer Zusammenarbeit und eine Bündelung der Kompetenzen unumgänglich**.“

Anhang

I Scharia-Vorbehalte zur Völkermordkonvention

International Convention on the Prevention and Punishment of the Crime of Genocide, ICPPCG

Paris, 9th December 1948/Entry into force: 12th January 1951

Länder	**Scharia-Vorbehalte**					
Algerien	Art 3	Art 6	Art 9 IGH			
Bahrain			Art 9 IGH			
Marokko		Art 6	Art 9 IGH			
Emirate			Art 9 IGH			
Yemen			Art 9 IGH			
Iran	kein Scharia-Vorbehalt					

II Scharia-Vorbehalte zur Internationalen Rassendiskriminierungskonvention

International Convention on the Elimination of all Forms of Racial Discrimination, ICERD

New York, 7th March 1966/Entry into force: 4th January 1969

Länder	**Scharia-Vorbehalte**				
Bahrain	Art 22 IGH				
Ägypten	Art 22 IGH				
Irak	Art 22 IGH				
Kuwait	Art 22 IGH				
Libanon	Art 22 IGH				
Libyen	Art 22 IGH				
Marokko	Art 22 IGH				
Saudi-Arabien	Art 22 IGH	und GSV			
Syrien					
Yemen	Art 22 IGH				
Iran	kein Scharia-Vorbehalt				

III Scharia-Vorbehalte zum Internationalen Pakt über die wirtschaftlichen, sozialen und kulturellen Rechte

International Covenant on Economic, Social and Cultural Rights, ICESCR
New York, 16th December 1966/Entry into force: 3rd January 1976

Länder	**Scharia-Vorbehalte**				
Algerien	Art 23(4)	Gehört zu Pakt II im Dokument irrtümlich unter Pakt I			
Ägypten	GSV				
Irak					
Libyen					
Syrien					
Yemen					
Iran	kein Scharia-Vorbehalt				

IV Scharia-Vorbehalte zum Internationalen Pakt über die bürgerlichen und politischen Rechte

International Covenant on Civil and Political Rights, ICCPR
New York, 16th December 1966/Entry into force: 23rd March 1976

Länder	**Scharia-Vorbehalte**				
Algerien	Art 23(4)	1991 Unruhen, daher Beeinträchtigung von Art 9(3), 12(1), 17, 19(2), 21			
					Art 41 recognizes HRC
Bahrain	Art 3	Art 9(5)	Art18	Art 23	Art 41
Ägypten					Art 41
Irak					Art 41
Kuwait	Art 2(1) Art 3	Art 23(2), Art 23(3)	Art 25 b, c		Art 41
Libyen					Art 41
Syrien					Art 41
Tunesien					Art 41
Yemen					Art 41
Iran	kein Scharia-Vorbehalt				

V Scharia-Vorbehalte zum Internationalen Übereinkommen gegen Folter und andere grausame, unmenschliche oder erniedrigende Behandlung oder Strafe

International Convention against Torture and other Cruel, Inhuman or Degrading Treatment or Punishment, ICAT

New York, 10th December 1984/Entry into force: 26th June 1987

Länder	**Scharia-Vorbehalte und Rücknahme®**				
					SV zl
Algerien					
Bahrain ®		**Art 20®**	Art 21, Art 22 Anerkennung Antifolterausschusses		Art 30(1) IGH
Kuwait		Art 20			Art 30(1) IGH
Marokko®		**Art 20®**	Art 21, Art 22		Art 30(1) (2) IGH
Qatar ®	Art 1	Art 16	**Art 21, Art 22®** sonst Verbleib des GSV		
Saudi-Arabien		Art 20			Art 30 IGH
Syrien		Art 28(1) anerkennt nicht den Ausschuss nach Art 20			
Iran	kein Mitglied dieser Konvention				

VI Scharia-Vorbehalte zum Internationalen Übereinkommen über die Rechte des Kindes

International Convention on the Rights of the Child, ICRC
New York, 20th November 1989/Entry into force: 2nd September 1990

Länder	**Scharia-Vorbehalte und Rücknahme®**					
Algerien	Art13	Art14 Rgf	Art 16	Art17		
Ägypten ®					**Art 20®**	**Art 21® Adoption**
Irak		Art 14 Rgf				
Jordanien		Art 14 Rgf			Art 20	Art 21 Adoption
Kuwait	GSV					Art 21 Adoption
Marokko ®	**Art 14(2)® u. (3)® Art 14(1) Deklaration Rgf**					
Oman		Art 14 Rgf	**Art 7®, 9®, 21®, 30®**			
Qatar ®	Art 2	Art 14 Rgf	**GSV®**			
Saudi-Arabien	GSV					
Syrien ®	Art 14 Rgf		GSV		**Art 20®**	**Art 21® Adoption**
Tunesien ®	Art 2				**40(2)b, v®**	
VAE	Art 7	Art 14 Rgf		Art 17		Art 21 Adoption
Iran	GSV					

VII Scharia-Vorbehalte zum Internationalen Übereinkommen über die politischen Rechte der Frauen

International Convention on the Political Rights of Women, ICPRW
New York, 31st March 1953/Entry into force: 7th July 1954

Länder	**Scharia-Vorbehalte**				
Marokko			Art 9 IGH		
Tunesien			Art 9 IGH		
Yemen	Art 7 letzter Satz		Art 9 IGH		
Iran	kein Mitglied dieser Konvention				

VIII Scharia-Vorbehalte zum Internationalen Übereinkommen zur Beseitigung jeder Form von Diskriminierung der Frau

International Convention on the Elimination of all Forms of Discrimination against women, ICEDAW
New York, 18th December 1979/Entry into force: 3rd September 1981

Länder	**Scharia-Vorbehalte und Rücknahme°**			
				SV zul
Algerien°	Art 2 **Art 9(2)°**	Art 15(4)	Art 16	Art 29(1) IGH
Bahrain	Art 2 Art 9(2)	Art 15(4)	Art 16(1)	Art 29(1) IGH
Ägypten °	Art 2 **Art 9(2)°**		Art 16(1)	Art 29(1) IGH
Irak °	Art 2 f, g **Art 9(1), (2)°**		Art 16	Art 29(1) IGH
Jordanien °	**Art 7a°** Art 9(2)	**15(4)°**	Art 16(1) f	Art 29(1) IGH
Kuwait °	**Art 7a°** Art 9(2)		Art 16(1) f	Art 29(1) IGH
Libanon	Art 9(2)		Art 16(1) c, d, f, g	Art 29(2) IGH

Länder	**Scharia-Vorbehalte und Rücknahme®**			
Libyen ®	Art 2 und **GSV®**		Art 16(1) c, d	Art 29(1) IGH
Marokko ®	Art 2 **Art 9(2)®**	**Art 15(4)®**	**Art 16®**	
Oman	Art 9(2) und GSV	Art 15(4)	Art 16(1) a, c, f	Art 29(1) IGH
Qatar	Art 1, Art 2a, Art 5a, Art 9(2)	Art 15(1) u. (4)	Art 16(1) a, c, f	Art 29(1) IGH
Saudi-Arabien	Art 9(2)	und GSV		Art 29(1) IGH
Syrien	Art 2, Art 9(2)	Art 15(4)	Art 16(1) c, d, f, g, Art 16(2)	Art 29(1) IGH
Tunesien	Art 2f, Art 9(2)	Art 15(4)	Art 16(1) c, d, f, g, h	Art 29(1) IGH
VAE	Art 2f, Art 9	Art 15(2)	Art 16(1)	Art 29(1) IGH
Yemen				Art 29(1) IGH
Iran	kein Mitglied dieser Konvention			

Art	Artikel
GSV	Genereller Scharia-Vorbehalt
HRC	Human Rights Committee
IGH	keine Anerkennung des Internationalen Gerichtshofes oder Schiedsgerichtes
Rgf	Religionsfreiheit
®	Rücknahme eines SV zu einem Artikel eines Vertrages
SV	Scharia-Vorbehalt
zl	zulässig

Literaturverzeichnis

Aarts, Paul und **Roelants**, Carolien, Saudi-Arabien: Die Tücken der Machtübertragung, in: Inamo, Nr. 87, Saudi-Arabien, Herbst 2016, S. 4–9.

Abdel-Samad, Hamed, Der Koran. Botschaft der Liebe. Botschaft des Hasses. Wie die Widersprüche im Koran entstanden sind, in: SN 13.12.2016, S. 19.

Abid, Liselotte, Als Fatima ihr Recht forderte. Weibliche Symbolik im schiitischen Islam. Habilitation, Wien, 2013.

Abid, Liselotte, Die Religion ist für Gott – das Land ist für alle, in: Syrien, Ein Land im Krieg. Hintergründe, Analysen, Berichte, (Hrsg.) Edlinger, Fritz, Kraitt, Tyma, Wien, 2015.

AFP, Ägypten fordert von der NATO mehr Einsatz in Libyen, in: der Standard, 05.11.2015, S. 5 International.

Al Baradei, Mohammed, im Interview mit Harrer Gudrun, Es ist das tiefe Gefühl der Demütigung, in: der Standard, 25.11.2015, S. 4.

Al Jubeir, Adel, saudi-arabischer Außenminister im Interview mit Harrer Gudrun, Der Konfessionalismus begann 1979, in: der Standard 28./29.11.2015.

Al Qaddafi, Muammar, Das Grüne Buch, Herausgeber, Internationales Studien- und Forschungszentrum des Grünen Buches, Tripolis.

Al Qubaisi, Amal, The Emirati Amal Al Qubaisi aims to build a common strategy with the EU against terrorism, im Interview mit Euronews, 01.01.2017, 9 h 30.

Al Tahawy, Mona, as-Sisi's War on Reporters, in: The New York Times International, weekly, 14.12.2015, p. 2.

Al Yaadi, Mohammed, Den Stier bei den Hörnern packen. Die Rolle des Amir al Muminin in Marokko zur Schaffung von Werten für die Radikalismus-Prävention, in: Islamische Zeitung, 09/2016, S. 19.

Al-Omeisy, Hisham, **Al-Ahmad**, Safa, **Manea**, Elham, Jemen, Krise, Revolte, Krieg, Vortrag vom 13.10.2016, Vienna Institute for Dialogue and Cooperation, Vienna.

Al-Rubaidi, Abdulsalam, Vortrag, Die aktuelle Situation im Jemen, GÖAB-Materialien, Heft 87, Oktober 2015, S. 23.

Alavi, Nasrin, Wir sind der Iran, Aufstand gegen die Mullahs, die junge persische Weblog-Szene, Köln, 2005.

Alizadeh, Homayoun, Kalifat des Schreckens, IS und die Bedrohung durch den islamischen Terror, in: International, II/2015, S. 66, 67.

Allahyari, Houchang, Rote Rüben in Teheran, Dokumentarfilm, in: Das Kino, Salzburg, 08/2016.

Allawi, Ali, The Crisis of Islamic Civilization, New York, 2010.

Amery, Jean, in: Frei und gleich geboren, Ein Menschenrechte-Lesebuch, Kapitel II Folter, Engelmann, Reiner, Fiechtner, Urs M. (Hrsg.), München, 2008.

Auer, Johannes, Zu Geschichte und Gegenwart des Christentums in Syrien, in: Der Nahe Osten brennt, Edlinger, Fritz (Hrsg.), Wien, 2016.

Baderin, Mashood A., International Human Rights and Islamic Law, Oxford, 2003.

Bamarni, Jotiar, Mohammed, Die faszinierende Lebensgeschichte des letzten Propheten, Berlin, 2008.

Bassiouni, Mahmoud, Menschenrechte zwischen Universalität und islamischer Legitimität, Berlin, 2014.

Bewley, Aisha, Über das Leben von Aisha bint Abi Bakr, Ehefrau des Propheten, in: Islamische Zeitung, Juli 2015, S. 10 Grundlagen.

Bewley, Abdurrahman, Aisha, Eine neue Form der Identität (1). Auf Grundlage des prophetischen Modells: Anmerkungen zur frühen Regierung in der muslimischen Ummah, in: Islamische Zeitung, 01/2016, S. 11.

Bobzin, Hartmut, Mohammed, 2. Aufl. München, 2002.

Borger, Sebastian, Solche Ideen sind ziemlich gefährlich, in: der Standard, 9/10.02.2008, International, S. 7.

Brechna, Habibo, Die Geschichte Afghanistans, Das historische Umfeld über 1500 Jahre, Zürich, 2005.

Bruckmoser, Josef, Papst Franziskus setzt ein sozialpolitisches Signal, in: SN, 20.12. 2016, S. 19.

Buc, Philipp, Interview geführt von Friedrich Otto, Man traut nicht den Fakten der anderen Seite, in: die Furche, 05.01.2017, S. 4, 5.

Burgstaller, Katrin, Grazer Stadtrat untersagt „Lies!“ – Koranverteilung, in: der Standard, 27.11.2015, S. 7.

Cem Deniz, Ali, Die neue Türkei, Von Atatürk bis Erdogan, Wien, 2016.

Ceming, Katharina, Ernstfall Menschenrechte, Grundlagen, des islamischen Menschen-, Welt-, und Staatsbildes. München, 2010.

Clapper, Lincoln, Anschläge in Belgien: Bezüge zu Saudi-Arabien? in: Inamo, Nr. 87, Saudi-Arabien, Herbst 2016, S. 16–18.

Dabashi, Hamid, Sunniten gegen Schiiten. Zur Konstruktion eines Gegensatzes. Vortrag, 15.10.2015, Diplomatische Akademie, Festsaal, Wien, 19–21 Uhr.

Dalai Lama, Der Appell des Dalai Lama an die Welt, Alt, Franz, Salzburg, 2015.

Daniljuk, Malte, Saudi-Arabien an allen Fronten, in: Inamo, Nr. 87, Saudi-Arabien, Herbst 2016, S. 60, 61.

Daud, Abdullah, Khadija bint Khuwaylid, Jeddah, Saudi-Arabia, 1415.

Dawkins, Richard, Der Gotteswahn, 9. Aufl., Berlin, 2007.

Die heimliche Revolution. Frauen in Saudi-Arabien, 20.08.2016, Film auf Arte TV, 19 Uhr 30.

Die Peinliche Gerichtsordnung Kaiser Karls V. von 1532, Reclam, 6. Aufl. Stuttgart, 1991.

Diner, Dan, Versiegelte Zeit. Über den Stillstand in der islamischen Welt, Berlin, 2007.

Diwan, Ishac, aus dem Englischen von Helga Klinger-Groier, Project Syndicate, Die schweigende arabische Mehrheit muss laut werden, in: der Standard, 26.07.2016, S. 23.

Dpa, Islam und Demokratie sind kompatibel, in: SN, 22.10.2011, S. 5 Weltpolitik.

Dreyfuss, Robert, Devil's Game, How the United States Helped Unleash Islamist Islam, Owl Books, Henry Holt, New York, 2005, kindle e-book, 2013.

Duss von Werdt, Josef, Einführung in die Mediation, Heidelberg, 2. Aufl. 2011.

Ebert, Hans-Georg, in: Leipziger Beiträge zur Orientforschung. Beiträge zum Islamischen Recht V. Schneider, Irene, Hanstein, Thoralf, (Hrsg.), Frankfurt, 2006.

Edlinger, Fritz, Gesellschaft für Österreichisch-Arabische Beziehungen, GÖAB newsletter, Nr. 110, Iran: bitte warten.

El Feki, Shereen, Magazin für Menschenrechte Nr. 43, Das Problem ist die Doppelmoral, S. 15–17.

Elham, Manea, ‚Die Rolle des Iran wird überschätzt', in: die Furche, 44, 03.11.2016, S. 9.

Eltz-Hoffmann, Liselotte, Orient und Okzident, Der Einfluss des Morgenlandes auf das Abendland, Wien, 2012.

Endreß, Gerhard, Der Islam in Daten, München, 2006.

Falcones, Ildefonso, Die Pfeiler des Glaubens, München, 2010.

Farhadi, Asghar, Film, Nader und Simin. Eine Trennung, Goldener Bär, Berlin 2013.

Figel, Jan, Sind wir auf den Weg in ein Jahrhundert der Völkermorde? in: die Furche, 48, 01.12.2016, S. 7.

Frefel, Astrid aus Kairo, Kairo plant nächsten Demokratisierungsschritt, in: der Standard, 01.09.2015, S. 5 International.

Frefel, Astrid aus Kairo, Wenig Begeisterung für as-Sisis Anhänger, in: der Standard, 28.10.2015, S. 6.

Frefel, Astrid, Kuwait nach Terroranschlag um Einigkeit bemüht, in: der Standard, 29.06.2015, S. 6 International.

Frefel, Astrid, Salafisten halten das Banner des politischen Islam hoch, in: der Standard, 19.10.2015, S. 2.

Frefel, Astrid aus Kairo, Ägyptens Evolution sucht wieder ihren Weg, in: der Standard, 25.01.2016, 2016, S. 3 International.

Friedrich, Otto, Iraqi Odyssee, in: die Furche, 22.10.2015, S. 21.

Fürlinger, Ernst, Ein Tor in die Radikalisierungsspirale, in: der Standard, 01.12. 2015, S. 27.

Geistlinger, Michael, Revolution und Völkerrecht, Wien, Köln, Graz, Böhlau, 1991.

Gerichtsentscheidung 9 Ob 34/10f, Wenn Richter Recht importieren. Selbst die Scharia kann in privatrechtlichen Fragen in Österreich angewendet werden. Entscheidung 9 Ob 34/10 f. In: SN, 22.03.2011, S. 19 Gericht & Recht.

Gerlach, Iris, Jemen, Wasser in der Wüste, in: Spektrum Spezial, Heft 2/11. S. 38–43.

Germund, Willi, Allahs Missionare, Ein Bericht aus der Schule des Heiligen Krieges, Köln, 2010.

Germund, Willi, Wut und Trauer um Damini, Gewalt. Nach dem Tod des Vergewaltigungsopfers rufen Inder nach mehr Sicherheit, in: SN, Weltpolitik, 31.12.2012, S. 4.

Ghannouchi, Rachid, im Interview mit Chaudhry, Tahir, in: Islamische Zeitung, 03/2012, S. 6.

Gmünder, Stefan, Wenn nicht das Glauben, so doch das Sehen lernen, in: der Standard, 03.11.2015, S. 25.

GÖAB, **Gesellschaft für österreichisch-arabische Beziehungen**, Newsletter Nr. 12/2017, 15.02.2017, Ergebnisse einer europaweiten Umfrage über die Einstellung der europäischen Bevölkerung zur Immigration aus muslimischen Ländern.

Goldau, Axel, Weltklimakonferenz in Marokko. Ist der ‚grüne Kolonialismus' zu stoppen? in: Inamo, Jahrgang 22, Winter 2016, S. 3.

Graf, Monika, First Lady hilft Afghanistans Frauen, in: SN, 06.10.2016, S. 8.

Green, Chris, Menschenrecht-Persilschein, ein Service der Werbeagentur, in: Inamo 87, Informationsprojekt Naher und Mittlerer Osten, Jahrgang 22, Herbst 2016, S. 19.

Greuling, Matthias, Gewalt und Schuld, Filmfestival Cannes, Goldene Palme für Michael Haneke, in: die Furche, 22–28.05.2009, S. 16. Religion und Fanatismus, „Das weiße Band", Interview mit Haneke Michael, S. 17 ebendort.

Gronke, Monika, Geschichte des Irans, 2. Aufl. München, 2006.

Gruber, Lilli, Tschador, München, 2007.

Guilliard, Joachim, Neoliberaler Kolonialismus: Irak unter US Besatzung, in: Irak. Ein Staat zerfällt. Hintergründe, Analysen, Berichte, Kraitt, Tyma, (Hrsg.) Wien, 2015.

Güvercin, Eren, Wie mit dem Qur'an leben? in: Islamische Zeitung, August 2015, S. 4.

Hackspiel-Mikosch, Elisabeth, im Interview mit Antje Allroggen, Verschleierungsdebatte, http://www.deutschlandfunk.de/verschleierungs-debatte-zuechtige-kleidung-ist-immer-mehr.691.de.html?dram:article_id=364085, in: die Zeit Nr. 13, 2004, S. 1–3.

Haenni, Patrick, Der Islam, die Moderne als Pfand, die geteilte Welt in: Der Islam am Wendepunkt, liberale und konservative Reformer einer Weltreligion, Amipur, Katajun (Hrsg.), Amann Ludwig (Hrsg.), 2. Aufl., Freiburg, 2006.

Hammond, Peter, Slavery, Terrorismus, Islam: Historical Roots and Contemporary Threat, Revised and expanded third edition, Cape Town, South Africa, 2010.

Hannemann, Tilman, Gewohnheitsrechte in einer islamischen Rechtsumgebung, in: Rechtspluralismus in der Islamischen Welt. Kemper, Michael, Reinkowski, Maurus (Hrsg.) Berlin, 2005.

Harrer, Gudrun, Ein Jahr IS in Mossul: Keine Rettung in Sicht, in: der Standard, 10.06.2015, S. 3 International.

Harrer, Gudrun, Langes Pokern um den libanesischen Präsidenten, in: der Standard, 13.08.2015, S. 4 International.

Harrer, Gudrun, Assad – Gangster werden zur Belastung fürs Regime, in: der Standard, 14./15./16.08.2015, S. 9 International.

Harrer, Gudrun, Kritik an Golfstaaten trifft empfindlichen Nerv, in: der Standard, 17.09.2015, S. 9 Schwerpunkt.

Harrer, Gudrun, Die jezidische Tragödie, in: der Standard: 13.11.2015, S. 32.

Harrer, Gudrun, Innerislamische Schuldsuche, in: der Standard, 18.11.2015, S. 9.

Harrer, Gudrun, Auch Frauen dürfen ein bisschen wählen, in: der Standard, 10.12.2015, S. 4 International.

Harrer, Gudrun, Oben laufen die Fäden zusammen, in: der Standard, 23.02.2016, Wahlen im Iran, S. 2.

Heard-Bey, Frauke, Die Vereinigten Arabischen Emirate, zwischen Vorgestern und Übermorgen. Übersetzung aus dem Englischen, Lange, Wigand, Hildesheim, Zürich, New York, 2010.

Heinsohn, Gunnar, Söhne und Weltmacht, Terror im Aufstieg und Fall der Nationen, München, 2008.

Heinze, Marie-Christine, Vortrag, Die aktuelle Situation im Jemen, in: GÖAB-Materialien, Heft 87, Oktober 2015, S. 1–22.

Herdegen, Matthias, Völkerrecht, 15. Auflage, München, 2016.

Hobe, Stephan, Einführung in das Völkerrecht, 10. Aufl., Tübingen, 2014.

Hofmann, Murad Wilfried, Den Islam verstehen, 2. Aufl., Istanbul, 2010.

Hollande bekennt Verantwortung für Algerien Krieg, in: SN, 26.09.2016. S. 4 Weltpolitik.

Höllmann, Thomas, Die Seidenstraße, München, 2004.

Höselbarth, Frank, Die Bildungs-Revolution am Golf. Ein Handbuch, Hildesheim, 2010.

Hummer, Waldemar, Der internationale Menschenrechtsschutz: Entwicklung und Grundlagen, in: Österreichisches Handbuch des Völkerrechts, Band I-Textteil, Neuhold, Hummer, Schreuer (Hrsg.), 4. Aufl. Wien, 2004.

Hummer, Waldemar, Neuhold, Hanspeter, Schreuer, Christoph, (Hrsg.) Österr. Handbuch des Völkerrechts, Band 2-Materialienteil, 4. Aufl., Wien, 2004.

Huemer, Angela, Miteinander an der Zukunft tischlern. Cucula-Refugees Company for Crafts and Design, in: die Furche, 15.09.2016, S. 23.

Ibn Isaq, aus dem Arabischen von Rotter, Gernot, Das Leben des Propheten, 4. Aufl., Kandern im Schwarzwald, 2008.

Ibn Khaldûn, Die Muqaddima. Betrachtungen zur Weltgeschichte, aus dem Arabischen übersetzt von Alma Giese, München, 2011.

Imad, Mustafa, Der Politische Islam. Zwischen Muslimbrüdern, Hamas und Hizbollah, Hassan al-Banna, Sayyid Qutub, Hassan Nasrallah u. a., Wien, 2013.

Indien überholt China, Weltbevölkerung wächst bis 2050 auf acht Milliarden, in: SN, 14.07.2009, S. 5.

Jörg-Brosche, Claudia, Gottes Werk und Bischofs Beitrag, Bulgarien, in: SN, 18.03.2017, S. 9.

Jostmann, Christian, Wie soll man Fremden begegnen, in: die Furche, 22.09.2016, S. 17.

Kahl, Hubert, Marokkos Offensive gegen Islamisten. König Mohammed VI. lässt sich auf Konflikt mit konservativer Geistlichkeit ein., in: SN, 15.08.2008, S. 6 Weltpolitik.

Karl, Wolfram, Vorbehalt, in: Lexikon des Rechts. Völkerrecht, 2. Aufl. Neuwied/Darmstadt, 1992.

Kemper, Michael, **Reinkowski**, Maurus, Rechtspluralismus in der Islamischen Welt, Gewohnheitsrecht zwischen Staat und Gesellschaft, Berlin, 2005.

Kennedy, Robert F. Jr., Warum die Araber uns in Syrien nicht wollen, in: GÖAB-Newsletter Nr. 30/2016.

Kepel, Gilles, Die Spirale des Terrors, München, 2009.

Kestenholz, Daniel, Indiens misshandelte Frauen. Machokultur. Patriarchat und Frauenfeindlichkeit sind im Alltag tief verwurzelt, in: SN, Weltpolitik, 31.12.2012, S. 4.

Khadduri, Majid, The Islamic Conception of Justice, Baltimore, 1984.

Khomeini, Ayatollah, Der islamische Staat, aus dem Persischen von Nader Hassan und Itscherneska, Ilse, Berlin, 1983.

Khorchide, Mouhanad, Die spirituellen Auswanderer, in: die Furche, 22.09.2016, S. 15.

Khoury, Adel Theodor, Christen unterm Halbmond, Religiöse Minderheiten unter der Herrschaft des Islam, Freiburg, 1994.

Konersman, Paula, Unterwegs, unbehaust und ungeliebt, UNHCR Jahresbericht, 59,5 Millionen Menschen sind weltweit auf der Flucht, höchste Zahlen aller Zeiten, in: Islamische Zeitung, 242. Ausgabe, August 2015, S. 9.

König Abdullah II von Jordanien im Interview mit Euro News, Reportage, 11.11.2015, 21 Uhr.

Kraitt, Tyma, Das Scheitern des Damazener Frühlings: Baschar al-Assads uneingelöste Versprechen, in: Syrien. Ein Land im Krieg. Hintergründe, Analysen, Berichte, Edlinger Fritz, Kraitt Tyma (Hrsg.) Wien, 2015.

Kraitt, Tyma, Eine alawitische Militärdiktatur? Zum Verhältnis von Staat, Militär und Religion in Syrien, in: Syrien. Ein Land im Krieg. Hintergründe, Analysen, Berichte, Edlinger Fritz, Kraitt, Tyma (Hrsg.) Wien, 2015.

Krämer, Gudrun, Gottesstaat als Republik. Reflexionen zeitgenössischer Muslime zu Islam, Menschenrechten und Demokratie, Baden-Baden, 1999.

Krämer, Gudrun, Wettstreit der Werte: Anmerkungen zum zeitgenössischen islamischen Diskurs, in: Joas, Hans, Wiegandt, Klaus (Hrsg.) Die kulturellen Werte Europas, Bonn, 2005.

Kristof, D. Nicholas, **Wu Dunn**, Sheryl, Die Hälfte des Himmels. Wie Frauen weltweit für eine bessere Zukunft kämpfen, München, 2011.

Lerch, Günther, Zeit der Tulpen, in: AFZ Nr. 228, 1.10. 2007, S. 12.

Leukefeld, Karin, Verlust der Glaubwürdigkeit – Deutsche Medien zum Konflikt in Syrien, in: Der Nahe Osten brennt. Edlinger, Fritz (Hrsg.) Wien, 2016.

Leukefeld, Karin, Vom Aufstand zum Krieg, in: Syrien. Ein Land im Krieg. Hintergründe, Analysen, Berichte, Edlinger, Fritz, Kraitt, Tyma (Hrsg.) Wien, 2015.

Lewis, Bernard, der amerikanische Islamwissenschaftler im Interview mit Bloch, Werner über die religiöse Verwirrung in der arabischen Kultur, in: die Zeit, Nr. 13, 2004, S. 1–3.

Lewis, Bernard, Der Koran kennt keine Selbstmordattentate, in: die Zeit, Nr. 13, 2004, S. 1–3.

Lewis, Bernard, Die politische Sprache des Islam, dt. Übersetzung, Enderwitz, Susanne, Berlin, 1991.

Liesmann, Paul Konrad, im Interview mit Boberski, Heiner, Vernunft und Glaube: getrennte Welten, in: die Furche, 22. 09.2016, S. 22.

Lohlker, Rüdiger, Vorwort in: **Prucha**, Nico, Die Stimme des Dschihad, Hamburg, 2010.

Lorenzmeier, Stefan; **Rohde**, Christian; Völkerrecht, Berlin, Heidelberg, 2003.

Lüders, Michael, Wer den Wind sät. Was westliche Politik im Orient anrichtet, München, 2015.

Manea, Elham, Ich will nicht mehr schweigen. Der Islam, der Westen und die Menschenrechte, Freiburg im Breisgau, 2010.

Mansour, Ahmad, Generation Allah. Warum wir im Kampf gegen den religiösen Extremismus umdenken müssen. 4. Aufl., Frankfurt am Main, 2015.

Massoudi, Laila, Islamische Lebenspraxis, in: Islamische Zeitung, 02.2016, S. 22.

Matthiesen, Toby, Die Schia in Saudi-Arabien, in: Inamo, Nr. 87, Saudi-Arabien, Herbst 2016, S. 12–15.

Mbarka, Bouaida, Die Revolution dauert noch lange, im Interview mit Schennach, Stefan, in: die Furche, 22.03.2012, S. 3.

Mentes, Kübra, Ein Aufgabenfeld für das Stiftungswesen, in: Islamische Zeitung, April, 2015, S. 10.

Mernissi, Fatima, Die Angst vor der Moderne, Frauen und Männer zwischen Islam und Demokratie, Hamburg, Zürich, 1992.

Mersch, Peter, Die Emanzipation ein Irrtum, 2. Aufl., Norderstedt, 2007.

Mesc, red, Riad riskiert mit Hinrichtungen neue Konfrontation, in: der Standard, 04. 01.2016, S. 3 International.

Migge, Torsten, Islam, Befreiungsschlacht gegen die Ungläubigen, Frankfurt, 2001.

Mittelstrass, Jürgen, Rückkehr des Dreißigjährigen Kriegs, in: der Standard, 12.12.2015, S. 1A, 2A.

Möllhof, Christine, Indiens Millionen verschwundene Mädchen, in: der Standard, 6./7. Februar 2016, S. 11 International.

Muhammad Ibn Sa'd, The Women of Madina, London, 2006.

Müller, Helmut L., Der Libanon stöhnt unter Flüchtlingslast, in: SN, 28.10.2016, S. 5 Weltpolitik.

Müller, Helmut, **Thuswaldner**, Anton, Orwell und der Islam, in: SN, 15.10.2016, S. 7.

Munir, Muhammad, Zusammenfassung, Isamic Jus ad Bellum and Jus in Bello, Research Papers, vol.VI. no. 1–2(2006) editors Michael Geistlinger, **University Salzburg**, Muhammad Yusuf Faruqi, International Islamic University in Islamabad, Pakistan.

Mushtaq, Ahmad Muhammad, Jiḥad and Peace Treaties, Research Papers, vol. VI. no. 1–2 (2006), pp, Editor in chief, Jonos Matus, University in Budapest, Hungaria, editors Michael Geistlinger, **University Salzburg**, Muhammad Yusuf Faruqi, International Islamic University in Islamabad, Pakistan.

Nahed, Selim, Nehmt den Männern den Koran! Für eine weibliche Interpretation des Islam, München, 2. Aufl. 2009.

Nahi, Tobias, **Safiya**, Christina, Frauen und Mädchen im Blickpunkt, in: Islamische Zeitung, Muslime & Globalisierung, S. 9.

Nasiri, Omar, Mein Leben bei al-Qaida, die Geschichte eines Spions, München, 2007.

Nasser, Afrah, Save Jemen before the famine rages, in: Spotlight 38/2016.

Neskovic, Wolfgang (Hrsg.), Der CIA Folter Bericht. Der offizielle Bericht des US-Senats zum Internierungs- und Verhörprogramm der CIA, Frankfurt am Main, 2015.

Neuwirth Angelika, Der Koran als Text der Spätantike. Ein europäischer Zugang, 3. Aufl., Berlin, 2013.

Neuper, Wolfgang, Kirchlicher Wiederaufbau in der Erzdiözese Salzburg 1945–1968, in: Kirchlicher Wiederaufbau in Österreich, Paarhammer, Hans, Rinnerthaler, Alfred, (Hrsg.), Frankfurt am Main, 2016.

Niederndorfer, Florian, König-Abdullah-Zentrum für interreligiösen Dialog in Wien, Anmerkung von Bandion-Ortner zur Hinrichtungspraxis von Hauptsponsor Saudi-Arabien: in: der Standard, 11.08.2015, S. 26.

Nolte, Paul, Weil Demokratie sich ändern muss, Wiesbaden, 2014.

Nuri, Tobas, Osman, Das Stiftungs- und Spendenwesen im Islam, Istanbul, 2006.

Nußberger, Angelika, Das Völkerrecht, München, 2009.

Nuzzi, Gianluigi, Alles muss ans Licht. Das geheime Dossier über den Kreuzweg des Papstes, Salzburg, 2015.

Nyazee, Imran Ahsan Khan, Islamic Law and Human Rights, Research Papers, Vol. VI.No. 1–2 (2006) editors Michael Geistlinger, **University Salzburg**, Muhammad Yusuf Faruqi, International Islamic University in Islamabad, Pakistan.

Nyazee, Imran Ahsan Khan, Theories of Islamic Law. The Methodology of Ijtihad, Islamabad, 1994.

Oschwald, Hanspeter, Der Klosterurlaubsführer, Klöster europaweit, Freiburg im Breisgau, 2008.

Osman, Nabil, Usrati, 2. Aufl. München 2004, Lehrbuch für modernes Arabisch, landeskundliche Information.

Öztürk, Yasar Nuri, Der verfälschte Islam, Düsseldorf, 2007.

Packer, George, Die Abwicklung. Eine innere Geschichte des neuen Amerika, 3. Aufl., New York, Frankfurt, 2014.

Padma, Rao, Indien, Willenloses Eigentum, in: der Spiegel 46/2003, S. 159.

Perterer, Manfred, Wie Vater Staat seine Bürger bemuttert, in: SN, 26.11.2016, S. 1.

Petersohn, Alexandra, Islamisches Menschenrechtsverständnis unter Berücksichtigung der Vorbehalte muslimischer Staaten zu den UN-Menschenrechtsverträgen. Dissertation 1999 an der Rechts- und Staatswissenschaftliche Fakultät in Bonn.

Petritsch, Wolfgang, im Interview mit Gerald John, Die Regierendenden stehen ziemlich daneben, in: der Standard, 31.10. und 01.11.2015, S. 12.

Pfaff, William, Arabisches Inferno – Der Westen und der Mittlere Osten, in: Blätter für deutsche und internationales Politik 5/2015, S. 96–105.

Prashad, Vijay, Wir sind Zeugen des Niedergangs der Großmacht Saudi-Arabien, S. 10–11, in: Inamo, Nr. 87, Saudi-Arabien, Herbst 2016.

Pressespiegel, Neue Osnabrücker Zeitung, in: Deutschlandfunk, Syriens Diktator hat viel Blut an den Händen. 15.12.2016.

Prucha, Nico, Die Stimme des Dschihad, Hamburg, 2010.

Qumsiyeh, Mazin, Kanaan: Ein gemeinsames Land, Menschenrechte und der israelisch-palästinensische Kampf, Frankfurt am Main, 2015.

Ramadan, Tariq, Radikale Reform, Die Botschaft des Islam für die moderne Gesellschaft, aus dem Englischen von **Möller**, Kathrin und **Vonderstein**, Anne, München, 2009.

Ramsauer, Petra, Die Dschihad Generation, Wien, Graz, Klagenfurt, 2015.

Rapaille, Clotaire, Der Kultur-Code, Was uns verbindet, was uns trennt, München, 2007.

Rauscher, Thomas, Scharia, Islamisches Familienrecht der Sunna und Schia, Frankfurt am Main, 1987.

Rauscher, Hans, Europa und der Bürgerkrieg der Muslime, in: der Standard, 22/23.08.2015, S. 35.

Red, flon, Khomeini darf nicht antreten, in: der Standard, 27.01.2016, S. 4.

Red, Kurden versuchen Teilung der IS-Gebiete im Irak, in: der Standard, 13.11.2015, S. 5.

Reidegeld, Ahmad A., Handbuch Islam. Die Glaubens- und Rechtslehre der Muslime. (Hrsg.) Özdogan, Hasan, Kandern im Schwarzwald, 2. Aufl., 2008.

Ress, G., Supranationaler Menschenrechtsschutz und der Wandel der Staatlichkeit, in: ZaöRV 64 (2004), S. 621–639.

Rogan, Eugene, Die Araber. Eine Geschichte von Unterdrückung und Aufbruch, Berlin, 2012.

Rohe, Mathias, Das islamische Recht, München, 2009.

Roy, Oliver, Der islamische Weg nach Westen, Globalisierung, Entwurzelung und Radikalisierung, München, 2006.

Ruf, Werner, Der Islamische Staat oder Daesh, in: Der Nahe Osten brennt, (Hrsg.) Edlinger Fritz, Wien, 2016.

Sachs, Jeffrey, Armut auslöschen, Gleichheit schaffen. Globalisierung und Digitalisierung formen die Welt neu. Die Ungleichheit nimmt zu, immer mehr Menschen werden an den Rand gedrängt. Ein Denkanstoß vom Forum Alpbach, in: der Standard, 22/23.08.2015, S. 35.

Sachs, D., Jeffry, Die fatale Verausgabung Amerikas, in: die Furche 45, 10.11.2016, S. 3.

Salafisten auf dem Vormarsch, Film-Dokumentation auf Arte, 01.12.2015, 20h15.

Salem, Isam Kamel, Islam und Völkerrecht, Das Völkerrecht in der islamischen Weltanschauung, Berlin, 1984.

Salmi, Laila, **Chebel**, Malek, „Der Prophet und die Frauen" – eine Dokumentation, Frankreich 2007, in kreuz und quer, 15.01.2008, 22.30 Uhr in ORF 2.

Saudi-Arabien, IWF sieht Bankrott in fünf Jahren, in: IZ, 01/2016, S. 6.

Scheck, Frank Rainer, Die Weihrauchstraße. Von Arabien nach Rom. Auf den Spuren antiker Weltkulturen, Köln, 2006.

Schediwy, Robert, Flüchtlinge: Besinnung auf das falsche Erbe, in: der Standard, 23.12.2015, S. 27.

Scheidler, Fabian, Das Ende der Mega Maschine, Geschichte einer scheiternden Zivilisation, Wien, 2015.

Scheikh Muhammad Afifi al-Akiti, Verbot von Angriffen auf Zivilisten, Englischer Originaltext 2005, deutsche Übersetzung Abd al Hafidh Wentzel, Hellenthal, Ludwigshafen, 2006.

Schirmbeck, Samuel, Die Vorfälle von Köln und der Islam, in: der Standard, 16/17.01.2016.

Schirrmacher, Christine, **Spuler-Stegemann**, Frauen und die Scharia, München, 2004.

Schmalenbach, Kirsten, Casebook, Internationales Recht, 2. Aufl., Wien, 2014.

Schöningh, Ferdinand, Afghanistan, Paderborn, 2006.

Schorn, Josef, Die Araber. Aufstieg und Fall einer Großmacht. Prophet und Eroberer, in: SN, 04.02.2012, S. I und II Thema.

Schröter, Hiltrud, Das Gesetz Allahs, Menschenrechte, Geschlecht, Islam und Christentum, Königstein/Taunus, Frankfurt, 2007.

Schulze, Ralph, Auch in Marokko kriselt es, in: SN, 07.10.2016, S. 6 Weltpolitik.

Schulze, Ralph, Ein Aufschrei geht durch Marokko, in: SN, 03.11.2016, S. 6.

Schweisfurth, Theodor, Völkerrecht, Tübingen, 2006.

Sedlacek, Tomas, Hinter den Kulissen der Krise, in: die Furche, 03.11.2016, S. 9.

Seebacher, Verena, EU pumpte 5,1 Milliarden Euro in den Westbalkan. Der Erfolg ist aber mäßig und die zunehmende Gefahr einer Islamisierung steigt, in: SN, 27.09.2016, S. 4 Weltpolitik.

Seebacher, Verena, Die EU erhöht den Druck auf Afghanistan, in: SN, 03.10.2016, S. 6 Weltpolitik.

Seidl, Conrad, Nötigung unterbinden, in: der Standard, 27.11. 2015, S. 32.

Shanoor, Wahid, Das Zeitalter der Weisheit wiederbeleben, in: Islamische Zeitung, 09/2016, S. 9.

Simader, Elisabeth, Die westliche Finanzkrise, Islamic Financing – Islamic Banking. Ein möglicher Ausweg? Frankfurt, 2013.

Sineb El Masrar, Emanzipation im Islam, Eine Abrechnung mit ihren Feinden, Freiburg im Breisgau, 2016.

Smetana, Marian, In der Stadt der Flüchtlinge, Zaatari ist das zweitgrößte Flüchtlingscamp der Welt. in: SN 13.08.2015, S. 6 Weltpolitik.

Smetana, Marian, Auf den Spuren des Online-Dschihad, in: SN, 26.08.2015, S. 11.

SN, APA, Entchristlichung nicht Schuld der Muslime, in: SN 02.01.2017. S. 2

SN, dpa, Zehntausende Afghanen vor der Abschiebung, in: SN, 04.10.2016, S. 6.

SN, dpa, Die Sonne ist Afrikas großer Schatz, in: SN, 19.11.2016, S. 7.

Steinberg, Guido, Avantgarde des internationalen Terrorismus, in: Deutsches Institut für Internationale Politik und Sicherheit, SWP-Aktuell 87, Oktober 2015, S. 1–8.

Sterkl, Maria, Langsam geht die Luft aus, in: der Standard, 22.10.2015, S. 2.

Stricker, Martin, Die Gründerin des islamischen Feminismus ist tot, in: SN, 12. 12. 2015, S. 5 Weltpolitik.

Tabatabai, Adnan, Saudi-Arabien aus Teheraner Perspektive, in: Inamo, Nr. 87, Saudi-Arabien, Herbst 2016, S. 20, 21, 22.

Talbi, Mohammed, Religionsfreiheit – eine muslimische Perspektive in: Freiheit der Religion, Christentum und Islam unter dem Anspruch der Menschenrechte, Hrsg. Schwardtländer, Johannes, Mainz, 1993.

Tibi, Bassam, Die fundamentalistische Herausforderung. Der Islam und die Weltpolitik. 4. Aufl., München, 2003.

Tibi, Bassam, Im Kulturkampf II: Frauen als Faustpfand, in: der Standard, 28./29.05.2016, S. 39.

Tiedjen, Jörg, Der Pakt der „Quincy", in: Inamo 87, Informationsprojekt Naher und Mittlerer Osten, Jahrgang 22, Herbst 2016, S. 62.

Todenhöfer, Jürgen, Inside IS, 10 Tage im islamischen Staat, 20. Aufl., München, 2015.

Todenhöfer, Jürgen, im Interview mit Hasewend, Ingo, Al Kaida ist Kinderkram gegen den IS, in: Premium, Kleine Zeitung, Nr. 5, 2016, S. 28, 29.

Trevidic, Marc, Ahlam oder der Traum von Freiheit, Hamburg, 2016.

Tröscher, Andreas, Noch nie suchte so viele Frauen Schutz in Frauenhäuser, in: SN. 02.12.2016, S. 11.

Undink, Betsy, Allah & Eva, Der Islam und die Frauen, 2. Aufl., München, 2007.

Villinger, Mark E., Commentary on the 1969 Vienna Convention on the Law of Treaties, Leiden, Netherlands, 2009.

Wadud, Amina, Qur'an and Woman: Rereading the Sacred Text from a Woman's Perspective, New York, Oxford University Press, 1999.

Walter, Christian, in: Vienna Convention on the Law of Treaties, A Commentary, (Hrsg.) Dörr, Oliver, Schmalenbach, Kirsten, Berlin, Heidelberg, 2012.

Wandler, Reiner, Tunesien setzt gegen Terrorismus auf harte Hand, in: der Standard, 29.07.2015, S. 7 International.

Wank, Lukas, **Neuhuber**, Jürgen, Die Grenzen der Internationalisierung externer Faktoren, in: GÖAB-Newsletter Nr. 97/2016 (Gesellschaft für Österreichisch-Arabische Beziehungen).

Weichselbaumer, Christina, Neu Delhi, Die größte Demokratie wählt, in: SN, 16.04.2009, S. 3 International.

Welser, Maria von, Wo Frauen nichts wert sind. Vom weltweiten Terror gegen Mädchen und Frauen. Abgetrieben, zwangsverheiratet, geschlagen und vergewaltigt. München, 2016.

Wenn Richter Recht importieren. Selbst die Scharia kann in privatrechtlichen Fragen in Österreich angewendet werden. **Entscheidung 9 Ob 34/10 f**, in: SN, 22.03.2011, S. 19 Gericht & Recht.

Wienerroither, Angelika, Eine Bank will die Welt verbessern, in: SN, 08.03.2017, S. 9 Lokalteil.

Wiesehöfer, Josef, Das antike Persien, Düsseldorf, 2005.

Wild, Petra, Apartheid und ethnische Säuberung in Palästina. Der zionistische Siedlerkolonialismus in Wort und Tat. 2. Aufl. Wien, 2013.

Willems, Ulrich, im Interview mit Nimmervoll, Lisa, ‚Christliches Abendland gibt es nicht', in: der Standard, 4/5. 07. 2015, S. 3.

Wilms, Sulaiman, Stellen wir die falschen Fragen? in: IZ, 11/ 2015, S. 11.

Wilms, Sulaiman, Unterwegs sein, in: IZ, 01/2016, S. 24.

Winkler, Agnes, Zulässigkeit und Rechtswirkung von Vorbehalten nach der WVK, Hamburg, 2007.

Zirker, Hans, Der Koran, 2. Aufl., Darmstadt, 2007.

Zuhra Wati Johari, Blaupause für produktive Erziehung, in: Islamische Zeitung, April/2016, S. 10.

UN Dokumente

Charter of the United Nation and Statute of the International Court of Justice, Chapter I, https://treaties.un.org/Pages/Treaties.aspx?id=1&subid=A&clang=_en http://www.un.org/en/charter-united-nations/, abgefragt am 14.01.2017.

Nürnberger Prinzipien, (waren Grundlage für die Völkermordkonvention, AA/RES/260(III) Prevention and Punishment of the Crime of Genocide) http://home.snafu.de/kdv/contentpages/nuernberg.html siehe auch: http://www.un-documents.net/a3r260.htm, abgefragt am 27.03.2017.

Multilateral Treaties Deposited with the Secretary-General, https://treaties.un.org/Pages/ParticipationStatus.aspx?clang=_en

Chapter IV, Human Rights, abgefragt am 29.03.2017. https://treaties.un.org/Pages/Treaties.aspx?id=4&subid=A&clang=_en

Chapter XVI, Status of Women, abgefragt am 29.03.2017. https://treaties.un.org/Pages/Treaties.aspx?id=16&subid=A&clang=_en

Satzung der Vereinten Nationen, D1, S. 1–39, in: Österreichisches Handbuch des Völkerrechts, Neuhold, Hanspeter, Hummer, Waldemar, Schreuer, Christoph, (Hrsg.) Band 2-Materialienteil, 4. Aufl., Wien, 2004.

The Universal declaration of Human Rights, http://www.un.org/en/documents/udhr/, abgefragt am 14.01.2017.

UN Menschenrechtscharta, RES/217, UN-Doc. 217/A-(III) http://www.un-documents.net/a3r217a.htm, abgefragt am 14.01.2017.

UN Resolution, General Assembly, A/Res/1 aus 2005, http://www.ifrc.org/docs/idrl/I520EN.pdf, abgefragt am 07.03.2017.

Vienna Convention on the Law of Treaties, VCLT, Chapter XXIII, https://treaties.un.org/Pages/Treaties.aspx?id=23&subid=A&clang=_en, https://treaties.un.org/pages/ViewDetailsIII.aspx?src=TREATY&mtdsg_no=XXIII-1&chapter=23&Temp=mtdsg3&clang=_en, abgefragt am 10.03.2017.

Vienna Convention on the Law of Treaties, A Commentary, Dörr, Oliver, Schmalenbach, Kirsten, (Hrsg.) Berlin, Heidelberg, 2012.

Villinger, Mark E., **Commentary on the 1969 Vienna Convention** on the Law of Treaties, Leiden, Netherlands, 2009.

Wiener Vertragsrechtskonvention, WVK, https://www.ris.bka.gv.at/GeltendeFassung.wxe?Abfrage=Bundesnormen&Gesetzesnummer=10000684&ShowPrintPreview=True, abgefragt am 29.03.2017.

WVK, Art 85, authentische Texte, https://www.ris.bka.gv.at/GeltendeFassung.wxe?Abfrage=Bundesnormen&Gesetzesnummer=10000684, abgefragt am 17.02.2017.

WVK in: **Österreichisches Handbuch des Völkerrechts, Band 2-Materialienteil**, Hummer, Waldemar, Neuhold, Hanspeter, Schreuer, Christoph, (Hrsg.) 4. Aufl., Wien, 2004, D 10, WVK, S. 52–68.

I Scharia-Vorbehalte zur Internationalen Völkermordkonvention, Chapter IV, Human Rights, International Convention on the Prevention and Punishment of the Crime of Genocide, ICPPCG

Chapter IV, Human Rights, ICPPCG, https://treaties.un.org/Pages/Treaties.aspx?id=4&subid=A&lang=en weiter mit: https://treaties.un.org/Pages/ViewDetails.aspx?src=TREATY&mtdsg_no=IV-1&chapter=4&clang=_en, abgefragt am 14.01.2017.

International Convention on the Prevention and Punishment of the Crime of Genocide, http://www.ohchr.org/EN/ProfessionalInterest/Pages/CAT.aspx, abgefragt am 14.01.2017.

Übereinkommen über die Verhütung und Bestrafung des Völkermordes, http://www.bgbl.de/xaver/bgbl/start.xav?startbk=Bundesanzeiger_BGBl&jumpTo=bgbl254s0729.pdf#__bgbl__%2F%2F*[%40attr_id%3D%27bgbl254s0729.pdf%27]__1457091019121, abgefragt am 07.01.2017.

1 Algerien, 2 Bahrain, 3 Marokko, 4 Vereinigte Arabische Emirate und Schiitischer Iran, reservations, https://treaties.un.org/Pages/ViewDetails.aspx?src=TREATY&mtdsg_no=IV-1&chapter=4&clang=_en, abgefragt am 10.03.2017.

II Scharia-Vorbehalte zur Internationalen Rassendiskriminierungskonvention, Chapter IV, Human Rights, International Human Rights, Convention on the Elimination of All Forms of Racial Discrimination, ICERD und Länderberichte zu den SV

Chapter IV, Human Rights, ICERD, https://treaties.un.org/Pages/Treaties.aspx?id=4&subid=A&lang=en weiter mit: https://treaties.un.org/Pages/ViewDetails.aspx?src=TREATY&mtdsg_no=IV-2&chapter=4&clang=_en, abgefragt am 14.01.2017.

Convention on the Elimination of All Forms of Racial Discrimination, http://www.ohchr.org/EN/ProfessionalInterest/Pages/CERD.aspx, abgefragt am 14.01.2017.

Bahrain, Ägypten, Irak, Kuwait, Libanon, Libyen, Marokko, Saudi-Arabien, Syrien, Jemen, Iran, reservations, https://treaties.un.org/Pages/ViewDetails.aspx?src=TREATY&mtdsg_no=IV-2&chapter=4&clang=_en#EndDec, abgefragt am 22.02.2017.

Internationales Übereinkommen zur Beseitigung jeder Form von Rassendiskriminierung, http://www.rassendiskriminierungskonvention.de/internationales-uebereinkommen-zur-beseitigung-jeder-form-von-rassendiskriminierung-3100/, abgefragt am 22.02.2017.

Rassendiskriminierung, besonders betroffene Rechte, http://www.rassendiskriminierungskonvention.de/von-der-rassendiskriminierung-besonders-betroffene-rechte-3170, abgefragt am 22.02.2017.

Staatenberichte zur Rassendiskriminierungskonvention, ICERD, http://tbinternet.ohchr.org/_layouts/treatybodyexternal/TBSearch.aspx?Lang=en&TreatyID=6&DocTypeID=29, abgefragt am 22.02.2017.

1.1 Bahrain – Länderberichtbericht, 2004, CERD/C/443/Add. 1 http://docstore.ohchr.org/SelfServices/FilesHandler.ashx?enc=6QkG1d%2fPPRiCAqhKb7yhsk7DMS%2fh1ozSLCNXgFf8WMIrMYi5Weeb1DLqNyyYXjxx25Ero1OWZZg7txqw2XsZ96jjnR90wnmI6dJmrB3JO%2bNJW9BNNOFhvwchlxY45tTF, abgefragt am 22.02.2017.

2.1 Ägypten – Länderbericht, 2014, CERD/C/EGY/17–22, http://docstore.ohchr.org/SelfServices/FilesHandler.ashx?enc=6QkG1d%2fPPRiCAqhKb7yhsnzMdtfBJIhswKsLCnCy4%2bR8bQ4p33Q8FBlMnOWl8PdqEWQB4KBD%2bfnsSZLGqQVGgM%2fifZJA01t965%2bj20VQWDVC4ap%2fID0SszAzcJUhgOd2, abgefragt am 22.02.2017.

3.1 Irak –Länderbericht, 2013, CERD/C/IRQ/15–21, http://docstore.ohchr.org/SelfServices/FilesHandler.ashx?enc=6QkG1d%2fPPRiCAqhKb7yhsl%2fyrM1B9TT0oGmEKg0FjIHOdz%2f6eG%2fWtmtpx9OpUed3nmfPInHMN1mV6HYjbpoIY1%2fLgukcnG%2bbfPt4Fr3B2LD6hD92qJF0%2fBaJUIBMaN5K, abgefragt am 22.02.2017.

4.1 Kuwait –Länderbericht, 2010, CERD/C/KWT/15–20, http://tbinternet.ohchr.org/_layouts/treatybodyexternal/Download.aspx?symbolno=CERD%2fC%2fKWT%2f15–20&Lang=en open with doc oder html http://docstore.ohchr.org/SelfServices/FilesHandler.ashx?enc=6QkG1d%2fPPRiCAqhKb7yhsizYfU8H%2frcAWOrNPUN5eARSOhjPE6N8Dv0H%2bQQKO7bIt5nlXkV6WKXAMVf1G9L5iCTm2d26kMJWUcdq5jUsrtWyOn9NWxEu9v8x6yVrJzYZ, abgefragt 22.02.2017.

4.2 Kuwait – Länderbericht, 2016, CERD/C/KWT/21–24, http://tbinternet.ohchr.org/_layouts/treatybodyexternal/TBSearch.aspx?Lang=en&TreatyID=6&DocTypeID=29 öffnen mit html, http://docstore.ohchr.org/SelfServices/FilesHandler.ashx?enc=6QkG1d%2fPPRiC

AqhKb7yhsizYfU8H%2frcAWOrNPUN5eATrN4SMj7ELeqNIP7fQUhMgQKyOwpx%2fhdsLrIScQr%2bP2auJYM60OmPfm81E6Gi6bThmUNm2mSdY37VtLnbSIjUO, abgefragt am 22.02.2017.

5.1 Libanon – Länderbericht, 1997, CERD/C/298/Add. 2, http://tbinternet.ohchr.org/_layouts/treatybodyexternal/Download.aspx?symbolno=CERD%2fC%2f298%2fAdd.2&Lang=en, öffnen mit pdf, abgefragt am 22.02.2017.

5.2 Libanon – Länderbericht, 2003, CERD/C/383/Add. 2, http://docstore.ohchr.org/SelfServices/FilesHandler.ashx?enc=6QkG1d%2fPPRiCAqhKb7yhspzotB7l8WfOYQyL7gK7rasYHlan8rvslSiv%2fsitBs%2fYDxGrPAhB8%2f0%2bXVRyfsl%2fnoT%2b6fzQlRrGuzW%2bNCgZhyrRULsuiK4sxpK9-mbGZ4THL, abgefragt am 22.02.2017.

6.1 Libyen – Länderbericht, 2003, CERD/C/431/Add. 5, http://docstore.ohchr.org/SelfServices/FilesHandler.ashx?enc=6QkG1d%2fPPRiCAqhKb7yhsr7rG2HV%2b9FLKzlVeQdv3U7ibkHQVzdc9eYtn1Vacmd8X7bH1cFH5TM5iH3U3yl5o%2f4CJ4DMUNz%2fEZ6oA27c00vUbU5bKKyKcLuDxm2MernX, abgefragt am 22.02.2017.

7.1 Marokko – Länderbericht, 2009, CERD/C/MAR/17–18, http://docstore.ohchr.org/SelfServices/FilesHandler.ashx?enc=6QkG1d%2fPPRiCAqhKb7yhsmy9yYGUyps4CxxNcB1%2bhW44tMrhk9gw1vLV8E5ZU3v%2fmRnF7cN6PPq3K8pHC3hnkLIhMtIWnB4Ak2Xb1U9UyKVMflWM6EsrQrHifB3YW9sg, abgefragt am 22.02.2017.

8.1 Saudi-Arabien – Länderbericht, 2001, CERD/C/370/Add. 1, http://docstore.ohchr.org/SelfServices/FilesHandler.ashx?enc=6QkG1d%2fPPRiCAqhKb7yhsrZbSVEypk4IILQeV2YpJqXZHr%2bk1oWGxPNPfmer5CUdcE3g%2fqEKYl0GsiC10tlkyuKfO4FlWzU8SKIM54J0A92sP6KHNUYJXE5x5AePprIk, abgefragt am 22.02.2017.

8.2 Saudi-Arabien – Länderbericht, 2016, CERD/C/SAU/4–9, http://tbinternet.ohchr.org/_layouts/treatybodyexternal/TBSearch.aspx?Lang=en&TreatyID=6&DocTypeID=29 view document, http://tbinternet.ohchr.org/_layouts/treatybodyexternal/Download.aspx?symbolno=CERD%2fC%2fSAU%2f4-9&Lang=en öffnen mit html, geht nur auf **Arabisch**, abgefragt am 22.02.2017.

9 Syrien (ohne SV beigetreten) siehe FN 342

10.1 Jemen – Länderbericht, 2010, CERD/C/YEM/17–18, http://docstore.ohchr.org/SelfServices/FilesHandler.ashx?enc=6QkG1d%2fPPRiCAqhKb7yhsjjCQgX5RAILDo5irKkPl9fkCxEwBVZF8tMoWmnU28%2buqZpn1Oh6mi2gIeNeFMT58BokwZz9Aav7%2fBt60RUPuFZgjesX7sRzu3eQc6TQTjwl, abgefragt am 22.02.2017.

III Scharia-Vorbehalte zum Internationalen Pakt über die wirtschaftlichen, sozialen und kulturellen Rechte, Chapter IV, Human Rights, International Covenant on Economic, Social and Cultural Rights, ICESCR und Länderbericht zum SV von Ägypten

Chapter IV, Human Rights, ICESCR, https://treaties.un.org/Pages/Treaties.aspx?id=4&subid=A&lang=en weiter mit: https://treaties.un.org/Pages/ViewDetails.aspx?src=TREATY&mtdsg_no=IV-3&chapter=4&clang=_en, abgefragt am 14.01.2017.

International Covenant on Economic, Social and Cultural Rights, http://www.ohchr.org/EN/ProfessionalInterest/Pages/CESCR.aspx, abgefragt am 14.01.2017.

UN Wirtschafts-und Sozialpakt, ICESCR, http://www.bgbl.de/xaver/bgbl/start.xav?startbk=Bundesanzeiger_BGBl&jumpTo=bgbl273s1569.pdf#__bgbl__%2F%2F*[%40attr_id%3D%27bgbl273s1569.pdf%27]__1451332046015, abgefragt am 14.01.2017.

1 **Algerien, ICESCR, no reservations**, Algerien hat versehentlich einen Scharia-Vorbehalt zu Art 23(4) des Paktes II hier in Pakt I angebracht. Zum Vorbehalt zu Art 23 (4) wird aber in Pakt II berichtet. https://treaties.un.org/Pages/ViewDetails.aspx?src=TREATY&mtdsg_no=IV-3&chapter=4&clang=_en weiter mit https://treaties.un.org/Pages/ViewDetails.aspx?src=TREATY&mtdsg_no=IV-3&chapter=4&clang=_en#EndDec, abgefragt am 10.03.2017.

2 **Ägypten, ICESCR, genereller Scharia-Vorbehalt**, https://treaties.un.org/Pages/ViewDetails.aspx?src=TREATY&mtdsg_no=IV-3&chapter=4&clang=_en weiter mit https://treaties.un.org/Pages/ViewDetails.aspx?src=TREATY&mtdsg_no=IV-3&chapter=4&clang=_en#EndDec, abgefragt am 10.03.2017.

2.1 **Ägypten – Länderbericht, 2011, E/C.12/EGY/2–4**, http://tbinternet.ohchr.org/_layouts/treatybodyexternal/Download.aspx?symbolno=E%2fC.12%2fEGY%2f2-4&Lang=en open with html http://docstore.ohchr.org/SelfServices/FilesHandler.ashx?enc=4slQ6QSmlBEDzFEovLCuWwoUF8EnngV%2bs8SHRvuiZ6i733UWIYWeOprfcqTC4TjE23%2fs%2bKs3LRUWRUyz72%2bwGTRF6aMGIEcoBQtPina%2fsOnBmGrbF%2fWI2doxlyIpJSta, abgefragt am 22.02.2017.

3 **Irak, ICESCR, no reservations**, https://treaties.un.org/Pages/ViewDetails.aspx?src=TREATY&mtdsg_no=IV-3&chapter=4&clang=_en, abgefragt am 06.03.2017. https://treaties.un.org/Pages/ViewDetails.

aspx?src=TREATY&mtdsg_no=IV-3&chapter=4&clang=_en#EndDec weiter mit link 22, abgefragt am 22.02.2017.

4 **Libyen, ICESCR, no reservations**, https://treaties.un.org/Pages/ViewDetails.aspx?src=TREATY&mtdsg_no=IV-3&chapter=4&clang=_en, abgefragt am 06.03.2017. weiter mit https://treaties.un.org/Pages/ViewDetails.aspx?src=TREATY&mtdsg_no=IV-3&chapter=4&clang=_en#EndDec link 22, abgefragt am 22.03.2017.

5 **Syrien, ICESCR, no reservations**, https://treaties.un.org/Pages/ViewDetails.aspx?src=TREATY&mtdsg_no=IV-3&chapter=4&clang=_en, abgefragt am 06.03.2017. weiter mit, https://treaties.un.org/Pages/ViewDetails.aspx?src=TREATY&mtdsg_no=IV-3&chapter=4&clang=_en#EndDec siehe link 22, abgefragt am 22.03.2017.

6 **Yemen, ICESCR, no reservations**, https://treaties.un.org/Pages/ViewDetails.aspx?src=TREATY&mtdsg_no=IV-3&chapter=4&clang=_en, abgefragt am 06.03.2017. https://treaties.un.org/Pages/ViewDetails.aspx?src=TREATY&mtdsg_no=IV-3&chapter=4&clang=_en#EndDec link 16, abgefragt am 22.03.2017.

7 **Schiitischer Iran, ICESCR, no reservations**, https://treaties.un.org/Pages/ViewDetails.aspx?src=TREATY&mtdsg_no=IV-3&chapter=4&clang=_en, abgefragt am 22.02.2017.

IV Scharia-Vorbehalte zum Internationalen Pakt über die bürgerlichen und politischen Rechte, Chapter IV, Human Rights, International Covenant on Civil and Political Rights, ICCPR und Länderberichte zu den SV

Chapter IV, Human Rights, ICCPR https://treaties.un.org/Pages/Treaties.aspx?id=4&subid=A&lang=en weiter mit https://treaties.un.org/Pages/ViewDetails.aspx?src=TREATY&mtdsg_no=IV-4&chapter=4&clang=_en, abgefragt am 14.01.2017.

International Covenant on Civil and Political Rights, http://www.ohchr.org/EN/ProfessionalInterest/Pages/CCPR.aspx, abgefragt am 14.01.2017.

Internationaler Pakt über bürgerliche und politische Rechte, Fassung vom 30.10.2016 https://www.ris.bka.gv.at/GeltendeFassung.wxe?Abfrage=Bundesnormen&Gesetzesnummer=10000627, abgefragt am 22.02.2017.

1 **Algerien, ICCPR, reservations**, https://treaties.un.org/Pages/ViewDetails.aspx?src=TREATY&mtdsg_no=IV-4&chapter=4&clang=_en#EndDec weiter mit link 13, abgefragt am 22.02.2017.

2 Bahrain, ICCPR, reservations, https://treaties.un.org/Pages/ViewDetails.aspx?src=TREATY&mtdsg_no=IV-4&chapter=4&clang=_en#EndDec weiter mit link 15, abgefragt am 22.02.2017.

3 Ägypten, ICCPR, reservations, https://treaties.un.org/Pages/ViewDetails.aspx?src=TREATY&mtdsg_no=IV-4&chapter=4&clang=_en#EndDec, abgefragt am 22.02.2017.

4 Irak, ICCPR, keine reservations, siehe wie oben.

5 Kuwait, ICCPR, reservations, link 29, https://treaties.un.org/Pages/ViewDetails.aspx?src=TREATY&mtdsg_no=IV-4&chapter=4&clang=_en#EndDec, abgefragt am 22.02.2017.

1.1 Algerien – Länderbericht, 2006 zu ICCPR reservations, CCPR/C/DZA/3, http://docstore.ohchr.org/SelfServices/FilesHandler.ashx?enc=6QkG1d%2fPPRiCAqhKb7yhsupCifjZpImgcLMaz30WluQ4JbZdADcHfKb52U0FeUqXlfPdVGa2G9kK%2fNyG3lCBe2LIVrNANOH7IXkKfuvYTFfP47V%2bsBL08gf05tI%2bvpKH, abgefragt am 22.02.2017.

5.1 Kuwait – Länderbericht, 2009 zu ICCPR reservations, http://docstore.ohchr.org/SelfServices/FilesHandler.ashx?enc=6QkG1d/PPRiCAqhKb7yhsppcZtPQ7R1iwNDmNuQ2Q9XJL8awQZvB2PrDBTk93SwDORWVFczwWwRiu5VXA0kBRGGHwt1lMsOxPHbyvqq4fEe+BwoGHjFxSuU4gf2uDjH6, abgefragt am 22.02.2017.

V Scharia-Vorbehalte zum internationalen Übereinkommen gegen Folter und andere grausame, unmenschliche oder erniedrigende Behandlung oder Strafe, Chapter IV, Human Rights, International Convention against Torture and other Cruel, Inhuman or Degrading Treatment or Punishment, ICAT und Länderberichte zu den SV

Chapter IV, Human Rights, ICAT, https://treaties.un.org/Pages/Treaties.aspx?id=4&subid=A&lang=en weiter mit: https://treaties.un.org/Pages/ViewDetails.aspx?src=TREATY&mtdsg_no=IV-9&chapter=4&clang=_en, abgefragt am 14.01.2017.

International Convention against Torture, http://www.ohchr.org/EN/ProfessionalInterest/Pages/CAT.aspx, abgefragt am 14.01.2017.

Antifolterkonvention, http://www.institut-fuer-menschenrechte.de/fileadmin/user_upload/PDF-Dateien/Pakte_Konventionen/CAT/cat_de.pdf, abgefragt am 22.02.2017.

1 **Algerien, ICAT, reservations**, https://treaties.un.org/Pages/ViewDetails.aspx?src=TREATY&mtdsg_no=IV-9&chapter=4&clang=_en, abgefragt am 22.02.2017.

2 **Bahrain, ICAT, reservations**, https://treaties.un.org/Pages/ViewDetails.aspx?src=TREATY&mtdsg_no=IV-9&chapter=4&clang=_en#EndDec, abgefragt am 22.02.2017.

3 **Kuwait, ICAT, reservations**, siehe oben, weiter mit link 14, https://treaties.un.org/Pages/ViewDetails.aspx?src=TREATY&mtdsg_no=IV-9&chapter=4&clang=_en#EndDec weiter mit, https://treaties.un.org/Pages/ViewDetails.aspx?src=TREATY&mtdsg_no=IV-9&chapter=4&clang=_en#14, abgefragt am 22.02.2017.

4 **Marokko, ICAT, reservations**, https://treaties.un.org/Pages/ViewDetails.aspx?src=TREATY&mtdsg_no=IV-9&chapter=4&clang=_en#EndDec, abgefragt am 22.02.2017.

5 **Qatar, ICAT, reservations**, https://treaties.un.org/Pages/ViewDetails.aspx?src=TREATY&mtdsg_no=IV-9&chapter=4&clang=_en#EndDec weiter mit link 24 und link 25, unter link 24 sind die Einwendungen zu finden, abgefragt am 29.03.2017.

6 **Saudi-Arabien, reservations**, https://treaties.un.org/Pages/ViewDetails.aspx?src=TREATY&mtdsg_no=IV-9&chapter=4&clang=_en#EndDec, abgefragt am 20.02.2017.

7 **Syrien, ICAT, reservations**, https://treaties.un.org/Pages/ViewDetails.aspx?src
=TREATY&mtdsg_no=IV-9&chapter=4&clang=_en#EndDec, abgefragt am 22.02.2017.

2 **Bahrain – Länderbericht, ICAT, Decree No 30, 2011**, http://www.ohchr.org/EN/HRBodies/CAT/pages/catindex.aspx weiter mit http://tbinternet.ohchr.org/_layouts/treatybodyexternal/TBSearch.aspx?Lang=en&TreatyID=1&DocTypeID=45&DocTypeID=29&DocTypeCategoryID=1 weiter mit http://tbinternet.ohchr.org/_layouts/treatybodyexternal/Download.aspx?symbolno=INT%2fCAT%2fADR%2fBHR%2f21809&Lang=en öffnen mit pdf, http://tbinternet.ohchr.org/Treaties/CAT/Shared%20Documents/BHR/INT_CAT_ADR_BHR_21809_E.pdf, abgefragt am 22.03.2017.

5 **Qatar – kein Länderbericht zu ICAT reservation**, http://tbinternet.ohchr.org/_layouts/treatybodyexternal/TBSearch.aspx?Lang=en&TreatyID=1&DocTypeID=45&DocTypeID=29&DocTypeCategoryID=1, abgefragt am 22.02.2017.

6 **Saudi-Arabien – kein Länderbericht zu ICAT reservation**, http://tbinternet.ohchr.org/_layouts/treatybodyexternal/TBSearch.

aspx?Lang=en&TreatyID=1&DocTypeID=45&DocTypeID=29&DocType CategoryID=1, abgefragt am 22.02.2017.

VI Scharia-Vorbehalte zur Internationalen Kinderrechtskonvention, Chapter IV, Human Rights, International Convention on the Rights of a Child, ICRC: Einwendungen, Rücknahme und Länderberichte zu den SV

Chapter IV, Human Rights, ICRC, https://treaties.un.org/Pages/Treaties.aspx?id=4&subid=A&lang=en, siehe weiter: https://treaties.un.org/Pages/ViewDetails.aspx?src=TREATY&mtdsg_no=IV-11&chapter=4&clang=_en, abgefragt am 29.03.2017.

International Convention on the Rights of a Child, http://www.ohchr.org/EN/ProfessionalInterest/Pages/CRC.aspx, abgefragt am 14.01.2017.

Kinderrechtskonvention im Bundesgesetzblatt, https://www.bgbl.de/xaver/bgbl/start.xav?startbk=Bundesanzeiger_BGBl&jumpTo=bgbl292s0121.pdf#__bgbl__%2F%2F*%5B%40attr_id%3D%27bgbl292s0121.pdf%27%5D__1482960471513, abgefragt am 29.03.2017.

1 Algerien, Scharia-Vorbehalt zu Art 13, 14(1), (2), Art 16, Art 17, https://treaties.un.org/Pages/ViewDetails.aspx?src=TREATY&mtdsg_no=IV-11&chapter=4&clang=_en#EndDec, abgefragt am 22.03.2017.

1.1 Algerien – Länderbericht, 2011 due in 2009, CRC/C/DCA/3-4, link 20, view document CRC/C/DCA/3-4, http://tbinternet.ohchr.org/_layouts/treatybodyexternal/TBSearch.aspx?Lang=en&TreatyID=5&TreatyID=10&TreatyID=11&DocTypeID=29&DocTypeCategoryID=4, abgefragt am 22.02.2017. http://tbinternet.ohchr.org/_layouts/treatybodyexternal/Download.aspx?symbolno=CRC%2fC%2fDZA%2f3-4&Lang=en, abgefragt am 22.02.2017 öffnen über html, http://docstore.ohchr.org/SelfServices/FilesHandler.ashx?enc=6QkG1d%2fPPRiCAqhKb7yhsqdxxaFX5%2b9wf8bLIQ8D7xrf8IUAZm0LeavmhG7ZtW8xa4IV0axwBqXhyn002Vvg1T24SnyH%2bf3EhEWK568A%2bD7HquxxfOBL%2fFCH5D0iriuf, abgefragt am 22.02.2017.

2 Ägypten, Scharia-Vorbehalt zu Art 20, 21 zurückgezogen, siehe link 9 Egypt, https://treaties.un.org/Pages/ViewDetails.aspx?src=TREATY&mtdsg_no=IV-11&chapter=4&clang=_en#9, abgefragt am 29.03.2017.

3 Irak, Scharia-Vorbehalt zu Art 14, https://treaties.un.org/Pages/ViewDetails.aspx?src=TREATY&mtdsg_no=IV-11&chapter=4&clang=_en#EndDec, abgefragt am 29.03.2017.

3.1 Irak – Länderbericht, 2014 due in 2011, CRC/C/IRQ/2–4, http://tbinternet.ohchr.org/_layouts/treatybodyexternal/TBSearch.aspx?Lang=en&TreatyID=5&TreatyID=10&TreatyID=11&DocTypeID=29&DocTypeCategorylD=4, abgefragt am 29.03.2017, link 10, view document CRC/C/IRQ/2–4, http://tbinternet.ohchr.org/_layouts/treatybodyexternal/Download.aspx?symbolno=CRC%2fC%2fIRQ%2f2-4&Lang=en, abgefragt am 29.03.2017, öffnen mit html, http://docstore.ohchr.org/SelfServices/FilesHandler.ashx?enc=6QkG1d%2fPPRiCAqhKb7yhsnrFI8dyx5m6sTXXozprc%2fh8gBfHxERk2g2pd%2bAkJ7tlHezrEqz3IBB71p1ES2x27YWkcYYnPATTRPswUxRNZBs6lWSbb38kgPARFFy%2bkl8Z, abgefragt am 22.02.2017.

4 Jordanien, Scharia-Vorbehalt zu Art 14, Art 20, Art 21, https://treaties.un.org/Pages/ViewDetails.aspx?src=TREATY&mtdsg_no=IV-11&chapter=4&clang=_en#EndDec, abgefragt am 29.03.2017.

4 aa Einwand von Finnland, siehe link 38, https://treaties.un.org/Pages/ViewDetails.aspx?src=TREATY&mtdsg_no=IV-11&chapter=4&clang=_en#38, abgefragt am 29.03.2017.

4.1 Jordanien – Länderbericht, 2013 due in 2011, CRC/C/JOR/4–5, http://tbinternet.ohchr.org/_layouts/treatybodyexternal/TBSearch.aspx?Lang=en&TreatyID=5&TreatyID=10&TreatyID=11&DocTypeID=29&DocTypeCategorylD=4, abgefragt am 29.03.2017, link 13, view document CRC/C/JOR/4–5, öffnen mit html, http://docstore.ohchr.org/SelfServices/FilesHandler.ashx?enc=6QkG1d%2fPPRiCAqhKb7yhsiaA1%2f6olxyVVmNojGiLiCeAK3cZ80e1vzssjQMhMXCfMUL2DElIerYkM7zFtTQo92W1G7k%2bYHRE8j0K53O%2fzMPj8c4pXXX9%2fR7E%2bznZ5xrY, abgefragt am 29.03.2017.

5 Kuwait, Genereller Scharia-Vorbehalt und zu Art 21, https://treaties.un.org/Pages/ViewDetails.aspx?src=TREATY&mtdsg_no=IV-11&chapter=4&clang=_en#EndDec, abgefragt am 29.03.2017.

5.1 Kuwait – Länderbericht, 2012 due in 1998, CRC/C/KWT/2, http://tbinternet.ohchr.org/_layouts/treatybodyexternal/TBSearch.aspx?Lang=en&TreatyID=5&TreatyID=10&TreatyID=11&DocTypeID=29&DocTypeCategorylD=4, abgefragt am 29.03.2017, link 17, view document CRC/C/KWT/2, öffnen mit html, http://docstore.ohchr.org/SelfServices/FilesHandler.ashx?enc=6QkG1d%2fPPRiCAqhKb7yhsqkKV0xrUf%2bC9C%2f9uTI230gmEHnDnxpN9iMGSQAJwl9e80d119O2KoBV9OcrghcqS5x3zFQ%2fdnq1bHjl74xkftOhoeIO6G6OHmLxa7NeguE8, abgefragt am 29.03.2017.

6 Marokko, Scharia-Vorbehalt zu Art 14(1), https://treaties.un.org/Pages/ViewDetails.aspx?src=TREATY&mtdsg_no=IV-11&chapter=4&clang=_en#EndDec, abgefragt am 29.03.2017.

Marokko, Scharia-Vorbehalt zu Art 14(1) zurückgezogen, siehe link 45 https://treaties.un.org/Pages/ViewDetails.

aspx?src=TREATY&mtdsg_no=IV-11&chapter=4&clang=_en#45, abgefragt am 29.03.2017.

6.1 Marokko – Länderbericht, 2013 due in 2009, CRC/C/MAR/3–4, http://tbinternet.ohchr.org/_layouts/treatybodyexternal/TBSearch.aspx?Lang=en&TreatyID=5&TreatyID=10&TreatyID=11&DocTypeID=29&DocTypeCategorylD=4, abgefragt am 29.03.2017, link 13, view document CRC/C/MAR/3–4, http://tbinternet.ohchr.org/_layouts/treatybodyexternal/Download.aspx?symbolno=CRC%2fC%2fMAR%2f3-4&Lang=en, abgefragt am 29.03.2017, öffnen mit doc, kein link zur Verfügung.

7 Oman, Scharia-Vorbehalt zu den Art 14, 7, 9, 21, 30, https://treaties.un.org/Pages/ViewDetails.aspx?src=TREATY&mtdsg_no=IV-11&chapter=4&clang=_en#EndDec, abgefragt am 29.03.2017.

Oman-Scharia-Vorbehalte zu den Art 7, 9, 21, 30 zurückgezogen, siehe link 48 https://treaties.un.org/Pages/ViewDetails.aspx?src=TREATY&mtdsg_no=IV-11&chapter=4&clang=_en#48, abgefragt am 29.03.2017.

7.1 Oman – Länderbericht, 2006 due in 2004, CRC/C/OMN/2, http://tbinternet.ohchr.org/_layouts/treatybodyexternal/TBSearch.aspx?Lang=en&TreatyID=5&TreatyID=10&TreatyID=11&DocTypeID=29&DocTypeCategorylD=4, abgefragt am 29.03.2017, weiter mit link 39, view document CRC/C/OMN/2 öffnen mit html, http://docstore.ohchr.org/SelfServices/FilesHandler.ashx?enc=6QkG1d%2fPPRiCAqhKb7yhsomYmrW4g8ER%2boj%2bFNa2k6cminMol5F%2fIi4Z4oLJcY04MWEKKDT%2ftroEzXHuxgGSr%2b4AMgFmWY%2b%2f1ak%2fE%2bXWvVtAqnwscZ0M-UOA7w6LJLx60, abgefragt am 29.03.2017.

8 Qatar, Genereller Scharia-Vorbehalt und zu Art 2, 14, https://treaties.un.org/Pages/ViewDetails.aspx?src=TREATY&mtdsg_no=IV-11&chapter=4&clang=_en#EndDec, abgefragt am 29.03.2017.

8 aa Einwand von Schweden, siehe link 20, https://treaties.un.org/Pages/ViewDetails.aspx?src=TREATY&mtdsg_no=IV-11&chapter=4&clang=_en#20, abgefragt am 29.03.2017.

8 aa Einwand von Dänemark, siehe link 22, https://treaties.un.org/Pages/ViewDetails.aspx?src=TREATY&mtdsg_no=IV-11&chapter=4&clang=_en#22, abgefragt am 29.03.2017.

8 aa Einwand von Belgien, siehe link 50, https://treaties.un.org/Pages/ViewDetails.aspx?src=TREATY&mtdsg_no=IV-11&chapter=4&clang=_en#50, abgefragt am 29.03.2017.

8 aa Einwand von Österreich, siehe link 51, https://treaties.un.org/Pages/ViewDetails.aspx?src=TREATY&mtdsg_no=IV-11&chapter=4&clang=_en#51, abgefragt am 28.12.2016.

Qatar, Genereller Scharia-Vorbehalt zurückgezogen, siehe link 52, https://treaties.un.org/Pages/ViewDetails.aspx?src=TREATY&mtdsg_no=IV-11&chapter=4&clang=_en#52, abgefragt am 29.03.2017.

8.1 Qatar – Länderbericht, 2008, CRC/C/QAT/2, http://tbinternet.ohchr.org/_layouts/treatybodyexternal/TBSearch.aspx?Lang=en&TreatyID=5&TreatyID=10&TreatyID=11&DocTypeID=29&DocTypeCategorylD=4, abgefragt am 29.03.2017, view document, CRC/C/QAT/2, http://tbinternet.ohchr.org/_layouts/treatybodyexternal/Download.aspx?symbolno=CRC%2fC%2fQAT%2f2&Lang=en, abgefragt am 29.03.2017. http://docstore.ohchr.org/SelfServices/FilesHandler.ashx?enc=6QkG1d%2fPPRiCAqhKb7yhsmZRXMMSAY1MLz5UyfGcYOeY4%2bMa5cY86qubVCz9JLehgVnIFd0hpBJ3X%2fn6t47i3NFOKMntaI0sbjl4lHC9EuLZYTPM480tlRvMRoADzmtI, abgefragt am 29.03.2017.

8.2 Qatar – Länderbericht, 2016, CRC/C/QAT/3–4, view document, link 5 öffnen mit html, http://docstore.ohchr.org/SelfServices/FilesHandler.ashx?enc=6QkG1d%2fPPRiCAqhKb7yhsmZRXMMSAY1MLz5UyfGcYOdilbJbVaX1N%2fSbJLw0dm%2bGZm2iT%2fw5HZd6qQP3Gmp8RBcpkCp3NJig%2fIWGDdWIJMyM3pQ3dBEA3PDmjFx%2fGcr0, abgefragt am 29.03.2017.

9 Saudi-Arabien, Genereller Scharia-Vorbehalt, https://treaties.un.org/Pages/ViewDetails.aspx?src=TREATY&mtdsg_no=IV-11&chapter=4&clang=_en#EndDec, abgefragt am 29.03.2017.

9 aa Einwand von Finnland, siehe link 24 https://treaties.un.org/Pages/ViewDetails.aspx?src=TREATY&mtdsg_no=IV-11&chapter=4&clang=_en#24, abgefragt am 29.03.2017.

9.1 Saudi-Arabien – Länderbericht, 2015 due in 2011, CRC/C/SAU/3–4, http://tbinternet.ohchr.org/_layouts/treatybodyexternal/TBSearch.aspx?Lang=en&TreatyID=5&TreatyID=10&TreatyID=11&DocTypeID=29&DocTypeCategorylD=4, abgefragt am 29.03.2017, view document, CRC/C/SAU/3–4, öffnen mit doc, http://tbinternet.ohchr.org/_layouts/treatybodyexternal/Download.aspx?symbolno=CRC%2fC%2fSAU%2f3-4&Lang=en, abgefragt am 29.03.2017.

10 Syrien, Genereller Scharia-Vorbehalt und zu Art 14, 20, 21, https://treaties.un.org/Pages/ViewDetails.aspx?src=TREATY&mtdsg_no=IV-11&chapter=4&clang=_en#EndDec, abgefragt am 29.03.2017.

10 aa Einwand von Dänemark, siehe Nr. 22, https://treaties.un.org/Pages/ViewDetails.aspx?src=TREATY&mtdsg_no=IV-11&chapter=4&clang=_en#22, abgefragt am 29.03.2017.

10 aa Einwand von den Niederlanden, siehe Nr. 29, https://treaties.un.org/Pages/ViewDetails.aspx?src=TREATY&mtdsg_no=IV-11&chapter=4&clang=_en#29, abgefragt am 29.03.2017.

Syrische Erwiderung auf den Einwand von Deutschland, siehe Nr. 58, https://treaties.un.org/Pages/ViewDetails.aspx?src=TREATY&mtdsg_no=IV-11&chapter=4&clang=_en#58, abgefragt am 29.03.2017.

Syrien, Scharia-Vorbehalt zu Art 20, 21 zurückgezogen, https://treaties.un.org/Pages/ViewDetails.aspx?src=TREATY&mtdsg_no=IV-11&chapter=4&clang=_en#59, abgefragt am 29.03.2017.

10.1 Syrien – Länderbericht, 2010 due 2009, CRC/C/SAU/3–4, http://tbinternet.ohchr.org/_layouts/treatybodyexternal/TBSearch.aspx?Lang=en&TreatyID=5&TreatyID=10&TreatyID=11&DocTypeID=29&DocTypeCategorylD=4, abgefragt am 29.03.2017, link 24, view document CRC/C/SAU/3–4, http://tbinternet.ohchr.org/_layouts/treatybodyexternal/Download.aspx?symbolno=CRC%2fC%2fSYR%2f3-4&Lang=en, abgefragt am 30.12.2016, open with html, http://docstore.ohchr.org/SelfServices/FilesHandler.ashx?enc=6QkG1d%2fPPRiCAqhKb7yhsrnYnXU6%2f%2fP3ITkS4CcLtGzgBwGTvuIHM%2bDENIjfCkVnN16CAtL505h7ITVOtyfDZ9i6CHVNSZp7aAa0KC7K1pVw3oVOyuBlqos1LluMq5sV, abgefragt am 29.03.2017.

11 Tunesien, Scharia-Vorbehalt zu Art 2, https://treaties.un.org/Pages/ViewDetails.aspx?src=TREATY&mtdsg_no=IV-11&chapter=4&clang=_en#EndDec, abgefragt am 10.03.2017.

Tunesien, ICRC, reservations, https://treaties.un.org/Pages/Declarations.aspx?index=Tunisia&chapter=4&treaty=133#EndNotesSection, abgefragt am 22.02.2017.

Tunesien-Scharia-Vorbehalt zu Art 2 zurückgezogen, siehe link 60, https://treaties.un.org/Pages/ViewDetails.aspx?src=TREATY&mtdsg_no=IV-11&chapter=4&clang=_en#60, abgefragt am 29.03.2017.

11.1 Tunesien – Länderbericht, 2008 due in 2004, CRC/C/TUN/38, http://tbinternet.ohchr.org/_layouts/treatybodyexternal/TBSearch.aspx?Lang=en&TreatyID=5&TreatyID=10&TreatyID=11&DocTypeID=29&DocTypeCategorylD=4, abgefragt am 29.03.2017, link 31, view document, CRC/C/TUN/38, http://tbinternet.ohchr.org/_layouts/treatybodyexternal/Download.aspx?symbolno=CRC%2fC%2fTUN%2f3&Lang=en, open with html, http://docstore.ohchr.org/SelfServices/FilesHandler.ashx?enc=6QkG1d%2fPPRiCAqhKb7yhshjFaTGrFeunlH%2f73cXHiNBEDd33Bu7USplDqaQCmBkz6gVrID5u2Z8vpkZfbnTx7%2fwyw0J4i8NVm%2btxlSr4rhQ6ibTdh2BuzFpEnJ8Zzpfe, abgefragt am 29.03.2017.

12 Vereinigte Arabische Emirate, Scharia-Vorbehalt zu Art 7, 14, 17, 21, https://treaties.un.org/Pages/ViewDetails.aspx?src=TREATY&mtdsg_no=IV-11&chapter=4&clang=_en#EndDec, abgefragt am 29.03.2017.

Vorbehalt zur Kinderrechtskonvention Art 21, https://treaties.un.org/Pages/Declarations.aspx?index=United%20Arab%20Emirates&chapter=4&treaty=133#EndNotesSection, abgefragt am 29.03.2017.

12 aa Einwand von Österreich, siehe link 61, https://treaties.un.org/Pages/ViewDetails.aspx?src=TREATY&mtdsg_no=IV-11&chapter=4&clang=_en#61, abgefragt am 29.03.2017.

12.1 VAE – Länderbericht, 2001 due in 1999, CRC/C/78/Add. 2, http://tbinternet.ohchr.org/_layouts/treatybodyexternal/TBSearch.aspx?Lang=en&TreatyID=5&TreatyID=10&TreatyID=11&DocTypeID=29&DocTypeCategorylD=4, abgefragt am 29.03.2017, link 55, view document CRC/C/78/Add. 2, http://tbinternet.ohchr.org/_layouts/treatybodyexternal/Download.aspx?symbolno=CRC%2fC%2f78%2fAdd.2&Lang=en öffnen mit html, http://docstore.ohchr.org/SelfServices/FilesHandler.ashx?enc=6QkG1d%2fPPRiCAqhKb7yhstupsCkLWcDpr01lPp9KeUisq9Lm79f8IB4ONvIHJ7TEJ247fy1ESGok%2fqeHq%2fIhA5fT2sh4Q%2bXc%2bTBTyNgg%2foLkaQscQadndmzp%2fod73LQm, abgefragt am 22.02.2017.

13 Schiitischer Iran-Genereller Scharia-Vorbehalt, https://treaties.un.org/Pages/ViewDetails.aspx?src=TREATY&mtdsg_no=IV-11&chapter=4&clang=_en#EndDec, abgefragt am 29.03.2017.

13 aa Einwand von Dänemark, siehe Nr. 22, https://treaties.un.org/Pages/ViewDetails.aspx?src=TREATY&mtdsg_no=IV-11&chapter=4&clang=_en#22, abgefragt am 29.03.2017.

13 aa Einwand von Österreich, Italien, siehe Nr. 37, https://treaties.un.org/Pages/ViewDetails.aspx?src=TREATY&mtdsg_no=IV-11&chapter=4&clang=_en#37, abgefragt am 29.03.2017.

13.1 Schiitischer Iran – Länderbericht, 2015, CRC/C/IRN/3–4, http://tbinternet.ohchr.org/_layouts/treatybodyexternal/TBSearch.aspx?Lang=en&TreatyID=5&TreatyID=10&TreatyID=11&DocTypeID=29&DocTypeCategorylD=4, abgefragt am 29.03.2017, weiter mit, http://docstore.ohchr.org/SelfServices/FilesHandler.ashx?enc=6QkG1d%2fPPRiCAqhKb7yhsoLV%2bKLJ6ZP5NvlpJ%2b3%2fKzUYEAUj2eUbGz29yekpZTTqlu4jzKUlsw2BQ%2bTHl%2bxpOiRs3OQbeVe0k1XWk1ggcRGajmeX2Kg0cGjyPA4%2bgTEZ, abgefragt am 22.02.2017.

VII Scharia-Vorbehalte zum internationalen Übereinkommen über die politischen Rechte der Frauen, Chapter XVI, Human Rights, International Convention on the Political Rights of Women, ICPRW

Reservations, Convention on the Political Rights of Women, Chapter XVI, https://treaties.un.org/Pages/ViewDetails.aspx?src=TREATY&mtdsg_no=XVI-1&chapter=16&clang=_en, abgefragt am 22.02.2017. Text: https://treaties.un.org/doc/Treaties/1954/07/19540707%2000-40%20AM/Ch_XVI_1p.pdf, abgefragt am 22.02.2017.

Übereinkommen über die politischen Rechte der Frau, http://www.un.org/Depts/german/uebereinkommen/ar640-vii-oebgbl.pdf, abgefragt am 22.03.2017.

1 Marokko

Marokko, reservations, zur Convention on the Political Rights of Women, https://treaties.un.org/Pages/ViewDetails.aspx?src=TREATY&mtdsg_no=XVI-1&chapter=16&clang=_en weiter mit https://treaties.un.org/Pages/ViewDetails.aspx?src=TREATY&mtdsg_no=XVI-1&chapter=16&clang=_en#EndDec, abgefragt am 22.02.2017.

2 Tunesien

Tunesien, reservations, zur Convention on the Political Rights of Women, https://treaties.un.org/Pages/ViewDetails.aspx?src=TREATY&mtdsg_no=XVI-1&chapter=16&clang=_en#EndDec, abgefragt am 22.02.2017.

3 Jemen

Yemen, reservations, zur Convention on the Political Rights of Women, https://treaties.un.org/Pages/ViewDetails.aspx?src=TREATY&mtdsg_no=XVI-1&chapter=16&clang=_en#EndDec weiter mit link link, 11, https://treaties.un.org/Pages/ViewDetails.aspx?src=TREATY&mtdsg_no=XVI-1&chapter=16&clang=_en#11, abgefragt am 22.02.2017.

VIII Scharia-Vorbehalte zum Internationalen Übereinkommen zur Beseitigung jeder Form von Diskriminierung der Frau, Chapter IV, Human Rights, International Convention on the Elimination of all Forms of Discrimination against Women, ICEDAW: Einwendungen, Rücknahme und Länderberichte zu den SV

Chapter IV, Human Rights, ICEDAW, https://treaties.un.org/Pages/ParticipationStatus.aspx?clang=_en weiter mit: https://treaties.un.org/Pages/Treaties.aspx?id=4&subid=A&clang=_en weiter mit: https://treaties.un.org/Pages/ViewDetails.aspx?src=TREATY&mtdsg_no=IV-8&chapter=4&clang=_en, abgefragt am 16.01.2017.

Internationales Übereinkommen zur Beseitigung jeder Form von Diskriminierung der Frau, https://www.ris.bka.gv.at/GeltendeFassung.wxe?Abfrage=Bundesnormen&Gesetzesnummer=10000741, abgefragt am 16.01.2017.

ICEDAW, https://treaties.un.org/doc/Treaties/1981/09/19810903%2005-18%20AM/Ch_IV_8p.pdf, abgefragt am 16.01.2017.

1 **Algerien, ICEDAW, reservations**, link 69, **Einwendungen von Schweden, Portugal, Dänemark**, https://treaties.un.org/Pages/ViewDetails.aspx?src=TREATY&mtdsg_no=IV-8&chapter=4&clang=_en#EndDec, abgefragt am 16.01.2017. siehe auch: https://treaties.un.org/Pages/ViewDetails.aspx?src=TREATY&mtdsg_no=IV-8&chapter=4&clang=_en#69, abgefragt am 29.03.2017.

2 **Bahrain, ICEDAW, reservations**, link 71, https://treaties.un.org/Pages/ViewDetails.aspx?src=TREATY&mtdsg_no=IV-8&chapter=4&clang=_en#EndDec, abgefragt am 29.03.2017.

3 **Ägypten, ICEDAW, reservations**, link 21, **Rücknahme der reservation**, https://treaties.un.org/Pages/ViewDetails.aspx?src=TREATY&mtdsg_no=IV-8&chapter=4&clang=_en#EndDec, abgefragt am 9.03.2017.

4 **Irak, ICEDAW, reservations**, link 72, **Rücknahme der reservation**, https://treaties.un.org/Pages/ViewDetails.aspx?src=TREATY&mtdsg_no=IV-8&chapter=4&clang=_en#EndDec, abgefragt am 29.03.2017.

5 **Jordanien, ICEDAW, reservations**, link 73, **Rücknahme der reservation**, https://treaties.un.org/Pages/ViewDetails.aspx?src=TREATY&mtdsg_no=IV-8&chapter=4&clang=_en#EndDec, abgefragt am 29.03.2017.

6 **Kuwait, ICEDAW, reservations**, link 32, 74, **Einwendungen von Dänemark, Belgien, Österreich, Portugal**, https://treaties.un.org/Pages/ViewDetails.

aspx?src=TREATY&mtdsg_no=IV-8&chapter=4&clang=_en#EndDec, abgefragt am 29.03.2017.

7 **Libanon, ICEDAW, reservations, link 20, Einwand von Dänemark,** https://treaties.un.org/Pages/ViewDetails.aspx?src=TREATY&mtdsg_no=IV-8&chapter=4&clang=_en#EndDec, abgefragt am 29.03.2017.

8 **Libyen, ICEDAW, reservations**, link 34, https://treaties.un.org/Pages/ViewDetails.aspx?src=TREATY&mtdsg_no=IV-8&chapter=4&clang=_en#EndDec, abgefragt am 29.03.2017.

9 **Marokko, ICEDAW, reservations, link 78, Rücknahme reservation**, https://treaties.un.org/Pages/ViewDetails.aspx?src=TREATY&mtdsg_no=IV-8&chapter=4&clang=_en#EndDec, abgefragt am 29.03.2017.

10 **Oman, ICEDAW, reservations**, https://treaties.un.org/Pages/ViewDetails.aspx?src=TREATY&mtdsg_no=IV-8&chapter=4&clang=_en#EndDec, abgefragt am 17.01.2017.

11 **Qatar, ICEDAW, reservations, link 79, Einwendungen von Mexiko, Portugal**, https://treaties.un.org/Pages/ViewDetails.aspx?src=TREATY&mtdsg_no=IV-8&chapter=4&clang=_en#EndDec, abgefragt am 16.02.2017.

12 **Saudi-Arabia, ICEDAW, reservations**, https://treaties.un.org/Pages/ViewDetails.aspx?src=TREATY&mtdsg_no=IV-8&chapter=4&clang=_en#EndDec, abgefragt am 17.02.2017.

13 **Syrien, ICEDAW, reservations**, https://treaties.un.org/Pages/ViewDetails.aspx?src=TREATY&mtdsg_no=IV-8&chapter=4&clang=_en#EndDec, abgefragt am 19.02.2017.

14 **Tunesien, ICEDAW, reservations**, https://treaties.un.org/Pages/ViewDetails.aspx?src=TREATY&mtdsg_no=IV-8&chapter=4&clang=_en#EndDec weiter mit link 80, https://treaties.un.org/Pages/ViewDetails.aspx?src=TREATY&mtdsg_no=IV-8&chapter=4&clang=_en#80, abgefragt am 19.02.2017.

15 **Vereinigte Arabische Emirate, ICEDAW, reservations**, https://treaties.un.org/Pages/ViewDetails.aspx?src=TREATY&mtdsg_no=IV-8&chapter=4&clang=_en#EndDec weiter mit link 63, **Einwand Dänemark**, https://treaties.un.org/Pages/ViewDetails.aspx?src=TREATY&mtdsg_no=IV-8&chapter=4&clang=_en#63, abgefragt am 19.02.2017.

16 **Jemen, ICEDAW, reservations**, https://treaties.un.org/Pages/ViewDetails.aspx?src=TREATY&mtdsg_no=IV-8&chapter=4&clang=_en#EndDec weiter mit link 68 https://treaties.un.org/Pages/ViewDetails.aspx?src=TREATY&mtdsg_no=IV-8&chapter=4&clang=_en#68, abgefragt am 19.02.2017.

17 Schiitischer Iran, ICEDAW, nicht Mitglied dieser Konvention.

VIII Länderberichte zu ICEDAW reservations, Human Rights Bodies, http://www.ohchr.org/EN/HRBodies/Pages/HumanRightsBodies.aspx

Treaty Based Bodies CEDAW, http://www.ohchr.org/EN/HRBodies/CEDAW/pages/cedawindex.aspx

States Parties Reports, http://tbinternet.ohchr.org/_layouts/treatybodyexternal/TBSearch.aspx?Lang=en&TreatyID=3&DocTypeID=29, alle abgefragt am 19.01.2017.

1.1 Algerien – Länderbericht, 2010, CEDAW/C/DZA/3–4, http://tbinternet.ohchr.org/_layouts/treatybodyexternal/Download.aspx?symbolno=CEDAW%2fC%2fDZA%2f3-4&Lang=en view document and open with doc, abgefragt am 16.01.2017.

2.1 Bahrain – Länderbericht, 2011, CEDAW/C/BHR/3, http://tbinternet.ohchr.org/_layouts/treatybodyexternal/Download.aspx?symbolno=CEDAW%2fC%2fBHR%2f3&Lang=en view document and open with doc, abgefragt am 19.01.2017.

3.1 Ägypten – Länderbericht, 2008, CEDAW/C/EGY/7, http://tbinternet.ohchr.org/_layouts/treatybodyexternal/Download.aspx?symbolno=CEDAW%2fC%2fEGY%2f7&Lang=en view document and open with doc oder mit html, http://docstore.ohchr.org/SelfServices/FilesHandler.ashx?enc=6QkG1d%2fPPRiCAqhKb7yhssmw5jHDQuNBd%2bTWAIG8TlGsL04NzgndrIysCcYul7xztY7I54NZIKQIAlbKX8LrBp7j941sNnTL95C%2fF8p7AfZJ5lQm0ukm1Lp1E2eRUm6m, abgefragt am 19.02.2017.

4.1 Irak – Länderbericht, 2013, CEDAW/C/IRQ/4–6, http://tbinternet.ohchr.org/_layouts/treatybodyexternal/TBSearch.aspx?Lang=en&TreatyID=3&DocTypeID=29 weiter mit http://tbinternet.ohchr.org/_layouts/treatybodyexternal/Download.aspx?symbolno=CEDAW%2fC%2fIRQ%2f4-6&Lang=en view document and open with doc, abgefragt am 19.02.2017.

5.1 Jordanien – Länderbericht, 2015, CEDAW/C/JOR/6, http://tbinternet.ohchr.org/_layouts/treatybodyexternal/Download.aspx?symbolno=CEDAW%2fC%2fBHR%2f3&Lang=en view document and open with html, http://docstore.ohchr.org/SelfServices/FilesHandler.ashx?enc=6QkG1d%2fPPRiCAqhKb7yhsryr9E9fM8JLxSfpAS5QTBDp1WCI1sSOOC6TJUVrThQaBvHY05Dsna1oEf49klh1leAH%2fdHnLYNkDNDNY7xwPff8%2fENjh092PNXtvScCy3aS, abgefragt am 19.02.2017.

6.1 Kuwait – Länderbericht, 2010, CEDAW/C/KWT/3–4, http://tbinternet.ohchr.org/_layouts/treatybodyexternal/TBSearch.aspx?Lang=en&TreatyID=3&DocTypeID=29 view document and open with html http://docstore.ohchr.org/SelfServices/FilesHandler.ashx?enc=6QkG1d

%2fPPRiCAqhKb7yhsglff%2fiazrVw%2bcyfdY9GxZ565QjMVsDpHI28j3M9ngfIpAwag9g5GfgBqOxuDmtAAFCa9iVKg4IKaUn5%2fN9NGoGcLmztt3iJdvUCvdQuQZgM, abgefragt am 19.02.2017.

7.1 Libanon – Länderbericht, 2006, CEDAW/C/LBN/3, http://tbinternet.ohchr.org/_layouts/treatybodyexternal/Download.aspx?symbolno=CEDAW%2fC%2fLBN%2f3&Lang=en view document and open with doc, abgefragt am 19.01.2017.

8.1 Libyen – Länderbericht, 1999, CEDAW/C/LBY/2, http://tbinternet.ohchr.org/_layouts/treatybodyexternal/Download.aspx?symbolno=CEDAW%2fC%2fLBY%2f2&Lang=en, open with pdf, abgefragt am 22.02.2017.

9.1 Marokko – Länderbericht, 2006, CEDAW/C/MAR/4–9, http://tbinternet.ohchr.org/_layouts/treatybodyexternal/Download.aspx?symbolno=CEDAW%2fC%2fMAR%2f4&Lang=en view document and open with doc, abgefragt am 19.02.2017. http://tbinternet.ohchr.org/_layouts/treatybodyexternal/TBSearch.aspx?Lang=en&TreatyID=3&DocTypeID=29 weiter mit http://tbinternet.ohchr.org/_layouts/treatybodyexternal/Download.aspx?symbolno=CEDAW%2fC%2fOMN%2f1&Lang=en view document and open with doc, abgefragt am 19.02.2017.

10.1 Oman – Länderbericht, 2010, CEDAW/C/OMN/1, http://tbinternet.ohchr.org/_layouts/treatybodyexternal/TBSearch.aspx?Lang=en&TreatyID=3&DocTypeID=29 view document http://tbinternet.ohchr.org/_layouts/treatybodyexternal/Download.aspx?symbolno=CEDAW%2fC%2fOMN%2f1&Lang=en open with doc, abgefragt am 20.02.2017.

11.1 Qatar – Länderbericht, 2012, CEDAQ/C/QAT/1, http://docstore.ohchr.org/SelfServices/FilesHandler.ashx?enc=6QkG1d%2fPPRiCAqhKb7yhsgU%2bGVhCNQpWtRROUJcRa%2bolx6uEBsznJWlPjIwciZu0Y8sc4A0E4G%2fmaE3qwhEQ0mVW6sQHcUOGWk%2fSaJFQ1lVF0iVcZPSKYYicKNqMmc3Y, abgefragt am 19.02.2017.

12.1 Saudi-Arabien – Länderbericht, 2007, CEDAQ/C/SAU/2, http://tbinternet.ohchr.org/_layouts/treatybodyexternal/TBSearch.aspx?Lang=en&TreatyID=3&DocTypeID=29 weiter mit link 22 and open document, http://tbinternet.ohchr.org/_layouts/treatybodyexternal/Download.aspx?symbolno=CEDAW%2fC%2fSAU%2f2&Lang=en open with doc oder html english, http://docstore.ohchr.org/SelfServices/FilesHandler.ashx?enc=6QkG1d%2fPPRiCAqhKb7yhskcAJS%2fU4wb%2bdIVicvG05RxlhErwotp5aP%2b3VFcYeh%2f8MBDCJPNY5XTZVPLuOngj%

2f06yB1boW%2fYafLjTkYBcO2zY6dQXW9qRjl%2bR1zqrQuoP, abgefragt am 16.04.2016 und 19.02.2017.

12.2 Saudi-Arabien – Länderbericht, 2016, CEDAW/C/SAU/3–4, http://tbinternet.ohchr.org/_layouts/treatybodyexternal/Download.aspx?symbolno=CEDAW%2fC%2fSAU%2f3-4&Lang=en weiter mit http://tbinternet.ohchr.org/_layouts/treatybodyexternal/TBSearch.aspx?Lang=en&TreatyID=3&DocTypeID=29 öffnen mit pdf, nur auf Arabisch, http://tbinternet.ohchr.org/Treaties/CEDAW/Shared%20 Documents/SAU/CEDAW_C_SAU_3-4_6006_A.pdf, abgefragt am 19.02.2017.

13.1 Syrien – Länderbericht, 2005, CEDAW/C/SYR/1, http://tbinternet.ohchr.org/_layouts/treatybodyexternal/TBSearch.aspx?Lang=en&TreatyID=3&DocTypeID=29 view document, http://tbinternet.ohchr.org/_layouts/treatybodyexternal/Download.aspx?symbolno=CEDAW%2fC%2fSYR%2f1&Lang=en open with doc, abgefragt am 20.02.2017.

14.1 Tunesien – Länderbericht, 2000, CEDAW/C/TUN/3–4, http://tbinternet.ohchr.org/_layouts/treatybodyexternal/Download.aspx?symbolno=CEDAW%2fC%2fTUN%2f3-4&Lang=en open document with pdf, abgefragt am 20.02.2017.

15.1 Vereinigte Arabische Emirate – Länderbericht, 2014, CEDAW/C/ARE/2–3, http://tbinternet.ohchr.org/_layouts/treatybodyexternal/Download.aspx?symbolno=CEDAW%2fC%2fARE%2f2-3&Lang=en, open with doc, abgefragt am 20.02.2017.

16.1 Yemen – Länderbericht, 2007, CEDAW/C/JEM/6, http://tbinternet.ohchr.org/_layouts/treatybodyexternal/Download.aspx?symbolno=CEDAW%2fC%2fYEM%2f6&Lang=en, abgefragt am 20.02.2017. http://tbinternet.ohchr.org/_layouts/treatybodyexternal/Download.aspx?symbolno=CEDAW%2fC%2fYEM%2f6&Lang=en, open with doc, abgefragt am 20.02.2017.

Arabian and Iranian Constitutions (15 + 1) Algerian Constitution 2008, 2016, http://www.joradp.dz/HFR/Index.htm, französisch, siehe auch engl. Version, 2008, und 2016. http://faolex.fao.org/docs/pdf/alg72556.pdf, abgefragt am 17.02.2017. **Art 2**: „L'Islam est la religion de l'Etat."

Bahrain Constitution, 2002, http://www.constitutionnet.org/vl/item/bahrain-constitution-2002, abgefragt am 14.01.2017, **Art 2:** "The religion of the State is Islam. The Islamic Shari'a is a principal source for legislation."

Egypt Constitution 2014, http://www.sis.gov.eg/Newvr/Dustor-en001.pdf, **Art 2:** "Islam is the religion of the State and Arabic is its official language. The principles of Islamic Sharia are the main source of legislation." Abgefragt am 17.02.2017.

Iranian Constitution, http://www.iranonline.com/iran/iran-info/government/constitution-1.html, abgefragt am 14.01.2017, The Islamic Republic is a system based on belief in: **Art 2:**

"1. the One God (as stated in the phrase "There is no god except Allah"), His exclusive sovereignty and the right to legislate, and the necessity of submission to His commands;
2. Divine revelation and its fundamental role in setting forth the laws;
3. the return to God in the Hereafter, and the constructive role of this belief in the course of man's ascent towards God;
4. the justice of God in creation and legislation;
5. continuous leadership (imamah) and perpetual guidance, and its fundamental role in ensuring the uninterrupted process of the revolution of Islam;
6. the exalted dignity and value of man, and his freedom coupled with responsibility before God; in which equity, justice, political, economic, social, and cultural independence, and national solidarity are secured by recourse to:

    1. **continuous ijtihad of the fuqaha'** possessing necessary qualifications, exercised on the basis off the Qur'an and the Sunnah of the Ma'sumun, upon all of whom be peace;
    2. sciences and arts and the most advanced results of human experience, together with the effort to advance them further;
    3. negation of all forms of oppression, both the infliction of and the submission to it, and of dominance, both its imposition and its acceptance."

Irak Constitution, 2005, http://www.washingtonpost.com/wp-dyn/content/article/2005/10/12/AR2005101201450.html, abgefragt am 17.02.2017. **Art 2:** "Islam is the official religion of the State and it is a fundamental source of legislation."

Jemen Constitution, 97, http://www.ilo.org/dyn/natlex/natlex4.detail?p_lang=en&p_isn=29413&p_country=YEM&p_count=97, abgefragt am 14.01.2017. **Art 2:** "Islam is the religion of the State and the Shari'a is to be the foundation of the legal system and the legislation."

Jordan Constitution, 1952, with amendments 2011, https://www.constituteproject.org/constitution/Jordan_2011.pdf, abgefragt am 17.02.2017, **Art 2:** "Islam is the religion."

Kuwait Constitution, 1962, reinstated 1992, https://www.constituteproject.org/constitution/Kuwait_1992.pdf, abgefragt am 17.02.2017, **Art 2:** "The religion of the State is Islam and Islamic Law shall be a main source of legislation."

Lebanon Constitution 1995, http://www.presidency.gov.lb/English/LebaneseSystem/Documents/Lebanese%20Constitution.pdf, **Art 9:** "There shall be absolute freedom of conscience. The state inrendering homage to the God Almighty shall respect all religions and creeds and shall guarantee under its protection the free exercise of all religious rites provided that public order is not disturbed. It shall also guarantee that the personal status and religious interests of the population, to whatever religous sect they belong, shall be respected," abgefragt am 17.02.2017.

Libyien Constitution 2011, https://www.constituteproject.org/constitution/Libya_2011.pdf, abgefragt am 17.01.2017, **Art 1:** "Islam shall be its religion and Islamic Shari'a shall be the main source of legislation."

Morocco Constitution, 2011, http://www.constitutionnet.org/files/morocco_eng.pdf, abgefragt am 17.02.2017. **Art 3:** "Islam is the religion of the State, which guarantees to all the free exercise of beliefs [cultes]."

Morrocan Personal Status, moudawana, http://www.euromedrights.org/publication/the-moroccan-family-code-moudawana/, abgefragt am 17.02.2017.

Marokko, Zielmarktanalyase, https://www.export-erneuerbare.de/EEE/Redaktion/DE/Downloads/Publikationen/AHK_Zielmarktanalysen/zma_marokko_2014-ee.pdf?__blob=publicationFile&v=6, abgefragt am 17.02.2017.

Oman Constitution 2011, https://www.constituteproject.org/constitution/Oman_2011.pdf, abgefragt am 14.01.2017, **Art 2:** "The religion of the State is Islam and Islamic Sharia is the basis for legislation."

Saudi-Arabian Constitution, http://home.lu.lv/~rbalodis/Baznicu%20tiesibas/Valsts&B_attiecibas/Islams/Saudi_Arabia_islam.pdf, abgefragt am 17.02.2017. **Art 1:** "The Kigdom of Saudi Arabia is a sovereign Arab Ialamic State with Islam as its religion. God'd Book and the Sunnah of His Prophet, God's prayers and peace be upon him, are its constitution."

Syrien Constitution, 2012, http://www.voltairenet.org/article173033.html, abgefragt am 17.02.2017. **Art 3:** "The religion of the President of the Republic is Islam; Islamic jurisprudence shall be a major source of legislation. The State shall respect all religions, and ensure the freedom to perform all the rituals that do not prejudice public order; The personal status of religious communities shall be protected and respected."

Tunesien Constitution 2014, https://www.constituteproject.org/constitution/Tunisia_2014.pdf, abgefragt am 14.01.2017. **Art 1:** "Tunisia is a free, independent, sovereign state; its religion is Islam."

United Arab Emirates Constitution, 1971, Amendments 2004, https://www.constituteproject.org/constitution/United_Arab_Emirates_2004.pdf, abgefragt am 14.01.2017, **Art 7:** "Islam shall be the official religion of the Union. The Islamic Shari'ah shall be a principal source or legislation in the Union."

United Arab Emirates Constitution, 2004, 2009, https://www.constituteproject.org/constitution/United_Arab_Emirates_2004.pdf oder: https://www.constituteproject.org/constitution/United_Arab_Emirates_2009.pdf?lang=en, Amendments through 2009, **Art 7** wie oben, abgefragt am 14.01.2017.

United Arabic Emirates Constitution 2009, Preamble and **Art 7** wie oben. https://www.constituteproject.org/constitution/United_Arab_Emirates_2009.pdf?lang=en, abgefragt am 14.01.2017.

United Arabic Emirates, Meinungsumfrage, Doha, http://english.dohainstitute.org/file/Get/10be873b-1128-4912-a2e3-23edecd44505, abgefragt am 17.02.2017.

Indische Gesetze für Muslime

Indian Constitution, http://india.gov.in/govt/constitutions_of_india.php Part III, Fundamental Rights, **Art 14, 15, 16, Art 17** https://india.gov.in/my-government/constitution-india/constitution-india-full-text, abgefragt am 17.02.2017.

Muslim Personal Law, (Shariat) Application Act 1937, India, Global law, http://policy.mofcom.gov.cn/GlobalLaw/english/flaw!fetch.action?libcode=flaw&id=0c993780-a7c0-4814-bc9c-e547166bf9cc&classcode=920, abgefragt am 17.02.2017.

Islamisches Familienrecht in Indien, http://www.legalserviceindia.com/article/26-Family-law.html, abgefragt am 17.02.2017.

Gurpreet, Mahajan, Gleichberechtigung und Minderheitenrechte, Widersprüche der liberalen Demokratie in Indien, http://www.wissenschaft-und-frieden.de/seite.php?artikelID=1064, abgefragt am 17.02.2017.

High Court gives Muslim woman maintenance under CrPC 283794, 13.03.2008, court news, http://supremecourtofindia.nic.in/courtnews/2008_issue_1.pdf, abgefragt am 17.02.2017.

Jawaharlal Nehru Biographie, http://www.biography.com/people/jawaharlal-nehru-9421253, abgefragt am 17.02.2017.

Frauen in Indien, https://www.3sat.de/page/?source=/dokumentationen/177974/index.html, abgefragt am 17.02.2017.

Berichte

Amnesty-International-Bericht, Algerien, 2012, https://www.amnesty.de/jahresbericht/2012/Algerien, abgefragt am 20.02.2017.

Amnesty International, Länderkurzbericht, Saudi-Arabien, 2013, http://www.amnesty.de/kurzinfo/2013/5/saudi-arabien, abgefragt am 18.02.2017.

Amnesty Bericht 2016, Wir haben uns große Freiheiten erkämpft, http://www.amnesty.de/journal/2016/februar/wir-haben-uns-grosse-freiheiten-erkaempft, abgefragt am 17.02.2017.

Amnesty-International, Neuer Bericht über Massenhinrichtungen in Syrien, http://www.faz.net/aktuell/politik/ausland/syrien-amnesty-international-bericht-ueber-massenhinrichtungen-14862164.html, abgefragt am 07.02.2017.

Auswärtiges Amt, Betr.: Scharia und Menschenrechte, Berlin, den 29.01.2002, http://www.ecoi.net/file_upload/1329_1204205673_mk391-1673afg.pdf, abgefragt am 17.02.2017.

Arab Human Development Report, New York, 2002, Ceating Opportunities for Future Generations, p. 28. http://hdr.undp.org/sites/default/files/rbas_ahdr2002_en.pdf, abgefragt am 29.03.2017.

Arab Human Development Report, New York, 2005, Towards Freedom in the Arab World, p. 24. http://hdr.undp.org/en/content/arab-human-development-report-2005, abgefragt am 20.03.2017.

Arab Human Development Report, New York, 2014, http://hdr.undp.org/en/content/human-development-report-2014-arabic, abgefragt am 17.02.2017

Zur Entstehung des Islam

Stammbaum der Quraisch, http://www.derletzteprophet.info/der-stammbaum-der-quraisch, abgefragt am 17.02.2017.

Prophet Mohammed wurde es gestattet mehr als vier Frauen zu ehelichen. http://tavhid.de/?p=1531, abgefragt am 17.02.2017.

Islamische Länder, https://www.welt-atlas.de/karte_von_islamische_staaten_10-1046, abgefragt am 29.03.2017.

Wie viele islamische Länder mit über 50 % islamischer Bevölkerung gibt es? http://www.shia-forum.de/index.php?/topic/35200-wieviel-islamische-laender-gibt-es/, Afghanistan, **Ägypten**, Albanien, **Algerien**, Aserbaidschan, **Bahrain**, Bangladesch, Brunei, Burkina Faso, Dschibuti, Elfenbeinküste, Gambia, Guinea, Indonesien, **Irak, Iran, Jemen**, **Jordanien, Qatar**, Kirgistan, Komoren, **Kuweit, Libanon, Libyen**, Malaysia, Malediven, Mali, **Marokko**, Mauretanien, Niger, **Oman**, Pakistan, **Saudi-Arabien**, Senegal, Somalia,

Sudan, **Syrien**, Tadschikistan, Tschad, **Tunesien**, Türkei, Turkmenistan, Usbekistan, **Vereinigte Arabische Emirate**, abgefragt am 17.02.2017. (die fettgedruckten Länder wurden von mir auf Scharia-Vorbehalte untersucht.)

Darf ein orthodoxer Muslim in einem Land wohnen, wo das islamische Gesetz nicht angewendet wird? http://www.anti-religion.net/emigration_islam_d.htm, abgefragt am 17.02.2017.

Zur Geschichte des Islam, http://www.politische-bildung-brandenburg.de/publikationen/pdf/islamische_geschichte.pdf, abgefragt am 17.02.2017.

Islamisches Recht, http://www.legalserviceindia.com/article/l302-Sources-of-Islamic-Law.html, abgefragt am 17.02.2017.

Gewohnheitsrecht, Afghanisches Sprichwort, http://www.fask.uni-mainz.de/user/hagemann/ai_Afghanistan_Frauen_2003.pdf, abgefragt am 17.02.2017.

Al Azhar Universität, Kairo, Ägypten. http://www.eslam.de/begriffe/a/azhar-universitaet.htm, abgefragt am 17.02.2017.

Geschichte zur Entwicklung der Menschenrechte im Islam, http://europenews.dk/de/node/2737, abgefragt am 14.01.2017.

Menschenrechte im Islam, http://www.enfal.de/insan-ha.htm, abgefragt am 14.01.2017.

Arabian Human Rights Charter, http://www.humanrights.se/wp-content/uploads/2012/01/Arab-Charter-on-Human-Rights.pdf, abgefragt am 14.01.2017.

The Cairo Declaration on Human Rights in Islam, http://www.fmreview.org/Human-Rights/cairo.html, abgefragt am 14.01.2017.

OIC, Organization of Islamic Conference, Dakar Declaration, http://www.oic-oci.org/subweb/comiac/10/en/comiac_10_dec_en.pdf, abgefragt am 29.03.2017.

Erfahrungen und Perspektiven in islamisch geprägten Ländern, Ist das Kalifat eine totalitäre Staatsform? (I) http://www.balkanforum.info/f26/kalifat-totalitaere-staatsform-i-69069/, abgefragt am 17.02.2017.

Imam, Enzyklopädie des Islam, http://www.eslam.de/begriffe/i/imam.htm, abgefragt am 17.02.2017.

Vier Rechtsschulen im Islam, http://www.orientdienst.de/muslime/minikurs/rechtsschulen/, abgefragt am 18.02.2017.

Abu Hanifa, http://www.ansary.de/Islam/AbuHanifa.html S. 1–4, abgefragt am 18.02.2017.

Islamische Rechtsschulen, http://www.orientdienst.de/muslime/minikurs/rechtsschulen/, abgefragt am 17.02.2017.

Hadith, http://www.alhadith.de/w/weisheit-wissen/, abgefragt am 17.02.2017.

Kurzbiographie von Imam Ahmad ibn Hanbal (164–241 n. Hijra), http://www.islam-pedia.de/index.php5?title=Ahmad_Ibn_Hanbal, abgefragt am 18.02.2017.

Imam Ahmad ibn Hanbal, http://www.islamcan.com/islamic-articles/biography-of-imam-ahmed-bin-hanbal-ra.shtml, abgefragt am 17.02.2017.

Islamisches fitrah Konzept, http://www.igfm.de/themen/scharia/menschenrechte-im-islam/gottes-recht-versus-menschen-recht/, abgefragt am 18.02.2017.

Oberster Richter Shinwari, Koedukation ist unislamisch, http://derstandard.at/1188960/Koedukation-ist-unislamisch, abgefragt am 17.02.2017.

Kopftuch, Informationsplattform Religion, http://www.religion-online.info/islam/themen/kopftuch-info.html, abgefragt am 17.02.2017.

Geschäftsfähigkeit der Frau im Koran, http://www.zdf.de/forum-am-freitag/frauen-im-islam-5227036.html, abgefragt am 17.02.2017.

Erbrecht im Islam, https://erbrecht-abc.info/die-ehefrau-im-islamischen-erbrecht/, abgefragt am 17.02.2017.

Religionsfreiheit, Vereinigte Arabische Emirate, https://www.missio-hilft.de/media/thema/religionsfreiheit/laenderberichte/10-vereinigte-arabische-emirate.pdf, abgefragt, 17.02.2017.

Die Adoption im Koran, http://www.islamweb.net/en/article/135420/, abgefragt am 17.02.2017.

Die Adoption im Koran, http://www.eslam.de/begriffe/k/kind_annehmen.htm, abgefragt am 17.02.2017.

Frauen im Iran, http://www.menschenrechtsverein.org/index.php/cat/60/title/Gewalt, abgefragt am 17.02.2017.

Masoumeh, Ebtekar, Vizepräsidentin des Iran, https://unfccc.int/files/meetings/marrakech_nov_2016/application/pdf/iran_cop22cmp12cma_hls.pdf, abgefragt am 17.02.2017.

Thronwechsel, Qatar, 2013, http://www.zeit.de/politik/ausland/2013-06/katar-thronwechsel-altahin, abgefragt am 17.02.2017.

Worldskills Abu Dhabi 2017, Weltmeisterschaft der Berufe, https://www.wko.at/Content.Node/SkillsAustria/WorldSkills_2017.html, abgefragt am 17.02.2017.

CBL International Dubai Business School. Islamic Banking & Finance, www.dubai-business-school.com, abgefragt am 17.02.2017.

Bundeskanzlerin Merkel empfiehlt mehr Reisen in arabische Länder, http://www.spiegel.de/reise/aktuell/angela-merkel-empfiehlt-mehr-reisen-in-arabische-laender-a-1114043.html, abgefragt am 17.02.1017.

syd/AP/AFP, Tausende Tunesier protestieren gegen die Massenarbeitslosigkeit, http://www.spiegel.de/politik/ausland/tunesien-proteste-gegen-massenarbeitslosigkeit-weiten-sich-aus-a-1073290.html, abgefragt am 17.02.2017.

Tod eines Fischhändlers in Marokko löst Protestwelle aus, http://diepresse.com/home/politik/aussenpolitik/5110874/Tod-eines-Fischhaendlers-lost-Protestwelle-in-Marokko-aus, abgefragt am 17.02.2017.

Kostenlose Koranverteilung an alle Haushalte, Aktion „lies“, https://www.tagesschau.de/inland/die-wahre-religion-101.html, abgefragt am 17.02.2017.

Christen und Muslime, Engagement und Kompetenz im Dialog, http://www.christenundmuslime.de/faq/Was_verstehen_Muslime_unter_Unglaeubigen.php, abgefragt am 17.02.2017.

Mehr als eine Nebengeschichte-Frauenrechte, Rollenbilder und Geschlechter-politik in Ägypten, (Der Blog Alsharq ist ein Projekt von Ehrenamtlichen zur Unterstützung des unabhängigen Journalismus im Nahen Osten.) http://www.alsharq.de/2016/nordafrika/agypten/mehr-als-eine-nebengeschichte-frauenrechte-rollenbilder-und-geschlechterpolitik-in-aegypten/, abgefragt am 20.02.2017.

Aktuelle Eindrücke über die Situation der Frauen in Jordanien, Terre des Femmes, https://www.frauenrechte.de/online/index.php/themen-und-aktionen/eine-welt/aktuelles/archiv-iz/1183-aktuelle-eindruecke-ueber-die-situation-von-frauen-in-jordanien, abgefragt am 20.02.2017.

****

Abu Iman Abd ar-Rahman Robert Squires, Die junge Ehe der Aisha, Original Text, übersetzt und ergänzt von Edin-Husein Topcagic für Moslem.de siehe: http://www.way-to-allah.com/dokument/Die_Junge_Ehe_Der_Aisha_Ra_01.pdf, abgefragt am 17.02.2017.

Alder Yasin, Wie können Streitigkeiten geschlichtet werden? http://www.islamische-zeitung.de/wie-koennen-streitigkeiten-geschlichtet-werden/, abgefragt am 17.02.2017.

Allroggen, Antje, Hackspiel-Mikosch, Elisabeth, Interview, Verschleierungsdebatte, züchtige Kleidung immer mehr in Mode. http://www.deutschlandfunk.de/verschleierungs-debatte-zuechtige-kleidung-ist-immer-mehr.691.de.html?dram:article_id=364085, abgefragt am 22.02.2017.

Andreßen, Sven, Ziele der Regierung Modi werden langsam sichtbar, http://www.indienaktuell.de/magazin/politik/die-ziele-der-regierung-modi-werden-langsam-sichtbar-652658, abgefragt am 17.02.2017.

Auszüge aus dem Sahih al-Bukhari, http://www.way-to-allah.com/dokument/Auszuege_aus_Sahih_Al-Bukhari.pdf, abgefragt am 22.02.2017.

Barzani, Massud, Die Tage des Irak als Zentralstaat sind gezählt. Mossul ist die letzte Hochburg des IS im Irak, Barzani der Kurdenführer im Interview, http://www.faz.net/aktuell/politik/thema/mossul, abgefragt am 22.02.2017.

Bobzin, Hartmut, Koran, Anspruch der Muslime auf Jerusalem, Sure 17:1–2. Vortrag Friedrich-Alexander-Universität Erlangen-Nürnberg, siehe auch: Deutschlandfunk, 31.07.2015, 10 Uhr, siehe: http://www.deutschlandfunk.de/sure-17-verse-1-2-der-anspruch-der-muslime-auf-jerusalem.2395.de.html?dram:article_id=326974, abgefragt am 17.02.2017.

Borchers, Jens, Das Sagen hat der König. Parlamentswahlen in Marokko, http://www.deutschlandfunk.de/parlamentswahl-in-marokko-das-sagen-hat-der-koenig.724.de.html?dram:article_id=367819, abgefragt am 17.02.2017.

Borchers, Jens, Terrorbekämpfung, Marokko lehrt einen toleranten Islam, http://www.deutschlandfunk.de/terrorbekaempfung-marokko-lehrt-einen-toleranten-islam.799.de.html?dram:article_id=364224, abgefragt am 17.02.2017.

Bouchari, Safiya, Behandlung von Frauen, http://www.islamische-zeitung.de/islamische-lebenspraxis-von-safiya-bouchari/, abgefragt am 17.02.2017.

Bundeszentrale für politische Bildung, „Besser spät als nie." http://www.bpb.de/internationales/asien/indien/44467/ehemalige-staatspraesidentin-patil, abgefragt am 17.02.2017.

Chekir, Hafidha, Frauenrechte in Tunesien, **Podiumsdiskussion**, „Die neue Verfassung Tunesiens: Vom ‚Staatsfeminismus' zur Retraditionalisierung der Geschlechterverhältnisse in der Demokratie, Frauenrechte in Tunesien, 2014", vom Französischen ins Deutsche übersetzt von Jutta Hergenhan und Jessica Wilzek, https://www.uni-giessen.de/fbz/genderstudies/uveranst/redechekir, abgefragt am 22.02.2017.

Christian, Meine Zeit in Kuwait, Blog, http://kuwait.myblog.de/, abgefragt am 24.02.2017.

Draser, Marc, Kuwait, https://www.missio-hilft.de/de/themen/religionsfreiheit/laenderberichte/kuwait.html, abgefragt am 22.03.2017.

Durm, Martin, Wie Ägyptens Regime Oppositionelle verfolgt, http://www.tagesschau.de/ausland/aegypten-217.html, abgefragt am 17.02.2017.

Erös, Reinhard, im Interview mit Heuer, Christine, Kinderhilfe Afghanistan, http://www.deutschlandfunk.de/geplante-abschiebungen-aus-der-eu-in-afghanistan-gibt-es-ab.694.de.html?dram:article_id=367652, abgefragt am 17.02.2017

Flottau, Heiko, Die Suezkrise 1956, https://journal21.ch/die-suezkrise-1956, abgefragt am 17.02.2017.

Flottau, Heiko, Frauen in Kuwait. Es zählt der Kopf nicht das Tuch, http://www.sueddeutsche.de/politik/frauen-in-kuwait-es-zaehlt-der-kopf-und-nicht-das-tuch-1.840857, abgefragt am 20.03.2017.

Freitag, Gottfried, Glossar, Islam in Indien, in: Bundeszentrale für politische Bildung, Heft 257, siehe auch: http://archive.is/K6PG6, abgefragt am 17.02.2017.

Fritz, Sabrina, Ein Jahr US-Luftangriffe gegen den IS. Der unsichtbare Krieg. http://www.deutschlandfunk.de/ein-jahr-us-luftangriffe-gegen-den-is-der-unsichtbare-krieg.724.de.html?dram:article_id=327641, abgefragt am 22.02.2017.

Full text of Abbas's 2015 address to the UN General Assembly http://www.timesofisrael.com/full-text-of-abbas-2015-address-to-the-un-general-assembly/, abgefragt am 17.02.2017.

Gehlen, Martin, Europa fürchtet den Exodus aus Ägypten, http://www.zeit.de/politik/ausland/2016-09/fluechtlinge-aegypten-schlepper-fluechtlingsabkommen-hilfsgelder, abgefragt am 17.02.2017.

Gerner, Martin, Kampf um Mossul. Alles was zurückbleibt, ist nur Zerstörung. http://www.deutschlandfunk.de/kampf-um-mossul-alles-was-zurueckbleibt-ist-zerstoerung.1773.de.html?dram:article_id=375987, abgefragt am 22.02.2017.

Görgün, Tahsin, im Interview mit Leusch, Peter, Das Menschenbild im Koran, http://www.deutschlandfunk.de/das-menschenbild-im-islam.1148.de.html?dram:article_id=179986, abgefragt am 20.03.2017.

Hackensberger, Alfred aus Tanger, Marokko verbannt offenbar Burkas binnen 48 Stunden, in: die Welt, https://www.welt.de/politik/ausland/article161062731/Marokko-verbannt-offenbar-Burkas-binnen-48-Stunden.html, abgefragt am 09.02.2017.

Harrer, Gudrun, Gerechtigkeit für Mossul, http://derstandard.at/2000045900666/Gerechtigkeit-fuer-Mossul, abgefragt am 22.03.2017.

Hasnain, Kazim, Präsidentschaftskandidatin spricht mit totem Guru, http://www.spiegel.de/politik/ausland/indien-praesidentschaftskandidatin-spricht-mit-totem-guru-a-491047.html, abgefragt am 17.02.2017.

Hottinger, Arnold, Islamismus. Religiöse Wege zur Gewalt, Teil 1, https://www.journal21.ch/religioese-wege-zur-gewalt-teil-1, abgefragt am 17.02.2017.

http://de.europenews.dk/Frauen-unter-der-Scharia-Strafrecht-und-Familienrecht-im-Islam-79066.html, abgefragt am 17.02.2017.

Horsch, Silvia, Gleichberechtigung, die muslimische Frau – Was prägt unser Bild? Vortrag am 13.09.2004 in den Cranach-Höfen, Lutherstadt-Wittenberg.

http://www.al-sakina.de/inhalt/artikel/frauen_islam/frauen_im_islam.pdf, abgefragt am 22.03.2017.

Jemen, Krise, Revolte, Krieg, Diplomatische Akademie, Wien, Vortrag, 13.10.2016. http://www.vidc.org/fileadmin/Bibliothek/DP/Foto_Veranst/veranstaltungen_MS/Jemen_13.10.16/Jemen_13_10_16_Kurzbericht_final.pdf, abgefragt am 17.02.2017.

Jones-Pauly, Christina, Das Spannungsfeld zwischen islamischen Recht und Menschenrechten aus rechtsvergleichender Sicht, http://www.humanrights.ch/upload/pdf/0000990827_cjp_referat.pdf, abgefragt am 22.03.2017.

Khorchide, Mouhanad, Grundzüge eines modernen Islam. Islam ist immerwährende Reform, 3. Teil. http://www.deutschlandfunk.de/deutung-des-islams-3-der-islam-als-immerwaehrende-reform.886.de.html?dram:article_id=325723, abgefragt am 23.03.2017.

Klüver, Nathalie, Bericht aus Muskat, Die weibliche Seite Arabiens. http://www.spiegel.de/wirtschaft/oman-die-weibliche-seite-arabiens-a-662858.html, abgefragt am 22.02.2017.

Krausen, Halima, Scharia – von den Anfängen bis zum modernen Rechtsstaat, http://webcache.googleusercontent.com/search?q=cache:NRpnTHiKa6kJ:muslimische-stimmen.de/dossiers/dossier-single/article/scharia-von-den-anfaengen-bis-zum-modernen-rechtsstaat/+&cd=1&hl=de&ct=clnk&gl=at, abgefragt am 17.02.2017.

Kreile, Renate, Die Taliban und die Frauenfrage, eine historisch strukturelle Perspektive, S. 40. http://www.bpb.de/files/IRG596.pdf, abgefragt am 17.02.2017.

Kuwait, Opposition gewinnt viele Sitze im Parlament, http://www.zeit.de/politik/ausland/2016-11/kuwait-parlamentswahl-opposition-parlamentssitze, abgefragt am 17.02.2017.

Lehmann, Elisabeth, Reportage aus Marokko im Deutschlandfunk. Es geht um den Ruf unseres Landes. http://www.deutschlandfunk.de/marokkaner-ueber-die-koelner-silvesternacht-es-geht-um-den.1773.de.html?dram:article_id=374960, abgefragt am 28.03.2017.

Mentschel, Stefan, „Besser spät als nie“, Indiens ehemalige Staatspräsidentin, http://www.bpb.de/internationales/asien/indien/44467/ehemalige-staatspraesidentin-patil, abgefragt am 17.02.2017.

Michler, Inga, Bahrain, Wie sich eine Frau in der Männerwelt durchsetzt, https://www.welt.de/wirtschaft/article121233597/Wie-sich-eine-Frau-in-der-Maennerwelt-durchsetzt.html, abgefragt am 20.02.2017.

Muhammad Ibn Ahmad Ibn Rassoul, (gesicherte Überlieferungskette), Sahih al-Bukhari Nr. 0050, S. 13, Verlag Islamische Bibliothek. http://

www.ibverlag.de/kurzbiographie-des-abu-r-ri%E1%B8%8Da%CA%BE-mu%E1%B8%A5ammad-ibn-a%E1%B8%A5mad-ibn-rassoul/, abgefragt am 29.03.2017.

Nembach, U., **Neukirch**, J. **Göttinger Predigten im Internet**, http://www.predigten.uni-goettingen.de/archiv-7/051030-3.html, abgefragt am 23.03.2017.

Oman, http://www.oman.de/oman-landeskunde/gesellschaft-frauen-bildung/frauen-gesellschaft-bildung-familie/, abgefragt am 22.02.2017.

Ourghi, Abdel-Hakim, im Interview mit Stefan Orth, Islam und Terrorismus ‚Sich dem unangenehmen Thema stellen.' https://www.herderkorrespondenz.de/heftarchiv/69-jahrgang-2015/heft-3-2015/ein-gespraech-mit-dem-theologen-abdel-hakim-ourghi-ueber-islam-und-terrorismus-sich-dem-unangenehmen-thema-stellen, abgefragt am 17.02.2017.

Petersen, Britta, Votum für ein stabiles Indien, http://www.das-parlament.de/2009/23_24/EuropaWelt/24673881/300460, abgefragt am 17.02.2017.

Pollard, Stephen, How Algeria could destroy the EU, When President Bouteflika dies, the Islamists will seize power, and Europe will face another refugee crisis. http://www.spectator.co.uk/2016/12/how-algeria-could-destroy-the-eu/, abgefragt am 22.03.2017.

Prantl, Heribert, Salafisten-Sponsoring verstößt gegen die deutsche Staatsräson, http://www.sueddeutsche.de/politik/2.220/golfstaaten-salafisten-sponsoring-verstoesst-gegen-die-deutsche-staatsraeson-1.3292253, abgefragt am 17.02.2017.

Preuß, Roland, Justiz in Deutschland. Wie islamische Schiedsgerichte für mehr Frieden sorgen sollen, in: Süddeutsche Zeitung, Politik, 02.02.2012. http://www.sueddeutsche.de/politik/justiz-in-deutschland-wie-islamische-schiedsgerichte-fuer-mehr-frieden-sorgen-sollen-1.1274279, abgefragt am 23.03.2017.

Qatar, Doha, taz, Frauenrechte in Qatar auf dem Vormarsch. Männer meiden die Unis, http://www.taz.de/!5044838/, abgefragt am 22.02.2017.

Qatar, Wie geht es muslimischen Frauen unter ihrer Abaja wirklich? http://www.brittneys.de/frauen-in-qatar-ein-erfahrungsbericht/, abgefragt am 23.03.2017.

Rupp, Rainer, In Syrien geht's ums Gas. Das Emirat Katar unterstützt Opposition gegen Assad mit Milliarden Dollar. Regierung in Damaskus steht geplantem Pipeline-Bau im Weg. http://www.ag-friedensforschung.de/regionen/Syrien/gas.html, abgefragt am 23.03.2017.

Sabra, Martina, Ein Tabu bröckelt, https://de.qantara.de/inhalt/uneheliche-kinder-in-der-arabischen-welt-ein-tabu-brockelt, abgefragt am 17.02.2017.

Schirrmacher, Christine, Rechtsfähigkeit der Frau im Islam. http://www.igfm.de/themen/frauenrechte/heirat-im-islam/, abgefragt am 17.02.2017.

Schirrmacher, Christine, Frauen unter der Scharia: Strafrecht und Familienrecht im Islam. Internationale Gesellschaft für Menschenrechte (IGFM) November 2008, https://de.europenews.dk/Frauen-unter-der-Scharia-Strafrecht-und-Familienrecht-im-Islam-79066.html, abgefragt am 22.03.2017.

Schirrmacher, Christine, Abfall vom Islam nach Koran und Scharia, http://www.ead.de/arbeitskreise/islam/arbeitshilfen/abfall-vom-islam-nach-koran-und-sharia.html, abgefragt am 17.02.2017.

Semouri, Abida, Algier, Verhüllt in der Öffentlichkeit. 48 Jahre Unabhängigkeit haben algerischen Frauen kaum Freiheiten gebracht. http://www.ag-friedensforschung.de/regionen/Algerien/frauen.html, abgefragt am 22.03.2017.

Sheika Mozah von Qatar, The woman behind Doha's education city, https://www.washingtonpost.com/news/grade-point/wp/2015/12/06/sheikha-moza-the-woman-behind-dohas-education-city/?utm_term=.33ce6c8abf93, abgefragt am 16.03.2017.

Sheika Mozah of Qatar, The Communication of Qatar through Sheikha Moza, https://www.youtube.com/watch?v=LqH9namg0jg, abgefragt am 22.03.2017.

Sheika Mozah Bint Nasser Al-Misnad von Qatar, **Interview**, https://www.youtube.com/watch?v=kF9I8Mc2kvs, abgefragt am 05.01.2017.

Shibli, Adania, aus dem Englischen übersetzt von Seitz Sophie, Der kurze Sommer der Frauen, http://www.zeit.de/kultur/2015-11/friedensnobelpreistraegerin-tawakkol-karman-friedlicher-kampf-10nach8/komplettansicht, abgefragt am 20.02.2017.

Sipri Bericht, Stockholmer Friedensforschungsinstitut, Friedensforschungsinstitut Sipri, **Wezemann**, Pieter, Waffenhandel boomt weltweit, sagte Sipri-Forscher Pieter Wezeman dem Deutschlandfunk [AUDIO] Deutschlandfunk, http://www.deutschlandfunk.de/ruestungsindustrie-der-waffenhandel-boomt-weltweit.1818.de.html?dram:article_id=379386, abgefragt am 21.03.2017.

Sprung, Christoph, Aspekte der Heterogenität des Islam in Indien, S. 1–5. http://www.suedasien.info/analysen/1611, abgefragt am 17.02.2017.

Steinberg, Guido, Interview mit Köhler, Michael, Terror-Finanzierung, „Die Saudis werden darauf nicht gerne angesprochen", http://www.deutschlandfunk.de/

terror-finanzierung-die-saudis-werden-darauf-nicht-gerne.694.de.html?dram:article_id=338946, abgefragt am 17.02.2017.

Stier, Sebastian, Qatar, Diskriminierung gehört zum Alltag, http://www.tagesspiegel.de/sport/unterwegs-mit-einem-gastarbeiter-in-katar-einheimische-verdienen-in-katar-mindestens-9000-euro-pro-monat/9176466-3.html, abgefragt am 22.02.2017.

Stryjak, Jürgen, Wie sich junge Muslime den Islam wünschen, http://www.deutschlandfunk.de/repraesentative-umfrage-wie-sich-junge-muslime-den-islam. 1773.de.html?dram:article_id=344315, abgefragt am 02.01.2017.

Svensson, Birgit. Die Junggesellin, die über Bagdad herrscht. https://www.welt.de/politik/ausland/article139161523/Die-Junggesellin-die-ueber-Bagdad-herrscht.html, abgefragt am 20.02.2017.

Sydow, Christoph, Gleichgültigkeit gegenüber der Lage in Nahr al Bared, http://www.alsharq.de/2007/mashreq/libanon/libanon-gleichgultigkeit-gegenuber-der-lage-in-nahr-al-bared/, abgefragt am 17.02.2017.

Theissl, Brigitte, **Yanar**, Mohammed, kämpft für Frauenrechte im Irak, http://derstandard.at/2000042000662/Yanar-Mohammed-kaempft-fuer-Frauenrechte-im-Irak, abgefragt am 22.02.2017.

Tibi, Bassam, Der erste Schritt ist die Änderung des Menschenbildes. http://www.wiwo.de/politik/ausland/bassam-tibi-der-erste-schritt-ist-eine-aenderung-des-menschenbildes/13871676-3.html, abgefragt am 17.02.2017.

Tibi, Bassam, Junge Männer, die die Kultur der Gewalt mitbringen, http://www.welt.de/debatte/kommentare/article155134929/Junge-Maenner-die-die-Kultur-der-Gewalt-mitbringen.html, abgefragt am 17.02.2017.

Tibi, Bassam, Weitere islamische Staaten werden zerbrechen, http://www.wiwo.de/politik/ausland/bassam-tibi-weitere-islamische-staaten-werden-zerbrechen/13871676.html, abgefragt am 17.02.2017.

UN Secretary Generals's Speech, http://www.theguardian.com/world/2004/sep/21/iraq.usa2, abgefragt am 22.03.2017

Zef Ahmeti, Menschenrechte im Westen und im Islam, St. Gallen, 2004, http://albanisches-institut.ch/wp-content/uploads/2012/01/Menschenrechte-und-Islam-Zefi.pdf, abgefragt am 22.02.2017.

WISSENSCHAFT UND RELIGION

Herausgegeben von Hans Paarhammer und Alfred Rinnerthaler

Band 1 Paul Weingartner: Evil. Different kinds of evil in the light of a modern theodicy. 2003.

Band 2 Ignaz Steinwender: Die Geschichte einer Verführung. Kirche und Nationalsozialismus im Salzburger Bezirk Lungau, 1930–1945. 2003.

Band 3 Leopold Robert Fürst OSB: Das Vermögensrecht der österreichischen Ordensleute. 2004.

Band 4 Tommaso La Rocca (Hrsg.): Karl Renner. *Politik und Religion*. Die Religionsfrage als Frage der Demokratie. 2004.

Band 5 Rupert Struber: Priesterkorrektionsanstalten in der Erzdiözese Salzburg im 18. und 19. Jahrhundert. Die Priesterhäuser von Maria Kirchenthal, St. Johann in Tirol, St. Ulrich am Pillersee und Schernberg. 2004.

Band 6 Gerlinde Katzinger: Kirchliches Baurecht. Das kirchliche Bauwesen im Spannungsfeld von kirchlichen und staatlichen Rechtsnormen unter besonderer Berücksichtigung der Situation in der Erzdiözese Salzburg. 2004.

Band 7 Peter Klammer: *In Unehren beschlaffen*. Unzucht vor kirchlicher und weltlicher Gerichtsbarkeit im frühneuzeitlichen Salzburger Lungau. 2004.

Band 8 Alfred Rinnerthaler (Hrsg.): Historische und rechtliche Aspekte des Religionsunterrichts. 2004.

Band 9 Paul Weingartner (Hrsg.): Glaube und Vernunft. Interdisziplinäres Streitgespräch zur Enzyklika *Fides et Ratio*. 2004.

Band 10 Josef Limmer: Konzilien und Synoden im spätantiken Gallien von 314 bis 696 nach Christi Geburt. Teil 1: Chronologische Darstellung. Teil 2: Zusammenschau wichtiger Themenkreise. 2004.

Band 11 Gerhard Ammerer / Alfred Stefan Weiß (Hrsg.): Die Säkularisation Salzburgs 1803. Voraussetzungen – Ereignisse – Folgen. Protokoll der Salzburger Tagung vom 19.–21. Juni 2003. 2005.

Band 12 Franz Ortner: Salzburgs Bischöfe in der Geschichte des Landes (696–2005). 2005.

Band 13 Paul Weingartner (Hrsg.): Das Problem des Übels in der Welt. Vom interdisziplinären Standpunkt. 2005.

Band 14 Beate Beckmann-Zöller / Hanna-Barbara Gerl-Falkovitz (Hrsg.): Die *unbekannte* Edith Stein: Phänomenologie und Sozialphilosophie. 2006.

Band 15 Helmut Beneder: Antonius Johannes N. (Ferdinand) Reichsgraf von Herberstein, Bischof von Triest (1760–1774). Ein Leben im Spannungsfeld zwischen finanzieller Notlage und Repräsentation. 2007.

Band 16 Alfred Rinnerthaler (Hrsg.): Das kirchliche Privatschulwesen – historische, pastorale, rechtliche und ökonomische Aspekte. 2007.

Band 17 Gerlinde Katzinger: Balthasar Kaltner. Kanonist und (Erz-)Bischof an der Schwelle einer folgenschweren Wendezeit (1844–1918). 2007.

Band 18 Lukas Wallner: Die staatliche Anerkennung von Religionsgemeinschaften. Die historische und aktuelle Umsetzung der religiösen Vereinigungsfreiheit in Österreich unter Berücksichtigung des deutschen Religionsrechts. 2007.

Band 19 Alfred Rinnerthaler: Eine Kirche für Salzburgs Altkatholiken. Kontroversen rund um die Errichtung einer altkatholischen Kirchengemeinde in Salzburg. 2008.

Band 20 Paul Weingartner (Hrsg.): Rohstoff Mensch, das flüssige Gold der Zukunft? Ist Ethik privatisierbar? 2009.

Band 21 Hans Paarhammer / Gerlinde Katzinger (Hrsg.): Kirche und Staat im Horizont einer globalisierten Welt. 2009.

Band 22 Johannes Krall: Kirchenvermögen – Nachhaltigkeit – Wirtschaftsethik. Rechtliche Gestaltungsmöglichkeiten bei der Verwaltung von Kirchenvermögen unter nachhaltigen und wirtschaftsethischen Überlegungen. Mit Beiträgen von Bischof Alois Schwarz, Ralph Müller und Karl Gollegger. 2009.

Band 23 Manfred Josef Thaler: Das Schneeherrenstift am Dom zu Salzburg (1622 bis 1806). 2011.

Band 24 Manfred Josef Thaler: Das Salzburger Domkapitel in der Frühen Neuzeit (1514 bis 1806). Verfassung und Zusammensetzung. 2011.

Band 25 Elisabeth Simader: Die westliche Finanzkrise. Islamic Financing – Islamic Banking. Ein möglicher Ausweg? 2013.

Band 26 Hans Paarhammer / Alfred Rinnerthaler (Hrsg.): Kirchlicher Wiederaufbau in Österreich. 2016.

Band 27 Andreas E. Graßmann: Das Patrozinium. Eine kirchenrechtliche Darstellung mit besonderer Berücksichtigung des titulus ecclesiae gemäß c. 1218 CIC/83. 2017.

Band 28 Andreas E. Graßmann: Joseph Anton Schöpf. 2018.

Band 29 Elisabeth Simader: Der Scharia-Vorbehalt in menschenrechtlichen Verträgen der Vereinten Nationen. 2019.

www.peterlang.com

www.ingramcontent.com/pod-product-compliance
Ingram Content Group UK Ltd.
Pitfield, Milton Keynes, MK11 3LW, UK
UKHW041822031026
15587UKWH00002B/510

9 783631 749852